图书在版编目(CIP)数据

诠释学的突破：从经典诠释学到德行诠释学/傅永军，牛
文君主编. —上海：华东师范大学出版社，2022
（诠释学文集）
ISBN 978 - 7 - 5760 - 3228 - 4

Ⅰ.①诠⋯　Ⅱ.①傅⋯②牛⋯　Ⅲ.①阐释学－文集
Ⅳ.①B089.2 - 53

中国版本图书馆 CIP 数据核字(2022)第 174973 号

诠释学的突破
—— 从经典诠释学到德行诠释学

主　　编　傅永军　牛文君
责任编辑　朱华华　张婷婷
责任校对　潘　宁　时东明
装帧设计　刘怡霖

出版发行　华东师范大学出版社
社　　址　上海市中山北路 3663 号　邮编 200062
网　　址　www.ecnupress.com.cn
电　　话　021 - 60821666　行政传真 021 - 62572105
客服电话　021 - 62865537　门市(邮购)电话 021 - 62869887
地　　址　上海市中山北路 3663 号华东师范大学校内先锋路口
网　　店　http://hdsdcbs.tmall.com

印 刷 者　上海商务联西印刷有限公司
开　　本　787 毫米×1092 毫米　1/16
印　　张　33
插　　页　2
字　　数　516 千字
版　　次　2022 年 12 月第 1 版
印　　次　2022 年 12 月第 1 次
书　　号　ISBN 978 - 7 - 5760 - 3228 - 4
定　　价　98.00 元

出 版 人　王　焰

承楷模行 —— 东东师范大学潘德荣教授荣休仪式 2021.11.07 上海

2021 年 11 月 7 日，华东师范大学哲学系与学界同仁共同为潘德荣教授举办荣休仪式

谨以本书贺潘德荣教授七秩寿辰

附录

前　言

从经典诠释学到德行诠释学*

傅永军

山东大学中国诠释学研究中心暨哲学与社会发展学院

在中国,关于如何发展诠释学,潘德荣的学术思想曾经历过一次变化。在提出创建德行诠释学之前,潘德荣对建构有中国特色的诠释学的学术构想是,化解本体论诠释学与方法论诠释学的对峙,在更高层次上实现两者的融合,将其整合为一个整体,并在这一整体中,合理安顿分峰对峙的双方。潘德荣将这种整合形成的诠释学称为"经典诠释学"。

潘德荣清楚地意识到,自己的这种学术构想可能会遭遇批评。批评者会认为,在诠释学已经从方法论诠释学发展到本体论诠释学这一更高阶段,潘德荣的诠释学建构设想在某种意义上显然可以被认为是一种倒退。但是,潘德荣并不将其看作是倒退,他称之为"回归"。在他看来,从形式上看,回归经典诠释学似乎是倒退至施莱尔马赫的古典诠释学。但是,"对于诠释学的发展来说,此一回归有其必要性。其实,理论探索的回归之路与其经历过的发展之路并不是同一条路。回归乃是对理论出发点及其整个发展历程的反思,这一反思是在一个新的、更为广阔的视野中进行的,其中必然包含着某一理论原本并不具有的新因素,这如同今日国人研究中国的解经传统或西方诠释学,要常常借鉴不同的理论资源一样"①。如此看来,回归经典诠释学,就像潘德荣自己所说的那样,是在中、西诠释学研究的现代视野中重新审视诠释现象,或者说,是在一个新视域中对诠释学进行重构,以推进诠释学向前发展。

---

*　说明:国家社科基金项目"比较视阈下中国经典诠释传统现代化路径研究"(14AZD092)阶段性成果。

① 潘德荣:《从本体论诠释学到经典诠释学》,《河北学刊》2009 年第 2 期,第 43 页。

按照潘德荣的说法,他倡导创建的经典诠释学①,主要的研究要旨可以简略概括为如下三点:第一,"本体论部分应当是王阳明的心学理论与伽达默尔诠释学的综合,通过此一综合,提炼出'经典诠释学'的诠释理念:(1)理解在本质上是意义的创造活动,是理解主体的自我塑造与实现,也是我们的精神世界之构建;(2)理解内在地包含着一个被社会所认同的价值取向,通过理解,达到个体与集体的精神境界之升华。此即体现了诠释学的实践性之宗旨:'流行''教化'"。第二,"社会成员的共同信念最集中地表现在被认可的'经典'中,唯有通过正确地解读经典才能使之明晰起来。如此,理解的方法论便成为诠释学研究中必不可少的一个环节"。第三,"鉴于任何方法论体系都不足以对诠释的真理性要求作出担保,诠释方法论应定位于尽可能地提供有'说服力'的解释,而非'真理性的'或'正确的'解释"。②

然而,潘德荣建构"经典诠释学"的学术构想,在经过他对西方诠释学发展史的进一步研究之后,发生了重大的变化。在早期的诠释学研究中,潘德荣已经注意到,伽达默尔哲学诠释学的理论目标并不是对文本的意义作出诠释,对文本意义的诠释,不过是理解者通过理解达成自我理解进而进行自我塑造的一个媒介。也就是说,理解不是理解者作为认知主体接近被理解对象的行为方式,而是理解者自我塑造自身的方式,亦是理解者的存在方式。潘德荣将理解与持续的自我塑造看作是伽达默尔本体论诠释学与施莱尔马赫、狄尔泰方法论诠释学的根本区别所在。这样一来,伽达默尔哲学诠释学的旨趣就不再是理解的方法论,理解也不再以创造文本的作者意图为对象,理解关注自身所以可能的条件;这些条件则与先于理解科学的方法、规则且使理解成为可能的、那些超越了理解者的愿望与行动的因素——人的世界经验和生活实践——相关联。伽达默尔说:"自古以来,就存在一种神学的诠释学和一种法学的诠释学,这两种诠释学与其说具有科学理论

---

① 潘德荣曾谈到为何建构的是经典诠释学,而不是其他形式的诠释学。他给出如下两个理由:首先,经典是民族精神的精华,但是,经典必须通过不断地被诠释才能流传于世,成为某种文化之集体自我意识的核心内容,构成一个民族精神传统形成与发展的主线。经典诠释的重要性不言而喻。通过经典诠释,作为民族精神精华的经典才能将教化功能实现出来,进而增益社会在精神层面的提升。其次,诠释学研究的主要对象是以语言为中介的文本,语言文本可以说是文本中的范本,"经典对于人们的影响不仅是观念上的,也包括了人们的思维方式和表达方式",故,经典诠释是诠释学的真正关切。参见潘德荣:《从本体论诠释学到经典诠释学》,《河北学刊》2009 年第 2 期,第 43 页。

② 潘德荣:《从本体论诠释学到经典诠释学》,《河北学刊》2009 年第 2 期,第 43 页。

的性质,毋宁说它们更适应于那些具有科学教养的法官或牧师的实践活动,并且是为这种活动服务的。因此,诠释学问题从其历史起源开始就超出了现代科学方法论概念所设置的界限。理解文本和解释文本不仅是科学深为关切的事情,而且也显然属于人类的整个世界经验。"①在这里显示出隐含于哲学诠释学中的伦理学线索。如薛华所说:"诠释学在伽达默尔那里展现出一种伦理学维度,他着意给诠释学赋予一种伦理内涵。"②潘德荣从哲学诠释学的这种视域转换,看到了现代诠释学发展的第三次重要转折,即诠释学向着诠释以立德、立德以成人方向发展之趋势。这个发展方向将整体地把方法论与本体论的诠释学纳入以"德行"为取向的诠释学思考之中,其旨趣与宗旨既不是为了正确地理解而做更为周全的诠释方法思考,也不是澄清人的存在,解释作为"此在"的人之存在的本真性,而是以立德弘道为己任,去解决人应该成为什么样的人即"人应当如何存在"问题。这样,潘德荣发展诠释学的学术构想就从经典诠释学转向德行诠释学。

一、"德行"与诠释

现代诠释学,尤其是伽达默尔的学说,对伦理问题表现出了一种深度的关切,赋予诠释学以伦理学维度。审视伽达默尔晚期的诠释学思想,可以明显地看出其向着实践哲学转变的清晰迹象。潘德荣认同当代诠释学的这种方向性转变,用"文本理解"标识诠释学完成第一次转向——从特殊诠释学到一般诠释学——之后的思想主题,用"自我理解和自我塑造"来标识诠释学完成第二次转向——从方法论诠释学到本体论诠释学——之后的思想主题,而诠释学正在开始的第三次转向,即向着诠释学伦理学的转向,在他看来,将突出的是"德行"这个思想主题。

理解问题自被提出就与语言性的存在物即文本直接相关,在理解的原初意义和最基本意义上说,诠释学的理解与解释就指向文本,理解甚至可以直接等同于文本理解。现代诠释学诞生之前,诠释学作为帮助人们理解特殊文本的辅助性学

---

① 伽达默尔:《诠释学Ⅰ:真理与方法》,洪汉鼎译,北京:商务印书馆,2010年,第3页。
② 薛华:《诠释学与伦理学——纪念伽达默尔逝世五周年》,潘德荣、付长珍主编:《对话与和谐——伽达默尔诠释学思想研究》,合肥:安徽人民出版社,2009年,第23页。

科，只是将一些特殊文本——宗教文本（如《圣经》）和法律文本（如《罗马法》）——当作理解与解释的对象。以"圣经注释学"为例，一切理解与解释活动都围绕《圣经》文本展开，理解的对象是《圣经》的文意（字面的意义）和意义（上帝的神圣意志），意在透过对《圣经》四种含义的理解，把握表示神和我们的祖先所做之事的字义，了悟表示我们信心所藏之处的寓意，揭示提供我们日常生活的准则，显明我们冲突之止息之地的属天意义，实现理解神的真理并将它清楚明白地解释出来，应用于实际生活之目的。这就是说，释经首先要求正确地阐释经文的意思表达，但更重要的是理解神的神圣意志。"正确地解释一段经文，就是忠实地传达受圣灵默示的作者在经文中表达的意思，同时也不忽视神的意图。"①因此缘故，释经学虽强调释经意在揭示神的神圣意志，但事实上也形成了通过文本分析揭橥作者原意的诠释传统，这种诠释传统又形成"以文本原义为诠释目的"和"以作者的原意为诠释目的"两种理解进路。现代诠释学奠基人施莱尔马赫就深受解经学影响，他的诠释学就是以作者原意为目标，以语法诠释克服文本与诠释学者之间存在的语言学间距，而以心理诠释（还原作者创作文本时的心理状态）进入作者的精神世界，以实现把握作者意图之诠释目的。狄尔泰更是将诠释学立基于他的生命哲学之上，降低了语文学方法之于理解行动的重要性，突出了生命体验之于理解行动的中枢作用，将诠释学推进到浪漫主义方法论诠释学的高峰。在方法论诠释学后续发展中，贝蒂集其大成。贝蒂给出了诠释的四个规则：（1）文本的自主性；（2）文本意义的整体性；（3）理解的现实性；（4）诠释的意义符合。其中，居于首位的是"文本的自主性"原则。这个原则确定了作为被理解对象的文本的客观独立性。文本是"含有意义的形式"，其意义为自身内在结构所决定。文本理解活动就是一种通过诠释者的意义重构，实现对文本客观意义把握的认知活动。

文本理解的这种认识论模式被海德格尔和伽达默尔终结，特别是在伽达默尔那里，诠释学以现象学为进路，理解的本体品格巍然挺立。文本不再被看作是既成的认识对象，而是在理解中发生的一个事件，它在诠释中成为真正的所与物，即被理解之物。这样，通过对文本概念的不同理解，方法论诠释学与存在论诠释学

---

① 罗伯特·普拉默：《释经学 40 问》，言盐译，上海：三联书店，2019 年，第 87 页。

得以区别：一方将文本视为独立于主体而客观存在的理解对象，一方则认为文本不过是在理解的视域融合中成为被给予物的那种存在，在理解之前没有所谓客观存在的被理解之物。

与之相应，存在论诠释学重新界定了理解的真理概念。方法论诠释学依然局限在主客二元结构的思维模式之中，理解者的主观理解只有变成对客观存在的文本意义的解释，才有理解的真理发生。显然这种真理观是从科学研究领域移植过来的，它相关于人们的意识经验，与人们的存在状态毫无关系。海德格尔祛除了真理问题上的这种符合论教条，将真理与"非遮蔽性"联系在一起，真理就是"解蔽"，即让事情本身呈现、或开显出来。或者说，真理是在言谈中自我呈现出来的。如此一来，真理并非先于我们的理解而自在地存在，而是在我们的理解中发生，对真理的理解由此转变成对我们自身存在的理解。所以，接续海德格尔往下讲的伽达默尔顺理成章地将理解解说为人的存在方式，即人的此在的结构方式。人自身的此在之规定性是人所能够理解到的、意识到的东西，人朝向自身的可能性去筹划自身、成就自身，所有的理解最终都是自我理解。

按照潘德荣的观点，诠释学意义上的自我理解就是自我塑造，即通过对自我的诠释塑造新的自我。这无疑突出了诠释学的实践智慧，诠释活动达成的是教化目标，理解者通过诠释活动获得对自身的新理解而成就一种新的存在方式。理解者的这种自我塑造，因其完成于自身所处身其中的诠释学处境，将自我理解和自我塑造的根据植根于自身，它既是理解者对自己的生命经验之体悟，又是一种"视域融合"下形成的"效果历史意识"，其自身的合法性与合理性不容置疑。然而，伽达默尔虽然证成了人总是通过持续的理解而在自己的生命历程中不断地结构着自己的此在，诠释学显示出教化的实践智慧。但在人应当理解什么，或者说，人应当通过什么样的理解而将自身引向何种存在状态——即成为什么样的人——的问题上则语焉不详。这个问题恰恰又是哲学诠释学回避不了的问题。职是之故，潘德荣认为，由自我理解必然要进入自我塑造。虽然我们都不可避免地承受着一种存在方式，但"应当成为什么"依然是一种可以通过自由选择完成的存在论选项，由此必然引发出与之相关的另一个重要问题：如果说自我塑造可以在自由选择中完成，那么，在诸多可供选项中，我们究竟应当选择什么？潘德荣进入诠释学

史,历数历史上不同的诠释学类型给出的种种回答,得出的基本结论是,诠释学家
对此问题的思考大都与"德行"(arete,Tugend)①相关,诠释的目的指向"德行"之
德,它表示着诠释活动的价值规范性和导向性②。于是,揭示诠释与德行之间存在
着的密切关系,并进而将诠释学的发展引向伦理学方向,就成为潘德荣思考德行
诠释学建构的重中之重。为此,潘德荣从亚里士多德和伽达默尔那里寻找理论支
持和新型诠释学建构的思想资源③。

较早系统关注实践智慧(phronesis)的古代哲学家是亚里士多德,他将"德行"
与实践智慧联系在一起,认为唯有依据实践智慧才能成就"德行",或者说,实践理
性的德行就是实践智慧。但是,依据实践智慧(也包括伦理德行)得到的幸福却不
是第一幸福,而是第二幸福。第一幸福直接关联于"沉思"(思辨),因为神就是"沉
思"(思辨)本身,它将人性与神圣存在联系在一起,人因此接近那种类似神的存
在,成为被神所喜爱的最幸福的人。据此可以断定,亚里士多德关注到"沉思"(思
辨)的价值向度,将西方古典诠释理论聚合在"德行"上。"诠释旨在'立德';'德
行'之'行'是实现这一目标的途径,唯在行中,才能体悟'德',成就'德'。就此而
言,诠释与理解之要在于'履德'。在'德'与'行'之间表现出一种意义的循环,
'德'在'行'中呈现出来,被主体所领悟;主体的践履复又依德而行。正是在此一
循环中,作为整体的'德行'得以不断地深化、升华,与时偕行。'德行'的诠释学意
蕴便在于它真正实现了诠释活动中的理论与实践之互动互摄与统一。"④

伽达默尔从诠释学立场对亚里士多德的实践智慧进行了吸收与改造,他这样
说:"我自己曾尝试超越近代科学理论和精神科学哲学的视野,将诠释学问题扩展

---

① "ἀρετή(arete)"这个希腊语,国内一般翻译为"德性",潘德荣主张翻译为"德行"。他这样说:"希腊语的
'ἀρετή'(arete)在英译中被译为'excellence'(卓越,这个词在中译本中有时直接译为'美德')或'virtue'
(德性)。正因古希腊的'Arete'概念兼含'德'与'行'两义,笔者以为用中文的'德行'概念来对译'arete'
更为贴切。"参见潘德荣:《"德行"与诠释》,《中国社会科学》2017年第6期,第30页。
② 参见潘德荣:《文本理解、自我理解与自我塑造》,《中国社会科学》2014年第7期,第50—58页。
③ 中国的诠释传统,特别是对德行的诠释当然也是潘德荣诠释学建构的重要理论支撑和思想资源,他的德
行诠释学建构得益于《周易》和孔子良多。由于本部分的任务主要是结合潘德荣对西方诠释学史的理解,
来说明诠释学发展转向实践智慧的必然性,所以,在接下来的论述中,我还是主要关注潘德荣对西方诠释
学资源的转化接受,而他对中国资源的转化接受则留待下一部分阐释。
④ 潘德荣:《"德行"与诠释》,《中国社会科学》2017年第6期,第29—30页。

到人的基本语言性。其终点就是亚里士多德的理性德行（Tugend der Vernünftigkeit），就是实践智慧、诠释学的基本德行（Grundtugend）本身。它成为我自己思想的构造模式。因而在我眼中，诠释学这种应用理论，亦即联结一般与个别的理论，乃是核心的哲学任务。"①伽达默尔将这个核心任务放置在关于社会生活之关系的反思上。基于现实生活展开实践哲学反思，必须要接受来自人们的生活世界的限制和约束，同时又因为生活世界的变化与发展又赋予人们一个审视或理解"善"观念的新视角。这个新视角给予我们一种具有价值的规范性与导向性的哲学"知识"。因此缘故，就使得诠释学对"实践智慧"等范畴的讨论，深深打上了实践哲学的深刻烙印，而实践智慧则直接引导着实践。

　　然而，在潘德荣看来，"伽达默尔却没有将'实践智慧'完全运用于他的诠释实践中。尤其是他在构建自己的诠释学体系时，忽略了两点非常重要的内容。具体地说：（1）既然伽达默尔诠释学将'实践智慧'作为核心，他就应当注重价值导向在理解过程的作用，以实践智慧内在地蕴含的善恶观念、那种基于共识的完善与不完善之标准来评判理解活动之优劣。但是他却依然坚称只有不同的理解，没有更好的理解（kein Besserverstehen）。这种表达显然使实践智慧中的价值取向淡化到若有若无的地步，以至于在美国新实用主义者罗蒂那里发展成为一种相对主义的理解观，主张一种反本质主义和反逻各斯中心主义的相对主义立场。（2）既然实践智慧是指向实践的，以此为核心的诠释学也就必须包含对方法论的思考，方法论的必要性乃在于它事实上是实践智慧得以实现的保障。但在伽达默尔那里，关于诠释方法论的问题却在他视野之外，且具有排斥方法论的倾向。其实，诠释学中的方法论传统有其悠久的历史和生命力，诠释方法论是诠释学中不可或缺的构成部分。伽达默尔对当代科技的高度发展所造成的'文明危机'表示忧虑，对以自然科学的方法掌控社会生活的倾向保持高度的警惕，这一点我们非常赞同。可是他的诠释学思考因此而舍弃了方法论，毕竟走得太远了。其实问题并不在于方法本身，而是我们如何在实践智慧的指导下善用方法。方法或一切技术化的考

---

① Hans-Georg Gadamer, "Probleme der Praktischen Vernunft", in *Gesammelte Werke*, Bd 2. S. 328. 转引自潘德荣：《"德行"与诠释》，《中国社会科学》2017 年第 6 期，第 31 页。

量,唯有在实践智慧的导引下才获得了对人类整体之生活世界而言的积极意义"①。是故,潘德荣同意将伽达默尔哲学诠释学视为现代诠释学发展的最高形态,也很赞同将实践智慧作为诠释学的核心范畴,并将当代诠释学的进一步发展建基其上,但是,也不能因此而无批判地全盘接受哲学诠释学,而是要以一种建设性的态度审视哲学诠释学的理论缺憾,从批判反思中探寻向前推进诠释学发展的路径。潘德荣引入中国诠释资源,顺应现代诠释学的伦理学转向,以实践智慧为思维进路,提出了建构一种新型诠释学——德行诠释学——的学术构想。德性诠释学作为潘德荣心目中的中国诠释学,按照他在《文本理解、自我理解与自我塑造》中的阐释,是具有这样两个特征的诠释学:

> 1. 诠释活动具有伦理与价值导向性。以儒家为例,儒家解经中所展开所有理解与解释,均以"求其德"为旨归。即便是致力于索求文本原义之人,最终也落实在周公、孔子之"德"上,这是一切诠释活动所必须遵循的伦理与道德理念。这一点也反映了儒家以伦理为本位的特点。而西方诠释学,特别是西方现代诠释学,在文本解释的过程中,对于伦理与价值方面的诉求比较薄弱。
>
> 2. 诠释立足于践行:教化众生与自我塑造。解经不唯了解经典本身的意义,阐释周公、孔子之"德",还须见诸实践。这里所说的"实践"可分为两方面:其一,着眼于大处,对于作为整体的世界与社会而言,有如北宋张载所言:"为天地立心,为生民立命,为往圣继绝学,为万世开太平";其二,对于个人的践行而言,乃是涵德养性之修行功夫,而修行首在"立德"。以是观之,中国传统的诠释理论在本质上就是面向生活世界的人生哲学,是以"德"为核心与主旨的教化众生与自我塑造之学。在《易经》中,吉凶之判断与人们自身的德行相关,因而欲祈求福祉、吉利,其要在修德行、行仁义,而非祭祀、卜筮。②

---

① 潘德荣:《"德行"与诠释》,《中国社会科学》2017 年第 6 期,第 34—35 页。
② 潘德荣:《文本理解、自我理解与自我塑造》,《中国社会科学》2014 年第 7 期,第 62 页。

二、 德行诠释学建构与经典诠释传统的汉语经验

在潘德荣看来,作为区别于西方诠释学体系的"中国诠释学",不能仅仅理解为"中国诠释传统的"诠释学。在现代学术视野中,中国诠释学必然是"跨越时空的界限,深入地反思与整合'古今中外'关于诠释问题的各种思想资源",从而在更高层面上铸造成就的一种具有更为广泛适用性的理论形态。① 因此,德行诠释学的建构一方面要立基于中国诠释传统之上,另一方面又要充分吸收诠释学的世界资源,这样方能既以自身鲜明的伦理追求区别于西方诠释学,又能够接续诠释学的实践哲学转向而向着"世界性"的新型诠释学发展。

在潘德荣看来,孔子删述六经,开创儒家学派,确立了以"立德""弘道"为价值导向的释经解经传统,这种传统的要旨是解经在于求取成仁之道,旨趣主要不在追索物的客观事理,而在于阐发"德行"、伦理教化。这种实践智慧不仅提供了反思哲学诠释学之失的参照镜像,也为德行诠释学建构提供了丰厚的思想资源。发展一种继方法论诠释学与本体论诠释学之后的新型诠释学,自然应当依循这种传统,以其为基础梳理、整合中国传统的诠释思想,使之成为一个一以贯之的、整体统一的理论系统,揭示中国诠释传统的精神特征和思想主旨。基于这种识见,潘德荣在比较研究孔子德行理念与亚里士多德德行理念的基础上,首先对孔子的德行思想进行了系统阐释。他认为,孔子德行理论所确立的理念与亚里士多德德行理论所确立的理念有着明显的不同。亚里士多德接续苏格拉底、柏拉图传统,其伦理学明显具有一种知识论性质,实践智慧中包含着一种认知成分,或者说,实践智慧就应当是一种正确理性,它指称着对人应该如何生活的思考。更明确地说,实践智慧的目的就是要告诉人们怎样生活,怎样生活得更好,因此,伦理学作为研究实践理性和以幸福为目的学问,逻辑地被建构为一个关于"善"和"德行"的系统理论体系。与亚里士多德相对比,孔子则具有一种完全不同的理论风格。孔子的主要工作是经典的整理、注疏和诠释。删订、诠释六经,虽然他的思想也是依随经

---

① 参见潘德荣:《"德行"与诠释》,《中国社会科学》2017 年第 6 期,第 25 页。

文而发,但总体上是"述而不作"。《论语》作为集中体现孔子政治主张、伦理思想、道德观念及教育原则等的儒家经典,也只是一部由孔子弟子及再传弟子编写而成、辑录了孔子及其弟子的言行的作品,并不表现为一种系统阐发的理论体系。总的说来,孔子的思想散见于各处,言简意赅,需要读者悉心体悟,方能深入其思想内部,得其思想之精髓。

不仅在理论风格上亚里士多德与孔子不同,他们在伦理学理念上也存在着明显的差异。潘德荣指出,"与亚里士多德立足于'沉思'、并将其视为最高的德行不同,孔子将'德'、'行'并举,德在行中。行不惟依据德,而且成就了德。诚然,在《周礼》中以'诚意正心'为'至德',这一点似与亚里士多德将'沉思'视为最高的德行相通,但是紧随其后的'敏德'恰恰表明了至德与敏德、亦即思与行的不可分割性。《周礼》曰:'敏德以为行本。'(《周礼·地官》)郑玄注:'德行,内外之称,在心为德,施之为行。'朱熹云:'德也者得于心也,行则行之法而已。不本之以德,则无所自得;而行不能以自修,不实之以行,则无所持循。而德不能以自进,是以既教之以三德,必以三行继之。'以此观之,德行本是一体之两面,存于心的、内在的谓之'德';付诸践履的、外在的谓之'行'。正如程颐所说:'存诸中为德,发乎外为行。'"①

孔子这种重视"行"的思想,可以追溯至被称为六经之首的《周易》。潘德荣援引郑玄解《易》观点,认为《易》有三义,即简易、变易和不易。"简易"为《易》之三义之首义,可以"配至德",其重点在于"行"。为了强化自己所作分析的力量,潘德荣又分别从《周易》和理学家程颐那里寻找支持性的证据。《周易·系辞上》云:"乾以易知,坤以简能;易则易知,简则易从;易知则有亲,易从则有功;有亲则可久,有功则可大;可久则贤人之德,可大则贤人之业。易简而天下之理得矣。"此种认知让程颐得出了这样的观点:"天下之理""乾坤之道,易简而已。"也就是因为"'易简'而人皆可知('易知')、皆可从('易从'),而后才能'有亲'、'有功',成就贤人之德与贤人之业。不知不从者,非不能也,而是不为也"②。

---

① 潘德荣:《"德行"与诠释》,《中国社会科学》2017 年第 6 期,第 36 页。
② 参见潘德荣:《"德行"与诠释》,《中国社会科学》2017 年第 6 期,第 37 页。

通过比较研究,潘德荣得出结论:与亚里士多德的"arete"重视"德"不同,孔子的伦理学则更为重视"行"。这意味着在孔子那里,"德"之履行要比"德"之了知更为重要,一如《周易·系辞上》中所言,"默而成之,不言而信,存乎德行"。孔子的伦理思想突出强调了通过践履"德性"而在现实实践中建功立业的重要性,同时他并没有忽视"德行"的教化功能,"同心协力者众多,主要得益于德行的教化之功。德行这种不言之教,在孔子看来,尤胜于言教。所以孔子门下德行、言语、政事与文学四科,德行排在了首位"①。

由孔子开创的这种重视"德行"之"行"的思想传统,在中国儒家传统中被后续的鸿儒硕学始终如一地持守着,可谓孔子之道一以贯之,特别是那些在儒家思想史上有着举足轻重地位、开儒学新风的代表性人物,更是与孔子一脉相承,不遗余力地倡导儒家伦理之实践智慧中的践履精神。潘德荣以朱熹和王阳明为例,指出,朱熹解经虽然重视文字训诂、强调对经文原义的追索,但朱熹解经意在"德行"却是不言而喻的事情,也是朱子解经的目标追求,所以,朱熹对秦汉以来的古文经学家的解经旨趣多有批评,指责他们只知道在章句训诂上下功夫,而不去求索经典中圣人所要阐释的大道义理,不明白圣人之道、经学义理中所指向的"性命道德之归"。故此,朱熹解经的终极目标是"力行"。朱熹如是说:"致知、力行,用功不可偏。偏过一边,则一边受病。如程子云:'涵养需用敬,进学则在致知。'分明自作两脚说,但只要分先后轻重。论先后,当以致知为先;论轻重,当以力行为重。"②可见,朱熹主张致知与力行二者要统一,当更强调"行"的重要性,所谓"为学之实,固在践履"是也。

较之朱熹将"致知"与"力行"作两脚看,要求"致知"与"力行"齐头并举,不可偏废,王阳明则强调"知行合一"。"知者行之始,行者知之成。圣学只一个功夫,知行不可分作两事。"③而"知行合一"之知是"明德性之良知","知行合一"之行则是将所明之"德性之良知"践履于外的行动。所以,王阳明这样解释孔子"修己以安百姓"一语:"'修己便是明明德,安百姓便是亲民。'显然,'修己'是'内圣'之事,

① 参见潘德荣:《"德行"与诠释》,《中国社会科学》2017 年第 6 期,第 38 页。
② 黎靖德编:《朱子语类》卷九,北京:中华书局,1986 年,第 148 页。
③ 王阳明:《传习录》,董平、吴光等编校:《王阳明全集》上册,上海:上海古籍出版社,1992 年,第 13 页。

明明德作为'修己'，只是自己体悟明德，是'知'；而'安百姓'则是'外王'之功，是'行'，此二者又岂能简单地'合一'？王阳明的解答是：'若知明明德以亲其民，而亲民以明其明德，则明德亲民焉可析而为两乎？'两者在目标与功能上的互摄互动互证使之成为'合一'的整体，无论知还是行，终究是为了立德（明明德）、履德。"①

　　这样，潘德荣就在中国经典传统，特别是孔子的经典诠释思想那里，找到了"德行诠释学"之理论建构的出发点和思想基础，并以"德行诠释学"的建构接续诠释学在经历了方法论发展阶段和本体论发展阶段之后的第三阶段发展，将诠释学的主题从自我理解明确发展至自我塑造，即理解的价值选择。方法论诠释学将诠释学转成一门普遍的理解理论，其关注的核心议题是外在于理解主体的客观"文本"，意在通过发展完善的诠释方法体系为正确地理解文本（或作者）的原义（或原意）提供方法、手段和保障。本体论诠释学则将关注的目光从外在的客观文本转向理解的主体，理解的对象只是作为理解主体进行自我了解的中介，让理解者在理解中敞开自己，获得对自己本真性存在的内在规定性，呈现出自身的存在状态。理解成为一种存在论事件。无论是方法论诠释学还是本体论诠释学，其各有自己存在的价值，亦各有自己的理论贡献，但是由于它们受限于来自自身理论品格、问题关怀和旨趣目标等方面的界限要求，诠释的价值向度未能进入它们思考的视域。也就是说，方法论的诠释学主要关注诠释的客观性和文本客观意义的揭示，其理论任务规定中并不包括对所诠释内容是否有价值和如何取舍价值之考量；本体论诠释学主要是一种通过理解敞开此在之本真存在的哲学，至于在此在之本真存在的诸多可能性中如何进行选择，则溢出了其理论关怀的核心范围，尽管我们可以在其对此在之本真性的历史性分析中能够找到不那么集中和系统的阐论。相比较而言，"德行诠释学"敞开了诠释学发展的新路径。我们应该成为什么样的人，成为诠释之理解的价值向度，是实践哲学转向之后建构形成的诠释学的核心之问，规定了新型诠释学发展的方向。潘德荣指出：

　　　　诠释学何去何从？笔者以为孔子以"德行"为核心的诠释学理念是一个

---

① 潘德荣：《"德行"与诠释》，《中国社会科学》2017 年第 6 期，第 40 页。

值得期许的诠释学向度。若以德行为核心,显然对诠释的方法论也提出了一个新的要求,可以称之为"积极的"诠释,它要求我们的诠释活动有意识地向"善"、向着与时代的发展相适应的"德行"而展开。质言之,若某段话语在学理上有多种诠释的可能性,我们须择"善"而取之,也就是说,应将是否能向读者提供"正能量"作为取舍的标准之一。惟有通过这种诠释方式,被视为经典的作品才能在今天被赋予了积极的、肯定的教化意义。

如果将中国诠释学的构建纳入到世界的"诠释学"视野中来考察,它就不仅是作为整体的诠释学思考的一个重要部分,而且还是诠释学研究得以突破目前的发展瓶颈,进而提升为一种新的理论形态——"德行诠释学"——的决定性因素。依笔者之见,德行诠释学应当是在一个更高的层面上对中、西方各种诠释思想资源的全面的分析与整合。这项综合性的研究主要包含了诠释的方法论、本体论与德行论三个方面的工作。质言之:(1)关于诠释学方法论问题。需厘清西方诠释规则与方法论、特别是贝蒂的诠释学方法论体系;认真梳理中国解经史的诠释经验。在此基础上提炼出能够融合中西、具有更广泛的适用性的诠释方法论,用以获得对文本的最大限度的正确理解。而所有基于个人体悟的意义发挥,须建立在对文本尽可能正确的理解之基础上;(2)关于诠释学的本体论。这项研究的重点是伽达默尔诠释学与阳明心学比较研究。他们的共同点是将理解视为意义的创造活动,不惟主体通过理解而得以自我实现,而且我们整体的精神世界也是通过理解建立起来的。伽达默尔学说与阳明心学的互补性在于,前者从实践哲学出发,在理论上阐明了理解是此在的存在方式及其规定性,后者立足于经典的解读、体悟以及依据经典的践履,将经典之旨化为自己的内在生命,此中便蕴含着引导理解的价值导向。中国诠释传统中的这种价值导向性,乃是我们建构德行诠释学深厚的思想资源;(3)德行诠释学乃是继方法论与本体论诠释学之后的新型诠释学。要而言之,它是一种以"实践智慧"为基础、以"德行"为核心、以人文教化为目的的诠释学。它并不排斥诠释学的方法论与本体论探究,而是将其纳入自身之中,并以德行为价值导向来重新铸造它们。在理论层面上,方法论的制订与本体论的构建,均应循着德行所指示的方向展开;在实践层面上,我们的内在修行与见之于外的行为,亦须以德行为鹄的。①

综合上面的归纳转述和分析讨论,有理由说,在通盘考量现代诠释学发展的历史,并对现代诠释学发展趋向作出自己的学术判断之后,潘德荣提出了建构"德行诠释学"的学术构想,将新型诠释学建构放置在世界的"诠释学"视野中去思考,意在一个更高的层面上对中、西方各种诠释思想资源进行批判反思、吸纳整合,建构一门被称为"德行诠释学"的中国诠释学,并将其作为整体的诠释学思考的一个重要部分,实现现代诠释学从自我理解到自我价值定位的视域转换,进而开拓出现代诠释学发展的一种新形态。在此种意义上说,潘德荣的"德行诠释学"建构不完全是中国的,因为建构"德行诠释学"的初衷意在突破现代诠释学的发展瓶颈,目标是形成一种超越了方法论诠释学和本体论诠释学的现代诠释学第三种形态。潘德荣这样说:"德行诠释学之创立虽然立足于中国学术传统的诠释理念,但它的学术视域却是世界性的,笔者看来,它预示着世界诠释学研究的未来走向:融合中、西的诠释思想,且将诠释的本体论、方法论与德行论融为一体。德行诠释学的创立,不仅意味着孔子所奠定的中国古老的传统诠释理念在当今时代仍具有经久不衰的生命力,同时这也是我们对世界的诠释学研究作出的应有贡献。"②当然,从另外一种意义上说,"德行诠释学"建构又是中国的,因为"德行诠释学"执着于在现代诠释学新形态的建构中体现一种中国文化的整体特点,它不仅要吸纳儒家的诠释传统,还要吸纳、整合道家、佛家的诠释传统,以及马克思主义的诠释理论,是故,"德行诠释学"的确可以被看作是在世界的诠释学视域中建构形成的"中国诠释学"。就此而言,可以把"德行诠释学"看作是中国学者以积极态度参与世界哲学发展的一种积极行动,它的建构基于中国学者对现代诠释学发展历程的独特学术分析,具有重要的学术价值,彰显出中国学者的学术担当。

然而,若从中国经典诠释传统现代转型和中国诠释学建构问题发生的背景角度审视德行诠释学,笔者认为,"德行诠释学"不应被看作是一种典型的中国诠释

---

① 潘德荣:《"德行"与诠释》,《中国社会科学》2017 年第 6 期,第 40—41 页。
② 潘德荣:《"德行"与诠释》,《中国社会科学》2017 年第 6 期,第 41 页。

学,这不仅因为"德行诠释学"提出的问题域主要不是中国的,而是西方的或世界的——建构者的问题意识主要来自现代诠释学的第三次转向,目标在于克服现代诠释学发展困境,建构第三种形态的新型诠释学,在此意义上,回归中国诠释传统不过是建构者寻找到的走出现代诠释学发展困境的方式或道路。迄今为止,汉语学界有关中国诠释学建构方面的研究表明,占据主流的观点是,中国诠释学建构应该在完成中国经典诠释传统"古今之变"基础上,基于中国思想传统,建构一门普遍化的中国诠释学,贡献于世界哲学,特别是诠释学的当代发展。以是观之,笔者高度赞扬"德行诠释学"对于推进汉语诠释学研究所发挥的积极作用,但同时也要指出,"德行诠释学"所提供的建构经验对于汉语诠释学所要解决的主要任务——中国经典诠释传统的现代转型及中国诠释学转型之类型选择——缺乏直接应用的同质性条件。

笔者对"德行诠释学"提出的另外一个批评是,"德行诠释学"有着从诠释学的现象学立场退回亚里士多德实体主义立场的隐微迹象。当"德行诠释学"指责本体论诠释学遵循诠释的历史性原则将不同理解奉为理解的本质规定性,要求顺应诠释学的伦理转向,将实践智慧中的价值取向确认为更好理解的判据时,一种亚里士多德式实体主义就悄然缠上了"德行诠释学"。因为,只有承认存在一种可以脱离历史语境之抽象的实质性价值规范,才能以其先于诠释的观念之实质性意涵,判明什么样的理解是更好的理解。这显然持守的是一种以主-客二元结构为先行本体论前提的诠释学实在论立场。就此而言,"德行诠释学"需要对自身展开一种反思性审视,以检视自身是否在哲学立场上存在着一种在意识哲学与现象学之间的摇摆现象。最后,需要指出的是,德行诠释学证成了现代诠释学顺应伦理学转向发展自身的可行性,但是,德行诠释学对"德行"的诠释在何种意义上是诠释学的,而非伦理学的,也就是说,德行诠释学如何证明自身不是"德行"的伦理学理论,而是"德行"的诠释学理论,并依据诠释学的普遍性要求将自身的义理阐释和体系建构充实起来,是建构者所要面对的更为严峻的挑战。

第一编　德行诠释学

中西诠释传统的会通与当代中国诠释学的构建

——潘德荣的诠释学思想及哲学新开展

李安泽

黑龙江大学哲学学院

　　潘德荣先生是我国著名的诠释学专家。他在四十余年的学术生涯中专注于诠释学的研究,对我国诠释学领域的开拓和发展,厥功至伟。诠释学从一个外来的生僻冷门的学科,蔚然成为当世显学。如今,诠释学的一些专业术语,在国内学术界简直成为耳熟能详的语汇。潘德荣的学术贡献是举世公认的。他的诠释学研究专著,备受国内外学术同行的重视。《诠释学导论》自20世纪90年代末在台湾出版,至今被列为教学用书;《西方诠释学史》入选国家哲学社会科学成果文库;他的一些专业性的研究论文,持续地引发学术界的兴奋和讨论的热潮,其中,有9篇发表在《中国社会科学》。这当然是不无因由的。多年来,他的学术重心一直围绕着西方诠释学而展开;他对西方诠释学理论的研究,极深研几,窥其阃奥。与一般的译介和转述有着很大的不同,潘德荣的哲学诠释学研究,不仅能够原原本本地述其源流,而且对于西方诠释学发展和转折中的问题有着独到的理解和发现,这与作者持守一个东方学者独特的学术观点和理论立场有关。近年来,潘德荣致力于中西诠释传统的比较与融通,表现出一个中国学者从哲学诠释学领域会通中西哲学的理论探索和巨大努力。显然,潘德荣的诠释学研究具备一个广阔的中西哲学比较、融通的理论视域,可以说,其本身就是一个中西诠释传统和多重理论视域融合、会通的成果。在此基础上,潘德荣水到渠成地提出了"德行诠释学"的理论建构。富有个性色彩的"德行诠释学"的创立,标志着一直以来学术界众所期待的"中国诠释学"的理论建构的竣工,标志着中西哲学实质上在一个全新的思想境域中的平等会面与对话。概言之,潘德荣消化和运用西方诠释学的理论和方法,致力于会通中西诠释传统,并终于融会贯通,自成一家之言,确实殊为不易,代表了当代中国学者在东西方会通的境域下矢志不渝、艰苦求索,以解答当代中国和世界理论和实践发展中深层问题的不懈努力和追求。从这一意义来说,潘德荣已不是一般意义的"诠释学家",而是一个"创造性的诠释学家"。①

一、 西方诠释传统的源流、兴起与发展转向

诠释学自 20 世纪 80 年代传入中国,引起了国内的持续关注,乃至成为学术界持久讨论的热点。这种盛况空前的现象,本身就是令人深思的。80 年代的中国,处在改革开放的春天,一派春光乍现、生机盎然的气象。中西学术文化交流的大门打开了,一批年轻学子满怀热忱和憧憬地走向世界、拥抱世界。潘德荣的诠释学研究,就是在这种时代背景下产生的。潘德荣自述,他对诠释学的兴趣,始于当时美籍哲学家成中英先生应冯契先生之邀回国讲学的系列学术讲座。他此后几十年的学术研究都围绕着诠释学展开。② 潘德荣从一个朝气蓬勃的大学讲师,成为一位学富五车的学界耆宿,以一位中国学者的创造性精神和思想,见证和参与了中国当代改革开放的历史进程。与国内流行的诠释学研究注重伽达默尔一系及其当代思想发展有所不同,潘德荣更注重追源溯流,从西方诠释学的历史演变和发展来了解和把握诠释学的真实面貌和理论特征,这使他的诠释学研究具有常人难以企及的历史厚重感和理论穿透力。而且,他尽量搜罗齐备的文献,以摆脱固定的学术观点的限制,务求客观公允和逼真地呈现、描述诠释学的本来面目。他在《西方诠释学史》前言中承认,诠释学这一学科的最大魅力就在于,"从来也没有存在过那种所谓公认的、普遍适用的诠释学原则",③以至于"诠释学"这一名称,都给人留下了"非确定性"的印象。因此,要了解诠释学是什么,"在我看来,尽可能完整、准确的把握一门学科最有效方法就是了解它的历史,从对它的起源、发展及其历史进程中所展现的各种形态之描述中来把握其特征"④。可见,潘德荣的诠

---

① 傅伟勋:《从西方哲学到禅佛教》,北京:生活·读书·新知三联书店,1996 年,第 5 页。
② 参见潘德荣:《诠释学导论》后记,桂林:广西师范大学出版社,2015 年。
③ 潘德荣:《西方诠释学史》前言,北京:北京大学出版社,2013 年。
④ 潘德荣:《西方诠释学史》前言。

释学研究是筑基于坚实的文献疏释和文本解读的功夫之上的。在此基础上,他祛除各种约定俗成的习见和思维定式的束缚,广泛汲取和采纳各方面思想观点的优长,通过发挥彻底的理论批判精神,从而力求实事求是地发现问题、解答问题,终成一家之言。可以说,这是潘德荣诠释学研究的起点,也是其理论特色形成之由来。

潘德荣指出,现代诠释学的前身是"圣经注释学",其基本的指向和旨趣在于文本理解,也就是理解作为经典的文本即《圣经》的原义。受到康德先验哲学转向方法论以建立科学的形而上学的影响,西方的学术传统由解经学发展出"现代方法论诠释学",现代诠释学由此诞生。方法论诠释学是一种技术诠释学,其主旨是制定一套正确理解文本的方法论体系。这种方法论的探索,乃是基于一个根本信念,就是确信通过建构一套合适的、精密的方法,就能够揭示文本原义。方法论诠释学着眼于对文本的正确理解,文本的意义被视为一种类似于自然科学的真理的"客观的"存在①。在德国浪漫主义运动中,施莱尔马赫将诠释学从神学的桎梏中解放出来,他将语法学的语言分析和心理学的方法结合起来,作为诠释学的一般方法,创立了适用于整个精神科学领域的理解学说,即一般诠释学,奠定了现代诠释学的基础。狄尔泰在此基础上,进一步发展出"体验诠释学",以其生命哲学为基础,将施莱尔马赫理解文本的技术性规则的诠释学,发展成为哲学诠释学,理解的对象也从语言性的文本扩展到生命本身,扩展到历史现象和社会生活,即所有的精神现象和人文科学,狄尔泰相信,通过适当的方法就可以像认识自然现象一样精确地认识精神现象,强调通过生命的体验,达到对文本和人类精神世界的理解。②潘德荣将施莱尔马赫、狄尔泰作为"现代诠释学发展的第一阶段",其共同的特征是寻求一般的方法论,以追求精神现象的"客观知识"或"真理",他称之为"方法论诠释学",有时又称之为"认知性诠释学"。潘德荣很重视对方法论诠释学的研究,认为从整个西方诠释学的发展来看,方法论诠释学乃是主流。他对西方诠释学史的梳理和研究,也是以此为主线。③

---

① 参见潘德荣:《文本理解、自我理解与自我塑造》,《中国社会科学》2014年第7期,第54页。
② 参见潘德荣:《诠释学与哲学方法论》,《天津社会科学》2004年第4期。
③ 参见潘德荣:《西方诠释学史》前言。

由于施莱尔马赫、狄尔泰沿袭康德哲学认识论的进路,把理解当作是主体认识作为客体的文本和精神现象,却忽视了人作为理解主体自身的生命意义。海德格尔、伽达默尔的诠释学转向了一种内在性的、主体性的研究,将作为诠释主体的人的意义问题凸显出来。这是现代诠释学发展的"第二个阶段",即"本体论诠释学"。① 本体论诠释学并不以追求文本的原义为理解的目标;相反,却根本否认自然科学的方法对于探索精神世界的典范意义,甚至完全拒斥方法论的探讨。本体论诠释学与方法论诠释学的一个重要区别,根源于对"文本"的不同界定:方法论诠释学将文本视为客观存在,是独立于主体的理解对象;本体论诠释学以为真实的文本只是在诠释者自己的视域或在主体的意识中呈现出来的文本,这种对文本的不同界定,导致对真理概念的不同理解。② 海德格尔将揭示存在的本质和意义作为其哲学研究的任务。在他看来,理解不再是"此在"的一种活动,毋宁是"此在"存在的一种基本样式,"此在"的意义,也就是整个世界的意义,它不是被理解后才呈现出来,而是在理解中被展开。就此而言,理解与意义一样,具有本体论的性质。海德格尔的"此在诠释学"对现代诠释学的转向,是实质性的。伽达默尔由此出发,断认文本不是一个被给定的对象,而是理解事件之进程中的一个阶段,强调文本不是先于、外在于读者的客观对象,而是在诠释的关联中才表现为文本。伽达默尔根本否认文本的"客观意义",他的诠释学也完全拒斥方法论的追求。他在《真理与方法》的导言中声称,"本书探究的出发点就在于这样一种对抗,即在现代科学范围内抵制对科学方法的普遍要求"。伽达默尔的语言诠释学理论将理解完全主体化、内在化,最终将其归结为"自我理解"和"主体间"的内在关系;他将理解看作"读者"与"文本"的对话,而"读者"与"文本"之间是一种"视域融合"的关系。这样,理解成了主体与对象互动互摄的过程。③

潘德荣指出,现代诠释学发展中的"第一个转折"即方法论诠释学的兴起,完成了精神科学的方法论的建立和变革,在基本上遵循传统知识论路线的同时,充分肯定主体性对于知识的意义。正是由于这种对主体性作用的自觉,完成了对精

---

① 参见潘德荣:《诠释学与哲学方法论》,《天津社会科学》2004 年第 4 期,第 21 页。
② 参见潘德荣:《文本理解、自我理解与自我塑造》,《中国社会科学》2014 年第 7 期,第 54 页。
③ 参见潘德荣:《认知与诠释》,《中国社会科学》2005 年第 4 期,第 69 页。

神科学具有一般普遍性的方法论的反思，进而探求精神现象的客观知识。由于方法论诠释学毕竟是建立在主体性的基础之上，而主体存在的意义却在其视野之外，这种对客观真理的追求和高扬主体性的方法论之间的矛盾，使认知诠释学的发展遭遇到内外双重的困境和危机。现代诠释学的"第二个转折"即本体论诠释学的变革，乃是认知诠释学发展的内在要求，也是其主体性转向的彻底完成。本体论诠释学通过将客体主体化来消解客体以及客观知识，进而建立了"主体间性"的诠释理论。但是，本体论诠释学立足于存在的意义而张扬诠释贬低知识，乃是对认知主义的科学方法万能论的矫枉过正。它的兴起确实颠覆了传统的本体论，也颠覆了传统的认识论模式。①

二、　中国诠释传统的梳理与当代发展

中国有着悠久的解释经典的历史。自孔子删订六经，围绕着经典的解释，中国学术史上形成了不同学派的争论。经典和经典的解释，一起构成了中国的诠释传统，积淀成为中国的文化传统。如何理解中国传统文化的经典和历史上对于经典的不同解释，是摆在今天中国学者面前的一个重要课题。② 学者们通过研究，普遍以为中国古代的经典诠释其实是一种注经学，它本身还没有上升到一种系统的方法论的高度，与现代意义的诠释学不可同日而语。潘德荣提出，研究中国的诠释传统，不能固步自封地固守传统，也不能照搬照抄西方的诠释学模式，要从中国的注释传统中发掘有用的思想资源，需要一种重大的理论突破和范式转换，赋予中国的经学传统以新的解释和面目。他强调，要在融合古今中西诠释传统和时代精神的基础上，挣脱传统的对文本理解的窠臼和局限，进而达到对理解的本质认识的一个大的升华。此中的要义在于，不仅要在新的"世界观念"和时代精神的引领下，掌握作为"知识"的经典的"原义"，还要不断发掘经典背后的"意义"，并将其上升和整合到新的"世界观念"的层次中。显见，这种对中国传统经典诠释的梳理

---

① 参见潘德荣：《认知与诠释》，《中国社会科学》2005 年第 4 期，第 63 页。
② 参见洪汉鼎：《文字·诠释·传统——中国诠释传统的现代转化》总序，上海：上海译文出版社，2003 年。

和研究,与一般性的经典和文献疏释的工作是不同的。毋宁说,它是对中国诠释传统的一种再诠释、再创造,也是哲学家的一种创造性的重构。①

《易经》向来被称为群经之首,在中国传统文化中具有突出的地位。正是其作为原初文本的可解释性和历代读者不同的解释方式,由此形成延续至今的"易学"传统。可见,《易经》的流传和诠释,对于中国诠释传统的研究有着特殊的意义。潘德荣认为,《易经》对于中国人的思维和诠释方式的影响至为重大,它孕育了中国传统的诠释观念的三个主要特征:解释的辩证性、应用性和价值性。首先,从解释观念的辩证性来看,《易经》的一个主要特点就是从对立统一的观点来观察、解释事物。按传统的解释,"易"有三义:变易、不易和简易。"变易"是指世界的动态变化性;"不易"是指世界变化发展的法则、原则是不易的,也可以说,变易性是世界存在的不易法则;"简易"是指世界变化发展的法则,即易道的原则是简易明了的。在此,易之"变易"与"不易"构成了对立又统一的对偶范畴。《易经》将世界统一性的原理归结为阴、阳两种符号以及它们之间的联系与转化的方式,即所谓"一阴一阳谓之道"。总体上来看,《易经》强调事物变化发展的动态过程以及概念之间对偶性的相互联系和转化。其次,从解释的应用性来看,《易经》本是卜筮之书,被用来卜筮以获知神意。经过孔子的人文主义改造和哲学性的解释,《易经》主要被用来借助卦象阐释儒家义理,这也就是一般所公认的:孔子读易,重在"观其德义"。此中缘由在于,《易经》包括一套卦象的符号系统和对卦象的文字解释的卦爻辞以及对卦爻辞作哲学性解释的《易传》等,它是一个包含象数系统和义理系统的具有统一性的整体系统。《易经》无论是被用作卜筮或者是被当作哲学,都是其应用性的一种解释。再次,从《易经》的解释中体现出显著的以天道为归趋的价值取向和社会伦理与道德的观念,也就是说,《易经》不仅是对卦象的解释,也是儒家价值观念体系的表达。②

《易经》是中国传统文化的根本经典,为儒家、道家共同尊崇。由于汉代儒学谶纬化、教条化的弊端,经过魏晋玄学的言意之辨,中国诠释传统中人文化的义理

① 参见潘德荣:《训诂学的诠释学意义》,《文字·诠释·传统——中国诠释传统的现代转化》第二章。
② 参见潘德荣:《经典诠释中的方法论》,《文字·诠释·传统——中国诠释传统的现代转化》第三章。

和哲学的路线重新恢复了。而真正恢复和接续儒家义理和哲学路线的,则是宋明儒学。潘德荣指出,宋明儒学以阐释义理为主要诠释方法,并取得了中国诠释传统主流的地位。一般的社会人士关注和争论宋明儒学中理学和心学的差异和对峙,却较少论及它们在理解方法上的共同之处。实际上,无论是以理为本,还是以心为本,理学与心学的理解都有一个共同的基点,即"体验",它们都强调体验在理解中的意义。如果说魏晋玄学的"言意之辨"尚停留在语言层次的理解,宋明儒学的体验概念则已深入到理解的社会心理的基础,标志着中国传统的诠释理论进入了一个新的发展阶段。① 在潘德荣看来,朱熹在中国经学史上是第一个相对集中地探讨过诠释方法论的学者,侧重于对经典的理解和理解的实践,但并未抛弃章句训诂,这使他对经义的发挥有了可靠的文字学的基础;他又将读经穷理与个人践履结合起来,表明他的诠释理论具有强烈的实践倾向。朱熹建立了一个以"天理"为中心的本体论哲学体系,将意义整体的圆融、和谐确立为经典理解的方法论原则:不同的理解经典的方法或体验,唯有与"天理"达至和谐一致,才是合理的解释。朱熹强调,经文原义、圣贤原义和读者所悟之意乃是理解过程中依次递进的阶段,理解的目标就在于这三者的统一。因此,解释经典本身不是目的,而是在于借助经典来阐发义理,他将通经明理作为其经典诠释的宗旨。② 如果说朱熹着眼于格物、践履的体验,乃是一种自外而内的"闻见之知"和体验,心学集大成者王阳明则注重"不假外求"的"内省"的体验,通过"诚心正意"、"居敬省察"而"穷理于心"。王阳明完全轻视和摒弃那种寻章摘句的训诂方法来解释经典,认为六经是一个整体,是天理的呈现,主张,"致吾心之良知天理于事事物物"。在王阳明看来,经典不是外在于人的内心而存在,它的意义正是在人们的阅读中得以敞开的。心学家相信,人同此心,心同此理。我们可以循着经典所提供的线索,通过内省的工夫与圣人的内心,也即"天理"相契合、相吻合。如此,读经明理也就是一个读者自己悟心中天理的"致良知"的过程。王阳明由此开辟和完成了中国诠释传统中"六经注我"的转向,代表了一种新的诠释路线。③

---

① 参见潘德荣:《训诂学的诠释学意义》,《文字·诠释·传统——中国诠释传统的现代转化》第二章。
② 参见潘德荣:《经典与诠释——论朱熹的诠释思想》,《中国社会科学》2002 年第 1 期,第 57 页。
③ 参见潘德荣:《训诂学的诠释学意义》,《文字·诠释·传统——中国诠释传统的现代转化》第二章。

可见，潘德荣对中国诠释传统的研究，既是对中国传统诠释理论的一种系统性的梳理和整理，也是一种有深度的哲学理论的重新建构和再诠释工作。在此，中国诠释传统的疏释和中国诠释理论的构建是结为一体的，也可以说，潘德荣对中国诠释传统的系统性疏释，是他构建其诠释理论的前奏和有机组成部分。潘德荣借鉴和汲取现代西方诠释学的理论和方法，并借此揭示和阐发中国传统的诠释理论，使其作为一个有条理的理论系统呈现出来。这表明，潘德荣是在一种新的理论和方法的自觉意识引领下，重建中国哲学的本体论和方法论，力图达至在新的哲学理论层面对中国传统诠释理论的重新理解，进而实现中国传统诠释理论的创造性转化和现代转折。他本人很重视当代华裔哲学家成中英、傅伟勋的现代诠释理论的建构和研究，便是出于这种理由。①

三、 中西诠释传统的比较与会通

东西方文化在诠释学领域的交流与融合，已然成为当代世界经久不衰的学术热潮。由于其内在的一致性而衍生的可融通性和由相互的差异性而衍生的互补性，东西方文化事实上构成了一个互补统一的整体性的系统。而诠释学则适逢其会地成为联结东西方文化的一道桥梁和纽带。诠释学在当代世界文化交流中扮演并承担着一种特殊的角色和使命，这是由中西诠释传统在本质上的一致性和相互的差异性决定的。潘德荣认为，理解本质上是作者和读者之间的"世界观念"的一种相互的渗入和融合，它一方面指向文本的"原义"，一方面指向"意义"的生成。这两者之间不是截然对立的关系，而是一种辩证统一的关系。他指出，随着诠释学研究的深入，东西方文化对理解的本质的认识，也不断深入。东西方文化不仅都具有久远的诠释传统，而且都存在着通过不断追索经典"原义"，从而不断地生成新的"意义"的历史；东西方文化的传统包括中西诠释传统，也是在这样一个不断诠释经典"原义"、不断生成新的"意义"的辩证运动的历史进程中形成的。而在

---

① 参见潘德荣：《中国诠释传统的现代转化之探索》，《文字·诠释·传统——中国诠释传统的现代转化》第四章。

原初的意义上,东西方文化都包含着企图借助经典诠释和发现"神意""神旨"的意涵。东西方诠释学史显明,人类文化传统的形成总是一面不断地回归到原初的经典,一面不断生成新的意义的历史进程。①

如果说东西方诠释传统本质上的一致性、统一性为确立整体性的、世界性的诠释观念,提供了合理的基础,其相互之间的异质性、互补性则为这种新的"世界观念"和诠释观念的形成,提供了现实的可能。潘德荣指出,东西方在漫长的历史长河中形成了两种不同风格和进路的诠释传统,两种不同诠释道路的形成,可以溯源至其语言文字的基本形式及其对思维方式的影响。西方的诠释传统源于语音文字,可谓是一种"语音中心论"的诠释传统,拼音文字的特点在于,它的表意方式主要是通过语音与语义的联结来实现的,其更侧重于语法和语词分析,对于其诠释传统中分析精神的形成至关重要;中国的诠释传统源于象形文字,可谓一种"文字中心论",象形文字的特点在于,它的表意方式主要是通过字形与语义的联结,或者说通过看图识字以会其意的方式来实现的,其追求效法自然、寓意于形的效验和侧重个人体验的趋向,对于其诠释传统中的整体综合精神的形成,同样是十分重要的。潘德荣认为,这两种诠释传统之间并无优劣高下之分。他不同意汉字优越论,也不同意西方拼音文字优越论,强调中国传统的训诂学与西方中世纪乃至文艺复兴时代的诠释学,以不同的方式设法接近经典的"原义",可谓殊途同归,只是西方学者通过语言分析趋向神学的原始意涵和意旨,而东方学者则通过字形的考察追溯原典的意义。诠释学在现当代的发展,尤其体现出一种因其异质性而互补、相需的趋向:西方诠释学发展到现代形态,在发展中面临的问题,亟须从东方的诠释传统中寻求新的思想资源;中国的诠释传统同样需要借助西方诠释学的理论和方法,实现新的理论突破和发展。总体上来看,中西诠释传统因其相互之间的异质性、互补性特征,为世界性的、整体性的诠释学理论建构预示了新的发展方向。②

在当代西方学者中,德里达对西方语音中心论的诠释传统,采取了一种彻底

---

① 参见潘德荣:《中西方诠释思想之比较:文字与诠释》,《诠释学导论》第八章。
② 参见潘德荣:《中西方诠释思想之比较:文字与诠释》,《诠释学导论》第八章。

否定的观点,他对西方诠释传统的内在矛盾及问题的认识是深刻的。他断认,整个西方传统哲学,包括以反传统自居的结构主义,奉行的都是一套逻各斯中心论,其实质乃是一种语音中心论。语音中心论以理性和逻辑的概念思维为原则,追求言语和存在以及言语和意义的绝对近似,因而陷入了主客二分的对立和矛盾之中。①亚里士多德可谓西方这种二元对立诠释传统的发萌者,他所开创的注重语法分析和技术性规则的逻辑学,以追求对文本的明晰性、严密性与合逻辑性的理解的诠释传统,一直延续到文艺复兴。在亚里士多德那里,他将文本作为客体的对象,而将读者作为主体,进而试图发明一套方法和原则,以尽量逼真地发现文本的原义。这种诠释传统,擅长于逻辑的、语法的分析和一套原则及理论体系的建构,在本质上属于一种以知识性的追求为导向的诠释传统。在这种以概念思维为基础的诠释传统中,作为客体的文本与作为主体的读者,实质上处于一种主客对立的矛盾之中。由于这种分析性的、二分法的原则和精神的压倒性的影响及作用,整个西方诠释传统甚至永远陷入一种二元对立的矛盾而莫得其解。此后,西方中世纪的注经学将人与上帝对立起来;②西方传统的诠释学,仍然一如既往地被置于主客对立的框架中;③而西方现代诠释学的兴起,可以说开启了一种内在性的、主体性的转向,尤其是海德格尔、伽达默尔以至德里达、利科等的后现代主义哲学,表现出一种对西方固有的诠释传统的彻底批判和向东方诠释传统趋近的理论旨趣,这是由西方诠释传统的内在矛盾决定的。但是,迄今这种理论的转向尚没有完成,有待进一步的观察和探索。

面对西方诠释传统的危机,德里达将目光转向东方。在他看来,汉字这种象形文字更原初,而西方拼音文字更具有派生性,因而汉字模式明显地可以打破逻各斯中心主义。④无独有偶,我国著名哲学家王树人先生在中西比较研究中,将中国的思维方式界定为"象思维",认为中国的"象思维"较之于西方的"概念思维"更

---

① 参见德里达:《论文字学》,汪堂家译,上海:上海译文出版社,1999年,第15页。
② 参见潘德荣:《语音中心论与文字中心论》,《文字·诠释·传统——中国诠释传统的现代转化》第一章。
③ 参见潘德荣:《西方诠释学史》,第525页。
④ 参见德里达:《论文字学》,第115页。

具有本原性,在观念和意义的生成上更具有原创性。① 在潘德荣看来,源于图形符号的汉字,其形义联结的表意方式较之于拼音文字,与原初的"世界观念"始终保持着一种直接的联系,根源于汉字的形象直观的特点,中国诠释传统形成了特有的非分析性的、整体综合的思维方式和精神特征。中国人习惯于以诗性的、感悟性的生命体验和整体直观的方式,观察和摹写世界的结构和生成,同时在人与世界互动的过程中,追求一种对世界与生命本质和谐的了悟和睿识。也可以说,中国诠释传统体现和贯穿着一种"天人合一"的精神和价值优先的思想特征。这种思想模式和精神特征,在《易经》中得到集中和完整的体现,其实质就在于以一种直观的、生命体验的方式,洞察和把握一种整体性的"世界观念",进而达到对生命精神底蕴的领悟和通识。《易经》作为原初的经典,经过孔子的哲学化的阐释,从而树立了它在中国诠释传统中人文主义的主流和典范地位。中国历代的诠释学家,沿承孔子的思想路线,通过经典的阐释,建立了富有时代精神和个性特色的诠释理论,它们在总体上形成了一个多元互补而又整体统一的中国诠释传统的理论体系。相对而言,中国诠释传统的原发创生的特质,使其具有更广阔的诠释空间,也更有利于各种观念的创生与发展,只是这种创造精神在历史发展进程中每每因遭到政治意识形态的抑制而受挫。② 潘德荣进而指出,中国诠释传统在现代的发展,面临着一个借鉴和借助于西方现代诠释学的理论和方法,实现中国诠释传统的现代化与世界化的课题。由于中国传统的诠释理论疏于精密的分析方法和理论体系建构上的先天不足,这一课题在今日显得尤为迫切和显著。

据上所论,中西诠释传统在当代的发展,表现出显著的相反相成而互补相需的理论趋势,中西诠释传统的融合与会通,成为当代诠释学发展最深层的推动力和新的方向。因此,当代最有远见和历史洞察力的诠释学家、哲学家的任务,就是自觉地担负起这一历史使命,卓有成效地推进中西诠释传统的融合与会通,进而构建具有普遍意义的新型世界诠释学的理论范式。潘德荣认为,中西诠释传统的

---

① 参见王树人:《象思维与概念思维之比较》,《回归原创之思——"象思维"视野下的中国智慧》绪论,南京:江苏人民出版社,2005 年。

② 参见潘德荣:《诠释学导论》,第 233 页。

发展,在当前面临内外双重的危机,要克服危机,只有会通、整合中西诠释传统的思想资源,实现中国诠释传统的思想升华和理论范式的突破,从而在新的世界整体哲学的基点上重建具有世界性、普遍性的诠释学的理论范型。就中西诠释传统的内部整合来说,这种趋势尤为明显。西方现代诠释学的发展,方法论诠释学与本体论诠释学的对峙,是这种危机的表征:方法论诠释学重视客观的诠释和理解和方法论的探求,却表现出将诠释的方法论技术化、工具化的趋向;而本体论诠释学重视意义的探求,却矫枉过正地走向相对主义的极端。西方现代诠释学因而陷入了止步不前的困境,长久地难以获得实质性的进展。① 中国诠释传统的情形如出一辙,不仅存在历史上传统的心学与理学的对峙,而且这种对峙在现代新儒学的形态即新心学与新理学中一如既往地持续着,迄今无解。在潘德荣看来,要打破中西诠释传统发展中的困境,关键是要实现中西诠释传统的整合与会通:这在西方诠释学,就是要学习东方的整体综合的思想方法和精神,实现方法论诠释学与本体论诠释学的融合,其实质是在新的理论基点上实现科学、人文与宗教的整合;对于中国诠释传统的现代发展来说,就是要学习和汲取西方诠释学的理论和方法,以新的符合当代世界精神发展的理论形态和面貌,参与到当代世界哲学与文化的建构中,其实质是实现中国诠释传统的现代化和世界化。

四、"德行诠释学"的理论构建及思想内涵

自 20 世纪 90 年代以来,中国学术界开始关注如何借鉴和参照西方诠释学,以实现中国诠释传统的现代转化和建构中国诠释学的课题。海外华裔学者成中英的"本体诠释学"和傅伟勋的"创造的诠释学"可谓此一时期这种哲学探索的代表性成果。国内学者也开始积极地回应这股国际性的学术思潮,期冀中西哲学的交流在诠释学领域获得实质性的突破和进展。针对国内同行对于是否能够建立中国诠释学的疑问,潘德荣给出了自己的答复和观点。他认为,现代意义的诠释学与传统的注经学是根本不同的,传统的注经学是对经典做出正确的解释,而诠释

---

① 参见潘德荣:《论当代诠释学的任务》,《华东师范大学学报》(哲学社会科学版)2015 年第 5 期,第 22 页。

学则是探究解释与理解的最终根据。简言之,注经学是学问,而诠释学则是哲学。他指出,中国具有悠久的解经传统和丰富的解经经验,这是现代诠释学发展的深厚土壤和思想资源,但这不是诠释学。因此,建立现代意义的"中国诠释学",在本质上与中国哲学的现代重建的含义是叠合的,要建立现代意义的中国诠释学,中国诠释传统尚需要经过一番现代转化的工作。① 潘德荣强调,要参照和汲取西方现代诠释学的本体论和方法论,并设法将二者结合起来,实现一种新的理论与方法的自觉和理论范式的转换,从而完成中国诠释学的理论体系建构。② 在他看来,中国诠释学与西方诠释学是一种互补统一的关系,这种现代意义的中国诠释学一旦建立,对于西方现代诠释学来说不仅可以提供新的思想资源,还可以弥补其理论的缺陷与不足,解答其发展中的重大理论问题和困扰,为建构通向整体性的、世界性的当代诠释学提供可靠的理论保障和现实路径。因此,建立"中国诠释学"不仅是当代中国哲学家的一项重要理论任务,对于世界诠释学的发展来说,同样也具有不可替代的作用:"事实上,在现代学术视野中构建中国诠释学,这一学科就必然会跨越时空的界限,深入地反思与整合'古今中外'关于诠释问题的各种思想资源,从而在更高的层面上将其铸造为一个具有更为广泛适用性的理论形态。"③

我们从比较研究中发现,但凡世界上大的文化传统,每逢大的转折,总是要不断地回到其原初的源头,并从中获取前进的动源。西方的文艺复兴以"回到古希腊"相标榜,现代的诠释学发展也是如此。只是与伽达默尔主张"回到亚里士多德"稍有不同的是,潘德荣主张"回到经典,回到孔子"。以此而论潘氏诠释学从比较研究的进路,力主回到原典,也可谓之一种"经典诠释学"。就其诠释学建构的理论路径来看,潘德荣认同中国诠释学的以价值为导向的人文主义思想路线,而对西方诠释学以知识为导向的认知主义思想路线表现出兼采包容和融合会通的态度。潘德荣以中西诠释传统的比较、会通为进路,走向了其"德行诠释学"的理论建构,其目的有二:一是借鉴西方诠释学对于概念的精细辨析来完善我们对中

---

① 参见潘德荣:《汤一介与"中国诠释学"——关于建构"中国诠释学"之我见》,《哲学分析》2017 年第 2 期,第 156 页。
② 参见潘德荣:《中国诠释传统的现代转化之探索》,《文字·诠释·传统——中国诠释传统的现代转化》第四章。
③ 参见潘德荣:《"德行"与诠释》,《中国社会科学》2017 年第 6 期,第 25 页。

国诠释传统的理论分析;二是通过对西方诠释学目前所面临的发展困境之深入了解,借助中国诠释传统的思想资源来求其解困之道。不难理解,潘德荣肯定伽达默尔的理路,将其《真理与方法》作为诠释学的经典之作。他十分赞赏伽达默尔后期将亚里士多德的哲学作为其诠释学最终目标和典范的思想和努力:亚里士多德的伦理学将"德性"(Arete,潘氏译为"德行")和"实践智慧"(Phronesis)置于其理论核心的位置,他围绕着这些核心范畴的系统阐发和论证,表现出知识论的性质,但其中显见对价值问题的考量。伽达默尔的理路为我们进一步探索中西古典诠释理论在价值问题上存在的共识和交汇点作了铺垫,也为现代诠释学的重建提供了新的出发点和参照系。受到伽达默尔诠释学理论的启发,潘德荣倾向于将理论和实践看作一个交互性的过程,它们以意义的生成和价值创造即"德行"为目标,并在"实践智慧"的基础上统一起来。但他不满意于伽达默尔忽视价值以至存在相对主义的趋向,主张回到古典时代重视价值创造的传统。① 潘德荣认为,孔子开启的儒家诠释理论具有鲜明的价值导向,对于解决当代诠释理论中的价值取向问题具有决定性的意义,也是当代诠释学发展应取的方向。概言之,孔子所倡导的立德弘道和人文教化的目标,给予了当代诠释学的发展新的动力,这也是潘德荣所揭橥的"回归经典诠释学"的大旨。潘德荣走过了一条由伽达默尔出发,经过西方现代诠释学回到孔子的思想路线。②

潘德荣指出,孔子删订六经,尤其是解易,意在"观其德义",并不刻意追求《周易》文本的原义。在孔子之前,《易经》本为卜筮之书,巫史解易的重心在于从经文原义的解读中获取神启、神旨。孔子的经典诠释,转向了哲学化的义理阐发和人文教化的目标,这种"观其德义""求其德"的解易之法,取代了巫史之法,中国传统文化的人文主义路线遂代替宗教神秘主义而取得正统和主流的地位。在他看来,孔子经典诠释的要旨在于以"德行"为核心的人文教化。孔子由《易经》的诠释中领悟到,"德"源于"天",乃是由天道垂示,经圣人仰观俯察而得之:天地之"德"在于"大生"与"广生",而《周易》所述"九德"(潘德荣以易经之九卦来界说"九德",指

① 参见潘德荣:《"德行"与诠释》,《中国社会科学》2017 年第 6 期。
② 参见潘德荣:《经典诠释与"立德"》,《安徽师范大学学报》(人文社会科学版)2015 年第 1 期。

涉履、谦、复、恒、损、益、困、井、巽等卦,以彰显孔子解易"观其德义"之旨。),旨在于通过人的道德践履与天地之"德"得以沟通,终臻于与天地神明会通、合一的境域,其立意大旨即在于人的道德践履或"德行"。孔子将"德"、"行"并举,"德"在"行"中,"行"不惟依据"德",而且成就了"德",以此观之,"德""行"本是一体之两面,内在的、存于心的谓之"德",外在的、付诸践履的谓之"行"。要而言之,"德行"诠释学是一种以"实践智慧"为基础,以"德行"为核心,以人文教化为目的的诠释学。由孔子肇端的以"德行"为主旨的诠释传统,对于作为入世之学的儒家传统,即一面注重内在的修行,一面注重外在的践履、"修身齐家治国平天下"的传统或所谓"内圣外王"之道这种精神特征和性格的塑造,发挥了决定性的作用。《左传》有"太上有立德,其次立功,其次立言,经久不废,此之谓三不朽"所谓"三不朽"之说,就是此种观念之集中表达。在孔子之后,后世的儒家继承和发扬了孔子的诠释理念,孟子祖述仲尼,绍传其志;朱子的理学,乃至阳明心学,都具有强烈的伦理道德和人文教化的价值取向。准此而论,"德行"诠释学不仅可以标识中国诠释传统的精神特征和思想主旨,而且以"德行诠释学"为中心线索和坐标,还可以梳理、整合中国传统的诠释思想,使之成为一个一以贯之的、整体统一的理论系统。①

　　可见,"德行诠释学"是在一种新的"诠释观念"和"世界观念"的观照下对中国传统诠释思想的反思和重新诠释,它自身又是一种新的哲学理念和"世界观念"体系的构思和构建。归根到底,"德行诠释学"乃是一种最切近地透显着时代精神气质和当代哲学新开展的哲学形态。潘德荣的哲学研究具备的宏阔的视野,缘于他在哲学思考中融入了中西哲学多重的理论视域。具体地说,他是在传统本体论受到普遍质疑的时代背景下从事本体论重建的工作;他从对人与世界的关系的思考中升华出对生命的意义的问题意识;他在早期的哲学研究中,竭力祛除传统哲学中决定论的气息,表明了其坚决抵御传统本体论思维的立场。他断认,我们所说的"本体论",在真实的意义上乃是对现实世界中最深层的关系的领悟,进而提炼出生命存在意义的观点。② 他倾向于在实践的基础上重新梳理哲学理论的范畴体

---

① 参见潘德荣:《"德行"与诠释》,《中国社会科学》2017 年第 6 期,第 30 页。
② 参见潘德荣:《本体概念的诠释学反思》,《哈尔滨经济管理干部学院学报》1999 年第 1 期。

系,进而将理论与实践作为一个互证互摄的交互性的关系和过程,并指向一个意义生成和价值创造的境域,这种观点在他的诠释学研究和构思中得到一贯的坚持。潘德荣对于当代诠释学发展中处于深刻对立与矛盾中的方法论诠释学和本体论诠释学,提出了一个折中与调和的解答方案,他认为理解的出发点是理论与实践的相互解释,必须以此作为基本原则来实现科学与人文的统一。科学与人文作为人类实践的两个不同领域,它们在本质上都是实践的,不能以科学的、实证的原则来统驭人文科学,使人类丧失了意义和价值的目标;也不能走向完全拒斥科学的方法论的极端,陷入相对主义的误区。他的结论是,"把实践引入理解理论,从语言与实践的关联中把握人文科学与自然科学的统一以及理解与解释的统一"①。质言之,"德行"诠释学的理论建构,是一个以价值为导向、以价值涵摄知识,进而在一个知识与价值互动的关系模式中追求实质和谐与整体统一的理论架构和体系。

五、 范式与效应

潘德荣的诠释学研究,是在中西会通的境域下对中西诠释传统的一种疏释、反思和重新诠释,这是一种哲学史家的工作;同时,它也是基于对新的时代精神的体验和把握而创发和构建的一种哲学理念和诠释观念的理论体系,这是一种哲学家的工作。"德行"诠释学的创建,为当代世界诠释学发展开辟了新的理论视野和方向,也为当代世界哲学的发展提供了一个源于中国智慧的道路和方案,也可谓中国诠释学建立的一个标杆性的理论成果,标志着中西哲学的会通、融合在诠释学领域已推进至时代精神发展的前沿和一个全新的高度,也代表了当代诠释学和哲学最新进展的理论形态。可以肯定,潘德荣在以其毕生的诠释学研究生涯,蹚出了一条独特的中西会通的路径,其理论宗旨乃是双向的,一方面旨在汲取和借助西方诠释学的理论和方法,完善和完成中国诠释传统的理论重建;另一方面,旨在以重建的中国诠释学的理论和思想资源,回馈和解答当代西方诠释学发展的困

---

① 参见潘德荣:《理解、解释与实践》,《中国社会科学》1994 年第 1 期,第 134 页。

境和问题。要之,潘德荣在综合、整合中西诠释传统及其思想资源的基础上,融合会通地提出了一套独特的"德行"诠释学的理论建构。这是他对源于中国诠释传统、主要是孔子的诠释理念中所贯穿的根本精神和思想主旨的一种创造性诠释,也是对西方现代诠释学,主要是海德格尔、伽达默尔诠释学的理论和方法批判性地扬弃和汲取的结果。它表明,潘德荣在中西哲学融合的艰苦探索中,终于另辟蹊径,卓有成效地建立了"中国诠释学"的理论体系和学科体系。不唯如此,其理论旨趣也在于为世界性的整体哲学的建构铺垫道路,提供可资利用的思想资源,预示前进的方向。事实上,潘德荣的诠释学研究的理论和实践与中国改革开放的历史进程相始终,也是这一伟大历史运动的见证和时代精神的创发性阐释。在今日中国学术界对中国传统文化的创造性转化和创新性发展形成时代共识的背景下,"德行"诠释学作为当代中国哲学家创造性的理论成果,在中西文化交流中的独特作用和魅力必将愈益彰显出来。

潘德荣经过中西比较研究,走出了一条回归本土、回归孔子的诠释学研究的独特思想路径。扼要而论,潘德荣是在中西哲学比较、会通的理论背景下从事哲学探索的。比较哲学的研究使他具备宽阔的理论视野,也使他得以在中西整体思维的层面从事中西哲学的融合和创造的工作。他的哲学研究融入了多重的理论视域,中西诠释传统乃至当代马克思主义的实践理论,都成为其理论建构的思想资源,他的诠释学理论因而具有一种特有的博采众长、兼容并蓄的特征。潘德荣对中西诠释传统的理论特点有着深刻的透析和系统的把握,这为他融会贯通、推陈出新、创造性地构筑其富有个性色彩的"德行"诠释学准备了条件。"德行"诠释学的理论建构采取一种价值优先论的立场,其诠释学意蕴便在于真正发现了诠释活动中理论与实践之间互动互摄与统一的关系,其实质是实现了一种思维方式和理论范式的转换和突破,这是他综合与整合西方诠释学内部的本体论诠释学和方法论诠释学的结果,也是他综合与整合中西诠释传统的结果,归根到底,则是他对中国诠释传统、主要是孔子诠释理念和根本精神的一种创造性诠释。可见,潘德荣经过中西诠释传统的双向诠释,回归到中国诠释传统的原点,即回归经典,回归孔子,这是一条先深入西方,再回归本土、回归经典的独特的诠释学路径。尤其堪称潘氏诠释学的一个显著的理论特色是,潘德荣用西方诠释学的理论方法来诠释中国诠释传统,赋予了中国诠释传统以全然不同的形式,有专家称之为"洋格义"①。"德行"诠释学的完成,标志着"中国诠释学"在理论建构上的正式竣工,它在形式上是西方的,在精神上却是中国的。潘德荣的"中国诠释学"的面世,足以证明其理论建构开创性的思想特色。

潘氏诠释学在当代诠释学乃至哲学新开展中独特的理论意义由此凸现出来。首先,潘德荣致力于中国诠释传统的创造性转化,力图以西方现代诠释学的理论与方法,阐释和分析中国诠释传统,赋予中国诠释传统一个现代诠释学的理论形式和系统。他的中国诠释学的理论建构,与现代新儒家汲纳和采用西方现代哲学的某些理论与方法来阐释中国传统哲学,如冯友兰运用西方新实在论来阐释传统的儒家理学,具有异曲同工之妙。潘德荣诠释学理论的开创性精神,在中国现代哲学发展史上书写了新的一页,为中国哲学的现代转型和走向世界,做出了可贵的探索和重要贡献。再者,基于对西方现代诠释学发展中的内在矛盾和危机的深刻洞察和了解,他冀望凭借中国诠释传统的思想资源和智慧,设法为陷于困境的现代西方诠释学发展谋求救困解难之道,他的诠释学理论给当代西方诠释学的发展提供了新的契机和动力。尤有进者,潘德荣在当代全球化的学术视野中探索中国诠释学的理论构建,其深远的眼光投向了一个统一的世界哲学的建立,融会贯通地理解和消化古今中外的文化传统及思想资源,着意于在新的基点上构筑一个新型的具有普适性、普遍性的世界哲学的理论形态。他的文化意识不仅是中国的,也是世界的。"德行"诠释学的创立,为当代中西文化的会通、交通构筑起了一道新的桥梁和纽带。毋庸置疑,潘德荣诠释学理论提出的不少问题,如价值与知识孰为优先、理解的确定性与相对性等,都是可以进一步探讨与究问的课题,而就整体性的中国诠释学的建构来说,潘德荣的探索侧重于儒家的诠释传统,尚有待于整合道家、佛家的诠释传统及其他思想资源。值得期许的是,中国诠释学的竣工,不仅意味着一个具有悠久历史的文化传统在今日世界重新焕发出其应有的生命活力,也意味着一个新的世界性思潮的前奏已然奏响。

---

① 参见常亮、罗顺庆:《话语之"筏":论"格义"与"洋格义"》,《中外文化与文论》2018 年第 2 期。该文断认,广义的"洋格义"来自西方本身的诠释学传统。这种传统从施莱尔马赫到狄尔泰,再到后来的赫施、德格尔、伽达默尔等人,一路发展成为西方哲学研究的主要范式之一。

潘德荣创建中国诠释学的探索

王宝峰

西北大学哲学学院

20 世纪 70 年代初至今,海内外一直有学者尝试着借鉴西方诠释学理论来建构"中国诠释学"(Chinese hermeneutics)。此项学术事业的一个重要特点,便是以哲学学科为主,同时凝聚了从事西方哲学、中国哲学研究的学者,并延伸至历史学、文学等学科领域。① 就哲学学科来说,中国哲学专业学者致力于此的学术成果,计有傅伟勋"创造的诠释学"、成中英"本体诠释学"、刘笑敢"定向诠释学"、黄俊杰"中国诠释学的三个面相"、林安梧"造乎其道的诠释学"、汤一介"创建中国的解释学",等等论说;西方哲学专业学者之学术成果,主要有洪汉鼎、傅永军主编《中国诠释学》辑刊、提出建构"一种普遍的经典诠释学"的说法;潘德荣创建"经典诠释学""德行诠释学",等等理论探索。显而易见,创建"中国诠释学"代表着中国哲学界一种重要的研究方向,已经汇聚成为当下一股不容忽视的学术思潮。②

从中国哲学与西方哲学两条进路创建"中国诠释学"的学者,皆表现出世界性的学术眼光以及贯通中西哲学的特点。大致比较二者异同,从中国哲学视域进入

---

① 比如,周光庆(《中国古典解释学导论》,北京:中华书局,2002 年)试图贯通语言学、历史学、心理学的解释方法,通过研究中国传统文化经典的目的、方法与效果,以期建立起一种富有实践意味的"中国古典解释学"体系;周裕锴(《中国古代阐释学研究》,上海:上海人民出版社,2003 年)试图用阐释学的视角重新审视中国传统学术,以期追寻中国独有的思维和言说方式。杨乃乔以中西比较文学为视域,提出"经学诠释学"(the hermeneutics of Confucian classics),期以创建中国古典学(Chinese classical studies)进行一种跨越古典学、解经学、经学、诠释学、文学的综合性研究(杨乃乔主编:《中国经学诠释学与西方诠释学》,上海:中西书局,2016 年;杨乃乔主编:《比较经学:中国经学诠释传统与西方诠释学传统的对话》,上海:上海人民出版社,2018 年)等等。

② 创建中国诠释学的学术史考察,参见王宝峰:《未来中国哲学导论》,西安:西北大学出版社,2018 年,第175—211 页。2020 年初,洪汉鼎在《中国社会科学》2020 年第 1 期发表论文《诠释学的中国化:一种普遍性的经典诠释学构想》。2020 年底,《浙江社会科学》(2020 年第 12 期)和《天津社会科学》(2020 年第 6期)分别开辟专栏,召集诠释学研究专家,笔谈"何谓中国诠释学"以及讨论"经典诠释学研究"。这些皆可看作创建"中国诠释学"的最新学术进展。

的学者,如傅伟勋、成中英,往往更加关注解决中国传统思想中方法论、本体论研究不足的问题,致力于实现中国固有思想文化的现代化、世界化此一中国哲学学术宗旨;而从西方哲学出发的研究者,如洪汉鼎、潘德荣,则关注西方"哲学诠释学"(philosophical hermeneutics)与中国经典注疏传统的对话,以及思考西方诠释学遭遇的学术困境与问题,试图在中国传统思想中寻求化解之道。由于该领域研究者多具有共同的中国文化背景,打通中西哲学的世界性研究格局、创建"中国诠释学"这两种学术进路必将殊途同归,共同为实现中国传统思想文化的现代化、世界化,做出重要的哲学理论贡献。

创建"中国诠释学",目前仍然在路上。不同学者探索的方法和结论,更是见仁见智。正如汤一介等学者所指出的那样,就其学理而论,"中国诠释学"的理论创制至少对研究者提出如下基本学养要求:其一,深入把握西方哲学尤其是诠释学发展历史,深刻掌握诠释学的本质与内涵;其二,系统理解和掌握中国经典诠释的历史,谙熟经典诠释的各种体例;其三,在前两项学术根柢的基础上,以融贯古今中西的学术能力,创造性地提出有说服力的"中国诠释学"理论并给予实践性验证。以此要求为对照,如果说傅伟勋"创造的诠释学"的"五谓"层次理论,是中国哲学研究方法论之创新,基本满足了上述学理要求的"中国诠释学"理论创见,[①]那么,潘德荣精研西方诠释学历史,提出"经典诠释学""德行诠释学"等一系列见解,实可看作从事西方哲学研究的学者,试图融合方法论与本体论以创建"中国诠释学"的重要学术成果。

一、 探索"中国诠释学"的三个阶段

潘德荣,1951 年出生,德国鲁尔大学哲学博士,现任华东师范大学终身教授、诠释学研究所所长。1987 年,在成中英建议下,潘德荣开始研习诠释学。之后,他两度去德国访学,在数位德国教授的指导下,研究诠释学和诠释美学。潘德荣先

---

① 笔者关于傅伟勋创建"中国诠释学"的研究,参见王宝峰:《"创造的诠释学"与未来中国哲学的创造》,《周易研究》2019 年第 3 期。

后出版有专著《文学与诠释》(德文版,1999 年)、《诠释学导论》(1999 年,2015 年)、《文字·诠释·传统——中国诠释传统的现代转化》(2003 年)、《西方诠释学史》(2013 年,2016 年)。此外,他还出有译著《诠释学》(2012 年),主编与哲学、诠释学有关的论文集《本体与诠释——贺成中英先生 70 寿诞论文专辑》(2005 年)、《中国哲学再创造——成中英先生八秩寿庆论文集》(2015 年)、《哲学导论》(2016 年),等等。

潘德荣自称,在 2014 年前他的论著中尚未使用过"中国诠释学"一词。但事实上,从《诠释学的中国化述评》(1993 年)、《文字与解释——训诂学与诠释学比较》(1996 年)等两篇论文开始,他已经开始关注并思考创建"中国诠释学"的问题。不久以后,潘氏便明确提出"重构中国的解释传统,创建'中国诠释学',是当代学者的任务"①,并有了建构中国诠释学的理论自觉与使命意识:"我们研究诠释学,绝不仅仅是出于一种知识意义上的兴趣,而是意在借助于诠释的思想分析与重构我们自己的传统,进而通过重构传统建立现代中国诠释学。"②总体来看,在其从事诠释学研究的二十余年中,潘德荣虽以西方哲学尤其是西方诠释学为其专业,但与此同时,接着汤一介"创建中国解释学"的观念讲,创建"中国诠释学"也是潘氏一以贯之的学术研究方向。通过不断深化的探索,潘德荣在中国诠释学研究领域取得了令人瞩目的重要学术成果。

(一) 阐发汉字训诂学的诠释学意蕴

比较西方拼音文字与汉字的异同,着力阐发汉字文献的诠释学特点、意蕴,是潘德荣早期关于"中国诠释学"思考的主要内容。

1. 汉字与"观的哲学"

受成中英的中国知识论"观"的模式说启发,潘德荣早期比较关注文字字形的差别对于形成不同诠释传统的重大意义。他认为,由拼音文字基础所形成的语音

---

① 潘德荣:《文字·诠释·传统——中国诠释传统的现代转化》,上海:上海译文出版社,2003 年,第 33 页。
② 潘德荣:《文字·诠释·传统——中国诠释传统的现代转化》,上海:上海译文出版社,2003 年,第 157 页。

中心论,是西方诠释学之所以发展出伽达默尔的"倾听哲学"的根本原因;中国诠释传统之所以是文字中心论,皆由于汉字的书写形式使得视觉性的"观"在理解活动中发挥了基础性的重要作用,从而形成了成中英的"观的哲学"。

汉字在结构、发音、书写方式上的种种特点,极大地影响了中国人的阅读思维和解释传统。西方解释传统之所以是"语音中心论",是基于拼音文字文本的阅读经验,强调的是语音,是发出声音的口语,即语言。伽达默尔《真理与方法》将理解过程视为对话,这是一种言说者与倾听者的双向交流。倾听中要有理解,理解的实质就是倾听。对话中相互倾听与理解,方能达到"视域融合"。因此,伽达默尔的"倾听哲学",正是基于拼音文字而形成的一种解释理论。中国解释传统以文字为基础,解释的主要方法是通过字形来分析字义和文义,因而是"文字中心论"。汉字不同于拼音文字最重要的特点,便是其字形含有意义。这种意义正是倾听所忽略的,而只能在"观"中得以显现。因此,正如"听"之于拼音文字,"观"对于理解汉字这种形意文字具有重要意义。正如成中英所指出的那样,《周易》创制之初的"仰观俯察",便确立了中国人强调视觉意义的"观",而《观卦》更奠定了中国知识论"观"的模式。所谓"观",就是通过细致入微的观察,来理解事物及其相互关系,了解事物的变化与人类的关系,并据此认识来确定、评价人类的行为。建立在"观"之上的这种知识论,确立了一种不仅是知识的,也是道德及审美的"观的哲学"。

德里达《论文字学》对语音中心论的彻底否定,尤其是利科"间距"理论确立了文字文本在理解中的基础地位,使得因"文字中心论"而生发的解释传统,与当代诠释学存在一种内在契合。潘德荣因此特别指出,中国两千多年的古籍解释历史,重视的是如何运用训诂技术解释具体的文本,而没有建立系统的训诂学理论体系。因此,"通过借鉴西方诠释学研究成果来实现中国解释传统的现代转化,建立诠释化的训诂学(或'训诂诠释学'),以再造我们的传统,是完全可能的,也是必要的。无论如何,这也是一种有价值的尝试"[①]。

[①] 潘德荣:《文字·诠释·传统——中国诠释传统的现代转化》,上海:上海译文出版社,2003年,第31页。

2. 训诂学的诠释学意蕴

汉字重直观联想的理解和解释特点,使得基于汉字的训诂学方法,具有其独特的诠释学特点。(1)汉字倾向于从象形字形理解字义,通过字形的直观联想,形成多种不同的理解与解释。这种理解与解释模式,不可避免地使得汉字及其解释具有多义性、歧义性。汉字的解释,常常解释引申义而不解释本义、只有结论而无分析过程,其结论不具有西方意义上的"分析"的特点。(2)每一个汉字都是独立的整体,不可加前后缀,也没有变格、时态变化,因此,汉字文献语序非常重要,语法规则简单因而忽略语法分析。西方语言由于词形变化、相对语序不固定,使其语法现象甚为复杂,导致西方解释传统特别注重语法分析。(3)基于汉字的中国解释传统方法,具有强调文本整体意义的和谐一致、解释的循环性、解释意义的流动性与增长性、解释的模糊性、实用性,等等特点。

与西方诠释学已经发展出一套相当完备的方法论和本体论体系相比较,中国传统训诂学基本上是以训诂实践为主,一直停留在方法的应用操作层面上,尚未形成系统的训诂方法论体系,也不具有形而上学之意义。未来要建构"训诂诠释学",我们应当吸收当代西方诠释学精密分析的方法,克服中国特有的"疏于分析"的"世界观念",从而以诠释学方法建立起中国的本体论、方法论体系。此外,潘德荣还特别指出,训诂的过程不仅仅是训诂学家解释文本"原义"的过程,也是他们通过训诂参与意义创造的过程。因此,"训诂诠释学"所致力于形成的诠释化训诂学,应当唤醒人们的创造意识,使训诂者领悟到解释"原义"与创造、生成意义实乃同一过程。

(二)"经典诠释学"

中国传统训诂学只相当于"注经学"(exegetics)而不能视同为诠释学。但是,我们可以基于中国经典解释传统,创建一种以诠释价值性为导向、在更高层面上整合并化解西方本体论诠释学与方法论诠释学对立的新型诠释学。潘德荣将这种创建中国诠释学的研究致思方向,称为"经典诠释学"(the Classic-Hermeneutics)。

经典是一个民族精神传统形成与发展的主线,影响着人们的价值观念、思维方式和表达方式。通过持续不断的诠释,经典引导着道德与价值取向,提升着社会精神层面的东西。经典是"文本中的范本",解读一般文本的技术性层面的东西,均可以包含在经典诠释理论中。有鉴于此,潘德荣格外重视经典诠释之意义:"毋庸置疑,诠释学研究的真正用力点应当是经典诠释。事实上,在整个诠释学史上,对于经典的诠释一直占据着中心的位置,古今中外,概莫能外。"①

通过分别考察《易经》诠释特征及朱熹诠释经典之方法,潘德荣对中国经典诠释的方法论,进行了个案性深入考察。在他看来,《易经》孕育了中国传统诠释的三个主要特征:"解释的辩证性"("对偶性""运动性""转化性"是辩证性质的三个特点),"解释的应用性"(解释是对卦象置于特殊场景的应用解释),"解释的价值性"(解释者对文本的解释具有特定的价值取向:旨在阐明其信仰的价值体系、行为规则和社会规范)。② 朱熹的诠释思想,昭示了中国诠释传统在理解与解释方法论上的某些根本特征:"诠释的根据"是以解释经典原义为宗旨;"诠释的方法论原则"有"句法"(对经典文本语言文字解释)与"心法"(超越语言本身,基于读者体验的解释)的"理解循环";"诠释的目标(对经典阅读理解的目的)"有对"文本原义(meaning)""作者原意(intention)"的把握,以及"读者所悟之义"等三个层次(氏将此三层次名之曰"一体化的三重目标");"循环的理解方式":对于部分或整体的理解都依赖于部分与整体间的循环理解,理解的特征是一个从"无疑"到"有疑"再到"无疑"的循环过程;"理解之实现在于意义整体之和谐性":唯有理解中的所有因素都圆融和谐,达到"理"之整体理解,才是正解。潘德荣特别指出,作为"中国的施莱尔马赫",朱熹的诠释思想表现出了整个中国解释传统的特征,即更侧重于理解与解释的实践。朱熹虽未构建出一个系统的诠释学理论体系,但其一系列诠释学观念"已相当深入地探讨了现代诠释学的一系列重要问题,其中不乏真知灼见。即使从现代诠释学的角度来看也依然是很有价值的,对于我们构建中国现代

---

① 潘德荣:《从本体论诠释学到经典诠释学》,《河北学刊》2009 年第 2 期,第 43 页。

② 潘德荣:《文字·诠释·传统——中国诠释传统的现代转化》,上海:上海译文出版社,2003 年,第 63—77 页。

的诠释理论体系有着不可忽视的启迪意义"①。

西方本体论诠释学与方法论诠释学已成对立之势,潘德荣建构的"经典诠释学"构想,致力于在世界诠释学总体视域下弥合作为方法论和本体论诠释学之间的紧张,从而在更高层面上创造更有包容性的诠释学。潘德荣认为,中西诠释学本体论及方法论的最大区别,在于诠释的价值取向:"在理解与解释问题上,现代西方诠释学表现出了一种道德价值取向的缺失,而在中国诠释传统中,则以价值取向为其核心和基础。"②潘氏指出,贝蒂(Emilio Betti)之后,西方诠释学方法论这一理解理论裹足不前,而中国解经传统的诠释经验,将是推动诠释学方法论进一步发展的重要思想资源与动力。作为一种"新型的诠释学","经典诠释学""包含着对当前西方诠释学领域处于对峙状态的本体论与方法论诠释学的整体思考,尝试在一个整体中合理地安顿此二者;也包含着对中西不同的诠释理念之综合反思,以期在一个更为广阔的视野中完成此二者的整合"③。潘氏展望道,中国诠释学体系之建构,"对于作为整体的诠释学必然是一种重大的贡献,也会成为西方诠释学家所借鉴的思想资源"④。

(三)"德行诠释学"

顺着创建"经典诠释学"以弥补西方诠释学道德价值取向缺失的致思方向进一步发展,潘德荣近来又将中国传统的"德行"观念与亚里士多德、伽达默尔之"实践智慧"观念相互比较,进一步提出了"德行诠释学"(the Hermeneutics of De-Xing)(Arete,德行)新说。⑤潘德荣说,德行诠释学是继方法论诠释学与本体论诠释学之后的一种新型诠释学,"是一种以'实践智慧'为基础、以'德行'为核心、

---

① 潘德荣:《文字·诠释·传统——中国诠释传统的现代转化》,上海:上海译文出版社,2003 年,第 110 页。
② 潘德荣:《西方诠释学史》,北京:北京大学出版社,2016 年,第 535 页。
③ 潘德荣:《西方诠释学史》,北京:北京大学出版社,2016 年,第 535 页。
④ 潘德荣:《西方诠释学史》,北京:北京大学出版社,2016 年,第 524 页。
⑤ 潘德荣"德行诠释学"的具体论说,参见潘德荣:《"德行"与诠释》,《中国社会科学》2017 年第 6 期;潘德荣:《德行诠释学》,《中国社会科学报》2016 年 5 月 5 日;袁文斌、潘德荣:《关于德行与诠释的对话》,《陕西师范大学学报》(哲学社会科学版)2019 年第 2 期。

以人文教化为目的的诠释学"①。在潘德荣看来,自孔子"删述六经"开始,中国诠释学就具有鲜明的"立德""弘道"的价值导向性,是一种以阐发"德行"、伦理教化为主旨的诠释活动。孔子所确立的这种围绕"教化—伦理目的"的诠释活动影响后世甚巨,构成了中国传统诠释活动的本质特征。以诠释"立德",是中国诠释学的根本取向和任务,也是中国诠释学明确不同于西方诠释学之处。因此,中国诠释学就是一种"德行诠释学"。

在西方诠释学中,与孔子的"德行"诠释理念最为相近的是亚里士多德和伽达默尔的"实践智慧"(Phronesis)。潘德荣认为,实践智慧是诠释学的核心范畴,它直接引导实践、指向"德行"。这一观念真正实现了诠释学的理论与实践相统一,对于推动诠释学的价值取向具有决定性意义。伽达默尔虽然强调了诠释学的实践特质,却忽略了实践智慧的价值导向问题。潘德荣提出"德行诠释学",旨在通过融贯孔子的"德行"诠释学观念与西方诠释学的"实践智慧"理念,从而弥补伽达默尔这种理论不足,并进而开创整个诠释学的新途。在兼具理论与实践意义的"实践智慧"理念及注重价值引导的"德行"观念引导下建构"德行诠释学",一方面,可以借此实现中国诠释学的"自我塑造"与"自我升华";另一方面,可以解决西方诠释学发展的困境,开拓人类诠释学的新方向。因此,以"德行"为核心的中国诠释学的建构,就是要给现代诠释学一个价值的坐标,以取自中国的"德行"诠释观念所建立起来的中国诠释学,同时也是一种具有世界性意义的新型诠释学。

总体来看,潘德荣创建"中国诠释学"之探索,大致经历了比较说明汉字、训诂学之诠释学意蕴,以"经典诠释学"阐发中国传统经典解释之诠释学特征,以及基于中国经典诠释学特点试图建立起价值导向的"德行诠释学"三个阶段。潘德荣的这些探索,由浅及深、由表及里地提出了创建"中国诠释学"的若干洞见。潘氏试图融贯中国传统经典诠释学经验与西方诠释学理论,以期创造出一种包容方法论诠释学和本体论诠释学的创新观点,以及将创建中国诠释学的学术努力,纳入到开创世界新诠释学的视野中考察的格局和境界,对建构学理合法的中国诠释学无疑具有重要的理论价值。

---

① 潘德荣:《"德行"与诠释》,《中国社会科学》2017年第6期,第41页。

二、 初步的评议

潘德荣对西方诠释学有着深刻的理解和把握,夙志以此学养为据,来创建"中国诠释学"并进而发展诠释学本身。就其探索创建"中国诠释学"的既有成果来看,虽然潘氏对训诂学、《周易》、朱熹、王阳明等中国传统学术思想有所借鉴,但总体而言,他还是以西方哲学之观道(way of seeing)与学理来创建"中国诠释学"。这条研究进路,在学理上尚有一些问题有待解决。

(一) 中国诠释学的宗旨与学理: 中国诠释学是"想象的怪兽"吗?

德国学者沃尔夫冈·顾彬(Wolfgang Kubin,以下简称"顾彬")颇具挑战性地提出: 从历史史实来看,中国思想史中从无"诠释学"之名与实,那么所谓"中国诠释学"(顾氏名曰"中国解释学"),是否只是"一种想象的怪兽"?[①] 顾彬对中国诠释学的学理挑战不无道理,值得重视。正如潘德荣《西方诠释学史》所展现的,从诠释学这个术语及这门学问发展史来看,它无疑是西方思想学术史的产物。谁也不能否认,中国传统学术史上确实从来没有"诠释学"这一术语及这门学问存在。因此,所谓"中国诠释学"、中国传统诠释思想云云,并无征实不诬的史学基础,其学理本质不过是一种"无中生有"的想象而已。顾彬这个颇有挑激性的质疑,是所有从事"中国诠释学"研究者无从回避的根本学理问题。

理解"中国诠释学"的学理本质,是创建"中国诠释学"之前提与根本。关于"中国诠释学"何以是"中国的",潘德荣也曾说是因为它"由中国学者倡导、并主要由中国学者完成的"[②]。显然,以研究者国别身份来说明"中国诠释学"的"中国"性的说法,并不能回应顾彬"想象的怪兽"说之学理挑战。值得关注的是,在考察傅伟勋、成中英、汤一介建构中国诠释学的既有成果之后,潘氏对"中国诠释学"的宗旨与学理提出了根本性疑问,我们不妨称之为"潘德荣之问":

---

① 参见沃尔夫冈·顾彬:《中国"解释学": 一种想象的怪兽? ——对理解差异的初步考察》,杨乃乔、伍晓明主编:《比较文学与世界文学(第一辑)》,北京: 商务印书馆,2004 年,第 58—67 页。
② 潘德荣:《经典诠释与"立德"》,《安徽师范大学学报》(人文社会科学版)2015 年第 1 期,第 34 页。

我们已经开始从多重视角探索建构中国诠释学之路,且已获得值得称道的成果。这些成果,就其内容而言,颇具"中国"诠释学的特色,对中国诠释传统的思想资源进行了深度的挖掘与思考。但是,它们的底色却是西方诠释学,从思维方式到诠释理念,基本上来自西方诠释学的范式,是西方的范式在汉语语境中的运用。就此而言,我们似乎并不是"借鉴",而是在落实与完善西方诠释学,使中国传统的那种"特殊"的诠释思想融入具有"普遍性"的(西方)诠释学,成为西方诠释学理论的又一个新例证。如果我们的研究仅限于此,还能算是"中国诠释学"吗?这一疑问把我引向了更为基础的诠释问题之思考;中国诠释学的根本宗旨是什么?它区别于西方诠释学的核心概念是什么?①

潘氏之问,恰恰也是顾彬"想象的怪兽"说实质上要追问的学理问题。显然,一方面,中国传统学术史中并无"诠释学"观念及其学术,故而无史实学理合法的"中国诠释学史"和"中国传统"诠释思想;另一方面,既往"中国诠释学"研究,其实质不过是以"西方诠释学"为范式,无史实基础的解释出来的"中国传统诠释学"的意义:所谓"中国诠释学",是西方诠释学范式在汉语语境中的运用,不过是西方诠释学的"中国分店"、中国例证而已。因此,"中国诠释学"之所谓"中国"及其"诠释学",实质上是无中生有的"想象的怪兽",并无"合法的"学理基础。准此挑战,人们也有理由质疑潘氏的"中国诠释学"研究学理:以"朱熹的诠释学"论说出来的朱熹,是不是基于西方诠释思想例证出来的"中国的施莱尔马赫"?"德行诠释学"是不是亚里士多德、伽达默尔"实践智慧"说在中国的"落实与完善"版?如果不能证明其学理合法性,潘氏一系列"中国诠释学"的学术创见,只能被看作西方诠释学中国化的重要理论成果,而不能被认为是学理合法的"中国诠释学"论说。当下中国诠释学之学理困境是如果不能回应"想象的怪兽"说及"潘德荣之问",所谓"中国诠释学",最终不过是架空而论、无根游谈罢了。

中国诠释学的根本宗旨是其学理根基之所在。实际上,纵观以往创建中国诠

---

① 潘德荣:《汤一介与"中国诠释学"——关于建构"中国诠释学"之我见》,《哲学分析》2017年第2期,第156页。

释学的各种论说,少有学者意识到,就其最终旨归而言,创建中国诠释学不是要给西方诠释学开中国分店,不应成为简单的"(西方)诠释学在中国";也不是要建构一种不同于西方的诠释学理论。深究其宗旨,创建中国诠释学,最终目的是创新中国哲学(Chinese philosophy)的研究内容和方法,以期建构起学理合法的中国哲学研究而已。

顾彬的挑战和潘德荣之问,其实质内容与德里达、郑家栋所提出的"中国哲学合法性问题"(the legitimacy of Chinese philosophy)的疑问别无二致。比较可见,认识"中国诠释学"宗旨及其学理本质,实质就是要从学理上说明"中国哲学"何以可能这一问题。通过化解"中国哲学合法性问题"所造成的中国哲学学科危机,我们终于认识到:如鸟之双翼、车之两轮,中国哲学必须兼具"中国效度"(validness of Chinese thought)与"哲学效度"(validness of philosophy),才能在学理上成立。简言之,所谓"中国效度",是说中国哲学研究必须首先立足于经学主体内容,接续中国传统学术固有脉络、范式并加以因损革益;所谓"哲学效度",是说中国哲学研究,必须在"中国效度"基础与前提之上,通过借鉴、借用西方哲学,"以中化西"地实现中国哲学"致力于中国固有传统思想文化现代化"之学科宗旨。我们还认识到,从史实来看,中国哲学是在古今中西维度中存在的、仅有百年历史的学科,因此,凡与中国哲学相关者,皆为现代的而非古代的知识、内容;就方法论而言,中国哲学研究皆属于以后设的(西方)哲学观念"追溯性创造"(retrospec-tive creation)中国传统思想文化的结果。因此,"创造性解释"(creative interpreta-tion)是中国哲学最为重要的方法论学理。①

基于此中国哲学本质的新识,我们可以这样厘定"中国诠释学"宗旨及其学理本质:(1)中国诠释学学科宗旨,乃是致力于中国固有思想的现代化、世界化;(2)经学为中国固有思想之根本与主体,理应成为中国诠释学"中国效度"之根本内容;(3)中国诠释学的"哲学效度"之所以存诸西方诠释学,在乎诠释学足以发明

---

① 上述关于"中国哲学合法性问题"的本质内容、解决之道以及中国哲学学理本质的详细论述,参见王宝峰:《重思中国哲学之法——以"中国哲学合法性问题"为中心》,《宝鸡文理学院学报》(社会科学版)2017 年第 6 期,第 5—17 页,以及王宝峰《未来中国哲学导论:范式与方法论》(西安:西北大学出版社,2018 年)一书中的相关内容。

经学的固有内容和形式,借以实现经学礼义的现代化、世界化;(4)通过"范式转换"(paradigm shift)而创建的以经学为主体内容的"中国诠释学",是建成学理合法的中国哲学的必由之路。概言之,学理合法的中国哲学,首先要以经学为主体与根本,挺立其"中国效度";其次,通过借用、化用学理上具有可公度性(commensurability)的西方诠释学理论,"哲学化"(philosophize)经学礼义内容,以最终实现中国传统思想文化现代化这一中国哲学学科宗旨,建构学理合法的"中国诠释学",方可"使古老的中国文化与思维传统重放异彩"。①

据此"中国诠释学"学理观之,潘德荣"中国诠释学"的相关研究,本质上还是以西方诠释学为观道,来说明中国传统经典注疏的若干诠释学特点。潘氏相关研究的学术旨归,乃是要在中国经典注疏传统中,寻求化解当代西方诠释学困境之道,并进而推进诠释学本身的发展。潘德荣在"中国诠释学"领域无疑进行了非常具有创新价值和启发意义的研究。然而,"中国诠释学"的根本宗旨,是要立足中国根本,"以中化西"(而非"以西观中""以西解中")地解决中国固有的传统思想文化现代化的问题。就此而论,潘氏"中国诠释学"研究尚待转换视角、开辟新路,进而创建学理"合法"的相关理论。

(二) 融贯方法论与本体论的诠释学

1. 诠释学的"三个环节"与"德行诠释学"本质

潘德荣认为,诠释学未来的发展方向,在于融贯方法论与本体论的诠释学。这种看法源于他对诠释学本质的认识。在精研西方诠释学历史及反复思考诠释学本质之后,他的诠释学定义是:"诠释学是(广义上的)文本意义的理解与解释之方法论及其本体论基础的学说。"②又说:"诠释学是一门关于'文本理解'、'自我理

---

① 潘德荣:《诠释学导论》,桂林:广西师范大学出版社,2015 年,第 214 页。
② 潘德荣:《西方诠释学史》,北京:北京大学出版社,2016 年,第 4 页。按:潘氏"诠释学"定义有一个发展过程。如,"诠释学是具有历史性、整体性和循环性特征的意义的理解与解释之方法论学说"(潘德荣:《诠释学导论》,桂林:广西师范大学出版社,2015 年,第 5 页);"诠释学是探讨意义的理解与解释之方法论及其本体论根据的学说"(潘德荣:《文字·诠释·传统——中国诠释传统的现代转化》序论,上海:上海译文出版社,2003 年,第 2 页)。

解'和'自我塑造'的学问。"①他进而申论道,作者、文本、读者是"诠释学三要素";文本理解、自我理解与自我塑造,整体上构成了诠释学不可或缺的"三个环节",其中,文本理解是自我塑造的起点和基础。正如中国诠释学所呈现的那样,自我塑造是"德"进一步的延伸,要理解往圣先贤之"德",必须通过悉心解读文本才有可能。因此,"针对文本理解的方法论必将成为诠释学的基础部分"②。

"德行诠释学"便是要以上述诠释学之见为据,通过借鉴中国传统经典的解释特质,创建一种以诠释价值性为导向,整合并化解西方本体论诠释学与方法论诠释学对立的新型诠释学。潘德荣强调,"德行诠释学"并不排斥诠释学的方法论与本体论探究,而是将其纳入自身之中,并以德行为价值导向来重新铸造它们。深究潘氏诠释学观,"文本理解"实际上构成了其"德行诠释学"之方法论部分:德行的出发点,基于对记载"德"之文本的理解,而"自我理解"本质上是通过读者与文本的对话,实现了文本的教化功能,从而提升了读者对自我的理解,最后,"通过自我理解而成就的新的自我,完全可以被视为自我塑造"③。可见,从对诠释学的本质认识,尤其是诠释学"三个环节"说出发,潘德荣实质上已经确立了文本在整个诠释学中的基础地位。"德行诠释学"正是通过从经典文本到教化实践此一路径,落实了其融贯方法论诠释学及本体论诠释学以探索"新型诠释学"之说。

2."德行诠释学"与"中国哲学诠释学五层次理论"

"德行诠释学"为融贯方法论与本体论诠释学做了有益的理论探索,而其借鉴中国元素以"德行"命名并重视教化实践,亦可视作创建"中国诠释学"的有益尝试。但是,即便从潘德荣自己探索中国诠释学的既有成果和学术期待来讲,以"德行诠释学"融贯方法论与本体论诠释学以创建"中国诠释学"的论说,尚有理论难题和改善空间。比如,他关于汉字训诂学的论说,《周易》解释学与朱熹诠释学的研究成果,以及关于诠释学循环、诠释学实践观念的全面而深入的考察等重要的诠释学观念,该如何在"德行诠释学"理论架构中得以合理的安置? 他期待的中国

---

① 潘德荣:《文本理解、自我理解与自我塑造》,《中国社会科学》2014 年第 7 期,第 50 页。
② 潘德荣:《文本理解、自我理解与自我塑造》,《中国社会科学》2014 年第 7 期,第 62 页。
③ 潘德荣:《文本理解、自我理解与自我塑造》,《中国社会科学》2014 年第 7 期,第 57 页。

诠释学值得努力的方向,是将"传统的训诂学、音韵学、文字学、文献考据学等领域,整合成为一个理论整体,并积极借鉴西方诠释学关于理解方法论的思想资源来反思与梳理我们的诠释经验,以建构中国诠释学"①。这种整合中国传统文献学以建立中国诠释学理论的期待如何可能?怎么操作?这些都是潘氏"中国诠释学"论说有待进一步深入研究和说明的问题。

"中国哲学诠释学五层次理论"(以下简称"五层次理论")也许可以视作实践潘氏上述期待的一个初步的理论探索。接着傅伟勋"创造的诠释学""五谓"层次理论讲,"五层次理论"试图立足于中国哲学文献根柢,通过融贯方法论与本体论诠释学,创新"中国诠释学"及中国哲学之理论建构。"五层次理论"是以经学为主体内容的中国哲学文献诠释理论,包括整理、解读、理解、解释、实践等五个层次的内容。其中,"整理层次"主要是通过文献校勘、编纂、辑佚等文献整理方法,最终提供所有诠释活动基础的"善本"(the best academic text);"解读层次"主要通过文字、音韵、训诂、考据、辨伪等"小学"门类方法,以确立文献字面的原义;"理解层次"旨在以历史学视角,通过"还原性解释法"(the method of restoring interpretation)将文献放回历史现场,在政治、经济、文化等"有机整体"(organic whole)背景中理解文本的历史"本意";"解释层次"则以时代问题为诠释动力,在前三个层次所确立的文献"客观意义"(objective meaning)基础上,通过创造性解释,焕发经学教育、教化之经学礼义;"实践层次",通过将创造性解释的经学礼义运用于教育、教化实践,最终解决时代性的"诠释学困境"(潘德荣语)。五层次中,整理、解读、理解等三个层次属于诠释的方法论层次,解释、实践等两个层次属于本体论层次。以"诠释学困境"为动力,现实问题与整个五层次之间,以及五层次彼此之间,始终处于一种开放的、动态的"诠释学循环"(hermeneutical circle)之中。总而言之,五个层次的诠释活动,是一个渐次上升又不断循环的过程;是一个实现了由方法论上升到本体论,又由本体论最终落实于实践的"中国诠释学"、中国哲学之理论。②

① 潘德荣:《文本理解、自我理解与自我塑造》,《中国社会科学》2014年第7期,第65页。
② "中国哲学诠释学五层次理论"具体论述,参见王宝峰《未来中国哲学导论:范式与方法论》(西安:西北大学出版社,2018年)下篇第五章。

以诠释学层次理论为根本特质的"五层次理论",也许可以为潘氏发展其诠释学理论提供可资参考的理论架构。比如,以"五层次理论"观之,"文本"应该成为整个诠释活动的核心与根本,潘氏最近的诠释学定义已经包含着文本中心论这种理论可能性,应当进一步明确之。此外,"训诂诠释学"、《周易》解释学、基于朱熹"读书法"的诠释方法,皆可在"解读层次"安顿;"经典诠释学""德行诠释学"内容,可以安置于"解释层次"与"实践层次";潘氏关于"诠释学困境""诠释学循环""理论与实践"的重要洞见,也可与"五层次"诠释动力说对应。借鉴诠释学层次理论架构,潘德荣一系列重要的理论洞见就可以系统而完备地得以表述,其理论的解释力和说服力会得到进一步加强。

3. "中国诠释学"何为?

潘德荣明确地指出了"中国诠释学"的普适性学理本质。在他看来,诠释学并无中西之分。所谓"中国诠释学",只是基于中国传统诠释理念与经验所进行"新的诠释学"的探索。就其本质而论,中国诠释学"不是与西方诠释学并列或对立的诠释学形态,也不是独特的中国式的诠释学,而是作为整体的诠释学在其发展过程中的一种新的形态。'中国诠释学'只有定位于此,才具有普遍性的意义"①。正如"德行诠释学"虽然将取于中国传统的"立德"概念,确立为"中国诠释学"明显不同于西方诠释学的根本区别;但该论说无疑是以世界性的学术视域,试图开辟融合中西、贯通方法论与本体论的世界诠释学研究新途。

如前所论,创建中国诠释学是为了创新中国哲学研究内容和方法,以期建构起学理合法的中国哲学研究。因此,潘氏创建"中国诠释学"的世界性视域,及其创新(人类)诠释学理论之认知,对于中国哲学研究有着重要的启发意义。依潘氏之见类推,我们不难得出如下结论:在整个人类文明之视域中,中国哲学不能仅仅是中华民族的哲学、中国人的哲学,而理应成为"中国特色的世界哲学"(洪汉鼎语)。事实上,就其本质而言,哲学讨论人类普遍问题,因而具有普适性。普适之

---

① 潘德荣:《诠释的困境与出路——〈理解之思——诠释学初论〉序》,《安徽师范大学学报》(人文社会科学版)第33卷第4期,第420页。

道无所谓东西,因此,"西方哲学""中国哲学"理应统称为"哲学"。哲学史的发展表明,哲学可以有各种"转向"和接近方式。既然如此,人类哲学也完全可以有一个全新的基于"中国诠释学"视域的"经学礼义"的打开方式。

潘德荣深刻地指出,诠释学理论固有的实践向度使其具有一种强烈的历史使命感。诠释的"真正奥秘",源于人们所必须面对的"诠释困境";一种新的诠释理论,是为了解决时代困境应运而生的;"'诠释'的实质,就是借助于对经典的重新理解为现实生活开辟道路"[1]。依此洞见反观之,未来的中国哲学不应仅仅限于其探索中国传统思想文化现代化这一"旧邦新命"之主题和宗旨,而应该更进一步创造性地转化中国哲学博大精深的经学礼义资源,以回应现今人类社会重建人性之现实重大问题,并为解决这些问题提供新的、有效的"哲学"理论。我们相信,以创建新"中国诠释学"为实质内容,未来中国哲学发展的方向就是要通过建构学理合法的"中国诠释学",最终使得"中国哲学"更进一步地成为"哲学"。[2]

---

[1] 潘德荣、孙义文:《诠释学的经典与经典诠释学——华东师范大学终身教授潘德荣先生访谈》,《甘肃社会科学》2012 年第 2 期,第 39 页。

[2] 上述关于未来中国哲学学理及发展方向的论说,参见王宝峰《未来中国哲学导论:范式与方法论》(西安:西北大学出版社,2018 年)"让'中国哲学'成为'哲学'"章节。

"德行"概念溯源

牛文君

华东师范大学哲学系

　　近年来,潘德荣教授提出"德行诠释学",以"德行"概念为核心,汇聚中西诠释传统的思想资源,探索当代诠释学发展的合理走向,这一新型的诠释学形态在学界引起很大反响和呼应。"德行诠释学"汲取了亚里士多德的实践哲学思想和孔子的诠释理念,凝练出"德行"概念,使传统的方法论诠释学和本体论诠释学优势互补、涵容互摄,同时开发了诠释的伦理价值取向这一维度,建构了一种更高的诠释学形态[①]。就亚里士多德这方面的思想资源而言,潘德荣教授突破了伽达默尔诠释学所援引的实践智慧(phronesis)概念,拓展到德行(Arete)概念,在当代西方哲学发生"伦理转向"和德行伦理学复兴的契机之下,着力推动诠释学的伦理转向。本文旨在对 Arete概念的内涵和外延进行全面的溯源,以期为"德行诠释学"提供一种辅助性的补充。

　　众所周知,亚里士多德是西方伦理学的鼻祖和德行伦理学的代表,Arete(德、德行)是其核心概念。Arete 在不同的层次上展开,有"伦理之德"和"理智之德",亦有"自然之德"和"完全之德",其中蕴含着逻各斯与习惯、沉思与实践的张力;同时"德"又是一个整体,在这个整体中形而下的实践的伦理世界与形而上的智慧的神性世界协调统一。

一、 引论

　　Arete 在汉语中通常翻译为"德性""美德"[②],但这些译名不能涵盖其完整意

---

① 参见潘德荣:《"德行"与诠释》,《中国社会科学》,2017 年第 6 期;《文本理解、自我理解与自我塑造》,《中国社会科学》2014 年第 7 期;《经典诠释与"立德"》,《安徽师范大学学报》2015 年第 1 期。

② 参见亚里士多德著作和柏拉图著作的中译本。

义；在亚里士多德伦理学著作的英语译本中，根据不同语境，arete 时而翻译为 virtue（德性、美德），时而翻译为 excellence（卓越、杰出）①，当代的德性知识论（virtue epistemology）则使用 virtue，并区分能力德性（competence virtue）和品质德性（character virtue）；在亚氏伦理学著作的德语译本中，arete 有时翻译为 Tugend（德性、美德），有时翻译为 Tüchtigkeit（能干、出色）②。实际上，在亚里士多德的伦理学中，arete 不仅兼有德性与出色、"品质好"与"做/行得好""状态好"与"活动完成得好"的含义，而且还具有智性的、形而上层面的含义，值得注意的是，arete 的内涵远远超出近代伦理学语境下的"道德"（moral，morality）和德性知识论的"德性"（virtue）概念。

潘德荣教授主张把 arete 翻译为"德行"，将"德性"义与"践行"义结合起来，此种做法显然具有更大的合理性。考虑到"德"字在中国传统哲学中本义为"得"（参见文末），综合 arete 在亚里士多德伦理学乃至整个古希腊思想中的多重含义，笔者认为也可以把 arete 翻译成"德"，简易起见本文多译为"德"③，与其他概念连用时译为"德行"，如德行伦理学、德行诠释学。

"德"在成为古希腊的哲学术语之前，原指任何事物的优秀品质、特长与功能的卓越发挥，这种用法可以追溯到《荷马史诗》，荷马"谈及多种德，诸神之德、妇女之德、动物以及身体各部分之德，也谈及人类［某方面］的专门之德，例如马车比赛或赛跑中的德。但男性之德占优先地位，例如体现在英雄这种类型的人身上的德，英雄主要通过战斗证明其优秀品质。成功（尤其是在战争中）、自信、活力、勇敢、强壮、先见之明、始终优越于他人，构成了荷马式的英雄之德，而不是道德品质，亦不是理论上、心智上的才能"④。从词源来看，人们常常把 arete 与古希腊神话中的战神阿瑞斯（Ares）相关联，故 arete 尤其指男性的刚毅、勇猛。苏格拉底对

---

① 参见 David Ross 的英译本 *The Nicomachean Ethics*，translated by David Ross，revised with an introduction and notes by Lesley Brown，New York：Oxford University Press，2009。

② 参见 Olof Gigon 的古希腊语——德语对照译本 *Die Nikomachische Ethik*，griechisch-deutsch，übers. von Olof Gigon，neu hrsg. von Rainer Nickel，Düsseldorf［u. a.］：Artemis & Winkler，2001。

③ 中文直接引文中的其他译法遵照原文，不作改变。

④ *Historisches Wörterbuch der Philosophie*，Bd. 10，hrsg. von Joachim Ritter und Karlfried Gründer，u. a. Basel：Schwabe，1998，S. 1533 - 1534。

"德"的辨析和论证使之正式成为哲学概念,他主张"德即知识(episteme)",将"德"奠定在知识和理智的基础上。亚里士多德批评苏格拉底的理智主义观点,并提出一套系统的德行理论,对此历来有立足于"德"和立足于"幸福"(eudaimonia)这两种解读模式,但这两个概念并不截然冲突,亚里士多德展现了它们之间错综复杂的关系。首先,"德"在不同的层次上展开,其划分依据在于灵魂的不同组成部分,有"伦理之德"和"理智之德",亦有"自然之德"和"完全之德",在这些层次中,"德"与实践/行为(praxis)、实践智慧(phronesis)、智慧(sophia)以及努斯(nous)等关联起来。其次,"幸福"作为"合乎德的实现活动(energeia)",被视为人生的最高目的和至善,似乎也具有不同的层次,对这一概念有不同的解读方案,包括涵盖论、理智论、不一致论和等级论等(参见本文第三部分)。综而观之,亚里士多德一方面将伦理学的主题定位于"属人之善""人生幸福",同时又力图为伦理学提供形而上的终极根据,其中包含着沉思/思辨(theoria)与实践(praxis)、逻各斯(logos)与习惯(ethos)、德与自然/本性(physis)等多重张力;"德"作为人的"第二自然/本性",又维持着以上多重张力之间的协调平衡,它一方面立足于形而下的实践的伦理世界,另一方面通往形而上的智慧的神性世界,致力于实现善的生活与人性的和谐统一。

二、 伦理之德 vs.理智之德,习惯 vs.逻各斯

　　古希腊的伦理学普遍关注"如何过一种好的生活",这是牵涉人生整体之目的的根本问题。亚里士多德的伦理学是目的论的,《尼各马可伦理学》开篇提到,"一切技艺与营谋,一切行为/实践与选择,都以某种善(agathon, some good)为目的。所以有人就说,所有事物都以善本身(tagathon, the good)为目的"。[①] 亚里士多德不仅构造了一个目的论的等级系统,同时也构造了一个关于善的等级系统,从中引出最高目的、最高善的问题,在此过程中技艺(techne)与行为/实践(praxis)的异

---

① 亚里士多德:《尼各马可伦理学》,1094a1 - 3. 参见廖申白先生的中译本(亚里士多德:《尼各马可伦理学》,廖申白译注,北京:商务印书馆,2003 年),将所引字句与原文对照核对,译文有所改动。本文所引亚里士多德著作均采用贝克尔编码(Bekker numbering)标准引证格式。下文不再一一说明。

同突显出来。按照亚里士多德的学科三分法,伦理学是关于实践的学科,不同于以知识(episteme)为研究对象的理论学科(形而上学、数学、物理学等)和以技艺为研究对象的制作学科(诗学、修辞学、造船术、医学、农学等),伦理学要回答的问题是"什么样的生活值得一过",如何"行得好""做得好"。亚里士多德认为,人生的最高目的是幸福,幸福是最高的善,而所谓幸福是"合乎德的实践"①,因而对幸福的探讨必然过渡到对"德"的探讨,只有弄清"德"的含义,才有可能解决伦理学所关心的最高目的和最高善的问题,《尼各马可伦理学》第一卷最后一章指出这一过渡的必要性,"既然幸福是灵魂的一种合乎完满之德(kat' areten teleian)的实现活动,我们就必须考察德的本性,这样我们就能更清楚地了解幸福的本性"②。

对"德"的考察涉及亚里士多德的灵魂学说。他将伦理学的主题定位于人生幸福、属人之善和属人之德,这与苏格拉底的哲学转向是一致的;属人之善、属人之德是就灵魂而言的,不是就身体而言的,"人的善我们指的是灵魂的而不是身体的善,人的幸福我们指的是灵魂的一种活动"③。这里似乎预设了灵魂与身体的相互独立并由此断定"德"是专属于灵魂的,伯格认为《尼各马可伦理学》先有这种预设后又被颠覆(参见 1102a12 - 25 和 1178a13 - 15)。《论灵魂》中则较为明确地提出了一种身心统一的灵魂观,"在多数情况下,无论是主动的还是被动的属性似乎都不能脱离躯体而存在"④,"灵魂的属性和生物的自然质料不能分离,它们的本性即存在于质料之中"⑤。实际上,亚里士多德把论题限定于灵魂之德,并不意味着他预设德、灵魂可以脱离身体的自然质料而存在,而是因为灵魂的善、灵魂的幸福才是伦理学的研究范围。这里研究的是灵魂之德,德的划分与灵魂的划分相对应。亚里士多德把灵魂分为无逻各斯的部分和有逻各斯的部分,前者包括营养生长和情感欲望,后者包括听从逻各斯的部分和严格意义上的逻各斯部分。欲望情

---

① 亚里士多德:《尼各马可伦理学》,1176b8.

② 同上,1102a5 - 6.

③ 同上,1102a15 - 16.

④ 亚里士多德:《论灵魂》,403a6 - 7.译文参见苗力田主编:《亚里士多德全集》第三卷,北京:中国人民大学出版社,1992 年。

⑤ 同上,403b17 - 19.

感部分具有特殊地位,它本属于无逻各斯的部分,但它"在某种意义上,即在听从(实际上是在考虑父亲和朋友的意见的意义上,而不是在服从数学定理的意义上听从)逻各斯的意义上分有逻各斯。这个无逻各斯的部分在一定程度上可以受到逻各斯部分的影响,这一点表现在我们的劝诫、指责、制止的实践中"①。毋宁说,人的灵魂的欲望情感部分更加倾向于分有逻各斯,那么灵魂的逻各斯部分就可以分成两部分,"一个部分是在严格意义上具有逻各斯,另一个部分则是在像听从父亲那样听从逻各斯的意义上分有逻各斯"②。严格意义上的逻各斯部分又包括两部分,一部分思考始因不变的事物,另一部分思考可变的事物,亚里士多德分别称之为"知识的部分"和"推理的部分"③,前者对应着理论理智(沉思),后者对应着实践理智和制作理智:

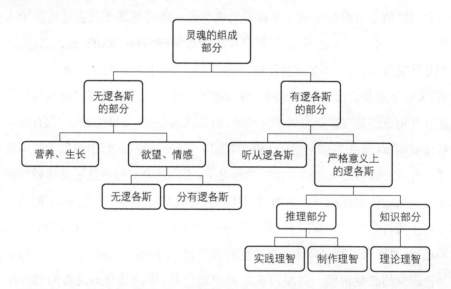

就"德"而言,它意味着灵魂活动的出色完成、功能的卓越发挥,即达到优秀的状态。基于灵魂的不同组成部分,"德"可以划分成不同的层次,严格意义上的逻各斯部分对应着理智之德(dianoetikai aretai),听从逻各斯的部分对应着伦理之德

---

① 亚里士多德:《尼各马可伦理学》,1102b30 - 1103a1.
② 同上,1103a2 - 4.
③ 同上,1139a10 - 13.

(ethikai aretai)①。关于"德"的具体外延，《尼各马可伦理学》中有不同说法，相应地有不同的解读可能：第一种说法出现于第一卷末尾，即理智之德包括智慧（sophia）、理解（synesis）和实践智慧（phronesis），伦理之德包括慷慨与节制；第三卷第六章起至第五卷所探讨的主题（勇敢、节制、慷慨、友善、机智、公正等）实际上都属于伦理之德。第二种说法出现于第六卷第二章，这里可以区分出理论理智、实践理智和制作理智，从中我们可以推断出这三种理智分别对应的理智之德，即智慧、实践智慧和技艺。第三种说法出现于第六卷第三章，亚里士多德提到灵魂肯定或否定"真"的五种方式：技艺（techne）、科学（episteme）、实践智慧（phronesis）、智慧（sophia）和努斯（nous），是否此五者均属于理智之德？格兰特、斯图尔特、伯尼特都指出，这五种方式不等于理智的五种"德"，其中只有实践智慧和智慧是"德"②，余纪元则认为它们都是理智之德③。针对以上分歧，结合第六卷第五章至第七章以及第十章，我们认为，理智之德主要包括智慧（科学与努斯的统一）、实践智慧（可引申出理解）和技艺，如此既可以综合以上说法，又与亚里士多德的学科三分法对应起来：

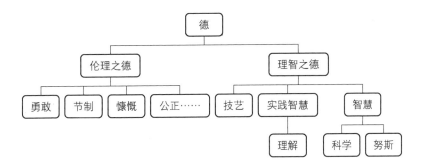

伦理之德和理智之德的区分展开了习惯（ethos）与逻各斯（logos）的张力。从"德"的稳定性来看，伦理之德处理的是变动不居的题材，是通过反复实践的习惯化过程而形成的稳定持久的品质；在理智之德中，智慧的活动是沉思，沉思的真理

---

① 也有译为"道德德性"的，这种译法容易使人产生误解，即把亚里士多德的 arete 混同于近代伦理学的 morality，根据词源学，ethos 原指风俗习惯，引申为伦理，故把 ethikai 翻译成"伦理的"更为恰当。
② 参见亚里士多德：《尼各马可伦理学》，廖申白译，北京：商务印书馆，2017 年，第 185 页注释①。
③ 参见余纪元：《亚里士多德伦理学》，北京：中国人民大学出版社，2011 年，第 101 页。

具有形而上的、智性的永恒性,它是不动的,也是最稳定的。从"德"的形成和塑造来看,"理智之德主要通过教导而发生和发展,[……]伦理之德则通过习惯养成,因此它的名字'伦理的'也是从'习惯'这个词演变而来"①。由于伦理之德以习惯化的方式养成,因而在根本意义上是不可教、不可学的,它区别于可教、可学的理智之德,这是因为在伦理之德中占主导地位的是听从逻各斯的欲望,在理智之德中占主导地位的是逻各斯本身。理智之德的培养,主要通过逻各斯的教导,但逻各斯的知识对于伦理之德的养成却是远远不够的,"如果说仅仅知道德是什么还不够,我们就还要努力获得它、运用它,或以某种方式成为好人。[……]但是事实上,逻各斯虽然似乎能够影响和鼓励心胸开阔的青年,使那些生性之德优越、热爱正确行为的青年获得一种对于德的意识,它却无力使多数人去追求高贵和善。[……]用逻各斯来改变长期习惯所形成的东西是不可能的,至少是困难的"②。亚里士多德强调习惯、训练在伦理之德养成过程中的必要性,"指责了那些忽略这种必要性而'逃避到 logos[言辞]中'的人"③。伦理之德通过习惯养成,不仅是说它植根于现实的风俗习惯,而且强调了其实践性,因为习惯化的过程也是反复践行的过程。实践对于伦理之德尤其重要,但逻各斯绝不是可有可无的,亚里士多德试图调和习惯与逻各斯之间的张力:行为本身离不开逻各斯,逻各斯之"知"是出于意愿的行为的必要条件。只有出于意愿的行为才是严格意义上的行为,人们只对出于意愿的行为负责,亚里士多德对自由意志、责任等伦理学的重大问题做出了富有预见的思考。"出于意愿"意味着:(1)行为起因于自身之内;(2)行为主体知道自己在做什么;(3)因行为自身而主动选择这种行为。④ 真正意义上的行为/实践总是"知之行(knowing action,wissendes Handeln)",而最高层次的"知(episteme)"是努斯的沉思(theoria),即智慧(sophia),这又被认为是最幸福的事情,从而在"德"之中展开了实践与沉思的张力。

---

① 亚里士多德:《尼各马可伦理学》,1103a13-17.
② 亚里士多德:《尼各马可伦理学》,1179b4-18.
③ 伯格:《尼各马可伦理学义疏:亚里士多德与苏格拉底的对话》,柯小刚译,北京:华夏出版社,2011年,第12页.
④ 参见亚里士多德:《尼各马可伦理学》,1105a31-1105b3,1109b30-1111b3.

三、 伦理之德·实践智慧·智慧，实践 vs.沉思

从"德"的特征来看，伦理之德侧重于实践性，通过反复练习、践履，不断积累经验，逐渐形成稳固持久的优秀品质，理智之德则呈现出由实践特征过渡到沉思特征的趋向，对应于从实践智慧向智慧攀升的历程。亚里士多德认为，人通过做什么样的人而成为什么样的人，通过反复实践成就自身的伦理之德，"我们先运用它们而后才获得它们。这就像技艺的情形一样。对于要学习才能会做的事情，我们是通过做那些学会后所应当做的事来学的"①。通过"做"而"学"，通过"用"而"得"，是伦理之德的重要特征，这一点与技艺的习得类似："我们通过造房子而成为建筑师，通过弹奏竖琴而成为竖琴手。同样，我们通过做公正的事成为公正的人，通过节制成为节制的人，通过做事勇敢成为勇敢的人。"②不管技艺还是实践，关键取决于活动（ergon）如何实现，即如何制作、如何行为，它们的区别仅在于，前者的目的是活动之外的产品，后者的目的是活动自身。"一个人的实现活动（energeia）怎样，他的品质也就怎样……我们是怎样的就取决于我们的实现活动的性质。"③

理智之德对应着灵魂的严格意义的逻各斯部分，理智之德的不同层次逐渐从实践特征过渡到沉思特征。理智可分为制作理智、实践理智和理论/沉思理智，虽然亚里士多德没有明确提出制作理智这个概念，但它可以从实践理智中派生出来；制作理智和实践理智属于推理的部分，而理论理智属于知识的部分，它们与理论理智的区别在于："理智本身④是不动的，动的只是指向某种目的的实践的理智。实践的理智其实也是生产性活动的始因。"⑤理智的出色活动和优秀状态即理智之德，理智的不同层次对应着不同的理智之德，制作理智、实践理智和理论理智的"德"分别是技艺（techne）、实践智慧（phronesis）和智慧（sophia），它们逐渐由实践

① 亚里士多德：《尼各马可伦理学》，1103a30 – 34.
② 同上，1103a34 – 1103b2.
③ 同上，1103b21 – 24.
④ 这里指沉思的理智。
⑤ 亚里士多德：《尼各马可伦理学》，1139a34 – 1139b1.

特征过渡到沉思/理论(theoria)特征。亚里士多德经常把技艺与伦理之德并提，技艺的获得基于制作，伦理之德的获得基于习惯化的实践，二者具有类似性，确切地说，技艺从属于生产性活动，实践理智其实也是生产性活动的始因。理智之德的最高层次是智慧，"智慧显然是各种科学中的最为完善者。[⋯⋯]智慧必定是努斯与科学的结合，必定是关于最高等的题材的、居首位的科学"①。智慧是努斯的沉思，是理论性的、形而上的，在亚里士多德的哲学体系中，理论高于实践。处于中间地位的是实践智慧，既与普遍的东西相关，也与具体的事务相关，处理的是变化的题材，具有实践性，而实践就是要处理具体的事情。实践智慧需要两种知识，尤其需要关于具体事情的知识，并与伦理之德一样需要经验，"不过这种知识，还是要有一种更高的能力来指导它"②。爱尔温(Terence Irwin)指出，在这里"亚里士多德想要纠正其前文叙述可能引起的错误印象；他的意思不是说普遍的原则对有实践智慧的人不重要。实践智慧必定包含着一种规则性的科学(ruling science)"③。实践智慧需要智慧的引导，"实践智慧并不优越于智慧或理智的那个较高部分。这就像医学不优越于健康一样"。"我们还可以补充说，说实践智慧优越于智慧就像说政治学优越于众神。"④实践智慧的中间地位也可以这样来理解，它比(理论)智慧更具有实践性，比伦理之德更具有理论性和普遍性。

实践智慧与伦理之德的关系尤其复杂，常常引起诸多理论困难：(1)伦理之德的最大特征在于习惯养成、践履践行，通过做而学、通过行而得，而实践智慧也与实践相关，关心人的事务，属人之善。二者的实践特征有何区别？(2)如果通过习惯、实践就可以养成伦理之德，那么实践智慧有何用？(3)《尼各马可伦理学》第二卷对伦理之德的界定中包含适度/中庸原则，第六卷提出适度的标准是正确的逻各斯，在人类具体事务上"实践智慧就是正确的逻各斯"⑤，因此实践智慧是适度的

---

① 亚里士多德：《尼各马可伦理学》，1141a16 - 20.
② 同上，1141b22 - 23.
③ Terence Irwin：Notes, in：Aristotle：*Nicomachean Ethics*, transl., with introd., notes, and glossary, by Terence Irwin, Indianapolis, Ind [u. a.]：Hackett, 1999, p. 245.
④ 亚里士多德：《尼各马可伦理学》，1145a6 - 14.
⑤ 同上，1144b27 - 28.

标准;但第十卷又说"伦理之德是实践智慧的始点,实践智慧则使得伦理之德正确"①,是否存在循环论证?(4)此外还有一个颇具争议的论断:"德使我们确定目的,实践智慧是我们选择实践目的的正确的手段。"②实践智慧似乎下降为实现目的的"工具",与它应有的地位不符。亚里士多德对第二个理论困难进行了特别说明:首先,即使实践智慧不引起实践,它也是值得追求的,因为实践智慧以及智慧都属于理智之德,是灵魂的高级组成部分即理智部分的德,即使不带来结果,它本身就值得追求;其次,实际上它们都会产生结果——幸福,智慧也带来幸福,智慧作为德之总体的一部分,具有它和运用它已经是幸福。③ 与此联系,第一个和第三个理论困难也可以得到一定程度的解决,伦理之德是灵魂的欲望部分听从、分有逻各斯而获得的"德",而实践智慧是灵魂的逻各斯部分中专司实践功能的实践理智所具有的"德",二者都涉及变动的题材,同具体的事情相关;二者都需要经验,但地位和作用不同,伦理之德为实践智慧提供必要的土壤,而实践智慧引导伦理之德并使之成为统一整体,"完全之德离开了实践智慧就不可能产生"④。"离开实践智慧就没有严格意义的善,离开伦理之德也不可能有实践智慧。"⑤"正是在与理性的这个实践功能的联系中,灵魂的欲望部分才能运用其遵循 logos 的能力。……也唯有这个联系才保证了真正的伦理德性成为可能。"⑥争议最大的是第四个理论困难,余纪元从理性与传统习俗关系的角度进行了诠释,颇具启发意义。他认为,这一观点之所以难以令人接受,是因为人们受近代理性主义伦理学的影响,把实践理性与传统价值观分裂开来,渴求一种抽象的普遍理性,"与此相对立,亚里士多德的伦理学则认为实践智慧是包含在传统之中的。伦理智慧的根源是历史性和文化性的。……一个人是在传统之内,发展出一个什么是好生活的总体概念的"⑦。亚里士多德的这一洞见对于修正近代理性主义伦理学的偏颇具有积

---

① 亚里士多德:《尼各马可伦理学》,1178a16 - 17.

② 同上,1145a6 - 7.

③ 参见亚里士多德:《尼各马可伦理学》,1144a2 - 7.

④ 亚里士多德:《尼各马可伦理学》,1144b16.

⑤ 同上,1144b31 - 33.

⑥ 伯格:《尼各马可伦理学义疏:亚里士多德与苏格拉底的对话》,柯小刚译,北京:华夏出版社,2011 年,第 71 页。

⑦ 余纪元:《亚里士多德伦理学》,北京:中国人民大学出版社,2011 年,第 118 页。

极意义。说伦理之德提供目的，强调了习俗与传统的重要作用，它是实践理智的根源和起点；说实践智慧提供正确的手段，也不意味着它下降为可有可无的"工具"，相反，实践智慧是引导伦理之德成为真正的德、完全之德的必要条件，因此亚里士多德在"伦理之德—理智之德"的区分之外，又提出"自然之德—完全之德"的区分（参见本文第四部分）。

智慧（sophia）是理智之德的最高形式，是知识/科学（episteme）与努斯的统一，其特征不再是实践性，而是智性的沉思（theoria），它的研究对象是永恒之物，追求的是"本然之真"。《尼各马可伦理学》第十卷甚至把幸福直接界定为沉思、爱智慧的活动，"努斯的实现活动，即沉思，既严肃又除自身之外没有其他目的，并且有其本身的快乐（这种快乐使这种活动得到加强）。［……］人的完善的幸福，［……］就在于这种活动"①。这一界定又引起不少争论，因为它与幸福的另一界定（"幸福是合乎德的实践"）冲突，实践与沉思之间的张力暴露出来，人们对幸福论提出了不同解读模式，尤其是涵盖论与理智论之争：（1）涵盖论（inclusivism），以阿克利尔（John L. Ackrill）等为代表，把幸福看作各种德、各种善的综合体，在幸福的目的等级系统中，诸多不同目的与终极目的之间是部分与整体的关系，而不是手段与目的、被利用与利用的关系②。这种解读模式旨在维持实践与制作的有效区分，避免引起混乱。既然所有实践都以自身的活动为目的，那么它们本身不可能成为其他目的的手段，因此实践的目的系统中不可能包含目的与手段的关系，各种德、善与幸福之间是部分与整体的关系；而在制作技艺的目的等级系统中，较低层次的目的是较高层次目的的手段，例如，马具是骑术的手段，骑术是马具的目的，但骑术又可以是战术的手段。（2）理智论（intellectualism），以哈迪（W. F. R. Hardie）③、肯尼（A. Kenny）④等为代表，把幸福看作人所追求的最完善的单一活动，即沉思。（3）不一致论，如戈蒂埃（R. A. Gauthier）和约里夫（J. Y. Jolif）认为，亚里士多德伦理学中存在着不一致，伦理行为一方面以自身为目的，另一方

① 亚里士多德：《尼各马可伦理学》，1177b16 - 24.

② Cf. John L. Ackrill: "Aristotle on Eudaimonia", in: *Aristotles: Nikomachische Ethik*, hrsg. von Otfried Höffe, Berlin: Akademie Verlag, 2006, S. 39 - 62.

③ Cf. W. F. R. Hardie: "The Final Good in Aristotle's Ethics", in: *Philosophy* 40(1965), pp. 277 - 295.

④ Cf. A. Kenny: "Happiness", in: *Proceedings of the Aristotelian Society 66*(1965/66), pp. 93 - 102.

面又以幸福为目的,成为获得幸福的手段①。(4)等级论,以余纪元为代表,他把实践与沉思/思辨作为生活的两个侧面,在"活动"的意义上对它们进行比较,并区分出"第一幸福"和"第二幸福",沉思活动是第一幸福的,而体现伦理之德与实践智慧的活动是第二幸福的②。

综上所述,不仅在伦理之德与理智之德之间展开了习惯与逻各斯的张力,而且在理智之德内部也展开了实践与沉思的张力。实践的智慧与沉思的智慧在其对应的灵魂部分、研究题材、"真"的程度以及获得"真"的方式等方面相区别:前者对应于灵魂的逻各斯部分中的推理部分,后者对应知识部分;前者涉及变动的题材,后者涉及永恒之物;前者追求欲求之真,后者追求本然之真;前者获得"真"的方式是考虑、权衡而非证明,后者获得"真"的方式是理智直觉加证明。从等级层次来看,亚里士多德倾向于认为智慧高于实践智慧,沉思/理论高于实践。

四、 从自然之德到完满之德,属人之善与神性生活的统一

"德"之中不仅包含习惯与逻各斯、实践与沉思的紧张关系,也包含自然/本性(physis)与完全之德(arete kyria)③之间的争衡,亚里士多德的伦理学试图调和这些张力,实现属人之善与神性生活的统一。关于德与自然/本性的关系,亚里士多德提出一个重要论断,"德在我们身上的养成既不是出于自然/本性,也不是反乎自然/本性的"④。这里的"德"是指伦理之德,如前所述,伦理之德通过习惯养成,这同时意味着它不是由自然/本性造就的,"因为,由自然/本性造就的东西不可能由习惯改变。例如,石头的本性是向下落,它不可能通过训练形成上升的习惯,即使把它向上抛千万次。火也不可能被训练得向下落。出于本性而按一种方式运动的事物都不可能被训练得以另一种方式运动"⑤。进一步来看,不管由习惯养成

① Cf. R. A. Gauthier, J. Y. Jolif: *L'Ethique à Nicomaque* 2 Bde., Louvain-Paris, 1970.
② 参见余纪元:《亚里士多德伦理学》,北京:中国人民大学出版社,2011 年,第 216—217 页。
③ 直接的字面意思为"严格意义上的德""真正的德",这里采用余纪元的译法"完全之德",亦见下文相关引言。
④ 亚里士多德:《尼各马可伦理学》,1103a22 - 24.
⑤ 同上,1103a18 - 23.

的伦理之德,还是由教导而来的理智之德,都不是与生俱来的。德是通过后天的实践和教导培育而成的,并非出于自然/本性,亚里士多德否定了德之形成的宿命论和天赋论,天性的自然对于德之养成不起决定性作用,从而为习惯、实践和逻各斯留下充分发挥作用的空间,使人的活动区别于动物的本能活动,人的自由以及形而上的超越成为可能;另一方面,德亦不违反自然/本性,自然/本性可以提升为德,自然之德能够转化为完全之德,黑格尔的"第二自然/本性"概念诠释了这种转化过程,"伦理性的东西,如果在由本性/自然所规定的个人性格本身中得到反映,便是德","但在跟个人现实性的简单同一中,伦理性的东西显现为这些个人的普遍行为方式,即风俗(Sitte)。对伦理事物的习惯,成为取代最初纯粹自然意志的第二本性/自然,它是渗透于习惯定在中的灵魂,是习惯定在的意义和现实。它是作为世界的活生生的和现存着的精神,这种精神的实体就这样地初次作为精神而存在"①。人通过实践活动获得伦理性的存在方式,伦理的定在具有普遍性,表现为共同体的风俗习惯,它代替人的纯粹自然/本性并成为人的第二天性,德本身不是人的第一自然/本性,但它需要一定的自然基础,这个自然基础中包含着类似于德的品质,亚里士多德称之为"自然之德"。他把自然之德与完全之德的关系类比为聪明(deinotes)与实践智慧的关系,聪明是一种中性的能力,可以针对任何一个预先确定的目的并很快实现它,其运用可善可恶,因而需要实践智慧的引导,实践智慧考虑生活整体之善并导向善,同样,自然之德是一种天生的中性品质,有待于提升为真正的德。"人们都认为,各种伦理之德在某种意义上是自然赋予的。公正、节制、勇敢,这些品质都是与生俱来的。但同时,我们又希望以另一种方式弄清楚,在严格意义的善或此类东西中是否有别的东西产生。因为,甚至儿童和野兽也生来就有某种品质,而如果没有努斯,它们就显然是有害的。[……]然而如果自然的品质上加上了努斯,它们就使得行为完善,原来类似德的品质也就成了完全之德(kyrios arete)。因此,正如在形成意见的方面灵魂有聪明与实践智慧两个部分,在德的方面也有两个部分:自然之德(arete physike)与完全之德(he

① Hegel: *Grundlinien der Philosophie des Rechts*, hrsg. von Johannes Hoffmeister, Hamburg: Meiner, 1967, S. 145, S. 147.

kyria)。"①

　　"自然之德"这一概念显得模棱两可,既然德不是自然造就的,德非自然,自然非德,那么人的"第一自然/本性"何以有德? 石头与火的例证似乎表明,physis 是事物不可改变的禀性,关于本性与德之间是否存在着不可跨越的鸿沟,澄清 physis(自然/本性)的含义是关键所在。亚里士多德不仅试图调和古希腊由来已久的 physis(自然)与 nomos(法)之间的对立,而且试图调和 physis(自然/本性)与 arete(德)之间的对立,"对他而言,任何人类社会都同时具有成文法和(来自习惯、传统的)不成文法;'不成文法'也可以是普遍的、超越城邦之上并对一切人有约束力的'自然法(Naturgesetze)'"②,正如"自然法"使 physis 和 nomos 之间的冲突变得不再重要,"自然之德"也弥合了 physis 和 arete 之间的鸿沟,"自然/本性赋予我们接受德的能力,而这种能力通过习惯而完善"③。如果说"德"是后天养成的第二自然/本性,那么第一自然/本性之中已经包含了接受"德"的能力,否则人的自然/本性就不可能过渡到"德"的状态,而严格意义上的"德"是通过后天努力形成的,亚里士多德辩证地处理了自然与修养的关系。那么何谓"自然"? 在《形而上学》和《物理学》中亚里士多德系统探讨了 physis 的含义,在前者中给出的定义是,"自然的原始和首要的意义是,在其自身之内有这样一种运动本原的事物的实体,质料由于能够接受这种东西而被称为自然,生成和生长由于其运动发轫于此而被称为自然。自然存在的运动的本原就是自然,它以某种方式内在于事物,或者是潜在地,或者是现实地"④。在后者中给出的定义是,"所谓自然,就是一种由于自身而不是由于偶性地存在于事物之中的运动和静止的最初本原和原因"⑤。在此界定之后,亚里士多德列举出三种常见的关于"自然"的见解:质料、形式和生成,认为自然不是被动的质料,"形式比质料更是自然,因为每一事物在其现实地存在时

---

① 亚里士多德:《尼各马可伦理学》,1144b4 - 16.
② *Historisches Wörterbuch der Philosophie*, Bd. 7, hrsg. von Joachim Ritter und Karlfried Gründer, u. a. Basel: Schwabe, 1989, S. 968.
③ 亚里士多德:《尼各马可伦理学》,1103a23 - 24.
④ 亚里士多德:《形而上学》,1015a14 - 19. 中译本参见苗力田主编:《亚里士多德全集》第七卷,北京:中国人民大学出版社,1993 年。下文不再一一说明。
⑤ 亚里士多德:《物理学》,192b22 - 24. 中译本参见苗力田主编:《亚里士多德全集》,第二卷,北京:中国人民大学出版社,1991 年。下文不再一一说明。

而不是潜在地存在时被说成是这个事物更为恰当些"①,"生成"则是"自然"的词源学含义。亚里士多德对这三种见解均持一定的保留态度,因为在他看来更为根本的是"自然"的目的论含义,自然是作为目的的实体,"自然就是目的和'何所为'"②,万物皆有自身的 physis、自身的目的,其本性趋向于完善自身。人的 physis 有特殊性,它包含着接受"德"的能力,可以听从逻各斯,通过习惯化的过程把潜在的自然之德转化为真正的德。不过,"自然之德"仅仅是在极其弱化的类比意义上说的,通常人们认为伦理之德是自然赋予的,实际上那种与生俱来的自然品质很难说是"德",它只是类似于"德"的品质,至多具有中性意义,如果离开努斯和实践智慧的引导被错误地运用,那么越强大的自然/本性反而危害越大,这和聪明的情形是一样的,"如果目的是卑贱的,聪明就成为狡猾"③。真正的"德"必须是在努斯与实践智慧的指导下经由实践的习惯化过程而形成的,自然之德为完全之德的形成提供了自然基础,但离开了实践智慧,严格意义上的德也不可能产生。现在的问题是,"自然之德—完全之德"这一新的区分与之前的"伦理之德—理智之德"的区分是什么关系。按照雅法(Harry V. Jaffa)的解释,亚里士多德设置了一个关于"德"的等级秩序,即自然之德—伦理之德—真正的德,依次侧重于自然禀性、习惯化和实践智慧④;博斯托克(David Bostock)亦区分出自然之德(natural virtue)—受训之德(trained virtue)—完全之德(full virtue)⑤;同样,余纪元认为亚里士多德区分了三个层次的德,生而有之的自然之德、受训的或实践的德(亦即伦理之德)和混合了伦理之德与实践智慧的完全之德,自然之德性发展为伦理之德并继而发展为完全之德的过程,也是实践理智自身逐渐获得实践智慧的过程。⑥

　　"自然之德—伦理之德—完全之德"的区分序列固然有其道理,但还不能囊括"德"的全部内容,我们可以进一步将"德"的层次拓展为"自然之德(arete physike)—伦理之德(ethikai aretai)—完全之德(arete kyria)—理智之德

---

① 亚里士多德:《物理学》,193b8 - 9.

② 同上,194a28 - 29.

③ 亚里士多德:《尼各马可伦理学》,1144a26.

④ Cf. Harry V. Jaffa: *Thomism and Aristotelianism*, The University of Chicago Press, 1952, pp. 92 - 93.

⑤ Cf. David Bostock: *Aristotle's Ethics*, Oxford University Press, 2000, p. 86.

⑥ 参见余纪元:《亚里士多德伦理学》,北京:中国人民大学出版社,2011 年,第 120—121 页。

(dianoetikai aretai)—完满之德(arete teleia)"。自然之德作为初级层次，如前所述，只是一个勉强的说法，它是指某种天性、与生俱来的性情，是自然品质，而且各种自然品质往往是互相独立甚至互相冲突的，"一个天性勇敢的人不大可能也是天性节制的，而一个天性温和的人也不大可能同时是天性有雄心壮志的。自然给予的诸性情并不必然共属一体，反倒很可能是相互冲突的"[①]。这种碎片化的特征延续至伦理之德，勇敢、节制、慷慨、公正等伦理之德不具有明显的关联，毋宁说是并列、独立的，尚不具有系统性、统一性。真正的德应该是一个整体，亚里士多德借助努斯和实践智慧为伦理之德提供统一性，实践智慧转化它们，"通过朝向人之善的导向而把它们化入一个统一的整体"[②]。由努斯和实践智慧引导的伦理之德即完全之德、真正的德，伦理之德的适度原则是由正确的逻各斯这一标准确定的；伦理之德须合乎逻各斯并且与逻各斯一起发挥作用，"而正确的逻各斯也就是按照实践智慧而说出来的逻各斯"[③]；伦理之德为实践智慧提供起点，而实践智慧为自然之德和伦理之德提供根据和统一性。针对"德"之分离说的诘难，亚里士多德给予回应，指出诸多伦理之德统一于实践智慧的可能性，"他们说，德可以相互分离。他们说，一个人不可能具有所有的德，所以，他获得了某种德，而没有获得另一种德。说到自然之德，这是可能的。但说到使一个人成为好人的那些德，这就不可能。因为，一个人如果有了实践智慧这种德，他就有了所有的伦理之德"[④]。"完全之德"概念的提出，在很大程度上是为了解决自然之德、伦理之德的分离问题，实践智慧起关键作用。特殊的德不能孤立存在，离开总体的善就不可能成其为德，而实践智慧关涉总体生活的善，只有当特殊的德受实践智慧引导、有助于实现人生整体的目的时，它才能成为真正的德。克服诸"德"分立的问题早在柏拉图的《美诺篇》已经提出，苏格拉底对美诺说，"我刚刚才要求你别把德打成碎片"，

---

① 伯格：《尼各马可伦理学义疏：亚里士多德与苏格拉底的对话》，柯小刚译，北京：华夏出版社，2011年，第197页。
② 同上，第198页。
③ 亚里士多德：《尼各马可伦理学》，1144b23 - 24.
④ 同上，1144b34 - 1145a2.

"关键在于我想要你给我一个关于作为一个整体的德的解释"①，碎片化的自然之德、伦理之德需要被关联成一个整体。亚里士多德有所保留地赞成苏格拉底的方案，"苏格拉底的探索部分是对的，尽管有的地方是错的。他认为所有的德都是实践智慧的形式是错的，但他说离开实践智慧所有的德就无法存在却是对的"②。这段话的意思无非是，完全之德必须包含正确的逻各斯、实践智慧于其中，但又不能把"德"仅仅归结为逻各斯，因为"德"还与欲望、情感、习惯、实践等密切相关。进一步来看，实践智慧仍然需要更高层次的理智之德来指导，即智慧（sophia），智慧是最高级别的理智之德，智慧的沉思是接近神性的生活。智慧高于实践智慧，沉思高于实践，这是我们之前得到的结论，然而亚里士多德的伦理学不仅仅在于对不同类型的"德"排出等级秩序，更在于实现其多重内涵的统一，使人的自然/本性、实践生活与形而上的智慧超越贯通起来。德虽不出于自然，但亦不反乎自然，从自然目的论来看，甚至可以说"德"的实现是人之"自然"的最高体现，自然之德、伦理之德、完全之德、理智之德的贯通、统一达到"完满之德"，即通达终极目的的、充分完满的实现活动，这样我们又回到了"幸福"概念，因为幸福正是灵魂的合乎完满之德的实现活动，从而立足于"德"或立足于"幸福"来解读亚氏伦理学并不矛盾。综上所述，我们尝试从以下方面拓展、补充或突破传统的看法：（1）将"自然之德—伦理之德—完全之德"的区分序列拓展为"自然之德—伦理之德—完全之德—理智之德—完满之德"；（2）区分"完全之德（arete kyria）"和"完满之德（arete teleia）"，亚里士多德虽未明确将两个概念进行对比，但从表述上的细微差别可以推断，完全之德强调以实践智慧统一伦理之德，但这种统一仍然具有相对性，仅仅局限于克服伦理之德的碎片化，而完满之德侧重目的论上的终极统一，"完满之德"与"幸福"密切相关，幸福作为最高的善，是终极目的，是"灵魂的一种合乎完满之德（kat' areten teleian）的实现活动"③，确切地说，"幸福应当是完满生命的合乎

---

① 柏拉图：《美诺篇》，79A-B. 中译本参见柏拉图：《柏拉图全集》上卷，王晓朝译，北京：人民出版社，2018年。以希腊文为准，本文有改动。本文所引柏拉图著作采用国际通用的斯特方码（Stephanus pagination）引证格式。

② 亚里士多德：《尼各马可伦理学》，1144b17-20.

③ 同上，1102a5.

完满之德(kat' areten teleian)的实现活动"①;(3)克服传统的德性论或幸福论非此即彼的解读模式;(4)贯通"德"的不同层面,它们之间不仅仅是简单的等级关系,而是动态形成中的系统,所有层面的"德"最终统一于完满之德。它们之间的关系可用下图表示:

　　在"德"的整体中,欲望与逻各斯、欲求之真与本然之真、属人之善与神性生活之间不断进行着协调统一。首先,人的灵魂既不在于营养生长,也不在于感觉,前者为植物所共有,后者为动物所共有,其特殊之处在于它同时包含着欲望和逻各斯,并且人的欲望可以听从逻各斯,灵魂的欲望部分具有遵循逻各斯的潜力,这是伦理之德的关键所在,"德不仅仅是合乎正确的逻各斯的,而且是与后者一起发挥作用的品质"②。习惯化的实践训练过程使得欲望可以分有逻各斯,进而通达严格意义上的逻各斯,使实践、习惯与逻各斯得以贯通,伦理之德与理智之德得以贯通。其次,在理智之德内部又有实践与沉思的协调统一,理论理智把握的是"本然之真",实践理智把握的是"欲求之真","获得真其实是理智的每个部分的活动,但是实践的理智的活动是获得相应于遵循着逻各斯的欲求的真"。③ 实践智慧一方面联结着欲求,另一方面联结着逻各斯,它包含着考虑、权衡和选择,而选择是欲求着的理智或理智的欲求,它所追求的是实践的逻各斯之真。实践的逻各斯又可以通往理论的逻各斯,智慧是理智之德的最高形式,是知识/科学(episteme)与努

① 亚里士多德:《欧台谟伦理学》,1219a38 - 40. 中译本参见苗力田主编:《亚里士多德全集》第八卷,北京:中国人民大学出版社,1994 年。
② 亚里士多德:《尼各马可伦理学》,1144b26 - 28.
③ 同上,1139a27 - 30.

斯的统一,其研究对象是永恒之物,所追求的是本然之真和永恒不变的真理。最后,"德"一方面立足于实践生活,属人之善,另一方面通往形而上的超越之路,即智慧的沉思(theoria)和最高的幸福,这两方面能够统一于人之德,源于人之为人的边界与规定,伦理学聚焦于人之德,其两极分别是兽性和神性,在严格意义上说,"野兽与神无德与恶可言"①,兽性低于德而神性高过德,人处于二者之间又具有接近神性的可能,努力追求神性的东西便是一种有德的生活。伦理之德与人的事务相关,植根于伦理生活,通过实践、习惯养成稳定的品质,实践智慧属于灵魂中严格意义的逻各斯部分,关注人的事务和属人之善,"实践智慧是一种同人的善相关的、合乎逻各斯的、求真的实践品质"②,是世间之德、人间之德,常常被理解为仅仅同个人相关,对此,亚里士多德至少提醒我们注意两点:即使在个人意义上谈论实践智慧,它所要考虑的也是生活总体之善,不同于个别事件上的算计,它是一种普遍的感觉、好的谋划;实际上一个人的善离开了家庭和城邦就不存在,伦理之人同时是政治之人,伦理生活离不开政治生活,二者共属于实践的生活世界。实践智慧不仅关联着具体的生活事务,而且关注普遍之物,进而它通往更加普遍、超越的智慧,智慧则不再致力于对人有益的具体事务,它通常关注"一些罕见的、重大的、困难的、超乎常人想象而又没有实际用处的事情",因为"还存在着远比人优越的事物,例如,举最为明显的例子,组成宇宙的天体。这些考察说明,智慧是科学和努斯的结合,并且与最高等的事物相关"③。在亚里士多德那里,智慧是关于永恒事物的;依照格兰特,智慧、哲学在最高意义上就是神学,是关于纯粹、超越、不变存在的科学。④ 亚里士多德所理解的神,超越于伦理之德之上,超越于善恶的语言,神对伦理之德是无所谓的态度,神是幸福快乐的,其实神就是沉思活动本身,而进行沉思的人也是最接近神性的和最幸福的。"如果努斯是与人的东西不同的神性的东西,这种生活就是与人的生活(bios)不同的神性的生活。不要理会有人说,人就要想人的事,有死的存在就要想有死的存在的事。应当努力追求不

---

① 亚里士多德:《尼各马可伦理学》,1145a25 – 26.
② 同上,1140b19 – 20.
③ 同上,1141b1 – 8.
④ 参见亚里士多德:《尼各马可伦理学》,廖申白译,北京:商务印书馆,2017 年,第 192 页注释①。

朽的东西,过一种与我们身上最好的部分相适合的生活(to zen)。"①一种常见的指责是,亚里士多德的伦理学看似"以人为本",最终却要求人过"非人"的生活。实际上,亚里士多德强调,努斯虽是神性的,但同时是属人的,它也是人区别于他物的高贵部分,"合于努斯的生活(bios)对于人是最好、最愉悦的,因为努斯最属于人。所以说,这种生活也是最幸福的"②。进一步来看,如余纪元所指出的,应当注意"生活(bios,to zen)"与"实现活动(energeia)"两个概念的区别,"一个在沉思的人,就他的这种实现活动而言,不需要外在的东西,而且这些东西反倒会妨碍他的沉思。然而作为一个人并且与许多人一起生活,他也要选择合乎德的行为/实践,因而也需要那些外在的东西来过人的生活"③。作为实现活动的沉思本身是自足的,不依赖外在之物,神的全部生活就是沉思活动,但人也必须过一种伦理、政治的生活,沉思活动固然重要、高贵,却不能囊括生活的全部,人的沉思生活与实践是绑定在一起的,不可能超脱于城邦与社会的实践生活之上。余纪元认为,当亚氏对伦理实践生活与沉思生活进行比较时,实际上他比较的不是两种生活总体,而是生活总体的两个不同侧面,毋宁是对伦理实践活动与沉思活动的比较④。亚里士多德谈到智慧、努斯、幸福时,时而使用"活动",时而使用"生活",如果我们在"活动"的意义上而不是在生活总体的意义上来理解实践与沉思的张力,那么更有利于二者的协调。亚里士多德并不是要求人过"非人"的、神的生活,沉思只是生活的一个面向,沉思的幸福体现的是形而上的、神性的维度,它固然很重要,但同样有伦理生活的幸福、公民生活的幸福,即实践的幸福,人在实践的生活世界中有好的状态,做得好、行得好,对这种人生幸福的追求自然也是不应忽视的,并且对人而言,实践离不开逻各斯、努斯,而沉思也离不开实践。由此可以转向一种"统一论"的解读模式,我们甚至无须再强调沉思与实践的等级之别,因为在人这里二者是捆绑在一起、不可分割的,毋宁说亚里士多德的伦理学在"德"之整体中寻求

---

① 亚里士多德:《尼各马可伦理学》,1177b28－35.

② 同上,1178a6－8.

③ 同上,1178b1－5.

④ 参见余纪元:《亚里士多德伦理学》,北京:中国人民大学出版社,2011年,第216页;亦见余纪元:《德性之镜》,北京:中国人民大学出版社,2009年,第317—322页。

实践生活与形上超越的平衡统一。

五、余论

德行概念对于反思近代伦理学和启蒙运动中表现出来的抽象理性具有借鉴作用，因为它植根于现实的风俗习惯，肯定习俗和传统的有效性，突出实践对于"德"之培养塑造的重要作用，并力争达到实践与沉思、形下与形上统一的整体之"德"，而且，以 arete 为参照有利于打开新的视角，实现中国传统哲学的创造性诠释与发展。中国传统哲学在很大程度上是一种伦理学形态的哲学，"德"是其中的重要概念，正是在这一点上，中西诠释的思想传统可以得到会通。"德"的本义为"得"，《管子》曰："德者道之舍，物得以生，生知得以职道之精。故德者，得也；得也者，其谓所得以然也。"（《管子·心术上》）王弼注"上德不德，是以有德"："德者，得也。常得而无丧，利而无害，故以德为名焉。何以得德？由乎道也。"（《老子注》）朱熹注"志于道，据于德"："据者，执守之意。德者，得也，得其道于心而不失之谓也。"（《四书章句集注》）《礼记》曰："礼乐皆得，谓之有德。德者，得也。"（《礼记·乐记》）综而观之，中国传统哲学中的"德"大致可以理解为"道""理"的具体实现。从实现的面向来看，"德"更多是对"天"而言的，而"得"更多是对人、对物而言的，"天道""天德"使人有德，是谓"得"，诚如《大学》所言："知止而后有定，定而后能静，静而后能安，安而后能虑，虑而后能得"；"德"虽为"道"之具体实现，但其中同时包含着形而上的超越，不可将"德"理解为僵死的道德伦理教条，"德"之实现、获得，不仅是指个体取得成功，而且指通达"宇宙——生命"整体的大智慧①。

带着宏阔的中西思想资源背景，潘德荣教授的"德行诠释学"正是中国诠释传统创造性转化的一个重要成果，它不再是仅仅追寻原义的文本诠释的技艺学，也不是将文本理解仅仅化约为自我理解的存在论，而是将它们整合在自身之内，共同实现开显"德行"的诠释目标。"要而言之，它是一种以'实践智慧'为基础、以'德行'为核心、以人文教化为目的的诠释学。它并不排斥诠释学的方法论与本体

---

① 参见臧宏：《说〈老子〉中的"德"》，《社会科学战线》2011 年第 10 期，第 2 页。

论探究,而是将其纳入自身之中,并以德行为价值导向来重新铸造它们。在理论层面上,方法论的制订与本体论的构建,均应循着德行所指示的方向展开;在实践层面上,我们的内在修行与见之于外的行为,亦须以德行为鹄的。"①

---

① 潘德荣:《"德行"与诠释》,《中国社会科学》2017 年第 6 期,第 41 页。

诠释学的三重实践
——从浪漫主义诠释学到德行诠释学

王　骏
华东师范大学哲学系

在浪漫主义诠释学的实践中,除了"理解"和"解释"作为基本要素之外,还有一个重要概念,即"批评"。施莱格尔将"批评"与"理解"统一为批评式的理解,并进一步揭示了批评概念的现实性维度。伽达默尔在他的哲学诠释学中,将现实性视为理解的可能性条件,并将与现实性有关的应用概念置于思想的核心位置,"应用"与"理解""解释"构成哲学诠释学中实践的基本要素。德行诠释学进一步引入"德行"概念作为价值标准,以"德行"为导向深化理解。

一、 批评式理解与理解的现实性

在施莱尔马赫及其两位语文学先驱(沃尔夫和阿斯特)的理论中,语法(Grammatik)、诠释学和批评(Kritik)三者并列,相互有着密切联系。一般而言,语法涉及文本的语言层面,包括语言逻辑和文字含义;诠释学关涉作者话语、意图、历史背景层面;批评则涉及文本和文本含义的正确性层面,包括文本年代、真伪、文字真实性等。其中,批评最能体现浪漫主义诠释学特点,尤其是施莱格尔的批评式理解。

施莱格尔将批评概念置于诠释学的中心,直接将理解与批评(诗歌批评、语文学批评、语法批评、历史批评、哲学批评)统一起来,视理解为批评,并在《论语文学》中指出:"诠释学和批评在本质上是绝对不可分的"[1],由此构成一种批评式理

---

[1] F. Schlegel, "Zur Philologie I. 1797", in *Kritis-che Schriften und Fragmente* [1794 - 1818], Bd. 5, S. 176.

解。他直言,"批评就是比作者自身更好地理解作者"①。区别于施莱尔马赫的说法("人们必须很好地理解同时比作者更好地理解"②),施莱格尔带有"很好"或者"更好"这一类正确性表达的理解则是带有判断的理解,也即批评式理解。诚然,施莱尔马赫与施莱格尔对带有正确性判断的理解的阐述各有不同。施莱尔马赫的说法是基于对作者话语进行意识部分和无意识部分的区分,人们可以针对文本中作者话语的有意识部分很好地理解作者,同时也由于无意识部分而比作者本人更好地理解。而在施莱格尔那里,由于他强调的是"渐进的语文学"(progressive Philologie),这种语文学与主张返回文本中古代精神的传统语文学不同,更注重文本中古代精神的现实意义。所以,施莱格尔所谓的"更好"表示理解具有进步性和开放性,有其现实意义。

概括来说,当施莱格尔用"批评"来表示"更好理解"的时候,存在两个维度:一是正确理解文本,尤其是古代经典文本;二是这种正确理解同时表示具有现实性的理解,因而是更好的理解。施莱格尔将判断正确性的批评概念置于诠释学的中心位置,并突显了批评式理解的现实意义,也即上述第二个维度表达的含义。由此出发,理解不是单纯地追溯文本或者作者原意,而是在原意的基础上,同时生成当下的现实意义。施莱格尔的批评式理解为我们开启了一个理解的新向度,即现实性。现实性问题在伽达默尔哲学诠释学的语境中得到了详细阐述。在哲学诠释学中具有现实性的理解表示"不同的""新的"理解。

二、 应用与理解的可能性

伽达默尔对应用概念的阐述是为了回应哲学诠释学的终极问题,这是一种康德式提问,即"理解何以可能"③。对于伽达默尔而言,只有考虑了解释者(理解者)

---

① F. Schlegel, "Fragmente zur Literatur und Poesie. 1797", in *Kritische Schriften und Fragmente* [*1794 – 1818*], Bd. 5, p. 223.

② Schleiermacher, *Hermeneutik*. hg. v. Heinz Kimmerle, Heidelberg: Winter, 1959, S. 56.

③ Gadamer, *Hermeneutik II. Wahrheit und Methode*, in: Gesammelte Werke, Bd. 2, Tübingen: Mohr, 1993, S. 439.

的现实处境、特殊性,理解才是可能的。这一观点表现出伽达默尔对诠释学的看法完全不同于浪漫主义诠释学的看法。浪漫主义诠释学试图通过理解、解释和批评建立读者与作者、文本或精神的统一性,这种统一性是对原意和现实性的兼顾(施莱格尔)。哲学诠释学则表明解释者的理解活动只有考虑现实处境才是可能的。当然这不是说,不考虑现实性理解活动就不会发生,而是说,不考虑现实性解释者理解的文本含义是空洞的,因此无法真正理解文本。伽达默尔虽然继承了理解的现实性问题,却是在新的语境中来阐述的,或者说,更像是倒置了施莱格尔对批评式理解的现实性向度的看法。施莱格尔认为,理解是直接进行的活动,其过程具有现实性,但伽达默尔则认为,理解须先被追问其可能性条件,因考虑了现实性才是可能的,才可谓之真正的理解。伽达默尔对理解的可能性问题,或者对应用问题的阐述,是以亚里士多德的实践智慧为范例的。他在 1991 年《诠释学与狄尔泰学派》(*Die Hermeneutik und die Dilthey-Schule*)一文中提到,"在《真理与方法》中已经足够清晰的是,在我的诠释学思想中,占据核心位置的是实践智慧(Phronesis),即道德知识的德性"[①]。虽然在文中他明确表示实践智慧是其诠释学思想的核心,但需要澄清的是,其意思并非指理解本身等同于带有实践智慧的道德行动,毋宁说,实践智慧所涉及的在具体实际情境中的应用才是解释理解中应用问题的典范。在伽达默尔看来,理解本身并不等同于受实践智慧引导的行为,其中关键的只是实践智慧的应用层面,即普遍(实践智慧)和特殊(道德行动)的关系,或者说普遍在特殊中的具体化。关于这一点,我们也能够在《真理与方法》中找到相应的事实依据。在《真理与方法》的"亚里士多德的诠释学现实性"一节中,伽达默尔认为,"在亚里士多德那里当然无关诠释学问题甚或它的历史维度,而是关乎正确地评定理性在道德行为中所起的作用"[②]。在同一章节,他再次强调,"当然,在诠释学意识那里既无关技术知识、也无关道德知识。但是这两种知识方式**包含同样的应用任务**于自身之中,我们已将这种应用任务视为诠释学的核心问题

---

① Gadamer, *Hermeneutik im Rückblick*, in: Gesammelte Werke, Bd. 10, Tübingen: Mohr, 1995, S. 199.
② Gadamer, *Hermeneutik I. Wahrheit und Methode*, in: Gesammelte Werke, Bd. 1, Tübingen: Mohr, 1990, S. 317.

维度。显而易见的是，'应用'在这里和那里不表示相同的东西"①。他从解释古希腊传统开始着手相关工作，如解释苏格拉底对话中本身有用的知识，并认为亚里士多德的实践智慧也是一种自我知识，这种形式的知识始终带有自我存在或者自我现实性的关联。在这种关联意义上，古希腊传统为伽达默尔哲学诠释学处理文本含义与现实处境的关系问题提供了范例，这不是说文本含义就是本身有用的知识或者实践智慧。就实践智慧作为应用问题的范例这一点来说，伽达默尔首先在1930 年的《实践知识》（Praktisches Wissen）一文中做出了最初的说明。② 实践知识的应用问题在 1960 年《真理与方法》的"亚里士多德的诠释学现实性"一节中再次出现，这一阶段伽达默尔主要讨论亚里士多德的实践智慧（Phronesis），但归根到底是普遍与特殊的关系问题。这里重点关心的问题是亚里士多德实践智慧的应用如何成为诠释学理解的典范。

首先，实践哲学所涉及的是实践智慧与具体处境中的道德行为，即普遍与特殊的关系问题，正好也是哲学诠释学所要处理的问题，亦即普遍（文本与文本含义）与特殊（解释者的当下处境）的关系；其次，区别于纯粹的理论知识（Episteme），即基于证明且固定不变的知识（例如数学），实践智慧作为一种知识，关联着具体的、变化的处境，引导着处境中的道德行为，诠释学也同样关联着解释者的具体的、变化的处境，规定、引导着处境中的理解活动；再次，在知识引导行为这一点上，实践智慧又要与技术知识（Techne）（例如手工生产的知识）区分开。无论是引导生产行为的技术知识，还是引导道德行为的实践智慧，都与现实处境之间有着一定的张力，都不能完全充分地适用于现实情况：一方面，引导生产行为的技术知识是**事先**（粗体为本文作者加）可学的，习得之**后**（粗体为本文作者加），应用于现实处境之中，而实践智慧不是事先可学的，因为在任何时候人们总是**已经**（粗体为本文作者加）处于现实处境之中，处于实践智慧的应用当中；另一方面，技术知识在应用中为了适配所要生产的对象，往往会剪裁或修正最初的制作蓝图和

---

① Gadamer, *Hermeneutik I. Wahrheit und Methode*, in：Gesammelte Werke, Bd. 1, Tübingen：Mohr, 1990, S. 320.

② 参见 Gadamer, *Hermeneutik II. Wahrheit und Methode*, in：Gesammelte Werke, Bd. 2, Tübingen：Mohr, 1993, S. 22。

制作规则,实践智慧在应用时则不同,虽然它为了在处境中实现出来也要作相应调整,但在考虑现实的时候,它并不削减本身的完满性。例如法官在判决的时候,往往会遇到法律规定并不完全适用现实的情况,如罪犯同时有某种重大贡献,依此可以得到减刑,此时法律原本规定的刑期则不能完全适用于这种情形,法官便会针对实际情况在法律允许的范围内作出相应的量刑(减刑)。在这个例证中,法律规定是对公正概念内容的具体表达,但在法律或者公正概念的实际应用中,在面对不确定的情况时,公正并非来自对法律规定简单直接的应用,正如技术知识的直接应用那样,而是来自对现实情况的考量与权衡。从实践智慧与技术知识的区分来看,哲学诠释学同样包含着不同于技术诠释学的应用。在技术诠释学的应用中,解释者已经事先具有关于作为对象的文本含义的蓝图和关于解释规则的可学知识,理解活动只是在现实处境中简单地运用解释规则,目的是通过解释规则把对象,即文本含义,现实地生产、制造出来。然而哲学诠释学的应用则不同,它不是制造对象的技术活动,而是针对实现自我知识的理解活动。在伽达默尔看来,普遍的文本含义同时就是解释者的自我知识,因为自我知识始终关联着解释者的自身处境,并通过理解活动具体化。简言之,理解活动在把握文本含义的同时,还要考虑特殊的、不确定的现实处境。"当他[解释者(Interpret)——译者注]想要完全理解时,他就必须将文本与这一处境[解释者置身于其中的处境——译者注]联系起来。"①概括来说,第一,实践智慧考虑道德行动的现实处境,涉及普遍与特殊的关系问题;第二,实践智慧不同于理论知识,不是单纯地寻求普遍性,而是寻求普遍性的应用、具体化;第三,实践智慧不同于技术知识:一方面,因为道德行动任何时候都处于一定的处境中,实践智慧也总是在应用中,所以实践智慧不是先学后用的知识,而是不可事先学习的;另一方面,实践智慧的应用不是生产对象,而是依据现实的特殊处境,作出相应地且合乎实践的选择和决定。正是基于上述三个方面的分析,亚里士多德的实践哲学成为哲学诠释学的典范。

伽达默尔的哲学诠释学根本上是要解决"理解何以可能"的问题。这一问题

---

① Gadamer, *Hermeneutik I. Wahrheit und Methode*, in: Gesammelte Werke, Bd. 1, Tübingen: Mohr, 1990, S. 329.

也由其对应用概念的阐述而得到回答：理解只有考虑了现实处境才是真正可能的。正如我们只有考虑道德行为的当下处境，将道德知识具体化，才能真正理解道德知识的含义一样，理解只有每次都考虑到不同的处境，才能在每一次应用中得到不同的理解。① 但是，如果每个人的不同理解仅适用于当下，那么可以设想的问题是：仅适用于每个人当下的不同理解相互之间出现冲突时怎么办？ 这表明这种理解不一定同时适用于别人，甚至有可能与别人的理解相冲突。这一问题促使我们去寻找一个解释者的理解目的，在这一目的引导之下，解释者与他者的解释能够协调一致。

对此，潘德荣教授建构的德行诠释学提供了相应的解答，即以德行作为理解的价值标准：一方面，解释者以"德"为导向理解文本，使解释者所把握的文本含义与实践智慧相协调一致；另一方面，德行也为浪漫主义诠释学的"更好理解"、哲学诠释学的"不同理解"提供了一个价值方向。在一种带有道德价值取向的理解中，正确性与现实性因受到规范而获得方向。

三、 德行与理解的目的性

在潘德荣教授倡导建构的德行诠释学中，德行是一种道德理念，它作为价值标准被纳入到解释者行为之中。这种以德行为导向的理解在关联文本和解释者的当下处境的基础上，还提供了一个价值方向。在此意义上，德行诠释学以德行为价值标准，将正确理解文本建立在兼顾原义与现实性的基础上，形成德行诠释学中的理解。因此，德行诠释学是"立德弘道之学，使所有的诠释活动都以'德行'为核心而展开"。②

这里的德行概念主要有两个来源：亚里士多德的"实践智慧"与孔子的"德行"。亚里士多德的实践智慧是一种引导道德行动的道德知识或德行，引导道德行动者在现实的处境中采取合乎道德知识的行为，正如法官在审判时会考虑罪犯

---

① 参见 Gadamer, *Hermeneutik I. Wahrheit und Methode*，in：Gesammelte Werke，Bd. 1，Tübingen：Mohr，1990，S. 314,317。

② 潘德荣：《论当代诠释学的任务》，《华东师范大学学报》(哲学社会科学版)2015 年第 5 期，第 22 页。

有无重大贡献这一具体处境,从而做出适合当下处境的量刑。在哲学诠释学的语境中,实践智慧表现为道德知识的具体化,以此方式人们才能理解实践知识的真正含义。在德行诠释学的语境中,除了应用本身,更为重要的还有作为价值标准的实践智慧,这种实践智慧具有引导行为者做出好的、合理的选择与决定的功能。所以亚里士多德的实践智慧在德行诠释学中就表现为一个不同于哲学诠释学的新的典范:实践智慧作为引导道德行动的德行被引申到解释者的理解行为上。德行引导解释者理解活动、针对文本和现实处境做出符合德行的理解。这里需要澄清的是,在德行诠释学中实践智慧不是单纯表现为兼顾原义和现实性的应用,更重要的是,实践智慧是作为理解实施的具体方向,或者说,实践智慧引导文本含义的朝向。在德行诠释学中,文本含义不仅与现实结合,而且与实践智慧相符合。从这一点出发,我们能够清晰地看到德行诠释学与哲学诠释学在实践智慧典范意义上的区别:实践智慧在德行诠释学中是文本含义的方向,在哲学诠释学中是理解应用性的参照;在德行诠释学中文本含义在道德价值上与现实结合,普遍与特殊也在道德价值上协调一致。实践智慧是解释者在理解文本时努力的方向,这一点具体体现在孔子的"德行"理念之中。

　　孔子的德行概念首先显现于其解读《易经》的过程之中,"孔子解易,意在'求其德',具体地说,为求周公之德,而并不刻意追求《周易》文本之原义"。[1] 首先,求"德"不等同于一味追求原义(例如史巫解《易》),但也不是完全脱离原义,而是知象数而达义理。象数是对原义的考量,德行则是对义理的考量,孔子意在象数层面的原义基础上生发出义理层面的道德含义。孔子求"德"同样表明这种理解考虑现实性,因为"'德'源出于天地乾坤,唯经圣人仰观俯察方明此理,以为行道之本"[2]。"德"合乎天地之道,在任何时候都是现实的。孔子求"德"还表明"德"是理解文本含义的方向。这种"德"的观念"乃出于对经典的理解及其与我们的生活实践相互印证,并由此而形成了属于某种文化与文明的大多数成员所共同认可的价值取向"[3]。这里我们能够看到,符合德行的理解可以使每个个体的理解与他人的

---

① 潘德荣:《经典诠释与"立德"》,《安徽师范大学学报》(人文社会科学版)2015年第1期,第35页。
② 潘德荣:《"德行"与诠释》,《中国社会科学》2017年第6期,第27页。
③ 潘德荣:《经典诠释与"立德"》,《安徽师范大学学报》(人文社会科学版)2015年第1期,第36页。

理解趋于一致,共在的解释者之间的理解冲突问题由此得以解决。这种在解《易》中作为价值标准的"德"与亚里士多德的"实践智慧"相契合,因为"德"引导着解释者的行为。具体而言,引导解释者的理解在兼顾原义和现实性的基础上符合德行。在树立以"德"为价值标准的基础之上,"孔子以'德'为核心而对作为整体的天道、地道、人道之反思,揭示其互动互摄——天地之道是人道的依据,而'人能弘道'"。① 这样,以"德"为目的或价值标准的理解就成为弘德、扬德之行。

孔子在解《周礼》时提出三"德",即"至德""敏德"和"孝德",在解《周易》时提出九"德",即"履""谦""复""恒""损""益""困""井""巽"。② 三德和九德都属于德行概念,具体涉及不同层面,但无论哪种德行概念,最关键的是都与践行有关。归根结底,德行概念体现在"践行"上,此"践行"涉及两个方面:一是内省于心,即道德心境的提升,例如至德;二是外现于行,即通过现实的行动使"德"具体化,比如敏德、孝德和九德。③

综合来看,德行诠释学中具有文本理解和践行两个向度,这两个向度都以"德"为目的。也就是说,首先,解释者是借助文本理解确定"德"的具体含义来取其"德",即立"德";其次,将所解之"德"在自我心境中内省和在现实中外现,即行"德"。"在'德'与'行'之间表现出一种有意义的循环,'德'在'行'中呈现出来,被主体所领悟;主体的践履复又依德而行。正是在此一循环中,作为整体的'德行'得以不断地深化、升华,与时偕行。'德行'的诠释学意蕴便在于它真正实现了诠释活动中的理论与实践之互动互摄与统一"④。践行意味着在做出兼顾原义和现实性且合乎德行的理解的基础上,进一步将所理解的东西付诸实践,这一点也充分彰显了孔子德行诠释的真谛,即德行诠释不仅在于立"德",同时也在于行"德"。由于经典文本多涉及人文教化和时代精神,体现着当时社会的道德取向,经典文本在德行诠释学中就显得尤其重要。受德行引导的理解活动在面向文本时,使其含义趋向德行,德行通过这一过程彰显于文本含义之中。理解在原有的原义和现

---

① 潘德荣:《论当代诠释学的任务》,《华东师范大学学报》(哲学社会科学版)2015年第5期,第22页。
② 参见潘德荣:《"德行"与诠释》,《中国社会科学》2017年第6期,第27—28页。
③ 参见潘德荣:《"德行"与诠释》,《中国社会科学》2017年第6期,第29页。
④ 潘德荣:《"德行"与诠释》,《中国社会科学》2017年第6期,第29—30页。

实性维度上,增加了新的道德价值作为方向。通过确立德行,不仅理解到的文本含义符合德行,而且符合德行的文本含义还会在现实中得以践行。德行诠释学从孔子的三德和九德思想出发,表明了理解现实性的一个新向度,即践行:解释者在理解时不仅要考虑现实的维度,更要践行理解到的文本含义。带有道德价值的文本含义,也能够引导我们践履德行。付诸践履的具体化不同于"应用",不仅表示做出了兼顾文本含义和现实处境的理解,而且表示将所理解之物付诸实际行动(内省和外现)。

在哲学诠释学应用中存在的问题是不同理解之间的冲突,如果不是预先已有某种价值取向作为标准,不同的理解很难达成一致,因而也会造成文本含义的冲突。现在,德行为适用于当下的理解给出一个价值标准,理解不仅适用于每个解释者的当下处境,而且不同解释者的理解能够在德行中相互协调一致。因为德行是每个时代和不同文化之间共同承认的道德标准,例如公正、三德、九德具有普适性,对于每一个解释者都是有效的,理解不单纯只是不同的理解,而且同时是符合德行的、相互协调一致的理解。换句话说,每个解释者的理解虽然不同,但是在德行方向上趋于一致。由此,德行诠释学通过德行完善了理解的价值尺度,以德行为价值标准,理解以德行为导向,兼顾原义与当下现实,确立了道德价值,不仅符合现实处境,而且将文本含义通过践行,即通过内省和外现转化成为现实,从而塑造新的时代精神。

概括来说,德行能够调和应用中可能出现的、不同理解之间的冲突问题,不同的理解可以在德行方向上协调一致。这样来看,德行也可以拓展批评的正确性要求,理解不是单就解释者个体而言,而是就解释者整体而言是"更好的",这样批评中的更好理解就不因应用中的不同理解而取消其普遍性。

四、结语

从浪漫主义诠释学的"批评"到哲学诠释学的"应用",理解概念发展出正确性和现实性两个维度。批评概念在施莱格尔那里处于诠释学的中心,理解成为批评式理解。此外,施莱格尔揭示了理解的一个新向度,即现实性,所以批评概念所提供的正确性,已不单纯是一种文本原义的正确性,而是同时考虑了现实性的正确性。现实性这一维度在哲学诠释学中被视为理解可能的前提,也就是说,理解要成为真正的理解,应考虑解释者的现实处境。在伽达默尔那里,诠释学的核心问题是应用,即普遍(文本含义)和特殊(现实处境)的关系,所谓的应用或者具体化旨在调和普遍和特殊之间的张力。在德行诠释学中,德行作为价值标准和规范被引入到理解行为之中,理解的"践行"维度得以突显出来。德行诠释学中的理解在于立"德"和行"德",在于理解文本时将"德"确立为目标,并将所立之"德"内化为思想境界,外化为实际行动。

在德行诠释学与关学之间
——关于"德行诠释学"建构与张载关学研究的一次师生对话

潘德荣
华东师范大学哲学系
魏　冬
西北大学关学研究院

【编者按】

华东师范大学终身教授、博士生导师潘德荣教授是"德行诠释学"的提出者。西北大学关学研究院魏冬教授在 2010—2012 年跟随潘德荣教授从事博士后研究期间,即关注中国哲学研究对诠释学理论方法的借鉴与发掘,近年更侧重于关学与诠释学关系的思考。2018 年 5 月 22 日,魏冬教授应邀在华东师范大学哲学系做了一场题为"'关学'一词内涵指向的历史探讨"的学术报告。2018 年 5 月 23 日,潘德荣教授在华东师范大学闵行校区图书馆主楼做了题为"'理解'与'表象':阳明'花树之喻'的哲学意蕴"的终身教授学术报告。会后师友共聚,畅叙友情。席间潘德荣教授和魏冬教授围绕关学研究与德行诠释学创建的相关问题,进行了一场颇有探讨性的对话。鉴于这次对话对学界进一步了解德行诠释学和关学特征具有积极的意义,现根据对话内容作进一步整理完善,以飨诸君。

一、什么是"德行诠释学"?

魏:老师,我好几年没有和您见面了,今天时间匆匆,但还是有几个重要的问题需要向老师请教。第一个问题就是我注意到老师这几年讲"德行诠释学"。我看了老师的文章,有两个印象:一个感觉就是老师的"德行诠释学"似乎与孔子关系密切一些,儒家色彩比较浓厚些;第二个感受就是老师的"德行诠释学"似乎更强调行动实践,也就是"行"的方面,而不是单纯的思辨和理论建构。不知道这样理解对不对?

潘：是的，你的理解很对。我近几年结合西方诠释学发展存在的困境以及中国哲学诠释学的构建问题，提出了创建"德行诠释学"这个设想，并以此作为"中国诠释学"的根本取向。那"德行诠释学"是什么呢？简而言之，"德行诠释学"就是一种以"实践智慧"为基础、以"德行"为核心、以人文教化为目的的诠释学。这个解释中"实践智慧"这个词，主要是源于西方诠释学，特别是亚里士多德和伽达默尔；而"德行"这个概念的提出，则主要是基于我对中国哲学传统中孔子诠释思想的理解。我们知道，删订六经是孔子在中国诠释思想史上的重大贡献之一，尤其是孔子解《易》，更开启了一种新的诠释路向。《周易》本为卜筮之书，在孔子之前，大行其道的当是史、巫的解《易》之法。"巫"解《易》主要用于卜筮，力求正确理解神的启示而趋吉避凶；"史"解《易》则能进而明其"数"，推知天文历法，他们解《易》均重在《周易》卦象符号之原义。而孔子公然申明"后其祝卜"，倡言解《易》"观其德义""求亓德"，于是解《易》的重心，就从原来侧重经文之原义（神的启示）转向了以"德行"为核心的人文教化了。孔子重"德行""仁义"，力图通过经典诠释来阐发儒家义理，以"德"为天道教化世人，培育君子人格，这是孔子诠释思想的一个重要特征。后来孔子的诠释思想对后世儒学的经典诠释产生了深刻的影响，遂取代史、巫之法而成为中国诠释传统之主流。

"德行诠释学"的核心是什么？我们通过对孔子解《易》的梳理就能发现，孔子的诠释理念，一言以蔽之，就是旨在"立德""弘道"。此一宗旨使儒家的经典诠释具有了鲜明的价值导向特征。而我们所能看到的古代文献，大都是经孔子删订六经后才得以流传下来的，这意味着，我们对古代精神世界的认知，已经深深地打上了孔子的理念之烙印。"德"与"德行"是中国文化传统中古老的重要概念，在孔子删订的经文中已频繁出现。尤其是在《周易》《周礼》中，我们看到了对"德"与"德行"的精要阐发，其所揭橥的"三德"与"九德"，其旨趣无非"践行"二字。比如《周礼》"三德"之说中的"至德"，朱子解说为"诚意正心，端本澄源"，是以被视为"道本"、亦即"行道之本"（行修身养性之道的"本"）。可见，这是一种内在于心的"践行"，以提升人的道德修养之境界。而"敏德"与"孝德"，便是依据存于心中之"德"而见诸外在行为的践行。至于"九德"，更是指向"德"在某种具体情境下的施行，凸显了"德"的功用。所以说"德行诠释学"至为突出的一点，就是通过"行"来成就"德"。

　　但我提倡构建"德行诠释学",并不仅仅囿于中国诠释传统,同时也检点了西方的诠释传统。在西方诠释传统中,与孔子的诠释理念最为相近的是亚里士多德和伽达默尔,他们的共同点是从"实践智慧"出发思考德行的诠释问题。但是,西方的"Phronesis"与国人所理解的"实践智慧"并不可等而视之,它们之间有同有异。所同者,就是它们都内在地包含着价值的向度,注重人自身的德行;所异者,主要是对于何谓"德行"的理解。形成这种差异性的根源在于各自的文化传统与认知旨趣的不同,比如希腊语的ἀρετή(arete)在英译中经常被译为 excellence,即中文的"卓越"的意思;或者被译为"virtue",也就是"德性"的意思。但我认为,用中文的"德行"概念来对译"arete"更为贴切,因为古希腊的 arete 概念兼含"德"与"行"两义。

　　既然如此,那我为什么不用亚里士多德或者伽达默尔的"实践智慧"来建构新的诠释学? 首先,我们在亚里士多德那里看到,"实践智慧"与"德行"是不可分割的,唯有依据实践智慧才能成其为"德行"(arete,Tugend),这是他与孔子相契合的地方。但是,亚里士多德最终将"沉思"确立为最高的"德行",认为神的活动、福祉就在于沉思,人唯在"沉思"这一点上与神最为近似。而"沉思"会使人获得智慧(sophia),有智慧的人是神所喜爱的,被神所喜爱的当然是最幸福的人。与亚里士多德立足于"沉思"、并将其视为最高的德行不同,孔子将"德""行"并举,德在行中,行不唯依据德,而且成就了德。我们还可以清楚地看出,在"德行"观念上,亚里士多德的侧重点在"德",而孔子的侧重点则基于"行"。正是在这里,我们看到了孔子与亚里士多德的德行理论的重要区别,也就是孔子德行理论的殊胜之处。其次,就伽达默尔言之,我们能看到,探讨实践智慧之本质(das Wesen der Phronesis)的问题,在伽达默尔的《真理与方法》中,已被置于一种"中心位置"了。我们也能看到,伽达默尔对亚里士多德实践智慧的阐发对我们也极具启迪意义。但尽管如此,伽达默尔却并没有将"实践智慧"完全运用于他的诠释实践中。也就是说,在伽达默尔诠释学那里,他虽然将探讨实践智慧之本质的问题置于一种"中心位置",却未能充分关注诠释的价值向度;他阐明了此在形成于理解,却未能进一步指出我们的理解所应取的方向,亦即我们的理解应当向着那种基于社会共同体之共识的价值理念而展开,以此为依据来塑造自身。对我们来说,我们不仅要知道"何以存在着不同的理解",而且更应知道"我们为何而理解"。在这一点上，我们的诠释学思考就应当以一种建设性的态度来审视伽达默尔理论的缺憾。正是出于对"实践智慧"的深入思考，我才把目光逐渐从西方诠释学转向了中国诠释传统。而我们的研究也表明，"实践智慧"同样是构建中国诠释学的基础性概念。若基于"实践智慧"建构中国诠释学，"德行"概念便是其核心。

正因如此，在我看来，只有基于中国诠释传统的"德行"而建立的诠释学，才真正实现了理论与实践(涵盖了意识活动和践行两者之"实践")之统一。也正是这种统一中，亚里士多德诠释思想中作为终极标准的"神意"退隐了，代之而起的是孔子所倡导的经典诠释的人文教化之目标，伽达默尔诠释学也由此而获得了继续前行的动力。

进而我们要注意到，我所讲的是"德行诠释学"，而不是"德性诠释学"。我之所以强调"德行"而不是"德性"，主要基于对孔子思想的理解，我觉得孔子思想的归宿乃在于给人提供一种"德行"上的引导，也就是引导人对自己的"德"有所认知，并落实于具体的行为上、具体的生活实践上。反过来，"性"这个词，是相对晚出的，到孟子的时候，它才得到进一步的广泛应用，而且"德"本身，就包含着"性"的意义在其中。启用"德行"，本身就具有注重德和行这两个方面的意思，也包含着以道德的认知和实践在其中的自我成就和完善。

二、 关学所具有的"德行"特征

魏：感谢老师给我解惑。如果老师觉得我的判断大致不错的话，我就有勇气接着老师的话题，就我目前对关学的了解做一些"诠释"了。

我们知道，关学的实际开创是从北宋时期的张载开始的。但对关学史的构建，则主要始于明代万历年间的冯从吾。在冯从吾创撰《关学编》之后，"关学"这个词，连同冯从吾所赋予它的"关中理学"的基本界定，以及冯从吾通过《关学编》所呈现出来的构建关学史的基本体例，也都被后人接受和认同了。检点冯从吾创撰《关学编》之后关学史的撰写，无论是清代王心敬、李元春、贺瑞麟所作的《关学编》补续，还是柏景伟、贺瑞麟、刘古愚三人对以往《关学编》及其补续的合编，都明显地呈现出由冯从吾《关学编》所奠定的关学的基本界定、关学史撰写的基本体例的特征。虽然，他们在对作为"关学"的"关中理学"的外延上理解有所不同，并呈现出逐步扩大的趋势。同时，《宋元学案》《明儒学案》的撰写，也都接受了冯从吾对"关学"的基本界定。而民国时期四川双流人张骥的《关学宗传》、安徽颍上人曹冷泉的《关学概论》，也都是在冯从吾的"关学"概念基础上予以拓展扩充。所以我们说，"关学"作为实体虽然起源于北宋，但其名谓的提出和获得认同，其历史的撰写，则始于距其五百多年后的冯从吾。冯从吾所提出的"关中理学"意义上的"关学"，是从明代万历年间到民国时期三百多年理学以及关学发展史上的共识，这在当时也是常识。我们今天研究关学，如果意识到无论作为实体的"关学"还是观念上的"关学"都是一种基于历史而延续到当下的存在的话，就首先要对古人关于"关学"的界定有所尊重。这是我昨天讲的一个基本的观点。

另外，我想结合我对老师提出的"德行诠释学"的理解，简要地给老师和大家汇报一下我近年研究关学的一点体会。近年我在关注关学史文献，特别是冯从吾等人的《关学编》及其补续的时候，特别关注了一个隐藏在关学历史文献背后的理论问题，也就是在冯从吾等关学史家的眼中，所谓的关学人物应该具有怎样的基本特征？怎样的人物才能算是关学人物？我们发现：在冯从吾的《关学编》中，他所收录的人物撇开关中这一地域因素不谈，在理学流派上就有源自张载的，源自周敦颐的，源自二程的，源自朱熹的，源自阳明的。后来王心敬续补的《关学编》中，甚至把带有天主教信仰的王徵也纳入了，由此可见关学人物在学术渊源上的多元性。这就提出了一个问题，这种从属于不同理学流派的关学人物，何以能成为一个"关学"学派？换而言之，关学史家在其《关学编》中所收录的人物，是否具有同一学派的意义？在这些关学家那里，"关学"是一个学派概念，还是仅仅是一个单纯具有地域性的理学形态概念？对于这一问题，历史上的关学史家都没有明说。但我们通过对他们所作的关学史文献中人物的分项统计，就会发现冯从吾等关学史家笔下收入的关学史人物普遍有一个共性，这就是他并不认为明晰的学术渊源或者特出的思想、著作才是构成关学人物的必要条件，与之相反，很多没有清晰学术渊源、没有师承关系、没有著述的人物也被收入关学史了。在关学史家的笔下，这些人物和有著述、有思想创造、有师承渊源的关学人物一样，都有一个共有的普遍特征,即他们都认同尊崇孔子,都注重道德的身体力行,都崇尚实践反对空谈,更为突出的是,他们都特别注重对张载以来所奠定的"礼教"的持守。而他们的这种群体"共性",又恰恰构成与他们同时代的异地理学派别的"特征"。这似乎在说明:关学的基本精神,就是在"德行"二字上。故而,关学未必是一种思辨和理论特点突出的智慧,但应该是带有行为道德特征的实践智慧。可能在这个意义上,关学才能成为一个学派。

潘:从你的描述来看,关学的确与我所说的"德行诠释学"具有相同之处。前面我讲到孔子解《易》。我们说,《周易》的每一卦都可以基于"德"来解,但就孔子所倡言的"九德"而言,与之直接相关有九个卦。《周易》以此九卦来界说"九德":"作《易》者,其有忧患乎?是故履,德之基也;谦,德之柄也;复,德之本也;恒,德之固也;损,德之修也;益,德之裕也;困,德之辨也;井,德之地也;巽,德之制也。履,和而至;谦,尊而光;复,小而辨于物;恒,杂而不厌;损,先难而后易;益,长裕而不设;困,穷而通;井,居其所而迁;巽,称而隐。"(《系辞下》)在此特别耐人寻味的是,"履"为何被视为九德之首?这当然可以从《周易》卦序来看,因为在与九德相关的九个卦中,"履"卦最先出现。但我们更要关注的是,真正能使"履"卦成为九德之首的,是它被定位为"德之基"。何谓"履"?据王弼的解释:"履者,礼也",直解"履"为"礼"。而在许慎《说文解字》中,释"履"为"足所依也"(今人谓之"鞋"),后延伸为"践履":"履,践也。言践履之道……"朱熹在其《周易本义》也解释说:"履,礼也,上天下泽,定分不易,必谨乎此,然后其德有以为基而立也。"以此观之,"履"含有两义,即"礼"与"践行"。如果进一步在整体上观照此两义,一言以蔽之:依循"礼"而践行。由此,"履"作为"德之基",就具有了双重规定性:一方面表明了"礼必在践履","礼"须经践履才能成就其"德",将道德的规范性转化为人的德行;另一方面,要求人的践行须遵循"礼"的规范,是故"君子以非礼弗履"(《周易·大壮》),以将"礼"落于实处。此谓"践履为实,有实行,然后德可积而崇也"。故曰:履,德之基也。因"履"被视为德之基础,也就规定了其后的八德对于"履"的依存性,同时也规定了践行八德的价值取向。换言之,八德乃是在践履过程中的"德"之自我彰显,若无践履之实"行",所谓八德也就失去了存在的基础。而"礼"本是践履的应有之义,因而也制约着基于"履"的八德。《周易》解说九卦之德,皆切合人事之用,无不依循"德"——落实在人的具体行为上即合乎"礼"——所规定的道德向度。从这个解释就可以看出,德行诠释学与关学"以礼为教"、注重践行的传统是一致的、相通的。

魏:谢谢老师的解释。我们知道,横渠(张载)解释儒家经典,是极为重视《周易》的;横渠教人,也是特别注重礼的;他也更为重视行,在日常的生活中落实对礼的践履。这不仅是张载之学的一个特色,而且也是后来关学的一个极为重要的传统。这样,不论是从经典解释的角度还是从价值取向的角度,张载的关学都与孔门的"德行"有着直接的或者更为密切的渊源关系。因此,我们通过这里就能看到,张载所倡导的关学,不仅与孔学的经典诠释面向相通,而且也与其指向相通。进而,如果这一点能够成立的话,我们似乎需要对关学史家思想中的"理学"成分重新定位,即在他们看来,理学并不仅仅是在北宋中期开始形成的一种儒学新形态,从本质属性上讲,理学首先是儒学的,首先是恢复并重建了孔子所提出的"仁"学的本质:"仁"学乃是基于道德的实践——"行",而指向"德",这两者是密不可分的。如果是这样,理学主要的面向未必就是单一体现于著述方面的思想发展(虽然这也是重要的),更为重要的是对自己选择的价值观念的坚守和践行。如果是这样,对关学史的审视,就不能完全局限于思想史或哲学史的角度,而应该更侧重于对关学人物行为方式和道德观念的探讨。这种视域下的关学,应该首先是"道德实践史",而不是"思想建构史",也许这样,才能更符合关学的特征和实际。因此,我觉得关学的基本特征应该和老师讲的"德行诠释学"是相通的。关学传统本身的存在和发展,也许就是对老师的"德行诠释学"在关中地区的一个现实注脚,或者是一个事实支撑。

三、 关学史建构中的德行指向

魏:老师,通过上面的描述,我们知道关学史的建构实际上要晚于它所表述的对象的实际发生。而我们要了解关学是什么、具有什么样的特征,首先必须借助的就是这些关学史家所撰写的文献。毫无疑问,关学史家在为他所设定的关学人物写传记的时候,必然也要参考历史上这个人物实际的情况,但是我们也看到,在这个过程中,我们所看到的人和他所看到的人是不同的。比如我们今天基于其他材料看到的王徵就是一个带有浓厚儒家色彩的天主教徒,但在王心敬的笔下,我们看不到王徵有一点天主教的气息,而全部是儒家式的。是王心敬所看到的王徵本来就是这样的,还是他有一种意图,刻意将王徵描写成他笔下这样的?对于这个问题,我还没有答案,还需要进一步探讨。但在此也崭露出一个看法:通过关学史家的撰述可以看出,作为观念史的关学,虽然是基于关学发展历史的,但不可忽略的是,其中也有关学史家的"有意选择""有意刻画"。他们正是通过为关学人物立传的方式,通过诸多个案,为我们活生生地展现了自己所认同的关学人物的行事风格、精神气象,从而结合起来呈现了关学的整体风貌,而将他们所要说的"史意"更多地隐藏在其中了。所以从某种角度而言,关学史的编撰并不仅仅是对关学历史或人物的复原,而是带有一定的诠释意味在其中,虽然他们所采用的方式不是哲学式或思辨式的理论诠释。那这是否也透露出一种可能,即作为关学的理学的存在,虽然与其他流派一样,都根源于对孔学价值与伦理理念的诠释,但由于其本身具有尚德、重行、隆礼的倾向,而这些倾向则是需要通过人的行为活动来呈现的,所以他们选择了用传记体来展现关学精神。我觉得,这里边似乎有一种"主体间性"的因素在起作用。在冯从吾的《关学编序》里,我觉得他所说的一句话也是有史学诠释意味的,他说:"嗟夫!诸君子往矣,程子不云乎'尧舜其心至今在'。夫尧舜其心至今在,诸君子其心至今在也。学者能诵诗读书,知人论世,恍然见诸君子之心,而因以自见其心,则灵源浚发,一念万年,横渠诸君子将旦莫遇之矣。不然,而徒品隲前哲,庸晓口耳,则虽起诸君子与之共晤一堂,何益哉?"这岂不是有诠释学中"人同此心,心同此理"的体验假设吗?所以我觉得,在关学史家那里,其实他们的目的并不是单纯地像史学家那样把关学人物的面貌呈现出来,而是要通过这种"对过去呈现"的史学方式,为后人提供德行的榜样和导向,这难道不是和德行诠释学的价值导向相吻合吗?

潘:但问题是怎样将关学的研究与"德行诠释学"的建构结合起来?或者说,

如何借助德行诠释学,推进关学的研究? 抑或如何从关学的传统中,提升出诠释学的"德行"特征?

魏:对于这个问题,我还没有系统地思考,但我想起码可以有两个着眼点。一个是我们注意到,关学家除了特别注重"以礼为教",特别注重道德的实践之外,还有一个比较突出的特征,就是重视对儒家经典的解读。以目前整理的《关学文库》为例,我们就发现张载、韩邦奇、杨爵都有过对《周易》的注解。所以对《周易》的注解,构成了关学中"经典诠释"的一个突出特征。我觉得我们应该也可以从关学家对《周易》的解读中发掘出其经典诠释的一些特有理念、方法和思想倾向,这或许对德行诠释学的发展是有一定贡献的。其次,如果能借助德行诠释学的理念和方法,对关学史文献中关学人物本身的道德行为做更深层次的解读,将之从单纯的个人传记式"描述",转入到对他在特定时代事件或者环境之下的行为分析,或者对关学的进一步研究而言更有意思些。

当然,还有一个角度,可能需要老师和各位同门进一步的关注和帮助。我在上海学习期间,有一个明显的感受,就是我们陕西从事关学研究的群体中,大都具有注重古代文献的学风和特征。而在上海,特别是老师门下的学生,具有宽阔的西学背景,或者更为开阔的"国际视野",咱们华东师大哲学系在国际化的交流方面也是独树一帜的。所以我就想,我们应该把这两种学风和优势结合起来,可能会更好地推进关学研究和德行诠释学的建构。我举个例子,在关学研究群体侧重于文献的整理发掘的同时,我们潘门的弟子们也可以发挥自己的优势,比如关注海外英语界、德语界、韩语界、日语界对张载及关学研究成果的搜集整理和翻译,我们可以尝试着编一套"海外关学研究文献集成",我想这对关学研究视域的开阔、推动关学在国际的传播,应该都是极其有意义的。

四、 德行诠释学的走向展望

魏:最后,我还有两个问题需要向老师请教。第一个问题是,我发现老师的"德行诠释学"是以孔子的"德行"为基准建设的,但在日常生活中,似乎老师与佛教界的交流合作不少,那老师是怎样看待孔子与佛教等不同宗教文化之间的关系的?

潘:我不是宗教徒,但在学术交流中,我自己首先都对不同的宗教和文化抱有宽容的态度,也怀有敬意。创立德行诠释学无疑是一项艰巨的任务,目前,我的探索侧重于儒家的传诠释传统,但是建立一种具有中国文化整体特点的德行诠释学,还必须整合道家、佛家诠释传统中丰富的诠释思想资源。还要注意的是,自马克思主义引入中国后,我国学界在对马克思主义经典作家的著述之翻译和诠释工作中积累了非常丰富的诠释经验,为我们建构中国诠释学提供了不可或缺的思想资源。因此当我们讨论当代中国的诠释思想时,马克思主义的诠释理论无疑是一个非常重要的组成部分。除此之外,我还想强调的一点是,德行诠释学之创立虽然立足于中国学术传统的诠释理念,但它的学术视域却是世界性的,在我看来,它预示着世界诠释学研究的未来走向:融合中、西的诠释思想,且将诠释的本体论、方法论与德行论融为一体。德行诠释学的创立,不仅意味着孔子所奠定的中国古老的传统诠释理念在当今时代仍具有其经久不衰的生命力,同时也是我们对世界的诠释学研究做出的应有贡献。

魏:那老师的这个敬意,岂不是和程朱讲的"涵养须用敬,进学则在致知"有一定关联?我记得老师 2003 年的《文字·诠释·传统——中国诠释传统的现代转化》一文,主要是侧重朱子诠释思想的,而今天老师的讲座所谈及的主题是王阳明的"花树之喻",老师您是不是从朱子学转向阳明学了?

潘:诠释学是不分中西古今的,也是不分程朱陆王的。德行诠释学的进展,我原来觉得"德行"是一个方面,但另一个方面,必须和"良知"结合起来。这是我在思想上的一个进展。我们知道,孔子的诠释理念在王阳明那里发展为"知行合一"说。朱熹尝说:"知与行须是齐头作,方能互发",这在某种程度上可视为王阳明"知行合一"说之先声。不过朱熹所说的"知"与"行"乃是两件事,"知"为"穷理","行"为"践履"。它们都很重要,且紧密相关,非"齐头作"不能"互发"。而在王阳明看来,知与行乃直接合而为一:"知者行之始,行者知之成。圣学只一个功夫,知行不可分作两事。"又云:"知之真切笃实处即是行,行之明觉精察处即是知。"以此观之,王阳明"知行合一"之"知"并非纯粹地从"格物"所得的知识,亦即不是认识论意义上对知识的把握之"知",或"广记博诵古人之言词",被用作"求功名利达之具于外"的工具。在王阳明那里,"知行合一"之"知"乃是"明德性之良知"。被王阳明称为自己"立言宗旨"的,无疑是知即行、行即知。这种意义上的"知行合一"存在于人的意识活动内部,具体地说,"一念发动"既是知,亦是行。不过,这只是就王阳明的立言宗旨而言。"知行合一"还有另一重含义,就是"知"与"行"两件事之"合一","知"与"行"两者在目标与功能上的互摄、互动、互证,使之成为"合一"的整体,因为无论"知"还是"行",终究是为了立德(明明德)、履德。

第二编　中国的诠释学

经典诠释与传统训诂

景海峰
深圳大学人文学院

　　作为重要的现代哲学思潮,诠释学对当代学术的影响日见其盛,经典诠释问题也引起了普遍的关注;在"诠释"观念的延展性思考中,中国传统的解释性学问越来越受到重视,并引发了若干联想。其中,经典诠释学构想的提出,便是汇聚了古今中西的不同视域,将历史上的经典或文本解读经验及成果融合起来做通盘之考虑,而不着意地强调诠释学形态的唯一性和排他性,试图把非西方的若干理解也包括在里边。这样,我们若是以文本为中心,或者对解释方法做一般化处理,那中国传统的学问便自然地进入到讨论与分析的范围之内,而最容易发生联想的莫过于解经一类的问题了。中国历史上有着发达的经学传统,历经两千余年,绵延不绝、积累丰厚,这里边有关"诠释"的内容和问题实在是太多了,很值得认真地梳理。就经学而言,在解经方法上我们早已经形成了完整的训释系统,有一整套的"小学"功夫,而其中文字、音韵、训诂便是最基本的工具,这些在解释意义上支撑着经学的发展,构成了其知识系统的重要基础。① 现代学术中对于训诂的理解,一般是强调它以释义为主,兼及音和形,有所谓义训、声训和形训的分法;但就解释

---

①　在中国传统学问中,有关语言文字形、音、义的分法,历时颇久,逐渐变得清晰。《隋书·经籍志》在经目的后面列有"小学"类,含训诂、音义、声韵、体势等几种(见《隋书》第四册,北京:中华书局,1973年,第947页)。欧阳修《崇文总目叙释》谓:"《尔雅》出于汉世,正名命物,讲说资之,于是有训诂之学。文字之兴,随世转易,务趋便省,久后乃或亡其本。《三苍》之说,始志字法,而许慎作《说文》,于是有偏旁之学。五声异律,清浊相生,而孙炎始作字音,于是有音韵之学。"(见《欧阳文忠公集》卷一二四)王应麟在《玉海》中,将"文字之学"(小学)分为"体制""训诂""音韵"等三类(见王应麟撰:《玉海艺文校证》,南京:凤凰出版社,2013年,第479页)。段玉裁也有"小学有形、有音、有义,三者互相求,举一可得其二;有古形、有今形,有古音、有今音,有古义、有今义,六者互相求,举一可得其五"的说法(见段玉裁撰,钟敬华校点:《王怀祖广雅注序》,《经韵楼集》,上海:上海古籍出版社,2008年,第187页)。这些略有出入的历史线索,大致已将古代的小学或文字研究区划出了形、音、义三科;迄晚近,则文字学、音韵学、训诂学这三大门类便逐渐成为定式。

语义而言,通其义则为训诂之根本。对文字的训释,一方面是在语言表达的模糊或者歧义当中寻求其意义的确定性,另一方面则是通过语用的展开来扩张其语义,以增强语言表达的丰富性与想象力。所以好的训诂工作,除了还原本文的意义之外,还包括了语境的再现化和理解方面的引导力,即在本文的基础上,能够展开一系列的脉络连接和语义扩展,以丰富字词之义所显现的意境。训诂作为一种积极的语言活动,清人杭世骏(1696—1772)在描述其难处时曾谓:"作者不易,笺疏家尤难,何也? 作者以才为主,而辅之以学,兴到笔随,第抽其平日之腹笥,而纵横曼衍以极其所至,不必沾沾獭祭也。为之笺与疏者,必语语核其指归,而意象乃明;必字字还其根据,而证佐乃确,才不必言;夫必有什倍于作者之卷轴,而后可以从事焉。"①训诂是语言第二序的应用,诠释过程为原本所牵制,这种粘连或依附的境况使得文意训释的空间受到了限制,如果只是消极地应对,那就不可能做到"核其指归""还其根据";只有在局限之中用十倍之力伸展开来,突破其浅表,才有可能超出原本,甚或立于其上。所以,训诂的深层意义指向了诠释活动,通顺文义必然涉及语言的扩张性和文本的诠释性,这就和西方的诠释学,特别是古典形态的圣经释义学产生了可比性,也延伸出了很多的联想。从处理文本的方式而言,训诂可以说是一种诠释,但训诂学并非就是诠释学,这中间的相似性和差异性都需要做进一步的分析。

一、 训诂与诠释

我们先来看训诂问题:"训诂",最初单称"诂"或"训"。"训"为顺着语言表达的本来面貌而阐释说明之意。如《说文》:"训,说教也"、徐锴《系传》:"训者,顺其意以训之也"、段《注》:"说教者,说释而教之,必顺其理",皆是此义。"诂",亦作"故",通"古",意为不同时代、不同地域之间的语言表达之互释。如《说文》:"诂,训故言也"、段《注》:"故言者,旧言也,十口所识前言也"、郭璞《尔雅注》谓:"此所

---

① 杭世骏:《李太白集辑注序》,《道古堂文集》卷八,《续修四库全书》,上海:上海古籍出版社,2002 年,第 1426 册,第 278 页。

以释古今之异言,通方俗之殊语。"都是指向打通语言之间的隔阂。"训诂"一词,首出《汉书·扬雄传》;①二字连用作书名,有《毛诗故训传》。又《汉书·艺文志》谓:"鲁申公为《诗》训故"、《儒林传》言:"申公独以《诗经》为训故以教","谊为《左氏传》训故"等,皆是合用或者通称。② 按照孔颖达(574—648)的解释:"诂训者,……诂者古也,古今异言,通之使人知也;训者道也,道物之貌以告人也。……诂训者,通古今之异辞,辨物之形貌,则解释之义尽归于此。"③对语言文字而言,时有古今,地有偏远,物性不齐,人难尽识,故需要解释、疏通、描述和言诠,这便是训诂。训诂虽然是偏重在解决古今异言的问题,以语言的时间向度为标的,但又不仅仅局限于古语的今读今译,而必然涉及语言文字的各个方面,包括不同地域的差别、雅俗之异,以及语言内部的结构、功能、法则等自身的问题,只有综合考虑到诸多方面,才能真正地达到"通"和"顺"的目的。 所以黄侃(1886—1935)沿着《广雅》的以"顺"释训之义,强调训诂的引申和扩展,特别是语言自身意义的普遍性:

> 诂者,故也,即本来之谓;训者,顺也,即引申之谓。训诂者,用语言解释语言之谓。若以此地之语释彼地之语,或以今时之语释昔时之语,虽属训诂之所有事,而非构成之原理。真正之训诂学,即以语言解释语言,初无时地之限域也。④

也就是说,训诂不仅仅是简单地陈述一个事实或者展现其本有的意蕴,而是要穷尽枝叶、建构起解释的系统性,并且要探讨语词的发展变化,将历时性语言事实和共时性语言事实结合起来做综合的研究,才能够通贯其义。

训诂所要解决的是语言的差异问题,因为时代不同而有古今之别,因为地理

---

① 班固:《汉书》卷八十七,北京:中华书局,1962 年,第 3514 页。《扬雄传》:"雄少而好学,不为章句,训诂通而已,博览无所不见。"
② 齐佩瑢《训诂学概论》于"训诂"二字的文献考论颇为详细,其曰:"故为故旧,古字古言的古音古义谓之故,顺释疏解之便谓之训故……汉人称谓以'训故'为最多而普遍,或改名'解故',或简称'故',称谓虽殊,取义则一。"见齐佩瑢:《训诂学概论》,北京:中华书局,2004 年,第 8 页。
③ 孔颖达:《毛诗正义》。见《十三经注疏》,北京:中华书局,1980 年,第 269 页。
④ 黄侃:《黄侃国学讲义录》,北京:中华书局,2006 年,第 231 页。

间距而有方言之区,这种因为时空因素所造成的隔阂,影响了意义的传递和思想的交流,这就需要通顺之。从口语到文字,都存在着间距的问题,而书写的隐喻特征使得语义的可解释性大大地增加了,于是理解便集中在文字的训释方面。对文本的诠释奠定了训诂学的结构性基础,各种体式和义例随着文献的积累和释义的繁衍而不断地增多,时间越久,问题就越复杂。孔子的时代,所谓"述而不作",文字训释的体式可能还比较简单;而随着经学的兴起,特别是较为固定的文本之形成,解释经文的体例和训诂的方法变得越来越复杂。作为个别经验的文字训释需要上升为一般的解释通则,于是便有了《尔雅》《说文解字》等总结性的著作,这些成为后世训诂的典范。所以,传统的训诂学是伴随着经学的发展而成长的,历史非常悠久,体式也非常繁杂,它是一门实践性、经验性很强的学问,包含了很多技巧方面的要求;但同时它又不完全是工具化的饾饤之术,而是有很高的整合性与境遇性,是语言与思想交汇的艺术。有关训诂的极致之境,按照清人焦循(1763—1820)的描绘:

> 学者述人,必先究悉乎万物之性,通乎天下之志,一事一物,其条理缕析分别,不窒不泥。然后各如其所得,乃能道其所长,且亦不敢苟也。其人著撰虽千卷之多,必句诵字索,不厌其烦;虽一言之少,必推求远思,不忽其略。得其要,挈其精,举而扬之,聚而华之,隐者标之,奥者易之,繁者囊之,缩者修之,郁者矢之。善医者存人之身,善述者存人之心,故重乎述也。不善述者拂人之长,引而归于己之所知,好恶本歧,去取寡当。绘人者嫌眇而著瞭,恶偻而形直,美则美矣,而非其人矣。[①]

这是一种极尽其长、极尽其美而又不掩其实的境界,能够真正地把语言文字表达的完整性、准确性客观化地呈现出来;这是一门何等高超的艺术,极尽其思蕴。这种融化之境当然是进行训诂实践活动的最高目标了。

现实中的情况,作为经学的附庸和一般的治学工具,历史上的训诂之学又往

---

① 焦循:《述难》五,《雕菰集》卷七。见《焦循诗文集》,扬州:广陵书社,2009 年,第 136 页。

往是以经书为中心的，它的主要任务就是围绕着经文做字词、文句方面的疏通工作，也牵扯到语言表达的体式及篇章的结构等，以解释和理顺文字的意涵为主要目的。训诂的范式非常多样，也很复杂，按照章太炎(1869—1936)的分法，大略有通论、驸经、序录、略例等四种情况。① 章氏弟子黄侃在阐明训诂意义的基础上，也将其内容做了区分，把训诂具体分为"本有之训诂与后起之训诂""独立之训诂与隶属之训诂""义训与声训""说字之训诂与解文之训诂"等四类。② 而"章黄之学"的传人陆宗达(1905—1988)则从现代语言学的角度，进一步将训诂所及归结为"形与义""音与义""义与义"等三种关系，相对应的即为通常所言"形训""声训"和"义训"这三大类。③ 其中，"形训""声训"与文字学、音韵学多有交叉和重叠，而"义训"则纯为训诂学；所以，训诂当以处理语言文字的意义问题为中心。

传统的训诂学在清末也经历了危机，有一个现代转换的过程。就像经学的内容被打散了重新配置，成为现代学术体系之文、史、哲的一部分一样，训诂学则变成了现代的语言文字学。从新旧学术的对接来讲，晚清以还的大势是尽量地向科学靠拢，旧学术的检验和能否"过关"的重要理据，就是看它是不是符合科学的精神、符合现代学术发展之取向和学术专业化、精细化的要求。总的来说，作为古典学术的"小学"之起死回生要来得容易一些，通过不断地褒扬乾嘉考据之实证精神和引入大量的现代语言学知识，传统的"小学"不但获得了合法的身份，而且很快就转换成了现代的汉语言学。其中，音韵学、文字学与现代知识的对接比较彻底，在引进西方语法学、语音学、符号学和词汇学等语言学科的成果之后，传统的形态和方式已经脱胎换骨，基本上实现了现代化。而训诂学的境况则要稍微复杂一些，因为其所涉及的内容不纯属于语言学的范围，而是处在语言学和历史文献学的交叉地带，在新旧方法和历史材料的扯动之下不断地摇摆，很多内容和现代学术的形态总有一点距离，或者说很难从传统的材料方法中彻底摆脱出来。这样，在现代的汉语言学科中，音韵学、文字学的理论化和体系化建设就比较顺畅，而训诂学则相对要弱些，其科学性甚至还常常遭到质疑。

---

① 参见章太炎：《明解故》，《国故论衡》，上海：上海古籍出版社，2003年，第70页。
② 参见黄侃：《训诂学讲词》，收入《黄侃国学讲义录》一书，北京：中华书局，2006年，第239—242页。
③ 参见陆宗达、王宁：《训诂方法论》，北京：中华书局，2018年，第5页。

　　从训诂学的外围来看,其学科归属和现代哲学的理论形态有着比较大的距离,所以哲学语义学、符号学及逻辑语用学等相关内容便很难浸入,与之几无交际,这就缺失了现代融通的可能性。在这种情况下,训诂学比较多地滞留在历史资料整理的境况中,而很难呈现出现代语言学的根本面貌,在揭示训诂经验的普遍意义方面也缺乏有效的方式,所以传统的词义、语用等学问就很难在理论体系的建构上得到现代性的支援。很明显,就文本释义和文字的意义解读而言,训诂学有着浓厚的解释色彩,与"诠释"的现代理解最为相近,探讨词义本身的特点及其应用过程中的规律性,应该属于诠释的本有之意。但与传统"训诂"理念的附庸性、材料性特征相比,诠释的指向则更具有理解的独立性和思想的创发力,是一种积极主动地面对文本的"行动",更接近于哲学性的思考。利科(P. Ricoeur)在谈到"诠释"概念时指出:"诠释概念具有和理解概念一样的外延……。它超越了注释学和语文学的单纯方法论,而且界定了与整个诠释学经验连接在一起的解释活动。"这种诠释是建立在理解的基础之上的,有一种"先在"的"预先结构",在一切解释活动中,只有经过不断的反思,"所有的事情都才能如其本身地被理解"①。如果说以训释字词、顺通文意为中心的训诂学,基本上是一套古典知识的现代翻版,是处理历史资料的语文学和技术学,那么诠释学就不仅仅是局限于古典文本,而是面对所有的阅读、意义接受和理解活动,并且是立足于当下境况的,其解释的思想性也远远超出了对象材料的时空界阈。

二、　诠释意义的转折

　　古典文本的释读、特别是宗教性经典的解释,构成了早期文字训诂或语文学(philology)活动的主要内容:在中国是围绕着经学的"小学",而西方则是对《圣经》的解释。作为服务于经学内容的工具性知识和治学方法,训诂学从汉代起便是一门发达的文本释读技术,中间虽有起伏,盛衰不定,但总的来讲是积累越来越丰厚,技巧也越来越精密。到了清代,随着汉学的复盛,训诂的水平达到了一个高

―――――――

① 参见利科《从文本到行动》,夏小燕译,上海:华东师范大学出版社,2015年,第45—47页。

峰,在对历代学术成果加以总结的基础上,很多考据大家都对训诂的体式、义例和方法等提出了系统的见解,有些还上升到了一种理论范式的高度。譬如王引之在《经传释词》中专究古书中的"语词之例",归纳演绎、触类旁通,成就了专门的释词之学,后人总结为"释词十法"①。《经义述闻》在"通说下"列出了训诂的基本法则,共有十二条,都是一些非常重要的解经体例和相关原理。② 又譬如俞樾在《古书疑义举例》一书中,将古书中词语训释的实例一一归类,详加堪比,发其精要,辩其得失,有数十则之多,达到了前所未有的深度。齐佩瑢(1911—1961)在仔细地梳理了这些成果、搜集其要点之后说道:

> 　　总之,清儒的训诂学在经学的隆盛下,已经有突飞猛进的发展,几乎人人皆然,不独王、俞两家。他们都能以"就古音以求古义,不限形体"(古韵、文字)作训诂的机枢,以"比例而知,触类长之"(归纳、比较、演绎)作训诂的方法,以"搜考异文,广览笺注"、"古人行文之法,立言之例"(辑佚、校勘、古训、文法、修辞)作训诂的辅佐;每立一训,必"以精义古音,贯串证发","一字之义,当贯群经;本六书,然后为定"。所以"揆之本文而协,验之他卷而通","发明意旨,涣然冰释"。凡前人注疏之"扞格难通,诘籋为病"者,莫不"怡然理顺"了。③

这种旧学的成就,到了清代已达其极,就传统的训诂技巧而言,后人不能望其项背,实难超越。但面对现代学术的新境况,特别是现代语言学的理论形态和规范要求,传统训诂学的问题便立马显现出来,有很多毛病常常为人所诟病。陆宗达等指出,旧有的训诂之学大多只是搜集罗列材料,而理论概括不足,让人难以把捉其清晰的面貌,它的主要缺点有三:一是"概念模糊,术语含混";二是"立论不周

---

① 钱熙祚在为《经传释词》所作"跋"中,将王氏的释词之法,归纳为六条:"有举同文以互证者","有举两文以比例者","有因互文而知其同训者","有即别本以见例者","有因古注以互推者","有采后人所引以相证者"。齐佩瑢在《训诂学概论》中,又为之补充,举出了"对文""连文""声转""字通"等四种,共合为十法。见齐佩瑢:《训诂学概论》,北京:中华书局,2004 年,第 316 页。
② 王引之:《经义述闻》第四册,上海:上海古籍出版社,2018 年,第 1910—1980 页。
③ 齐佩瑢:《训诂学概论》,第 335 页。

密";三是"缺乏发展观点"。① 由此可见,传统的训诂学问若不经改造,就只能停留在一般经验的层次上,而很难融入新的学术形态当中,对于现代思想体系的建构而言,更是难以收到基准之效果。

反观西方近代的思想变革与现代学术成长的过程,其波澜壮阔的景象,与中国传统学术仅有量的积累和变化,而无根本性的范式转移之境况,则有着根本的不同。与我国传统的训诂之学在形态上较为相近的圣经释义学及古典语文学,在西方同样有着漫长的历史,至少从犹太教的圣典诠释活动开始,释义就成为人与神以《圣经》为中介而展开的不间断聆听和系列对话的方式。早期的犹太教之释经活动,主要包括了文字的诠释、经学的诠释、神秘的诠释和寓言的诠释等四种方法,表现出释义手段的多样性和诠释内容的丰富性。到了教父哲学时期,希腊的神话解释传统和理念论哲学汇聚到了《圣经》的诠释学当中,奥古斯丁以柏拉图的二元论为基础,确立起"理解超越性意义"的诠释学原则,为圣经释义学奠定了纯然信仰的基础。整个中世纪,精神生活和世俗生活都笼罩在圣经释义学的视域之中,对《圣经》的解释成为全部知识的基础。宗教改革之后,诠释学开始突破这种信仰的独断性,复活或者创新各种古典语文学的技巧,处理的文本也超出了《圣经》解释的范围,并发展出具有现代因素的自解原则,打破了理解的教条方式,从文本自身确立起解释原则的系统运作,这就为往后诠释学的现代转化提供了可能性。

通过处理经典文本的语文学和宗教改革之后的《圣经》注释方式,诠释学逐渐产生了新的视域,在方法上也提出了更高的要求,不仅要超越文本的特殊性和解释的具体性,而且要归纳出一种普遍的法则和技术来。"诠释学就诞生于这种为了把注释学和语文学提升到技术学(Kunstlehre)层次而进行的努力。这种技术学并不局限于简单地汇集没有联系的运行。"②正是施莱尔马赫(F. Schleiermacher)实现了这一从神学的圣经释义学到哲学的普遍诠释学的转折,他把语言训释的语文学技巧和哲学思辨的穿透力有机地结合起来,完成了诠释学的现代过渡。狄尔

---

① 参见陆宗达、王宁:《训诂方法论》,北京:中华书局,2018 年,第 12—19 页。
② 利科:《从文本到行动》,第 79 页。

泰(W. Dilthey)在《诠释学的起源》一文中说:

> 在施莱尔马赫的思想里,这种语文学技巧是第一次与一种天才的哲学能力相结合,并且这种能力是在先验哲学里造就出来,正是先验哲学首先为一般地把握和解决诠释学问题提供了充分的手段:这样就产生了关于阐释(Auslegung)的普遍科学和技艺学。[1]

作为一门技艺学的普遍诠释学挣脱了《圣经》释义的限制,也超出了传统的神学或法学文本解释的范围,将过去零散的训释技巧进行了整合,系统化为一种普遍的认识方法论。"只有施莱尔马赫才使诠释学作为一门关于理解和解释的一般学说,而摆脱了一切教义的偶然因素。"[2]尤为重要的是,他把诠释活动从独断性的教条方式中解放出来,从而赋予了其独立的意义。施莱尔马赫的诠释学重新定义了"理解"的内涵,理解不是对文本预先有一个设定,更不是简单地附会或者印证文本,而是通过心灵的介入,来重新表述或重构作者的意向,以达到对作者原初意见的了解。狄尔泰进一步发展了这样一种内在的心理学解释之路向,把生命哲学引入到理解和诠释的基础部分,系统地建构了精神科学的大厦,他说:"人是诠释学的动物。"[3]就精神科学而言,生命是其研究的基本对象,理解就是从生命去认识生命,从生命去解决生命的问题。生命在本质上就是体验,而体验又离不开表达和理解,所以对体验、表达、理解的考察和认识就构成了精神科学的基本内容。

伴随着科学实证精神的弥散化和普遍化,科学方法论也取得了独断地位,一切认识活动和理解活动都笼罩在了科学的解释之下,人文学术的传统几乎被打断,其说辞也处处碰壁,难以得到认可。狄尔泰深切地感受到了近代自然科学的成长和技术的飞速发展对传统哲学和人文科学的巨大冲击,这种压迫感使之致力于对人类精神生活重新反思,以及重新确认精神科学的必要性和现实性。他指

---

① 洪汉鼎主编:《理解与解释——诠释学经典文选》,北京:东方出版社,2001 年,第 89 页。
② 伽达默尔:《真理与方法》,洪汉鼎译,上海:上海译文出版社,1999 年,第 718—719 页。
③ 参见洪汉鼎:《诠释学——它的历史和当代发展》第四章第一节,北京:人民出版社,2001 年,第 114—117 页。

出："人文科学并不来自逻辑建构的、与自然科学系统结构相类的一个整体,人文科学系统的发展是不同的,我们现在必须依据其历史发展而予以考虑。"①这一认知在一定程度上奠定了当代诠释学的基本走向,尤其是其拒斥唯科学主义和泛科学方法论的坚定态度,为后续的诠释学家们所继承。像伽达默尔(H. -G. Gadamer)就十分在意精神科学(人文)和自然科学(逻辑)的区别,注重人文知识的自主性和独立性,反对实证主义,尤其反对在哲学和人文科学中普遍仿照或者采用自然科学的方法。尽管我们的时代受到了社会一体化以及主宰这种一体化的科学技术的制约,科学主义的意识和方法已经影响到了一切领域,但我们还是要意识到人文精神的独特性,"如果我们是以对于规律性不断深化的认识为标准去衡量精神科学,那么我们就不能正确地把握精神科学的本质。社会—历史的世界的经验是不能以自然科学的归纳程序而提升为科学的"②。也就是说,科学方法不能取代一般的理解,而理解的意义是具有普遍性的,是人之存在的基础,这种理解的意义是无所不及的。理解与解释的普遍有效性,便不再局限于一种方法学的意义,而是深入到了人的存在自身,"诠释"本身就是人的类本质,诠释学也就成为有关本体问题的一门学问。

三、　通向中国哲学的建构之路

　　诠释学对于"理解与解释"问题之认识的深化,将文本的意义探寻从文字之"迹"引向了"所以迹",文本的多重意义在思想连贯性和形式整体性的要求下,从各种具体的境遇性还原之中向一个普遍的存在聚集。思想所面对的是一整套的意义世界,要处理语言的内在形式与外在形式的关系,以最大限度呈现其意指的完整性,实现从具体的历史事项描述向一般精神法则的过渡。这种整体性意义的探讨,在现代学科的规划与分际之中,理所当然地落到了哲学头上,所以诠释学是一种哲学思维的形式,而不是语言学的从属。作为精神科学的一部分,诠释学从

---

①　狄尔泰:《人文科学导论》,赵稀方译,北京:华夏出版社,2004年,第24页。
②　伽达默尔:《真理与方法》,第4页。

它诞生起就与浓厚的历史意识、古典学传统和人文主义线索联系在一起，而与科学逻辑有所区别，这和现代语言学的实证性科学之途恰成为对反。所以，在汉语言文字学的现代转换和“中国哲学”的现代建构过程中，前者更多地呈现出了“科学”的面貌，而后者则比较多地保留了“玄学”的色彩。从属于语言学的训诂学，在现代化的过程中也是不断地向技术化的科学靠拢，以追求语义训释的明晰性、确定性和可验证性为目标，这与哲学思考的辩证性、发散性很不一样，已经明显地属于不同的范式。

虽说诠释学所具有的哲学性在西方文化的发展历程中也经历过曲折的变化，但它却始终保持了思想的向度。到了近代，施莱尔马赫所规定的诠释学的三种兴趣：历史的兴趣、艺术的兴趣、思辨的兴趣，其中最为重要的还是思辨的兴趣。[①] 这说明了在诠释学的一贯传统中，不仅有作为语言工具的技艺性层面，而且有作为认知工具的哲学化向度。和诠释学的这种思想性特征相比，训诂学恰恰缺乏哲学的思辨性和认知功能上的独立性。作为技艺的训诂从一开始就是经学的附属品，不在“六艺”之列，只能以“小学之属”的名目附赘在经部。“小学”本为语言工具之学、思维技术之学，但在中国古代并没有得到独立的发育和成长。汉代的小学之书《尔雅》仅为“附经”，《说文解字》是字书，这些传统训诂学的典范之作，并没有延续先秦哲学的名辩传统，和思想创造的方法学有了比较大的距离。这样，在汉代经学兴起以后，与哲学认知方法相关的逻辑工具论便没有得到发展，“小学”逐渐地定格在了有限的语文学范围之内。特别是在后续的发展中，在经学时代的大部分时段里，训诂变成了依赖于经文语境和寄生在语词之间的饾饤蛾术，完全丧失了整体性、思想性和独立的学问意义。

训诂学的工具化和技术化，使之远离了思辨的兴趣和精神的理解，而同“义理之学”明显形成了内在的抗力。历史上的汉宋之争，在一定程度上即表现了疏离于精神理解的训诂考据之学与发挥哲学思辨性的心性义理之学之间的冲突和紧张。宋明儒一反汉唐经师好古崇实的治学风格，而转为以“理”说经，从性命之学

① 参见施莱尔马赫：《诠释学讲演》，见洪汉鼎编《理解与解释——诠释学经典文选》，北京：东方出版社，2001年，第69—70页。

来体证经义,从而推倒了汉唐人视为神圣的经学原则,连同名物训诂的方式也大多废置不用了。这一重大转折,创辟了轻训诂考据而重义理发挥的新的经学途径,成就了所谓"儒学第二期发展"的宏业。到了清代,在"经世致用"观念的影响下,乾嘉学者又力诋宋明儒之空疏,将宋学系统连根拔起,标揭"汉学"以攻其垒,这便加剧了训诂考据之学与义理性命之学相对峙的紧张状态。乾嘉时期,"小学"受到崇高礼遇,也取得了空前的成就,成为有清一代学术的标志性内容。在汉宋之争的影响下,训诂学似乎和"汉学"牢牢地画上了等号,成为汉学的专利;而宋学则无功于训诂,甚至对训诂学原则破坏极大,因此背负了罪名。之后,对汉宋学术之普遍的定式化理解,不但加深了考据和义理之间的隔阂,而且窄化了训诂学的内容。将宋学的治经方法与正统化的"小学"形态对立起来,这就阻隔了容纳精神性理解之诠释方向的可能性。

　　将思想创造活动和工具化的"小学"方式对立起来,本来已经压制了精神性的理解,造成了清代哲学的贫乏状态。而随着西学的传入和传统学术的现代转换,训诂归入了文史之学或语言科学,与哲学的所属不同,两者间的距离又被体制化的学科形式再度地分割和强化。章太炎便是将传统的训诂学划归到了现代的语言学科当中,在《论语言文字之学》一文中,他说:"今欲知国学,则不得不先知语言文字。此语言文字之学,古称小学。"①这一评断真是有画龙点睛之妙,前半句可以说是乾嘉学术精神的回响,后半句则是西学观照下的一种新定位。这样,从"章黄之学"开始,训诂学便在语言学的家族里安顿下来,以新的身份在现代学术体系中谋得了一席之地。如此一来,训诂学的重新定位,便与新学术系统之中的所谓"哲学"离得越发远了,在思想义理和工具方法之间又隔了一重。在随后普遍化的分科而治的学术格局当中,训诂归了语言文学,义理归于哲学,就更没有了让诠释与理解在这两个学科之间自由穿梭的可能性。作为语言学的训诂遗产在整个二十世纪不能激荡起新的时代思想之火花,也不能有效地介入到哲学思考的领域当中,与思想系统的建构就几乎没有了关系。

　　同为处理文本,同样是面对古代的材料,哲学的理解与训诂的方式明显地拉

---

① 章念驰编:《章太炎演讲集》,上海:上海人民出版社,2011年,第6页。

开了距离,现代的中国哲学更多地倾向于义理之学的传统,在方法论上也是直接地吸收西方哲学的成果,而不是简单地依赖训诂形式。在哲学的视域中,古代思想家的言说和文字是一种活的情志的表达,所谓"言不尽意,书不尽言""得意忘言"之寄言以出意,或"以意逆志""知人论世"之境由情生、境随心转,皆是语言文字所无法表达和传递的内容。而对于这些文本之意义的领会、体悟和把握,显然不是文字训释所能够达到的,它依靠阅读的具体过程和接受者的心理状态,更多地属于精神性的理解活动,这就超离了语言科学所限定的文本之确定性的范围。所以,和训诂学所追求的文本之意义的准确性与单一性不同,经典诠释所理解的文本意义则是多向的、多维度的,它的解释活动处在语言学与非语言学之间。在诠释学看来,文本的这种多重意义并不是显性的,也不是固定的,而是需要在理解与解释的活动过程中不断地展开;这样,文本潜在的或可能的意义呈现,便完全有赖于诠释者的接受过程及精神状态。因为"在解释学中,并不存在符号世界的封闭系统。语言学是在一个自足领域的范围内运作并且只面对意指内的(intrasignificatives)关系,借用皮尔士(Charles Sandres Peirce)的词汇说,就是只面对符号与符号之间的相互解释关系,而解释学则受制于符号世界的开放性"①。这种理解活动的开放性特质,决定了诠释学必然是一种哲学思考的方式,而不是逻辑科学,更不是语言科学;与语言学的种种限定与规则相比,诠释学是完全敞开的,是人的精神活动之复杂性的具体呈现。

在现代的学术体系中,语言学和哲学分属于不同的学科,语言学被归入到文学类,和古代的文史之学关系显得要近些,而与哲学一科则相去甚远。这就使得现代的中国哲学研究与传统的训诂学资源逐渐地拉开了距离,只是在所谓"史料学"里才有限地包含了其部分内容。但中国哲学的史料学并没有形成自己的系统体系,和文史之古典文献学的内容没有多少实质性的差别,这就难以构成一种独特的方法学。所以,在中国哲学的现代转化与理论创造方面,方法论就只能依赖于西学,从思想范式的提出到理论系统的更新,大多靠引进西方的资源。从中国现代哲学的发展来看,方法论始终处在极为重要的位置,而向西方学习,重点也是

---

① 利科:《解释的冲突》,莫伟民译,北京:商务印书馆,2008年,第78页。

不断地引入新的方法。这样一来,传统的训诂所扮演的角色就十分有限,因为阐发新的思想和创造新的体系基本上是依靠西哲的方法论。这种境况在一定程度上严重影响了中国哲学的当代发展,使得本土的思想资源不能得到有效的提升,也无法向内在化的哲学创造去展开。所以,重新理解"诠释"的意义和建立新的经典诠释,对我们就变得非常重要;如何打破传统训诂的界域,而迈向新的经典诠释学,便成了中国哲学方法论建构的一个方向。经典诠释的开展当然会涉及传统的经学和训诂方法,但这绝非简单地复旧,也不是要回到训诂学的怀抱。因为传统的训诂学有着很大的局限性,并不能真正解决目前中国哲学所遇到的问题,也就是怎样才能把古代的经典变成我们日常生活中的源泉活水。职是之故,诠释学的理念和方式便为我们提供了新的视角,通过诠释的方法,将中国历史上的丰厚资源内化为生机勃勃、富有创造精神的哲学动力,以实现中国哲学的现代转化。利科指出:"诠释学的使命,就是要凭借语言学家的语义学、心理分析、现象学以及各宗教的比较历史和文学批评等这些相互不同的学科,来对双重意义的不同使用以及解释的不同功能进行对照。"①在现代学术的视野下,各种资源的调动,各个学科内容之间的融会,为经典的重新理解与解释提供了更为广阔的空间,这必能超越传统训诂的有限性,而为中国哲学的创造性发展奠定更为坚实的方法论基础。

① 利科:《解释的冲突》,第 324 页。

论经典诠释的定位、性质和任务

彭启福

安徽师范大学马克思主义学院

　　近年来,创建中国本土诠释学的问题重新成为学界的热点。不少学者力图通过对西方诠释学的批判性反思,建立中国式的"经典诠释学",开启传统经典文本的当代意义,推进中国传统文化的当代转化。在拟创建的"中国诠释学"或"经典诠释学"之具体形态上,潘德荣、张江等学者相继提出了自己的真知灼见,前者以"德行"为核心提出了建构"德行诠释学"的主张①,而后者以"阐释的公共性"为焦点勾画了其"中国阐释学"的论纲②。无论创建何种形态的"中国诠释学"或"经典诠释学",经典诠释的定位、性质和任务都是无法避免的关键性问题,本文结合学术界的相关讨论,提出自己的一些思考。

一、 经典诠释的基本定位

　　任何问题的讨论,都离不开特定的语境。我们今天重新提出"中国诠释学"或"经典诠释学"的构建问题,其现实的语境就是如何充分发掘中国传统文化的当代价值,为推进中华民族的伟大复兴提供助力。因此,有关"中国诠释学"或"经典诠释学"构建中的"诠释",关注的焦点既不是传统经学意义上的狭义"经典"③,也不

---

① 参见潘德荣:1.《经典诠释与"立德"》,《安徽师范大学学报》(人文社会科学版)2015 年第 1 期;2.《论当代诠释学的任务》,《华东师范大学学报》(哲学社会科学版)2015 年第 5 期;3.《"德行"与诠释》,《中国社会科学》2017 年第 6 期。

② 参见张江:1.《强制阐释论》,《文学评论》2014 年第 6 期;2.《阐释的边界》,《学术界》2015 年第 9 期;3.《作者不能死》,《哲学研究》2016 年第 5 期;4.《公共阐释论纲》,《学术研究》2017 年第 6 期。

③ "经典诠释学"意义上的"经典"乃是一种大文化概念。一方面,它超越了儒家文化的范围,不仅指向儒家经典,而且也指向中国传统文化中其他各种各样的"经典",包括道家经典、佛家经典等等;另一方面,它超越了意识形态的范围,不仅涵盖带有意识形态特征的政治文化经典,而且也涵盖不带有意识形(转下页)

是西方一般诠释学意义上的普遍性文本或一般性文本,而是广义的"经典"。"中国诠释学"或"经典诠释学",既不能简单地看作传统经学的现代形态,也不能简单地看作西方一般诠释学的中国形态,而应该是既有本土特色又吸纳西方诠释学优点的中国当代诠释学形态。构建"中国诠释学"或"经典诠释",不能满足于重复古老的中国故事,更不能沉迷于照搬遥远的西方神话。

"中国诠释学"或"经典诠释学"意义上的"经典诠释",基本的定位应该是一种"中介",一种双重意义上的"中介"。首先,它应该是"历史"与"现实"之间的中介;其次,它还应该是"经典作者"与"普通理解者"之间的"中介"。

"经典诠释"何以应该成为第一重意义上的中介,即"历史"与"现实"之间的中介? 可以从两个方面来分析。

一方面,是由于人类文化因果关联的特殊性。人类文化进程中的因果关联不同于自然事物之间的因果关联,它不是自然而然地发挥其作用的。换句话说,经典并不是自然而然地成为文化因果链条中的"因",它们必须借助于后人的理解与诠释,被人们接受和认同,内化于心,外化于行,才能进入到社会发展的历史进程中,成为历史发展的"动因",产生相应的"果"。经典,作为人类优秀思想文化成果的载体,如果它不被人理解,就不能转化为思想的动力,不能发挥其思想文化的功能。因此,经典,只有当它被人理解时才能进入到人类文化的因果链条中,成为人类社会发展的精神力量。

另一方面,是由于经典和现实之间的时间距离。任何经典,都是历史的产物,都是在人类历史进程中不断呈现其思想价值的历史文本(用伽达默尔的说法可以将之称作"历史流传物")。历史性,乃是一切经典都固有的基本属性。经典的历史性,具体表现在原始语境的历史性、原初问题的历史性、思想载体的历史性等方面。这种历史性的形成,既有历史自身疏远化因素的作用,也有语言文字不断变迁的影响,还有物化材料持续革新的影响。而不容忽视的是,现实从来都不是对过往历史的一成不变的延续,它总是具有其当代性,具有其不同于以往历史的差

(接上页)态特征的非政治文化经典。凡是那些具有重大的思想原创性、持久的历史影响力和广泛的空间播布性的著作,都可以成为"经典诠释学"意义上的"经典"。(参见彭启福、李后梅:《从"经学"走向"经典诠释学"》,《天津社会科学》2016 年第 3 期;亦见于《新华文摘》2016 年第 22 期。)

异性。语境的当代性、问题的当代性、语言文字的当代性甚至物化材料的陌异性，都使得历史性经典与当代性现实之间无法简单实现无缝对接。

　　由此可见，历史性经典在未经诠释和理解的情况下，无法作为文化之"因"进入到当代社会现实之中，发挥其精神动力的功能。正是在历史性经典和当代现实的这种诠释学距离中，经典诠释显现出自身的重要意义，它要在"经典的历史性"与"现实的当代性"之间进行调停与中介，或者说，要去实现一种"经典"思想的当代转化。经典之所以成为经典，正是因为它内在地蕴含着伟大的原创性思想和不竭的意义创生空间，能够在后人的不断理解和诠释中持续地发挥其思想价值。在理解和诠释过程中，只有不断实现经典历史性与现实当代性的结合，经典的作用才能得到真正的、恒久的发挥。所以，经典诠释应该成为"历史"与"现实"的思想性中介。

　　那么，经典诠释又何以应该成为第二重意义上的中介，即"经典作者"与"普通理解者"之间的中介呢？

　　"理解"和"诠释"孰先孰后？通常情况下，答案是简单明了的：先理解，后诠释；诠释基于理解。但是，在经典诠释学的视野中，这个问题却要复杂得多。

　　众所周知，西方诠释学的兴起与神话和宗教有密不可分的联系。在古希腊神话中，信使神赫尔墨斯（Hermes）以诠释者的身份在操持不同语言系统的神、人之间居间调停，通过"宣告、口译、阐明和解释"的方式将人无法理解的神谕转化为人的语言使之能够被人理解和遵从。而圣经诠释学则是基于基督教传教和护教的双重需要发展出来的专门性的诠释技艺，其目的是通过教会对《圣经》的权威诠释，帮助普通教徒理解他们难以理解的《圣经》，从而获得上帝的拯救。在上述情况下，赫尔墨斯的诠释或教会的诠释分别构成了凡人或普通教徒理解他们无法理解或难以理解的神谕或《圣经》的先决条件。正是在这层意义上，伽达默尔在《文本和解释》（1983）中谈到诠释（interpretation，即解释）概念的崛起时强调："解释这个词原本开始于调停关系（Vermittlungsverhältnis），即在操不同语言的讲话者之间作为中介人的作用，亦即翻译者，然后它被转用到解开难以理解的文本。"①在

―――――――――――
① 伽达默尔：《诠释学Ⅱ：真理与方法》，洪汉鼎译，北京：商务印书馆，2007年，第409页。

《古典诠释学和哲学诠释学》(1977 年)①中,他也曾提到"特别在世俗的使用中,hermēneus(诠释)的任务却恰好在于把一种用陌生的或不可理解的方式表达的东西翻译成可理解的语言"②。由此可见,诠释的本质就在于将不可理解或难以理解的东西转化为可以理解的;特定的诠释在一定意义上成为某种普遍性理解的先导,成为达到普遍性理解的先决条件。正是在这层意义上,我们断言:由于经典的难以理解性,经典诠释应该成为"经典作者"和"普通理解者"的中介。

经典作为其原创者的思想表达,其难以理解性不仅有着历史疏远化因素的影响,而且也有着经典原创者他者性的影响。经典的原创者分属于不同的时代,或早或迟,被刻上不同的时代烙印;经典的原创者也分属不同的阶级或阶层,出身于不同的家庭,被铸入不同的群体特征;经典的原创者还有着不同的生活体验、不同的兴趣爱好,也有不同的专业素养,诸如此类。上述种种,造成了经典的复杂多样性。与此同时,作为经典理解者的当代民众,虽然有着当代语境的共同性,但也存在着诸多的差异性。对于当代的普通受众来说,复杂多样的经典往往不是能够直接理解的,而是难以理解的,需要借助某些专业人士的诠释才能理解。要使"经典"从一种潜在的精神力量转化为广大民众的精神素养,助力当代中国乃至世界的发展,诠释就不能缺位。唯有依靠诠释的转化作用,普通民众(非专业人士)才能够达成对经典文本的深入理解。

经典诠释要成为经典作者与经典理解者之间合理的"中介",对诠释者有着很高的要求。正确的诠释态度、文史哲甚至是心理学等方面的专业素养、丰富的生活阅历,都会影响到对经典的理解;而对当代社会现实问题的认知、对民众生活的体察、对理解者(即诠释面向的对象)个性化的把握,则进一步影响到诠释者能否将自身对经典的理解转化为合理的诠释,帮助普通民众达到对经典的创造性理解,释放经典中蕴含的积极的精神能量。

---

① 在洪汉鼎《真理与方法Ⅱ——补充和索引》中,《古典诠释学和哲学诠释学》一文标注的年份是 1968 年,但结合文章的内容、脚注以及洪汉鼎所列"本书论文版源"的说明(参见该书第 624 页),该文第一次以意大利文发表在《Encyclopedia del Novecento》(罗马,1977 年,第 2 卷,第 731—740 页),题目是"诠释学",故年份修改为 1977 年。

② 伽达默尔:《真理与方法Ⅱ——补充和索引》,第 109 页。

二、经典诠释的若干辩证性质

经典诠释作为一种"中介",本身必然带有一种中介性。这种中介性,就是要在历史与当代之间、作者与读者之间进行沟通。它既受到经典的约束,也受到读者的约束。经典诠释,必须在双重的约束中营造自己的诠释空间,实现经典与读者之间的双向开放。

经典诠释的中介性本身就带有辩证的性质,同时,以之为基础又衍生出经典诠释的其他若干重辩证性质。在这里,我们主要探究其中的三重辩证性质:其一,经典诠释的私人性和公共性的辩证统一;其二,经典诠释的限制性和自主性的辩证统一;其三,经典诠释的主观性和客观性的辩证统一。

首先,经典诠释是私人性和公共性的辩证统一。

我们可以从经典作者和经典诠释者两个维度上展开分析。一方面,从经典作者的维度来看,任何经典都有其原初的作者,任何经典毫无例外地总是其原初作者思想的个性化表达。用狄尔泰(Wilhelm Dilthey)的话来说,"每一个所与物都是一个个别的东西"。[①] 经典不仅在内容上表达的是经典作者个性化的生活体验,而且在表达的形式上也与经典作者对语言文字的个性化使用有关,具有不容忽视的私人性色彩。正是注意到理解和诠释对象的这种个体性或私人性特征,施莱尔马赫在语法解释方法、历史解释方法的基础上引入了心理学解释方法[②],伯艾克在语文学诠释学的方法论建构中将"个体解释"列为解释的四种基本形态之一[③],而狄尔泰在其作为精神科学方法论基础的生命诠释学中"把解释的最终任务视为对个体性的理解"[④]。但是,我们也还应该看到,经典作为一种原初作者思想的个性化表达,与内隐于作者头脑中的主观精神不同,它本身就有一种超于作者个体的

---

① 狄尔泰:《对他人及其生命表现的理解》,载洪汉鼎:《理解与解释——诠释学经典文选》,北京:东方出版社,2001年,第102页。
② 参见施莱尔马赫:《诠释学讲演(1819—1832)》,载洪汉鼎:《理解与解释——诠释学经典文选》,北京:东方出版社,2001年,第70—73页。
③ 参见彭启福、牛文君:《伯艾克语文学诠释学方法论述要》,《哲学动态》2011年第10期。
④ 马克瑞尔:《狄尔泰传》,李超杰译,北京:商务印书馆,2003年,第280页。

诉求和趋向,呈现出自身共同性或者公共性的一面。狄尔泰指出:"从我们呱呱坠地,我们就从这个客观精神世界获取营养。这个世界也是一个中介,通过它我们才得以理解他人及其生命表现。因为,精神客观化于其中的一切东西都包含着对于你和我来说是共同性的东西。"①可以说,经典以及其他一切精神性作品内在蕴含的这种共同性,是它们能够被他人理解和诠释的前提,也是它们能够进入公共空间的基础。与共同性脱钩的个性化表达,是无法被他人理解和诠释的,也是无法进入到人类的共同生活之中的。甚至也可以说,这种与共同性绝缘的纯粹个性化表达,是根本不存在的。同时,经典作为原初作者思想的外在化和客观化表达,也获得了一种独立于原初作者的客观形式,获得了进入公共空间的可能性。以经典为载体的作者思想,获得一种与原初作者肉体生命分离的时空存在,这使得经典及其中蕴含的思想获得了被处于不同时空中的理解者和诠释者进行理解和诠释的可能性,而且也总是实际地被后人不断地理解和诠释,获得了一种绵延不绝的公共意义(public significance)。另一方面,从理解者和诠释者的层面上看,理解过程可以看作经典作者与经典理解者之间的私人性交流(personal exchange)过程,而诠释过程则已经超越了私人性的界限。虽然诠释者对经典的诠释不可避免地会刻写上诠释者的私人性特征,比如诠释者本人的生活阅历、知识结构、兴趣爱好、语言习惯等都会对他所做的经典诠释产生影响,但是经典诠释不再是面向诠释者本人的诠释,也不是与经典作者的私人性交流,而是在经典和普通理解者之间进行居间调停。经典诠释乃是在一种"经典作者—诠释者—普通理解者"的三维关系中展开的公共性诠释,它作为一种比经典更容易被读者接受的诠释文本,在某种意义上代表着经典的发声,成为经典创生其当代意义的公共媒介。张江教授主张"阐释是一种公共行为",认为"在理解和交流过程中,理解的主体、被理解的对象,以及阐释者的存在。构成一个相互融合的多方共同体,多元丰富的公共理性活动由此而展开,阐释成为中心和枢纽",非常准确地把握到了经典诠释的公共性和共同性特征。② 可见,经典诠释既不是纯私人性的和个体性的,也不是纯公

---

① 狄尔泰:《对他人及其生命表现的理解》,载洪汉鼎:《理解与解释——诠释学经典文选》,北京:东方出版社,2001年,第97页。
② 参见张江:《公共阐释论纲》,《学术研究》2017年第6期,第2页。

共性的和共同性的,而是私人性和公共性、个体性和共同性辩证统一的。

其次,经典诠释是自主性与限制性的辩证统一。

经典诠释既然要成为历史与当代之间、作者与读者之间的"中介",就必然要求自身实现"自主性和限制性的统一"。一方面,经典诠释乃是由诠释者自主做出的,它要表达的是诠释者对经典的理解及其将经典中的某些思想引入当代现实的意向,因此,经典诠释离不开诠释者的自主性。诠释者必须充分调动自身的主观性和创造性去进行经典诠释,其中不仅包含着对经典思想内容的精到选择,而且还包括语言文字表达形式的现代化转换,甚至还包括契合当代多元理解者的诠释通道的打造。唯其如此,经典诠释才能使经典从"难以理解的"成为"可理解的"。美国当代诠释学家赫施(E. D. Hirsch)在《诠释的有效性》(1967)一书中曾经讨论过理解和诠释的差异。在他看来,理解是受到严格约束的,它不仅受到文本语言符号的限制,而且受到文本作者主观意图的限制,必须围绕作者主观意愿(will)来展开;而诠释虽然受到文本含义及作者意图的限制,却可以在文本含义的范围之内自主选择所要阐述的具体内容,因而是具有一定自由度的。① 但是,问题还有另外一个方面,我们也应该看到经典诠释具有一定的限制性。经典诠释不可能是诠释者完全自主的过程,其中蕴含着多层限制:其一,经典诠释奠基于经典理解,而经典理解必须服从于经典作者的"原初意图",也就是说,经典作者的"原初意图"成为经典诠释的限制性因素之一。一切文本(包括经典文本)诠释的自主性或者自由选择权,都是以理解为基础的;离开了对作者原意和文本含义的理解,诠释的自主性或选择性就会沦落为诠释的任意性。换句话说,离开了经典含义及其作者意图的限制与约束,经典诠释就不再是对经典的诠释,它实际上已经演变为诠释者个人思想的自由表达。这种无边界限制的经典诠释,也不再是对经典的"有效诠释",而是意大利学者安贝托·艾柯所批评的那种"过度诠释"(over interpretation)。② 其二,经典诠释要发掘和实现经典的当代价值,必然还受到当

---

① Hirsch: *Verlidity in Interpretation*. New Heaven and London, Yale University Press, 1967. pp. 155 – 161.
② 参见艾柯:《过度诠释文本》,载艾柯等:《诠释与过度诠释》,王宇根译,北京:生活·读书·新知三联书店,2005年,第47—70页。

代社会发展需要的制约,它不能简单地将经典中的所有思想毫无批判地照搬过来,必须有个"去伪存真""去粗取精"的思想过滤过程,中国社会发展的现实需要成为经典诠释的另外一个限制性因素。毫无疑问,任何经典的诠释,一旦进入到公共空间,都必然实际地开启着文本的崭新意义。伽达默尔曾经指出:"文本的意义超出它的作者,这并不只是暂时的,而是永远如此的。因此,理解就不只是一种复制的行为,而始终是一种创造性的行为。"①这里的创造性,主要指的就是开启文本的崭新意义。其实,不仅理解是创造性行为,而且诠释也是创造性行为。如果说经典理解的创造性更多的还是指向理解者个人的话,那么经典诠释的创造性则同时还指向公众,指向经典诠释者之外的普通理解者。经由经典诠释行为的散播作用,经典思想产生了一种空间更为广阔、时间更为久远的影响。经典诠释过程中自主权和选择权的发挥,还必须受到诠释者和普通理解者所处的诠释学情境的制约,或者说,经典诠释者必须做到一种应用性的诠释(interpretation by application)。为此,经典诠释除了关注文本的契合度,还要考量现实的相关度。可以认为,经典诠释乃是主观方面的自主性和客观方面的限制性的辩证统一。

最后,经典诠释是客观性和主观性的辩证统一。

经典诠释作为对经典的诠释,它既依赖于经典,但又不等同于经典,二者之间存在着间离性。经典作为经典作者主观精神的客观化表达,本身就具有主观性和客观性统一的特征;而经典诠释作为诠释者对经典的主观理解之客观性表达,亦具有主观性和客观性统一的特征。

经典诠释的客观性方面主要体现在经典诠释对象的客观性、经典诠释本身的客观性以及经典诠释标准的客观性等三个层面。其一,是经典诠释对象的客观性。经典诠释的对象并不是经典作者的主观精神本身,不是经典作者头脑中存在的原意或思想,而是其主观精神(原意、思想)的外在化表达。这种外在化表达获得了独立于经典作者主观精神的客观化存在形式。诚如亚里士多德所言,"口语是内心经验的符号,文字是口语的符号"②,作者的"口语"和"文字"表达与其"内心

---

① 伽达默尔:《诠释学Ⅰ:真理与方法》,洪汉鼎译,北京:商务印书馆,2007 年,第 403 页。
② 亚里士多德:《解释篇》,载苗力田主编:《亚里士多德全集》(第一卷),北京:中国人民大学出版社,1990年,第 49 页。

经验"之间具有贯通性,但同样不容忽视的是,在"文字"和"口语"作为作者"内心经验"的外在化和客观化表达之间也存在着间离性,它从内心经验这种主观化的存在形式转化为一种独立于作者的客观化存在。也正因此,以文字形式存在的经典才得以超越经典作者本有的时空界限,在时空的变化中不断被后人理解和诠释,成为一种可共享的诠释对象。任何经典诠释,都是从这种客观化形式出发的。其二,是经典诠释本身的客观性。经典诠释作为诠释者对经典的主观诠释,其目的是要在"历史"与"现实"、"经典作者"与"普通理解者"之间进行中介和调停,因此,它也不可能停留于诠释者的头脑之中,而是必须转化为一种外在化和客观化的存在形式。经典诠释正是经由其自身的外在化和客观化,才得以进入大众的视野,被普通理解者广泛接受,在当代现实中创生其崭新的意义(significance)。同时,经典诠释自身的客观性还表现在,经典诠释的内容亦不应该是诠释者主观自生的东西,而应该是来自经典,受到经典的客观制约。其三,是经典诠释评价标准的客观性。我们没有任何理由在经典诠释中放逐作者及其原初意图,因为经典毕竟是作者主观精神的客观化表达。经典诠释不应该沦为主观任意的诠释,其合理性应该有客观的可公度性的标准。毋庸否认,经典诠释不是一种诠释者放弃自身视域而完全转换为作者视域的结果,经典诠释和任何文本的诠释一样,都只能是诠释者与经典作者之间视域融合的结果。但是经典诠释并非不可度量,视域融合存在着融合度的差异。这种融合度具体地涵盖着"经典诠释和经典原意的契合度"与"经典诠释和当代现实的相关度"两个层次,前者属于事实性的考量,后者属于价值性的考量。[①] 经典诠释融合度的标准,不是私人化的标准,不是公说公有理、婆说婆有理,而是在一定的社会共同体内部共享的,或者说,它是一种可公度性的客观标准。

经典诠释的主观性方面主要体现在诠释者的非理性因素和理性因素对诠释过程的影响。经典诠释乃是经典诠释者对经典所做的理解和诠释,不可避免地会受到诠释者主观因素的影响,打上诠释者的主观烙印。众所周知,每一种固化的、单一的经典,总是在历史的流程中衍生出形形色色的、多元的经典诠释。与西方

---

① 参见彭启福:《"视域融合度":伽达默尔的"视域融合论"批判》,《学术月刊》2007 年第 8 期。

的圣经诠释学相映衬,中国传统经学致力于"经传注疏",原本屈指可数的"五经"(六经)繁衍出浩如烟海的经学典籍,经典诠释者主观性的印痕非常明显。可以说,没有诠释者主观性的发挥,难以理解的"经典"也无法转化为普通理解者易于接受的"经典诠释"。圣经诠释学中强调基督教信仰对《圣经》理解的主导性地位,施莱尔马赫一般诠释学注重"心理移情"在把握作者原意中的重要作用,伽达默尔肯定"先入之见"在理解过程中的合法性意义,都可以看作对理解和诠释过程中主观性的张扬。有趣的是,晚年伽达默尔在与其研究助手卡斯滕·杜特(Carsten Dutt)的交谈中甚至强调:"不是他们对方法的掌握,而是他们的诠释学想象(their hermeneutical imagination)才是真正富于创造性的学者之标志。"①动机、兴趣、情感、信仰、想象等诸多非理性因素和理论、知识等各种理性因素一起,参与到经典的理解和诠释过程中,给经典诠释刻写上主观性的烙印。

　　显然,经典诠释既离不开客观性的制约,也离不开主观性的参与,片面强调主观性或者客观性,都是欠妥的。经典诠释本身就是主观性和客观性的辩证统一。

三、 经典诠释的主要任务

　　如前所述,经典诠释乃是"历史"与"现实"、"经典作者"与"普通理解者"之间的双重中介,并且它还将私人性和公共性、自主性和限制性、主观性和客观性集于一身,呈现出其辩证的本性,那么,经典诠释的主要任务又是什么呢?

　　经典诠释,本质上是诠释者对经典所做的诠释,它不同于一般作者的自由表达。基于经典,超越经典,是经典诠释的基本要求。在我看来,经典诠释主要有两大任务:第一是"凝识";第二是"启智"。如果说"凝识"乃是经典诠释的基础性任务的话,那么"启智"则是经典诠释的实践性任务。"凝识"旨在"通古","启智"重在"达今";"凝识"旨在传承,"启智"重在创新。"凝识"和"启智"二者相互协调,相互配合,共同起到"历史"与"现实"、"经典作者"与"普通理解者"之间的双重中介

---

① Palmer: *Gadamer in Conversation: Reflections and Commentary*, New Haven & London: Yale University Press, 1967, p. 42.

的作用。

作为经典诠释基础性任务的"凝识",可以从两个层面去把握。

其一,在经典诠释中,凝练经典中蕴含的文本含义和作者原意的认识,为求简便,亦可以称为凝练"文本之识"。传统的方法论诠释学家常常预设文本含义(the meaning of a text)与其作者原意(the author's original intention)之间的天然一致性,认为文本总是能够准确地表达作者所欲表达的生活体验,但"拙于表达"和"词不达意"这类现象的存在向我们表明文本含义与其作者原意之间的间离性甚至冲突性是可能发生的。语言体系的公共性和语言使用的私人性是造成这种间离性和冲突性的语言学根源。因此,经典固然是通往作者原意的必由之路,但经典中蕴含的文本含义却不能直接与作者原意等同。在凝练"文本之识"的过程中,需要辨析文本含义与作者原意之间可能存在的间离性与冲突性,使得经典诠释尽可能地逼近经典作者的原意,提升经典诠释与经典原意之间的契合度。当施莱尔马赫主张"与讲话的作者一样好甚至比他更好地理解他的话语"[①]时,其言下之意是指理解者和诠释者有可能对作者无意识保存的许多东西进行意识,即诠释者对文本的理解和诠释有可能深入到作者自身都没有意识到的无意识的层面。这也表明,施莱尔马赫虽然认同文本含义与作者原意具有天然的一致性,却也意识到这种一致性并不是总是直接地、显性呈现的。

其二,在经典诠释中,凝练诠释者自身对于过往事物及其本质和规律的一般性认识,为求简便,亦可以称为凝练"事理之识"。任何经典都代表着经典作者在一定历史条件下对其拥有的生活体验的符号化表达,它既是某种认知成果、思想精华,又是历史性产物,不可避免地有着历史局限性。每一部经典作为经典作者创作的个别作品,本身就是经典作者某些个性化生活体验的结晶和集中表达。而且,这种个性化生活体验和体验表达,又总是通过单词、单句、单个段落及其内在关联组合成一个整体性文本。因此,从经典的文辞通达文辞所指向的事理,经典诠释者必须经历双重的凝识过程,既要凝练"文本之识",也要凝练"事理之识",而

---

① 施莱尔马赫:《诠释学讲演》(1819—1832),载洪汉鼎:《理解与解释——诠释学经典文选》,北京:东方出版社,2001年,第61页。

"个别——一般""部分——整体"之间的多种诠释学循环,渗透到经典诠释者凝练"文本之识"和"事理之识"的整个过程之中。一般诠释学的先驱者弗里德里希·阿斯特(Ast)曾经指出:"理解包括两个要素:领悟个别和综合个别成一个总体知觉、感觉或观念整体,也就是说,分解其元素或特征和结合被分解部分成概念感知统一体。因此解释也建立在特殊或个别的发展和综合特殊成一统一体的基础之上。所以理解和解释就是认识(cognition)和领悟(comprehension)。"①狄尔泰在谈到诠释植根于其中的理解时,也认为一切理解的高级形式的"共同特征就是:从表现出发,通过一种归纳推理,理解一种整体关系"②。当然,凝练"事理之识"不能滞留于经典。经典诠释要凝练出"事理之识",既要入乎经典之内,又要出乎经典之外。所谓"出乎经典之外",具体有两方面含义:一方面,在对某部经典进行诠释时,不能局限在该部经典范围之内,应该在该经典作者的"文本链"以及其他作者的"文本群"的比较中展开思考;另一方面,在对某部经典进行诠释时,也不能局限在任何经典或其他文本的范围内,而应该深入到文本背后去探究文本与事理之间的真实联系,努力达成对事理的真知灼见。在这里,经典诠释已经开显了"批评"的维度,力图超越"文本之识"的局限,澄明诠释者自身对文本和事理关系的见解,提升对事物本质及其规律性的认识。

那么,作为经典诠释实践性任务的"启智",又该如何看待呢?

所谓"启智",顾名思义,就是要"启迪智慧"。这里所言的"智慧",不是传统形而上学所追寻的那种求知性的"理论智慧"(Theoretical wisdom),即 philosophia(爱智慧)中的那个 sophia,而是在人的交互性实践(包括政治行为和伦理行为等)中呈现出来的"实践智慧",即 phronesis(又译为"实践理性"或"明智")。

伽达默尔倡导一种"作为实践哲学的诠释学"③,其中重要的意图就是要澄明人的理解和诠释过程应该是一种充满实践智慧的过程,唯其如此,理解和诠释才能实现其真正意义上的创造性。与理论哲学关注一般性和普遍性知识的获得不

---

① 阿斯特:《诠释学》(1808),载洪汉鼎:《理解与解释——诠释学经典文选》,北京:东方出版社,2001年,第9页。

② 狄尔泰:《对他人及其生命表现的理解》,载洪汉鼎:《理解与解释——诠释学经典文选》,北京:东方出版社,2001年,第101页。

③ 伽达默尔:《科学时代的理性》,薛华等译,北京:国际文化出版公司,1988年,第77页。

同,实践哲学关注的是永恒变化的生活境况,以及如何把这种一般性和普遍性知识反复应用于具体的生活境况之中,做出妥当的行为选择。从普遍性知识出发,探明生活境况的多样性和变易性,基于"善"的追求做出妥当的行为选择,这本身也正是"实践智慧"的特点。按照亚里士多德的说法,"科学就是对普遍者和出于必然的事物的把握",指向的是事物的恒常性、重复性、规律性;而实践智慧则"不只是对普遍者的知识,而应该通晓个别事物"。① 实践智慧"显然并不是科学,……它们是以个别事物为最后对象,只有个别事物才是行为的对象"②。伽达默尔将"实践智慧"引入到理解和诠释问题的思考中,是与他对理解的独特见解有关的。他在《真理与方法》中分析说:"如果诠释学问题的真正关键在于同一个传承物必定总是以不同的方式被理解,那么,从逻辑上看,这个问题就是关于普遍东西和特殊东西的关系的问题。因此,理解乃是把某种普遍东西应用于某个个别具体情况的特殊事例。"③伽达默尔强调理解的应用性(understanding by application),因为只有将文本应用到具体的诠释学情境之中,才能开启文本的有针对性的意义。

经典诠释同样面临伽达默尔所言的"普遍和特殊的关系"问题。如果说,凝练"文本之识"是经典诠释者去把握经典作者所把握到的普遍知识,凝练"事理之识"是经典诠释者借助文本去把握更为广泛和深入的普遍知识,那么,"启智"则是要将经典诠释者把握到的"文本之识"和"事理之识"这类普遍性知识应用于某些个别具体情况的特殊情境,启发普通理解者的"实践智慧",促成普通理解者对经典的创造性理解,增进人类福祉。

经典诠释要完成"启智"的任务,经典诠释者必须很好地扮演双重中介者的角色,妥善地在"历史"与"现实"之间、"经典作者"与"普通理解者"之间居间调停,也可以说,必须解决好经典诠释中"普遍"和"特殊"、"一般"和"个别"的关系问题。潘德荣教授主张的"德行诠释学",是一种"着力于作为经典的文本理解,以'立德'为宗旨的经典诠释学"④,它将诠释学的任务定位为"立德弘道之学",主张"所有的

① 亚里士多德:《尼各马可伦理学》,苗力田译,北京:中国人民大学出版社,2003 年,第 126 页。
② 亚里士多德:《尼各马可伦理学》,苗力田译,北京:中国人民大学出版社,2003 年,第 127 页。
③ 伽达默尔:《诠释学Ⅰ:真理与方法》,洪汉鼎译,北京:商务印书馆,2007 年,第 423 页。
④ 潘德荣:《经典诠释与"立德"》,《安徽师范大学学报》(人文社会科学版)2015 年第 1 期,第 30 页。

诠释活动都以'德行'为核心展开"①。可以说,"德行诠释学"将诠释的视域从传统意义上的"真"(发掘"本义")拓展到"善"(旨在"立德"),凸显了经典诠释过程中的价值导向,颇有见地。但"立德"离不开"凝识","立德"也内蕴于"启智"。按照亚里士多德的论述,"实践智慧"是以"最高的善"即"灵魂的善"为内在目的的,它不仅要求好的品质,更要求好的行为,因此,"启智"与"立德"是一致的。之所以强调"启智",主要是想指明经典诠释固然是诠释者做出的"目的性"和"选择性"诠释,但它并非一种强制性的、填鸭式的诠释;经典诠释本质上是一种基于对普遍性知识("文本之识"和"事理之识")与"普通理解者"的个别具体情境之考量而做出的诠释,旨在启发经典的当代理解者追寻"实践智慧"。这种经典诠释,应该源于经典、基于经典,但又不限于经典,要超出经典,真正地面向普通理解者的当代生活。

---

① 潘德荣:《论当代诠释学的任务》,《华东师范大学学报》(哲学社会科学版)2015 年第 5 期,第 22 页。

跨文化交流的现象与原则
——以东亚文化圈的儒学为例

林维杰
台湾"中研院"中国文哲研究所

前言

　　当代学术意义下的"东亚文化圈",一般是指文化上相近而且受中华文化影响的中、日、韩等地区。比较特别的是,由于越南也处在中华文化的传播路径上,所以它在地理上虽属于东南亚,但在文化(尤其是作为科举与乡约基础的儒学)的层面上则可以归于东亚。在此文化圈内,各文化体之间的交流涉及几个彼此相关且层次分明的论题:(一)文化的意涵,(二)跨文化的交流现象,(三)东亚文化的交流原则。由于东亚文化的范围太大,本文在讨论上将集中于儒学,以下分论之。

一、 文化的意涵:"由外而内"及"由内而上"的精神发展

　　文化(culture)一词在西方语言中有其丰富内涵,并具有文化与自然(nature)以及文化与文明(civilization)等语义上的不同关联。

　　先谈文化与自然的关系。从词源学来看,"文化"的拉丁辞源(cultura,动词colere)与"农业"(agricultura)上的耕种、浇灌甚至畜养等活动有关,亦即文化具有"自然"(natura)的"物质"特性,并显示某种"栽培"之意。在栽培自然作物与畜养牲畜的过程中,文化也表现为栽培者逐步脱离其始源的、物质的自然状态,进而呈

现出一种"精神"不断变动与转化的意涵。① 依此而论,文化原先具有的"外物栽培"之意,乃逐渐朝"内在栽培"的方向靠拢。如果文化的这种"由外而内"的精神转变具有其历史向度,则我们也察觉到文化进程具有一种黑格尔哲学的意味:历史的发展过程就是人类在文化陶养中被教化为一个理性者,人的历史即精神史。我们可以因此将文化视为一个"价值导向"概念,它意指"由自然出发而超越自然",并在雕琢磨炼的过程中直至人性的完善。依此义来看,精神的雕琢与自然的栽培之间,具有一种关于自我的"转化"(transformation)乃至于"异化"(alienation)的特质。

类似的内外区分的意思也出现在"文化"与"文明"的区分之中。这个区分以及由此区分而来的竞争,是过去欧洲思想界的一个重要问题。此区分的形成大约出现在十八世纪,具体时间在康德(Kant,1724—1804)到赫尔德(J. G. Herder,1744—1803)之间,赫尔德甚至还提出"真的文化"的观念来和"文明"概念相对抗。② 简单说来,这个区分认为,文明是一种外在的、技术的生活架构与表现,文化则是一种内在的东西;"外在性"的文明只是物质表现,"内在性"的文化则是精神性的。这个带有启蒙主义色彩的内外区分,起先流行于德意志思想界,后来则逐渐扩展到整个欧洲人文科学界。此外,这个区分也是德意志思想用以嘲讽和有别于法兰西思想的表征与偏见,言下之意是德国重文化而法国重文明。如果暂且撇开此区分以及德法思维之间的竞争不说,"文化"确实可以视为人类精神的播种和辛勤努力的收获,也是人类走出"野蛮"的集体表现与象征,它的转义词 cultivation 也有同样的意涵。所以赫尔德会在这种思路的指引下提出"教化为人"(Bildung zum Menschen)与"完满教化"(die vollendete Bildung)③的理想。教化的完满理想在于培育一种内在感与内在能量,其后的洪堡(Wilhelm von Humboldt,1767—1835)即进一步指出:

---

① "文化"概念从物质到心灵的含义转变(包括心灵进一步的抽象化),也可以参考伊格尔顿(Terry Eagleton)的 *The Idea of Culture* (Oxford: Blackwell Publishers, 2000)一书,尤其是此书第一章。
② 以上关于文化与文明的说明,请参见 H. -G. Gadamer: *Lob der Theorie*, Frankfurt a. M. 1991, S. 2f。
③ H. -G. Gadamer: *Gesammelte Werke*, Bd. 1: *Hermeneutik I: Wahrheit und Methode-Grundzüge einer philosophische Hermeneutik*, Tübingen 1990, S. 15, 20.

如果我们在我们的语言中提到教化，我们同时意谓的是某种较高之物（Höheres）与更内在之物（mehr Innerliches），即一种情操感（Sinnesart，或译为性情感），这种情操是出自整个精神与伦理追求的知识与感觉，并和谐地倾注到感受与个性中而得来的。①

洪堡的说明具有"向上"与"内在"两个方向，合起来即"由内而上"的精神途径（若是"从自然到文化"，则是"由外而内"）。"由内而上的文化"不同于"外在化的文明"，而这种不同显现出一种"等级"差异。

但是脱离"野性的自然"而朝向更高"理性的精神"之途迈进的文化思维，也可能面临一种落入精英主义思维的指责。事实上，在语言的当代使用中，并不缺乏饮食文化或盗版文化之类的通俗甚至负面意涵（文化回归其原先的自然与野蛮）。以东亚文化圈为例，儒、佛、道的信仰固然是文化，通俗剧与流行音乐也同属文化范围，此中涉及了当代思潮中"平等化"与"去等级化"的发展倾向。人类的一切文化表现似乎可以是等价的，不应该有高低之分，通俗文化仍然是文化，此乃"精神与自然"关系的进一步转变，亦为"文化与自然"之间既相对又交融之现象。在我们这个时代，"文化对抗自然"与"文化即自然"是同时存在的，而此也使得"文化与自然"的关系具有更宽阔的思维空间。这是因为作为一切精神或文化源头的"自然"，其实并不是单纯的质朴，而是拥有一种内在的、自我提升的潜能。因此"从自然迈向文化之途"可能是自然本身内蕴的正常发展，而无须一定得把精神解释成自然的对立要素，或将文化的种种作为看成是摆脱过去之鄙陋不堪的手段，以至于让存在的人成为分裂的人。中国先秦告子的"生之谓性"是人性，孟子论"人性之善也，犹水之就下也"的性善也是人性。从孟荀开始，人性便有两种不同而相互竞争的表现，即道德人性与自然人性。然而自然一词有其更始源与宽阔的意义，自然的人是两种人性的未分状态，他的文化生命与精神状态则从分化中逐步进行调节，并达致完美的比例。由自然走向文化（或走向道德），乃是自然本身的内部发展。

---

① 转引自 Gadamer：GW1，S. 16。

二、跨文化的交流现象:"存有论的一多现象"与"文化自主意识"

自然之"走出自身"的过程,是带着时间性与空间性的。在时间进程中,文化不断留下诸多产物,从而一方面能让后代人以新的时间视野进行观看、排斥与接收,另一方面也能让不同地域者或斥、或纳地观看异文化。这就是发生在文化进程中的"既内在又外在"的现象。"内在"的相遇在此指的是某一文化在历史的发展中,后一阶段的表现必然是奠基于对先前阶段的深化与反省而来的(例如中国后世儒学皆称发扬先秦孔孟,却有汉、宋、元、明、清等阶段的不同发展);而其"外在"的相遇则较为复杂,其对话者既可能是单一国度的不同文化(如中国的儒家与佛教、道教文化),也可能是不同国度的同质或相近文化(如中国儒学与日、韩、越之儒学),更可能是不同国度的异质文化(如基督教进入东亚之后与儒教产生互动)。我们称之为"跨文化"流传或交流者,一般指的是后两者(即不同国度的同质文化与异质文化之交涉),而后两者情况的发生,无论起初是出于传播优势文化还是宣教之目的,其文化内容与宗教教义总会产生"变化"甚至"异化",儒学即如此,如"忠""孝"概念在日本德川时代(1600—1868)之后的发展,以及程朱"理气论"在越南后黎朝(1428—1789)时期变成以"气"为主导的新发展。

只要文化思维的议题逐渐在异时与异地生根,它的思维内容就有了新生命。这一点我们可以用存有论的"一多"加以解释,新柏拉图主义者普罗提诺(Plotin)的流出(Emanation)理论对此颇有参照价值。伽达默尔(Gadamer)对此"流出说"有着如下的评论:

> 流出(Emanation)的本质在于,流出物是一种溢出物(Überfluß)。然而,那个能让它物流出的东西本身,并不会有所减少。这种思想通过新柏拉图主义哲学的发展……就为绘画创立了积极的存有等级。因为,如果始源的"一"通过其所流出的"多"而自身并没有减少,那就表示,存有变得更丰富了。[①]

---

① Gadamer:GW1, S. 145.

由此段解说,可得到两点说明:(a)多是由一产生(流出)来的。多使得一在存有论上更为丰富,因此每次均使得一历经某种存有的增长(Zuwachs an Sein);(b)产生出来的多,仍然隶属于一;一在多产生之后并未减少,而且还有增长,这表示此种增长并未破坏一自身的同一与统一。简言之,在"流出说"之中,"一"有如源泉一般可以不断涌现出"多"。此犹如画主与肖像画的关系,面对同一画主可以生产不同的肖像,不同画作产生后,作为源头的画主并不消失。

朱熹曾有"源头活水"的说法,其《读书有感》有云:"半亩方塘一鉴开,天光云影共徘徊;问渠那得清如许? 为有源头活水来。"源头活水即"一",也是终极的"理一"。不断的流出现象使得原来的起点有了新的生命延伸;在价值等级中,生命的新形态甚至可能不亚于原先的生命与源头。在这种一多理论中,"多"不仅没有减少"一",而且还使得"一"更为丰富。这种情形有如程朱理学的"理一分殊"原则:分殊并没有离弃理一,而是增添了理一的不同面貌。朱熹还有一段话颇适合形容这种情形:"经书中所言,只是这一个道理,都重三迭四说在里,只是许多头面出来。……一个圣贤出来说一番了,一个圣贤又出来从头说一番。"①"一个"道理必须由"不同"的圣贤来说,这种接力般的诠释活动并不是简单地重复,而是成就了丰富的差异性。

以中韩儒学的传播史为例。明代儒者蒋信(号道林,1483—1559)有"气一分殊"之说,此说到了朝鲜之后,任圣周(号鹿门,1711—1788)接收了这个理论,并结合朱子"理气论"而有了新的义涵与辩论。而朱子的"理一分殊"与"理气不离不杂"同样在到达朝鲜之后,出现了李珥(号栗谷,1536—1584)"理通气局"的类似说法:"通"意指普遍性,"理通"指的是万物的共同德性根源(此为理一);"局"(局部、局限)则为特殊性,"气局"乃是指万物的存在有其各自不同的气性特质与展示(此为气之不齐)。由于气之不齐与分殊而使得理显得多样,其实这只是因为"理在气中"而让本体的"理一"带有"气"的杂多表象,实际上并非意指理的分裂。

以上所举任圣周(气一分殊)与李栗谷(理通气局)两例,皆含有"殊多表现"与"本源之一"的形上学关系,而且进一步来看,一与多之间还具有"多对一的丰富作用"以

---

① 黎靖德编,王星贤点校:《朱子语类》第7册,第118卷,北京:中华书局,2004年,第2852页。

及"一对多的规定作用"之双重意涵。延伸而言,程朱的"理一分殊"与李栗谷的"理通气局"不仅是理学讨论的形上学原则,其实也可视为跨文化论述的诠释学原则,此即文化在异地迁移后,便有其殊多的"丰富性",但仍保持始源思维的"规定性"。

关键之处在于"发展的丰富性"与"根源的规定性"之间的竞争。在时间的长跨度与空间的变换发展之后,文化上"多"与"殊"的表现也可能反过来修正"一",所谓淮橘为枳,思维源头的跨界出走存在着"异化"的可能。在此可以再举一例说明。在宋儒的哲学范畴中,"太极"原本具有理的性格,然而理学(特别是朱子学)传到安南之后,后黎朝的大儒黎贵惇(字允厚,1726—1784)对"太极"的形上性格却有不同的解读与运用:

> 太极者,一气也,混元一气也。一生二,二生四,以成万物,是太极有一也。大衍之数五十,虚一不用,以象太极,非有而何? 一开一阖谓之变,往而不穷谓之通。阖者为无,开者为有;往者为无,来者为有。有无相循,人与物一也。亘古今来,未尝不在,此可见空虚寂寞之中,元有是理,谓有生于无,可乎?①

黎贵惇受朱子的理气思维影响,但他把太极转而解释成"一气",改变了太极存有性格(理)的界定。依据引文,太极是"混元一气"的一,一生二与四的生化历程是汉儒的拟数,"有无相循"则是玄学义理。这段语言混杂着汉儒术数、魏晋玄理与宋代理学,标示着某种近似中国明清"气学"的思维痕迹,即运行于有无、穷通之间者乃是至极之气。黎氏文献之所以会有这种在地化的"气化宇宙论"论调,而与朱子学较偏重"理气形上学"的倾向不同,固然与安南远离北地(中华)有关,但亦脱离不了安南的风土特性,如黎氏云:"中州鲜雷,盖水土深厚,阳气坚固,故以冬雷为异。岭南多雷,盖水土浅薄,阳气发泄,故以冬雷为常。"②自然地理往往牵动人文地理,由人文地理再转至纯粹的人文思维便是顺理成章之事,黎氏著作中

---

① 黎贵惇:《芸台类语》第1卷,台北:台湾大学出版中心,2011年,第14页。
② 黎贵惇:《芸台类语》第1卷,第20页。

常出现风气、气息之类的语汇即是证明。

在以上的议题中,继承与修正原文化脉络的内容甚多,这是儒学的跨国度传播,也是跨文化儒学的逐步"在地化"。在其传播过程中,众多议题及其论述无可避免要与当地的风土民情及政治社会结构产生互动。[①] 在中华议题进入其他风土的"新脉络"过程中,一定程度的碰撞以及格义时的误解是避免不了的。"新脉络"中的思维者常需要考虑论题内容在"原脉络"中的意涵,以求脱离格义带来的"误解",亦即他必须在两重文化脉络之间寻求某种程度的意义调解。论题的"异地化"与"在地化"常会产生"正确诠释"的辩护以及"错误理解"的指责。在经典的诠释与论题的理解过程中,"异地旅行"引发的自我辩护与相互指责,都必须对经典内容进行"寻根活动"。然而在此诠释的寻根过程中,不可能存在"完美正解",更何况"误解"往往也是创造性"新解"的重要来源。严格而言,误解(曲解)不一定算是创造,但有意义、有深度的误解则往往会提升论题的层次,并在新的文化脉络产生有价值的新生命。[②] 从存有论的角度来说,每一次的诠释即是"重新诠释",然而重新诠释的价值并不只在于"新"或"差异",而是通过一种时空意识,让作为源泉的经典成为"当代典范"与"当地典范"。例如,福音布道时必然是把神意与神律解释给"当下"的信徒,而《论语》在日本的效用也常结合着"当地"的幕府政治。这样一来,作为"普遍"价值的典范一定是不断落实在"特殊"时空中的典范。

这种原文化及其异地发展,除了"一与多"的存有论意涵之外,还可以用"中心—边陲"甚至"去中心化"的意涵加以看待。从文化议题的起源与传播来说,确

---

① 儒学在传入日本之后,常有与当地传统之神道思想结合的情况,荻生徂徕(1666—1728)即曾批评朱子学者山崎闇斋(1618—1682),说他逃禅归儒,而且之后又归于巫祝。这是日本儒者"援神排佛"的思想特色与主体性。参见张崑将:《德川初期朱子学者的理学神道思维:林罗山与山崎闇斋的比较》,《东亚朱子学的同调与异趣》,台北:台湾大学出版中心,2008 年,第 172 页。

② 盖尔德赛茨(L. Geldsetzer)提出两种诠释学类型,即探究的(zetetisch)诠释学与独断的(dogmatisch)诠释学;"探究的诠释学"旨在求真,"独断的诠释学"则强调应用。(参见 L. Geldsetzer: "Hermeneutik", in: *Handlexikon zur Wissenschaftstheorie*, hrsg. v. H. Seiffert, G. Radnitzky, München 1994, S. 127-138.)在本文的架构中,依前一类型可提出对经典内容的"正确诠释",依后一类型则是经典内容的"异地新生"。有意思的是,盖尔德赛茨的这种区分,是否也是另一种独断且进而不可能彻底出现的探究诠释学?确实是值得思量的事。对此可参见伽达默尔对盖尔德赛茨的批评:H. -G. Gadamer: *Gesammelte Werke*, Bd. 2: *Hermeneutik II: Wahrheit und Methode: Ergänzungen, Register*, Tübingen 1993, S. 278f. 如果依据伽达默尔式的理路,在独断诠释学的意义下,只有"不同的理解"(Andersverstehen)得以存活在跨文化脉络讨论之中,然而这并不妨碍在"原脉络"与"新脉络"之间进行往返的辩证讨论。

实存在着"同心圆"的情形,由中心逐步向周遭的国度散发出去。然而文化议题的"在地化"以及此"在地文化"本身的思维强度,往往也会挣脱边陲的角色,并使得新文化取得"自主"的权力:

> 从哲学诠释学的立场而言,任何学说与议题论述的合法性,并不在其起源,而是在不同情境或区域中的诠解。换言之,中日韩儒学的曲折递演并不是一套由中心到边陲的发展,反而更像由不同民族文化的历史性来证成其真正的生命。①

尽管东亚儒学的起初传播正是"中心—边陲"的历程,其后的发展仍逐步走向了"去中心化",这是各国度提出的"文化主体性"要求以及"新中心"甚至"多中心"的建立。而这种新中心的"主体性"要求有时会显得过度,甚至反过来否定、驳斥过去提供其泥土与养分的起源。但换个角度来看,新中心的文化主体性之强化以及对原文化脉络的否斥,又何尝不是文化起源国之过度强调其中心位置且视四周只能充作边陲的结果。② 要避免这种"文化中心主义"以及"文化主体性"的过度或恶质发展,就有必要采取恰当的态度、策略或方法。

三、 东亚文化交流的原则: 宽容、尊重与置入

跨文化(或多元文化)的交流原则或态度乃是从一种广义的政治性意涵提出的,其中有众多内容值得讨论,在此举出三项原则加以分析。首先是"宽容原则"(principle of tolerance),"宽容"意指对纷争以至于分裂的调解。公元 1782 年,神圣罗马帝国皇帝约瑟夫二世(Joseph II,1741—1790)颁布了有名的宽容令

---

① 黄俊杰、林维杰合编:《东亚朱子学的同调与异趣》导言,台北:台湾大学出版中心,2008 年,第 v 页。
② 德川兵学者山鹿素行(1622—1685)即曾站在日本神道的自主意识上,称日本为"中华"与"中国",原来的中国则被他以"外朝"称之(以中国儒道不如日本神道之故),参见张崑将:《"孝"思维的典型:从阳明学者中江藤树到大盐中斋》,收入张崑将:《德川日本"忠""孝"概念的形成与发展——以兵学与阳明学为中心》,台北:台湾大学出版中心,2004 年,第 131 页以下。山鹿素行的例子当然不甚符合本文的儒学传播史角度,但由此亦可得见东亚文化圈内某些强烈的自主意识。

(Toleranzpatent),原因出于当时在"异端思想"与"宗教解释威权"之间存在着无可化解的冲突。① 这道饬令当然与启蒙思想、政治权力及市民阶级有关,但也表明了一点:它是天主教神学—形上学之权威与立场不同的新思想之间的"妥协",也是一种权力不对等者之间的"调解",甚至是一种强权者给予弱权者的"怜悯"与"施舍"。然而正是在不断的观点冲突中有着权力的不对等,以及持续凸显的权力消长,所以才逼出宽容态度来解消"神圣的律法"与"世俗的律法"之不同,并拉近双方解释权力的差距。于是便引来伽达默尔的提问:到底是谁在这个事件中表现出真正的宽容思想? 是提出宽容令的帝王,抑或是接受宽容而得以避祸的哲学家? 事实上,饬令颁布事件导致的是这样一个反省,即宽容不能被视为恩宠与恩惠,而必须被视为一种心态的调整与地位的齐平。在"宽容"态度与原则的要求下,我们进一步看到了事件的症结:这不只是一种单纯的权力及其消长,更应该是一种"伦理要求",即要求在法则—律法的诠释活动中,各方应该具有一种真正的信任,即信任他人能够具备与我一样好的诠释潜能,从而可以在对话中撤除横隔在彼此间的藩篱,并使得双方进入彼此生活与思维的"共同体"。

　　能够令人感动的宽容理应是无条件的,它要求吾人单纯地朝他人开放,而不是在开放中带有任何(政治社会与宗教)动机。能够敞开自我而不带偏执,对方的意见才能进得来,而自己的意见也才出得去。在此可以参考朱子在《语类·读书法》中两段相近的话:"放宽心,以他说看他说。以物观物,无以己观物。"读书时放宽心而让对方说话,这就是"以书观书,以物观物,不可先立己见。"②此处的"以物观物"与"以己观物"是两种对立态度,后者扭曲了对方之意,前者则可算是一种对他人/文本见解的宽容表现。这种宽容是在"让对方成为自己"之中得以理解对方;如果两方皆能宽容,则可进而"相互理解"。这个原则富含道家之让的态度与自由理想,也具有佛家的无执精神。进一步来说,对他人有所宽容,最终也让自己在宽容的整体共享中得到释放,因而真正的理解不仅由"理解对方"到"相互理解",最终更可借此达致"自我理解"。

---

① Gadamer: *Lob der Theorie*, S. 103f.
② 两段文字俱见黎靖德编,王星贤点校:《朱子语类》第 11 卷,第 181 页。

在东亚文化圈的沟通交流当中,虽然主要是中国向其他地区的单向传播,但中国经典及其研究者确实可能借着其他地区的诠释而更理解自己。以韩国儒学来说,通过李栗谷的"理通气局"以及任圣周的"气一分殊",确实可能让我们更了解宋明理气论"理一分殊"的内容。[①] 这是宽容地看待"在地化儒学"的结果,依此而论,确实不应存在谁比他者更具有真理的威权。在"去中心化"的理路中,中国儒学与东亚其他儒学的关系不能再是中心与边陲,即便把他们视为原生与衍生的关系,此衍生也可能反过来让原生获得刺激。

在沟通中,如果真有宽容的诚意,那么往往也会伴随着第二个原则:"尊重原则"(principle of respect)或"平等原则"(principle of equality)。在相互理解中,自大及误解是理解过程中最常发生的两个现象,也常带有把对方"工具化"的倾向,亦即借着对方来凸显自己的"优势"。真正的尊重是双方在心态上的平等与对等。这样的态度说来有些形式化与不够具体,所以需要再加上第三个原则——"置入原则"。"置入"(Versetzen)或"自身置入"(Sichversetzen)并不是把自己置入对方的"心灵"状态,而是把自己置入对方得以形成意见的诠释"视域"。有诚意的"置入"同时也意味着"相互置入",但只有自己先释放出善意且主动置入对方的立场,才可能赢得对方的信任,并使对方也尝试置入我们的立场。在这种相互置入与彼此认同的过程中,沟通的双方不再是两个相异的心灵,而是视域之间的彼此交融、不断调整差异的分享与认同状态。[②]

结语

文化处于"自然"与"精神"的动态辩证进程中,此进程也是一种"由外而内"及"由内而上"的发展。儒学思想是一种文化表现,当然属于这类辩证过程的

---

① 再提一个例证。李彦迪(号晦斋,1491—1553)与曹汉辅(号忘机堂,生卒年不详)对"无极"与"太极"关系的辩论,也很值得重视。李彦迪与曹汉辅两人虽然皆遵从朱子"太极即是无极"的说法,但曹汉辅强调太极本体的灵妙与虚寂,其中既有心学味道,又兼释家之意,所以为李彦迪所批判(参见杨祖汉:《再论韩儒李晦斋对朱子学的理解》,《东亚朱子学的同调与异趣》,第179页以后)。这个讨论也补充说明了朱子与象山的论辩内容。
② 参见 Gadamer：GW1, S. 297。

形态。

　　卓越且强势的文化有如朱子所说的"源头活水"一样,会在时间历程中传播到其他地方。在东亚思想的交流史里,中国儒学提出的原创性议题在日、韩、越等区域有着在地化、风土化的不同表现。根源的"一"有了分殊的"多",这是活水般的"一"饱含的潜能;而"多"的出现不仅证明了异域风土的创造力,也能够充实"一"的内容。这是文化传播的存有论性质,"多"从"一"之中流溢出来,但"多"不会减损"一",而是充实"一"。

　　"一与多"以及"众多之间"的交流与对话,不仅含有上述的存有论性质,还具有一种伦理学的要求,即有如行动准则(maxim)一般,要求"对话者应该进行平等与宽容的交流",这就需要采取某些原则。本文提出了宽容、尊重与置入等三个原则,它们不仅是现今强调多元文化时相当有效的法则,也是东亚跨文化交流的重要态度。沟通要有诚意,不能紧抱中心主义;在放弃文化优越感的同时,也要尊重他人的文化主体性。

以道论儒的合法性及道的儒家化设计

杨泽树

云南财经大学哲学伦理研究所

一、 以道论儒的合法性

> 孔子曰:"道二,仁与不仁而已矣。"
>
> ——《孟子·离娄上》

(一) 致广大而尽精微的道

研究孟子的书不用说很多了。但在道的思想脉络中来还原、搭建与整合孟子思想体系之书,至今阙如。中国古代思想,无论何家何派,无有在道的疆域之外别立园地的,也无有在道之外求得发展与通贯传扬的。因为道在中国思想中本就是至广至大、至精至微的遍在、恒在。别寻门径来一窥中国文化之堂奥,总有歧路之感。不经由道之轴心去探求中国人的思想世界,必为迂曲而悖理、任力而少功之事。不仅道家如此,儒家亦如此。仁人合道、建体立极,是孟子完成了儒家之道的终极超越。打开孟子的思想世界,自当同以道为不二密钥。

有道与无道,道行与道不行的双向观察,决定孔子及门徒预留了仕进与隐退、避人与避世、无为与有为的两可路项。在孔门师徒身上,道是混融而初分的。混融,因还有共用通用之域;初分,弘道、仁为己任、斯人之徒的明确而从容的选择,则又有主航道的突出。从混融到界限分明,从总名到殊称,凭借综观与自觉之能,孟子完成了儒家之道的终极会通与超越。他不仅揭开了儒家之道的高美大幕,也上演了"仁人合道"的压轴之戏。

（二）一以贯之的道

诸子学之创立，原非为立哲学之系统。于中国哲学史之研究，陈寅恪曾评介说："今日之谈中国古代哲学者，大抵即谈其今日自身之哲学者也。所著之中国哲学史者，即其今日自身之哲学史者也。其言论愈有条理统系，则去古人学说之真相愈远。"①知人论世，求客观之真相，自是史家的第一追求。陈寅恪此论，广被误解。或据之以斥立系统者之妄，或据之以斥为中国哲学立系统者。从评论所出之源始的背景与上下文语境来看，陈寅恪所指斥者既非哲学之成系统，亦非中国哲学研究之立系统，而是研究者以外来的系统而穿凿附会于中国之系统。以外系统指说自系统，或无系统而强立系统，自是牵强。以系统言西方之学，此少有争议。而中国之系统，一则为蕴含的而非表显的；二则非古人所自立而今人所摩追的。然若所摩追者恰所蕴含者，则并非先生之所不许。

体系、系统、统系，称名有异，其实无别。自言一以贯之的孔子，业已意识到"道"的一贯性。长于文学的子游以圣人为有始有卒者，孟子也以金声玉振来总状孔子的集大成，然这些表达系统性的话语，并非单指思想学说，实际上还包括了从理知到实行，从言说到践行的广大视域，极而言之，在天人之间、古今之间、身心之间、人我之间、群己之间，是一体联属的。中国人有着较之于单纯思想系统而言全面的更磅礴的有机宇宙的系统。人们不满足于在语言思想、经典大作中来求系统性，从而主观世界的系统性反倒显得暗弱不彰。经典世界一上来就说的天、道、性、命之学，并非截然不同、互不相通的物事。"多识前言往行以畜其德"，前言往行与自我畜德的相通，则人我无别。古今不二，研古法足资今人之用；《中庸》所谓"天命之谓性，率性之谓道，修道之谓教"，孟子之"存其心，养其性，所以事天也"②，存心、养性即是事天，则天、道、性、命、心，已浑然无间。如是的大场子，其中任一成员，都在大家庭中，物我无对。对中国文化来说，不仅有体系，且体系简直是广大无边，遍及于天人之间、群己之间、人我之间，全宇宙已然是一个大全之体系。

---

① 陈寅恪：《金明馆丛稿二编》，北京：生活·读书·新知三联书店，2009年，第280页。
② 《孟子·尽心上》。

在如斯体系中,道拥有最牵贯最普遍的特点。中国文化,经由道,无论是道家、佛家还是儒家,其体系性便有了无可置疑的支撑。

(三) 并行而不相悖的道

因拘于门户,视"道"为道家之专属领地,进之视儒家论"道"为僭越之举者,绝不罕见。偶有论及"道"之儒者,亦遮遮掩掩,暧昧不明,或者避之唯恐不及。[①] 道的儒家路向且不知、且不明,遑论儒家之道的渐开渐展? 论者对道的不当遗忘,致使儒家研究的碎片化与背道而驰。偶有言及,也多是在"两宋道学"的狭窄区间动作,而鲜有将道关联于儒家的全部视域之作。"天人合一""无为而治"等命题,或者不区分儒与道,或者径直以道家意味作解,既背离真意,又淆乱视听。在新文化运动以来的一些批判"孔孟之道""孔丘之道"的入时文章中,同是以"道"作为中心词来启动对儒家的命名与批判。易言之,即便儒家的批评者们对以道为儒家命名无异议,或者说即便在对儒家持否定批评立场的一方,以道来命名儒家也是毋庸置疑、理所当然的。在域外汉学家那里,"论道者"之类的研究与专著中所显出的对"道"的敏感,也确实令人震撼。[②] 但其取径偏曲,论旨乖悖,或有所隔膜,或外内不相及:道是什么,道不同是如何形成的,分离后的道又是如何自我开展与延续的,如此正向与深度的研究并非以摺倒为事者或者追星偶像者为追求,而母语非汉语者又往往力所不能及。如此种种的研究,欲得儒家之道的真常,实属想当然。

以道来讨论儒家,绝不是只说儒家之道与道家之道,没有其间的畛域与各自私属的领地。借着道的共同名相,儒、道两家各有着自家的路向,恰是道并行而不相悖。易言之,儒、道两家之道都有着自己的设计、聚合与发育的过程。同是天人

[①] 有明之亡,清代士人多有愤愤而归因于宋明道学者,不用说颜李实学,也不用说朴学汉学,就即便是小说《红楼梦》,也因贾雨村其人而"恨"起道学先生来。延至民国,"德、赛二先生"骤然而为时代之主题,道学污名化有恃无恐,儒教、国教、保皇、落后、保守与道学,广为人同一而语。不屑以"道"或"道学"说传统者,或濡染于此。然金岳霖还是以《论道》的方式来构建其哲学之体系,虽然金岳霖体系建构之法以及道的文化视野已在传统哲学的覆盖之外,冯友兰也还是以"道学"为宋明之学冠名,且认为金岳霖之《论道》是具有民族化与现代化的性格的,自己的"新理学"也是具有比较哲学视野的道学。此中可见现代中国哲人对于纵贯古今的道之思并非齐声说不,热衷者与固执者,不乏其人。

[②] 域外汉学研究之作,多心照不宣地以"道"为儒家乃至为中国文化命名,此亦反映了"道"之于中国文化具有无出其右的公度性。

合一，道家的合一多在天，而儒家的合一则多在人。前者合之在外，后者合之在内；前者合之在天，后者合之在人。故前者有自然无为之论，而后者突出自强有为之说；前者人从于天，而后者天从于人。前者之天人合一，重心在天在外；后者之天人合一，重心在人在内。二者之天，已然同名异谓。道家言天，自然、不可逆、与生俱来之一面突出；儒家言天，价值伦理、仁心善性、率性修道之一面突出。

在孔子处，天还夹杂着人格神的至高无上、不可预知、无可奈何的一面，而在孟子处，天多是由人我来涵养、来操存的内置者，此种意义的天人合一即当代新儒家所指涉的内在即超越的存在之式。在通行本《论语》之第十八篇，即《微子》篇中，有三组富于文化寓意的画面，它们一同展示孔门师徒与隐者的交往情形：或者孔子欲见而不得，或者鲁莽的子路得见而孔子不得见。正如这些富于象征意味的图示一样，《论语》中儒家与不同学派间已有分野，而其间的紧张对立也是有限的、侧面的，相互间仍在谨慎地交往着。因或在于：其一，各家学派的发展尚处在早期阶段；其二，各家还处在一种自我发育的过程中，个性与轮廓还不十分分明，彼此之间还没有明确的界限可言，代表入世之道的孔门师徒与代表出世之道的隐者间的交往非常少，甚至孔子都未能与这些道不同的人直接交往。有问话的场景，有背地里议论的场景，而无直接辩说或交锋的场景，若说两者之间势不两立、状若水火，自是天方夜谭；隔山打牛，开骂而又不直面的情形倒是屡见不鲜。而同为入世之道的儒者与墨者的交往，从通行本《论语》来看，也只是羚羊挂角，无迹可寻。

然儒家作为中国文化中的主流与正统之道，不仅有其通性意义上的道名，更有在核心理念与价值层面的独立意义上的道性。然这个拨明与发育的过程，是经由混沌而渐分渐别的，是在对话辩争中自成一体而非自来如一、一蹴而就的。这个过程，既有孔子的首发始发之功，亦有孔门后学的顺延接力之功，更有孟子的合一突破之功。知道立道、援道卫道、开道合道、得道造道，从混沌到界限分明，从总名到殊称，不仅揭开了孔子之道的高美大幕，且也上演了仁人合道的压轴之戏，孟子完成了儒家之道的终极会通与超越。孟子能在仁道既衰的背景下，学孔子、力劈百家而起儒家之道于既倒，其因多在于孟子同时激活了儒家之道良知心性的高美之体与修治日用之二维。经由孟子之赋神与激荡，儒家之道又成了一盘活棋。

二、 道的儒家化设计

> 仁也者,人也。合而言之,道也。

——《孟子·尽心下》

(一) 体用合一的道

以儒家之道的正向开展为主题,重现孟子在儒家之道中的守先待后与建体立极,一本在孔孟思想脉络乃至儒家道史的视域中重新勾勒孟子在思想世界中的用心所在的书,就既不是换着花样的无用重复,更不是重拾抖落的一地散钱,而是重现宗风巨匠的返本开新与运筹帷幄。如此,在儒学研究的领地上,以道来把握孟子之思并以孟子把握道的方式去把握孟子之思,是一种虽冒险而必前行的思想之业。

以道来讨论儒家圣贤及其思想,这个点为何不选择在孔子,而在孟子? 虽然《论语》中,道已经密集地出现,并初显伦理价值意味于其中,且孔子自言"吾道一以贯之",但是若从形上之维与体用全幅来看,孔子之于道用之维的推明强过于道体之维。《中庸》之言天、道、性、命,在不离人,在修身日用,道关乎仁人君子;《易传》之道,虽别形而上下,但未有自形而上而言形而下者,多的是自形而下而言形而上者。终未有形上话语的自展开,不足以支撑儒家形上道体之大厦。《中庸》与《易传》,二者同是自用而言道,自多而观一,少有自一而观多,故有广大悉备、范围无遗之收摄反观之论,而殊少扩散生发、由源及流的本源之论。无此种论,就无形上之体的直面、正面之立,无道的大全而徒为道的分支。

先说说孟子在形上道体之维的贡献。儒家道体的醇化与聚合深掘,顺向开展于孟子。《易传》与《中庸》,都有天道、地道与人道的不同表述,但《孟子》中不再有地道之说,这绝不是偶然,此出于孟子对道体的清澈把握。且在先秦文献中,不仅道家的《老子》《庄子》,儒家的《周易》《礼记》,也渐渐以各种具体形式提出了"知道"的问题项,即明确把道作为贤者所能及的思想与实践的智慧来对待。传世《论语》虽未有"知道"之语,但《孟子》中的"知道"之说却是孟子引孔子之语,且"人能弘道"亦是以"知道"为前提的。但孔子"知道"的问题项,在通行本《论语》中没有摆出来,而在《孟子》中明显出来,恰是"知道"的问题意识在孟子处有了一个平地起土堆的凸起效应的明证。孟子是儒家突出了"知道"意义与价值的标杆性人物。① 此外,"一道""道一"与"道揆",也出自《孟子》。唯有孟子,有了就道论道的理论与思维综概,而不是仅仅停留在以具体物事而论道,或者分而言之就某一视域论道,凡此皆是由道之用而反观道之体。

从道的体用全幅与平衡来看,则只有孟子才在完全意义上触及了儒家之道。就源头而言,儒者之道其开创者非孔子莫属,故孟子总名之曰"孔子之道";就价值而言,孟子名儒者之道为"仁道",亦是高屋建瓴;就主宰而言,儒者之道在孟子看来终归是"人道";就根性而言,则儒者之道终由心性而来,可名之为心性之道;就实现而言,则有仁心发动而存养扩充、反躬自求而可名为存养体察之道。孟子之于儒道所立之功是明体而达用的。基于此,在体用全幅的整全性上由孟子而非孔子来思考儒家之道,其合法性就是具有充足理由律的。以道来打开孟子的思想世界,实取径于孟子以道深造之法,孟子也正是以道来接承孔子之道并打开他自己的思想世界的。

在儒家,只有到了孟子的历史站点,道才成为支撑人能弘道之大厦的坚实梁柱,才成为以神魂之姿而出没于儒家疆域的特殊存在,才成为既有整体把握、又有分别观察,既有泉源、又有流布的特殊存在。自孔子始,儒家就走上了一条隆道而尊德之路。正人先正己的儒家路向的设计与出场,使道因而有了强烈的实践品格和格外分明的价值路向,但作为价值与实践根基的人、仁、心、性、天的深掘,则有待于孟子。孟子裁定与化约了道的价值空间,经由孟子的接力,道完成了儒家意味的定格与转型,儒家路向的道在文化意义上成立了。

---

① 《周易·系辞上传》所言"百姓日用而不知,故君子之道鲜矣"与孟子的"终身由之而不知其道者,众也",可以相互训释。《孟子》"知道"两出,然孟子都是引用孔子的话。自此,我们可以说儒家自孔子始,就在紧追道的问题,这种问题意识到了孟子这儿,就更为明朗、突出。海昏侯墓出土《论语》,其中有《智道》篇,较之于《汉书·艺文志》对《齐论语》的记载,有学者认为是失传已久的《齐论语》。果如是,则《齐论语》更关注了"知道"的问题,则我们似可推测孟子更钟情于《齐论语》。然目前为止,海昏侯墓的出土文物尚在整理中,我们还不好独断地匆忙立论,更且"智道"与"知道"是否为一,也是值得我们拭目以待的悬案。

儒家之道，就神与质而言，则是仁人之道。这不是"照着讲"意义上的化约，而是由仁人合道的道一与聚神工夫的形上思辨来"接着讲"的。就文化凝聚而言，则是儒家话语群落从此抽离与拔高到了仁人常道之高地上；从哲学思辨的聚精会神而言，以一仁而贯之全道，牵一仁而动道之全身，则是超越的、突破的。奠立了仁人之道体纲维而又为日用工夫张目，儒家之道其体用修治之系统自此而得立。孟子之道世界，已是既取之已不尽、左右同逢源之世界。

孔子而后，儒学疲敝，源愈远而流愈分。① 曾子、子思虽是殚精竭力，而儒家仍是命悬一线。② 孟子起而直追源头，学孔子、劈杨墨，并破天荒地定"孔子之道"为儒家之名，以孔子之道对抗杨、墨、告子、许行之道，力推仁政王道，而鞭笞霸力之道，并奠基儒家之道于仁心同有、仁端同有之处，合天、命、心、性、仁、人于一道，加之存养体察，则儒家工夫体用与仁政外王之规模，已然会通集成于孟子。经由孟子文本，思想世界直呈百家蜂起之象，儒家的轮廓与个性，已是十分丰满，且与其他思想家派的分界也变得十分清晰而迥然有别。

与孔子的温故好古、以"六经"行教相应，作为一个往古文明的坚定护卫者，孟子坚守先圣先王之道，甚而敏感到有一个自尧、舜、禹、汤而传至文、武、周公、孔子的道统谱系，在心、性、天、命的道体之维与存养扩充的工夫之维，孟子同高美醇化与扩大了道的儒家路向，在形上和形下接地气两端，都洞明了儒家的道的世界。

经典因暗示性而获得再生的生命力。中国哲学中最富于暗示性的核心话语莫过于道了。自孔子以降，儒家亦采取了以道立说的话语策略。孟子接续了这一话语与价值模型，在建体立极与由体达用两个维度上都超越了前人。哲学的暗示性，与诠释空间有着正相关：越是具有明确体系性的思想，其暗示性越小，诠释空间也相应地大大收缩。就暗示性与诠释空间而言，《论语》显然要优于《孟子》，然就诠释学处境而言，则《孟子》又要强于《论语》。因为孟子时代，有了更多的历史

---

① 《韩非子·显学》言"儒分为八，墨离为三"，然"取舍相反不同，而皆自谓真孔墨"，则孔后儒者各皆以孔子真髓相标榜，实则见仁见智，至多相仿佛而已。相互攻讦，各自为政，虽同宗孔子，究竟分而流之。其实《论语》里已有"叔孙武叔毁仲尼""子贡贤于仲尼"之说，孔子定位之争，恰是由《论语》开其端。

② 曾子之《大学》，于儒学实有纲举目张之效，而《中庸》于儒学之贡献多在形上之维。二者一修治实践之总纲，一形上道体之总纲，之于儒学之显终是前奏伏笔式而非中兴式的，故"天下之言不归杨，则归墨"，而孔子之道未能大行于世。

聚合性与历史关联，文本和经典作家也呈扩编之势。历史与文本的多维呈现与多维交叉，无论是横向儒墨道农的家派之间，还是纵深的孔子与七十子后学及思孟学派的源流之间，以及传自于孔子的富于暗示性的文本，也都给了孟子较之于孔子更为多维的可供选择与对话的空间，此正是中国文化中悟性的畅通无阻之处。

暗示性也意味着多歧性。孔子而后，儒分为八的历史局面正是这种多歧性的直接外露。暗示性给予解读者参与的弹性空间，但并非怎么解说都行。如何聚合这些日益分歧的同根同源的文化，需要探寻在聚合力和开放性两方面都同时具有偌大空间的核心话语，在既不改变文化宗统又消弭族内硝烟的前提下续写返本开新的道路，就成为孟子的现实课题。为完成这一文化使命，孟子提出了在道的总揽之下"以意逆志"与"自得"的诠释方法。

孟子同时又是一个思想系统的创建者。孟子创建思想体系自有其法，在具象性话语与抽象话语间做穿越，以具象话语言抽象的伦理话语、价值话语，而最能游走在具象话语与抽象话语间而无障碍的话语无疑是道。既可指涉道路及与道路有关的活动系列，也可指涉由价值准则与伦类秩序而来的有道、无道及人们的循道与殉道的伦理行为，还可指涉人们对价值世界奥秘的探求与成就乃至修养的行为，如此等等，道话语的穿越能力与诠释空间，毋庸置疑。

"六经注我与我注六经"，两种似相反而实相成的诠释思想合起来也不足以统括中国诠释思想的全貌，不过倒是大抵可以囊括西方诠释思想的作者中心与读者中心的两大阶段。因为中国诠释思想更多地聚焦于人文化成与为己之学的实践领域。而人文化成和为己之学，以读者和作者谁为中心，都显得非常不够。在阅读经验上，如果非要说有什么中心，传统中国士人实是以经典所承载的常道为中心。这个常道，既非独对作者而言，亦非独对读者而言，其要作用的时空是古今天下，其要昭示的对象也因反求诸己而使作者与读者同在其中。主观理解仅仅是中国式阅读的一个维度，身心参与式的实践躬行才是中国式阅读的主轴。儒家经典的阅读都内涵着类似于宗教教化的功能，此亦是儒学之为教所以成立的大由。易言之，高美之体不离常行日用，亦超越亦内在，乃儒家经典凝结在中华文化行程中的惯有面相。

（二）仁人合一的道

近世以来的儒学解释，大致有两条截然相反的路径：一高美，一下浊。前者扬清，后者激浊。路既各不同，道亦各自道，然救亡图存不二。前者言史不可亡，文化不可亡，以为中国所以如此者，道断为主因，于是以道自任而存亡继绝，续命河汾；后者则更急切，以为早死早超生，脱胎方能换骨，而唯恐传统之超稳定而挞伐传统，呼唤疾风骤雨。前者之文，专列上古之圣贤垂教与先师典范，溢美之词多在古之学者；后者之文，则详数潦倒众生之破败与沉沦。二者状同水火，一以返本为新，一以拿来为新，实则求中国之现代化不变，图中国之自强不变。

此暂置"高美路线"不论。取下放路线者，意不在传扬各思想家派之真精神，而在解毁其学说。以鲁迅为例，他把现实中各种病态的人生视为某些思想流派的毒害者，以民智未开的国人之一向固有的性格弱点及内忧外患的国情等为观察点，孔乙己、阿Q、华老栓、祥林嫂等纷纷登场作为他笔下的主人公。而对这些人物，鲁迅把他们加工成孔家的传人、"圣经贤传"的代言人，甚而为华夏全民族的现实代言人。这样作文既有对时代之病下"药"的用心，更有批判传统文化以便"拿来"的用心。但是这些安排与引用，是由毫不避讳的"南腔北调"①来呈现，自然属于故意误读②。不徒鲁迅如此，同时代批判传统者的观察点也都取径于世风日下与人心不古之下沉路线。麻木悲哀之盲众、夫死从子的寡妻、割据混战之军阀，常常是他们笔下攻击中国传统的棋子。③

顶端路线所可列举者实在寥寥无几，然底层路线所详数者则又关乎作为国民性承担者的普罗大众。④ 以前者说儒家不死固可，但只是一息尚存；以后者说儒家

---

① "南腔北调"本是鲁迅文集之名，此以称鲁迅杂文的笔法。

② "高美"与"下浊"的定调，是延续儒家"君子"与"小人"之辨中的一贯价值取向，以德性境界为高低优劣之标准，而不以世俗成就为标准。高美者，延续儒家圣贤之路线者；下浊者，以鲁迅的话说，此是"哀其不幸、怒其不争"的群落，他们身上濡染着流俗中的儒家文化。以"高美"路线为儒家争地盘，美则美矣，然高处不胜寒；以"下浊"路线来打倒孔家店，实有稳准狠之感，然其儒学解释常落于故意误读之窠臼。

③ 鲁迅对儒家的批判，枪口不仅对准被儒学愚弄过的大众，也对准那些打算以儒学来愚弄大众的军阀列强，而实鲜有针对孔孟本人的地方，正如他的《现代中国的孔夫子》一样，其"孔夫子"乃是现代中国的，而非历史的；乃是穿凿比附的，而非实指本指的。

④ 熊十力、钱穆与梁漱溟等，往往作为数以万万计的中国人中坚守儒学路向的泰山北斗，令人遗憾的是儒学变而成为极少数人的文化坚守。

已死,实属主观偏激,但其中所折射出的儒家生命力确乎令人难以乐观,如果生命力非要以受众团体来作为托底的话。就大众与儒家的关联来看,儒家似乎从来没有贴近过大众,虽然儒家奉行着为天下苍生计的亲民理念,而其"天下苍生"终是工具性的,而非目的性的;终是"可使由之"之族,而非"可使知之"之类。虽自孔子始而奉行"有教无类"之教育原则,然普罗大众对儒家的理解毕竟只停留在儒家礼仪的浅层规制上,甚至历代帝王对儒家的理解也从来只停留在这一层以强调秩序与君权神授,而这也构成了近代革命中对儒家最有攻击力的源头。夏曾佑在论及汉武之治时言:"其尊儒术者,非有契于仁义恭俭,实视儒术为最便于专制之教耳。"①汉武如此,唐太宗、明太祖、清圣祖、清高宗,又何尝不如此? 纵然立为国教,而又多是泛政治化的内容剪裁。儒学非但得不到修治体用的全幅审视,反而成了封建士人结缘圣旨的"化斋衣钵"。

此外,科考者曲意迎合主考者的口味与一时风气,儒学解释更添工具性而欠缺学说中立性与为学问而学问的纯粹性。帝王奉此教,自然视其为驭民的宝器;民众受此教,多沦为愚忠愚孝的拥趸者;士人之传道或是立门卫户,或是一时风起的经解经注。原意、本意、真意存身之难,何啻于上青天。

皇权的受益者不愿正视儒学的修己安人之主旨层,而未得要领的大众在愚民之术的麻醉中又无法深入儒学的实质层。然此又是顶层路线面对质疑与挑战所必须回应的严峻问题。跟大众保持亲密的互动成为一众的信仰而非仅仅精英口里"大话西游"的说辞,就是儒家绝处逢生的迫切而又从未触碰过的问题。如果儒家还想望有大发展的空间还有有待展开的历史,大众化就是不容更改的方向,且此亦不悖于儒家修治圣王的向来宗旨。儒家的责任不仅在于个人的成人成圣,还在于"独乐乐不如众乐乐"的意义关怀。徒剩的豪杰精英,自不是儒家的原始追求的全部。然数千年的儒学史,实在不是大众史,而徒为精英谱,以致大众只有在不得已中暴力地参与时世,甚而敌精英而与体制共仇;政治一面,又沦为儒术工具史。没有了大众,儒家的外王学自然值空。

在多文明交错乃至传统崩坏的世界里,儒家外王学能否攻克这一课题,是儒

---

① 夏曾佑:《中国古代史》,上海:上海人民出版社,2014 年,第 138 页。

家接下来的世纪里能否存活及能否改写其历史的关键所在。攻克不了，儒家就只剩下历史学而无现实的土壤，更遑论向未来延伸的空间。儒家的外王学，多是自内而外的救赎学。若从孟子而论，则满溢着大众自我救赎的安排，而非寡头的救世主情节。孟子立论的前提是"四端"之"人皆有之"。在《孟子》中虽有豪杰、圣人，但孟子立论的落脚点却是"人皆可以为尧舜"的群英会。这是孟子心学的特别价值所在。

《孟子》中存在着儒家外王学的另类方向，即不独是由一王者或王者似的英雄道援天下，同时更是激醒众民，寄望于天下人的人人自我振拔。在某种意义上，亦可说是外王学与内圣学的重合、修己学与安人学的重合。孟子不以独清独醒为至荣，故孟子视伯夷为陋圣，这同样可以解释何以孟子要多次拔明伊尹醒民觉民之任。以往解释的重心在"先知先觉"，自然是走上精英化的道路，开出一"独钓寒江雪"或"独上高楼"的落寞之境，并在事实上形成一传统士人的自恋之统，此统即士人精英的我执之统。这既不得孟子精神之一二，亦使外王跌落在自我陶醉的意淫之中。外王不是走上自我开展之广大之道，渐龟缩于忠君事君的悬崖绝壁之上，终不得已归于山林而自绝于儒门之外①。得君行道，多用功于得君，而无趣于行道。即便得君，又唯君命是从，无从行道。若终不得君，待垂垂而既老，又徒叹道不行，而渐与山林之徒合流。而在孟子看来，得君可行道，不得君亦可行道，传道亦是行道，觉后知、觉后觉是道援天下。② 自此而论，尊孟子为大众启蒙派的始祖，亦不为过。

道无时不在，无处不在。唯得君而后可行道，终不过是士人虚无的托词，欺世盗名的末计。得君行道，也还将致使不自任角色而拒绝责任。以大众的愚昧麻木及道德低下来彻底地否定儒家或嫁祸于儒家的策略，明眼人都知道是失策的。不仅汉武帝及后起的帝王所理解的儒学是去势的儒学，就即便传统社会大众心中的儒学，也同样是支离破碎而浅表的儒学。

然几千年儒教统领的国度其大众如此，儒家不能说完全没有责任，其以往在

---

① 儒家精英常落为"自了汉"，甚至在得君行道的俗套中，变质为庸君的帮凶，私天下的利器，只剩得"破心中贼难"的剩水残山，一无趣，二无景，三无义。

② 在《孟子·滕文公下》第四章里有一段发生在孟子和彭更二人间的辩论，彭更向孟子提出"以传食于诸侯"的责问时，孟子说如果是"合于道"的行为，则即便如禅让天下亦不为过，何况于以传而食，更且"以传食于诸侯"乃"道援天下"之大公。

事实上对大众的冷漠,也是它在近代遭逢孤立的根源。与此相反,佛教和耶教,则始终与大众抱团,不轻取精英化之策,各有其皈依的方便法门。儒家将来的生命力即在于如何的亲近大众,如何的接通和大众之间的管道,此一方面正是儒家亟待自我查检并极力纠偏的。儒家欲接地气,欲开展它的现代历程,就无法回避贴近大众而成为大众的儒学的历史主题。否则,就只会重复听到精英们的孤独哀叹和永远挂在嘴边的偌大责任与天下抱负。救民于水火,无如民自救于水火。千百年的历史证明,救民于水火,是士人们不自量力的诳语,而只有民自救于水火,才是真切的。告别豪雄情结,这是士人自我解放的必由之途,也是大众心灵解放的必由之途,更是儒学自我革新以求再生之正途。莫要再自恋于孤独的精英,更莫要纠结于精英的孤独。忧以天下,乐以天下,还得合着天下自忧,天下自乐,此亦是孟子的真精神。

天下观念或深陷于王者氏姓之泥沼,终免不了打天下、得天下、治天下、守天下、乱天下、失天下的治乱循环。偶然出现的"天下人之天下"的"天下为公"的理性观念不过如流星划破夜空,一闪而过,其效应自不可能是普泛与恒久的。士人群体的天下观念也没有由此有所突进,甚至鲜有士人还持有如此的天下观念,他们也常常夹在黄袍加身的队列中起哄。士人从来就不是独立的主体,以为某一王朝之附庸为荣,所谓得君行道,士人无自荣。在某种程度上,士人的这一实际处境,也是由士人明哲保身的自私所结出的苦果。士人们根本放弃了觉后知、觉后觉的责任,必然在现实土壤中遭逢孤立之境,能够附庸,已为大幸。然此实在是哲学的大不幸,历史的大不幸,文化的大不幸,自然也是士人群体的大不幸乃至一民族的大不幸。致使理智不张、科学不兴、人文临黯,大众悲哀麻木,演绎成权势者的无上至荣,演绎成追逐权势的无上至荣,终归成为天下的大不幸。此是遗忘与背叛孟子道援天下的结局,士人们充其量而至于胸怀天下,胸怀而已。

回到孟子的士。觉后知、觉后觉,倡人皆可以为尧舜,四端人皆有之,良知良能人皆有之,其觉民也真,其醒民也猛,其未得天下而援天下以道,未得天下而为天下育英,未得天下而为天下扬仁义,为天下申孔子之道,以天下为己任,之于孟子,并非名实不副。孟子的士,并不以自为精英而自满,而以觉民为自任,其在《孟子》中不止一次地重述伊尹之"以先觉觉后觉,以先知觉后知",在四圣中,除孔子外,孟子的称美只有对伊尹是无所保留的。① 从根本上说,正是伊尹身上所透显出来的觉民醒民的道任,暗合于孟子对士人的期待。

经解经注,若背离了究竟大意,无论批评还是张扬实则同在场边绕。立说既难服人,更莫寄望于其说有所增益于原论。王国维否定中国存有纯粹学问而提倡纯粹学问,然此说却也道明我国学说的本来面相即为实学。"接着讲"既包含"续往"之意,又包含"开新"之意,只有"续往"而没有"开新",其实是"照着讲";没有"续往"之"开新",也不能叫作"接着讲"。只有回到这个本来面相上,无论是欲挥利剑抑或欲立继往之基,所做的功才有着力点,才实有所指,"接着讲"也才接得着,否则一概凿空,无所系缚。如果认可了"接着讲"的路子,就还得下一番"接"的工夫,学做"接"活。然近代以来,人们全然不顾"接着"之意。若"丸已出盘",参的不过是话头禅,于化成人文何干? 于为己之学何干? 于成德成人又何干? 于修己安人何干? 而与这些路径相左,则儒学的生命力究竟在何处? 儒学又何必再称儒学?

儒家之道的鲜明特点,决定了了解儒学的原则与途径。若只把儒学当玄虚的理知讲,当高高在上的天道讲,而不切入日用常行的工夫,就背离了儒家之道。只有回到人文化成,回到为己之学,回到修安之途,回到人伦德教,儒家之学的研究才算是踏上正途。

孔孟之道,自来即道不离事、事不离道,体不离用、用不离体,正所谓"道迩事易"②。道可求,道不远人,道事相即不离,是儒家之道的一贯本性,而学问之道,在孟子看来,则是"求其放心而已"③。学问,不过是求其放心的工夫;工夫,不过是求其放心的学问。舍离实践躬行之维度,专言道问学,对于孔孟之学,确是养小体而舍大体。学问思辨不离日用躬行,这才是孔孟之道的一贯路径。对孔孟之道之诠解,理论的全萃性、体系的完善性、逻辑的条贯性、说理的透彻性或者颖悟超群、哲理畅然等,凡此皆知性语,不足以得儒学之全体大用,亦不足以得孟子之大道,其诠解者并未有所自得,与儒家实学之道仍相去甚远,也自然接不上孔子之道。

---

① "伯夷隘""柳下惠不恭"(《孟子·公孙丑上》),而《孟子》全篇未及于伊尹之缺失。
②《孟子·离娄上》。
③《孟子·告子上》。

　　然"以仁发明斯道"者,不可独说孔子,而尤不可少者是孟子。孔子处处言仁,问题是孔子言仁之仁殊。以"仁"名孔道,正是孔子未曾完成的大业。且不但孔子未曾完成,就即便孔门十哲,亦未曾完成。如曾子之"忠恕",子贡之"多学而识",亦未尝有推十合一的工夫。孔子自言其学、其道一以贯之,已体现其学思中的反约倾向。此种反约之思的终极推理,在《论语》中是有迹可循的。

　　其一,孔子将礼、乐精神归约为仁:

　　　　人而不仁,如礼何? 人而不仁,如乐何?①

　　此是人、仁与礼、乐关系的观察。仁之于礼、乐的规定更紧凑些,但礼与乐处于平行的级位上,而仁则处于较礼、乐更高的层级上,能够辐射到礼与乐,构成礼与乐的共同精神内核。

　　颜渊的问仁,亦显示了以礼为用,以仁为体的导向:

　　　　颜渊问仁。子曰:"克己复礼为仁。一日克己复礼,天下归仁焉。为仁由己,而由人乎哉?"颜渊曰:"请问其目。"子曰:"非礼勿视,非礼勿听,非礼勿言,非礼勿动。"颜渊曰:"回虽不敏,请事斯语矣。"②

　　在孔子的世界里,礼与仁具有最近的亲缘关系,而相较之下,仁具有更大的统摄力,更高的规定性。仁处于规定性、根源性地位,而礼处于派生性、从出性的文化地位。仁是总纲,而礼为分目。仁规定了礼、规定了乐,构成了二者的共同精神内核。礼与乐,仁总其成。仁是礼与乐之体,礼与乐为仁之用。可以推知,孔子并非为了一个圆满的界定,否则还应该有除礼、乐之外的与礼、乐平级的条目陈列其中。《六经》归仁,于文本文献的支撑来看,兴许是有所放大的。但就孔子已张开的场子和可能的思想格调来看,如果不是泥于文辞的话,则"六经"归仁应该是合

　　　　————————

① 《论语·八佾》。
② 《论语·颜渊》。

乎孔子之道的价值推论。《尚书》言先王仁德,《春秋》之贬乱臣贼子而曲倡王道,《诗》之"思无邪",《易》之"天行健",更无违于仁德。若泥于文句,则"六经"与仁,确非同一。反之,若以以意逆志之法,则"六经"所倡,在在是仁。伊川有言:"学者当以《论语》《孟子》为本。《论语》、《孟子》既治,则《六经》可不治而明矣。"①《论》《孟》之本,不外仁道。"六经"可不治而明者何? 正所谓:"读《论语》《孟子》而不知道,所谓'虽多亦奚以为'"?②

其二,孔子将具体德行归于仁:

樊迟问仁。子曰:"爱人。"③

"爱"在后来的行程中被直接作为仁的界定。如韩愈的"博爱之谓仁",由"爱"来界定行仁的动机,或许是最便捷的方法,且也是仁的情感依据,但爱之于仁还不是平行的关系,而是从属的关系,受支配的关系。很显然,韩愈则将爱与仁平行化了。情感会促成人的行为的伦理转换,但并非所有伦理行为都建立在情感基础上。伦理行为最普遍的质素是义务,而非情感。一些伦理行为可以剥掉情感,抽离情感,但不能抽离义务,只有义务才是伦理行为中最中坚的部分。抽离了义务,伦理就虚化了;抽离了情感,伦理仍然坚挺。

除了爱,还有一些具体德目亦被孔子归诸仁:

子张问仁于孔子。孔子曰:"能行五者于天下为仁矣。"请问之。曰:"恭、宽、信、敏、惠。恭则不侮,宽则得众,信则人任焉,敏则有功,惠则足以使人。"④

仁者必有勇,勇者不必有仁。⑤

---

① 《二程遗书·卷二十五》。
② 《二程遗书·卷六》。
③ 《论语·颜渊》。
④ 《论语·阳货》。
⑤ 《论语·宪问》。

在这些具体德目中,可能"爱"与"礼"处于较高的层级,但仁能把它们及较低层级的诸如恭、宽、信、敏、惠、忠、恕、义、敬、爱、孝、悌、温、良、俭、让、诚、勇等纳入其中。自然仁作为纲的统摄地位是可以有保障的。如果以仁去置换这些场景,则不会生发硬性冲突。反之,在出现仁的地方,如试图以某种具体的德行去替代,则有可能是行不通的,如忠与恕,均可以仁言说,而仁不可徒以忠恕说。对于《论语》中存在的美德群落来说,唯有仁是最活力四射的。

还有一些行事方式,在《论语》中也被作为仁来看待,如"刚、毅、木、讷,近仁"①;司马牛之问仁,孔子答之以"仁者其言也讱"②;樊迟之问仁,孔子则言:"居处恭,执事敬,与人忠。"③

可以以诸多的价值或者具体德行来作为仁的变现与扩充。在《论语》中,仁之用是极为广而普的。试图以仁来涵盖其他德行的,不只是孔子,其弟子如子夏、曾子、有子等,都有将其他德行归诸仁者的情形。此亦说明,孔子以仁来涵盖其他德行,已为其门弟子广为接受。如有子之"孝弟也者,其为仁之本与"④,此是有子以孝悌来诠表仁;"君子以文会友,以友辅仁"⑤,此是曾子以友来辅助仁;"博学而笃志,切问而近思,仁在其中矣"⑥,此是子夏以博学笃志、切问近思来落实仁。

仁与各种具体德行的关系,或可以下图来表示:

---

① 《论语·子路》。
② 《论语·颜渊》。
③ 《论语·子路》。
④ 《论语·学而》。此一条出自有子,而非孔子。
⑤ 《论语·颜渊》。此一条,出自曾子。
⑥ 《论语·子张》。此一条出自子夏。

仁既是各种具体德行的体,又是各种具体德行的度。源自仁,则各种具体德行即是适度的,合宜的;反之,则亦可能是过度的,违仁的。各种具体德行是因时因地因人而出场,仁则在这些具体情况下均可以作为替代出场。仁可以在任何一种情形间作中介,却不是任何一种情形可以相互置换的,且任何一种情形也不具有如仁一般之于美德的无尽的解释空间。

之于"仁",孔子所论的最具有主体性的是如下两个命题:

> 为仁由己,而由人乎哉?①
> 仁远乎哉,我欲仁,斯仁至矣。②

如此两个命题,将仁的实现转换成了操之在我、自由自主的命题。当代新儒家如牟宗三等视之为成就了道德主体性的儒家命题。然究竟人何以具有"为仁由己"与"欲仁仁至"之潜能,则《论语》中除了"人能弘道"一条外,似无他处足以支撑。何以"人能弘道"? 则必回到人性的普遍性层面去作答。③ 自此言之,此是孔子首倡而有待响应的普遍性命题。孟子之于人性的用力用心,正可以视为对孔子仁学的接力。

仁体之约化与赫然凸显,至于唯精唯一之地步,还有待于孟子的拔高式参与,更何况在《论语》中还存有仁作为具体的德行来表达有待于升格者:

> 好仁不好学,其蔽也愚。④

此处的"仁",仍是有局限的,还有待于"学"的打磨与加工。易言之,孔子仁,自不可以以统辖诸美德的仁体而论。此外尚有"仁"的反例存在:

---

① 《论语·颜渊》。
② 《论语·述而》。
③ 孟子之于人性何以用力如此,正可以视为对孔子仁学的全心接力。
④ 《论语·阳货》。

夫闻也者,色取仁而行违,居之不疑。在邦必闻,在家必闻。[①]

"仁"在此因表里未如一而成为一个"仁"的反例。"仁"在此还因尚未贯彻到行中,只停留在表面,而成为皮面上的仁,容色上的仁,而非周彻的仁。只有进至于行,"仁"方是周彻的"仁"。此一方面,是将"仁"递推到"践仁""躬行"的实践层面,试图完成仁理与仁行的通贯,且也指称了"色仁"在传达"仁"之际的浅层特征与局限。仁必须是彻里彻外的,必须是通言行、身心、表里而为一的。如不通,则或许只是浅层的,甚至是有悖反的。虽只是一个反例,但足以证《论语》中之"仁"还不是精纯的,归一的。在逻辑上,仁的精纯就还是有距离的,不圆满的,不周洽的。在《论语》中,仁作为体的意义并非全萃的、自足的,必得经过孟子的一番打磨转进,才成为具有形上之体意义的"仁"。正由于如此,孔子还停留在"道二"说中:

孔子曰:道二,仁与不仁而已矣。[②]

"道"乃是比之于"仁"有更大空间的概念。故"仁"与"不仁"同时被接纳进来,而为相反相对的"二道"。此表明不仅仁可以命之为"仁道","不仁"亦可命之为"不仁之道"。简言之,仁作为"道"的规定性,还可以兼容着相反的价值。此一方面是说,"道"有着更大的包络,而另一面则是"道"还未必就是儒家的。"道二"之说,可作如下图示:

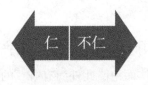

同样可以说,道还没有醇化为儒家的仁义之道、仁人之道,而仍可以为"仁道"与作为其相反方向的"不仁之道"。易言之,道还不是孟子"道一"说中的"道",更

---

① 《论语·颜渊》。
② 《孟子·离娄上》。

不用说宋儒"道体"说中的"道"。而《论语》中,孔子一再声明其学行之道的"一以贯之",是孔子对自身行程的独立而趋于归极的省思。"道二"说,既逼近了"道一",似乎也走到了"一以贯之"的反面。而一以贯之者何? 孔子自言"吾道"。然"吾道"为何,如何有别于老子之道、墨子之道等,就必得有既综括又有内容物的规定方能回答此等问题,此一步推十合一的工夫,正由《中庸》与《孟子》而渐出:

> 仁者,人也。①
> 夫仁,天之尊爵也,人之安宅也。②

《中庸》迈出了人与仁相互界定的重要一步③。孟子接承于此而又有所转进,突破并实现了人、仁与天、道、心、性的多极合一④。仁成为天与人之本质界定与价值裁决。以界定说,天之为天,在仁;人之为人,亦在仁;以价值裁决说,天之尊,源于仁;人之安,源于仁。

仁,也同时是人事之得失成败的总根:

> 三代之得天下也,以仁;其失天下也,以不仁。国之所以废兴存亡者,亦然。天子不仁,不保四海;诸侯不仁,不保社稷;卿大夫不仁,不保宗庙;士庶人不仁,不保四体。今恶死亡而乐不仁,是犹恶醉而强酒。⑤

《论语》中有"道不同"的说法,《孟子》中也不乏此类说法,然《孟子》中还多了"道趋同,趋一,趋仁"的转向:

---

① 《中庸》。
② 《孟子·公孙丑上》。
③ 晚至东汉末年刘熙之《释名》,方有以仁训人之说:"人,仁也。"如《中庸》确为子思所作,则《中庸》是仁人互训之始。在《论语》中,是逻辑地以否定排除之式言及仁与人的关系,如"君子去仁,恶乎成名?""人而不仁如礼何? 人而不仁如乐何?"孔子在仁人的关系上,仍不是正定说出的。而至于仁人与道之间的合一互训,则实在始自孟子。
④ 孟子是儒家形上学的推进者,亦是儒家形上学的集成者。
⑤ 《孟子·离娄上》。

> 禹、稷、颜回同道。①
>
> 三子者不同道，其趋一也。一者何也？曰，仁也。②
>
> 夫道，一而已矣。③

人道与仁道，也合为一：

> 仁也者，人也；合而言之，道也。④

孟子之于孔子之道，既是十字打开，亦是推十合一。十字打开，是修己安人的全幅规模的丰富展开；推十合一，则是孟子在人、仁与道的通处着眼。推十合一，人、仁与道的合一，较之于《中庸》的人、仁合一，又是一步历史性的跨越。

如果说在《论语》中存在着跨度最大、辐射范围最广、统摄力最强的中心话语，则"道"字而外，非"仁"字莫属。然"道"一字，又过于宽泛，而难免于无所不包。以"道"作为《论语》的统摄词，势必儒、道无别；以"礼"作为《论语》的统摄词，或沦为滞涩不通，且周、孔一如。而孟子的划一归约，对儒家道论构成了终极性的突破，其"道一"与"仁人合道"可以下图表出：

---

① 《孟子·离娄下》。
② 《孟子·告子下》。此处"三子"指伯夷、伊尹与柳下惠。
③ 《孟子·滕文公上》。
④ 《孟子·尽心下》。孔子的"吾道一以贯之"，在这儿才算是完全落地。而且实现了人、仁与道三者的合一。这可说是周秦儒家哲学的一座最亮眼的高峰。这也成为理解"一以贯之"的一个重要通口。以往对"一以贯之"的理解，或泥于"忠恕""恕""礼"，或近之于"仁"，而鲜有"道"。实则孔子即自言"吾道"一以贯之。但孟子仁人合道之思路，当然并非刻意求孔子"一以贯之者何"之解。然无疑，将此三者合一，衡之以同一层级，为索解"一以贯之者何"之问打开了更有启发性的天窗。甚至我们也可以设想"一以贯之"的对象之总体而言与局部而言，或者就体与用之分别而言，或者就价值层面与执行层面分别而言，或者源头层面与流行层面。如此，就会呈现一个综合的思路，既免使相互掐架，亦统揽歧异于一体。更甚者，此才是中国哲学的一体化思维模式，且也合乎一以贯之之本意。但是，不得不说在所有的关于一以贯之的答案中，却只有孟子的仁人合道是最高层级也最有融通性的索解。

孟子的"道一"说,完成于"道"与"仁""人"的互诠互训中。孟子的这一突进,将"仁道"与"人道"同时平行关联到儒家之道。就价值而言,儒家之道是"仁道";就宇宙万有而言,儒家之道是"人道"。"仁道"摆出了儒家之道的价值区间迥异于他道,而"人道"则摆出了儒家之道在宇宙中的立身姿态及自我矜持。在孟子此地,"道"也因而有了"仁"或"人"的规定,或者说,经由孟子,儒家之道才第一次获得了它的质的规定,并有了异于他道的内在质素。至此,儒家之道第一次明确地成为儒家之道,滤去了在孔子那儿留存的杂质,当然它也同时失去了它曾经有的兼容气质。

约化推理是人类思想道路上迈出的最可贵也最精彩的一步,它长期占据着人类的心灵史,吸引了人类第一流的头脑长期为之殚精竭虑。它既远离油盐酱醋的生活俗务,又远离视听言动所在的感官世界,还甩开了寰宇中的错杂混乱与无限繁多。秩序、价值、流变中的恒定、终极与范围无遗的普遍,同在第一波的约化探求中被触及。约化推理开启了人类的终极性寻求之旅,同时也开启了终极性寻求的争议之旅。①

然而,孟子的"道一"并非始终如一的。在"道"的出场上,《孟子》中仍然还有杨墨之道、告子的不动心之道、许子之道、兽蹄鸟迹之道等,或者说,孟子虽然愈来愈鲜明地捍卫圣人之道、孔子之道,甚至也有着精纯的规划与划一的提神,但道在《孟子》中究竟还夹杂着非价值的因素、非伦理的因素,乃至非儒家仁人之道的因素。故而孟子之"道一",还是在儒家系统内的自统一,而非削平众道,一统江湖的道相。然孔门群儒纷争之于儒家学说之顶峰,于此至焉。

---

① 杜威的《确定性的寻求》反思了西方哲学史上的思辨至上、理论至上的沉思传统。杜威认为,人类的确定性寻求必完成知行分离的沉思传统向知行合一的实践转向。郁振华的《沉思传统与实践转向》(《中国哲学》2017年第7期)一文对该书有清晰的概观。中国哲学也在第一波的超越突破中张罗着自己的确定性,此种确定性也不乏常道之形而上品格。问题是,中国之道的道总是兼具形而上与形而下的,而雅斯贝尔斯之超越突破恰表明这是一次人类从不同地域共同完成的哲学演进。形而上学在西方之所以经历现代的危机,与其说是形而上学本身的危机,还不如说是形而上学应该拓宽视野,除了纯粹致思的方向外,还有更为宽阔的空间值得形而上学去开拓与接纳。就即便如此,中国学脉中仍少不了坐而论道与起而行道的价值排序之争议。或者说,中国哲学传统中,同样有拥抱或拒斥形而上学之暗流汹涌。

自儒家而言,孔子率先以"吾道一以贯之"作总结。但其一贯者何? 不仅"夫子之道,忠恕而已"的曾子式答案不足以作结,荀子复归于礼之式亦不足以作结,此终还是由孟子来完成其顶层设计的。

"道二:仁与不仁而已矣"①,此是至为重要的孔子道论。然此不见于《论语》,亦未见于《孔子家语》与《孔丛子》。足见孟子所见之孔子文献,远多于今日。然此论断之重要性,实不亚于"吾道一以贯之",并且可据之以作为理解"吾道一以贯之"的根据,并作为孟子"道一"所基依的前奏。

此言较之于曾子之"忠恕",自有对儒家之道的极大概括之势,但尚存"道二"之尾,还欠孟子之一筛。且《论语》中时时出现"仁与不仁"的对子,或者"不仁"单列的情形:

> 人而不仁,如礼何? 人而不仁,如乐何?②
>
> 不仁者不可以久处约,不可以长处乐。仁者安仁,知者利仁。③

由孔子"道二,仁与不仁而已矣"到孟子"道一"与"仁人合道",实在只是一墙之隔,然此墙真是万仞宫墙。子贡的"多学而识之"甚至与"吾道一以贯之"反向而行,曾子的"忠恕"虽已至墙下,而同样不得其门而入。只有孟子循着他的形上理性的高美大道,一跃而入。可悲可叹的是荀子在摸到道一之门后,仍泥于性恶之意识形态,急于治道之成,而回向了礼之樊笼,此是儒家道论历程中的一次倒春寒。

如此说来,孟子对孔子之道不仅有十字打开之功,也有推十合一之功。这个"一",是由孟子所归总和设计的,或名之为"仁",或名之为"人",或名之为"道"。在孔子语境中的仁人关系,仁只是人的限定语、修饰语,仁人是偏正关系,且此是偶然的、个别的、殊性的限定语,而非属于人的本性或者普遍属性的限定语;在孟子语境中的仁人关系,仁与人是平行的关系。人与仁的通转互训,始于孟子。宋

---

① 《孟子·离娄上》。
② 《论语·八佾》。
③ 《论语·里仁》。

儒"道体"之论,滥觞于孟子①。儒家"道一"之论,无涉于孟子,可乎？孟子的"仁人合道",界定了儒家之道的价值区间与人文方向。既非神道,亦非无为自然之道,而为人道与仁道,此即儒家的价值区间与人文方向。

迥异于逍遥游放、无为任顺的老庄之道,儒家之道的异军突起是经由孟子仁人合道的大开大合来实现的。自此,儒家在仁人合道的人文高地上扬起了自家的道旗,实现了道的儒家化定格与转型。

---

① 在《孟子》中,除孔子之道外,尚有杨墨之道、许子之道、告子之道,如此等等,道还没有醇化到宋儒"道体"论的程度。或者说,儒道特有的价值内涵及道体的凸显,只有在宋儒处,才有了学理的完全自觉。此是在与释道充分对话背景下的显明,亦是对话背景下儒学在定位上的进一步自觉。"读《论语》《孟子》而不知道者,虽多亦奚以为?"(程颢、程颐:《二程集》,王孝鱼点校,北京:中华书局,1981年,第89页)正是宋儒式的道的自觉与发问。

关学近代重构的主体之维
——基于党晴梵《关学学案》等文本的观念解读

魏　冬

西北大学关学研究院

　　西方历史哲学家柯林伍德指出："一切历史都是思想史。"克罗齐说："一切真历史都是当代史。"二者所言虽有偏颇之处，却也道出历史建构过程中主体维度的重要性。从这个角度而言，历史上的事件固然都是客观的存在，但就我们所看到的书写的历史而言，却无一不是出于特定时代下的建构者基于他对当时现实的感受和需要，而将自身观念投向历史，从中选择出特定人物或事件的主体性重构。就此而言，文本中呈现的历史，并不简单的就是对以往历史客观的摹写，而是特定时代下建构者自我观念的历史性体现和表达。在不同的历史境遇下，历史建构者对现实社会的感受、审视历史的视域，以及从现实中所接受、形成的历史观念、学术架构、价值取向都存在差别，如此混合交织而形成的主体视域，自然对历史建构者视域下所呈现出来的历史建构效果有着积极的影响。基于主体视域的维度去考量关学——这一在关中已经延续了八百余年，且有三百多年自我谱系建构史的理学传统——的历史建构范式在社会危机加深、中西文化激荡、各种思潮迭起的近代社会转型中发生了怎样的变化，无疑对提升人们对关学历史变迁的认知极为必要。但长期以来，由于民国时期关学谱系建构文献本身数量稀少和流失严重，学界一直对这一问题缺乏应有的关注。值得庆幸的是，笔者近年在对民国关学文献的搜集中发现了党晴梵的《关学学案》等一系列关学研究著作，这为集中考量关学历史建构的近代转型提供了基本的文本参照。基于此，本文对关学近代建构的主体性特征予以分析解读。

一、 建构范式的差异： 从理学谱系到典型重构

党晴梵的《关学学案》由四个相对独立的学案组成，分别是他在 1933 年 8 月完成的《康乃心先生的著作及其故宅》、1935 年 4 月完成的《溉堂、悔翁两诗人之诗》、1935 年 5 月完成的《王丰川先生学术述要》和 1935 年 6 月完成的《十八世纪中国之个人主义(individualism)者——杨双山先生》。根据现存的文本考证，党晴梵最晚在 20 世纪 40 年代又将这四篇文章分别题名为《莘野学案》《溉堂晦翁学案》《丰川学案》和《双山学案》，并总题为《关学学案》。① 在此之先后，尚未发现有类似的关学研究著作出现，由此可以判断，《关学学案》在关学历史建构近代转型中具有一定代表性。

从《关学学案》的文本构成和题名来看，党晴梵无疑是把以上四个学案中的案主即合阳康乃心(莘野)、三原孙枝蔚(溉堂)、蒲城屈悔翁(屈复)、鄠县王心敬(丰川)、兴平杨屾(双山)等五个清代的关中学人当作"关学"人物来看待。然而需要注意的是这一文本建构与以往以人物史传为形态的理学著作的差异。其一，就写作体裁来看，《关学学案》虽然题名为"学案"，但与传统的"学案体"理学著作存在较大差异。如《宋元学案》《明儒学案》都是用文言体写就，而《关学学案》却是采取的现代学术论文的方式写成，这明显不同于古代学案体著作的写法；其二，就建构范式来看，《关学学案》的主题虽然是"关学"，但也和历史上的关学谱系文献存在着差别。关学虽然创始于北宋时的张载，但其谱系的自我构建则始于明代冯从吾的《关学编》。此后关中理学学人王心敬、李元春、贺瑞麟、柏景伟、刘古愚等先后对《关学编》进行补续整合，从而形成了关学史上长达二百余年的谱系建构现象。需要注意的是，关学的谱系建构类似"续家谱"，是力求全面地将关学学人按照历史先后和师承渊源关系贯穿起来，然而《关学学案》没有采取这种方式，而是特意从整个关学谱系建构中选择出具有代表性的个别人物构成的。如果说传统的关

---

① 关于此四篇文章撰述时间的考证，参看魏冬：《党晴梵先生〈关学学案〉蒇本考述——兼论党晴梵先生的早期思想历程》，《唐都学刊》2019 年第 2 期。

学谱系建构是"家谱式"的,《关学学案》则是"典型性"的建构。这是《关学学案》在构建范式上的一个重要特点。

更值得注意的是《关学学案》四个学案中五位案主的身份。以往关学谱系建构文献的基本原则是"专为理学辑"①,非理学的人物不得列入关学谱系。即使后来在关学文献的续补、重构中出现了将气节、事功、文学人物等纳入关学的现象,但以"理学"为传统关学谱系建构的学理内核的基本原则没有动摇。可是在《关学学案》中,这种以理学为基本学理观念的关学观念却被彻底颠覆了。在《关学学案》的五位案主中,虽然王心敬是传统关学谱系中的典型理学学人,但杨屾则是具有强烈西方宗教背景的关中学者,康乃心、孙枝蔚和屈复是以文学名世的关中诗人,他们在以理学为主脉的关学谱系中并不具有突出地位。在清代的关学谱系文献——王心敬、李元春、贺瑞麟等人对《关学编》续补中,均没有将以上四人收入,而民国初年川籍寓陕学者张骥的《关学宗传》,虽基于康乃心、杨屾与李颙(二曲)的学承关系将二者收入,但亦没有将孙枝蔚和屈复作为关学学人看待。进入民国中期,党晴梵则将此四人与王心敬一起收入《关学学案》,这无疑与传统以"理学"为基准的"关学"观念形成巨大反差。深受西方宗教影响的理学异端和以诗文起家的文学之士,何以能侪列于关学阵营? 这一问题不能不引起世人的质疑和反问。显然,这并不是党晴梵的疏忽之作。从《关学学案》中党晴梵对五人的表述来看,他并非无视以上五人在学术和在社会影响上的角色差异。在他的视域下,王心敬"为中孚嫡派弟子,既大发挥'居敬穷理'之旨,又创为'性敬同归'之义,于关学为一大转手"②,杨屾也是"少出李中孚之门,中孚许为命世才,遂潜心圣学,自性命之原,以逮农桑礼乐,靡不洞究"③,二人都与清初关学宗师李颙有密切的学问渊源,然而杨屾却接受天主教思想,是当时关学学人中唯一"有宗教色彩者"。对于另外三位,党晴梵看得更清楚:康乃心是清初"渔洋派遂风靡一世"时"最当行出色"的诗人④,而孙枝蔚、屈复则是关中文学中"尤其能自振拔者"⑤,三人也不是举

---

① 王美凤整理编校:《关学史文献辑校》,西安:西北大学出版社,2015 年,第 4 页。
② 党晴梵:《关学学案》,党晟所藏缮写蓝本,1942 年,第 5—6 页。
③ 党晴梵:《关学学案》,党晟所藏缮写蓝本,1942 年,第 33 页。
④ 党晴梵:《关学学案》,党晟所藏缮写蓝本,1942 年,第 49 页。
⑤ 党晴梵:《关学学案》,党晟所藏缮写蓝本,1942 年,第 29 页。

世公认的正统的理学家。这种将宗教学者、诗人纳入关学的做法，十分明确地表明了党晴梵的"关学"观念远不同于传统的理学家。然而，党晴梵的"关学"观念又是如何的呢？在近代社会的转型下，他何以形成如此与传统背离不合的关学观念？此种关学观念又意欲表达什么？这正是本文拟欲重点探究者。

二、　个体精神的凸现：　从救国情怀到文化观念

毫无疑问，任何历史建构都是历史建构者基于特定时代下的建构。然而需要注意的是，历史建构者"基源意识"的不同，往往会对其所建构出来的历史有极大的影响。在传统理学背景下，理学家建构学术史，其更多的情怀并非出于对真实历史的还原，而是出于对理学道统传承的现实危机感和未来期盼。这种意义下的历史建构，本质并不是对历史的客观反映，而是道统观念的史学表达。在近代社会转型的背景下，随着理学逐渐退出主流意识形态，道统观念也在近代学人心目中走向失落，而其对历史的建构也并非出于道统，而是出于对历史本真的寻求，以及对现实社会的关注。就党晴梵而言，他对关学的近代重构，也并非出于对道统的维护，而是基于他自己对时代的真切感受。近代社会转型中的"家国危机"以及对"家""国"命运的真切关怀，构成了以党晴梵为代表的近代关中学者构建关学的现实动力。

党晴梵（1885—1966）出身于陕西合阳一个带有儒家文化色彩的旧式商人家庭。他的少年时代，正是中华民族遭受列强凌辱的危难时期。由于近代中国的衰弱与各国列强的侵略，他的家庭也在"国难的赐予下"逐渐破败了。党晴梵曾在《我们怎样救国》中回忆说，在他二十岁之前，中国经历了中法战争、中日甲午战争、八国联军侵华战争、日俄在东三省战争等一系列"国难"，由于中国在战争、外交上的屡次失败，他家的商业也从此衰落下去，赔累不堪，到后来倒闭了。加上赔款加剧带来的苛捐杂税日益增多，生活愈益艰难，他的父亲在忧愁愤懑中去世，他也因为债务关系被关押到咸宁县衙受了三年多讼累。由此他感受到"这都是'国难'的所赐予"，"深感觉者'覆巢之下无完卵'的至理名言"。国破家亡的现实命运，使党晴梵"受得刺激颇深，不但精神上时常感觉痛苦，而且身家实受莫大祸患"。基于此，党晴梵的思想也发生了剧烈的变化，他回忆自己当时的思想认识变

化时说，他开始是"愤恨外国人对中国的侵略"，然后"才知道中国一切不及人，中国真正的危机，于是不恨外国人而转恨自己没出息"，后来"以为中国的祸患，完全是清庭所招致，于是大痛恨满洲"。家中破产以后，他避债到上海，考入中国公学"才立了革命信念，以为革命就是救国"，同时"以为要救国，非有这样现代知识不可。因此对旧日那些咬文爵字、训诂考据的学问，颇生厌倦"。加入辛亥革命后，他大失所望，于是"想到要救国，须要从教育入手"①。大约在 1920 年代后期，党晴梵在陕西靖国军失败以后，开始全身心投入学术，于是又接受了"文化救国"的思想，认为要救国，非要有好的文化不可。救国理念，构成了党晴梵一生最重要的情怀，这也是他构建关学的基本动力基源。

基于传统文化批判地吸收西方文化以构建新文化来救国，是党晴梵的基本文化观念。党晴梵认为："诚以一国自有历史，自有国风，自有特殊情形，其好处决不能一笔勾销"②，然而他并非封建文化的保守者或虚无主义者，他说："吾人今日固不必悭悭以保守国粹，死守固有文化；必须开拓眼界，建筑现代新文化，如此才能不为天演淘汰，才能合于现代生活；然而对于固有文化之遗产，倘一但敝屣视之，直等于无历史之民族，新文化又何由建筑？ 一出大门，不识一人，固属不可，自身不知自身高低，亦属愚骀"③。"对于西方新文化，要主张合理的接受，不是马马虎虎，给予甚么，便要甚么"④，所以对文化的复兴，党晴梵主张："一面要发挥我们所固有的文化。再一面积极的，要接受西方新文化，以应时势的需要，然后再造成一种新的中国文化。对于分别拣择一层，尤要注意"⑤，认为"所谓今日之'学术综合'，亦即此意"⑥。

那么如何建构新的中国文化呢？ 党晴梵认为，新文化的建设一方面要有热爱国家、注重气节的道德和立足实践、经世致用的知识，一方面还要有能激发人类精神、提升精神情操的艺术。1931 年，西京金石书画学会在西安成立，党晴梵作为发

① 党晴梵：《世界问题与中国问题：我们怎样救国？》，《秦风周报》1935 年第 1 卷第 21 期。
② 党晴梵：《陕西文化的过去和未来》，《西北研究（北平）》1931 年第 2 期。
③ 党晴梵：《明儒学案表补》，党晟所藏党晴梵手稿本，1929 年 8 月，第 9 页。
④ 党晴梵：《陕西文化的过去和未来》，《西北研究（北平）》1931 年第 2 期。
⑤ 党晴梵：《陕西文化的过去和未来》，《西北研究（北平）》1931 年第 2 期。
⑥ 党晴梵：《明儒学案表补》，党晟所藏党晴梵手稿本，1929 年 8 月，第 74 页。

起人之一在《西京金石书画学会缘起》中以救国意识为基础，正式建构起以道德、知识和艺术为本位的文化观念。他提出"发扬国光，振兴民族，必须有艺术之熏陶，始堪收文化之效果"①。何以如此？他说："诚以吾人之生活，如其专恃知识与道德，则生活不免有凝滞之象。再进而涵泳之于艺术，则生活顿呈活泼向上之观。然而不以知识和道德为其基础，又不得回翔于艺术之林"②，进而主张国人以艺术"增高道德修养，移易社会风尚"③。此一段关于道德、知识、艺术与生活关系的论述，也构成了党晴梵重构关学的基础观念。

三、历史视域的彰显：从理学到文化

历史的建构，是历史建构者以自己特有的视域投向实在的历史，从中选择出特定的历史人物并对其予以当代的重构。因此，历史建构的效果并不完全取决于历史的客观存在，还取决于建构者审视历史时所采取的"视域"。建构者视域的不同，影响着其历史建构的效果。一般而言，历史建构者审视历史时所采取的视域越广阔，他看到的历史现象也就越贴近真实。党晴梵之所以能构建出与以往不同的"关学"，原因首先在于他对关学的历史审视完全突破了以往史学家的理学界限，而采取了更为广阔的历史文化视域。

理学在传统关学谱系建构者的观念中是主导型的视域观念。通过文献的考察可以发现，在以往的关学谱系建构中，儒家理学之外的文化现象都在历史建构者的视域之外，好像中华文化的传承只有理学一脉，而佛道文化乃至于异域文化都与理学的产生没有任何关系，这就是儒家道统观念支配下关学谱系建构的基本特点。受到近代史学观念影响的党晴梵则不同，他已经清醒认识到理学文化的产生与佛道文化有密切的关系，并认为历史文化与当下文化之间转承相因，因此主张要研究某一时代的文化，必须了解其前代的文化。1929 年，党晴梵即在对明代理学的考察中分析了印度佛教自晋唐以来在中国的传播情况，从儒佛道三教文化

① 党晴梵著，李克明、邓剑主编：《党晴梵诗文集》（下），西安：陕西人民教育出版社，2007 年，第 120 页。
② 党晴梵著，李克明、邓剑主编：《党晴梵诗文集》（下），第 119 页。
③ 党晴梵著，李克明、邓剑主编：《党晴梵诗文集》（下），第 120 页。

的关系特别是禅宗论及其对宋代理学形成的影响出发,提出"宋明人之性理学说,自是当时中印文化接触以后,产生出新文化之结果。亦即当时中华民族实际生活之所反映。如果吾人以现世之眼光观察,对宋明学说,未有不觉其已成过去。但一时代,一民族,自有此时代,此民族之社会生活,而后乃能建筑一种哲学体系。此体系之完成,尤不能不视其历史背景与社会背景,所以欲明白现世文化,更不能不明白前代文化也"①。

基于对文化在历史发展过程中前后相因关系的认识,党晴梵在陕西文化的整体视域下展开了对关学文化的探讨。1931 年,党晴梵在《陕西文化的过去与未来》一文中,从中华民族文化演进的角度提出"陕西是中国文化的策源地"的观点:"中国从前的文化,因为吾族由西方东渐,在陕西树立文化基础,才遍布于东南西北各地。所以要讲要谈中国的固有文化,就不能不承认陕西是文化策源地。"②在该文中,他从"黄帝的发明""仓颉的创造文字""周代的教农、演易、制礼作乐、西征"讲起,一直讲到"秦、汉的统一,建筑,交通,作史,拓边""唐代沟通中、印文化,与建立中国的佛教基址",最后落脚于"宋明清的关学"。对于关学,党晴梵不仅点明关学主要人物的学术特点及关学发展变化的基本脉络,还特别概括了整个关学的特点,在他看来:

> 自宋之横渠,到了晚近学者,所谓"关学"的一脉,莫有一个不是磊磊落落有气节的。他们成千年来的学者,实在是在立品处,皆能表率社会,为社会的模范,时时可以转移社会。他们的讲学,是处处讲实用,处处以身作则,决不是与社会不相干的。所以成为支配文化的中心人物。黄梨洲先生(宗羲)在他所著的《明儒学案》上,大书特书曰:"风土之厚,而又加之以学问者"。便是颂扬陕西的学者,实在就是充分的认识了陕西的文化。③

"有气节""讲实用"是传统关学的主要特点和基本精神,由此可见党晴梵对关

① 党晴梵:《明儒学案表补》,党晟所藏党晴梵手稿本,1929 年 8 月,第 9 页。
② 党晴梵:《陕西文化的过去和未来》,《西北研究(北平)》1931 年第 2 期。
③ 党晴梵:《陕西文化的过去和未来》,《西北研究(北平)》1931 年第 2 期。

学认同和接受的维度。在《关学学案》中,党晴梵还进一步对清代关中文化做出了总体评价:

> 三百年来,关中学者:中孚(李颙)既建立"反身"哲学的体系,丰川(王心敬)增以"性敬同归",益光大之。天生(李因笃)与丰川尤能致力于"事功之学"(农田水利等),泾阳王氏(徵)又早启迪"力艺之学"(即近代物理学)。在这样氛围之中,于是有杨双山的学术思想产生。后来一脉相承者,则有李时斋(元春)、柏子俊(景伟)、刘古愚(光蕡),此实为清代关学之正宗。其仍蹈袭宋明性理学之糟粕者,则有王仲复(建常)、孙酉峰(景烈)以及于杨仁甫(树椿)、贺复斋(瑞麟)。若其专攻文史,则又有王山史(宏撰)、郭胤伯(宗昌)、孙豹人(枝蔚)、李叔则(楷)、康太乙(乃心)、屈见心(复)、路闰生(德)、张乾伯(佑)、岳一山(震川),亦自成为风气。[①]

在党晴梵看来,清代三百年的关中文化中,以王徵、李二曲、李因笃、王心敬、杨屾、李元春、柏景伟、刘古愚为代表的一系不但能建立"性理学的反动",提出新的学说,而且能致力于"事功之学""力艺之学",具有紧贴现实、不断开拓、敢于疑古、开放兼容、经世致用的特点,因此"实为清代关学之正宗";而以王弘撰、郭宗昌、孙枝蔚、李楷、康乃心、屈复、路德、张佑、岳震川为代表的一系,特点是"专攻经史""亦自成为风气",这两系自然也成为他选择关中文化人物从而构建符合其文化观念的基本界域。

四、 研究方法的更新: 社会分析与借西诠中

基于特定的视域从历史中选择出能代表自我主体精神需要的历史典型是历史建构的必要条件。然而历史的建构并不仅仅是将历史人物从"过去"拿到"现在"就了事,它还需要历史建构者对历史人物进行"重塑"。在此,对历史人物的重

---

① 党晴梵:《关学学案》,党晟所藏缮写藁本,1942 年,第 31—32 页。

塑,不应局限于单纯的"描述",还应包含必要的"分析"和"评价",而作为"分析"和"评价"基本手段的研究方法,无疑对历史人物的"重塑"起着重要的作用。通过传统的关学谱系建构文献来看,以往的关学史家都是基于"道统"的观念,仅仅从儒学的学术继承上构建关学,虽承认宋明理学诸子学派同属于理学,却不敢直接承认关学与佛、道思想及其他学术思想的渊源关系,更忽视了关学与陕西地域文化及不同时期包括政治、经济等在内的社会存在之间的关系,好像关学史只是基于儒家道统的"单独的、孤立的自我精神运动"。党晴梵的《关学学案》则不同,他虽然仍采取人物评传的方式建构关学,却扬弃了传统理学家的儒家道统观念,而是在对案主生平、著作严谨考证的基础上,充分运用社会学的原理,从思想渊源、政治、经济、地域、阶级等角度,多维度地分析其思想成因,并能基于思想发展的历史性和中西文化的互通性,对关学人物展开比较性的评价定位。

党晴梵在分析杨岫思想渊源时说,杨岫思想的产生,"此实晚明西洋学术输入的影响,亦由明人'心学'过于空疏之弊,生出来的反动,更是当时的时代所要求"①。他明确肯定杨岫对李二曲思想的继承关系,认为"杨氏'为己'之说,即是中孚'反身'之说的发展"②;但更明确指出,杨岫生在明清西方宗教学术传入中国的时期,他的思想"当然易受影响"③。进而,他从社会政治经济的角度探讨了杨岫思想的形成社会原因:"封建制度的经济基础,是建筑在农业的自给自足。究以生产不足,分配不公,西北方面,又有天灾人祸的重重压迫。多数人的生活皆不安定。杨氏好学深思,感觉敏捷,是以其学即从经济方面出发。发展经济的方式,杨氏以为先要'分职、互济',技术即可进步,以增加'生产力'。如此人人的生活,皆可臻于安定。这又是社会状况使然,此层更为主要因素"④。由此可见党晴梵已经采用社会历史综合分析的方法来研究思想史。

党晴梵还运用古今比较的观点,将杨岫与李因笃、王心敬做比较:"天生(李因笃)《受祺堂集》,多言漕运、田赋、兵政,……丰川(王心敬)《续集》,亦详言农田、水

---

① 党晴梵:《关学学案》,党晟所藏缮写藁本,1942年,第32页。
② 党晴梵:《关学学案》,党晟所藏缮写藁本,1942年,第42页。
③ 党晴梵:《关学学案》,党晟所藏缮写藁本,1942年,第39页。
④ 党晴梵:《关学学案》,党晟所藏缮写藁本,1942年,第41—42页。

利,要不外中国传统的'通经致用'之说。但李、王二氏,所致力于实用,则着眼于国家社会全体,殊忽略了个人。杨氏学说,纯从个人生产与生活着眼,由个人而及于家庭、社会、国家。此在哲学上的观点不同,实亦杨氏对于当时社会状况,更能认识清楚的原故。从上层着眼,仍不脱离儒家'致君泽民'的传统学说。如果没有机会,本身没有地位,仍不免等于空谈。从下层着眼,则毫不凭借他人,可以步步做去。所以同为致用之学,价值殊有不同,效果亦自各异。"①进而在力学(物理学)方面,他肯定"杨氏对于力学,确有研究,所绘的图,能透视而有焦点,非吾国古籍中所能见到。与天生、丰川各家书中只论及致用之原理者,精粗确有不同"②。由此可见历史比较方法在党晴梵关学研究中的运用,亦可见西学东渐之后,个人主义观点和科学技术观念对党晴梵的影响。

当然,其中最为突出的是党晴梵从中西比较的角度对杨屾的评价定位。他提出,杨屾是"十八世纪中国之个人主义(individualism)者"③,"此种学说的发生,仿佛是资本主义社会,将要临到的前驱"④。在党晴梵看来,杨屾的经济学说"深同于亚丹斯密(Adam Smith)、里嘉图(Ricardo)'分工'之说。其哲学,亦多合于斯宾诺莎(Spinoza)诸氏。所言五行为天、火、地、水、气,为'生人生物之材',是客观的'纯体'(即实质),其说合于亚里士多德(Anistotles),而非中国的五行'生克制化'旧说。其言天体经纬度,则又是牛顿(Newton)以后的学说"⑤。除此之外,党晴梵还将杨屾与培根、笛卡尔、斯宾诺莎进行了比较,这实际上将杨屾放到整个世界文化发展的视野进行评价了。应该说,党晴梵从中西文化比较的角度研究关学思想的特征和贡献,对现在的关学研究仍有其启发意义。

五、 自我观念的表达: 宗国、疑古、事功与文学

在历史建构者的视域下,历史人物并不仅仅是历史中的过去存在;通过新

① 党晴梵:《关学学案》,党晟所藏缮写薰本,1942 年,第 42—43 页。
② 党晴梵:《关学学案》,党晟所藏缮写薰本,1942 年,第 44 页。
③ 党晴梵:《关学学案》,党晟所藏缮写薰本,1942 年,第 31 页。
④ 党晴梵:《关学学案》,党晟所藏缮写薰本,1942 年,第 33 页。
⑤ 党晴梵:《关学学案》,党晟所藏缮写薰本,1942 年,第 36—37 页。

的视域审视和借助新的研究方法，自然能重塑起历史人物在当下的时代生命，历史建构者也能借历史人物"说话"，以表达自我的基本观念。通过文化的视域和社会分析、中西比较的方法，党晴梵从关中文化的历史源流中特意拣择出王心敬等五位学人来重构关学，这充分表明了党晴梵当下时代意识和自我意识的觉醒。在他的视域下，《关学学案》所选定的五位案主不仅是三百年来关中文化的卓越代表，更是其文化观念下宗国意识、求知精神和艺术情趣的"历史代言人"。

丰川、溉堂、悔翁、莘野在道德上代表着党晴梵所持守的宗国情怀。党晴梵将丰川、溉堂、悔翁、莘野纳入关学，所看重的并不仅是其在学术或者文学上的地位和影响，而是其处身国变而保持节操、独立于世而不媚权贵的高尚气节。党晴梵说，面对朝廷的征召和达官贵人的延聘，康乃心"毫无所动于中"，"辞不获已，入华山避之"[①]，孙枝蔚"一莅都城，翩然而返"[②]，屈复则"闭户不纳，赋《贞女吟》以见志"[③]，王心敬更"以全力拒绝"[④]，故"其心之苦、志之洁、行之芳"，"其不愿侧身于下首阳之夷齐队中可知"[⑤]。党晴梵更看到以上数人气节精神后的宗国情怀："此中殆有故国之隐痛，而不肯辱身虏廷者？"[⑥]其根源则"实亦不能外'思乡土而怀宗国'"[⑦]也。"思乡土而怀宗国""眷怀宗国"的爱国情怀，是党晴梵和以上诸人道德节操的意识根源。

王心敬、杨屾在学术上代表着党晴梵所期盼的求知的学术精神。党晴梵极为看重王心敬和杨屾特有的事功倾向、疑古精神和实践作风。他言王心敬"先生之学，固然以性理学为主干，然对经史，异常湛深，所持议论，平允透达，尤明晰当世形势，所以事功之学，实为特出"[⑧]，"每用综合比较方法研究，多有心得，尤以富于

<hr>

① 党晴梵：《关学学案》，党晟所藏缮写藁本，1942年，第49页。
② 党晴梵：《关学学案》，党晟所藏缮写藁本，1942年，第16—17页。
③ 党晴梵：《关学学案》，党晟所藏缮写藁本，1942年，第28页。
④ 党晴梵：《关学学案》，党晟所藏缮写藁本，1942年，第4页。
⑤ 党晴梵：《关学学案》，党晟所藏缮写藁本，1942年，第16—17页。
⑥ 党晴梵：《关学学案》，党晟所藏缮写藁本，1942年，第4页。
⑦ 党晴梵：《关学学案》，党晟所藏缮写藁本，1942年，第17页。
⑧ 党晴梵：《关学学案》，党晟所藏缮写藁本，1942年，第4页。

'疑古'之精神,而断不为古人成说所囿,为所难能"①,其"由史学演释而出者,即愚所谓事功之学也"②。杨岫能"理论与实践一致,这是杨氏学术的真精神","吾人所服膺杨氏的,尤在于杨氏的'实验'与'反对复古'的精神"③。注重事功、敢于疑古、反对复古、注重实践的精神,是党晴梵和王心敬、杨岫经世致用、关注现实的价值取向的共同之处。

莘野、溉堂、悔翁在文学上代表着党晴梵所倡导的艺术精神。党晴梵对康乃心、孙枝蔚和屈复的诗歌成就给予了很高评价,在关中卓然成家的诗人中,他"独心仪乎溉堂与悔翁"④。他评价溉堂之诗曰:"眷怀庐墓,繋念田园,不忘故旧季昆,情至言切,语重心长,境地光明,音韵郁苍,尤能干之以风骨,铸之以经史,故予于'朴'字之外,而又益之以'洁'与'真'。知此,庶可以读溉堂之诗"⑤,言"悔翁论诗,于赋、比、兴之外,专以寄托为主"⑥,谓"悔翁五言古诗,简静明洁,一本汉魏,……七言古诗,用笔婉转,夭娇生姿,……。古乐府,嬉笑怒骂,无非文章。其含蓄蕴藉,寄托遥远,为生平独到者,则七言律诗,……表面似乎为咏物怀古,然而内涵者皆当时史实"⑦。

在党晴梵看来,王心敬、杨岫、康乃心、孙枝蔚和屈复作为关学中人,正是艺术与道德、知识统一体的象征,尤其是其对艺术精神与人的精神培育的重要作用,这也是他将康乃心、孙枝蔚和屈复纳入《关学学案》的用心所在。党晴梵之所以将王丰川、杨岫、康乃心、孙枝蔚和屈复作为关学的代表,乃是基于从文化上对"关学"的观念重构。因此,党晴梵所建构的关学,并不是传统的"关中理学"的代称,而是"关中文化"的代称了。"关学"内涵从"关中理学"到"关中文化"的转变,是关学认知观念在近代转型中的重大变化,也是关学在近代走出理学的一种新趋势。

---

① 党晴梵:《关学学案》,党晟所藏缮写蒉本,1942 年,第 12 页。
② 党晴梵:《关学学案》,党晟所藏缮写蒉本,1942 年,第 10 页。
③ 党晴梵:《关学学案》,党晟所藏缮写蒉本,1942 年,第 46—47 页。
④ 党晴梵:《关学学案》,党晟所藏缮写蒉本,1942 年,第 16 页。
⑤ 党晴梵:《关学学案》,党晟所藏缮写蒉本,1942 年,第 17—18 页。
⑥ 党晴梵:《关学学案》,党晟所藏缮写蒉本,1942 年,第 27 页。
⑦ 党晴梵:《关学学案》,党晟所藏缮写蒉本,1942 年,第 29—30 页。

六、 重构中的寄托：情感世界

基于自我的理念选择并重塑历史人物来表达自我的观念，是历史建构者主体精神的理性维度。但历史建构者本身并不仅仅是理性的存在，同时也是情感和意志的生命存在。在对历史的重构中，他不仅可以借助历史人物及其作品来表达自己的理性观念、价值取向，还可以表达自己的情感世界。这就是历史建构中的情感维度，同时也是"庄周梦蝶"中"栩栩然蝴蝶也，自喻适志与""与物同化"的艺术境界。然而只有高超的艺术家，才能在对历史的重构中达到这种境界。而党晴梵不仅是一位史学家，还是一位诗人、一位革命者，与此前关学谱系的建构者不同，他在对近代关学的建构中，时不时流露出他的诗人气质，并能"借古抒怀"，用诗人的生命和作品来寄托自己的情感世界。这种特有的艺术气质，是党晴梵重构关学作品中个人气质的独特表现。

党晴梵常将自己的学术和生命历程幻化于对康乃心、孙枝蔚和屈复的艺术抒写中。他论康乃心曰："太乙先生一生学问，少年泛滥词章，与迦陵、玉樵诸词人相驰逐。中年考覆金石文字，精研经史志乘，致力于训诂考据之学，间亦傍及诸子百家，与亭林、山史多切磨。晚年才皈依宋明性理学，对于二曲，忽自侪于弟子之列。"[①]而党晴梵本人也经历过与康乃心类似的心路历程。曹冷泉《陕西近代人物小志》言："（党晴梵）先生少富才华，慕稼轩、同甫之为人，关山戎马，历左军幕，盾鼻磨墨，气吐风云，可谓先生之诗歌时期也。既而悔之，深自抑敛，读尽宋明性理之书，著有《宋明儒学案补编》，以补梨州之遗。近年专攻社会科学，并以原理著有《文字学》一书，以生产关系剖析文字发生之由，实为洨长梦想所不及，汇史学、文学于一编，诚不朽之著述也。近日更以科学之成果，铸金石甲骨之材料，著为《中国古代社会意识大纲》，此先生史学之时期也。"[②]党晴梵与康乃心都在早年泛滥词章，中年又数转入对金石文字的考求，又进而从考据训诂之学转入对宋明理学的

---

① 党晴梵：《关学学案》，党晟所藏缮写薰本，1942 年，第 32 页。
② 曹冷泉：《陕西近代人物小志》，樊川出版社，1945 年，第 18 页。

探讨,如此相近的心路历程,自然能引起二人的和弦共鸣,在康乃心身上,又何尝不是体现着党晴梵对学术和人生真理的曲折追求? 然而更让人感受深切的,是孙枝蔚和党晴梵的生命经历。党晴梵论溉堂:"生平忽而杀贼,忽而经商,忽而读书,忽而却聘"①,又说溉堂"身历国变,干戈偷生,杀贼未遂,匿迹盐荚,其志大可悲矣"②,这不正是党晴梵先生一生革命生涯的如实写照吗? 这不正是党晴梵先生内心痛苦的真诚流露吗? 而溉堂"诗似李太白,而骨力尤胜,人似刘越石,而处身更坚苦","其心之苦、志之洁、行之芳","其诗亦断非当时流辈所可企及",亦正是党晴梵先生人格和诗风的如实写照。

进而,党晴梵还借对溉堂之诗的"考证",寄托了对故人郭坚的思念和对混乱时局的不满。郭坚是陕西靖国军的著名将领,是辛亥革命的中坚力量,党晴梵对郭坚的认同甚深,早年他在郭坚军中任秘书长时,即为之写下"我来便挟如椽笔,为尔据鞍草檄文"的豪迈诗句。然而1921年郭坚被军阀诱杀于西安,并污之以"流贼"之名。对此,党晴梵自然不能释怀。借对孙枝蔚《与客二十人夜发三原赴张果老崖》一诗的考证,党晴梵极力为郭坚辩护,进而通过溉堂诗中"昨慕郭君义,勉强效周旋","豪杰起草泽,不复择愚贤","郭君建义旗,尽室离泾阳。……哀哉无王命,布衣念封疆"等诗句,再现了郭坚当初擎举义旗、离开家乡、奔赴疆场的情形,表达了党晴梵对与古人一起投身护法运动那一段历史的怀念,而其中"与国雪大耻,何用恤杀伤"③的诗句,更表达了他对设计杀害郭坚者的强烈不满和愤怒指责。这种表达手法,也正是党晴梵所赞赏屈复诗作的所谓"寄托"的笔意也!

如上分析,在《关学学案》中,党晴梵突破了传统的理学观念和道统意识,用以道德、知识和艺术为架构的文化观念重新建构了关学。他基于中国近代社会的现实危机,以深厚的宗国情怀和文化意识为基源,从历史文化的广阔视域审视了关中文化的发展历程,从中选择出王心敬、杨屾、康乃心、孙枝蔚、屈复五位关中学人,并运用社会分析、中西比较等研究方法对其予以重塑,从而建构起了融合气

---

① 党晴梵:《关学学案》,党晟所藏缮写蓑本,1942年,第24页。
② 党晴梵:《关学学案》,党晟所藏缮写蓑本,1942年,第16—17页。
③ 党晴梵:《关学学案》,党晟所藏缮写蓑本,1942年,第21页。

节、疑古、实践、事功、文学等多元素在内的，以道德、知识、艺术为文化观念的近代
关学观念。党晴梵对关学的近代重构，虽然具有强烈的时代意识、个人气质和情
感色彩，但也标志着关学在走出理学之后紧贴时代现实的一种建构意向。《关学
学案》是近代社会转型下关中学人对传统关学进行重构的代表性作品，学界对此
应予以足够的关注和重视。

探寻中国伦理学的精神原乡
——"情"的概念史重访[*]

付长珍
华东师范大学哲学系

一、 做中国伦理学： 一种新的可能性？

中国伦理学的书写范式，大致经历了从"述"（narrating）到"说"（talking）再到"做"（doing）的转型。20世纪初，蔡元培的《中国伦理学史》用西方伦理学的模式和理论来叙述中国固有的伦理思想，开中国伦理学研究之先河，对中国伦理学的话语创新和知识体系建构具有奠基性意义。在西方学术话语为主导的世界哲学格局中，如何"做"好中国伦理学，构建具有中国特色、中国气派的伦理学话语和知识体系，是新时代中国伦理学者肩负的重要历史使命。当然，"做"哲学或伦理学有很多种方式，近年来学界曾就如何"再写中国伦理学"进行过一系列富有新意的重要论争[①]，为我们进一步思考"做中国伦理学"问题开辟了理论空间。

"做中国伦理学"这一问题的前提，逻辑地关联着对"什么是中国伦理学"的追问。所谓中国伦理学，就是伦理学的中国故事、中国叙事，不能囿于模仿或回应西方伦理学的思想方式与问题关怀，而应该重在阐释自己的伦理文化内涵，论述自己的历史文化经验，回应现实对伦理学提出的新问题、新挑战。同时，中国伦理学

---

* 说明：国家社科基金项目"中国现代伦理话语建构路向研究"（18BZX106）阶段性成果。

① 参见陈少明：《做中国哲学》，北京：生活·读书·新知三联书店，2015年。朱贻庭：《"伦理"与"道德"之辨——关于"再写中国伦理学"的一点思考》；高兆明：《伦理学与话语体系——如何再写中国伦理学》；赵修义：《伦理学就是道德科学吗？》；万俊人：《关于"再写中国伦理学"的小引》、李建华：《当代中国伦理学构建的人学维度——关于"再写中国伦理学"的一种可能性进路》；邓安庆：《何谓"做中国伦理学"？ ——兼论海德格尔为何"不做伦理学"》，以上论文请参见《华东师范大学学报》（哲学社会科学版）2018年第1、6期，2019年第1期。

要走向世界与多元文明形态和思想传统对话,就需要进一步哲学化、理论化,以使概念内涵清晰化、分析论证精细化。但在这一过程中需要把握好适度原则,结合威廉斯等人针对西方传统所提出的"反理论化"诉求①,要充分认识到西方伦理学过度理论化的不足,要在保证不会导致对中国自身思想传统特质和意义的消解的前提下,"使思想清晰"并"赋予思想鲜明的边界"。

做中国伦理学,既要告别单纯哲学史研究的心态,突破以叙述代替诠释的传统路径,又要警惕过度理论化的陷阱,自觉反思跨文化诠释的限度。以比较研究的方式进行跨文化诠释,不能脱离思想和生活的现实语境,忽视了当代中国的伟大实践。为此,我们需要针对不同形态的伦理学理论,以谱系学的方法,开展对勘性研究。这种考察不仅是概念层面的,而且是问题层面的。比如,儒家伦理就有自己的问题意识和话语逻辑,不能总是局限于用美德伦理学或康德义务论去格义;既要在跨文化比较中批判地创新,又要在儒学的脉络中同情地理解。我们一方面要尊重传统、理解传统,同时也要进行批判性的创新和创造性的转化。做中国伦理学,既要扎根于中国源远流长的思想传统与当代社会生活:只有打通观念世界与生活世界,才是促成中国伦理思想创发的"源头活水";又需要运用新的理念和问题框架对传统伦理话语进行理解和呈现,并在当代伦理学的理论光谱中加以辨析,才能书写出有生命力的当代中国伦理学。

思考当今中国伦理学知识体系如何重构的问题,首要工作是重构中国伦理学书写和研究的理论范式,而重构的基础在于对中国伦理学的思想原点、元问题、元概念的认知和分析。中国伦理学的思想原点,不仅在于儒家以"学以成人"为中心的"成人之道",而且内蕴于道家深沉的生存伦理智慧中。朱贻庭先生将之概括为

---

① 伦理学的理论化与反理论化之争是现代西方伦理学讨论的重要内容之一。其中,西季威克的《伦理学方法》在总结康德道义论和密尔功利主义伦理学的基础上,形成了以建构抽象、普遍的原则为目的,注重规范普遍性和理论一致性的理性主义伦理学方法。然而,在伯纳德·威廉斯、蒂莫西·查普尔等美德伦理学者看来,理性主义伦理学方法强调理论的系统性,背后有着"知识帝国主义"的形上前提预设,也即伦理学以追求道德真理为根本,由此建构的伦理学理论不仅偏离人们的实际伦理经验,更重要的是存在动机干燥(motivational dryness)问题。基于此,威廉斯和查普尔等提出了反理论化和反系统化的方法论诉求,认为道德学说只有放在不同的文化和社会背景之下,才能发挥指导生活的作用。见 Timothy Chappell, *Knowing What To Do: Imagination, Virtue, and Platonism in Ethics*, Oxford University Press, 2014: 1-3。

"'形神统一'文化生命结构",而"道德"是形神统一的文化生命体。① 要认识这一结构,我们需要清理中国伦理学的元问题,如"道德与伦理之辨""群己之辨""义利之辨""理欲之辨""性情之辨"等一系列论题、概念、范畴。中国伦理学对这些问题的回答不是一种完全概念式的表达,需要在概念的互参中获得新的理解和呈现;需要运用概念史的方法,通过思想史的还原来解读相关术语、语词链、观念簇及其证成方式。

如果说概念是"问题的纪念碑"②,赋予社会论争以特定结构,应作为方法论上不可再精简浓缩的最高级别来理解(科塞雷克语),而元概念更是"发挥着特殊的表达作用,它使普通的经验和实践概念的使用和内容变得清晰"③。"元概念"的提出是德国古典哲学的重要贡献之一,马克思在批判法国机械唯物主义时曾指出,正是"元概念"使得理解"主体的能动性"成为可能④。康德将元概念看作静态的先验结构,使元概念陷入无内容的理性独断。黑格尔拒绝通过定义概念来传达概念内容的可能性,他认为,动态的元概念需要通过"回顾过去"的历史维度和"参与经验"的实践维度来显示和拓展其丰富内涵。这就使"元概念"具有内涵不断生成和嬗变的"厚概念"(thick Concept)特征。

当然,即使在黑格尔对元概念的动态理解中,元概念的"厚"还只是"唯一"绝对理性的自我辩证发展。伯纳德·威廉斯(Bernard Willams)作为黑格尔阵营的重要成员⑤,在强调"除非通过历史的方法,否则就不会洞察到这些东西"的基础上⑥,通过对多元文化道德谱系的考察,提出了一个包容道德多元的"厚概念"构想。我们可以通过对中国伦理学中一系列"厚概念"的重新阐发,提炼出彰显中国

---

① 朱贻庭:《中国传统道德哲学 6 辨》,"自序",上海:文汇出版社,2017 年,第 5 页。

② Theodor W. Adorno, *Philosophische Terminologie*, Bd. 1, Frankfurt: Suhrkamp, 1974: 13.

③ Robert B. Brandom, *A Spirit of Trust: A Reading of Hegel's Phenomenology*, The Belknap Press of Harvard University Press, 2019: 8.

④ 杨祖陶:《康德黑格尔哲学研究》,北京:人民出版社,2015 年,第 66—67 页。

⑤ 休伯特·L. 德莱弗斯在《何为道德成熟》一文中指出,康德和黑格尔围绕超验的普遍性道德原则和参与决定什么是好的伦理传统何者具有优先性方面,产生了道德性和伦理性两个阵营。其中追随康德一方的有哈贝马斯和罗尔斯,而黑格尔阵营的则有伯纳德·威廉斯和查尔斯·泰勒等。Dreyfus H, Dreyfus S. *What is morality? A Phenomenological account of the development of ethical expertise*, Universalism vs Communitarianism: Contemporary Debates in Ethics (1995)237 - 264.

⑥ 艾利克斯·弗洛伊弗:《道德哲学十一讲》,刘丹译,北京:新华出版社,2015 年,第 197 页。

伦理话语特质的标识性概念,以此为进路,重访当代中国伦理学的问题域。

二、"厚概念"何以重要?

在威廉斯那里,伦理概念不只是要描述我们怎样思考伦理生活,还要告诉我们怎样去思考,只有伦理的厚概念才是关键。① 威廉斯明确区分了薄概念(thin Concept)与厚概念(thick Concept)的内涵。首先,薄概念并不具有经验内容而只具有评价功能;其次,薄的伦理概念只拥有引导行为的功能,所以道德哲学家如果只关注薄的伦理概念,那是误入歧途;而厚概念的使用是"被世界所引导的"(world-guided),厚的伦理概念里蕴含的评价内容又能为人们提供行动的理由,由此又是引导行为的(action-guiding)。② 任何理论创新的背后都有其自身的理论动机。那么威廉斯的厚概念在何种意义上能为我们做中国伦理学提供方法借鉴?

追求知识的确定性是近代哲学认识论转向、尤其是康德知识论转向后哲学使命的自我确认。面对道德虚无主义与道德相对主义的挑战,如何在不诉诸上帝等外在实体的基础上为道德规范的客观性辩护成为伦理学家的主要任务之一。为满足道德规范的客观性和实践性,康德主义者用理性的普遍性来满足规范的客观性。按照西季威克在《伦理学方法》中的说明,康德的道义论和密尔的功利主义等系统化的伦理学理论,尽管各自主张不同,但在研究方法上都属于以建构抽象、普遍的原则为目的,注重规范普遍性和理论一致性的理性主义伦理学方法。此后的元伦理学虽然将伦理学研究对象由道德行为转向道德语言,也同样是以追求知识的确定性,从而建构"科学伦理学"为根本宗旨的。③ 后期维特根斯坦认为,哲学的本质是寻求清晰而非真理,是试图从概念中找出真理不仅是一种误导,而且导致了现代哲学在理解伦理学方面的问题。④ "道德"作为一个家族相似性概念,我们无法期待通过哲学研究获得其准确的定义,更不能由此形成确定性的伦理知识。

---

① 伯纳德·威廉斯:《伦理学与哲学的限度》,陈嘉映译,北京:商务印书馆,2017 年,第 24 页。
② 伯纳德·威廉斯:《伦理学与哲学的限度》,陈嘉映译,北京:商务印书馆,2017 年,第 169—171 页。
③ 乔治·摩尔:《伦理学原理》,"序",长河译,上海:上海人民出版社,2005 年,第 3 页。
④ Paul Johnston, *The Contradictions of Modern Moral Philosophy*:*Ethics after Wittgenstein*, Routledge, 1999:xii.

威廉斯、纳斯鲍姆和查普尔等当代美德伦理学者正是沿着这一思路,通过对道德运气的考察和对理性主义伦理学所存在的"动机干燥"原因的分析,认为康德式道德哲学为追求道德判断的稳定性和连贯性,在避免预设任何特定权威的同时却预设了一个"不存在的理性人"①。其认识论的深层原因则在于系统化的道德理论都内含着"知识帝国主义"的形上预设或"知识人式满足"的心理诉求②。由此,以反理论为方法论自觉,从厚概念入手揭示、决定什么是好的传统的伦理就成为美德伦理学的普遍共识。

然而,威廉斯虽然揭示了道德学说只有放在不同的文化和社会背景之下才能发挥指导生活的作用这一深刻见解,从而用"距离相对主义"为不同文化的厚概念存在提供了合理性辩护,实现了对黑格尔单一"元概念"的超越,但他对厚概念的具体内容诠释却主要集中于既成的伦理传统。对于黑格尔所强调的元概念需要通过不断的具体实践来拓展边界这一未来面向,威廉斯以保持"对距离相对主义的适当敬意"之名义屏蔽掉了:"我们若并不坚信这些价值是客观的,我们就有理由不去影响未来,一如我们有理由不去评判过去。我们不应该试图把特定的价值封印到未来社会上。"③这就意味着,如果我们通过概念的厚化来做"厚实"的伦理学,就不能只局限于更好地解释和评价道德现象,更要通过厚概念的建构来拓展深度反思生活、参与生活重建的伦理学,这就需要对威廉斯的厚概念进行改造。

首先,厚概念不仅兼具描述性和评价性特征,而且能够变革现实,具有动力性特征;不仅是伦理学研究的理论工具,而且能够参与到伦理生活的重建(to recreate ethical life)以及伦理知识的重构过程中。

---

① Jonathan Jacobs, *Dimensions of Moral Theory*: *An Introduction to Metaethics and Moral Psychology*, Blackwell Publishing Company, 2002: 62.

② 伯纳德·威廉斯认为,在伦理生活内部,我们通过反思获得的不会是关于道德真理的知识,而是另外一种东西——理解。那种认为伦理生活中的信念必须是知识、必须是某种样式的确定性,是一种"知识人式的满足"。见伯纳德·威廉斯:《相对主义与反思》,陈嘉映译,《世界哲学》2015年第5期,第124—134页。与此相类似,查普尔认为追求系统化的主流伦理学理论存在的首要问题就是"知识帝国主义",其理论困难则在于对伦理经验的偏离和"动机干燥"。见 Timothy Chappell, *Knowing What To Do*: *Imagination*, *Virtue*, *and Platonism in Ethics*, Oxford University Press, 2014: 1-3.

③ 伯纳德·威廉斯:《相对主义与反思》,陈嘉映译,《世界哲学》2015年第5期,第134页。

其次,厚的伦理概念有助于刻画和反映伦理生活本身多维交织的复杂性,有助于提供对活生生的伦理经验的批判。它不在于劝导任何人去做任何事,而在于促进自我理解。人们在以往谈论伦理时,往往着眼于关系性的存在,而忽视了伦理个体,如今个体需要从伦理的视角来反思自身,而厚的伦理概念的一个最重要的特征就在于促进人对自身的理解。

再次,厚概念既是反思问题的钥匙,也是分析社会历史情状的工具。厚概念是生活世界的一部分,如章太炎所说的"因政教则成风俗,因风俗则成心理",一种真正的伦理观念应该进入到社会群体的心理层面,成为一种"百姓日用而不知"的集体无意识。在分析社会历史情状的基础上理解中国伦理学,是厚概念带给我们的一个重要维度。

最后,新概念呈现新事物,而厚概念自身是需要被不断建构和证成的。具体到如何把概念厚化(make it thick),大致有三种方式:首先是历史的方式,要注重概念的变迁史;其次是理论的方式,要使概念结构细化、厚化,就需要在多维度、复杂性、问题相关性等多个面向下进行概念的建构工作;最后是经验的方式,要把概念具体化以关注到当下生活,伦理不同于哲学的地方正在于其实践性,在直面当下社会最前沿的诸种挑战中,进行相关概念的完善。

陈旭麓先生曾说过:"政治家看到的是地平线上的东西,哲学家看到的是地平线以外的东西,历史学家记下了地平线上的东西,但要把视野从地平线引向地平线以外。"①那么,与哲学家相比,伦理学家还要把视野从地平线以外引向地平线以上,要解释和反思地平线以上的东西,不仅要说明是什么、为什么,还要回答该如何做,由此引导人们追求好生活与好社会。厚概念不仅有经验性的内容,还有历史感和现实性,可以从历史、理论和现实融合的角度参与伦理生活的重建。本文将以"情"为例,讨论中国伦理学中"厚概念"的生成创化及其对伦理学范式创新的典范意义、反思理论与方法的限度。

---

① 陈旭麓:《浮想录》,上海:上海教育出版社,2019 年,第 26 页。

三、 情： 一个厚的伦理概念

从"情"或"情感"出发来研究中国伦理学，近年来受到学者们的较多关注。其中影响最大的当是蒙培元先生的"情感儒学"论和李泽厚先生的"情本体"论。两位先生的开创性研究，从整体上深刻揭示了中国伦理学的重情传统和"情理不二"的思想基调，也为从概念史和谱系学的视角深入探求"情"伦理的丰厚意蕴开辟了空间。

在中国古典伦理学的语境中，道德（道—德）、伦理（伦—理）、情感（情—感）都是复合词。据道成德，显性弘道；伦理不仅是人伦之理，还包括事理、物理、情理；情由感而生，万物皆有"情"。《礼记·礼运》说："何谓人情？喜怒哀惧爱恶欲七者，弗学而能。"情，首先指自然之情，从个体存在来说，人皆有七情六欲，"性之好恶喜怒哀乐谓之情"[①]，从人伦关系来看，则是自然亲情；孝悌为仁之本，道德情感是对自然亲情的升华推衍。情不仅是人伦之情，而且是道德生命体的表征。情是中国哲学的言说方式、出场方式，也是中国人基本的生命展开方式。

伦理学的开端往往是"厚实的"。这一开端有着一种文化上的整体性与深厚的内蕴[②]，这种厚的伦理学更能提供丰富真实的人类伦理生活图景。让我们回到中国伦理学的思想原典，通过聚焦于"情"的厚概念分析来开启一个伦理学的整体进路，发掘并重振儒家伦理现代精神的核心命题和多重进路。我们可以从历史化、理论化、具体化这三个维度来思考"情"概念的厚化。

（一）"情"概念的内涵演变

在西周金文中，情的本字是"青"。青是生长植物的颜色，从青到情，犹如从生到性。徐复观指出，在先秦，性与情好像一株树生长的部位，根的地方是性，由根伸长上去的枝干是情；部位不同，而本质则一，所以先秦诸子谈到性与情

---

① 王先谦：《荀子集解》，北京：中华书局，2012 年，第 399 页。

② Michael Walzer，*Thick and Thin：Moral Arguments at Home and Abroad*，Notre Dame：University of Notre Dame Press，1994：4.

时,都是同质的东西。① 性情不二、情理不二,构成了"情"概念内涵的基本规定性。

　　"陈情欲以歌道义。"作为我国最早的一部诗歌总集,《诗经》蕴含着人类伦理生活的原初智慧,以歌谣的形式承载着不断被重新激活的常经大道。通过《诗经》文本来理解"情"概念,有助于我们进一步理解"情"的原初意义。《诗经》中的篇章看上去吟咏的多是儿女情长,《韩诗外传》所谓"不见道端,乃陈情欲,以歌道义",但它正是通过对人之情欲的吟咏来彰显家国大义、天下达道。② 王船山在《诗广传》中,论《鹊巢》曰:"圣人达情以生文,君子修文以涵情。"论《草虫》曰:"君子之心,有与天地同情者,有与禽鱼草木同情者,有与女子小人同情者,有与道同情者,唯君子悉知之。悉知之则辨用之,辨用之尤必裁成之,是以取天下之情而宅天下之正。故君子之用密矣。"③君子因情设教,感发人之善心,使人得其性情之正。从自然之情出发,匡正天下大义,贯通天人古今,真切悠长,意味隽永。《诗经》中的这种言"情"理路,可谓是中国伦理学生生不息的精神渊薮。《性自命出》中"道始于情,情生于性;始者近情,终者近义"的思想命题,孟子倡导的"仁,人之安宅也;义,人之正路也"④的伦理精神正是与此一脉相承。

　　随着历史的演化,"情"概念逐渐拥有了更丰富的内涵。徐复观的《中国人性论史》中专门提到了关于"情"的理解问题,他以《庄子》为例,探讨了"情"的三种用法:"一种是情实之情,这种用法的本身,没有独立意义。另一种实际与'性'字是一样⋯⋯第三,是包括一般所说的情欲之情,而范围较广。"概括地说,情有三义,即情实之情、性情之情、情欲之情。道家在讲"情"的时候,多与"物"相联系;儒家更多是讲人之性情。性情之辨、情理之辨构成了贯穿中国传统伦理学主题论争的主线和底色。

---

① 参见徐复观:《中国人性论史》,上海:华东师范大学出版社,2005 年,第 141 页。
② 威廉斯曾精辟指出:"现代世界对伦理思想的需求是没有前例的,而大一半当代道德哲学所体现的那些理性观念无法满足这些需求;然而,古代思想的某些方面,若加以相当的改造,却有可能满足这些需求。"见伯纳德·威廉斯:《伦理学与哲学的限度》,陈嘉映译,北京:商务印书馆,2017 年,第 1 页。
③ 王夫之:《船山全书》第 3 册,长沙:岳麓书社,1996 年,第 310 页。
④ 朱熹:《四书章句集注》,北京:中华书局,1983 年,第 281 页。

（二）"情"概念背后的观念簇：感—见—觉

情由感而生。庄有可《诗蕴》论《召南》云："'召'之为'感'何也？诗曰：'无言不雠，无德不报'。召，无有不应者也。《召南》也者，圣人南面而听天下，万物皆相见也。"①万物皆相见，建立在性可感的基础上。"《诗》云：'未见君子，忧心惙惙。亦既见止，亦既觏止，我心则说。'诗之好善道之甚也如此。"②从人的真情实感出发，既有对生活世界的观照，又有对生命内在的省思，共同构筑了"情"概念的生命理境。感是认识世界和认识自己的根本方式。"天地之间，只有一个感与应而已，更有甚事？"③以身体为中介，通过身体感官对经验世界进行反思和建构，使文化生命和自然生命真正沟通起来。可以"三年之丧"为例，来分析"安与不安"问题背后所涉及的"情"概念的证成方式：

> 宰我问："三年之丧，期已久矣。君子三年不为礼，礼必坏；三年不为乐，乐必崩。旧谷既没，新谷既升，钻燧改火，期可已矣。"子曰："食夫稻，衣夫锦，于女安乎？"曰："安。""女安，则为之！夫君子之居丧，食旨不甘，闻乐不乐，居处不安，故不为也。今女安，则为之！"宰我出。子曰："予之不仁也！子生三年，然后免于父母之怀。夫三年之丧，天下之通丧也；予也有三年之爱于其父母乎？"④

孔子对宰我说"女安，则为之"，既而又说"子生三年，然后免于父母之怀。夫三年之丧，天下之通丧也"。孔子所给出的关于"三年之丧"的这些说法只是提供了道德理由，而最终触发这一行为的道德动机还要诉诸"安"。"安"作为一种心理体验，直接关联到个体的情感认知，可见儒家伦理体系的建构都是基于人之常情，而这个"情"的发端在于血缘的连接。孔子曰："居上不宽，为礼不敬，临丧不哀，吾

① 庄有可：《诗蕴》，王光辉点校，转引自柯小刚：《〈诗经·召南〉前三篇读解：一种通变古今的经学尝试》，《同济大学学报》（社会科学版）2017 年第 4 期。

② 刘向：《说苑校证》，向宗鲁校证，北京：中华书局，1987 年，第 4 页。

③ 程颐、程颢：《二程集》，北京：中华书局，1981 年，第 152 页。

④ 朱熹：《四书章句集注》，北京：中华书局，1983 年，第 180—181 页。

何以观之哉?"①诉诸"安"的实质即诉诸"情",如何让这种极具个人性的情感体验生成普遍性、规范性的道德标准,是我们在建构儒家德性伦理的过程中需要自觉反思的问题。

以心安与否作为社会道德建立与否的根基,是建立在对人性、对社会生活复杂性的理解基础上的。这比起"单线条"地强调道德责任,更生动、丰满且具有说服力。儒家论德性,总是从最"切己处"入手,能近取譬。德性的始基,深深地扎根于人的身体自然需求和"感受"中,从"食色,性也"的自然禀赋到"礼义之悦我心,犹刍豢之悦我口"的道德选择,所遵循的正是从人之"情"出发的切己反应。我们对人的存在方式和生活世界的现象学发问,既有文化模式、社会规范的制约,又有个体独特的生命和情感经验。

儒家强调推己及人,"女安,则为之"。所以,程颢会说"此'推'字意味深长",戴震将之概括为"以情絜情"的情感推理和交往理性。传统儒家伦理学中所讲的"感""觉""见"都有一种相即不离的身体间性。"三年之丧""以羊易牛"这一系列公案以及其背后所涉及的"见与未见""安与不安"的问题,所凸显出的一个共同点即儒家修身以及伦理学的出发点,是讲"感"和"情"的。

以"感—见—觉"及其背后的"情"为基础的中国传统儒家伦理建构能否获得理论层面的普遍性和规范性,是我们在思考"情"概念时必须要面对的问题。而之所以要追求普遍性和规范性,是出于确立伦理道德存在的合理性的需要,也是实现为道德奠基这一目标的自然诉求。包括弗朗索瓦·于连在内的很多学者,在探讨"道德奠基"这一问题时,都选择以孟子的恻隐之心为切入点,围绕"恻隐""同情"和"怜悯心"等概念,对儒家情感哲学与道德情感主义、情感现象学等多重传统展开对勘式研究,探讨从比较式研究走向合作式对话的可能路向。②

"恻隐之心"是中国伦理思想史上一个经典的标识性概念,出自《孟子·公孙

---

① 朱熹:《四书章句集注》,北京:中华书局,1983 年,第 69 页。
② 如何立足于"恻隐之心"的经典世界揭示其现代意义,既是儒家哲学重建不可或缺的一环,也是儒家思想回应现代性的一个源头活水之所在。赖区平、陈立胜教授精心编选了 21 篇国内外学者的文章,对"恻隐之心"的跨文化研究成果作了很好的总结和整理。详见赖区平、陈立胜编:《恻隐之心——多维视野中的儒家古典观念研究》,成都:巴蜀书社,2018 年。

丑上》。"所以谓人皆有不忍人之心者,今人乍见孺子将入于井,皆有怵惕恻隐之心。非所以内交于孺子之父母也,非所以要誉于乡党朋友也,非恶其声而然也。由是观之,无恻隐之心,非人也;无羞恶之心,非人也;无辞让之心,非人也;无是非之心,非人也。恻隐之心,仁之端也;羞恶之心,义之端也;辞让之心,礼之端也;是非之心,智之端也。人之有是四端也,犹其有四体。有是四端而自谓不能者,自贼者也;谓其君不能者,贼其君者也。凡有四端于我者,知皆扩而充之矣,若火之始然,泉之始达。苟能充之,足以保四海;苟不充之,不足以事父母。"①

孟子认为恻隐之心是仁之端,是人天生固有的本心,在看见幼童即将掉入井内的时候,如果割弃不顾的话,就失去了人之为人的本性,也就不足以为人。因此不能将恻隐之心简单理解为怜悯之心,这里体现的是一种对活泼泼的生命的关注,强调的是一个自然而然的过程,恻隐只是一件自然的事。于连在《道德奠基》一书中指出:"'不忍'的感情自然表露出来——不仅是道德的体现,亦给我们以发掘道德的可能。"②这也就意味着我们可以从"恻隐之心"出发来思考和论证道德的合理性问题。

"恻隐之心"到底是一种什么样的情感呢?③ 如果我们仅站在传统中国伦理学的视角里回答这个问题,很有可能会陷入"着相"境地。通过与道德情感主义伦理学的对话,可以进一步厘清儒家"情"概念的内涵和特点。首先,恻隐之心既有感觉性的方面,也有动机性的方面,还有接受性的面向。斯洛特认为,不同于西方哲学过度强调理性的自主和扩张,中国哲学一直重视接受性价值,注重阴阳之间的互补协调,经过重新解释观念化的阴阳,可以对人类文明作出更大的贡献。然而,"中国哲学对这些概念的运用很少,远远不及它们在中国文化中的广泛性……阳与阳或阴/阳仿佛是中国思想呼吸的空气,是某种被看作理所当然且不需要任何

---

① 朱熹:《四书章句集注》,北京:中华书局,1983 年,第 238 页。

② 弗朗索瓦·于连:《道德奠基:孟子与启蒙哲人的对话》,宋刚译,北京:北京大学出版社,2002 年,第 4 页。

③ 牟宗三认为,所谓怵惕恻隐之仁,就是道德的心,浅显地说,就是一种道德感,经典地说,就是一种生动活泼、怵惕恻隐的仁心。"觉"与"健"是恻隐之心的两个基本特征。人必有觉悟而复其恻隐之心,则自能健行不息。参见牟宗三先生七十寿庆论文集编写组:《牟宗三先生的哲学和著作》,台北:学生书局,1978 年,第 108—109 页。

辩护甚至表述的东西,是那些能够明确成为哲学思想的内容的一个背景,而不属于真正的哲学探讨的前景的一部分"①。斯洛特的批评可谓切中肯綮,他提示我们应该深入开掘自己的哲学传统和民族智慧,使休眠的古老概念重新焕发生机,创造性地汇入世界哲学的长河。其次,不同于西方伦理学需要强调人与人之间的"移情联结","恻隐之心"所传承的儒家伦理是通感性的生生与共,人我之间相际不离的关系性已内化于个体的存在方式,这种以己为度、推己及人的伦理观同样需要接受现代理性的审视。当代中国伦理学的重建,需要重新厘定自我与他人、个体与群体的关系边界,既注重人与人之间的关系性联结,又充分尊重个体独立性,只有以伦理个体性的重建为基点,才可能实现群己、物我之间的真正和谐。

总之,要使中国哲学中的原生概念不断得以重构,首先需要深入考察概念谱系的变迁史,分析其在中国伦理学传统中一脉相承的演化过程。从孟子的"恻隐之心"到程颢的"仁者浑然与物同体",再到王阳明的"一体之仁",所凸显的正是人与宇宙万物"协同共在"(co-existence)、相即不离的身体间性。这是中国伦理学源远流长的思想传统。其次要借助西方情感主义伦理学理论,使"情"概念的内涵更加清晰化。从沙夫茨伯里、哈奇森到休谟、斯密,都主张情感的自然化、情感是道德的基础,形成了一套新的启蒙观念和伦理话语。当代关怀伦理学以"回到休谟"的口号来重提道德情感问题,从心理学认识论视角,对人类的情感能力进行批判性审察。通过对勘式研究,可以发现不同于中国传统伦理学对"情"的体证,西方伦理传统更突出对"情"的批判理论的考察,而如何实现这两者的优势互补,是我们对"情"概念进行理论化的过程中需要着重思考的。此外,需要进一步拓展伦理学的知识视野,使概念建构具体化、生活化。儒家传统伦理思想重视"情"在一些核心的哲学论题中的重要地位,这就形成了参与前沿问题讨论的基础。特别是随着人工智能时代的来临,如何处理人类与类人类(AI)的伦理关系,持守人的尊严和独特性;如何发挥儒家情感哲学的独特价值,实现对西方思想方法的纠偏,尤其值得我们深入探究。

---

① 迈克尔·斯洛特:《阴阳的哲学》,王江伟、牛纪凤译,北京:商务印书馆,2018年,第87页。

四、 结语

真正的伦理问题,从来不仅仅是规范性的;真正的伦理学总是面向生命、面向生活、面向人生的理论造诣和实践智慧。李泽厚在《该中国哲学登场了》中深情写道:"它融化在情感中,也充实了此在,也许,只有这样,才能战胜死亡,克服'忧'、'烦'、'畏'。只有这样,'道在伦常日用之中'才不是道德的律令、超越的上帝、疏离的精神、不动的理式,而是人际的温暖、欢乐的春天。它才可能既是精神又为物质,是存在又是意识,是真正的生活、生命和人生。品味、珍惜、回首这些偶然,凄怆地欢度生的荒谬,珍重自己的情感生存,人就可以'知命';人就不是机器,不是动物,'无'在这里便生成为'有'。"①当代中国伦理学知识体系的建构,不仅关涉伦理学的学科自觉,而且触及如何理解多元文明类型和伦理生活的样式。活的伦理概念应该赋予道德以生命的灵魂,好的伦理生活正是对道德本真生命的发现、呵护和践行。从"情"作为一个厚概念的视角思考中国现代性道德困境,复活了情感在当代道德生活和伦理话语中的生命力,丰富、扩大了我们的"存在方式"。一种厚实的温暖的当代中国伦理学,才是一幅更值得期许的伦理学知识图景,才是中国伦理学对人类文明和世界哲学的更大贡献。

---

① 李泽厚:《该中国哲学登场了?——李泽厚 2010 年谈话录》,上海:上海译文出版社,2011 年,第 72—73 页。

第三编　西方诠释学在中国

阐释现象的现象学分析

张志平

上海师范大学哲学与法政学院哲学系

阐释学从其发展历史看,有各种不同的类型,如局部阐释学、方法论阐释学、一般阐释学、哲学阐释学,等等;从不同阐释学家的思想看,也有施莱尔马赫的一般阐释学、狄尔泰的体验阐释学、海德格尔的此在阐释学、伽达默尔的语言阐释学、利科的文本阐释学、哈贝马斯的批判阐释学,等等①。这些阐释学理论表面上看各不相同,充满分歧,有些甚至针锋相对,但都与阐释现象本身有关:它们要么就应该如何阐释给出特殊的或一般的方法论原则,要么就阐释的目的作出自己的理论预设,要么就阐释现象的本质给出反思性的界定或理解。由于切入的角度和理论旨趣不同,它们所涉及的阐释现象的面相也各有侧重。由于阐释现象的存在构成所有阐释学理论赖以发生和存在的基础,所以,只有对阐释现象本身作出全面而彻底的反思性分析,我们才能恰切地判断不同的阐释学理论之间可能存在的对立或互补关系,也才能就阐释学本身牵扯的一些问题或面临的困境作出反思性澄清或化解。

本文的目的即在于对阐释现象的本质作出根本性的分析和澄清,并在此基础上就阐释学所面临的一些问题作出尝试性说明。为此,本文拟从以下三方面展开论述:一是从词源学角度对阐释学的外文及中文词的含义作出分析;二是由词源学分析所提供的线索出发,从现象上探问并澄清阐释现象的本质及其构成要素;三是在此基础上就阐释学中存在的阐释的认识性与存在性、主观性与客观性、相对性与确定性、可理解性与可说服性以及多元性与合理性等问题给出尝试性澄

---

① 参见潘德荣:《西方诠释学史》,北京:北京大学出版社,2016年,第9页。在此,本文为了文中的讨论方便起见,把"诠释学"改为"阐释学"。

清,并指出公共阐释或理性阐释的可能性和必要性。

一、 hermeneutics/Hermeneutik 的词源学分析

从词源学上讲,阐释学的德语词"Hermeneutik"来源于希腊语词"hermēneuein",即作为动词的阐释,其词根是"Hermes",即赫尔墨斯。作为神的信使,赫尔墨斯的职责是将神的旨意传达给人类;由于神的语言与人类的不同,加之充满隐喻,因此,就需要赫尔墨斯不仅要把神的语言翻译为人类能懂的语言,而且还要把其中的隐喻向人类解释清楚[①]。

就"Hermes"是"Hermeneutik"的词根而言,如果我们把赫尔墨斯向人传递神的旨意的活动视为一种阐释活动的模型,那么,我们从中至少可以发现阐释活动具有以下特点:1.关系性。其中既涉及赫尔墨斯与神的关系,也涉及赫尔墨斯与人类的关系,还涉及人类与神的关系。2.障碍性。没有赫尔墨斯的阐释,人类是听不懂神的话语的,即使人类和神拥有同样的语言,也无法理解神的话语中所包含的隐喻。就此而言,神和人的关系是一种阻隔关系,即人单向地无法理解、至少无法完全理解神的旨意。3.中介性。没有赫尔墨斯,人类将听不懂神的旨令,因此,需要赫尔墨斯作为神与人之间的中介。4.转换性。赫尔墨斯把神的语言翻译为人的语言、把隐喻用清楚明白的话加以解释,这就是一种转换。5.间距性。在神的旨意与人对神的旨意的领会之间存在着间接性的间距性;在神和赫尔墨斯的共同语言与赫尔墨斯与人的共同语言之间存在着异质性的间距性;从神颁布其旨意到赫尔墨斯通过阐释把其旨意传达给人类,也存在着滞后性的间距性。6.可理解性。作为中介的赫尔墨斯必须既能理解神的话语,又能说被人类理解的话语;就此而言,赫尔墨斯与神的关系以及赫尔墨斯与人的关系就是一种无障碍的可理解性关系。当然,理论上也存在赫尔墨斯不能理解或只会误解神的话语的可能性,以及人不能理解或只会误解赫尔墨斯的话语的可能性。但是,如此一来,赫尔墨斯就不成为神和人之间的中介了,他的阐释也就是不必要的了。换句话说,倘

---

① 参见《西方诠释学史》,第 20 页。

若赫尔墨斯需要第三者的阐释才能理解神的话语,而赫尔墨斯的阐释同样需要第三者的阐释也才能被人类理解,而第三者的阐释又需要第四者加以阐释才能被理解——以此类推,至于无穷,那么,理解就是不可能的;反过来说,倘若根本不存在可理解性,阐释也就失去了其赖以存在的前提,因为阐释的目的就是要让阐释的对象经过阐释而不再需要阐释就能被理解。由此可见,一方面,阐释要得以可能必须以可理解性为前提,或者说,阐释本身就蕴含着理解,另一方面阐释存在的意义就在于消除理解障碍,并因此使阐释成为不必要,简言之,就在于取消自身。当然,以上仅仅是从这个单纯的神话故事出发所推演的结论,后面我们还要从现象上对阐释现象加以考察。

在汉语学术界,hermeneutic/Hermeneutik 的译名并不统一,被翻译为"解释学""诠释学""阐释学"或"释义学"等。翻译也是一种阐释,并且,不论哪种翻译也都多多少少意味着其与外文词之间在含义上具有某种契合之处。下面,就让我们分别从这几个字词在汉语中的意义出发,分析 hermeneutic/Hermeneutik 在汉语语境中可能衍射出的意义。

在汉语中,从"解"的甲骨文字形看,它像两个人把牛背上的东西松开并卸下;从其楷体看,已经演变为"用刀把牛角剖开"——"庖丁解牛"中的"解"也正是这种意义上的"解"[1]。张揖编纂的词典《广雅》解释说:"解,散也。"许慎的《说文解字》解释说:"解,判也",而"判,分也",即用刀切开。就前者而言,"解"字有松绑、释放、去除、分离之义,如解甲归田、解囊相助、解除、解散等。就后者而言,"解"字有剖开、分开、打开、敞开、让显露或展现之义,如分解、解剖等。从中也可见,"解"原初仅仅是物理意义上的"解",如解衣、解铃、解开、土崩瓦解(字面意义上考虑)等,而后也在象征意义或类比意义上被使用,如解脱、解决、解析、化解等。由于"解"是松绑或解开"疙瘩",所以,"解"又与障碍的扫除或矛盾的消除有关,如和解、调解、排解等。

有关"阐",《说文解字》中说:"阐,开也",即打开门。"阐"字是"门"里面一个

---

[1] "解"的甲骨文字形和楷体,参见窦文字、窦勇:《汉字字源:当代新说文解字》,长春:吉林文史出版社,2005 年,第 351 页。

"单"。《汉书·枚乘传》对"单"字的注解是："单，一也。"在此，"单"是"一个"或一人，即"单介"或"单民"。由此可见，"阐"最初的含义就是一个人把门打开。门是用来封闭和阻断的，打开门也就意味着敞开和畅通，意味着让房屋里面的东西对外显现，或通过让外面的光线进入而让里面的黑暗空间变得明亮。也许正因如此，《康熙字典》里收录的《增韵》的解释是，阐乃"显也"；收录的《玉篇》的解释是，阐乃"明也"。也有解释认为，"阐"字中的"单"字表示捕兽网，整个字的意思是"扛着捕兽网出门，人们也就知道你去打猎了"，由此"阐"字就具有了"表明"的含义①。

　　有关"诠"，有各种不同的解释。《说文解字》中说，"诠，具也"，而"具，供置也"。"具"的字形像两个人或一个人用双手捧着贝（钱币、货物）、餐具或鼎器等，在准备宴席或饭食。因此，"具"又有"准备""置办"的意思。《淮南子·诠言训注》中说，"诠，就也"。"就"的本义是"到高处去"，所以有"高就"一说。此外，在"就位""就寝""就绪"等词语中，"就"还有"到"并因此"准备好"或"开始进入某种状态"的意思。无论是"具"还是"就"，似乎都与我们所期望的"诠"在"诠释"中的意思联系不上。不过，"具"还有"写"的意思，如"具名""具状"等；有"完备"或"详细"的意思，如"具言""具论"等。"就"还有"靠近"的意思，如"避实就虚""避难就易"；有"依照"或"针对"的意思，如"就此而言""就事论事"等。把两方面的意思结合起来，我们可以大体引申出："诠"就是"针对……而作出详细阐述"，即"全言"。其实，在《淮南子·诠言训注》的"诠，就也"之后，还有一段话："就万物之指（指象，即天以景象示意），以言其征。事之所谓。道之所依也。故曰诠言。"在《淮南子》中，刘安既引经据典、阐释经典的真义，又不拘泥于文本，而是指向事理或事情本身。从其方法看，它是研究与原创、文本之阐释与事理之阐明的结合之作。按照高锈对刘安的《淮南子·诠言训》中的"诠言"一词的解释，以及《淮南子》一书本身的精神实质，我们说，"诠言"就是在对经典文本、对刘安来说特别是对先秦道家文本进行阐发的基础上，对万物的存在之道、社会的人事之理进行的阐释和说教（训）。按照《康熙字典》收录的《类篇》的解释，"诠"乃"择言也""又解喻也"；按照其中收录的《音义》的解释，"谓具说事理也"。这些解释把"诠"与对恰当的语言的选择联

---

① "阐"的篆体及此解释，参见《汉字字源：当代新说文解字》，第78页。

系了起来,并指出"诠"也具有把可能让人费解的比喻或隐喻解释清楚的意思,或意指对事理作出详尽解释。"诠"的"解喻"之义非常接近赫尔墨斯的职责,即要向人类把神的"隐喻"解释清楚。不过,由于汉语的"诠"不仅具有"解喻"的意思,还具有阐明万事万物存在之理的意思,所以,它比赫尔墨斯的眼界要更为宽大和深远。

在"释义学"这种译法中,还涉及"义"。"义"字的繁体为"義",从"我",从"羊"。按照《康熙字典》收录的《释名》的解释:"義,宜也。裁制事物,使各宜也。"据此,"义"意谓着"适宜"或"恰到好处"。按照其中收录的《说卦传》的解释,"立人之道,曰仁与义"。据此,做到"仁""义",乃是做人的根本所在。有种解释认为,"义"字的原初含义是指别人把羊送给我的行为①;由于"送羊"是一种善举,"义"可能因此也意谓合宜的行为或德性,如"正义""义德""情义""义不容情""大义凛然"等。从字形看,"義"与"善""美"同"羊",三者也都与美好的东西有关。在现代汉语的"含义""意义""词义"这样的词语中,"义"又表示词语借以被理解的内涵,以及事物或事情存在的价值或影响。

"释"是几种译法所共有的,其重要性也由此可见一斑。《说文解字》中说:"释,解也。"可见,"解"和"释"乃是同义字:"解"有摆脱束缚的"解脱"之义,"释"也有放下或卸下重负的"释然"之义。不过,同样是"脱离",两者在方式和方法上仍存在区别。"解"是把外在的东西脱去、卸下,如"解衣""解铃"等,或者通过分离其部分把封闭的整体打开,以使其内部显露,如"解剖""肢解"等。"释"也有外在地放下、放开的意思,如"爱不释手",不过,它还侧重于让内部的东西涌出,如"释放""缓释"等。从字源看,"释"字的繁体为"釋"。一种解释认为:"釋"由"采"和"睪"构成,其中,"采"字有野兽脚印的含义,而"睪"字表示犯人摘掉手铐,整个"釋"字就意指犯人得到释放,可像野兽那样自由活动;此外,"睪"字还表示条件变好了,以至于人可以从"采"即"野兽的脚印"了解到"是什么野兽留下来的脚印","釋"因此有"解释"之义②。由于"睪"的古义也同"睾",就此而言,又可以说,"释"是由

---

① 参见《汉字字源:当代新说文解字》,第473页。
② 有关"释"的字源及解释,参见《汉字字源:当代新说文解字》,第473页。

"采"和"睾"组成的。其中，"采"按照《说文解字》的解释是"捋取也"，而"睾"按照《康熙字典》收录的《注》的解释是"阴丸"的意思。在现代汉语中，"睾"也仅用于产生精液的"睾丸"，此外别无他意。"望字生义"地看，我们说，"释"原初也可能隐晦地意味着"采精"或"使精华涌现"，即通过捋取使精子从体内涌出或得到释放。精子是生命的精华和潜能，能够繁殖和创造，把此义引申开来，对文本的"释"就是实现文本之潜能，让其精髓、精华或意义绽放出来，并不断繁衍生息的过程。

通过上述分析，我们发现"解"作为"用刀把牛角剖开"，"阐"作为"一个人把门打开"，"诠"作为"解喻"，"释"作为"使精华涌现"，从字源上讲，都是让一个对象（不论是物、文本还是什么）的某些方面从隐到显的解蔽过程——我们可以通过扫除障碍或层层剖析让对象的结构或意义展现出来（解），通过让光线进入使对象晦暗、幽闭的方面变得澄明或公开（阐），通过靠近对象对其作出全方位的审视，并借助恰当的语言使其蕴含的道和理昭然于世（诠），也可以通过探究使其存在意义之精华涌现（释），而对于对象来说，从遮蔽到无蔽的解蔽过程，就是实现其存在意义之潜能的过程，就是其存在向人的意识照面并显现的过程，这同时是一件美好的事情，并因此是解释者对对象立下的功德或作出的"合宜之举"（义）。

由此也可见，无论是在外文还是汉语中，仅从词源上看，阐释学——我们姑且以此译法为代表——所关涉的阐释活动都首先是一种扫除障碍、使幽闭转为敞开、使晦涩转为澄明的解蔽活动。不过，如果从现象上作进一步分析，问题似乎没有这么简单，还有很多谜团有待解开，如解蔽是如何可能的？解蔽之后的对象之澄明就是对象自在的"模样"吗？阐释与非阐释的区别又何在？等等。

二、 作为关系的阐释现象及其本质要素

从现象上看，无论是理解、解释、诠释、阐释还是释义都是一种意识活动[①]。按照现象学的观点，也从意识现象本身来看，意识始终是对某物的意识，因此之故，

---

① 我们在此暂且忽略不同的阐释学家赋予它们的不同含义，以便于表述。追溯阐释学的历史，根据不同阐释学家的理解对这些概念作出辨识和区分，在这篇论文中也是不可能完成的任务。随着论述的展开，我们这里所谓的"阐释"的特定含义也会在上下文的语境中显示出来。

理解、解释、诠释、阐释或释义活动,就其作为一种意识活动而言,都有自己的意向对象。这也说明,阐释现象首先是一种关系:一种具有意识意向性的阐释者与被意识意向性所意向的阐释对象之间的意向性关系。这种关系意味着阐释者和阐释对象的直接遭遇与接触,意味着阐释者由此深入认识或理解阐释对象及其存在和意义的可能,也意味着阐释者自身的存在及其意义因此而被不断塑造的可能。由于阐释者属于一个“阐释者共同体”,当阐释者相互之间就他们对同一阐释对象的阐释进行讨论、沟通和交流时,或者,当一个阐释者想要了解另一个阐释者的阐释时,阐释现象还涉及阐释者与阐释者之间的关系。职是,我们说,阐释对象、阐释者、阐释对象与阐释者之间的关系以及阐释者与阐释者之间的关系,乃是阐释现象最基本的四重要素。

就对象而言,阐释对象既可以是自然现象,包括与人的身体有关的生物生理现象等,也可以是人的精神心理现象和社会历史文化现象等,还可以是人类所创造的符号化的精神文化产品,如文本、艺术作品、思想理论等①。历史地看,狭义上的阐释学主要探究阐释者对人自身的社会历史文化、特别是对其所创造的历史流传物包括艺术作品、历史文本等的阐释关系,就此而言,严格来说,就只有第二类和第三类对象是阐释对象,它们也就是被狄尔泰作为精神科学研究对象的精神生命现象,包括主观的精神生命及其诸种客观的表达式。不过,由于广义上的阐释学,即存在论上的阐释学把理解或阐释活动视为人在世存在的根本活动,如此一来,人与之打交道的任何世间对象或现象就都是需要人理解或阐释的对象,因此之故,通常作为科学认识对象的自然现象也可以归属于阐释对象。事实上,在谈及德国浪漫派时,伽达默尔也赞同性地承认:“德国浪漫派就已经有了这样的深刻洞见:理解和阐释不光发生在——用狄尔泰的话来说——用文字固定下来的生命表达中,而是涉及人与人和人与世界的普遍关系。”②

从阐释活动的性质看,阐释可以分为一阶阐释、二阶阐释和三阶阐释。具体

① 前者通常被归于自然科学的研究范围,后者通常被归于社会科学的研究范围。之所以是通常,是因为人类也可能对自然现象作出神话性的或宗教性的阐释,而社会科学对人类文化历史现象的研究尽管在主题上有所不同,但也曾以自然科学的方法作为自身科学性的标准,并因此在本质上把自身等同于自然科学。

② 伽达默尔、德里达:《德法之争:伽达默尔与德里达的对话》,孙周兴、孙善春编译,北京:商务印书馆,2015年,第3页。

来说,如果我们把对本源的世界人生现象的符号化认识、思考、理解、解释或表现活动称为一阶阐释活动的话,那么,对一阶阐释活动所形成的精神产品如思想理论、艺术作品、文献典籍等的阐释以及对相关阐释成果的再阐释就属于二阶阐释。至于三阶阐释就是在阐释学层面上对阐释活动本身的反思性阐释。根据阐释活动的不同性质,我们又可以把阐释对象分为一阶阐释对象、二阶阐释对象和三阶阐释对象。所谓一阶阐释对象就是与一阶阐释活动相应的、需要被阐释者阐释的本源现象,包括原初的自然现象、社会现象或个人主观的精神世界和情感体验等,它相当于第一种分类中的第一、二类阐释对象。所谓二阶阐释对象就是与二阶阐释活动相应的、阐释者对一阶阐释对象进行认识性阐释、表达性阐释或理解性阐释所结晶的成果,如思想理论、艺术作品、文献典籍、历史文本等,狭义上的阐释学所谓的阐释活动的阐释对象最主要就是二阶阐释对象或其中与人文精神相关的那部分作品。一阶阐释对象和二阶阐释对象的根本区别在于:二阶阐释对象是符号性的,就其本质看具有作者性,也就是说,它们都是人的创作成果,并因此从其本质看具有精神性,虽然它们的存在也离不开物质性的质料载体。二阶阐释对象作为主观生命的客观表达、作为历史流传物,承载着人的精神历史,或者说,是人的精神历史的超时空凝固。对它们进行阐释,按照狄尔泰的观点,也就是以它们为中介去理解精神生命本身的实质及其存在意义。所谓三阶阐释对象就是在阐释学的反思意识下被对象化的阐释活动本身。不同的阐释学理论,对人的阐释活动都有相异的或至少是侧重点不同的理解或阐释,这也同时意味着阐释学理论本身即是三阶阐释活动的结晶或成果,并因此可以被再次阐释,例如,伽达默尔的阐释学理论同时也是对狄尔泰、海德格尔等人的阐释学思想的再阐释或发展。

　　无论哪种阐释对象,就其与阐释者的关系而言,都主要具有如下特点:(1)相对性和条件性。从现象学的角度看,阐释对象既然与阐释者处在一种意向性的内在关系中,阐释对象的存在显现和意义实现就始终是相对于阐释者而言的,以阐释者的感官、意向性、认识力或理解力为前提条件的。(2)当下性与穿越性。虽然阐释对象在与阐释者遭遇的同时与阐释者共处于当下,并因此具有当下性,但是,由于阐释对象从时空上看首先是作为他时或他处之"物"而后才"穿越"时空与阐释者照面的,它也因此具有穿越性。穿越性同时也意味着阐释对象有其历史,比如生成性、过程性或完成性,它和阐释者正是带着各自的历史性而遭遇于当下的。(3)陌生性和异己性。既然阐释对象首先是作为他时、他处的存在之物而后才出场与阐释者照面的,那么,在其与阐释者首次遭遇之时,它对阐释者而言同时也是异己之物和陌生之物,并因此与阐释者保持着"距离"。(4)显—隐结构。在遭遇阐释者时,阐释对象在向阐释者敞开的同时,也自行锁闭着,阐释的必要性即在于通过阐释让阐释对象被遮蔽的存在意义进入澄明之境或绽放出来。敞开与锁闭相辅相成,这意味着任何一个阐释对象都具有其显—隐结构,也就是说,其某些方面在通过阐释呈现出来并因此在场的同时,另一些方面却因为未被注意或未得到阐释而缺席或隐匿了起来。(5)潜能性与现实性。就阐释对象能够被阐释者"阐释为……"以及其包含着被不同的阐释者作出不同阐释的可能性而言,阐释对象具有其潜能性。不过,阐释对象的潜能不能靠自身实现,而必须通过阐释者的认识力、理解力或阐释力激活并实现。阐释的作用之一即在于让阐释对象的存在意义从潜能转化为现实。(6)同一性与差异性。任何一个阐释对象只要被阐释者的意识意向,被语言命名或指称,就会具有自身的同一性,但与此同时,由于它会被同一阐释者或不同阐释者从不同角度观察、研究、认识或阐释,所以它也会呈现出存在或意义的多样性和差异性。就此而言,阐释对象同时也是同一性与差异性的辩证统一。(7)境域性与焦点性。无论是显—隐结构、潜能性与现实性还是同一性与差异性,都说明任何一个阐释对象都有其境域性。阐释对象的焦点性是通过它当下呈现给意识或被阐释者领会阐释的某方面而得到彰显的,其境域性则既通过阐释对象自身蕴含着的各种潜能性和差异性而得到彰显,也通过阐释对象与其他对象或与其环境的联系而得到彰显。比如,一幅油画不仅仅是眼前如此这般的一幅油画,相反,它还可能关涉颜料、技法、构图、某个故事、时代风格、画家个人的个性气质以及有关它的各种报道、传闻或研究,甚至保存它的条件,等等。

　　就阐释者而言,由于我们所谓的阐释是指人类的一种基本存在活动或意识活动,所以,阐释者只能是人。作为阐释者的人,既可以是活着的人,即当下的阐释者,也可以是死去的人,即曾经的阐释者,还可以是将要出生的人,即将来的阐释者。阐释者既可以是与一阶阐释活动相应的一阶阐释者,即观察者、认识者、作者或创作者等,也可以是与二阶阐释活动相应的二阶阐释者,即理论、文本或作品的鉴赏者、学习者、研究者或评论者等,还可以是与三阶阐释活动相应的三阶阐释者,即反思阐释活动的哲学家或阐释学家。虽然阐释者就其角色而言具有多样性,但是,同样作为阐释者,其共性也显而易见,那就是:(1)身体性。阐释对象向阐释者的最初显现是通过阐释者的身体感官实现的。比如,对事物的观察、对文本的阅读、对绘画的鉴赏和阐释离不开视觉,对旋律的鉴赏和阐释离不开听觉等等。不仅如此,钢琴演奏家要通过自己的演奏阐释一件音乐作品通常也离不开自己具有娴熟技艺的双手。就此而言,阐释者的身体性乃是阐释活动得以进行的先决条件。因为身体性,阐释者与阐释对象才拥有了进入关系的可能性。(2)精神性。虽然身体性是阐释者与阐释对象进入关系的首要前提,但阐释者并不是通过其感官,而是通过其精神包括情感、理性或理智等在进行阐释和理解,其精神性的外在化或客观化表现就是符号,即卡西尔"人是符号的动物"这一断言中所说的符号。阐释者不仅是各种符号的创作者、发明者、制作者、保存者和运用者,而且也是各种符号性作品的阐释者。当然,基于能力和分工的不同,不同的阐释者承担的角色也各不相同。(3)意向性。从现象上讲,阐释者意识的意向性乃是阐释者与阐释对象进入精神性的照面关系的直接桥梁,它不仅能将阐释对象从多样化和差异性的具象显现层面经过综合提升到同一性层面,甚至能将之提升到更抽象的符号性或概念性层面,而且能在其物质性载体中洞察其本质或精神性蕴涵,并对其存在意义和价值作出主动的阐释性构造。(4)受限性。任何一个阐释者都必然有其自身的时空限制,不仅其生命和精力是有限的,而且他也从属于特定地域、特定历史时期以及与之相关联的特定文化传统。因此之故,其视域和阐释活动也必然是受限的。(5)处境性。与受限性相比,处境性凸显的是阐释者的特殊性或个体性,它不仅意味着阐释者有其特定的知识结构、理智力、感受力,而且也意味着阐释者有其特定的阐释立场、风格、视角或问题意识。阐释者的处境性不同,阐释对象被阐释的条件就不同,阐释者的阐释方向、理念或方法也会不同。(6)复数性。任何一个阐释者就其拥有语言能力和阐释能力而言,都生活在社会中并与其他阐释者共在。就此而言,阐释者又具有复数性。这种复数性意味着阐释、特别是研究性阐释是属于一个阐释者"共同体"的,阐释活动的成果是需要在共同体中进行分享、传递、交流和评议的,而评议的结果可能是达成共识,也可能是引起、甚至加剧分歧。(7)境域性。上述身体性、精神性、意向性、受限性、处境性、复数性等同时也构成阐释者的境域性,即每个阐释者都不是孤零零的一个点,而是由诸多因素共同构成的网状存在。作为阐释者的先天规定性,境域性同时也规定着阐释者的视域及其进行阐释活动的可能性空间。

就阐释者与阐释对象的关系而言,如果我们把非阐释性关系理解为阐释者无条件地、就对象自在的样子如其所是地认识对象,或者,理解为对象自在地、无条件地、如其所是地向阐释者自行显示自身的话,那么,阐释者与阐释对象之间的关系就不是非阐释性的,而是阐释性的。原因在于当阐释对象向阐释者照面或被阐释者经验时,这种照面或显现已经是受限的、非自在性的。

就一阶阐释对象而言,首先,当我们直观感性对象时,我们的感官构造已经制约着对象如何对我们显像。其次,当我们在感性直观的基础上对对象作出语言性的判断或理解时,对象从作为实然的显现物到作为在语言中被我们理解、判断或表达的"语言物",就已经被我们的语词、概念浓缩并抽象化了,换句话说,其存在已经以我们的语言为中介,已经因为我们的表述和谈论而寓于语言之中了。第三,从我们的在世存在看,我们并非世界的旁观者,而是世界的参与者、塑造者,会把自己的欲望、旨趣和需要投射到事物上,使事物的存在围绕着我们的生存需要而充满价值意味。第四,从文学艺术的角度看,当文学艺术家通过其作品比如诗歌、绘画、音乐、雕塑或摄影等形式表达或表现自己的世界经验或人生体验时,一方面,这种表达或表现已经是中介性的了,比如,诗歌需要借助语言,绘画需要借助画笔、颜料等,音乐需要借助音符、乐器、演奏等,另一方面,这种表达或表现也浸润着创作者自己的主观精神性。因此之故,在现实的世界和语言的世界、实际的风景和画中的风景、欢快的情绪和欢快的音乐之间,已经存在着间距性或异质性。由此也可见,在我们所说的一阶阐释活动中,其实也需要细分为两种类型:一是自在物向现象物的阐释性过渡。尽管我们无法知道事物自在的样子,甚至按照现象学的"悬置"要求,要对事物自在存在与否保持沉默或存而不论,但我们反思性地认识到,我们所感知到的事物是相对于意识的现象物,而事物之为现象物已经意味着它是阐释性的了。二是从现象物到符号性的作品物的阐释性过渡。对现象物包括各种体验的艺术性表达和理智性认识都需要借助某种中介,并会打上认识者或创作者之精神性印记,并因此是阐释性的。

就二阶阐释对象即文本或符号物而言,首先,如果它们和阐释者不处于同一时代,而是都有其各自的历史性的话,那么,当阐释者与它们遭遇时,就不得不面对伽达默尔所说的"时间间距"问题。由于这样一种时间间距,阐释者将永远无法抵达各种客观表达或历史流传物的"自在意义",而只能像伽达默尔所说与之"视域融合"。其次,即使它们和阐释者没有时间间距,而是共处同一时代,甚至同一文化环境之中,由于它们具有其自身的创作者,并因此对阐释者而言具有异己性和陌生性,所以,也需要阐释者从自身的理解力和视域出发对其进行解蔽,阐释者与它们之间的关系也因此同样是阐释性的。第三,即使同时代的创作者能就阐释者对其作品的阐释作出自己的评判,那也并不意味着在世的创作者就构成阐释的正确性标准,因为一旦其作品作为生命的客观表达式得以独立存在并传播或流传,就会拥有其自主性和存在意义生发的境域性,而创作者对其作品的理解也只是作品存在意义的诸种可能性之一。

就阐释者与阐释者之间的关系而言,这种关系对于阐释现象来说是本质性的和不可或缺的。因为,每个人都可以是阐释者,而他的任何符号性阐释活动要得以可能,都离不开其与别的阐释者的"共在"。唯有有这种"共在",个别的阐释者才得以学会语言、接受知识和艺术教育、受历史传统影响,并在此基础上学会乃至创造性地进行符号性的阐释活动;唯有有这种"共在",不同阐释者才会拥有共同的生活世界、文化传统、风俗习惯、语言等,才能彼此沟通和相互理解;也唯有有这种"共在",符号性的阐释活动也才有了存在的价值和意义,因为任何一个阐释者把其阐释客观化为对其他阐释者可感的符号时,这同时也意味着他想与其他阐释者分享其阐释经验,或向其他阐释者发出与之进行沟通、交流的邀请。就此而言,任何一个阐释性作品都同时"意向"着其他潜在的阐释者,并随时准备向其敞开存在意义的大门。不过,由于每个阐释者都是独一无二的个体,有自己独特的生活世界,其个性、欲望、利益、情感、教育背景、生活阅历、文化传统等都有可能不同,所以,阐释者之间因为个体差异而导致阐释上的分歧也是可能发生的。对于阐释者与阐释者的关系,我们可以从三方面加以考虑:一是活着的阐释者与已故的作者之间的关系①。作者通过其作品对世界人生作出阐释，当活着的阐释者对故去的作者的作品进行阐释时，故去的作者对阐释者的阐释是无法作出回应的。这时，阐释者与其作品之间的关系按照伽达默尔所说就是一种单向的辩证问答关系，也就是说，无论是作者还是其作品都不能对阐释者的阐释作出主动回应，阐释者只能通过自己的努力从作品的境域性和自身的境域性出发去找寻支持其阐释合理性的依据，并由此使作品和自身的存在意义都得到更新或拓展。二是活着的阐释者与活着的作者之间的关系。如前所述，阐释者可以就作者的作品作出阐释，而作者也可以基于自身对其作品的理解而对阐释者的阐释作出自己的回应。在此过程中，双方可以展开对话。不过，由于作品作为公共符号的独立性及其存在意义的境域性与潜能性，双方可能达成一致，也可能难以达成一致。尽管如此，仍存在作者将自己作品所要表达的"原义"阐述出来的可能。比如，阅读一首充满象征寓意的诗歌对于阐释者来说犹如行走在迷宫当中，需要不断去猜谜，而对于作者来说，其原本所指——假如存在的话——可能一目了然。三是阐释者与阐释者之间的关系。类似地，其中也可分活着的阐释者与故去的阐释者之间，以及活着的阐释者与活着的阐释者之间的关系。阐释者之间要建立关系，意味着他们要具有共同的阐释对象即共同的符号作品或文本。不仅如此，他们对同一符号作品或文本的阐释之间可能有继承或借鉴，也可能有批评或否定，并因此可能一致，也可能不一致。正是他们之间这种继承、借鉴或批评、否定的关系的绵延，致使符号作品或文本的意义潜能不断得以实现、其存在价值不断得以绽放。

　　需要补充的是，我们上述有关阐释者与阐释对象、作者或其他阐释者之关系的分析，假定了阐释者与后者的内在性的分离关系，即虽然作为阐释者的我与后者处于内在性的意向性关系中，但后者在某种意义上仍是异己的，对作为阐释者的我具有内在的超越性。事实上，通过阐释性的筹划活动，我不仅是自身存在的阐释者，更是自身存在的建构者与创作者。仅就此而言，阐释者、阐释对象和作

---

① 如前所言，从广义上讲，作者也是阐释者，阐释者在某种意义上也是作者。这里的作者和阐释者是从狭义上讲的，即作者主要指从事一阶阐释活动者，阐释者主要指从事二阶阐释活动者。当然，这样的划分并非泾渭分明。毕竟，作者在从事一阶阐释活动时，也可能需要阅读文本或符号性作品，通过二阶阐释活动为其一阶阐释活动提供营养和灵感，而阐释者在从事二阶阐释活动即对文本或符号作品进行阐释时，也可能会需要结合其自身对世界或人生的一阶阐释以构建其二阶阐释。

者,甚至"其他"阐释者(在此即不同时期作为阐释者的我),在我的自身存在的生成与涌现中就结为一种不可分离的境域性统一关系。这种关系与前一种关系交相叠合、彼此渗透,用胡塞尔的术语说,一个归属超越论自我的现象的存在世界就绽放了出来,并始终阐释性地绽放着。

三、 阐释学中的几个问题

上面我们从阐释对象、阐释者、阐释者与阐释对象之间的关系以及阐释者与阐释者之间的关系等四个方面对阐释现象做了分析。在这些分析中,其实还蕴含着一些潜在的问题需要澄清,比如认识性与存在性、主观性与客观性、相对性与确定性、可理解性与可说服性以及多元性与合理性的关系问题。这些问题的存在不仅困惑着阐释学,而且也推动着阐释学的发展,虽然有些问题至今仍缺乏定论或共识。对它们作出澄清不仅有助于我们更好地理解阐释现象,也有助于我们更好地理解阐释学本身。下面,就让我们对这些问题作出尝试性的澄清或回答。

首先是阐释的认识性与存在性的关系问题。阐释的目的是认识"自在"的阐释对象并获得有关阐释对象的"自在真理",还是通过阐释让阐释对象对阐释者显现其存在意义并因此"存在"起来的过程,施莱尔马赫与伽达默尔阐释学的分歧就集中在这一问题上。对于施莱尔马赫来说,阐释的目的是把握文本的"自在意义"即作者本人的意图。而伽达默尔认为,阐释者要认识历史文本的自在意义即还原作者的意图是不可能的,因为两者之间存在不可逾越的时间间距,因此,阐释的目的不是认识文本的自在意义,而是通过阐释者与历史文本的视域融合让文本"存在"起来的过程。在这种分歧中,一方坚持认识就是对自在对象或文本自在意义的认识,并为此确立认识方法,另一方认为这样的认识是不可能的,并因此从认识走向存在,即不再把阐释看成对阐释对象的认识,而是看成让阐释对象"存在"起来、阐释者也由此更新其存在的过程。从现象上看,既然阐释对象与阐释者之间是一种意向性的内在关系,企图认识外在于这种关系的自在对象显然是不合法的,但是,既然在这种内在关系中阐释对象也向意识呈现着,这种呈现并不是阐释者可以肆意改变的,因此,阐释者与阐释对象之间的关系仍可以是一种认识关系,只不过这种认识不是认识自在的阐释对象，而是认识向阐释者显现的阐释对象。由于阐释者如何认识阐释对象，在某种意义上，阐释对象就如何向阐释者显示其存在——反过来说也一样，所以，对阐释对象的认识与阐释对象向阐释者的存在显现就是辩证统一的。

从现象上看，阐释者与阐释对象之间意向性的内在关系意味着阐释对象的存在显现以及有关阐释对象的认识，同时该关系也是相对于阐释者的或者以阐释者的意向性为前提的，由此就引出第二个问题，即这是否意味着阐释者对阐释对象的认识或阐释就完全是主观的而缺乏任何客观性可言？在哲学史上，尼采对此问题的回答在某种意义上讲是肯定的。他一方面否定认识自在世界的可能，认为"'真理'概念是荒谬的。'真—假'的整个领域仅适用于关系，而不是'自在'——根本没有'自在的本质'，正如根本不可能有'自在的知识'那样"①，另一方面认为我们所谓的真理只是解释，而"'真理的准绳'事实上只是这样一种系统性的造假体系对生物的有用性"②。由此，尼采就把阐释性的真理当成对人有用的造假体系，是为人的权力意志服务，并以人的权力意志为转移的。事实上，我们只要对尼采的论点稍加反思，就会发现，说阐释性真理完全是主观性的造假，这是站不住脚的，因为一个体系能否对人有用，并不完全取决于人的主观意愿，而是有其现象上的客观强制性，就像我们不能违背浮力定律造船，也不能把古汉语中的"汝"任意阐释为意指高山或树木什么的；否则的话，语言也就是不可能的了。为了克服阐释学上的主观主义和虚无主义，伽达默尔强调阐释者在阐释的过程中既要受限于文本的视域也要受限于自身的视域，其阐释也因此不是主观任意的。在我们看来，客观性可以区分为自在的客观性和现象的客观性；试图让阐释获得自在的客观性是不可能的，但这并不意味着阐释也无法获得现象的客观性。因为，就一阶阐释对象而言，从认识的角度看，虽然阐释对象的向人显现以人的感官构造为前提，并因此具有相对性，但人的感官构造并非人可以主观随意改变的，而是有其客

---

① Friedrich Nietzsche, *The Will To Power*, a new translation by Walter Kaufmann, and R. J. Hollingdale, edited, with commentary by Walter Kaufmann, Vintage Books, A division of Random House, Inc. , New York：1968, p. 334.
② *The Will To Power*, p. 315.

观制约性，比如，从广义上讲，即使感知已经是一种"阐释"，我也并不能随心所欲地把糖感知为酸的。不仅如此，现象学的本质直观所说的"本质"也恰恰意味着现象中蕴含着客观性，因为"本质"就其含义而言就意味着独立的恒定性以及对不同阐释者的普遍有效性。就二阶阐释对象而言，阐释者对文本和作品的阐释性理解是通过语言进行的，而语言本身在不同时代的用法也具有其稳定性、主体间性或客观性；正因如此，我们才有可能根据词典去阅读理解古文，我们相互之间也才有可能沟通并理解。在谈及解释的必要性时，利科认为，解释的出发点就在于自然语言的词语具有多义性，一旦话语脱离语境，就需要通过解释来辨识词语究竟是在哪种意义或用法上使用的[①]。很显然，如果"词语具有多义性"这一判断不基于与之相应的客观的语言现象事实，利科就无法作出任何判断；如果它从语义上讲不具有哪怕是某种程度上的客观性和主体间性，我们作为读者也无法理解其话语的含义。误解的可能性也是存在的，但我们只要确认误解的存在，这种确认就必然是以理解为参照系的，否则我们连是否误解了也无法辨识。所以，强调阐释对象和阐释成果的相对性和条件性，并不意味着要否定阐释可以具有客观性。

阐释的客观性除了符号表达上可理解的客观性之外，更重要的是阐释的依据性和合乎逻辑性。在进行阐释时，我们一方面要为自己的阐释寻求现象上的依据支持，另一方面也要让自己的阐释合乎逻辑。缺乏依据和不合乎逻辑的阐释尽管是存在的，也可能是可以理解的，但这样的阐释对其他理性的阐释者就不具有说服力，并因此可能无法被阐释者共同体认可。就此而言，我们说阐释的可理解性不等于阐释的可说服性。前者是语言词义上的客观性，只要阐释者与阐释者归属于同一个语言或思想共同体，他们相互之间就彼此的阐释进行交流和理解就是可能的；后者是思想立论上的客观性，它还要求阐释者与阐释者归属于同一个理性共同体，也就是说，阐释者不仅都具有逻辑推理能力，而且也都把让自己的阐释有理有据作为阐释的基本要求。

那么，阐释的客观性是否意味着对同一现象或文本就只能有唯一正确的阐释

---

① 参见保罗·利科：《诠释学与人文科学》，J.B汤普森编译，孔明安、张剑、李西祥译，北京：中国人民大学出版社，2012年，第4、5页。

呢？从前面我们有关阐释对象的特征分析看，阐释对象一方面具有焦点性、现实性、同一性，另一方面也具有境域性、潜能性、差异性。前者使阐释者能够就他们在阐释同一对象上达成一致，后者却为他们各自不同的阐释提供了可能。他们各自不同的阐释一方面与其特殊的视域有关，另一方面也与阐释对象境域性地容纳各种不同的阐释可能性有关。以鸭兔图为例，有的人把它看成鸭子图，有的看成兔子图，有的看成鸭兔图，虽然三种阐释性理解或认知各不相同，但并不意味着它们彼此之间就相互冲突、难以兼容，更不意味对鸭兔图的三种理解就完全是主观任意的。由此可见，只要以阐释对象的境域性和潜能性所提供的可能性为基础，阐释的多元性、差异性和多样性就并不意味着完全的主观任意性，而同样也可以具有其合理性和客观性。

虽然阐释可以是理性的和客观的，但这并不意味着所有阐释者的阐释都是如此。事实上，由于存在个体差异，一个阐释者基于某种动机而枉顾事情本身、故意对阐释对象作出于己有利的主观性阐释也是可能的，成语"指鹿为马""颠倒黑白"就揭示了这种现象的存在。虽然一个人可以根据自己的立场和动机对阐释对象作出主观性较强的阐释，但在相对严肃的学术共同体中，这样的阐释将得不到其他阐释者的承认，并因此会丧失其存在的学术价值和理论意义。当然，这并不排除它有其现象依据，只是因为理性共同体成员缺乏这样的敏锐洞察力而无法意识到其合理性或客观性罢了。职是，我们说，阐释、特别是进入公共领域的阐释就必须经受时间的考验：在历史进程中被认可、吸收、再阐释，从而生生不息；或者，被拒斥、淘汰、遗忘，乃至销声匿迹。

在"公共阐释论纲"一文中，张江先生提出"公共阐释"概念[①]，并用它意指一种理性阐释和可公度性阐释。从我们上述分析可见，公共阐释或理性阐释不仅是可能的，而且也是必要的，因为，一方面，阐释本身可以具有可理解性和某种程度上的客观性，并因此是可以在阐释者之间进行交流的，阐释者将其阐释客观化为文本或作品的目的就是渴望与其他共在的阐释者共享；另一方面，如果阐释者要让其阐释在其时代或对后世产生影响，并参与到人类精神、文化、历史的传承和创新

---

① 张江：《公共阐释论纲》，《学术研究》2017 年第 6 期。

之中,就必须有理有据,或引起他者的共鸣,或引起其反思性批判,否则就不会形成其效果历史。当然,理解、承认或批判本身也有一个过程,正因如此,我们说,即使是理性阐释,其对人类历史的持久价值也需要通过其效果历史才能得到衡量。

哲学解释学的伦理学之维

——析伽达默尔对柏拉图和亚里士多德"善"的理念的解读

何卫平
华中科技大学人文学院哲学系

伽达默尔晚年在其"自述"中回忆道:他一生有两个研究重点,一个是解释学;另一个是古代哲学。① 他生前编纂的《著作集》(10 卷本)有三卷是讲解释学的(1、2、10 卷),另有三卷是讲古代哲学的(5、6、7 卷)。与之相关,严格来讲,伽达默尔一生大概只写过三本系统专著:《柏拉图的辩证伦理学——对〈斐利布篇〉的现象学解释》《真理与方法》和《柏拉图—亚里士多德哲学中善的理念》,其他基本上都是论文或论文集。《柏拉图的辩证伦理学——对〈斐利布篇〉的现象学解释》(1931 年)是他在海德格尔指导下完成的教师资格论文,也是他的第一本书,这本书(而不是他更早的博士论文②)可以看作其整个思想的真正开端。沿着这一开端,伽达默尔后来发展出了他的两部最重要的著作:一部是《真理与方法》(1960 年);另一部是《柏拉图—亚里士多德哲学中善的理念》(1978 年)。前者侧重哲学解释学,后者侧重哲学伦理学。表面上看,它们是两个不同方向,但对伽达默尔来讲只不过类似同一枚硬币的两面,二者具有交融性。

《柏拉图—亚里士多德哲学中善的理念》(*Die Idee des Guten zwischen Plato und Aristoteles*)出版于 1978 年,麦金太尔称之为继《真理与方法》之后伽达默尔

---

① 参见伽达默尔:《诠释学Ⅱ:真理与方法》,洪汉鼎译,北京:商务印书馆,2007 年,第 603 页以下。
② 伽达默尔的博士论文《柏拉图对话中的快乐的本质》由新康德主义者那托普和尼·哈特曼指导,他后来非常不满意,一般不怎么提及,他生前编的《著作集》10 卷本也没有收入自己的论文。他只承认他的第一本书是《柏拉图的辩证伦理学——对〈斐莱布篇〉的现象学解释》。

的"第二部经典"①，类似于海德格尔《存在与时间》之后的《对哲学的贡献——从"Ereignis"而来》。它体现了《真理与方法》之后，伽达默尔思想的发展与总结②。可是，以往学界对《真理与方法》的研究很多，而对《柏拉图—亚里士多德哲学中善的理念》关注太少③，但实际上后者的意义绝不亚于前者，它是伽达默尔整个哲学解释学的重要有机组成部分。现在看来，正如研究海德格尔仅仅停留于他前期的《存在与时间》是不够的，还要进入到他后期的《对哲学的贡献》一样，对伽达默尔的理解仅仅停留于他中期的《真理与方法》也是不够的，还要进入到他晚期的《柏拉图—亚里士多德哲学中善的理念》，因为只有进入到这部著作，伽达默尔所追求的解释学的普遍性才真正体现出来，并彻底融入西方实践哲学的伟大传统。

如果说《柏拉图的辩证伦理学》代表他早期的思想，是其思想的真正开端，而《真理与方法》代表他中期的思想，是其哲学解释学的集中体现，那么《柏拉图—亚里士多德哲学中善的理念》则代表他晚期的思想，是其哲学伦理学的集中体现，也是其思想最成熟的标志。但三者之间有一条贯穿始终的线索，那就是实践哲学，其基点与核心是伦理学，它通向政治学，是对古希腊以来的传统在现代的一种分有和升级。我认为，这三部著作构成了伽达默尔整个思想体系的骨架，它们之间有交集，有侧重，同时也可以看出伽达默尔思想的总体走向。只有确立了它们之间的这种关系后，我们才能更好地去理解其中的每一部，包括《柏拉图—亚里士多德哲学中善的理念》，否则容易陷入"盲人摸象"的片面性中。

我认为，伽达默尔的哲学解释学作为实践哲学突出了两个基本点：一个是"实践智慧"；另一个是"善"的观念，二者不可分，前者包含后者，并隶属于后者。它指向一种本体论或存在论（形而上学），而《柏拉图—亚里士多德哲学中善的理念》从这两个方面集中展示了伽达默尔解释学的"伦理学之维"④，其中的内涵、价值和意

① Alasdair MacIntyre，"On Not Having the Last Word：Thoughts on Our Debts to Gadamer"，in *Gadamer's Century：Essays in Honor of Hans-Georg Gadamer*，edited by Jeff Malpas，etc.，The MIT Press，2002，p.157.

② 关于伽达默尔"第二部重要著作"之前的有关基本观点，张能为教授在他的《实践就是伦理学的实践——伽达默尔哲学伦理学的理论构想与意义理解》（《道德与文明》2019 年第 12 期）中可以说作了比较全面的总结，读者可参看。

③ 当然对与之关系非常密切的《柏拉图的辩证伦理学——对〈斐莱布篇〉的现象学解释》关注也很不够。

④ Gadamer，*Idea of the Good in Platonic-Aristotelian Philosophy*，Yale University Press，1986，p.viii.

义非常值得我们深入挖掘。

一、 问题意识及背景交待

在这本书的"序言"中①,伽达默尔开宗明义,交代了写作背景,指出他所关注的焦点是柏拉图和亚里士多德哲学的统一性,而这个统一性是从效果历史这个角度来阐发的。在这个方面他明显受黑格尔的影响,当然黑格尔更多是从思辨唯心论和辩证法的角度将古代这两位最伟大的哲学家联系在一起的②,但这对伽达默尔无疑是有启发的。他认为,黑格尔之后,二者的统一效果一直遭到低估,人们停留在柏拉图是唯心论者,亚里士多德是经验论者这种简单、肤浅的区分上③,而没有看到柏拉图和亚里士多德的联系对于当代哲学思考的意义。伽达默尔大学时代盛行的新康德主义(包括他的老师那托普)在古代哲学中更看重柏拉图,而比较忽视亚里士多德,他们将柏拉图的理念论解读成认识论或知识论,而非本体论,例如,他们把柏拉图的"理念"理解为"法则"或"自然法则"④,以与康德哲学联系起来,这样亚里士多德对柏拉图理念论的批判就未能得到正确认识,甚至被看作是荒谬的,另外,柏拉图从苏格拉底那里继承来的伦理学论题也遭到了忽视⑤。

伽达默尔对柏拉图作为"理念之理念"——"善"的理念的解读不同于 20 世纪的新康德主义,后者主要朝着认识论或知识论的方向,放弃了苏格拉底的德性论方向⑥,而伽达默尔重新回到德性论的传统,通向本体论,只是在柏拉图那里,这种本体论的善与德性的实践问题缺少联系,所以与伽达默尔的追求相去较远,这就

---

① Cf. Gadamer, *Idea of the Good in Platonic-Aristotelian Philosophy*, 1986, pp. 1–6;另参见伽达默尔:《柏拉图—亚里士多德哲学中善的理念(序言)》,何卫平译,《伽达默尔集》,严平编选,上海:上海远东出版社,1997 年,第 593—597 页。

② 黑格尔:《哲学史讲演录》第 2 卷,贺麟、王太庆译,北京:商务印书馆,1983 年,第 270、272 页。

③ Gadamer, *Idea of the Good in Platonic-Aristotelian Philosophy*, Yale University Press, 1986, p. 2.

④ 参见纳托普:《柏拉图的理念学说》(上册),浦林译,北京:商务印书馆,2018 年,第 5、352 页,第 356 页;另参见柏拉图:《巴门尼德篇》,陈康译注,北京:商务印书馆,1985 年,第 7 页。伽达默尔的中国师弟、尼古拉·哈特曼的学生陈康先生的柏拉图研究,就打上了明显的新康德主义的印记。

⑤ 柏拉图的对话几乎每篇都包含有伦理学的问题,直接或间同"好"或"善"(good)相联系,只是他的论述没有止步于伦理学,这也显示出他对苏格拉底的继承与发展。

⑥ 参见纳托普:《柏拉图的理念学说》(上册),浦林译,北京:商务印书馆,2018 年,第 336—349 页。

是他为什么很看重亚里士多德对柏拉图"善"的理念的批判,但强调亚里士多德并非完全与柏拉图对立,亚里士多德主义乃是柏拉图主义的一个发展方向,而这就是伽达默尔的第二部重要著作所要展示的主要内容。

另外,伽达默尔还提到了德国的图宾根学派对柏拉图的研究和耶格尔学派对亚里士多德的研究①,尤其是德国 20 世纪最负盛名的古典学者之一维尔纳·耶格尔的重要学术成果,即从发生论的角度来探讨亚里士多德所得出的结论,根据他的看法,亚里士多德思想的发展可分为三个阶段:早期为柏拉图主义、中期为过渡期(开始批判柏拉图,确立自己的思想)、晚期则摆脱柏拉图走向经验主义阶段②。但伽达默尔对这一说法的有效性提出了质疑。他自己这本书的德文名称是"*Die Idee des Guten zwischen Plato und Aristoteles*"(《柏拉图与亚里士多德之间的善的理念》),其中的"zwischen"强调的是柏拉图和亚里士多德之间共同的主题和所隶属的传统或遗产,而不是耶格尔所强调的亚里士多德对柏拉图的由隶属到批判、再到走出的发展③,换言之,伽达默尔这个书名显示出与耶格尔的书名"*Aristoteles, Grundlegung einer Geschichte seiner Entwicklung*"(《亚里士多德:发展史纲要》)的不同立场:后者强调从柏拉图到亚里士多德的"发展"(Entwicklung),而前者强调二人"之间"(zwischen)的共同所属④。为避免误解,英译本和法译本都用"—"来代替德文标题中的"zwischen"⑤,这样更神似,更少歧义。

其实,将柏拉图与亚里士多德思想加以调和的这种研究方式在西方古代和中世纪占有优势,例如,把基督教与柏拉图主义结合在一起的奥古斯丁也受亚里士多德的影响,而在中世纪当经院哲学开始接受亚里士多德的影响时,柏拉图的传

---

① Cf. Gadamer, *Idea of the Good in Platonic-Aristotelian Philosophy*, p. 7. 另参见《伽达默尔集》,严平编选,邓安庆等译,第 596 页;另参见伽达默尔:《伽达默尔论柏拉图》,余纪元译,第 137—170 页。

② Gadamer, *Idea of the Good in Platonic-Aristotelian Philosophy*, Yale University Press, 1986, p. 7.

③ 维尔纳·耶格尔:《亚里士多德:发展史纲要》,朱清华译,北京:人民出版社,2013 年。

④ Gadamer, *Idea of the Good in Platonic-Aristotelian Philosophy*, Yale University Press, 1986, p. vii, n2.

⑤ 英译本:*Idea of the Good in Platonic-Aristotelian Philosophy*(《柏拉图—亚里士多德哲学中善的理念》),Yale University Press, New Haven and London, 1986;法译本:*L'Idée du Bien comme Enjeu Platonico-Aritotélicien*(《作为柏拉图—亚里士多德问题的善的理念》),Paris, Vrin, 1994。

统也被完整地保留下来了,例如,迈蒙尼德和托马斯·阿奎那,甚至比他们更早的阿拉伯哲学家阿尔法拉比(870—950)的"两圣相契论"就典型地说明了这一点①,应当讲,柏拉图与亚里士多德的尖锐对立是近代才出现的②。

可见,伽达默尔将柏拉图与亚里士多德统一起来理解,与其说是他的创见,不如说是他对黑格尔之前(包括黑格尔)的整个西方传统的恢复,同时从这里也让我们看到,几个世纪以来柏拉图主义的历史和柏拉图著作的接受史的巨大变化,伽达默尔处于这个变化的潮头,审时度势、高屋建瓴,他的这种恢复绝不是简单重复过去,而是有着时代要求的新内容。在这本书中,伽达默尔主要围绕着柏拉图和亚里士多德关于"善"的理念的分析来展示他们之间的共同主题与统一效果。

像其他两本书一样,该书也运用了现象学的描述方法。对于这一点更直接的影响来自他的老师海德格尔早期运用现象学方法对亚里士多德的解读,伽达默尔特别重视柏拉图对话中具有暗示性却没有被明确表达出来的东西,在"去蔽"和"让显现"方面显示出他高超的解释艺术;同时,也显示出伽达默尔对"古今之争"的态度:既不是站在假定古人优越的立场上,也不是站在假定今人优越的立场上,而是站在哲学解释学的视域融合的立场上来对待这一研究主题③。

二、柏拉图早、中期"善"的理念

苏格拉底无疑是柏拉图整个思想的起点④。这位将哲学从天上拉到地上的人,表明了哲学本质上是与人生密切相关的实践哲学,因为理论知识是从属于生活形式的;只要行动或实践是在特定的习俗和经济共同体中进行,因而从属于城邦(Polis)或国家,那它就是伦理学或政治学的⑤。亚里士多德对苏格拉底思想的

---

① 参见阿尔法拉比:《柏拉图的哲学》,程志敏译,上海:华东师范大学出版社,2006 年,第 93—142 页。

② 伽达默尔:《伽达默尔论柏拉图》,余纪元译,北京:光明日报出版社,1992 年,第 212 页。

③ Cf. Gadamer, *Idea of the Good in Platonic-Aristotelian Philosophy*, p. 6;另参见《伽达默尔集》,严平编选,邓安庆等译,第 596—597 页。

④ 严格来讲,这本书应当叫"苏格拉底—柏拉图—亚里士多德哲学中善的理念",但由于苏格拉底没有留下任何文字,讨论他的思想离不开柏拉图的早、中期对话,故名。

⑤ 君特·费格尔:《苏格拉底》,杨光译,上海:华东师范大学出版社,2016 年,第 4 页。

特点有很精辟的概括：他只在与人有关的伦理学范围内通过归纳寻求普遍定义，而没有向外拓展，也就是将整个宇宙和人生统一起来，或者说在天人合一的层面上将道德哲学与自然哲学统一于本体论和宇宙论、目的论，他的伦理学立足于知识论，通过归纳去追求普遍的定义，但这个普遍的东西，并没有与具体的东西相分离，成为实在的"理念"（或"相"）（《形而上学》，987b1－8，1078b27－32），而这正是后来柏拉图努力的方向，他要将苏格拉底的德性伦理学变成一种普遍本体论。

柏拉图《斐多篇》和《国家篇》是其前期理念论的代表作，通常人们对他的理念论的理解主要依据这两篇对话。但伽达默尔将《斐多篇》看作联结柏拉图早期对话和中期对话的中介①，因为相对《国家篇》，虽然它首次引入了属于柏拉图自己思想的"理念"论，并显示出同晚期毕达哥拉斯学派的联系，但这篇中期对话中苏格拉底的元素或成分更多一些。

伽达默尔尤其看重《斐多篇》所转述的苏格拉底的如下思想：受普罗塔哥拉"努斯"（nous）的影响，苏格拉底开启了"第二次航程"（second voyage）——"逃向逻各斯"②，这在伽达默尔看来，意味着苏格拉底开始走向以语言去追寻"理念"（或本质）的道路，无论对柏拉图本人的思想还是对后来整个西方思想的发展都具有重要意义③。正是苏格拉底"德性即知识"的著名论断启发了柏拉图关于善的探讨上的"理智主义"立场。在苏格拉底那里，辩证法与这种理智主义的立场分不开，它不是一种"科学"，而是"元科学"，它敞开作为理论科学的数理领域背后的东西，而柏拉图称辩证法为"phronesis"④，《国家篇》中讲的居四主德之首的"智慧"有时用的就是它（有时也用"sophia"），显然我们不能将这里的"phronesis"译成后来亚里士多德的"实践智慧"，它在柏拉图这里相当于"智慧"（sophia）、"努斯"，可理解为今天的"理性"（reason）⑤。但它也包括"实践智慧"或实践理性方面。

然而，柏拉图的《斐多篇》只是首次给出了"理念"世界，以区别于"现象"世界，而《国家篇》不仅如此，还突出了"理念之理念"，即"善"的理念，它是最高的理念，

① Gadamer, *Idea of the Good in Platonic-Aristotelian Philosophy*, Yale University Press, 1986, p. 24.

② Gadamer, *Platos dialektische Ethik*, in *Gesammelte Werke 5*, Mohr Siebeck, 1985, pp. 66－70.

③ 参见伽达默尔：《诠释学Ⅰ：真理与方法》，洪汉鼎译，北京：商务印书馆，2007年，第616页。

④ Cf. Gadamer, *Idea of the Good in Platonic-Aristotelian Philosophy*, p. 35, p. 37, p. 41.

⑤ Gadamer, *Idea of the Good in Platonic-Aristotelian Philosophy*, Yale University Press, 1986, p. 30.

以区别于一切其他"理念"。伽达默尔强调,在柏拉图那里,"eidos"与"idea"属于同义词,经常可以互换,但唯独对"善"的理念,他只用"idea",而不用"eidos"①,表明这个词在其心目中具有独特的地位。

柏拉图的《国家篇》旨在建立一个"理想国",一个政治的"乌托邦",其手段是通过教育(最高目标是哲学教育)来实行统治或治理,这样它就由政治城邦走向了教育城邦,其核心问题是实现"正义",而"正义"作为一种综合的"德性"同"善"分不开,于是关于"什么是正义"的问题,最终归结为或转化为"什么是善"的问题,后者统摄前者。而且不仅于此,善的理念作为最高的理念,并非与其他理念相并列,而是一切事物的起点、根据、第一因。善的理念并不等于知识或真理②,却是知识或真理的源泉或根据。

如果说苏格拉底对"善"的追问起始于"德性",主要针对人的生活领域,而非一种普遍的思考,那么到了柏拉图中期有了变化。无疑《斐多篇》《国家篇》是沿着苏格拉底的方向、围绕人的生活领域展开的,但柏拉图对"善"的反思具有了一种超越性,这尤其在《国家篇》中得到了明确的展现。此处的"善"成了统摄一切的原则,是一切事物的存在和可理解性的前提,柏拉图将其比喻为"太阳"来说明:它使万物得以存在,正如万物生长靠太阳;它还使万物具有可理解性,正如太阳发出的"光"照亮万物,让我们的眼睛(视力)能够看见一样,它既是可见世界的原因,又是可知世界的原因③,西方传统的"光"的形而上学和视觉中心主义的源头可追溯至此。显然"善"在这里的意义,不再仅仅局限于人生较狭窄的道德领域,而且还进入到更广的本体论和基于此的认识论领域。

总之,从苏格拉底到柏拉图前期(或者说从柏拉图早期到中期),"善"的理念开始从具体走向抽象,从经验走向超越。《斐多篇》主要提出了不同于感性世界的理念世界,包括"善"的理念,而到了《国家篇》,不但提到了"善"的理念,而且还赋予它至高无上的地位,它是其他所有理念的原因,因而是"理念的理念"。所谓

① Gadamer, *Idea of the Good in Platonic-Aristotelian Philosophy*, Yale University Press, 1986, pp. 27 – 28.
② 这里的"知识"或"真理"是通过"理念"及其关系来体现的,属于理念世界,和"本质"相关联。
③ 参见柏拉图:《理想国》,郭斌和、张竹明译,北京:商务印书馆,1986年,第276页。

"善"(good)就是"好",它体现为一种价值判断,是非判断也要受制于它;它高于包括正义在内的其他所有德性或道德范畴,不仅具有伦理学的意义,还具有认识论和本体论的意义。

然而,在这里也出现了一个问题:柏拉图割裂了实践的善和理念的善,后者成了高高在上的东西,与接地气的善的具体实践却无法联系起来,这在相当大的程度上是由他前期所秉持的"分离说"造成的。

三、 柏拉图晚期《斐莱布篇》中善的理念

进入柏拉图晚期,善的理念发生了重要变化,它以这个阶段的《斐莱布篇》为标志。施莱尔马赫称之为柏拉图最重要而又最难读的一篇对话[①],伽达默尔也十分重视柏拉图这篇对话,将其视为西方古代伦理学史上处于核心重要性的一篇对话[②],它是联结苏格拉底、柏拉图和亚里士多德伦理学的中介,虽然它们关注同一个主题——"人生存中的善"[③],但在伽达默尔眼里《斐莱布篇》具有特殊的意义,这就是设法摆脱"分离说"所带来的困境,朝着对"善"的辩证理解推进。

我们知道,在《斐莱布篇》之前,属于柏拉图前后期"转向"的标志性对话——《巴门尼德篇》借"老年巴门尼德"对"少年苏格拉底"的批评揭露出其过去的"分离说"困境,这种"分离"主要体现在两个方面:"理念"与"现象"的分离、"存在"与"生成"的分离。柏拉图晚期意识到了它所带来的困境:如果理念与现象是分离的,就无法解释现象如何"分有"理念,以及人如何能认识理念;如果"存在"与"生成"是分离的,就无法解释这个丰富变化的世界。这个批判对他后期的辩证法思想的发展影响至深。它集中反映在《斐莱布篇》中,这篇对话的贡献是对其后来的思想产生了根本的"导向"作用。

值得一提的是,海德格尔在 1924—1925 年冬季学期的马堡讲座上曾预告过

---

① 参见施莱尔马赫:《论柏拉图对话》,黄瑞成译,上海:华东师范大学出版社,2011 年,第 256 页。

② Gadamer, *Plato's Dialectical Ethics. Part I*, Yale University Press, 1991, p. ix, p. 1.

③ Donald Davidson, "Gadamer and Plato's Philebus", in *The Philosophy of Hans-Georg Gadamer*, edited by Lewis Edwin Hahn, Open Court, 1997, p. 429.

要阐释柏拉图晚期的两篇重要对话:《智者篇》和《斐莱布篇》,但最终只完成了前者,后者却付诸阙如①。几年后,伽达默尔做了这项工作,这就是他在马堡大学提交的教师资格论文,也是他的第一部专著,即《柏拉图的辩证伦理学——对〈斐莱布篇〉的现象学解释》,而且是在海德格尔的指导下完成的,据说,海德格尔很满意②。对这篇对话的现象学解读不仅在伽达默尔的思想中具有开端性的意义,而且在他的第二部重要著作中也起着关键性的作用③。

早期的《柏拉图的辩证伦理学》,主要探讨柏拉图对话意义上的辩证法如何与伦理学相关,这里伽达默尔关注的不是柏拉图的伦理学是辩证的,而是这种辩证法就是伦理学的④,即辩证伦理学。其语言哲学的意味特别重,突出通过对话达到"共同的理解"或"共享的理解"及其价值。伽达默尔认为,柏拉图的辩证法首先体现的不是纯私人性或孤独个体的反省活动,而是一种人与人之间彼此交流、交往的共同体活动,即对话活动,在这种活动中,谁也没有权力说自己独占真理或者是真理的化身(例如像当时以"私人教师"身份出现的智者派所做的那样),他只能与别人平等地参与由逻各斯主导的对话,在这个过程中,只有那些经得起质疑和反驳的观点才有说服力,并被接受,进而被保留下来。真理唯有在这种活生生的交谈和讨论中才能获得并发展,人的知识和科学就是这样形成的,它促进人的共同体生活的一体性和社会理性及社会道德的增长。

我们知道,《斐莱布篇》是柏拉图晚期最后一篇伦理学对话,其基本内容仍是探讨一个早就出现的苏格拉底式主题:什么是善? 对这个问题过去有两种回答:快乐或知识(参见《国家篇》,505b)。苏格拉底主张后者,而柏拉图早期大体上持他老师的立场。不过晚年的柏拉图对这个问题的看法有了改变,他提出了一种快乐与知识"混合"的善,这是他以前从未有过的观点。当然这种"混合"又产生了一个新问题:哪一种更接近"善"? 是"快乐"还是"知识"? 柏拉图的回答是后者,而不是前者,这样他与苏格拉底或他自己早期的观点又相去并不远,仍保持着某种

---

① 参见海德格尔:《柏拉图的〈智者〉》,熊林译,北京:商务印书馆,2016 年,第 8、868 页。

② Jean Grondin, *Gadamer, a Biography*, Yale University Press, 2003, p. 125.

③ 其实在我看来,柏拉图的《斐莱布篇》对伽达默尔三部专著有着或直接或间接的影响,只不过在《柏拉图的辩证伦理学》和《柏拉图—亚里士多德哲学中善的理念》是显的,在《真理与方法》中则是隐形的。

④ Gadamer, *Plato's Dialectical Ethics. Part I*, Yale University Press, 1991, p. xxv.

内在的联系,但同时又确实发展了苏格拉底的思想以及柏拉图自己的早期思想。注意,这里"快乐与知识"中的"知识"①,柏拉图用的是"phronesis",而不是"sophia",而且是在人的生活的善的语境下,可见,它隐含有通向后来亚里士多德的"实践知识"或"实践智慧"那个意思的端倪。

基于对"分离说"的批判,《斐莱布篇》提出了一个包括伦理学在内的普遍的本体论学说,它集中于这样一个基本观点,即一切事物的存在含有四种因素:"无限"(阿派朗)②、"有限"(一)、这两者的"混合"和混合的"原因"。它们可归结为"有限"与"无限"的关系,"一"与"多"的关系,受毕达哥拉斯学派的影响,将其数学化,也就是"一"与"不定的二"的关系(24b-c,31a,41d-e)③。这里的"原因"(cause)可以溯源到《斐多篇》中的"努斯",它相对于《国家篇》中明确化的两个世界的分离说,是一个飞跃;它致力于"分离"与"分有"的调和或统一,展示了一种"理念"与"现象"的辩证法、"存在"与"生成"的辩证法④;它十分接近后来亚里士多德在《形而上学》和《物理学》中表达的"四因说"⑤,以及"潜能"与"实现"的观点。

显然,柏拉图这里提出的存在的四因素说,是想解决晚年面临的那个重要难题——"分离"如何达到"分有"的跨越。根据他过去的观点,现实世界只不过是理念世界的影像或影子,它是因为"分有"或"模仿"了理念世界才有自己的存在,但如何"分有"或"模仿",在柏拉图那里语焉不详,亚里士多德干脆说它们只不过是一种诗意的比喻。不过,伽达默尔注意到,柏拉图后期更多用"分有"(他自己的术语),而不是"模仿"(毕达哥拉斯学派的术语),表明二者之间的差距。柏拉图试图从逻辑上解决"一"与"多"的关系而用"分有",这种"分有"是客观的,不是主观

---

① Gadamer, *Idea of the Good in Platonic-Aristotelian Philosophy*, Yale University Press, 1986, p. 105、108.

② 注意:这里的"无限"强调的不是那种至大无外、至小无内的无限,而是指没有限定、没有规定的意义。

③ 汪子嵩等:《希腊哲学史》卷1,北京:人民出版社,1993年,第318—323页。另参见亚里士多德:《形而上学》第1卷,第6章,苗力田译,北京:中国人民大学出版社,2003年。

④ Gadamer, *Idea of the Good in Platonic-Aristotelian Philosophy*, Yale University Press, 1986, pp. 9-13.

⑤ 这里的"无限"相当于"质料","有限"相当于"形式","混合"相当于质料与形式的统一所构成的具体事物,而"原因"相当于动力因、目的因和形式因。

的①。显然,《斐莱布篇》包含对这一问题实质性的推进,其核心思想——一切事物存在的四个方面——让我们窥见他后期思想中的伦理辩证法的发展②。

需要补充的是,虽然柏拉图晚年对自己的理念论进行了批判,但这并没有导致他否定"分离说"的意义(亚里士多德亦如此),他也没有因此而放弃理念论,只是试图解决"分离说"的矛盾来修正自己以前的理念论。这一点在《斐莱布篇》中可以看得很清楚,此处柏拉图所谓"有限"与"无限"的"混合",也就是"一"与"多"的"混合","一"与"不定的二"的"混合"(16d),而且这里的"混合"不等于简单的并置或堆积,而是按照一定的尺度、比例结合在一起而构成的具体事物,因此是不可分的整体,是被规定的实在(64d - e.),而其内在的"原因"(cause)就是"努斯"。世界上任何具体事物的存在都体现为这四个方面的统一③。

可见,伽达默尔前后期对柏拉图的《斐莱布篇》的理解保持了相当大的一致性。前期的《柏拉图的辩证伦理学》关注柏拉图和亚里士多德的联系,因为《斐莱布篇》强调的不是两极或两端中的某一个,而是中道或中庸,如承认"快乐"和"智慧"(phronesis)相结合的"善",这里含有辩证法意义上的伦理学,它和后来亚里士多德德性伦理学的主张有近似之处,后者追问的不是一般意义上的善是什么,而是对于人来说的善是什么,这种思想削弱了苏格拉底的德性与知识的同一(突出了辩证法与伦理学的同一),并指出了不可忽视的处境的具体性,在这当中,人去判断什么对于他是善的并做出行动的选择④。

伽达默尔后期的《柏拉图—亚里士多德哲学中善的理念》的第四章集中讲了"《斐莱布篇》中善的辩证法"。虽然这一章在全书所占的篇幅最小,只有区区二十来页,与带有结论性质的最后一章差不多,但这并不意味着它不重要,恰恰相反,它的作用是关键性的。只是因为它的主要内容在前期的《柏拉图的辩证伦理学》中已经涉及了,所以这里没必要过多重复。在时隔半个多世纪之后为《柏拉图的

---

① Gadamer, *Idea of the Good in Platonic-Aristotelian Philosophy*, Yale University Press, 1986, pp. 9 - 11.

② Gadamer, *Idea of the Good in Platonic-Aristotelian Philosophy*, Yale University Press, 1986, pp. 137 - 138.

③ Cf. Gadamer, *Idea of the Good in Platonic-Aristotelian Philosophy*, pp. 29,15,114,122。

④ Gadamer, *Plato's Dialectical Ethics. Part I*, Yale University Press, 1991, p. xvii.

辩证伦理学》写的第 3 版(1982 年)序言中,已步入耄耋之年的伽达默尔仍承认这本处女作重新再版具有意义,其基本内容是站得住脚的①。

　　作为伽达默尔思想真正开端的《柏拉图的辩证伦理学》主要探讨了两个问题:善的观念的实践性和辩证法何以就是伦理学。它包含政治学,并通向他后来明确创立的哲学解释学。伽达默尔在这里强调对话本身就是生活的伦理方式,合理性的东西不是现成的,也不是由哪一个人决定的,而是在对话的辩证过程中寻觅到的。伽达默尔十分看重柏拉图的这种对话理性,即在对话过程中寻求合理性,并将它和亚里士多德所突出的实践智慧联系起来,其意义具有普遍性。这样,对话、辩证法和伦理学达到了一致。

　　作为伽达默尔第二部重要著作的《柏拉图—亚里士多德哲学中善的理念》也着重讨论了《斐莱布篇》中的"辩证法",但主要是围绕着辩证法与"善"的理念的联系展开的,这里的辩证法体现在这一认识中:与人相关的善既非单纯的"智慧",也非单纯的"快乐",而是二者"混合"而成的一个第三者。而且柏拉图在《斐莱布篇》中不仅提到了将"快乐"与"智慧"混合的善②,还提到了作为这种"混合"之"原因"的善(64d)③——它基于这样一个公理:一切事物的产生都是有原因的(26e)。是"善"的原因造成了具体的善,它涵盖了"人之善"与"宇宙之善"(64a),而这一点通向柏拉图后期的《蒂迈欧篇》。《蒂迈欧篇》是《斐莱布篇》所提出的存在的四因素说的进一步展开,用中国传统的话来讲,前者偏向于"天道",后者偏向于"人道",天人合一,从而使"善"具有了一种普遍的本体论意义,它作为"努斯"意义上的"原因",指向一个理性"神",是它造成"有限"与"无限"的混合、"一"与"多"的混合,或"一"与"不定的二"的混合,从而形成了世界上形形色色的万事万物,包括由"快乐"与"知识"之"混合"而成的善的生活。

　　这里提到了"宇宙灵魂"(或"世界灵魂")——它是柏拉图笔下的苏格拉底通过一种由近及远的类比推理得到的:我们拥有身体,我们的灵魂寓于身体之中,这

---

① Gadamer, *Plato's Dialectical Ethics. Part I*, Yale University Press, 1991, p. xxxiii.

② Gadamer, *Idea of the Good in Platonic-Aristotelian Philosophy*, Yale University Press, 1986, pp. 110-111.

③ Gadamer, *Idea of the Good in Platonic-Aristotelian Philosophy*, Yale University Press, 1986, pp. 114-115.

个身体的成分与宇宙身体的成分相同,并且是由宇宙的身体所供养的,我们不能设想这个拥有与我们的身体同样元素并且在各个方面都要完美得多的宇宙没有一个灵魂,否则无法说明我们的灵魂是从哪里来的①。这里就含有后来《蒂迈欧篇》所明确了的"人的灵魂"与"宇宙灵魂"("世界灵魂")关系的说明,这个宇宙灵魂就是智慧和理性的寓所,它一方面提供身体的元素;另一方面提供理性的尺度,所以产生一切事物作为第四种东西的原因包括理性、智慧和灵魂(《斐莱布篇》,30a-d)。这里"原因"也就是制造者或创造者(26e-27a)。虽然在总体上《斐莱布篇》主要是探讨"人之善",并没有去分析"宇宙之善",但它暗示了这一方向,后者是由后来的《蒂迈欧篇》完成的。

按照伽达默尔的理解,《斐莱布篇》与《蒂迈欧篇》这种关联对应于后来亚里士多德的《伦理学》与《物理学》的内在关联②,实际上还应包括《形而上学》,而柏拉图具有普遍本体论意义的"善"的理念与亚里士多德的神的理论相契合,神或努斯代表最高的善③,由此就可以看出这两者之间的联系。只不过柏拉图的表达更带神秘的比喻性,而亚里士多德将其概念化了,并赋予了更多的逻辑论证。

作为个人生活的善或好(good)在古希腊都被定义为幸福。在《斐莱布篇》中,柏拉图关注到个人的幸福。也就是说,这里的幸福与个人的好或善有关,但快乐和知识哪一个更接近善或好? 如前所述,柏拉图的回答仍然没有偏离苏格拉底的路线——知识。由于柏拉图在这里集中讨论了什么是快乐,因此这篇对话又被公认为是"论快乐"的对话,他在其中使用了辩证法来揭示快乐的本质,它显然不是纯肉体上的,而是精神上的,更接近审美的那种愉悦。它预示了后来亚里士多德所说的"幸福",《尼各马可伦理学》(第7、10卷)也专门谈到过"快乐"的问题,以及"快乐"与"幸福"的关系,同柏拉图这里讲的有得一比。

---

① 现代生命科学早已经打破了有机与无机的界限,在它看来,意识是有物质基础的,人的身体无非是一堆元素按照一定方式的组合,人的意识不过是这堆特定组合(身体)的属性。这些元素(或者说质料)和宇宙中存在的元素是一致的。生命与意识的起源都与此有关,当生命消失,一切又尘归尘、土归土。柏拉图早已以他自己的一种朴素的方式捕捉到了这一点。

② Gadamer, *Idea of the Good in Platonic-Aristotelian Philosophy*, Yale University Press, 1986, pp. 114-115.

③ Gadamer, *Idea of the Good in Platonic-Aristotelian Philosophy*, Yale University Press, 1986, p. 152.

总的来说,柏拉图晚期的《斐莱布篇》提出了一种不同于前期的、统一两个世界的本体论,它包含两种善:一个是具体的善——快乐与理性相结合的善;一个是根本的善——作为"原因"的"努斯"意义上的最高的善(至善),它是使其他一切善的事物之为善的原因,别的事物因为"分有"它或相似于它而为善,它通向神,即理性神(后来亚里士多德的《形而上学》(第 12 卷)将其明确地表述为"第一推动者"),是对古希腊神话中的"诸神"的超越。这两种善是统一的,而非分离的。显然,相对于《国家篇》中那个最高的、抽象空洞的善,善在《斐莱布篇》中变得比较具体了①,至此,"分离说"虽然不能说已经解决了,但至少它所造成的张力得到了缓解,促进了对"善"的问题理解的深化。

四、　从柏拉图的自我批判到亚里士多德的批判

在《柏拉图—亚里士多德哲学中善的理念》中,伽达默尔多次强调,亚里士多德对柏拉图的批判与柏拉图后期的自我批判具有某种相似性,这只要拿《形而上学》与《巴门尼德篇》对比一下便不难看出,例如著名的"第三者"的论证就是一个典型的例子②。毕竟亚里士多德在柏拉图学园待了 20 年,当他刚进入学园时,柏拉图思想已经进入到晚期了,已经开始对前期的理念论的不足进行批判了,亚里士多德不可能不了解老师的这种批判并从中受到启发。如果只考虑柏拉图中期的理念论(以《斐多篇》和《国家篇》为代表),亚里士多德与柏拉图差别确实比较大,但如果将柏拉图晚期思想纳入进来(主要有《巴门尼德篇》《斐莱布篇》和《蒂迈欧篇》),二者的差别并没有人们想象的那么大。

不难看出,柏拉图前期,毕达哥拉斯学派和埃利亚学派(主要是巴门尼德)对他的影响最大,他比较排斥赫拉克利特,而柏拉图后期较多融入了赫拉克利特的"生成"(变易)思想,并加以调和,别开生面。他晚年已经提出了超越"分离说"的四因素统一的存在论,后来亚里士多德建立的质料与形式相结合的统一世界观显

---

① 汪子嵩等:《希腊哲学史》卷 2,北京:人民出版社,1993 年,第 1087 页。

② Gadamer, *Idea of the Good in Platonic-Aristotelian Philosophy*, Yale University Press, 1986, p. 2.

然是其进一步的发展。

然而,伽达默尔仍很看重亚里士多德对柏拉图"善"的理念的批判,因为这也可视为对柏拉图后期思想的发展,而正是这一点将伽达默尔引向了普遍解释学的深处。值得一提的是,《柏拉图—亚里士多德哲学中善的理念》第五章显然吸收了伽达默尔的文集《对话与辩证法》的最后一篇——"我爱柏拉图,我更爱真理"①中的观点,后者曾作为附录被收入到《柏拉图的辩证伦理学》第 2 版(Meiner,1967年),由此可见它们之间的关联。其实,这篇论文更突出的是"我爱柏拉图",以说明亚里士多德与柏拉图之间的密不可分,而不是对立。但对伽达默尔而言,亚里士多德批判柏拉图"分离的"善的理念毕竟不是多余的。

其实,伽达默尔的第一部重要著作《真理与方法》就谈到过这种批判,只是没有提到这种批判与柏拉图晚期的自我批判的联系,而且也比较零碎,没有详细、集中的展开,不过关键之处都已经点到了:

> 亚里士多德在探讨善的问题时限制了苏格拉底—柏拉图的"理智主义"(Intellektualismus),从而成为一门独立于形而上学学科的伦理学创始人。亚里士多德批判柏拉图的善的理念乃是一种空疏的共相,他以对人的行为来说什么是善这个问题取代了[一般]的善的问题。亚里士多德这种批判的方向证明,德行(Tugend)和知识、"德性"(Arete)和"逻各斯"(Logos)的等同——这种等同乃是苏格拉底—柏拉图的德性学说的基础——乃是一种言过其实的夸张。……伦理学(Ethik)这一概念在名称上就指明了亚里士多德是把"善"建立在习行(Übung)和"Ethos"(习俗)基础之上的这一关系②。

伽达默尔的第二部重要著作《柏拉图—亚里士多德哲学中善的理念》与第一部重要著作《真理与方法》的上述观点保持着一致,但作了更加深入、细致、全面的展开(详见第 5 章)。在这里,伽达默尔集中分析了亚里士多德对柏拉图"善"的理

---

① 参见伽达默尔:《伽达默尔论柏拉图》,余纪元译,北京:光明日报出版社,1992 年,第 212—238 页。
② 参见伽达默尔:《诠释学 I:真理与方法》,洪汉鼎译,北京:商务印书馆,2007 年,第 424 页。译文有改动。

念的批判,他主要依据亚里士多德伦理学的三个文本——《尼各马可伦理学》《大伦理学》和《欧德谟伦理学》——来进行的,尤其看重其中的《欧德谟伦理学》,因为后者这方面的内容最多。

伽达默尔注意到,这三个文本开头部分都针对柏拉图“善”的理念提出了批评,认为柏拉图关心的是“善”的理念与一般本体论的联系,而不是“善”的理念与人的实践哲学的联系。亚里士多德则明确强调善的意义是多重的,它和存在的意义一样多(《欧德谟伦理学》,1217b26－1218a1),他本人所关注的是相对于我们的善,而不是绝对的善或神的善;是可以实践的善,而不是不可实践的善。前者属于实践哲学要讨论的,后者属于其他理论所要讨论的,如第一哲学(神学)。如果善是分离的、独立自在的,那么它就既不能为人所认识,也不能为人所实行,从而在人的生活实践中是无用的(《尼各马可伦理学》,1096b30－1097a10,1217b25),所以亚里士多德一再讲,他不讨论柏拉图的空洞、抽象意义上的善的理念,只讨论与我们的实践相关的具体的善(《大伦理学》,1183a30－38),以消除柏拉图“善”的理念的超越性或超验性(transcendence)。这似乎表明,经过了柏拉图之后的亚里士多德要在一个更高层次上回到苏格拉底的传统——善是实践的善①。

上述观点基于亚里士多德对柏拉图“分离说”的更彻底的超越,这表现在他的实体说中。对亚里士多德来说,第一实体与第二实体的关系不是分离而是统一的,第一实体是基础,第二实体寓于其中,而不是与之相脱离,这就是他著名的“这一个”(todeti)与“是什么”(或“什么是”)(tiestin)之间的关系。从形式(eidos)与事物是不可分的前提出发,他认为善不是外在于一切事物、独立自在、自为的,而是存在于所有善的事物中的那个共同的善,这体现为一种具体的普遍,它与柏拉图抽象的普遍——善的理念不同,后者的善的理念是与具体分离的(《大伦理学》,1128b10-15)。从这个意义上可以讲,柏拉图的善是外在的(唯实论意义上的),而亚里士多德的善是内在的,它们是两种不同意义的善,进而由此显示出两人的重要区别②。

---

① Gadamer, *Idea of the Good in Platonic-Aristotelian Philosophy*, Yale University Press, 1986, p. 128.
② Gadamer, *Idea of the Good in Platonic-Aristotelian Philosophy*, Yale University Press, 1986, p. 132.

　　不过,如前所述,柏拉图后期已经意识到了"分离说"的困境,并试图解决之,《斐莱布篇》《蒂迈欧篇》就代表了这一方向;至于亚里士多德,则十分重视学科的划分,强调的是"对于我们的善"(good for us),而不是"对于神的善"(good for the god),那么它就应是实践哲学(最高是政治学)的对象,而不是第一哲学(神学)的对象。可是,柏拉图在《国家篇》中就触及了"对于我们的善"(505b),或者说具体的善,更不用说后来的《斐莱布篇》了①。而且即便"对于我们的善"也意义繁多,且与普遍性相关,这种共同的善往后追溯来自一个东西,那就是亚里士多德《形而上学》中作为"第一推动者"的神或努斯(理性),它体现了最高的善,显而易见,它与柏拉图《斐莱布篇》中那个作为"努斯"的"原因"有继承关系。

　　然而,亚里士多德虽然进行了学科划分,但并不意味着他要放弃这些学科之间的联系,而且他也强调个别的善要服从整体的善,具体的善服从最高的善,这样亚里士多德和柏拉图又非常相似了,他只不过以更加概念化的方式论证了整个世界的目的论秩序,而这正是柏拉图《斐多篇》中的预设,后者提到的三大领域——灵魂、城邦(国家)和世界——贯穿着一个统一的善,而亚里士多德同样关心整个宇宙的统一,正是在这一点上,亚里士多德分享了柏拉图的世界观②。只是柏拉图基于数学的立场,亚里士多德基于物理学的立场,后者赋予物理学比数学更优先的地位,他总是从具体的事物——"这一个"出发,然后去追问它"是什么"(本质、定义),由于这一差别,在亚里士多德那里,"形式是在事物的显现中被经验到的,而不像柏拉图那样是在反思中得到的"③,具体到伦理学也是如此。相比柏拉图,亚里士多德更接近现象学家的立场,这是海德格尔前期非常重视他而不是柏拉图的一个重要原因,受其影响,在这点上伽达默尔也是比较倾向于亚里士多德的。

五、　实践哲学与哲学伦理学

　　伽达默尔研究柏拉图和亚里士多德关于"善"的理念的关系时,注意到在古

---

① Gadamer, *Idea of the Good in Platonic-Aristotelian Philosophy*, Yale University Press, 1986, pp. 147 - 148.
② Gadamer, *Idea of the Good in Platonic-Aristotelian Philosophy*, Yale University Press, 1986, p. 155.
③ 伽达默尔:《伽达默尔论柏拉图》,余纪元译,北京:光明日报出版社,1992年,第237页。

代,理论和实践不是对立的,而是统一的,理论被看作最高的实践,是人存在的最高方式①,没有像现代割裂得那样厉害。当然实践哲学本身是理论而不是实践,它具有理论的特征,只不过是一种特殊领域的理论,主要指伦理学和政治学。实践哲学与实践智慧(phronesis)的内容分不开,而我们在柏拉图那里是找不到亚里士多德所理解的"实践智慧"那种用法的,柏拉图虽然也使用"phronesis"这个词,却是广义的,它包含"理论知识"和"技艺知识",而不只是亚里士多德后来所限定的"实践知识"或"实践智慧",柏拉图经常将它与"sophia"(智慧)混用,而亚里士多德对"sophia"和"phronesis"作了严格区分:前者指"理论智慧",后者指"实践智慧"。无论是苏格拉底还是柏拉图,都没有像亚里士多德那样明确做到这一点,这是他在西方哲学史乃至思想史上的一个重要贡献。

根据亚里士多德的上述划分,实践哲学不再涵盖形而上学、物理学的内容,实践智慧远离普遍的目的论,但这种做法产生了一个问题:作为特殊哲学的实践哲学(包括伦理学与政治学)同理论哲学(如形而上学、物理学或本体论、宇宙论)之间是一个什么关系?如前所述,亚里士多德的学科划分在历史上是一个进步,但也容易造成一个误区,仿佛它们是割裂开的,但实际上这并不是亚里士多德的本意,他仍然要统一地看待它们,这与柏拉图是一致的,因为这个世界本来就有天人合一、宇宙人生不分的一面。

值得注意的是,伽达默尔在这里还专门提到康德那本"伟大的小书"——《道德形而上学奠基》的第一章:从普通理性的道德知识到哲学知识的过渡,实际上是要突出其标题中的形而上学的"奠基",它显示为追求一种普遍的有效性②。这样就将西方近代的康德也纳入到古代的柏拉图—亚里士多德的共同主题和统一效果的传统中来了。

我们知道,亚里士多德是在批判柏拉图的善的理念的过程中,建立起自己的实践哲学的。他所提及的理论生活与实践生活,对应于理论智慧与实践智慧。亚里士多德眼里的最高认识之可能性来自"努斯",它既可归属到理论知识、理论智

---

① 黑格尔:《哲学史讲演录》第2卷,贺麟、王太庆译,北京:商务印书馆,1983年,第17页。
② Cf. Gadamer, *Idea of the Good in Platonic-Aristotelian Philosophy*, pp. 170-171;另参见康德:《道德形而上学奠基》,杨云飞译,北京:人民出版社,2013年,第11—29页。

慧（sophia），也可归属到实践知识、实践智慧（phronesis），它们是同一理性或同一智慧的两个方向①，正如在康德那里，理论理性与实践理性不是两种理性，而是一种理性，是同一种理性的两种不同的应用一样。伽达默尔在这本书中通过对亚里士多德的这种解释，明确地要将理论哲学与实践哲学、理论知识与实践知识、理论智慧和实践智慧、理论理性和实践理性统一起来，这可视为伽达默尔思想的一个重要进展。因为在此之前的《真理与方法》没有做到这一点，主要体现为一种矫枉过正，比较突出的是实践知识与实践智慧。

如前所述，柏拉图《斐莱布篇》所提出的存在的四因素说包含有具体的善（"混合"的善）和最高的善（"努斯"的善），后者是前者即"混合"的善产生的"原因"，这样看来二者在柏拉图那里是统一的。虽然亚里士多德的实践哲学涉及具体的善，要避免从普遍性的角度去谈最高的善（至善）——这是第一哲学（形而上学）和第二哲学（物理学）的事情，但由于人的生活离不开自然，定位于世界或宇宙之中，人的生存即他的活动最终超越他自身而指向神②，这可以说明，亚里士多德的实践哲学与理论哲学并不是完全脱节的。在他那里，实践哲学作为人的哲学，主要包括伦理学和政治学，而理论哲学主要包括数学、物理学和形而上学（神学）。这样，他与柏拉图仍是"近邻"，相去不远。

与之相关，接下的问题是就人而言，对应于理论智慧与实践智慧的两种生活——理论生活与实践生活——孰高孰低？无论是柏拉图还是亚里士多德都作了一致的判断：前者最高（《斐莱布篇》20d；《尼各马可伦理学》1177a15 - 1178a7）。即便是带有混合性的实践生活，其中的理性或精神的因素也被看得更重。只是相比柏拉图，亚里士多德表达得更加明确：第一好的生活是理论生活，这是神的生活，但人不是神（不死者），而是有死者，因此不可能完全过这种生活，他只是"爱智慧"（philosophia）——追求智慧，而不是占有智慧（sophia）③。于是有一个"第二

---

① Gadamer, *Idea of the Good in Platonic-Aristotelian Philosophy*, Yale University Press, 1986, p. 171.

② Gadamer, *Idea of the Good in Platonic-Aristotelian Philosophy*, Yale University Press, 1986, pp. 171 - 172.

③ 这个表达与后来的黑格尔相反。Cf. Gadamer, *Idea of the Good in Platonic-Aristotelian Philosophy*, p. 176.

好"的生活,这就是人的理论和实践相结合的生活①,也就是柏拉图《斐莱布篇》中所说的"快乐"与"知识"(理性)相"混合"的生活,这里"混合"意味着是一个不可分离的整体、复合体,"混合"不是随意的,是要混合得好,而不是混合得糟(61b),这就离不开"理性"的介入与支配,此处的"混合"包含尺度、美和真理,可以说,它就是真善美的统一②。由于结合了尺度、比例——理性,这里的"快乐"就成了一种精神性的愉悦,它体现为一种美感,而非单纯肉体或生理上的快适,它通向后来亚里士多德的"快乐"乃至"幸福"。

不过也毋庸讳言,这里伽达默尔作了一些自己的阐发。他认为,亚里士多德所谓实践生活是"第二好"的,并非含"次一等"的意思,而是两个最好的生活之一,它们相互隶属,一起构成人的善的生活,即结合理论与实践的理性生活。这样在柏拉图与亚里士多德那里,善显现为一种目的,不仅指向人类,还指向整个宇宙,这个宇宙被理解为趋向至善。后来康德的三大批判从认识论出发,最终走向道德本体论与之有相似之处。而这种具有本体论的世界观正是伽达默尔要从解释学角度加以发挥的。

他的解释学作为实践哲学,其重心在伦理学,并通向政治学,二者本来在古希腊就是密不可分的,伦理学只是政治学的一部分。亚里士多德在《大伦理学》中一开头就明确地讲,他这里要讨论的并非道德是不是知识的问题(苏格拉底—柏拉图),而是道德是什么样的知识(亚里士多德),他的回答不是精确的理论知识,而是严格的实践知识;它不仅包括伦理学,还包括政治学,它所体现的是实践哲学以伦理学为起点,以政治学为终点的那个意义③,这就不难理解为何在《尼各马可伦理学》中亚里士多德将德性的研究最后隶属于政治学(1102a10 - 15)。伽达默尔的解释学作为实践哲学也是这个方向,这在他的第二部重要著作《柏拉图—亚里士多德哲学中善的理念》中被进一步暗示出来了。这里他既提到"实践哲学",也提到"哲学伦理学"④,由于伦理学是其中的基础与出发点,所以伽达默尔谈实践哲学

---

① 对于大多数人来讲主要过的是实践生活,因为从事专业理论的人(典型的如哲学家)毕竟是少数。

② Gadamer, *Idea of the Good in Platonic-Aristotelian Philosophy*, Yale University Press, 1986, p. 115、124 - 125.

③ 亚里士多德:《亚里士多德全集》第 8 卷,苗力田主编,北京:中国人民大学出版社,1994 年,第 241 页。

④ Gadamer, *Idea of the Good in Platonic-Aristotelian Philosophy*, Yale University Press, 1986, pp. 166 - 169.

时提及伦理学要比政治学多得多,但这并不意味着政治学不重要。同古代哲人一样,政治学被他视为"最高的科学和艺术"①。

其实,这一点在《真理与方法》中就有所涉及。伽达默尔指出,他真正感兴趣的是苏格拉底—柏拉图的遗产和亚里士多德的习俗(Ethos)之间的协调关系,这集中表现在他们各自对善的理念的理解上。亚里士多德对苏格拉底—柏拉图这方面既有批判,又有保留,例如,苏格拉底强调知识是道德存在的本质要素,这个方向不仅是柏拉图要坚持的,也是亚里士多德要坚持的,但亚里士多德补充了"实践知识"和"实践智慧",它是一种面对可变事情的选择,这里面就包含有具体的善,而不是柏拉图所讲的纯粹理智的、脱离实际的抽象、空洞的善。这种善不仅是一种理论,也是一种行动,它要考虑到具体处境。就这一点看,道德知识与解释学可以达到某种一致,而且道德知识就是与人相关的实践知识,由此发展出道德科学,而在西方观念史上,"道德科学"(moral sciences)曾经是人的科学——精神科学(人文社会科学)——的代名词,这种表达我们在休谟、穆勒(密尔)等人的著作中就可以看到,直到19世纪后半叶它才逐渐被"精神科学"替代②。而伽达默尔的解释学与这种基于道德科学的精神科学相联系,这也可看成基于海德格尔的,通过布尔特曼,回到施莱尔马赫、德罗伊森和狄尔泰的传统。

伽达默尔注意到,亚里士多德虽然继承了苏格拉底的传统,强调道德即知识,但他认为,这种知识不应当是苏格拉底和柏拉图强调的一种纯粹理智的领域,即理论知识,而是实践知识。前者与不变的事情有关,这类知识在古代最具典型的代表就是数学;而后者与可变事情有关,和人的习俗有关,同人的行动分不开,最典型的代表是伦理学。这里伽达默尔似乎将"实践智慧"(phronesis)和"实践理性"(praktischen Vernunft/practical reason)或"实践的合理性"(praktischen Vernünftigkeit/practical reasonableness)作了某种等同的使用③,并强调要建立一门哲学伦理学,这种哲学伦理学与他的哲学解释学目标一致,而且再次提到了康

① Gadamer, *Idea of the Good in Platonic-Aristotelian Philosophy*, Yale University Press, 1986, p. 166.
② 参见伽达默尔:《诠释学Ⅰ:真理与方法》,洪汉鼎译,北京:商务印书馆,2007年,第11—12页。
③ Cf. Gadamer, *Idea of the Good in Platonic-Aristotelian Philosophy*, pp. 166,171,175。另参见伽达默尔:《诠释学Ⅱ:真理与方法》,洪汉鼎译,第27、590、611页。

德《道德形而上学奠基》①，这同他本人另外一篇重要论文《论一门哲学伦理学的可能性》(1963年)所表达的思想可联系到一块来理解。与《真理与方法》相比，这里对康德的赞同多于批评，他也像舍勒一样表达了对康德的充分尊重，但又能正视其不足，予以补充。

与柏拉图相比，亚里士多德主张善的具体化、多样化，它既包含世俗的善，也包含超世俗的善；既包含质料的善，也包括形式的善。我们知道，舍勒区分了伦理学中的形式主义和质料的价值伦理学，如果说康德是前一类最典型的代表，那么亚里士多德则是后一类最典型的代表。尼古拉·哈特曼在他的《伦理学》一书中就明确地讲过，在亚里士多德那里含有丰富的质料价值伦理学的内容②。伽达默尔前期主要站在亚里士多德主义的立场上力图在解释学领域中恢复古代实践哲学传统，后来则愈来愈有一种融合亚里士多德主义和康德主义的倾向，认为两者都不能独善其身，它们不应是对立的，而应是互补的③，并将这视为他所设想的一门未来可能的哲学伦理学的发展方向，也就是要将伦理学的质料主义与形式主义结合起来，扬弃二者各自的片面性，这显然是一种辩证的方向，此方向可以说有舍勒的启发，虽然舍勒所要建立的质料的价值伦理学不同于尼古拉·哈特曼所理解的、亚里士多德的质料的价值伦理学④。

伽达默尔认为，康德强调道德律是无条件性的绝对命令不乏追求道德纯洁性的积极一面，但有其局限性。它是形式主义的，体现为一种刚性的普遍原则，只强调从"善良意志"出发，不考虑行动的质料，不考虑"例外"，不考虑根据具体情况的变通，不看重实践智慧，因为在康德眼里，实践智慧（明智）基于人的福利考虑，所以它的行为准则体现出来的是一种假言命令⑤，而不是定言命令，这最终导致康德对实践智慧的不重视，从而在其道德原则的应用上显得苍白无力，在这个方面任

① Gadamer, *Idea of the Good in Platonic-Aristotelian Philosophy*，Yale University Press，1986，p. 165.

② 参见亚里士多德：《尼各马可伦理学》，邓安庆译，北京：人民出版社，2010年，第49页。

③ Gadamer, *Idea of the Good in Platonic-Aristotelian Philosophy*，Yale University Press，1986，pp. 97 - 98.

④ 马克斯·舍勒：《伦理学中的形式主义与质料的伦理学》，倪梁康译，北京：商务印书馆，2011年，第17页。

⑤ 康德：《道德形而上学奠基》，杨云飞译，北京：人民出版社，2013年，第45页。

何为康德做辩护的努力似乎都是徒劳的,因为这是他的义务伦理学本身的问题,黑格尔早就批判过;而亚里士多德的德性伦理学也强调从"善"出发,但突出实践智慧,主张要考虑具体情况或处境,强调条件性[1],有其深刻、合理的一面,但它也有容易导向相对主义、功利主义和机会主义的一面。

康德与亚里士多德的对立在这里突出的尖锐问题是:在道德实践领域,只讲定言命令,不讲假言命令行不行(实践智慧体现的就是一种假言命令)? 或者反过来,只讲假言命令,不讲定言命令行不行? 恐怕都不行。我认为,晚年的伽达默尔似乎已经意识到了这一点,他要调和亚里士多德和康德,走另外一条道路,也就是第三条道路,即既不完全是康德式的,也不完全是亚里士多德式的(其实也就是要解决一个形式与质料的统一问题),它体现出伽达默尔哲学伦理学的一种辩证倾向,表现为一种黑格尔主义的立场,但如何将这两个不同的伦理学具体地统一起来,尚未见到其详细、充分的论证,我们需要深入地研究,然后接着讲。笔者认为,这里隐含有这样的可能性:伽达默尔似乎要将康德的"绝对命令"转化为"一般命令",也就是要考虑到"例外",考虑到"实践智慧",在保持道德原则的"刚性"的前提下面留有一点"柔性"或"弹力",而这又不能导向相对主义,因为伽达默尔用康德来弥补亚里士多德的"实践智慧"本来就包含对这一点的避免,同时这也是要与功利主义划清界限[2]。

六、结语

综上所述,伽达默尔的《柏拉图—亚里士多德哲学中善的理念》这本书的基本观点,超越了德国的新康德派和耶格尔派,包括了海德格尔的挑战。新康德派看重柏拉图而贬抑亚里士多德,而海德格尔看重亚里士多德而贬抑柏拉图,将柏拉图等同于柏拉图主义,将柏拉图主义等同于遗忘存在的传统形而上学,是应被克服的对象,而且他本人前期对柏拉图的解释也主要是从亚里士多德出发的(如关

---

① 伽达默尔:《论一门哲学伦理学的可能性》,邓安庆译,《世界哲学》2007 年第 3 期。
② 伽达默尔:《诠释学Ⅱ:真理与方法》,洪汉鼎译,北京:商务印书馆,2007 年,第 27 页。

于《智者篇》的讲座,这本讲柏拉图的大书前面几乎花了三分之一的篇幅在讲亚里士多德)①,而耶格尔基于西方19世纪以来的"发展观"来研究亚里士多德,将其思想的形成史看成走出柏拉图的历史,至于伽达默尔本人早期第一部著作《柏拉图的辩证伦理学》,也主要是从亚里士多德《尼各马可伦理学》(第7卷10—13章、第10卷1—5章)中论"快乐"的立场出发去解读柏拉图《斐莱布篇》的,所以他自己后来又称它为一部"未明说的关于亚里士多德的书"②,或者说,是为这样一本书做准备的,我们可以从中看出它与海德格尔《柏拉图的〈智者篇〉》的某种相似性,而且在表达上深受前期海德格尔思想的影响。而伽达默尔晚年著作《柏拉图—亚里士多德哲学中善的理念》不再将柏拉图与亚里士多德对立起来。在他眼里,不仅柏拉图的思想具有连续性,而且亚里士多德仍是一个柏拉图主义者,是第一位柏拉图主义者③,因此不仅从亚里士多德看柏拉图,也要从柏拉图看亚里士多德,要往复对看,他们一起构成了整个西方思想的"开端",并决定了后来的"保持"④。伽达默尔晚年思想的发展恰恰是要重返这个"开端",这一点他与海德格尔的思想轨迹一样:向前进就是向后退,即所谓"返回的道路"。只不过海德格尔要返回到前苏格拉底,而伽达默尔要返回到柏拉图。

20世纪以来,西方解释学的确有一个实践哲学的转向,或者说,伦理学的转向,这在当代哲学解释学的创立者——伽达默尔身上体现得尤为突出、尤为典型。他明确地讲,解释学就是实践哲学,而实践哲学的核心就是"实践智慧","实践智慧"(phronesis)离不开"善"、隶属于"善",是对善的具体追求和应用,它必须要考虑到特定的处境(在这个过程中去把握什么是"好的"或"恰当的",它不同于"聪明"[cleverness],因而也不同于专家的工作和技术的应用,尽管在广义上,亚里士多德有时也将技艺活动看成一种实践);另外,由实践智慧把握的具体的善又要有

---

① 海德格尔:《柏拉图的〈智者〉》,熊林译,北京:商务印书馆,2016年,第23—308页。

② 伽达默尔:《诠释学Ⅱ:真理与方法》,洪汉鼎译,北京:商务印书馆,2007年,第594页。

③ 参见伽达默尔:《伽达默尔论柏拉图》,余纪元译,北京:光明日报出版社,1992年,第172页;另参见伽达默尔:《诠释学Ⅱ:真理与方法》,洪汉鼎译,北京:商务印书馆,2007年,第614页。

④ 海德格尔喜欢引用荷尔德林的说法:"你如何开端,就将如何保持";伽达默尔喜欢引用黑格尔的说法:开端是终结的开端,终结是开端的终结。这对当年德国图宾根大学的室友此处所表达的思想其实是一致的。

形而上学的前提和根基。伽达默尔这本书通过对柏拉图和亚里士多德的"善"的理念的处理揭示了实践哲学与存在哲学的关系,暗示了哲学伦理学与哲学解释学的联系,它让我们想到从苏格拉底经柏拉图到亚里士多德所展示出的这样一个思想:我们对世界的理解是从我们的道德经验出发的,它基于什么是善或好①,同时它总包含有未来超越性的一面,这进一步表明,解释学绝不仅仅是一个方法的问题、技术的问题,更是一个实践的问题、本体的问题,意义的源头归根结底在于对善的追求。

如果说,实践哲学贯穿于伽达默尔的整个学术生涯的始终,那么可以说,他的第一部重要著作《真理与方法》)突出的是"实践智慧",他的第二部重要著作《柏拉图—亚里士多德哲学中善的理念》突出的是"善"的理念。伽达默尔明确地讲,"实践智慧"这个问题在《真理与方法》中占据了核心地位,该书所描述的解释学过程的结构依赖于亚里士多德对"实践智慧"的分析②,这里的实践智慧对应的是非科学的理解,这和他要在艺术领域和精神科学领域倡导非科学的真理观,反对科学主义、工具主义的主宰分不开;然而《真理与方法》直接讲"善"本身却很少(只是在该书最后一节提到一点③)。至于到了第二部重要著作,"善"的理念本身成了贯穿始终的"主角",并且深入揭示了柏拉图和亚里士多德"善"的理念的内在联系(包括苏格拉底),将其呈现为一种影响史和效果史,它通向西方传统形而上学(这与海德格尔显然是不同的),其思想所达到的高度和境界,在某种意义上超过了《真理与方法》,虽然它的篇幅比后者少得多。总之,这两本书之间经历了从"实践智慧"的重心向"善"之理念的重心转移,这种转移是一种升华,同时也表明二者的不可分性。实践智慧关注具体的善,而理论智慧关注普遍的善。

通过对善的理念的探讨,伽达默尔将理论智慧与实践智慧、理论理性与实践理性、理论哲学与实践哲学、理论知识与实践知识,总之,"sophia"和"phronesis"统一起来了,而不像在《真理与方法》中是断开的(这也是笔者过去在未深入钻研他

---

① Gadamer, *Idea of the Good in Platonic-Aristotelian Philosophy*, Yale University Press, 1986, pp. xxiv - xxv.

② 参见伽达默尔:《诠释学Ⅱ:真理与方法》,洪汉鼎译,第 27 页;另参见何卫平《理解之理解的向度——西方哲学解释学研究》,北京:人民出版社,2016 年,第 242 页。

③ 伽达默尔:《诠释学Ⅰ:真理与方法》,洪汉鼎译,北京:商务印书馆,2007 年,第 642—654 页。

的第二部重要著作之前,读其第一部重要著作时经常感到困惑与不满意的地方),它显然是一个重要的补充。作为伽达默尔实践哲学的核心,伦理学不是一般的道德科学,它融本体论、目的论为一体,所以是"哲学伦理学",正如他的解释学不是一般的解释学而是"哲学解释学"一样,这里的"哲学"包含本体论。这方面,柏拉图、亚里士多德和康德具有某种一致性和典范性。而伽达默尔晚年要自觉地沿着这个方向推进一种和哲学解释学密切相关的哲学伦理学。

柏拉图与亚里士多德,哪一个更伟大? 应当说都伟大,但如果一定要在两人之间做一个选择的话,我们不能不说柏拉图更伟大,否则,怀特海不会讲整个西方哲学传统无非是柏拉图的一系列注脚[1]。对西方哲学开端的理解要从柏拉图开始,而不能从亚里士多德开始,因为弄不好会容易理解偏。相对而言,柏拉图的思想更带综合性,亚里士多德的思想更带专题化,而且在伽达默尔眼里,亚里士多德不仅仍然是一个柏拉图主义者,而且是第一个柏拉图主义者,连他本人也不例外,也仍然以其独有的方式充当柏拉图的"注脚",并自称终生是柏拉图的学生[2]。他晚年甚至认为,对柏拉图的研究才是他更具原创性的成果[3]。与之相关,晚年的他并未逃离形而上学,而是坦然面对,这和海德格尔的追求有所偏离。在《科学时代的理性》中,伽达默尔曾引用过黑格尔一句名言:一个民族若没有形而上学,就像一座神庙没有主神一样[4]。在《真理与方法》最后一节中,他也承认,"随着我们的解释学探究所采取的本体论转向,我们就接近了一种形而上学概念"。[5] 这里紧接着要发挥的就是柏拉图《斐莱布篇》中的观点:从真善美的统一中去理解"善"(这也可以追溯到柏拉图中期的对话《会饮篇》)。到了《柏拉图—亚里士多德哲学中善的理念》,伽达默尔更自觉地实现了一种向形而上学的回归,它也可视为对《真理与方法》最后一节思想的进一步延伸[6]。可见,伽达默尔在海德格尔之后致力于

---

① 参见怀特海:《过程与实在》,李步楼译,北京:商务印书馆,2011年,第63页。
② 参见伽达默尔:《诠释学Ⅱ:真理与方法》,洪汉鼎译,北京:商务印书馆,2007年,第619页。
③ 参见让·格朗丹:《伽达默尔传》,黄旺、胡成恩译,上海:上海社会科学院出版社,2020年,第411页。
④ 参见伽达默尔:《科学时代的理性》,薛华等译,北京:国际文化出版公司,1988年,第46页;另参见黑格尔:《逻辑学》上卷,杨一之译,北京:商务印书馆,1982年,第2页。
⑤ 伽达默尔:《诠释学Ⅰ:真理与方法》,洪汉鼎译,北京:商务印书馆,2007年,第642页。
⑥ 伽达默尔:《诠释学Ⅰ:真理与方法》,洪汉鼎译,北京:商务印书馆,2007年,第647—651页。

从解释学上去恢复形而上学的崇高地位,并以独有的方式将自己纳入并隶属于这个传统①。对于他来讲,解释学始终有一个形而上学奠基的问题。如此看来,柏拉图的《斐莱布篇》对伽达默尔的三部著作都有深刻的影响,只不过在第一部和第三部著作中是显性的,在第二部著作中是隐性的。

同伽达默尔早、中期相比,我们可以看到,晚年的伽达默尔已从海德格尔巨大的"阴影"中走出来了,真正建立起了他自己的哲学解释学,这种哲学解释学与哲学伦理学合二为一。而海德格尔本人的兴趣主要在存在论,认为存在论优先于实践哲学,因此,他并不怎么关心伦理学②,这是伽达默尔与之不同的地方;另外,海德格尔很轻视辩证法,这也是伽达默尔与之不同的地方。可以说,伽达默尔晚年这部重要著作是其一生思想的总结与升华,真正标志着他彻底实现了存在哲学与实践哲学的统一、哲学解释学与哲学伦理学的统一、理论和实践的统一,并且更彻底地说明了"解释学就是实践哲学"这一根本命题,它表明解释学最终是向善的,或者说,是追求善的解释学、朝向善的解释学。至此,在他那里,实践哲学汇入第一哲学,与列维纳斯所说的"伦理学是第一哲学"异曲同工、交相辉映,这方面,他们都同海德格尔拉开了距离,走出了一条属于自己的道路。在生命之火行将熄灭之前,伽达默尔还在不断地说,"人类不能没有希望的活着",这是他一生所追求的"唯一论题""唯一学说"③。这里的"希望"是和对善的坚定追求分不开的。

最后,我想引用伽达默尔的学生奥托·珀格勒的一段话作为本文的结束:

> 所有人都从中期伽达默尔而来,都从《真理与方法》而来。但只要我们还没有接受他的晚期工作,我们就不能说,我们已经对伽达默尔有了深入的了解。④

---

① 参见让·格朗丹:《伽达默尔传》,黄旺、胡成恩译,上海:上海社会科学院出版社,2020 年,第 450—451 页。

② 参见弗朗科·伏尔皮:《以谁之名?——海德格尔与实践哲学》,刘明峰译,《中国现象学与哲学评论》第 25 辑,上海:上海译文出版社,2020 年,第 293 页;韩潮:《海德格尔与伦理学问题》,上海:同济大学出版社,2007 年,第 7—8 页、10 页、16 页、21—22 页;另参见·格朗丹:《伽达默尔传》,黄旺、胡成恩译,上海:上海社会科学院出版社,2020 年,第 143 页。

③ 参见让·格朗丹:《伽达默尔传》,黄旺、胡成恩译,上海:上海社会科学院出版社,2020 年,第 458 页。

④ 奥托·珀格勒:《黑格尔、海德格尔与伽达默尔》,马飞译,载 http://r-u-k.cn/wenku/yu006.html。

存心伦理学之当代重检
——从舍勒与考夫曼的康德诠释讲起

赖贤宗

台北大学中文系暨人文学院东西哲学与诠释学研究中心

导论

康德的存心伦理学(Gesinnungsethik,或翻译为信念伦理学)常被不恰当地解释为一种缺乏世界的内在性理论(eine Theorie "weltloser Innerlichkeit")。舍勒在其建立在现象学与伦理学的位格主义之上的价值伦理学即以此批评康德的存心伦理学中,指出:康德存心伦理学为伦理学中的形式主义(Formalismus)。韦伯(Max Weber)则在存心伦理学与责任伦理学的区分中批判某种过分狂热的存心伦理学。笔者意在阐明康德存心伦理学的基本结构及论述的背景、舍勒和韦伯的康德批判及与此相关的当代诠释,笔者 Gesinnung und Normenbegründung(《存心与规范奠基》)一书第一章集中于舍勒的康德诠释之重检,而第三章特别集中于当代康德诠释中之康德伦理学的程序论诠释(Kaufmann、Höffe、Kaulbach)、规范奠基的问题(Apel)、断言法律原则(die kategorische Rechtsprinzipien)(Höffe)并论及康德哲学当中的德行与正义的整合论及伦理学与人类学的整合的可能性。[①]

追溯韦伯关于存心伦理学的批评,韦伯阐释所有的伦理行动都可以归属到两种概念之下:存心(Gesinnung,或翻译为信念)或是责任,从而分为存心伦理学或是责任伦理学。责任伦理学指出伦理行动必须考虑结果并承担责任;存心伦理学只思考伦理行动的道德立场。一方面,存心伦理学与责任伦理学"二者有着深刻

---

① Shen-chon Lai(赖贤宗),*Gesinnung und Normenbegründung*(《存心与规范奠基》),1998,ars una,München。

的对立",韦伯说:"一个人是按照存心伦理的准则行动(在宗教的说法上,就是'基督徒的行为是正当的,后果则委诸上帝'),或者是按照责任伦理的准则行动(当事人对自己行动〔可预见〕的后果负有责任),二者有着深刻的对立。"其实,韦伯也说"这并不是说信念伦理就不负责任,也不是说责任伦理学就无视于存心伦理学",最后说到二者的互补则强调"存心伦理和责任伦理不是两极相对立,而是互补相成:这两种伦理合起来,构成了真正的能够从事政治使命(Beruf zur Politik haben)的人"。① 可以得知韦伯当时是提倡政治家应该具有责任伦理,而批评某一些人的存心伦理学是单面向的偏重心志与意图,但是认为真正的政治家是将这两种伦理整合起来。其实,他并没有批判康德的存心伦理学未能兼容责任的考虑,也没有认定康德的存心伦理学和责任伦理相违反。

　　韦伯关于存心伦理学的批评又常被人关联于舍勒对于康德伦理学的批评。笔者指出:舍勒之康德解释批判康德之存心理论为一"无世界之内在性"与形式

---

① Max Weber, *Wirtschaft und Gesellschaft*, 1972, fünfte Auflage, Tübingen: Mohr, S. 220.《政治作为一种志业》是德国社会学家马克思·韦伯(1864—1920)于 1919 年在慕尼黑大学的演讲,阐述作为政治家应具有责任伦理的素养,此中他批评了某种对于存心伦理学的理解。他说:"一切指涉伦理(ethisch orientierte)的行动,都可以归属到两种准则中的某一个之下;而这两种准则,在根本上互异,同时有着不可调和的冲突。这两种为人类行动提供伦理意义的准则,分别是存心伦理(Gesinnungsethik)和责任伦理(Verantwortungsethik)。这不是说存心伦理就是不负责任,也不是说责任伦理便无视于存心和信念。这自然不在话下。不过,一个人是按照存心伦理的准则行动(在宗教的说法上,就是'基督徒的行为是正当的,后果则委诸上帝'),或者是按照责任伦理的准则行动(当事人对自己行动〔可预见〕的后果负有责任),二者有着深刻的对立。对一位衷心接受存心伦理的工团主义(syndicalism)份子,你可以提出一套十分说服人的说法,指出他的行动在后果上将使得反对的可能大为增加,而且他的阶级会受到更强的压迫,这个阶级的上升会遭到更多的阻碍,但这些说法对他不会有任何作用。因为她认为若一个纯洁的信念(Gesinnung)所引发的行动竟会有罪恶的后果,那么,对他来说,责任不在行动者,而在整个世界、在于其他人的愚昧、甚至在于创造出了这般愚人的上帝的意志。与此相对,按照责任伦理行动的人,会列入考虑的,正是平常人身上这些平常的缺陷。这种人正如费希特(J. G. Fichte)的至理名言所说,不以为自己有任何权利去假定人类是善的或完美的,也不觉得自己可以把自己行动可以预见的后果,转移到他们的肩上。按照责任伦理行动的人会说:这些结果,都应该归因于我的行动。以信念及心意为伦理原则的人,觉得他的责任,只在于确保纯洁的存心(Gesinnung)——例如向社会体制的不公所发出的抗议——之火焰常存不熄。他的行动本身,从其可能后果来说,是全然非理性的;但这种行动的目的,乃是去让火焰雄旺。行动的价值只能在于并且也只应该在于一点:这个行动,乃是表现这种存心的一个楷模。……就人性方面而言,我对这种东西缺乏兴趣,更毫无使我感动之处。真正能让人无限感动的,是一个成熟的人(无论年纪大小),真诚而全心地对后果感到责任,按照责任伦理行事,然后在某一情况来临时说:'我再无旁顾;这就是我的立场'。这才是人性的极致表现,使人为之动容。只要我们的心尚未死,我们中间每一个人,都会在某时某刻,处身在这种情况中。在这个意义上,存心伦理和责任伦理不是两极相对立,而是互补相成:这两种伦理合起来,构成了真正的能够从事政治使命(Beruf zur Politik haben)的人。"

主义,此为一不很恰当的诠释。舍勒之价值伦理学所涉及之康德批判乃建立于现象学的位格主义之理解上,康德之存心概念在此种理解当中是不可经验的(unerfahrbar),存心是观点设立之形式(Form der Setzung der Absichten),因此是无世界的并只停滞于内在。根据笔者对于康德宗教著作与晚期实践哲学的重新解释,舍勒并未恰当地了解康德的存心概念。舍勒将康德的存心概念描述为"观点设立之形式",此乃建立在意志自律与意念他律的二分之上,仅为存心概念之一种解释方向,此种解释的基础存在于《道德底形上学之基础》一书与《实践理性批判》前八节当中。但是在康德晚期批判哲学中,例如《单在理性界限内的宗教》,将存心概念予以扩大解释,存心在此则不仅是"观点设立之形式",也还是"格准采纳的主观根据"乃是自由能力之常存的性能,也还是自由意念的性能而一贯于自由的完整的运用当中。

笔者此文在当代欧洲哲学的前述脉络之中来重检康德的存心伦理学,其结论是康德的存心概念具有两种意义,而存心伦理学具有两种模型,舍勒的康德批评是建立在第一种理解与模型之上。其次,康德的存心伦理学可以是一种对话方式的程序论伦理学,而不是独我论的存心伦理学,或是只管意图而不顾结果的意图伦理学(ethics of intention)。此文用力较多者是第一点,关于第二点的讨论以及关于康德伦理学是对话方式的程序论伦理学还请阅读笔者关于康德断言令式、对话伦理学、当代法律诠释学的正义理论之相关讨论。

译名的问题:德文的 Gesinnungsethik 一词英文翻译为 ethics of intention,也就是意图伦理学,极易引起误解,让人误以为康德此种"意图伦理学"乃是只管意图而不考虑结果,或是忽略言谈对话的程序过程。中文译名可以有"意图伦理学""信念伦理学"与"存心伦理学"。"信念伦理学"一语比较平实易懂,但是它的问题和"意图伦理学"一译名差不多。笔者采取的翻译是"存心伦理学",至少有三个理由,其一是中文的"存心"一名比较能表达"观点设立之形式"以及"格准采纳的主观根据"的 Gesinnung 之二义的综合体。其二是"存心"有心志之性能而长存者的意思,因此比较有程序论的意味,也就是在伦理经历之中通过可普遍化原则来从事道德判断与抉择都要在程序之中保持道德理性。其三是中国哲学尤其是儒家已经有"存心"一词,而且富含心性论的含意,因为康德伦理学与儒家哲学的跨文化沟通已经颇有成效(牟宗三、唐君毅、李明辉、杨祖汉、林维杰、赖贤宗、陈士诚等人),所以"存心伦理学"一译名可以有助于中西比较哲学、中国哲学的当代诠释之研究与推广。

一、问题综述：舍勒之康德批判与康德的程序论伦理学

笔者在 Gesinnung und Normenbegründung(《存心与规范奠基》一书中探讨康德存心伦理学在当代讨论(对话伦理学、建构论与贺弗尔等)中所涉及的存心与规范奠基的问题。

《存心与规范奠基》的第一章探讨舍勒对康德存心伦理学的批判,康德存心伦理学常被不恰当地解释为一种缺乏世界的内在性理论,被批判为形式主义伦理学。舍勒在其建立在现象学与伦理学的位格主义之上的价值伦理学即以此批评康德的存心伦理学,他指出,康德存心伦理学为伦理学中的形式主义。韦伯的政治学则在存心伦理与责任伦理的区分中批判康德伦理学。

舍勒之康德解释批判康德之存心理论为"无世界之内在性"与形式主义,此为不很恰当的诠释。舍勒之价值伦理学所涉及之康德批判乃建立于现象学的位格主义之理解上,康德之存心概念在此种理解当中是不可经验的(unerfahrbar)、是观点设立之形式(Form der Setzung der Absichten)的,因此是无世界的,并只停滞于内在。根据笔者对康德宗教著作与晚期实践哲学的重新解释,舍勒并未恰当而完整地了解康德的存心概念。舍勒将康德的存心概念描述为"观点设立之形式",此乃建立在意志自律与意念他律的二分之上。此仅为存心概念之一解,而存在于《道德底形上学之基础》一书与《实践理性批判》前八节当中。康德晚期哲学将存心概念予以扩大解释,存心在此则不仅是"观点设立之形式",也还是意念的基本构成而一贯于自由的完整的运用当中。

《存心与规范奠基》的第二章阐明康德建立在道德目的论之上的道德神学及与此相关的晚期哲学中的存心理论,笔者另文解明康德的道德目的论与道德神学中之存心理论。存心在此并非无世界的与仅只是内在的,而是关联于最后目的及客观目的,存心在此蕴含了自由的逻辑,亦即从消极自由到建立于先验自由的实

践自由的升进过程。

《存心与规范奠基》的第三章阐明当代康德批判与康德诠释中的关于存心与规范奠基(Normenbegründung)的相关争议。在此寻求一个过渡到康德哲学中的整合理论的可能性。首先,笔者解释存在于考夫曼(A. Kaufmann)、欧尼尔(O. O'Neill)、克思汀(W. Kerstings)和西尔伯(J. Silbers)的康德解释当中的两种康德伦理学:康德伦理学作为形式主义的存心伦理学和康德伦理学作为程序伦理学。康德伦理学是一程序形式论(Verfahrensformalismus)的伦理学,此不是就其为空洞的和无世界的理论而言,而是就格准形成的规范奠基而言,后者使实践理性的终极目的的实现成为可能。笔者将更进一步解释对分别存在于(1)《道德底形上学之基础》和(2)康德晚期宗教著作(《单在理性界限内的宗教》)与政治哲学中的存心概念的两种理解。

康德哲学中的两种存心概念和康德的两种伦理学可以用下列简则加以阐明:存心Ⅰ:存心→意志→理性(原典:主要根据《道德底形上学之基础》),存心Ⅱ:存心→意念自由→共通感(sensus communis, Gemeinsinn)(原典:主要根据《判断力批判》《单在理性界限内的宗教》)。康德的第二种存心概念既非无世界的,也非仅是内在的,而为建基于《单在理性界限内的宗教》并导向于康德晚期实践哲学的自由形上学。在后者扩大了的存心概念中,《道德底形上学之基础》中的"意念自由"和《判断力批判》中的"共通感"都有其重要关涉。存心(存心Ⅱ)为"格准采纳的首要根据"(der erste subjektive Grund der Annehmung der Maxime)与意念自由的基本构成(Beschaffenheit der Willkürfreiheit)。在康德的政治哲学和法哲学中的意念自由乃是这样的一种自由,此一自由与其他人的自由根据普遍法则而能共同形成,因此,此一与他人之自由共同形成之存心不是一种独我论的存心(solipsistische Gesinnung),而是某种共通感(sensus communis, Gemeinsinn)。根据欧尼尔,"共通感"不仅关涉康德美学,亦作用于建构的实践理性当中,建构着正义之具体实践。欧尼尔进一步讨论了与此相关的"实践理性的康德式的建构"和"正义与德行论的整合的理论"的可能性。

《存心与规范奠基》在第三章进一步阐明存在于阿佩尔(Karl-Otto Apel)和贺弗尔(Otfried Höffe)间的争论,亦即关于阿佩尔的对话伦理学和贺弗尔的康德诠释中的规范奠基与存心的相关问题。阿佩尔认为康德伦理学仍缺少论辩之原则（die Prinzipien der Argumentation），因之康德存心伦理学为独白的伦理学（eine monologische Ethik）。阿佩尔的对话伦理学在此发展了一个对于康德伦理学之先验实用论的和符号学的转向。相对于康德的独白式伦理学判准，阿佩尔发展了道德的对话原则——理想的沟通社群和经由言谈而有的共识，存心伦理学乃成为先验的对话伦理学。贺弗尔在此则提出对阿佩尔对话伦理学的关于规范奠基问题的两点批驳：（1）对对话伦理学所预设的循环的质疑，（2）阿佩尔对话伦理学所关涉到的普遍性问题。根据贺弗尔，"法权从存心当中的解放"（Emanzipation des Rechts von der Gesinnung）以及一个与此相关的康德批判是必需的，他在此发展了断言法律原则（Kategorische Rechtprinzipien）的理论，以此阐明了法权与政治哲学的基础。建立在此一关于康德的断言令式的新诠释之上，贺弗尔发展了其先验规范奠基的理论及其正义与德行的整合理论。在此一问题上，佛申库阐释了先验规范奠基的困难及伦理学与人类学的相互依存，欧尼尔则发展了康德的建构论及与此相关的正义与德行的整合理论。康德的进一步发展了的存心概念及其关于规范奠基的论述提供了正义与德行整合的可能性，也提供了理性的建构，此一建构提供了先验人类学的可能性，并澄清了历史当中自由的论题。康德看出了此中之伦理学与人类学的相互依存，但对于正义与德行的整合理论的可能性并未及完全做出。

二、 当代关于康德伦理学的程序论之诠释

法律诠释学的创立者考夫曼教授采纳了帕齐格（Patzig）的康德诠释：无上令式并不是空虚的形式主义伦理学的空洞原理，但是也不能充分作为道德规范的具体化的真正基础。康德的哥白尼革命并不是"主体—客体模式"（das Subjekt-Objekt-Schema）的简单倒转，而是一种程序论的方式，考夫曼说："康德的认识批判在伦理学上导引到一全新的程序论据……康德并不是简单将主体客体模式翻

转过来。他的思维既非客观论也非主观论,而是程序性的。"①他认为叔本华已经就此做过讨论。康德的无上令式一开始就不是当作内容的、道德心理的原则,而是一种程序论的方式(Am Anfang steht bei Kant nicht eininhaltlich-moralisches Prinzip, sonder nein Verfahren)。②

建立在康德的无上令式与存心伦理学的新诠释之上,贺弗尔阐明了"法权从存心当中的解放"(Emanzipation des Rechts von der Gesinnung),这乃是建立在他所说的"正义理论"与"德行理论"的整合理论(eine integrierte Gerechtigkeits- und Tugend-Theorie)基础之上。在同样的观点之中,考夫曼的"正义理论"也是一种"法权从存心当中的解放"的工作。考夫曼在其《法律哲学》一书中对于"正义的程序理论"的阐明必须放置于此一背景中加以理解。

笔者阐明了当代康德批判与康德诠释中的关于存心与规范奠基(Normenbegründung)的相关争议。首先,笔者解释存在于考夫曼、欧尼尔的康德解释当中的两种康德伦理学:康德伦理学作为形式主义的存心伦理学和康德伦理学作为程序伦理学(Verfahrensethik),后者为舍勒的康德批判做出了精彩的辩护,康德伦理学是"程序形式论"(Verfahrensformalismus)的伦理学,此不就其为空洞的和无世界的理论而言,而就格准形成的规范奠基而言,后者是实践理性的最后目的的实现。

笔者以下更进一步深入康德原典,阐明分别存在于(1)康德的《道德底形上学之基础》和(2)康德晚期宗教著作(《单在理性界限内的宗教》)与法律哲学中的存心概念的两种理解。

三、 康德存心伦理学的诠释: 原典之重检—自由与存心

根据康德的《道德底形上学之基础》(*Grundlegung zur Metaphysik der Sitten*)和《实践理性批判》第一部对于意志自由与自律的论述,《道德形上学之基

---

① 亚图•考夫曼:《法律哲学》,刘幸义等译,台北:五南出版社,2001 年,第 264—265 页。

② A. Kaufmann, *Grundprobleme der Rechtsphilosophie*, Munchen, 1994, S. 207.

础》将"自由如何可能的问题划归到一切实践哲学的界限之外";但是,康德的道德哲学本来就包含了不同诠释的可能性,如果根据康德更晚期的哲学著作,那么,康德并非完全否定意志自由是一事实,而《判断力批判》所提出的自由与自然统一的思想架构可以说是一种统整性的思想模型。以下分述康德哲学当中关于(1)自由的实在性的问题,以及(2)积极自由的内容的问题。

第一,自由的实在性的问题。康德在《判断力批判》第 84 节将自由因果性说成是智思界(Noumenon)的人的超感性能力①,就康德的道德目的论而言,自由因果性的积极自由是就智思界看的人的事实。《判断力批判》第 91 节即就此指出,"自由的实在性是一个特殊的因果性","可以在经验中得到验证",从而自由是"一切纯粹理性的理念中唯一的理念,其对象是事实(deren Gegenstand Tatsache ist),而必须列入可知觉的东西(Scibilia)之内"。② 康德继而指出:自由的实在性可以在经验中得到验证,相对于此,在现世中实现的最高善、上帝的存在和灵魂的不朽都是存心的事情(res fidei);所以,自由因果性是就智思界看的人的道德意识中的事实,自由因果性在康德的道德目的论中,提供了意志自律的自我决定的道德法则及其所关涉的对象(最高善),因此,自由是道德法则的存在根据(ratio essendi, Seinsgrund)③,具有实在性,就此而言,自由和其他实践理性的理念之仅为设准和存心有所不同。依康德所说,"自由是道德法则的存在根据,道德法则是自由的认知根据"④,意志自由具有其实在性,是透过道德法则而直接呈现在意识中,而不仅是一个设准,只作为必然的假设而为意识所间接的肯定⑤。著名康德伦理学研究者普劳斯(Gerold Prauss)针对自由的实在性(Wirklichkeit)问题指出,康

---

① Kant, *Kritik der Urteilskraft*, Hamburg: Meiner, 1974, S. 342. "这种存在者就是人,可是作为智思界看的人,人乃是唯一的自然存在者,从他的独特性质可以认识到他具有超感性的能力(自由)(ein übersinnliches Vermögen [die Freiheit])和原因性的法则,以及他自己就是最高目的的对象自身。"

② Kant, *Kritik der Urteilskraft*, Hamburg: Meiner, 1974, S. 342.

③ Kant, *Kritik der parktischen Vernunft*, Hamburg: Meiner, 1947. S. 4.

④ Kant, *Kritik der parktischen Vernunft*, Hamburg: Meiner, 1947. S. 4.

⑤ 关于"自由理念作为一事实"及其在道德目的论中的含意,参见赖贤宗:《康德、费希特和青年黑格尔论伦理神学》,台北:桂冠图书,1998 年,第 76—77 页。另外,李明辉认为康德此中的论述"不无突兀",他虽然也注意到了康德在第三批判"自由理念作为一事实"的论述,但仍然重视康德在《道德底形上学之基础》所论的将自由的可能性划到一切实践哲学的极限之外,参见李明辉:《当代儒学之自我转化》,台北:"中研院"文哲所,1994 年,第 44 页。

德是否只将自由的法则性化约到道德法则，或者也认为自由是理性事实？此一问题仍然有着诠释可能的两面性；但是明显的是，对康德而言，不仅道德法则是理性事实，而且因为"道德法则是自由的认知根据"，因此道德法则是到达具有实在性的自由的通道，而且如果没有自由的实在性，那么也不可开显道德法则①。因此，自由具有实在性，这个自由的实在性是道德法则的存在根据。这样的理性事实具有先天性(das Apriorisches)，是一种"先天的事实性"(apriorisches Faktum)，是不可推导的非事物；可以理解，就自由是不可推导的非事物而言，就自由的实在性导引向其他与神圣的秘密相关的理念(上帝存在与灵魂不死)而言，康德在《单在理性界限内的宗教》也指出自由导引向"神圣的秘密"②。康德在此指出"此一自由就其运用于实践理性的最后对象，运用至道德的最后目的的理念的实现的时候，我们不可避免地导引向神圣的秘密"③，因此，可以知道，这里说明的并非道德法则是意志的决定根据，不是指此意义下的先验自由；而是指理性在做实践的运用之时，意志的决定以最高善的实现为其最后目的，是指此一意义下的实践自由。因此，自由的实在性是不可推导的非事物，它导向其他与神圣的秘密相关的理念，在实践的领域有其实在性，后者作为理性的必然表象是设准，只是间接地有其实在性。对于自由有其实在性的上述论理过程，著名伦理学家克林斯(Hermann Krings)也曾论之详④。简言之，一方面康德所谓的理性的事实是就道德法则的决定意志而言，另一方面道德法则在意志决定之时是以理性的最后目的的实现为其必然对象的，而这正是相对于先验自由(道德法则的自我立法)而言的实践自由，实践自由既然以理性的最后目的的实现为其必然对象，就有其道德法则在自我立法之外的实在性，因此自由在实践的领域有其实在性。这样的自由的实在性与理性的必然对象的论述，也引出了关于自由的积极内容的进一步说明的必要，笔者继续论述

---

① Gerold Prauss, *Kant über Freiheit als Autonomie*, Frankfurt am Main, 1983, S. 67.

② Kant, *Die Religion innernalb der Grenzen der bloßen Vernunft*, Hamburg: Meiner, 1990, S. 155. 康德说: So ist die Freiheit, eine Eigenschaft……der uns unerforschliche Grund dieser Eigenschaft aber ist ein Geheimnis; weil er uns zur Erkenntnis nicht gegeben ist……uns unvermeidlich auf heilige Geheimnisse führt(因此，自由是一特性……此特性的对吾人不可究诘的基础是一个秘密；因为它并不给予我们认知……我们不可避免地导引向神圣的秘密)。

③ Kant, *Die Religion innernalb der Grenzen der bloßen Vernunft*, Hamburg: Meiner, 1990, S. 155.

④ Hermann Krings, *System und Freiheit*, Freiburg und München, 1980, S. 166 – 177.

于下。关于康德所论的理性事实,彭文本《关于〈第二批判〉的"理性事实学说"之两种解读方式》①一文对此有着详细而深入的讨论,他广引当前各家阐释而进行评论,为相关研究的重要成果。②

第二,积极自由的内容。康德在《实践理性批判》第一部分第八节分列积极自由与消极自由,以意志的形式的自我立法为积极自由,但是对积极自由的内涵除了以经由道德法则的意志决定来说明之外,在此未有超出形式主义的伦理学之外的进一步说明。而康德在《单在理性界限内的宗教》《道德底形上学之基础》进一步指出 Gesinnung(存心)的特解,阐释了意念自由的问题,在此,Gesinnung 是"格准采纳的最后的主观根基",而且自由已被具备在此一主体之根基中,在道德行动中之格准之采纳能力,亦即形式的道德法则的采纳成为主观格准的采纳能力,乃是自由意念的性能之一。又,道德情感的自我引生在此也是自由意念的性能之一。③ 所以,自由的理念在此是"呈现",呈现为"采纳"(Annehmung)(道德格准之采纳)和"引生"(Bewirkung)(道德情感之引生),亦即,"自由理念之呈现"透过"自由意念"一语而为"道德法则的采纳成为格准"和"道德情感的自我引生"的内容规定,而此种呈现的机能是自由意念的性能,亦即,人类的存心所具有的向善的禀赋。④ 关于本文对 Gesinnung 的阐释,部分地可以见于著名的康德伦理学家阿里森(Henry E. Allison)的相关研究之中⑤。底下,分别引康德的相关原典而申论"意念之自由"为"采纳"(道德格准之采纳)和"引生"(道德情感之引生)之自由

---

① 彭文本:《关于〈第二批判〉的"理性事实学说"之两种解读方式》,《政治大学哲学学报》2005 年 7 月,第 37—70 页。又,彭文本:《阿利森对康德"自由理论"的诠释》,《台湾大学哲学论评》2010 年 3 月第 39 期,第 149—208 页。

② 彭文本:《关于〈第二批判〉的"理性事实学说"之两种解读方式》,《政治大学哲学学报》2005 年 7 月,第 37—70 页。又,彭文本:《阿利森对康德"自由理论"的诠释》,《台湾大学哲学论评》2010 年 3 月第 39 期,第 149—208 页。

③ Kant, *Die Religion innerhalb der Grenzen der blossen Vernunft*, *Die Metaphysik der Sitten*. S. 31 (KAT, Band VI); S. 679, A11, B12 (IKW, Band VIII); B26, A23; *Grundlegung zur Metaphysik der Sitten*, S. 212 - 214(KAT, Band VI); S. 318(IKW, VIII); AB 6 - 7; 又见 S. 226, S. 332 - 333。"IKW"指卡西尔(Ernst Cassirer)所编康德著作集(Immanuel Kants Werke, 1914),"KAT"指普鲁士王家科学院编辑,1902 年于柏林开始出版的"科学院版"康德著作集(Kants Werke. Akademie-Textausgabe)。后文不再一一说明。

④ 参见 Shen-chon Lai(赖贤宗): *Gesinnung und Normenbegründung*(《存心与规范奠基》), ars una, München, 1998, S. 31 - 35。

⑤ Henry E. Allison, *Kant's theory of Freedom*, Cambridge University Press, 1990, pp. 129 - 145。

能力。

相较于舍勒所批评的作为格准采纳的观点的存心(Gesinnung)比较对应于Intention(意图)一语,关于扩大含义的"存心"概念,也即作为格准采纳的首要主观根据以及自由意念的常存的性能,则超出德文或是英文所说的Intention(意图),因此将Gesinnungsethik译成英文的ethics of intention是一个不好的翻译。康德在《单在理性界限内的宗教》说:

> 意念的自由(die Freiheit der Willkür)有一完全特殊的性能,亦即,除非人已经接纳了意念的自由在它的格准中,意念的自由就不能经由动力(Triebfeder)而可以决定行为(做出普遍的规则,人将依此而行动),仅只如此,一动机才能与意念的绝对自发性(自由)(absolute Spontaneität der Willkür[Freiheit])共同存在。在理性的判断中,道德法则本身就是动力,而人将之在格准中做出,就是道德的善的。①

> ... die Freiheit der Willkür ist von der ganz eigentümlichen Beschaffenheit, daß sie durch keine Triebfeder zu einer Handlung bestimmt werden kann, als nur sofern der Mensch sie in seine Maxime aufgenommen hat (es sich zur allgemeinen Regel gemacht hat, nach der er sich verhalten will); so allein kann eine Triebfeder, welche sie auch sei, mit der absoluten Spontaneität der Willkür (der Freiheit) zusammen bestehen. ②

据此,则康德在此认为"道德法则本身就是动力",相对于《实践理性批判》认

---

① Kant, *Die Religion innerhalb der Grenzen der blossen Vernunft*, *Die Metaphysik der Sitten*, S. 31 (KAT, Band VI); S. 679, A11,B12 (IKW, Band VIII);B26,A23. "在理性的判断中,道德法则本身就是动力,而人将之在格准中做出, 就是道德地善的"的德文为 Allein das moralisch Gesetz ist fuer sich selbst,im Urteile der Vernunft, Triebfeder, und, wer es zu seiner Maxime macht, ist moralisch gut.

② Kant, *Die Religion innerhalb der Grenzen der blossen Vernunft*, *Die Metaphysik der Sitten*, S. 23 - 24 (KAT, Band VI); S. 670, A11,B12 (IKW, Band VIII). 参见 Shen-chon Lai (赖贤宗),Gesinnung und Normenbegründung (《存心与规范奠基》), ars una ,München, 1998, S. 48 以下的讨论。

为"客观的道德法则本身如何同时就是主观的动机"是对人类理性不可知的这一见解。相对于此,康德在《单在理性界限内的宗教》中肯定了自由意念的积极自由。此乃一种提升,是从感性的动力到意向性的解放的动力,此中所说的"意念自由"(Die Freiheit der Willkür)或"自由的意念"(die freie Willkür)并不是随意任性的选择能力,而是呈现道德法则且即知即行的动力,它包含了两个重要的内涵:

a. 意念自由是格准采纳的能力。

b. 意念自由是绝对自发性的主体动力。

康德在《单在理性界限内的宗教》说"格准采纳的首要主观根基"即"存心是自由意念的一个性能":

> 存心,即格准采纳的首要主观根基,它只能是唯一的一个存心,而普遍地运用在自由的完整运用中。存心自己必须透过意念而被采纳,要不然他就不能被考虑在内。关于此一采纳不能又有另一个主观的根据或是原因……因为我们不能从意念的任何一个时间性的动作而引申出此一存心。或者它的根据,所以我们称存心是意念的一个性能,这个性能是意念从自然中获得的(尽管它是在自由中建立的)。①

自由意念是人类格准的采纳性能。人类存在的基底是作为首要主观根据的存心,存心此一人类的基底不能无限回溯,存心具有自由意念的采纳格准的自由能力,因此它不是舍勒所批评的康德伦理学中的存心概念仅只是"设立观点的纯然形式(eine bloße Form der Setzung einer Absicht)"②。

阐述康德此处所说:

首先,恶与善在理性中的根源。康德指出"意念的决定"和"决定的根据[道德法则或是恶]"之联结并不在时间之内,恶与善在理性中皆有其根源。康德在第四

---

① Kant, *Die Religion innerhalb der Grenzen der blossen Vernunft*, *Die Metaphysik der Sitten*, S. 25 (KAT, Band VI); S. 672, A13,B15 (IKW, Band VIII).

② Vgl. M. Scheler, *Der Formalismus in der Ethik und die materiale Wertethik*, Bern und München, 1966 (5. Aufl.), 127 ff.

章《论人性中恶的根源》第一段就讨论恶与善在理性中的根源,所谓的根源是指"一个结果从其最初的原因发生,这样一个原因不再是另一个同类的原因的结果",它分为理性上的根源以及时间上的起源。但是无法探讨恶与善在理性中的根源。因为康德说:"就像对于道德恶一样,产生其结果的意念的决定和其决定根据的联结并不在时间中,而是在理性的表象中的决定根据中有其联结……就人的道德属性被看作是偶然的而言,对它来说也是如此,因为这种道德属性意味着运用自由的根据,它(就像一般自由意念的规定根据一样)必须仅仅在理性的表象之中被寻找。"①因为"意念的决定"和"决定的根据[道德法则(善意)或是恶]"之联结并不在时间之内,所以,所谓恶或善的根源都是恶或善在理性中的根源。康德从此一理性根源的观点来考察基督教中所说的亚当原罪说、耶稣的意义、改心(Revolution der Gesinnung,存心的革命)等等,所以是一种建立在理性界限内的道德的宗教。②

康德说:"我们称存心是意念的一个性能(Beschaffenheit),这个性能是意念从自然而获得的(尽管它是在自由中建立的)。"由最后一句文义看来,"存心是自由意念的一个性能(Die Gesinnung ist eine Beschaffenheit der freien Willkür, der Willkürfreiheit)",所谓的"性能"是就心灵机能之长存者以及心灵内部长存而有此机能而言。

其次,康德的人格(Persönlichkeit)概念。康德在此指出"存心,即格准采纳的首要主观根基,它只能是唯一的一个存心,而普遍地运用在自由的完整运用中(Die Gesinnung ist der erste subjektive Grund der Annehmung der Maximen.)"③。存心是格准采纳的首要主观根基,此处用首要主观根基来定义存心。此逼出康德所说的人格的概念,康德就此人格的善的禀赋进而言之:"人格的

---

① Kant, *Die Religion innerhalb der Grenzen der blossen Vernunft*, *Die Metaphysik der Sitten*, S. 40 (KAT, Band VI). 李秋零的翻译:"就人的道德属性被看作是偶然地而言,对他来说也是如此,因为这种道德属性意味着运用自由的根据,它(就像一般自是指由任性的规定根据一样)必须仅仅在理性的表象之中去寻找。"译文中的"自由任性"是指 freie Willkür。

② Kant, *Die Religion innerhalb der Grenzen der blossen Vernunft*, *Die Metaphysik der Sitten*. 中译参见傅永军:《绝对视域中的康德宗教哲学》,北京:社会科学文献出版社,2015 年,第 212—245 页。

③ Kant, *Die Religion innerhalb der Grenzen der blossen Vernunft*, *Die Metaphysik der Sitten*, S. 671 - 672 (IKW, Band VIII); A12, B14.

禀赋是道德法则的尊敬的情感性,是自我满足的意念的动力……自由意念已将道德情感采纳到它的格准中,这样的意念的性能是善的。"①据此吾人可以说道德情感的动力是人格自由意念的存心性能的自由能力之一。

康德将人性中向善的禀赋分为三种,最高的一种乃是人格性的禀赋:

作为一种有生命的存有者,人具有动物性的禀赋,主要表现为不要求理性的机械性的自爱。

作为一种有生命的存有者同时又是有理性的存有者,人具有人性的禀赋,主要表现为比较性的自爱,也就是说自我满足的幸福感是在与他人的比较中被感受到的。

作为一种有理性同时又能够负责任的存有者,人具有人格性的禀赋,主要表现为一种道德化的生存;人具有尊敬道德法则的道德情感,且以尊敬道德法则进而促动、规划意念活动;人在此具有将道德法则作为自由意念的动机力量的素质。

罗尔斯(John Bordley Rawls)的《道德哲学史讲义》曾阐释说:人格性的禀赋是无条件地善的而且不会腐败。人格性的禀赋在三种向善的禀赋所构成的价值序列之中占有最高的位置。道德行为是意志自由的行为,将人格性的禀赋列为善的禀赋中的最高位置显示了人的自律本性。②

笔者再加以展开的是这里不该限定在自律伦理学来讨论,在康德的道德宗教之中,康德所说的人表现为一种道德化的生存而具有人格性的禀赋,除了人具有尊敬道德法则的道德情感,还在于尊敬道德法则进而促动、规划意念活动,人在此具有将道德法则作为自由意念的动机力量的素质,人格性的禀赋的这两个积极自由的基本成素("采纳"和"引生")同时统属于智思界和感官界。"意念的决定"和"决定的根据[道德法则或是恶]"之联结并不在时间之内,恶与善在理性中皆有其根源,有此而进于彼,所以称之为"存心的革命"。虽然,人格性的禀赋具有"采纳"法则和"引生"道德情感这两个积极自由的基本成素,但是人同时存在于两重视

---

① Kant, *Die Religion innerhalb der Grenzen der blossen Vernunft*, *Die Metaphysik der Sitten*, S. 674 (IKW, Band VIII); A16, B18.
② 可以参阅傅永军:《绝对视域中的康德宗教哲学》,北京:社会科学文献出版社,2015 年,第 199—201 页的讨论。

界,因此也不一定能够发生作用,不一定是与道德法则产生联结。下面继续阐述这两个积极自由的基本成素。

复次,既然存心是"意念的决定"和"智思界的道德法则"的联结之处,是智思界与感性界的连接之处,康德就此"联结"而成立"自由意念"一概念,所以,"自由意念"同时属于智思界与感性界。复次,人类的存心具有向善的禀赋,从而在采纳格准的时候能自我引生道德情感。因此,"采纳"(Annehmen)和"引生"(Bewirkung)是"自由意念"的存心性能的自由能力,可视之为积极自由的两个基本成素。

现在,这两个积极自由的基本成素("采纳"和"引生")不再是意念与意志之二分格局下的自由,而是同时统属于智思界和感官界。就自由意念的自我引生道德情感而言,自由意念同时属于智思界和感性界之联结处,可以说感性界的意念与智思界的道德法则的结合"结合"于自由意念和道德人格的存心当中,笔者以为这合于整合性伦理学的思想模型,人格的善的禀赋的存心一方面采纳法则而形成格准,使性理成为具体的理,开出"智思界"(睿智界)。另一方面,人格的善的禀赋的存心能自我引生道德情感,通到感官界,开出"现象界"。又,笔者认为,此中自由理念和存心是同时统属感官界与智思界的,不是单纯的无限心。①

舍勒批评康德伦理学缺少人格性的阐释,此一批评未见公允,需要进行重新检视。舍勒在《伦理学中的形式主义及质料的价值伦理学》的第六篇"形式主义与人格"中评论康德等同了理性与人格,从而无法阐明人格的真正本质,也不能说明是什么构成人的统一性。康德伦理学是一种形式伦理学。康德把"理体人"(homo noumenon)和"现象人"(homo phenomenon)对立起来,而"理体人"又只不过是在逻辑上的绝对不可知的常项,因为物自身不可知,所以理体人也缺乏内涵。理体人和现象人的区分,以及绝对不可知的常项,就不能赋予人和其他物体区分的"尊严"。舍勒认为康德将先天与实质加以对立从而忽略了实质先天的领域,康德伦理学的形式主义的缺失必须由"实质的价值伦理学"来弥补。就舍勒而言,在康德哲学之中,自律只是意志的道德法则的自我立法,自律原则使得伦常的共同体的观念成为不可能,它的最高形式是宗教的爱的共同体。他爱(Fremdliebe,对他人

---

① 参见赖贤宗:《体用与心性:当代新儒家哲学新论》,台北:学生书局,2001 年,第 143—144 页。

的爱)不是建立在自爱或康德所说的自身敬重之上,而是和自爱一样原初和有价值,而两者都是建立在神爱(Gottesliebe)之中,这是一种对于所有有限者的共同爱(Mitlieben)。① 笔者以为,康德并没有等同理性与人格二者,康德的《单在理性界限内的宗教》也阐述"人格性的禀赋",而且人格性的禀赋包含"意念的决定"和"决定的根据[道德法则或是恶]"之联结也就是"自由意念","自由意念"包含了"现象人"的意念与"理体人"的自由,康德《判断力批判》也从最后目的与究竟目的来阐释人的存在,此中以美感与反思判断力来连接意志与自然。

舍勒的康德批评之中的形式与质料的二元图示、"理体人"和"现象人"之对立建立在《实践理性批判》第一部分第八节以前的文本理解之基础上,此一批评就此而言具有相当的理据,席勒、黑格尔也都有类似的批评。但是在康德的《判断力批判》《单在理性界限内的宗教》《道德底形上学》中则并非如此。

所以,就以上的两点分析而言,若依于康德的晚期哲学的《判断力批判》《单在理性界限内的宗教》和《道德底形上学》,一般狭义的康德诠释皆未精确地考虑到康德存心伦理学的其他可能性。因为,在此,在康德的道德目的论即以此为视点的存心伦理学当中,如前所述,康德的自由理念并非全然只是设准而非呈现,康德并非全然将道德情感限制于感性层,康德完全认为良知不能直接发动行动。康德伦理学的目的论面向的强调和作为程序伦理学的康德伦理学有其思想上的亲缘性,举例而言:欧尼尔的《理性的建构》和《德性与正义》②、贺弗尔的《定言法律原理》(Kategorische Rechtsprinzipien)、魏尔莫(A. Wellmer)的《伦理学与对话》(Ethik und Dialog)③及席尔博(J. R. Silber)的《康德伦理学的程序形式主

---

① 舍勒:《伦理学中的形式主义与质料的价值伦理学》下册,倪良康译,北京:生活·读书·新知三联书店,2004 年,第 607—608 页。

② 欧尼尔(O'Neill)的《理性的建构》(*Constructions of reason*)(Cambridge, 1989)和《德性与正义》(*Tugend und Gerechtigkeit*)(Berlin, 1996);也可参见 Shen-chon Lai(赖贤宗), *Gesinnung und Normenbegründung*(《存心与规范奠基》),ars una, München, 1998, S. 138‑139。

③ 魏尔莫(Albrecht Wellmer)的《伦理学与对话:康德与对话伦理学中的伦理判断的诸要素》(*Ethik und Dialog. Elemente des moralischen Urteils bei Kant und in der Diskursethik*,1986, Frankfurt),第 44—45 页指出:从康德伦理学到对话伦理学的过渡已经存在于康德的格准概念之中;参见 Shen-chon Lai(赖贤宗), *Gesinnung und Normenbegründung*(《存心与规范奠基》),ars una, München, 1998, S. 143‑145。

义》①,都以不同的方式对康德伦理学采取了非狭义的存心伦理学和形式主义的伦理学的诠释,强调康德伦理学的目的论面向,或往程序伦理学的方向诠释。

康德哲学中的两种存心概念和康德的两种伦理学可以用下列图示加以阐明:

存心Ⅰ:存心→意志→理性(原典:主要根据《道德底形上学之基础》)

存心Ⅱ:存心→意念自由→共通感(sensus communis,Gemeinsinn)(原典:主要根据《判断力批判》《单在理性界限内的宗教》《道德底形上学》)

简言之,康德伦理学中的两种存心概念可以表述如下:

第一种存心概念:Gesinnung Ⅰ:Gesinnung→Wille→Vernunft(存心→意志→理性,主要文本:《道德底形上学之基础》)

第二种存心概念:Gesinnung Ⅱ:Gesinnung→Willkürfreiheit→sensus communis (Gemeinsinn)(存心→自由意念→共通感,主要文本:《判断力批判》《单在理性界限内的宗教》)。

阐释两种存心概念的不同图式如下:

Gesinnung Ⅰ:

(1)存心是观点的设立的形式(Gesinnung = Form der Setzung einer Absicht)

(2)根据《道德底形上学之基础》一书

(3)形式主义之中的伦理学之存心

(4)存心是性欲癖好之具有法则的形式的钳制(Gesinnung ist die gesetzte Form der Nötigung)

Gesinnung Ⅱ:

(1)存心是格准采纳的首要的主要根据(Gesinnung = der erste subjektive Grund der Maximenbildung)

(2)根据《单在理性界限内的宗教》一书

---

① 席尔博(John R. Silber)在《康德伦理学的程序形式主义》(Verfahrensformalismus in Kants Ethik, Funke (Hg.), Akten des 4. Internationalen Kant-Kongresses, 1975, Teil Ⅲ.),尝试阐释康德伦理学的程序形式主义,康德存心伦理学的形式主义必须被理解为程序形式主义,认为必须在判断力的格准的视点之中,来重新理解康德的定言令式,参见 Shen-chon Lai (赖贤宗), *Gesinnung und Normenbegründung*(《存心与规范奠基》),S. 142 - 143。

（3）伦理学中的建构论之存心

（4）存心是行动自由的性能，立场采纳之真实性（Gesinnung ist eine Beschaffenheit der Handlungsfreiheit，die Wirklichkeit der Standannahme）

两种康德伦理学的诠释模型的比较[1]，其纲要如下：

康德哲学的道德主体性之分析，诠释模型Ⅰ：作为狭义的存心伦理学与形式主义伦理学的康德自律伦理学。

1. 根据原典：《道德底形上学之基础》和《实践理性批判》第一部的相关原典。

2. 意志自由的问题：将意志的自律和意念的他律加以对立。意志自由在此种二元对立的格局之下，只是形式性的道德法则的自我立法，至于道德法则如何能够是主观的动力，在此格局之下对人类而言则是成为不可理解的，从而意志自由的自由理念只是设准（Postulat），只是理性的必然对象而有其规导性的功能，而非真实呈现的生命体验。

康德哲学的道德主体性之分析，诠释模型Ⅱ：作为程序伦理学的康德伦理学与康德伦理学的目的论面向的强调。

1. 根据原典：《判断力批判》《单在理性界限内的宗教》和《道德底形上学》的相关原典。

2. 意志自由的问题：提出"意念之自由""自由意念"之概念。"自由意念"突破了前述意志与意念的二元对立之格局，它同时属于智思界和感性界，而不是如同意志自由只存在于智思界。而且根据《单在理性界限内的宗教》一书，"自由意念"具有"采纳"（道德格准之采纳）和"引生"（道德情感之引生）之两种自由能力，"自由"就此而言是事实（康德所说的"理性事实"），而不像上帝存在与灵魂不朽之仅只是设准。[2]

康德的第二种存心概念并不是"无世界的"，也非仅是内在的，而是建基于《单

---

① 我区分两种康德伦理学诠释：作为狭义的存心伦理学的康德伦理学与作为程序伦理学的康德伦理学，参见 Shen-chon Lai（赖贤宗），*Gesinnung und Normenbegründung*（《存心与规范奠基》），ars una，München，1998，S. 134 - 136，S. 139 以下的讨论。*Gesinnung und Normenbegründung* 此书初稿为德国慕尼黑大学博士论文，博士学位考试日期：1998 年 2 月，撰写语言：德文。此书收录于 *Kant Studien* 编辑的 1998 年康德研究的选刊书目之中。

② 参见赖贤宗：《体用与心性：当代新儒家哲学新论》，台北：学生书局，2001 年，第 146 页。

在理性界限内的宗教》并导向于康德晚期实践哲学的自由形上学。在后者之扩大了的存心概念中,《道德底形上学》中的"意念自由"和《判断力批判》中的"共通感"都有其重要关涉。存心(存心Ⅱ)为"格准采纳的首要根据"(der erste subjektive Grund der Annehmung der Maxime)与意念自由的基本构成(Beschaffenheit der Willkürfreiheit)。在康德的政治哲学和法哲学中的意念自由乃是这样的一种自由,此一自由与其他人的自由根据普遍法则而能共同形成。因此,此一与他人之自由共同形成之存心不是一种独我论的存心(solipsistische Gesinnung),而是某种共通感(sensus communis, Gemeinsinn)。根据欧尼尔,"共通感"不仅关涉于康德美学,亦作用于建构的实践理性当中,建构着正义之具体实践。欧尼尔进一步讨论了与此相关的"实践理性的康德式的建构"和"正义与德行论的整合的理论"(eine Kantische Konstruktion der praktischen Vernunft und eine Möglichkeit der integrierten Gerechtigkeits- und Tugendtheorie)的可能性。

康德伦理学中所包含的两个问题:(1)道德法则与意志决定的问题:因为康德未能正视道德情感的先天实质(如舍勒之康德批评)与自我引生的主动性的课题,而认为道德情感属于感性层;(2)康德又认为,就物自身的行动主体和与此相关的意志自由的绝对自发性而言,人类并没有智的直觉,因此,自由因果性和良知并不是一个呈现,而只是一个必然的假设。

就道德法则与意志决定的问题而言,其未能正视道德情感的先天实质与自我引生的主动性的课题,而认为道德情感属于感性层,康德在《实践理性批判》的第一部第三章"纯粹实践理性底动力"中指出:

> 关于"一个法则如何直接地而且即以其自身即能是意志之一决定原则"这问题,这对于人类的理性而言是一不可解的问题,而且与"一自由意志如何是可能的"这问题为同一。①

康德亦在《实践理性批判》的第一部第三章"纯粹实践理性底动力"中指出:

---

① 牟宗三译注:《康德的道德哲学》,台北:学生书局,1982年,第245页。

我们所叫做"良心"的那个奇异机能底判决完全与这相契合……理性总是道德地把这同一情感连系于这事件上……因为在涉及生命底存在之超感触的意识(即自由之意识)……只应依照自由底绝对自发性而被判断……事实上,如果我们对于这同一主体真能有一进一步的瞥见,即是说,真能有一智的直觉,则我们一定可以觉察到:在涉及一切那"有关于道德法则"的东西中,这全部的现象锁炼是依靠于当作一物自身看的主体的自发性上的。[①]

此中,在一般的康德诠释当中,康德并未充分而明确地阐明良知发动自由因果性的行动本身,并未充分而明确地阐明良知之主动的采纳道德法则并自我引生道德情感的主体能动性,自由因果性在康德哲学中主要是指形式性的自我立法的先验自由而言,只是就其为形式性的立法而言,至于其客观的道德法则之如何引生主观的兴发力与采纳为行动的格准,则在一般所理解的康德哲学中,缺乏足够的说明。这个康德诠释又与舍勒批评康德哲学的二分图示不足以掌握人格性观念相关。

以康德哲学的二分图示的思想模式来重新理解自由因果性和自然因果性的问题。论者认为康德虽然提出现象与物自身的区分,并提出三大理念以作为设准,但是康德并不肯定人有智的直觉以直觉物自身,从而物自身只是消极性的界限概念,因此也不能真正完成现象与物自身的区分。

复次对于舍勒上述康德诠释与康德批判,若根据康德的《道德底形上学之基础》(*Grundlegung zur Metaphysik der Sitten*)和《实践理性批判》第一部对于意志自由与自律的论述,那么,舍勒上述的康德诠释固然明显地有其典据与理据。因为,《道德底形上学之基础》将"自由如何可能的问题划归到一切实践哲学的界限之外"。但是,康德的道德哲学本来就包含了不同诠释的可能性,如果是根据康德的更晚的哲学著作,那么,康德并非完全否定意志自由是一事实,而《判断力批判》已经提出自由与自然的统一的思想。

---

① 牟宗三译注:《康德的道德哲学》,第308—310页。

四、结论

康德存心伦理学常被不恰当地解释为一种缺乏世界的内在性理论（eine Theorie "weltloser Innerlichkeit"），例如在舍勒的批评之中，他建立现象学的与伦理学的位格主义并以此批评康德的存心伦理学：康德存心伦理学为一伦理学中的形式主义（Formalismus），其次是舍勒批评康德哲学中的现象与物自身二分的模式促使康德忽略了先天实质的价值感的视域，例如道德法则的自律仅止于呈现道德法则作为客观根据，但是无法阐释此一客观的道德法则的形式如何引生主观抉择与实践动力。笔者就此问题深入康德的原典加以阐释，而反驳了舍勒的批评。笔者阐释两种康德伦理学模式，或说是两种存心。第一种解释是舍勒的批评是建立在的一种理解方式之上，也就是将睿智体人与感性人加以二分，而且在此二分之中又无统一的中介，也将存心理解成只是观点的设立的形式（Gesinnung＝Form der Setzung einer Absicht）。第二种解释则是提出分离之后的统整之模式，一般都知道康德的第三批判是从事此一工作，而此一模式在他的存心伦理学之中则是第二种对于存心的阐释，存心是格准采纳的首要的主要根据，存心是自由意念的自由性能之长存者，而此处的自由意念介乎感性界与睿智界之间，为其统一的中介但是并不落在时间之中，因此不能被知性分析以及被感性直观，只能说它是来自"理性的根源"。这两种解释各有其不同的康德原典之支持。舍勒的康德批评在这样的第一种模式之中显得很有理据与原典之支持，不幸地，舍勒诠释方向所运用的康德原典比较容易阅读也很广泛地流传。但是第二种模式所根据的原典属于比较偏僻而被阅读相对的少很多，何况第一种模式在康德文本中的文义很显白，而第二种文义则比较隐晦而且其统整论的进路之论述方式比较曲折。故流通的康德理解就以舍勒诠释占有颇大的影响。

笔者在另文之中阐明存在于阿佩尔和贺弗尔间的争论，亦即，关于阿佩尔的对话伦理学和贺弗尔的康德诠释中的规范奠基与存心的相关问题。阿佩尔认为康德伦理学仍缺少论辩之原则（die Prienzipien der Argumen-tation），因之康德存心伦理学为独白的伦理学（einemonologische Ethik）。阿佩尔的对话伦理学在此发展了一个对于康德伦理学之先验实用论的和符号学的转向（eine transzendental-pragmatische und semiotische Transformation der Gesinnungsethik Kants）。相对于康德的独白式的伦理学判准，阿佩尔发展了道德的对话原则（das Prinzip der dialogischen Moral）、理想的沟通社群和经由言谈而有的共识（die ideale Kommunikationsgemeinschaft bzw. den diskursiv gewonnenen Konsens）。相对于此，考夫曼认为康德的令式伦理学可以是程序论的伦理学，而不是注目于将存心理解成一种观点采纳的形式。

因此存心伦理学乃被阿佩尔扬弃，他另外发展成为先验的对话伦理学，也就是他和哈贝马斯共同发展的对话伦理学。贺弗尔在此则提出对阿佩尔对话伦理学的关于规范奠基问题的两点批驳：（1）对对话伦理学所预设的循环的质疑（Zirkeleinwand zur Diskursethik）。（2）阿佩尔对话伦理学所关涉到的普遍性问题（die Problematik der Universalisierung）。根据贺弗尔，"法权从存心当中的解放"（Emanzipation des Rechts von der Gesinnung）以及一个与此相关的康德批判是必需的，他在此发展了断言法权原则（Kategorische Rechtprinzipien）的理论，以此阐明了规范性的法权与政治哲学的基础（die Grundlage der normativen Rechts- und Staatsphilosophie）。

康德哲学、德意志观念论、现象学、诠释学为当前中西哲学会通的重要思想资源，潘德荣之学问贯通中西乃是诠释学之中西会通的豪杰，他从西方诠释学的专研、到本体诠释学的扛鼎者，再到近年来用心于德行诠释学。关于"德行诠释学"，潘德荣阐明孔子解经意在求德之实践，孔子的仁学乃是一种"德行诠释学"："孔子表达了这种诠释理念的原则，其解经意在求其'德'。孔子之解经并不囿于经文原义，而重在以经文为中介阐发义理（明明德），旨在立德。这种以阐发德行、以伦理教化为主旨的诠释学，我名之为德行诠释学。"①孔门儒学的"德行诠释学"以仁的德行诠释为最重要。此中的重点是主体性的仁应该关联于仁学本体论之中来加以考察，需要一个本体诠释学（Onto-Hermeneutik）的角度。康德存心伦理学仍然是最能与孔子仁学对话与会通的西方哲学思想资源，但其前提乃是康德存心伦理

---

① 潘德荣：《德行诠释学》，《中国社会科学报》2016 年 04 月 26 日。

学不应该被不恰当地解释为一种缺乏世界的内在性理论。如本文所讨论的存心概念十分接近孔子所说的仁。存心与仁不只是自律，道德法则在意志中的呈现乃至于钳制，也就是存心的第一种概念，比较偏重义而非仁的核心意义。其实，存心与仁乃是伦理关系之中的共通感（不忍人之心，仁者爱人）与德行价值的抉择与标杆（仁作为别德与全德），仁是生命真实关系之中的存在动力与实践性能（我欲仁，斯仁至矣）。最后，存心与仁也是德性的整全存在与最高善（一曰克己复礼，天下归仁）。

伦理学的第三条道路
——伽达默尔伦理学意识与哲学的伦理学*

张能为

安徽大学哲学学院

伽达默尔(H. G. Gadamer)推进了解释学的当代发展,创立了哲学解释学,理解与解释问题不再只是作为一种方法论问题而是从根本上作为一种存在论思想得到了哲学性的讨论。在伽达默尔看来,理解、解释与应用是内在一致的和统一的,任何理解与解释中都蕴含着应用,包括伦理学在内的各门具体社会政治科学便是解释学在实践哲学领域的具体化构形物。伽达默尔认为,实践哲学是解释学之意义理解和解释的合法性确认,而伦理和政治等实践则是实践理性的"意志所指的目标本身的具体化"①,"任何普遍的、任何规范的意义只有在其具体化中或通过其具体化才能得到判定和决定,这样它才是正确的"②。伦理学是伽达默尔解释学实践哲学研究的核心主题之一,但学界存在的两种倾向,要么将其解释学与一般伦理学完全等同起来,要么根本否认解释学与伦理学的深刻联系,可以说,这些都是不恰当的,都没有真正看到伽达默尔实践哲学的伦理学或者说其哲学的伦理学的实质性特征。伽达默尔的伦理学既不同于研究行为规范的一般伦理学,也不同于基于纯粹理性反思基础上的绝对应当伦理学,而是在综合亚里士多德伦理学和康德伦理学基础上的第三种伦理学发展,即"哲学的伦理学",它着重于思考和探讨人类的共同价值意识是如何发生的,作为一门哲学的伦理学是如何可能的。

＊ 说明:国家社科基金重大项目"伽达默尔著作集汉译与研究"(15ZDB026)、国家社科基金重大项目"欧洲生命哲学的新发展研究"(14ZDB018)、国家社科基金项目"当代解释学与实践哲学新进展研究"(15BZX079)阶段性成果。

① 伽达默尔:《科学时代的理性》,薛华、高地、李河等译,北京:国际文化出版公司,1988 年,第 71 页。
② 伽达默尔:《科学时代的理性》,薛华、高地、李河等译,北京:国际文化出版公司,1988 年,第 72 页。

一、伽达默尔的伦理学意识与思想情怀

　　——给予哲学家的期待是思考和重建伦理学

　　海德格尔曾谈到，"科学技术已经破坏了德国人的人文精神与人文价值"，但面对当代科学技术化时代所呈现的深刻伦理问题，海德格尔未有任何著述，当其受到人们询问"您何时写一部伦理学？"时，海德格尔在其《论人道主义的信》的开头给予了颇为耐人寻味的回应："我们对行动本质的思考还远不足以确定。"①晚年海德格尔更是提出，只有一个上帝能救助我们。这一点，伽达默尔则表现出极大的不同，他转向了人类伦理，认为实践本质上就是伦理学实践，其哲学大量讨论和阐述了当代的伦理学问题，并认为这是所有哲学应有的理论和社会责任，哲学家不能只是作为社会现实问题的一种看客，而是要"介入生活"，积极地参与其间并以哲学自身的方式发挥作用。伽达默尔指出："所有从古代遗留下来的给予哲学家们的期待就是，在道德上不知所措或在公众意识出现迷惘的情况下，他们不只是遵循他们的理论癖好，而且要重新建立伦理学，就是说，要建立新的有约束力的价值表。"②

　　"伦理学"概念是由"Ethos"演变而来的，"Ethos"不仅蕴含风俗、习惯之意，其真正的本意是指人的居留之所、一种人性化的生存，由此而形成的"伦理学"（Ethnics）便是一门思考和分析人之存在人性的正当方式的学问。1996年5月伽达默尔著作集10卷本完成后，其传记的作家让·格朗丹（Jean Grondin，又译作让·格伦丹）在一次对话中询问过伽达默尔这样一个问题："在这一著作集完成后，您还想着手做些什么工作？"伽达默尔明确地给予了这样的回答："我自然还乐于用一些透彻的探讨，把那一在词语和概念之间往来动作的引线确定下来。其中探讨之一将是研讨这一题目：伦理学是什么，人们从理论上就某种实践的东西进

----

① 伽达默尔：《论一门哲学伦理学的可能性》，邓安庆译，《世界哲学》2007年第3期，第57页。
② 伽达默尔：《论一门哲学伦理学的可能性》，邓安庆译，《世界哲学》2007年第3期，第57页。

行谈论,这意味着什么。"①

纵观整个学术历程,伽达默尔的学术思想都是极为关注理论实践和伦理学的,他于 1928 年在马堡大学讲演的《论古希腊伦理学的概念和历史》就特别明确地表现出他的哲学旨向:"我们自己的兴趣本来就是实践的,即伦理学的实践"。伽达默尔在学生时代深受尼古拉·哈特曼、舍勒等人的影响,听过舍勒的价值伦理学课程②,哈特曼的《伦理学》著作也对其思想产生过重要影响,伽达默尔认为,"这部著作意味着一种新的深化,即一般价值伦理学以一种自我审查的方式进入到问题之中,'一种深思熟虑的主导思想的得与失,得到了权衡'"③。伽达默尔出版的首部著作就是探讨柏拉图伦理学的,对于自己关于伦理问题的重视和研究,伽达默尔曾指出,"我以自己的研究追踪了 19 世纪伦理学中价值概念的兴起,并高度评价了赫尔曼·洛策(Hermann Lotze)的作用"④。显然,价值问题进入伦理学,进入哲学,是为伽达默尔所高度肯定与赞许的。伽达默尔一生写过三部重要的哲学著作,第一、第三部都是以伦理学研究为题的,第一部是《柏拉图的辩证伦理学》,第三部是《柏拉图与亚里士多德哲学中的"善"的观念》,而他的代表作《真理与方法》也大量涉及对伦理问题的思考。除此,伽达默尔还写过多篇诸如《价值伦理学》《价值伦理学和实践哲学》《论作为一门哲学的伦理学的可能性》等单篇文章。

随着人类历史的发展和文明的新进程,伽达默尔的基本认识和判断是,自欧洲近代启蒙运动以来西方文化进入了一个科学与技术重新控制人类生活的时代。"现在,20 世纪在其进一步的历程中,科学的主导地位以及以之为基础的技术统治——对于一种新事物的新话语——理应是完全确定了的,尤其是,在第二次世

---

① 让·格伦丹:《伽达默尔读本》,见薛华《诠释学与伦理学——纪念伽达默尔逝世五周年》,《学术研究》2007 年第 10 期,第 9 页。

② 伽达默尔受到了舍勒价值伦理学的影响,写过专文《价值伦理学与实践哲学》。不过在该文中,伽达默尔批评了舍勒价值伦理学的宗教特征,认为这是一种价值等级秩序的类型,这种价值等级秩序在上帝的无限人格及其神圣价值中达到最高点。

③ 伽达默尔:《价值伦理学和实践哲学》,邓安庆译,严平编选《伽达默尔集》,上海:上海远东出版社,1997 年,第 265 页。

④ 伽达默尔:《价值伦理学和实践哲学》,邓安庆译,严平编选《伽达默尔集》,上海:上海远东出版社,1997 年,第 267 页。

界大战之后,科学的主导地位和技术统治扩展到了社会的新的应用领域。"①要摆脱这样一个时代的技术控制、重新确立人的自由独立的主体性地位、真正恢复人文主义精神和思想传统,需要进行新的第三次启蒙,就像破除欧洲近代神的权威一样破除科学技术的绝对压制。于此现代新启蒙,哲学不能只是作为一个旁观者,而是要关注时代现实问题,融入现代科技化时代的发展中,对当代人类文明问题和应有的理想方向做出哲学的人文性思考和重新建立伦理学,解释学于此是应该大有作为的。

在重大社会现实问题面前,哲学要融入生活本身之中,做出哲学的反思性思考,以改变现实,寻求人类更好的存在。面对当代科学与技术全面控制人的生活的时代和所反映出的重大思想文化问题,伽达默尔深刻地指出,人文科学必须介入生活,而"介入生活就是介入政治实践"②。按亚里士多德的说法,伦理是研究"个体"的善,政治则是研究"群体"的善,因而政治实践的核心就是人之存在的伦理实践和生活。伽达默尔也指出,"伦理学证明自身是政治学的一个部分。因为我们自身的一些东西的具体化——在德性形态中先行描绘出了它的轮廓,以最高的和最可欲的生活形式先行描绘出了它的秩序——延伸到希腊人称之为城邦的所有共同体中,对其合理地塑造大家都共同负有责任"③。

当代人类文明遭遇重大困局,科学主义、技术主义盛行,技术甚至控制了人类的一切生活和行为,伽达默尔就是要通过返回到古希腊亚里士多德那里,在解释学基础上重建和复兴实践哲学传统,重新促使人们思考人的存在和行为本质与意义问题,因为只有在实践哲学中才能提供人类自身设定的价值和意义。当然这种关于人之存在和行为的实践哲学思考也是与关于文本和世界的理解和解释分不开的,对世界事物的认识和理解自然影响并构成与人类行为自身思考的相关性。正是伽达默尔真正实现了解释学与实践哲学的统一,或者说,其最伟大的理论贡献就在于重新在解释学基础上复活了西方伟大的实践哲学传统,使人的存在从外

---

① 伽达默尔:《价值伦理学和实践哲学》,邓安庆译,严平编选《伽达默尔集》,上海:上海远东出版社,1997年,第266页。
② 伽达默尔:《赞美理论——伽达默尔选集》,夏镇平译,上海:上海三联书店,1988年,第21页。
③ 伽达默尔:《论一门哲学伦理学的可能性》,邓安庆译,《世界哲学》2007年第3期,第63页。

在的物质性、科学技术化回到人之本身的存在目的、价值和意义的思考上来。而要回到实践哲学上来,最为重要的便是要回到关于人类存在与行为的伦理学思考上来,实践哲学的"以善本身为目的"的原则便是一个最高也是最为深刻的伦理学命题。

对于人类伦理学的新发展,伽达默尔认为,近代以来的人文主义精神和伦理学都是建立在现代科学基础之上的,但要在现代科学的框架内和基础中去"期待现代科学及其发展能给我们提供某种新的伦理学,这显然是不可思议的",因为"引导和支配我们的认识与能力的诸主导性价值和目的,本身就不是现代科学所能确定和说明的。在其最终的普遍性上,它们是一切同时代的哲学构思的共同基础"①。相反,要重新重视理性(自由、独立与批判的)的力量,恢复和重建实践哲学,唯有在此哲学思想中,对一种新伦理的思考才有真正的理论奠基。伽达默尔专门写有《论理性的力量》一文,大力倡导和呼吁人们要积极恢复和使用我们所信任的理性的力量,并为此种理想的实现结成神圣同盟。在伽达默尔看来,伦理学就是"有关正当的生活方式的学问",面对一个科学技术化的时代,哲学家所结成的神圣同盟,就是要从实践哲学的视野和高度上,去深刻分析一种现代的"共同的正确的伦理"何以可能及其社会实践之必要性与重要性。

二、 伽达默尔的伦理学是实践哲学视域中的伦理思考

什么实践哲学? 古希腊哲学家亚里士多德是西方实践哲学的奠基者和创始人。② "实践"(Praxis)一词希腊文的原义,是指有生命的东西的行为方式,后来亚里士多德以"反思人类行为"对实践含义作了哲学性的规定,也是在其伦理学中,

---

① 伽达默尔:《价值的本体论问题》,邓安庆译,严平编选《伽达默尔集》,上海:上海远东出版社,1997 年,第281 页。

② 亚里士多德实践哲学的主要著作是《尼各马可伦理学》和《政治学》。在书中,亚里士多德第一个明确地从实践出发来研究人的生活、人的行为问题,也因此,亚里士多德被称为西方实践哲学的奠基人或创始人。伽达默尔称亚里士多德为区分开科学、技术与实践智慧的"第一人。"(伽达默尔:《科学时代的理性》,薛华等译,北京:国际文化出版公司,1988 年,第 106 页。)"把包括政治学在内的实践哲学置于同理论的理想和理论哲学的相互设定关系之中,由此而发展了实践哲学。因此,他把人的实践提到了一种独立的科学领域。"(伽达默尔:《赞美理论——伽达默尔选集》,夏镇平译,上海:上海三联书店,1988 年,第 69 页。)

实践一词更是被上升到一个人类学范畴来理解。亚里士多德指出,人类的实践形式分为两种,一种是出于外在目的的实践(如建筑、学习、制作等具体活动),另一种则是本身即为目的的实践(如生活、幸福、看、沉思等生命存在本身的行为)。亚里士多德认为,两种实践形式具有本质性的不同,第一种形式是"做""生产"等的具体行为,唯有第二种形式才具有对人之存在和行为意义本身的思考,也才是真正具有哲学规定性和哲学意义的实践(Energeia)。"做""生产"与作为实践的人之存在"行为"是完全不同的,人之存在的实践是趋向目的和本身即为目的的行为实践,它既与纯理论(沉思)不同,也与具体工艺(制作)相异。由此亚里士多德对作为哲学意义的实践做出了这样的规定,实践是人的"一切实践能力和一切科学研究、一切行为与选择都趋向善"①的行为反思和行为活动,是一种自身构成目的的正确的行为,它以"实践的真理——即最高的善"为目标,尤其是指以"个体的善"为诉求的人的伦理道德行为和以"群体的善"为旨归的社会政治行为之思。

在亚里士多德看来,人的实践行为是包含着实践之知或者说伦理之知的,实践哲学就是要研究和探讨这种实践之知。对此,亚里士多德在西方开创性地提出了知识的三分法,认为人类知识大体上区分为三种,即"实践之知"(Phronesis、实践知识)、"科学之知"(Episteme、理论知识)和"技术之知"(Techne、技术知识)。三种"知"是有根本区别的,实践之知或者说伦理之知是人的存在和行为之知,既不可教亦不可学,它与人的全部文化因素和教化相关,不是绝对固定的,而是随着不同的行为境况而做出对行为意义和本质的恰当合理判断,会随着处境不同而不同,是变化的,是一种活的知识;科学之知是通过理性的分析、归纳和推理性思考来获得的关于外在对象的精确的、不变的一种事物之知,这种知识诉诸证明,富有可检测性和可反复性,具有不变性、稳定性、一般性和绝对性,因而是可教亦可学的;技术之知是一种具体制作的经验性的技艺知识,它并不深究技艺背后的普遍的事物性质和规律,而具有某种直接性、当下性、具体性和特殊性,这也是一种既可教也可学的知识。在此三种知识的区分中,就表现出了实践之知的特殊性和复杂性,实践知识是人之为人的根本之知,没有这种实践之知,人的存在就毫无内在

---

① 亚里士多德:《尼各马科伦理学》,苗力田译,北京:中国社会科学出版社,1999 年,第 1 页。

目的和意义,但这种知识又不是固定绝对的,它总是在人们的具体行为中显现出来,是在具体的境遇中对行为的"正确性"或"善"的最恰当、最合理的理解。

这就是说,实践之知不是固定不变的原理和规则性知识,而是在人类的存在行为中反思人类之存在的本质、目的、意义和价值并使之运用和体现的一种知识。亚里士多德在其《尼各马可伦理学》中还具体分析了实践知识(实践智慧)的五个特征,即,"变化性"是说实践知识探讨的对象和领域是可改变的;"反思性"是指实践知识是关于人们行为活动的一种理性反思;"目的性"反映的是实践知识是以实践本身为目的;"生活整体性"是说实践知识考虑的是人的整个生活的东西;"特殊性"则是指实践知识更关注特殊事物的知识,强调经验在知识中的作用。亚里士多德曾以年轻人接受能力为例强调了理论知识与实践知识的区别,他说:"青年人可以通晓几何学和数学,并在这方面卓有成就,但他们却不能达到实践智慧,其原因在于,这种实践智慧不仅涉及普遍的事物,而且也涉及特殊的事物。人要熟悉特殊事物必须通过经验,而青年人所缺乏的正是经验,因为取得经验则需较长时间。"①亚里士多德正是通过这种三分法,将人的实践之知单列出来、置于一种独立的科学领域,开创了此种"涉及到了人类生活中的善这个包罗万象的问题"②的实践学问。后来哲学家就将哲学地思考实践意义称作实践哲学,并认为亚里士多德是西方实践哲学的创始人。

伽达默尔是现代解释学的最主要代表,不仅在于其创建了一种哲学解释学理论,还在于他直接继承了亚里士多德的实践哲学,并将解释学与实践哲学结合起来,真正实现了解释学与实践哲学的统一。伽达默尔的实践哲学是与亚里士多德的实践理解相一致的,是亚里士多德实践哲学在解释学基础上的当代接续、重建和复兴。伽达默尔指出,"'实践'意味着全部实际的事物,以及一切人类的行为和人在世界中的自我设定"③,"实践与其说是生活的动力(energeia),不如说是与生活相联系的一切活着的东西,它是一种生活方式,一种被某种方式(bios)所引导的

---

① 参见亚里士多德:《尼各马科伦理学》,苗力田译,北京:中国社会科学出版社,1999年,第131页。
② 伽达默尔:《科学时代的理性》,薛华等译,北京:国际文化出版公司,1988年,第104页。
③ 伽达默尔:《赞美理论——伽达默尔选集》,夏镇平译,上海:上海三联书店,1988年,第69页。

生活"①,"实践还有更多的意味。它是一个整体,其中包括了我们的实践事务,我们所有的活动和行为,我们人类全体在这一世界的自我调整——这因而就是说,它还包括我们的政治、政治协商及立法活动。我们的实践——它是我们的生活形式(Lebensform)。在这一意义上的'实践'就是亚里士多德所创立的实践哲学的主题"②。这意味着,在伽达默尔看来,实践是人的存在和一切知识、行为的根本性活动,实践之知乃至实践哲学便是对人的存在之作为人的存在、人之行为之作为人之行为的根本性理解和思考,它引导并赋予了人之存在和行为的本质性、意义性和目的性规定。"以善本身为目的"便是实践哲学的最高理想和目标,人的行为意义和价值则是这一"以善本身为目的"的运用、体现和规定,这关涉人如何做人的"最为至关紧要"的问题。"我们的实践乃在于在共同的深思熟虑的抉择中确定共同的目标,在实践性反思中将我们在当前情境中应当做什么具体化。这就是社会理性!"③

　　伽达默尔解释学从根本上讲就不仅仅是一种理解和解释文本的理论,而是与实践性思考一致的,其本质上就是一种实践哲学,"解释学是哲学,而且是实践哲学"④。当前人们迫切需要去思考或者说要努力去实现的一种哲学转向,是我们的思维与知识之于人类的存在和生命意义何以是可能的? 究竟在哪里? 伽达默尔将世界意义的理解和解释问题与人之存在和行为的理性反思统一起来,以其所创立的解释学实践哲学理论分析了人类生活价值伦理的失落之根是实践理性、实践智慧的缺位和沦丧,"实践衰退为技术",价值伦理的重塑意味着实践哲学的重建与复兴,因为从根本上说,"实践就是伦理学实践"。伽达默尔明确宣称,"我们自己的兴趣本来就是实践的,即伦理学的实践"⑤,实践哲学就是对人类存在之意义和实践行为的目的、价值之理性反思,是关于人类存在之应当性和未来性之思考

① 伽达默尔:《科学时代的理性》,薛华等译,北京:国际文化出版公司,1988 年,第 79 页。
② 伽达默尔、杜特:《解释学、美学、实践哲学——伽达默尔与杜特对谈录》,金惠敏译,北京:商务印书馆,2005 年,第 67—68 页。
③ 伽达默尔、杜特:《解释学、美学、实践哲学——伽达默尔与杜特对谈录》,金惠敏译,北京:商务印书馆,2005 年,第 76 页。
④ 伽达默尔:《科学时代的理性》,薛华等译,北京:国际文化出版公司,1988 年,第 98 页。
⑤ 伽达默尔:《价值伦理学和实践哲学》,邓安庆译,严平编选《伽达默尔集》,上海:上海远东出版社,1997 年,第 266 页。

和根本性理解，它要求在它所框定的结构中去把握"正确的""共同的"伦理。在实践哲学与伦理学的内在关系上，伽达默尔的深刻理解就是实践哲学作为一种方法观念"将再度重视'伦理学'，即为'伦理学'进行一般的辩护，但不是针对价值意识的内容，而是针对在权利和道德中、亦即在伦理中的活生生的社会现实性"①。就此而言，伽达默尔的伦理学是其实践哲学的理论应用，"作为哲学伦理学乃至伦理行为的中心任务，描绘出了普遍东西的具体化和对具体处境的应用"②，是实践理性的"意志所指的目标本身的具体化"③，并构成实践哲学的核心性主题；反言之，实践哲学又是其伦理学的存在论思想基础，伦理学便是实践哲学关于人的存在和行为意义之整体性、共同性理性反思的具体化运用和实现，其伦理学本质上是一种实践哲学的伦理学，离开实践哲学，便无法真正理解和把握其伦理学思考的实质和思想诉求。

应该说，伽达默尔解释学本质上是一种以反思人类存在和行为意义为根本旨向和诉求的实践哲学，以善为核心的"团结、对话、一致"既是伽达默尔的作为一种理论反思的实践哲学理想，同时也是其观照和审察人类生活世界状态的基本评估维度，伽达默尔就是要通过其实践哲学理论来分析人类现实生活世界存在的问题以及如何解决这些问题，进而达到一种理想的存在状态。实践哲学与生活世界密切相关，没有实践哲学做基础的生活世界是盲目的，也是危险的。伽达默尔通过其实践哲学理论的运用，分析了现代社会中科学理性膨胀与社会合理化问题，探讨了在实践哲学基础上重建普遍价值伦理学的理论意义与现实关切，其哲学的伦理学的最高目的是要重新激发和呼吁人们以实践理性、价值伦理学来确立生活世界的基础和意义，使其不致在科技化文明中因完全受制于科学与技术的统治而深深失落掉人文精神与人文价值。唯有如此，人类才有希望，也才会有一种理想的存在和发展状态。

不过需要指出的是，伽达默尔无意于具体讨论伦理规范问题，而是着重于从本体论的高度来处理实践哲学与价值伦理的联结，并把价值的本体论思考视作实

---

① 严平编选：《伽达默尔集》，邓安庆等译，上海：上海远东出版社，1997年，第277页。
② 伽达默尔：《论一门哲学伦理学的可能性》，邓安庆译，《世界哲学》2007年第3期，第64页。
③ 伽达默尔：《科学时代的理性》，薛华等译，北京：国际文化出版公司，1988年，第71页。

践哲学及其伦理学的核心，"价值的本体论问题意味着这样一个关口，如果你不探寻'价值'之存在所要求的整个道路，就别想通过它"①。抑或说，现代人文主义精神与价值只能是在实践哲学的恢复与复兴中才会得到有力的肯定和重建，实践哲学也只有真正具体化到价值伦理上方能担当起实践理性的责任与力量。关于这一点，我国著名德国哲学和解释学研究专家薛华先生在其《诠释学与伦理学》一文中，有过深刻的讨论："伽达默尔在哲学诠释学的发展中完成一个转折，这一转折和他赋予诠释学以伦理学维度有紧密关系。只有把他的诠释学和伦理学联系起来，才能理解他的诠释学的内涵与精神，才能理解他的诠释学为什么是作为一种实践哲学。"②在薛华先生看来，伽达默尔的诠释学具有深厚的伦理内涵，而贯通其诠释学伦理内涵的主旨就是人道主义或者说人文主义精神，而且是一种具有自己特色的人道主义或人文主义，质言之，"伽达默尔的诠释学不仅显示出它的伦理学内涵，而且进而指向了伦理学，引向了对伦理学是什么这一巨大问题的研究和诠释"③。

华东师范大学解释学研究知名学者潘德荣先生近年来也提出了解释学发展的"伦理学转向"问题，发表有《"德行"与诠释》《德行诠释学》《论当代诠释学的任务》《经典诠释与"立德"》等系列性文章，从西方解释学自方法论解释学到本体论解释学发展演进历程上，认为伽达默尔的解释学强调的是，"理解并不是更好理解，既不是由于有更清楚的概念因而对事物有更完善的知识这种意思，也不是有意识的东西对于创造的无意识性所具有基本优越性这个意思。我们只消说，如果我们一般有所理解，那么我们总是以不同的方式在理解，这就够了"④。"对一个文本或一部艺术作品里的真正意义的汲舀是永远无止境的，它实际上是一种无限的过程。"⑤这就在一定程度上说明，伽达默尔的解释学或多或少是缺失理解和解释

---

① 严平编选：《伽达默尔集》，邓安庆等译，上海：上海远东出版社，1997年，第280页。
② 薛华：《诠释学与伦理学——纪念伽达默尔逝世五周年》，《学术研究》2007年第10期，第9页。
③ 薛华：《诠释学与伦理学——纪念伽达默尔逝世五周年》，《学术研究》2007年第10期，第15页。
④ Hans-Georg Gadamer, *Wahrheit und Methode: Grundzüge einer Philosophischen Hermeneutik*. Tübingen, J. C. B. Mohr, 1990, S. 302. 中译参见伽达默尔：《诠释学Ⅰ：真理与方法》，洪汉鼎译，北京：商务印书馆，2010年，第420页。
⑤ 伽达默尔：《真理与方法》，洪汉鼎译，上海：上海译文出版社，1999年，第383页。

的价值向度或"坐标"的,而这也可以理解为解释学发展中出现的新危机。当代解释学的最新发展,就是要在本体论解释学上引申和推进一种伦理学转向,将"明德""德行"抑或说"立德弘道"作为解释学的本质性要素与任务突出出来,潘德荣先生借用亚里士多德伦理学的"Arete"和我国《易经》中的"德行"一词创造性地提出了一种作为解释学新理论形态的"德行诠释学",认为"德行"一词既有关于伦理的普遍规定性之义,又有与具体行为处境相结合的实践性意义,质言之,"德"是解释学的本质性诉求和关于人之存在和行为意义的价值性向度理解,而"行"则是解释学的思维理解活动见之于客观实际的实践活动。潘德荣先生指出,亚里士多德、特别是孔子关于德行的思想,对于解决诠释理论中关于理解的价值取向问题具有决定性的意义,"德行诠释学乃是继方法论与本体论诠释学之后的新型诠释学。要而言之,它是一种以'实践智慧'为基础、以'德行'为核心、以人文教化为目的的诠释学。它并不排斥诠释学的方法论与本体论探究,而是将其纳入自身之中,并以德行为价值导向来重新铸造它们。在理论层面上,方法论的制订与本体论的构建,均应循着德行所指示的方向展开;在实践层面上,我们的内在修行与见之于外的行为,亦须以德行为鹄的"①。"'德行'的诠释学意蕴便在于它真正实现了诠释活动中的理论与实践之互动互摄与统一。"②

实际上,对于亚里士多德伦理学及其"德行"问题,伽达默尔是有过评价的,从中也能看出伽达默尔对亚里士多德伦理学和"德行"思想的高度肯定与赞同态度。伽达默尔认为,人们的行为事实要获得一种原则的性质或者说首要的和起决定作用的"出发点"性质,只有通过诉诸实践哲学的伦理学才能获得,"我所说的事实是指一种最内在地理解的、最深层地共有的、由我们所有人分享的信念、价值、习俗,是构成我们生活体系的一切概念细节之总和。这种事实性的全体的希腊文是众所周知的'伦理'概念,是一种通过练习和习惯而获得的存在。亚里士多德是伦理学的创始人,因为他明确地赋予事实性的这种特性以荣誉。这种伦理并不仅仅是训练或适应,它和不好不坏的随大流主义毫不相干。它只是通过责任的理智性保

① 潘德荣:《"'德行'与诠释"》,《中国社会科学》2017 年第 6 期,第 41 页。
② 潘德荣:《"'德行'与诠释"》,《中国社会科学》2017 年第 6 期,第 23 页。

证的——还有：必须是具有理智的人。伦理并不是生来就有的。人们在同他人的交往中，在社会和国家等共同生活中信奉共同的信念和决定，这并不是随大流或人云亦云，恰好相反，正是它构成了人的自我存在和自我理解的尊严"①。

在伽达默尔看来，亚里士多德的伦理学对我们来说具有一种特别的意义，它所涉及的是正确评价理性在道德行为中所必须起的作用，"今天使我们感兴趣的东西正是在于：他在那里所讨论的并不是与某个既成存在相脱离的理性和知识，而是被这个存在所规定并对这个存在进行规定的理性和知识。众所周知，由于亚里士多德在探讨善的问题时限制了苏格拉底—柏拉图的'唯智主义'（Intellektualismus），从而成为作为一门独立于形而上学学科的伦理学的创始人。亚里士多德批判柏拉图的善的理念乃是一种空疏的共相，他以对人的行为来说什么是善这个问题取代了［一般］人的善的问题。亚里士多德这种批判的方向证明，德行和知识、'善'（Arete）和'知'（Logos）的等同——这种等同乃是苏格拉底—柏拉图的德行学说的基础——乃是一种言过其实的夸张。亚里士多德因为证明了人的道德知识的基础成分是 orexis，即'努力'，及其向某种固定的态度（hexis）的发展，所以他把德行学说带回到正确的尺度上。伦理学（Ethik）这一概念在名称上就指明了亚里士多德是把善建立在习行（Übung）"和'Ethos'（习俗）基础之上的这一关系"②，应该说，亚里士多德伦理学的"善"的"德行"思想体现的就是伦理与习行的结合问题，这也是与解释学的本质性诉求相一致的，因为，"理解乃是把某种普遍东西应用于某个个别具体情况的特殊事例"③。

显然，在伽达默尔的解释学作为一种实践哲学的视域中，伦理学问题越来越成为学者关注的问题，毫无疑问，这和伽达默尔将实践哲学作为人的一切知识、活动的实践理智的整体性或者说共同的理智的理想是一致的，实践本质上就是伦理学实践，实践哲学根本上就是通过实践意志目标的具体化即伦理学思考——人类共同的价值意识如何可能和应当如何——得以展现的。

---

① 伽达默尔：《赞美理论——伽达默尔选集》，夏镇平译，上海：上海三联书店，1988 年，第 71—72 页。
② 伽达默尔：《真理与方法》，洪汉鼎译，上海：上海译文出版社，1999 年，第 400—401 页。
③ 伽达默尔：《真理与方法》，洪汉鼎译，上海：上海译文出版社，1999 年，第 400 页。

三、 伽达默尔的伦理学是一种现象学的发生伦理学

　　——在人与对象的先行源始关系中探寻伦理发生处：自然的正当性、合理性

　　现象学家胡塞尔 1936 年在其 77 岁时著有《欧洲科学的危机与先验现象学》一书，在这部晚期作品中，胡塞尔阐述了一个全新的理论："生活世界"理论，该理论认为人类的一切科学认识或者说知识都存在着一个前提，那就是在科学知识产生之前人的现实存在或者说人与对象的一种源始关系。这种源始关系或者说现实存在便构成人类活动和一切理解、认识的无法摆脱的"水平域"，正是这种水平域从根本上规定和决定着我们所认识与理解的世界，也决定着我们的世界应该是一个什么样的世界，这是因为，人的"生活世界"总是自然而然地显露着某种理性的明见性并在这种明见性中显现出一种自然的合适性与正当性，而这便是一切理解、知识和人类存在和行为之源始的价值伦理基础。胡塞尔指出："最为重要的值得重视的世界，是早在伽利略那里就以数学的方式构成的理念存有的世界开始偷偷摸摸地取代了作为唯一实在的，通过知觉实际地被给予的、被经验到并能被经验到的世界，即我们的日常生活世界（unsere alltägliche Lebenswelt）。"①

　　在伽达默尔看来，胡塞尔提出的"生活世界"（Lebenswelt）这一概念"是与一切客观主义相对立的。这本质上是一个历史性概念，这概念不意指一个存在宇宙，即一个'存在着的世界'"，"却意味着另外一种东西，即我们在其中作为历史存在物生存着的整体"②。伽达默尔在其于 1963 年撰写的"现象学运动"一文中，高度评价了胡塞尔的"生活世界"思想，认为"生活世界的概念是胡塞尔后期最有影响的新概念"③，"'生活世界'这个词在当代思想界引起了令人震惊的反响"④。应该说，胡塞尔的"生活世界"理论对伽达默尔的实践哲学的思考乃至对整个西方哲学的转向都产生了极其重要的影响，可以说，作为人类共在的一个整体或者说"视

① 胡塞尔：《欧洲科学危机和超验现象学》，张庆熊译，上海：上海译文出版社，1988 年，第 58 页。
② 伽达默尔：《真理与方法》，洪汉鼎译，上海：上海译文出版社，1999 年，第 318 页。
③ 伽达默尔：《哲学解释学》，夏镇平、宋建平译，上海：上海译文出版社，1994 年，第 146 页。
④ 伽达默尔：《哲学解释学》，夏镇平、宋建平译，上海：上海译文出版社，1994 年，第 150 页。

域""生活世界"同样是伽达默尔整个实践哲学,也是其伦理学普遍意义思考的思想发生地。

伽达默尔指出,"胡塞尔的后期著作中出现了'生活世界'这个神秘的词——这是一个少有的、令人惊奇的人造词(在胡塞尔之前没有出现过这个词),这个词被人们所接受并由此把一种已经不为人所知或遗忘了的真理带进了语言。'生活世界'这个词使人想起存在于所有科学认识之前的前提"①。依照伽达默尔的理解,一切认识或科学的真理都有其前科学的真理,即人与对象的先前的关系,而这才是精神科学的本质②;而这种前科学前提,是作为人的历史存在的整体,它"同时是一个共同的世界,并且是包括其他人的共在(Mitdasein)。它是一个个人的世界,而且这个个人世界总是自然而然地被预先设定为正当的"③。伽达默尔认为,对于一个人类有史以来总是表现于我们语言中的这种生活世界的理解,是"不能通过那种适宜于科学的知识可能性实现的"④。因为,"生活世界只信奉自己而不信奉通过方法规定的科学的对象世界或客体世界"⑤。这也就需要人们转换传统哲学的对象,从那种关于宇宙万物之本质和规律的思考、把握,转向产生这种思考之前的人类生活世界即现实与对象关系上来,即哲学要"回溯到人的基本状况与理论,以及实践和人与人、实践和人与物的处事经验这些我们不想称之为理论的东西"⑥上来。

伽达默尔明确指出,"在 20 世纪,现象学才带来一种向生活世界的转折"⑦。晚期胡塞尔提出的"生活世界"理论,极大地影响了伽达默尔甚至是从根本上扭转了整个西方哲学的现代新发展,这种影响促进了西方两千多年来哲学主导形态的改变,从强调对世界存在之本质的认知转向对人的现实存在之行为考察,有力推

---

① 伽达默尔:《赞美理论——伽达默尔选集》,夏镇平译,上海:上海三联书店,1988 年,第 68 页。
② 参见伽达默尔:《赞美理论——伽达默尔选集》,夏镇平译,上海:上海三联书店,1988 年,第 69 页。伽达默尔在《现象学运动》(1963)一文中,曾把"生活世界"的对应概念看作"科学世界"。见伽达默尔:《哲学解释学》,夏镇平、宋建平译,上海:上海译文出版社,1994 年,第 151 页。
③ 伽达默尔:《真理与方法》,洪汉鼎译,上海:上海译文出版社,1999 年,第 319 页。
④ 伽达默尔:《科学时代的理性》,薛华等译,北京:国际文化出版公司,1988 年,第 10 页。
⑤ 伽达默尔:《赞美理论——伽达默尔选集》,夏镇平译,上海:上海三联书店,1988 年,第 156 页。
⑥ 伽达默尔:《赞美理论——伽达默尔选集》,夏镇平译,上海:上海三联书店,1988 年,第 45 页。
⑦ 伽达默尔:《科学时代的理性》,"作者自序",薛华等译,北京:国际文化出版公司,1988 年,第 3 页。

动了实践哲学的当代重建和复兴；从强调对事物知识的"真"的把握转向人之存在世界的"善"的思考，迅速提升了伦理学在整个哲学中的地位，以至法国哲学家列维纳斯（E. Levinas）提出了"作为第一哲学的伦理学"的重要论断。于伽达默尔而言，其对实践哲学的重视和重建解释学，同样与胡塞尔的"生活世界"理论所带来的巨大影响密不可分，更为重要的一点是，胡塞尔的"生活世界"思想深刻地表述了这样一个看法，那就是我们关于世界和事物的知识是有其前提的，正是这个前提决定了我们可能拥有什么样的知识，因而，我们对一切问题的思考绝不能停留于现有的科学知识层面，而是要回溯或者说返回到产生这种知识前的那种人与对象的先行关系上去，即"生活世界"上去，在那里存在着一种"自然的正当性"，存在着一种人类的"共同的价值意识"，并且不是通过论证而是在人与对象的源始关系的"生活世界"的明见性中向我们显现出这种"正当性"和"共同价值意识"。伽达默尔说："我要宣称：精神科学中的本质性东西并不是客观性，而是同对象的先前的关系。……在精神科学中衡量它的学说有无内容或价值的标准，就是参与到人类经验本质的陈述之中，就如在艺术和历史中所形成的那样。"[1]返回事情本身，回到一切科学知识之前的人与对象的先前关系的明见性中去思考问题，从根本上说，回到人的真实存在之关系和状态上来思考，则成为伽达默尔伦理学思考和研究的一大重要特点，"生活世界"理论也成为伽达默尔哲学伦理学构想的一个极其重要的维度。

不过，对于这一重要维度，伽达默尔在其于1963年发表的《现象学运动》一文中，谈到了"生活世界"在人们的认识和思考世界中所具有的"隐匿性"特点，也正因为这种"隐匿性"特点，我们尤其需要对之予以高度关注。实际上，伽达默尔伦理学思考的"生活世界"的这一维度，是与胡塞尔的意识的"意向性"思考相联系的。在伽达默尔看来，胡塞尔在其于1907年写成的《现象学的观念》初稿以及随后的著作中，"越来越有意识地把现象概念和对现象进行纯粹描述的概念追溯到相互联系的概念。也就是说，他总是追问，意向着的东西是如何被揭露的，它为怎

---

① 伽达默尔：《赞美理论——伽达默尔选集》，夏镇平译，上海：上海三联书店，1988年，第69页。

样的意识揭露，以什么形式被揭露"①。在胡塞尔那里，意向性（Intentionalität）不再是在其老师布伦塔诺的意义上被加以使用，也就是说，不再是指一种主观活动意义上的"一种意指活动"（Meinen），而是指"视域意向性"或者说一种"意向性晕冠"，"这种意向性视域，这种一直被一起意指的意向性视域，自身并不是一种主观意指活动的对象。胡塞尔合乎逻辑地把这种意向性叫作'匿名的意向性'"②。这就从根本上表明，我们总是同我们意欲的存在物在一起的，关于事物的意识和意识规定，并不是由人的单纯的意识指向所决定的，而是由与我们意识活动一起发生和起作用的意向性视域或者说"意向性晕冠"最终决定的，只是这种意向性视域或"晕冠"是以一种非彰显的"匿名"方式在起作用。

古希腊哲学家赫拉克利特有句流行很广的说法：自然喜欢隐藏自己。伽达默尔说："胡塞尔描绘了生活世界的特征，那就是，它总是作为预先给定的世界起着有效的作用。它的构成，迄今为止似乎还未被看作先验自我所遗留下来的课题。胡塞尔清楚地以历史的态度对下述思想进行辩护，即信仰的这一前提必然处于遮蔽之中。因为，作为这样的前提，它本身永远不会明确地作为主题，而是作为一种普遍的视域意识而以隐匿的方式伴随着一切意向的意识。"③这也正像海德格尔在《存在与时间》中指出的："世界的世界性由此而不露地藏在此在对于世界的一切体验中，它必须被认作此在本身的一种基本特征、一种生存的结构因素。"④在伽达默尔看来，语词不是那么重要，但是事情本身很重要。这里涉及让概念和概念表达重新说话，把它们从空洞的功能关联——人们在此关联中把它们当作一种进行涂层的术语来使用——带回到它们的源始语言特征中，就此而言，"海德格尔的伟大成就就是解构形而上学的学院语言。他已经指出，希腊语的概念形态是活生生语言中的语词，并且在所有的概念精确化中都粘附着含义因素的杂多性或——用现代诗学来表达的话——'多样性'（Vielstelligkeit），这些杂多或多样的含义因素

① 伽达默尔：《哲学解释学》，夏镇平、宋建平译，上海：上海译文出版社，1994年，第117页。
② 伽达默尔：《哲学解释学》，夏镇平、宋建平译，上海：上海译文出版社，1994年，第118页。
③ 严平编选：《伽达默尔集》，邓安庆等译，上海：上海远东出版社，1997年，第356页。
④ 严平编选：《伽达默尔集》，邓安庆等译，上海：上海远东出版社，1997年，第357页。

总是隐秘地(hintergrundartig)一起参与言说"①。西方语言分析哲学家维特根斯坦也认为,"本质对我们是隐藏着的"②。对此,伽达默尔还引用了维特根斯坦在《哲学研究》的一段话来加以强调,并做出如下评论:"还有什么比下述说法更接近于后期胡塞尔及其对生活世界的兴趣或者海德格尔对日常此在的分析呢"③,维特根斯坦的这段话就是:"对我们而言,事物最重要的方面是被它的简单性和日常性所遮蔽的(人们不会注意到某种东西,因为这种东西总是在眼前)。对其进行研究的那些真正基础,人们甚至不会注意到。——这就意味着:我们未能注意到那我们一旦看到便会发现是最显眼、最强有力的东西。"④"'内在的东西对我们是隐秘的。'——未来对我们是隐秘的。"⑤

伽达默尔实际上是试图将其伦理学的共同价值意识和善的思考置于胡塞尔的这种意向性视域即生活世界的"匿名"的决定性前提和作用上来,在伽达默尔看来,"本世纪初(指 20 世纪——引者)代表了一种哲学新方向的著名现象学口号'回到事情本身去'指的也是同样的意思"⑥。胡塞尔在《纯粹现象学和现象学哲学的观念》(《观念Ⅰ》)中指出,"合理化和科学地判断事物就意味着朝向事情本身(Sachen selbst),或从语言和意见返回事情本身,在其自身所与性中探索事物并摆脱一切不符合事物的偏见"⑦。应该说,胡塞尔的"返回事情本身"的思想在海德格尔和伽达默尔这里都得到了充分的认同和肯定,并构成其思想的重要来源和基础。海德格尔在其"实存性解释学"思想中就说,解释的首要的、经常的和最终的任务,"始终是不让向来就有的前有、前见和前把握以偶发奇想和流俗之见的方式出现,而是从事情本身出发处理这些前有、前见和前把握,从而确保论题的科学

① Hans-Georg Gadamer, *Gesammelte Werke*, Band 10, *Hermeneutik im Rückblick*, J. C. B. Mohr (Paul Siebeck), Tübingen, 1995, S. 133.
② 维特根斯坦:《哲学研究》,李步楼译,北京:商务印书馆,1996 年,第 65 页。
③ 严平编选:《伽达默尔集》,邓安庆等译,上海:上海远东出版社,1997 年,第 375 页。
④ 维特根斯坦:《哲学研究》,李步楼译,北京:商务印书馆,1996 年,第 76 页。参见严平编选:《伽达默尔集》,邓安庆等译,上海:上海远东出版社,1997 年,第 375 页。
⑤ 维特根斯坦:《哲学研究》,李步楼译,北京:商务印书馆,1996 年,第 341 页。
⑥ 伽达默尔:《哲学解释学》,夏镇平、宋建平译,上海:上海译文出版社,1994 年,第 71 页。
⑦ 胡塞尔:《纯粹现象学通论:纯粹现象学和现象学哲学的观念》第 1 卷,北京:商务印书馆,1992 年,第 75页。

性"①。而海德格尔的学生伽达默尔同样指出,"谁试图去理解,谁就面临了那种并不是由事情本身而来的前见解的干扰。理解的任务就是作出正确的符合事情的筹划,这种筹划作为筹划就是预期,而预期应当是'由事情本身'才得到证明"②。在伽达默尔看来,正是通过胡塞尔的意识意向性思想,哲学才彻底摆脱了传统的关于事情本身的所谓纯粹的"客观主义"认识,而将认识问题纳入于意义理解和精神意义的历史性展开之中,"我们通过胡塞尔大量著作的编辑出版,对胡塞尔思想的缓慢发展过程愈认识得多,我们就愈加明确在意向性这个题目下胡塞尔对以往哲学的'客观主义'——甚至也包括对狄尔泰——所进行的愈来愈强烈的彻底性批判,这种批判最终导致这样的主张:'意向性现象学第一次使得作为精神的精神成为系统性经验和科学的领域,从而引起了认识任务的彻底改变。绝对精神的普遍性在一种绝对的历史性中包容一切存在物,而自然作为精神的创造物也适应于这种历史性'"③。

在胡塞尔现象学和"生活世界"思想的强烈影响下,伽达默尔十分强调属于实践哲学的精神科学的价值,意愿为人的存在生活和行为重新奠定实践哲学的人文主义价值基础。伽达默尔认为,哲学必须关注生活,生活世界只有真正奠基于实践理性基础之上,才能使人之存在和行为的意义问题具有理性反思的合法性基础,"生活就是理论和实践的统一,就是每一个人的可能性和任务"④。要使实践理性作为一门实用科学表现出其力量,就必须搞清楚理性成为实用的条件。在伽达默尔看来,现代社会文明的合理化虽然表现了其强大的同化力量,但并不意味着理性本身是毫无批判力量的抑或说不再能所有作为。从根本上说,社会合理化只是对这种理性批判能力的掩盖,并非否定和取消,因而它"并未限制理性所具有的批判能力,从而能对坏的、存在的和较好的一起进行比较"⑤。当然,这种理性的批

---

① Martin Heidegger, *Sein und Zeit*. Niemeyer, Tübingen, 1979, S. 153.

② Hans-Georg Gadamer, *Wahrheit und Methode*: *Grundzüge einer philosophischen Hermeneutik*. Tübingen, J. C. B. Mohr, 1990, S. 272.

③ Hans-Georg Gadamer, *Wahrheit und Methode*: *Grundzüge einer philosophischen Hermeneutik*. Tübingen, J. C. B. Mohr, 1990, S. 247 - 248.

④ 伽达默尔:《赞美理论——伽达默尔选集》,夏镇平译,上海:上海三联书店,1988年,第45页。

⑤ 伽达默尔:《赞美理论——伽达默尔选集》,夏镇平译,上海:上海三联书店,1988年,第52页。

判性,不像亚里士多德所主张的,仅仅是导致预先设定的目标的手段,因为任何实用的思想都不见得总能够找到达到目标的正确手段和道路,所以,作为一种批判力量,实践理性"毋宁是一种'理智性',是人的一种准则,人们采用这种准则以便把建立在共同标准中的道德和人类秩序不断地重新创造并保护下来"①。

理论和反思如何才能指向实践的领域,这是一个问题。伽达默尔深受亚里士多德实践哲学影响,"以亚里士多德的实践哲学的典范为根据"②,要避免和破除的是那种关于理论及其应用的错误模式,认为在理论中就蕴含着实践性要素和理性反思,就如康德的道德形而上学虽局限于绝对命令之中,但整个说来却是不可动摇的真理。也就是说,理论本身就是实践的,而反过来,理论要使其实践性思考显现出来,这里则存在着"一般"具体化(Konkretion des Allgemeinen)这个古老的形而上学问题③。正是实践理性能够使生活充满意义的构成幸运地具体化(即将生活意义的普遍理性反思实现于具体的生活状态、生活过程之中),从而作为一门学科,"实践科学"的统一在经历了一切社会关系的变化之后——从古代奴隶社会到中世纪的基督教封建主义、城邦市民的行为宪法、在封建政权内部形成的现代国家以及从动物状态——才能得以保存并最终完全解放出来。人类的实践表明,必然的美的东西并不局限于自然这一小块领域,作为对自然秩序、规律之认识的理论也并不是人类最高级的知识。实际上,在所有人类的实践活动领域,都存在着必然的美的知识,相比于近代自然科学而言,如果把这种知识(指实践知识——引者)称为新知识的话,那么,这种新知识就被纳入到统治大自然的规律之中,构成人类知识整体的抑或是最重要的部分,"新知识在其所到之处都创造出改造大自然的条件并在人类的统治下(服务于人类总体目标之下——引者)创造出人所希望的结果"④。

尽管近代以来的科学发展使人们掌握了许多令人惊叹的自然知识,使得控制自然过程成为可能,并为人类在实践活动领域对社会的物质和经济基础进行改造

① 伽达默尔:《赞美理论——伽达默尔选集》,夏镇平译,上海:上海三联书店,1988年,第52页。
② 伽达默尔:《诠释学Ⅱ:真理与方法》,洪汉鼎译,北京:商务印书馆,2010年,第28页。
③ 伽达默尔:《诠释学Ⅱ:真理与方法》,洪汉鼎译,北京:商务印书馆,2010年,第28页。
④ 伽达默尔:《赞美理论——伽达默尔选集》,夏镇平译,上海:上海三联书店,1988年,第53页。

和建设奠定了基础,也为人类理想的生活世界提供了重要的物质保证,但其过度发展带来的问题在于,人们在完全科学技术化的生活和行为中淡忘和移交出了自己固有的理性反思判断力,实践理性完全成为服务于科技理性的工具。因此,虽然近代以来的时代是一个理性胜利的时代,但绝不是实践理性,也绝不是人的作为反思理性的真正胜利的时代。伽达默尔指出,面对着近代以来的社会技术主义状况,人们要重新确立科学理性服务于实践理性的正确关系,要通过真正地发挥理性反思的力量,在实践理性基础上改变人类生活世界现状,指明人类社会发展的理想方向。伽达默尔所期待的是,"也许经过无数次的挫折、消除强权的尝试,那合理的事实压力将到处命令式地显示出它不可抗拒的要求,它在各处搞改革,从而削弱世界观、社会关系和国家政权形式的对立,并最终实现一个再也不受干扰的、完美地管理着的世界的平衡状态"①。

四、 伦理学发展的第三条道路: 伽达默尔"哲学的伦理学"理论构想

伽达默尔重新强调和捍卫理性反思的力量,根本上是通过对实践哲学的伦理之知的思考和强调来加以体现的,因为正是在人类的伦理思考中,人类的生活和行为之意义和本质向我们发生和显露。伽达默尔就指出,尼古拉·哈特曼的《伦理学》向我们提示着一种新的深化,即价值伦理学问题开始通过一种自我审查的方式进入了我们的思考,"只要人们规定伦理学的对象是一种为所有的道德形态和善行秩序奠立基础的先验价值秩序,那么,哲学与实践的现实性之关系就是一个不可解决的难题"②。

赫尔曼·洛策(Hermann Lotze)于 19 世纪首先将"价值"概念从经济学引入伦理学,后来意志论哲学家尼采将价值概念与权力意志(亦译为"强力意志",Wille zur Macht)相联系,并置于生命之上,赋予了其哲学本体性意义,并声称哲学的任务就是"要解决价值问题和规定价值的等级秩序"。伽达默尔为此指出,"无论是

---

① 伽达默尔:《赞美理论——伽达默尔选集》,夏镇平译,上海:上海三联书店,1988 年,第 54 页。
② 严平编选:《伽达默尔集》,邓安庆等译,上海:上海远东出版社,1997 年,第 293 页。

对于我们这个世纪的解放口号,还是对于价值在工业社会中的回声,尼采都在事实上产生了对于道德价值困境的解放作用"①,并认为尼采对于价值的这种解放作用也突破了舍勒与哈特曼的价值伦理学中所蕴含着的客观化的先验主义,价值问题真正成为人的生命行为的问题,它所具有的相对化性"使得像舍勒和哈特曼所代表的那样一种客观化的先验主义在尼采这里一般说来不再有支撑点了"②。可以说,正是受到马克斯·舍勒、哈特曼和尼采等人思想的影响,伽达默尔深入思考了价值伦理学问题,并将价值问题视为一种哲学的本体问题,把它当作实践哲学的核心问题来思考。"价值的本体论问题意味着这样一个关口,如果你不探寻'价值'之存在所要求的整个道路,就别想通过它。"③基于尼采的分析,反对伦理学上的先验主义(这种康德、舍勒的道德的先验哲学,伽达默尔称之为"实质的价值伦理学")也构成伽达默尔思考的一个特点,其实践哲学中的伦理学思考始终强调了价值问题与实践行为和具体处境的关联。价值伦理作为一种本体论被加以思考,并与人的存在关联起来,这在伽达默尔所作的第一个讲座《论古希腊伦理学的概念和历史》中就表现出来了。伽达默尔在该讲座中,针对舍勒的价值伦理学未看到价值绝对主义本身的局限性而对其予以了批判性的分析,并提出了这样的问题:"从它那方面来说,为这种哲学的课题——对价值王国的研究——达到何种规范性的伦理呢?"④不过对此批评,当时的舍勒未予以任何回应和解释。

　　而哈特曼则是伽达默尔伦理学思考所关注的另一位重要哲学家。在伽达默尔看来,哈特曼令人不可思议地同样也是大胆地将亚里士多德的伦理学应用于价值研究,他基于人类学基础,从人的"身体"与"修身养性"关系出发,重新规定了亚里士多德的"德行"(Arete)概念,认为"德行"概念在亚里士多德那里不仅具有一种德性的内在规定性,更体现出一种道德的规定性运用和活动,因而道德现象并非只是对"行为"的德性呈现,而是与人的某种价值意识、价值感情有着"内涉"关

---

① 严平编选:《伽达默尔集》,邓安庆等译,上海:上海远东出版社,1997 年,第 267 页。

② 伽达默尔:《价值伦理学和实践哲学》,严平编选:《伽达默尔集》,邓安庆译,上海:上海远东出版社,1997 年,第 267 页。

③ 严平编选:《伽达默尔集》,邓安庆等译,上海:上海远东出版社,1997 年,第 280 页。

④ 伽达默尔:《价值伦理学和实践哲学》,严平编选:《伽达默尔集》,邓安庆译,上海:上海远东出版社,1997 年,第 272 页。

系的一种"价值"行为。在哈特曼的将价值客观化之中,蕴含着价值思想对"处境"的重视,伽达默尔说,"哈特曼把这些转向客观化了,并在其中看出了处境的价值!"①可以说,哈特曼关于价值的先验的被给予性所提出的"综合价值"概念将价值王国突出地描绘为"一种巨大的见识的获得"②,这极大地影响了伽达默尔,伽达默尔不再从人的行为之具体规定来思考价值问题,而是从哲学意义上,从价值意识和观念上来分析伦理本质,与此同时,将此种思考深蕴于"处境"意识之中,价值伦理的具体化得到思考,并与人的行为处境关联起来。

正是基于在纯粹理性的先验性上还是立足于具体生活处境来思考和建构伦理学,伽达默尔认为存在着截然不同的两条伦理学发展道路,一条是亚里士多德的经验的实践性伦理学道路,一条是康德的先验的形式主义伦理学道路。

第一条道路:亚里士多德实践哲学的伦理学

亚里士多德创建了实践哲学,并在其实践哲学中形成了伦理学构建的第一条道路。亚里士多德在知识三分法中将认知和把握世界事物的确定性、必然性、普遍性、永恒性知识的理论知识或理论哲学,与在具体行为中所显现和确立起来的一种实践知识或实践智慧作了明确区分,前者称为"Episteme",后者称为"Phronesis",通过对两者的区分,亚氏开始正式将实践知识、实践科学单独分离出来作为一种独立的学问,建立了实践哲学。这种区分深刻表明了实践知识的性质的不同,亚里士多德的实践哲学既不将之作为一种纯粹理性思辨的形而上学问题来探讨,也并不具体讨论行为伦理规定的优劣比较,而是从人们在"生活的选择"中所做出的"优化选择"或者说"优先适宜"的选择问题去思考这种选择背后的人类的共同价值意识和伦理之知,是在人们生活经验的直接性上,即在行为的具体关系和具体境遇中来思考为什么这种优先选择是善的、好的、应该的。亚里士多德的实践哲学伦理学要"以善本身为目的",结合人们的具体行为经验,去思考决定了人类所

---

① 伽达默尔:《价值伦理学和实践哲学》,严平编选:《伽达默尔集》,邓安庆译,上海:上海远东出版社,1997年,第268页。

② 伽达默尔:《价值伦理学和实践哲学》,严平编选:《伽达默尔集》,邓安庆译,上海:上海远东出版社,1997年,第268页。

具有的一种实践智慧、一种共同而普遍的价值理解。在亚里士多德那里，虽然还
没有价值概念，只有"德性"和"各种好"概念，但是"伦理的概念，正如他为之奠定
的基础，正是表达出'德性'不只是在知识中，相反，知识的可能性依赖于，某个人
是如何存在着的，而每个人的这种存在又是通过教育和生活方式经验到了他的先
前的烙印"①。

　　亚里士多德的伦理学是与人的存在相联系的，是在人的具体行为活动的现实
性中而获得的一种关于人类的、普遍的、共同的伦理之知。这种伦理之知的体现
和显露又总是寓于行为的具体境遇和条件之中。所以亚里士多德更看重的是人
们伦理存在的条件性，而非如柏拉图、康德所强调的伦理现象之价值规定、原理的
无条件性。亚里士多德通过"实践智慧"（Phronesis）的分析，提出和阐述了人的一
种伦理的存在方式，即既拥有普遍的共同的伦理之知，又运用和体现于具体行为
而成为一种行为规范性选择和活动。伦理的普遍之知是与知道一种处境所要求
的可行的东西相结合的，在伽达默尔看来，亚里士多德的"这种考虑把具体处境同
人们一般地视为正当的和正确的东西联系起来"②。

　　当然，亚里士多德的伦理学虽然基于实践哲学考虑到了人类价值意识的普遍
性（也正因此，相比于后来的规范伦理学，伽达默尔就称亚里士多德的伦理学是一
种"哲学的伦理学"），但本质上仍然是基于人类的具体行为活动而做出理性反思
的，特别是它注重和强调的是以人类行为的具体处境思考为中心。因而，这种伦
理学尽管也注意到了实践知识的普遍性，但其普遍性还是一种实践经验的普遍
性，而不是从纯粹理性反思的理论层面来讨论的，对此，伽达默尔就评论道："亚里
士多德所讲的经验普遍性无论如何绝不是概念普遍性和科学普遍性。"③也就是
说，这种普遍性是不同于亚里士多德归属于"Episteme"范围内的理论知识的普遍
性的，因为经验总是只在个别观察里才实际存在，经验在先在的普遍性中并不被
认识。按照亚里士多德的看法，在这种经验普遍性上才产生真正的概念普遍性和
科学的可能性。由此而言，亚里士多德的伦理学道路就存在一定程度的经验主义

---

① 伽达默尔：《论一门哲学伦理学的可能性》，邓安庆译，《世界哲学》2007 年第 3 期，第 61 页。
② 伽达默尔：《论一门哲学伦理学的可能性》，邓安庆译，《世界哲学》2007 年第 3 期，第 61 页。
③ 伽达默尔：《真理与方法》，洪汉鼎译，上海：上海译文出版社，1999 年，第 451 页。

的不纯粹性和不绝对性的弊端,人类价值伦理的普遍性、绝对性有所欠缺和不足。

第二条道路：康德纯粹理性的先验形式主义伦理学

康德的伦理学是伦理学构建的第二条道路。康德在《实践理性批判》中写道："在纯粹思辨理性与纯粹实践理性结合成为一种知识时,后者就占有优先地位,因为已经预设的是,这种结合绝不是偶然的和随意的,而是先天地基于理性本身的,因而是必然的。因为没有这种隶属关系,就会产生理性与自己本身的一种冲突;因为如果两者仅仅相互并列(并立),那么,前者就会独自紧紧地闭锁自己的边界,而不从后者接受任何东西到自己的疆域中来,但后者仍然会把自己的边界扩展到一切之外,并且在它的需要有要求时,力图把前者一起包括到自己的边界之内。但是,人们根本不能苛求纯粹实践理性隶属于思辨理性,从而把这种秩序颠倒过来,因为一切兴趣最终都是实践的,而且思辨理性的兴趣也只是有条件的,惟有在实践应用中才是完整的。"①这表明,康德十分明确地强调了实践理性之于理论理性的优先性原理,并主张需将两者结合起来,特别是要将思辨理性融入实践应用中,这样人类的理性和关于世界的知识和理解才是完整的,或者说,人类的理论知识只有在实践知识或实践哲学思考中才真正表现出其意义。

实践哲学之于整个康德哲学居于优先地位,或者像安倍能成所言,占有中心的地位。康德的实践哲学主要探讨人的道德哲学或者说道德形而上学原理。康德的《实践理性批判》《道德形而上学原理》等著作就是谈论"善"的道德哲学问题的。在道德哲学中,康德讨论的是道德的理性基础和道德意志的纯粹自律性,道德完全是从自身产生出来的主动的东西,自由是道德得以成立的必要条件。如果没有自身的力量使自己行动起来,则任何道德都是不可理解的。认识的世界停留于经验的现象界,道德的世界才深入到经验之外或之上的形而上学本体界。理论理性所运用的是机械的、必然的、因果的世界,实践理性所运用的则是目的论的、自由的存在的世界。认识的世界从属于意志的世界,实践理性居于优先地位。康德从道德形而上学确立人的地位、价值与尊严,体现出康德从纯粹思辨的实践理

① 《康德著作全集》第 5 卷,李秋零译,北京：中国人民大学出版社,2007 年,第 129 页。

性上对人的存在的道德问题所做出的先验的根本性思考,普遍道德原理和原则就是基于人的善良意志的一种先天的或者说超验的"绝对命令",即不受任何条件影响和制约的绝对"应当如此"的道德命令、原理和法则。

伽达默尔指出,"康德的命令式伦理学所教导的东西,在我看来,也同样有其当下性"①。康德的伦理学是奠基于人类纯粹理性之上的先验主义伦理学,具有纯形式主义的性质和特征。这种理性先验主义和形式主义伦理学基础则使伽达默尔深受鼓舞,因为正是在这种基础中,康德阐明了作为一种自明性的人类道德意识何以能够转向道德哲学,并揭示了理性反思所具有的一种否定的和间接的功能,即"对于不断思想的本性来说,理性的使用总是需要批判"②。也就是说,人们需要超越具体的道德见识,而获得关于某种普遍共同的东西的理解和认同。对于道德的共同基础的思考,伽达默尔认为,"对于奠定伦理学基础具有更进一步的信心并信誓旦旦地让人相信这一点的人,我认为是康德,因为他的《道德的形而上学基础》着重阐明了从道德意识的自明性向道德哲学过渡的合理性。……真正的合理性证明不只是为道德哲学,而且也是为所有一般的哲学所作出的"③。"康德形式主义的意义就在于,保护道德的理性决断的纯洁性,使之对抗一切因禀赋和兴趣立场引起的混杂不纯并保持在朴素的哲学的意识中。"④

不过,康德道德哲学的问题也在于其过于强调了形式主义、严格主义的纯洁性和无条件性思考,而排除了所有人的行为和决断所具有的经验性的条件。在伽达默尔看来,人类的任何道德规定总是存在着相互冲突的情形,作为一种普遍的人类处境,没有人能摆脱身处不同道德规定中的"左右为难"或者说不受其他道德规定的引诱。正是鉴于此,人们对基于道德意识的纯粹的理性形式主义伦理学或者说"应当伦理学"提出了诘问,也对舍勒和哈特曼所提出的"实质的价值伦理学"予以了批判。依照现象学理解,任何本质性的和先天性的东西都具有其自明性或

---

① Hans-Georg Gadamer, *Gesammelte Werke*, Band 10, *Hermeneutik im Rückblick*, J. C. B. Mohr (Paul Siebeck), Tübingen, 1995, S. 199.

② 严平编选:《伽达默尔集》,邓安庆等译,上海:上海远东出版社,1997年,第271页。

③ 伽达默尔:《价值伦理学和实践哲学》,严平编选:《伽达默尔集》,邓安庆译,上海:上海远东出版社,1997年,第271页。

④ 伽达默尔:《论一门哲学伦理学的可能性》,邓安庆译,《世界哲学》2007年第3期,第58—59页。

明见性,人类存在活动的伦理行为当然也就是"持续地如同我们所是地(而不是如同我们所知地)把我们自身产生出来"①。舍勒的价值伦理学也的确将价值体系建立在先天价值意识的直接性上,虽然这种价值伦理学关注到了价值伦理的实体性内容,打破了将伦理局限于康德形式主义的义务概念做法,但其将之提升为系统意义的价值概念,同样蕴含着只是追求单纯目的和应该的、规范上的做法的局限。"实质的价值伦理学,尽管区别于康德的形式主义,包涵了伦理性的实体内容,但它依然不是我们正在寻找的出路。价值意识的直接性和道德的哲学相互分裂。"②

那么,要完成、实现价值意识的直接性和道德哲学的相互统一而不是相互分裂,就不能局限于绝对伦理原理、原则和具体伦理规范层面来讨论,而是需要越过"应当伦理学""规范伦理学"而趋向其背后的人类共同价值意识的自明性来思考,或者说,价值规定的普遍性只能是在一种"哲学的伦理学"下获得合理的说明。

第三条道路:伽达默尔解释学的"哲学的伦理学"

"哲学的伦理学"这一概念由伽达默尔最先提出和使用,不过在他看来,亚里士多德的伦理学思考体现的就是一种哲学的伦理学。只是伦理学后来的发展偏离了这一方向,走向了一种单纯研究具体行为规范的伦理学。伦理学本身的新发展需要回到哲学的伦理学本身上来,而要实现这一任务,停留于亚里士多德伦理学也不行,而是要在亚里士多德伦理学和康德道德哲学基础上走出第三条道路,即综合两者的新道路。这一道路,也就是伦理学发展上的第三条道路:伽达默尔的"哲学的伦理学"。

基于对亚里士多德伦理学和康德伦理学思想特征及其各自局限性的分析,伽达默尔在其论文《论作为一门哲学伦理学的可能性》中深刻分析了当代伦理学的困境和新突破必须在亚里士多德和康德之外走出第三条道路,这就是综合两者的"哲学的伦理学"。伽达默尔的深刻之处在于以解释学实践哲学为基础,重新接续和发展了在亚里士多德那里就有的而后来日益丧失的"哲学的伦理学"。伽达默

---

① 伽达默尔:《论一门哲学伦理学的可能性》,邓安庆译,《世界哲学》2007 年第 3 期,第 63 页。
② 伽达默尔:《论一门哲学伦理学的可能性》,邓安庆译,《世界哲学》2007 年第 3 期,第 60—61 页。

尔指出,"不应否认,对行为的评判不同于规范的经验以及在良知的微妙调整过程中达到顶峰的自我审查。两者也不是外在分离的,它们都参与了个人与社会规范尺度的养成"①,他的哲学伦理学既继承和吸收了康德的先验主义道德哲学的严格主义和形式主义的伦理的纯粹性和无条件性,又高度重视和肯定了人之具体存在伦理经验的有条件性、可疑性,并力图将两者结合起来,阐述和论证的是"作为一门哲学的伦理学是如何可能的"?

　　伽达默尔在其《论作为一门哲学伦理学的可能性》一文中,将"哲学的伦理学"与重在探讨人的具体行为活动的"实践的"伦理学作了区分,"哲学的伦理学"是道德哲学,其奠基人是亚里士多德;"实践的"伦理学"是为行动者所注意的目的价值整理出一张秩序表,也叫做应用的知识,它把行动者的目光引向正在实践的这张价值表"②。在伽达默尔看来,近代以来的"理论"与"实践"走向了二元对立(在古希腊哲学家亚里士多德那里,"理论""实践"是统一的,理论就是一种沉思活动,实践同样是关于人的生命存在的反思行为,且构成人之存在的最高生活方式),正是这种"理论"与"实践"的对立使得作为实践哲学的"哲学的伦理学"和作为具体行为应用的"实践的"伦理学出现了根本性的不同并构成了相互的对峙。要走出也必须走出这种对立困境,按照伽达默尔的说法,"我相信只看到了两条道路,在哲学伦理学内部能够从这种困境中走出来。一条是由康德开辟的伦理的形式主义,另一条是亚里士多德的道路。两者都不能独善其身,而要成为一门伦理学可能的部分才变得合理"③。这是说,两者都无法独立走出困境,只有相互补充才是可行的。在我看来,这是理解伽达默尔整个伦理学研究和思考的思想背景和精神核心。伽达默尔的实践哲学的哲学伦理学根本不同于一般的伦理学,而是一种对亚里士多德的"哲学的伦理学"的承续和重新强调,并且是在综合亚里士多德伦理学和康德伦理学的基础之上所提出的伦理学的第三条道路——"哲学的伦理学"的新建构、新思考、新发展。

---

① 伽达默尔:《价值伦理学和实践哲学》,严平编选:《伽达默尔集》,邓安庆译,上海:上海远东出版社,1997年,第 275 页。
② 伽达默尔:《论一门哲学伦理学的可能性》,邓安庆译,《世界哲学》2007 年第 3 期,第 56 页。
③ 伽达默尔:《论一门哲学伦理学的可能性》,邓安庆译,《世界哲学》2007 年第 3 期,第 58 页。

首先,伽达默尔高度评价了亚里士多德的伦理学思考方式,将亚里士多德称作"哲学的伦理学的奠基人"①,因为亚里士多德的伦理学思考方式"消除了苏格拉底—柏拉图'理智主义'的片面性,却又没有抛弃他们的一些本质洞见"②,"亚里士多德的哲学伦理学的重点,是在逻各斯和伦理之间,在知识的主体性和存在的实体性之间进行调解。伦理的知识不是在关于勇敢、正义等等的普遍概念中完成的,而是在具体的应用中完成的,具体应用规定了此时此地可行的东西对这种知识的显现。可以合理地指出,亚里士多德对什么是正确的东西的最终阐述,是在'如何适宜'这个不定的公式中"③。亚里士多德的哲学伦理学既注重实践哲学的伦理学的普遍性思考,又结合了这种思考的具体应用,是在具体的伦理情境中去显现和确立起这种思考和伦理知识。在伽达默尔看来,正是亚里士多德的深刻思辨——包括伦理学在内的事物意义的有限性思想——表现出了天才的意义,这种意义就在于对希腊哲学尤其是柏拉图理念论的绝对无限性意义的破除,也就在于"从道德哲学的角度,在这里(并且仅仅在这里)对于令我们心神不宁的问题:一种哲学的伦理学,一种关于人性东西的人学,是如何可能的,作出了一种富有成效的回答,而不变成一种非人的自我提升"④。就此而言,伽达默尔的实践哲学的伦理学是亚里士多德哲学的伦理学的现代接续和发展。伽达默尔就认为,"承认人的有条件性(在宽容的判断中)完全能够同所拥有的道德法则的无条件性相一致"⑤,"普遍化恰好不是理论中的间距化,在本质上,它从属于道德经验本身的合理性"⑥。

通过对亚里士多德伦理学本身存在方式的分析,伽达默尔总结了其所推崇和竭力发扬的哲学伦理学的一大本质性特点:"哲学伦理学与此情况相同,每个人都处在这种情况中。视为正当的东西,我们在判断中对我们自身或对他人表示肯定或不满的东西,来自于我们关于什么是好和正当的普遍观念,但它的真正规定性

① 伽达默尔:《论一门哲学伦理学的可能性》,邓安庆译,《世界哲学》2007年第3期,第61页。
② 伽达默尔:《论一门哲学伦理学的可能性》,邓安庆译,《世界哲学》2007年第3期,第61页。
③ 伽达默尔:《论一门哲学伦理学的可能性》,邓安庆译,《世界哲学》2007年第3期,第61—62页。
④ 伽达默尔:《论一门哲学伦理学的可能性》,邓安庆译,《世界哲学》2007年第3期,第63页。
⑤ 伽达默尔:《论一门哲学伦理学的可能性》,邓安庆译,《世界哲学》2007年第3期,第60页。
⑥ 严平编选:《伽达默尔集》,邓安庆等译,上海:上海远东出版社,1997年,第276页。

只是在具体的现实情况中,这种情况不是一个普遍规则的应用情况,相反,所涉及并适合的真正的具体情况"①。应该说,伽达默尔的哲学的伦理学根本上是定位在亚里士多德的这种实践哲学伦理学之上的,或者说亚里士多德伦理学就是哲学的伦理学的"范式"。亚里士多德是通过实践理性、实践智慧,也即通过"生活的选择"刻画他从各个方面所论述的城市自由民的特征,以及将一种生活置于另一种"生活"之前的那种优先考虑的。在人的生活中,总是蕴含着出自理性的德性的"绝对"效用及生命的等级秩序,于其中也总是暗含着具体的"优化选择"。在伽达默尔看来,亚里士多德的伦理学很好地处理了出自人类理性反思本身的哲学伦理学与一种有生命力的具体伦理的强制性整体如何达成一致的方式问题,具体伦理规范价值的普遍有效性只能在哲学伦理学的前提下合理地得到说明。

　　其次,不过伽达默尔也指出,普遍的价值伦理虽然总是与具体行为活动和处境相关的,其普遍性与合法性就是通过道德经验加以说明和予以体现的,但这里必须明确的是,普遍的价值伦理之所以能够运用于道德活动,是因为虽然它具有伦理的规范效用的前提,却不能由此断言人类具体的道德经验构成了普遍价值伦理的基础。道德经验只是普遍价值伦理具有规范效用的前提而并非其基础和来源,普遍价值伦理真正地源于人的道德意识和实践理性反思之中,是一种实践理性、实践智慧运思的产物,具有"以善本身为目的"的理性反思的纯粹性、绝对性和普遍性。正是在此意义上,伽达默尔的哲学伦理学又充分吸收了康德的先验主义伦理学的纯粹性、普遍性、形式性要求,要追求和确立起人类的真正的、共同的普遍价值意识和正确的伦理,强调伦理意义的普遍性、绝对性和永恒性同样构成了其哲学伦理学的另一个本质性特点和理论目标。不同于亚里士多德将实践知识置于 Sophia 之外的做法,伽达默尔竭力使作为实践哲学的哲学伦理学作为一种理论思考重新回到理论哲学的 Sophia 之中,强调了哲学伦理学的反思性,是一种形而上学的理论性思考。也因为此主张,伽达默尔就不赞成当代伦理学中的反理论主义的态度和看法。

　　伽达默尔的哲学伦理学不去具体探讨人的道德行为规范,而是从发生学上去

---

① 伽达默尔:《论一门哲学伦理学的可能性》,邓安庆译,《世界哲学》2007 年第 3 期,第 62 页。

根本性地研究伦理学是如何可能的,是怎样向我们发生的。只不过,伽达默尔又不像康德只是停留于纯粹实践理性的反思上,而是从另一个维度上理解和解释了这种人类的共同的普遍价值意识和正确的伦理的来源问题,或者说,它们是如何真正向我们发生的。这就是胡塞尔的现象学意识和方法,返回到生活世界本身即人与对象的先前关系或源始关系中来,认为在人与对象的先前的源始关系中,具有一种行为活动的自明性或明见性特点,存在着一种自然的正当性、合适性,而这便是一种价值意识和伦理思考的发生和显现,"倘若理性、实践智慧的道德作用被归结为实践的聪明、生活的明智这类功能的话,便是错失了自明性"①,也会陷入如同自黑格尔、齐美尔及舍勒一样将实践理性理解为某种单纯目的的理性错误。伽达默尔说,实践哲学"必须来自实践本身,并且用一切带向清楚意识的典型概括:回到实践中去"。"问题不是我们做什么,也不是我们应当做什么,而是什么东西超越我们的愿望和行动与我们一起发生。"②"理解的经常任务就是作出正确的符合于事物的筹划,这种筹划作为筹划就是预期(Vorwegnahmen),而预期应当是'由事情本身'才能得到证明。"③并提醒人们,所有正确的解释都必须避免随心所欲的偶发奇想和难以觉察的思想习惯的局限性,而要凝目直接注意"事情本身",这种事情本身,在伽达默尔的伦理学中就是人与他者、与对象的一种先行的原始经验关系,正是作为事情本身的人的存在的原始经验关系的明见性,向人们显露出某种自然的正当性、合理性,并构成人的存在的"共同的价值意识"的来源。

再次,来自人与对象先前源始关系活动中的这种共同价值意识和伦理,只有当它们进一步构成人类具体行为活动的规范时,规范伦理学才建立起来,也才表现出意义,不过这种规范伦理的正确性、合理性和恰当性一定是在具体行为的处境中才显明和确立起来的,"任何普遍的、任何规范的意义只有在其具体化中或通过其具体化才能得到判定和决定,这样它才是正确的"④。深受亚里士多德影响,伽达默尔始终强调,基于实践理性反思的人类的价值伦理的普遍性思考和意义必

---

① 严平编选:《伽达默尔集》,邓安庆等译,上海:上海远东出版社,1997年,第276页。
② 伽达默尔:《真理与方法》,第2版序言,洪汉鼎译,上海:上海译文出版社,1999年,第4页。
③ 伽达默尔:《真理与方法》,洪汉鼎译,上海:上海译文出版社,1999年,第343页。
④ 伽达默尔:《科学时代的理性》,薛华等译,北京:国际文化出版公司,1988年,第72页。

须在具体的伦理行为的处境中方能得以体现和真正发生,"被认为是合理的东西以及我们所赞同的对我们自身或他人作出的判断……都源自于我们有关好的和合理的普遍性观念,但它们只有在对非普遍性规则运用的具体实践中才具有特别的明确性"①。人的具体的伦理规范或者说规则不是绝对不变的,而是会因时因地而异,呈现出多样性、差异性和变化性。伽达默尔在坚持出自实践理性反思的道德普遍性的同时,又坚决否弃将普遍的价值伦理与具体的道德实践、行为处境割裂开来。实际上是不存在一种绝对的凝固而僵死的道德价值标准的,因为人们的行为总是在不同的时代、不同的情境中发生的,人们的实践理性就是要根据不同的处境对行为的价值和如何行为做出具有普遍性意义的思考。

就人的行为的具体规定而言,一种"道德"总是存在于人类的各种可传授的、可示范的行为规范之中的,或者说,一种社会的伦理道德不可能不把重要的规范包含在我们称之为教育的东西以及通过榜样、指令和传授而产生的行为之中,但伽达默尔特别指出的是,"'可教的'并不是道德的。在许多被引用的古希腊伦理学的理智主义与道德知识中的苏格拉底与柏拉图之间的自相矛盾,也都只是在表面上坚持善行的可教性"②。这意味着,价值伦理学或者说哲学的伦理学并不停留于人的所谓"可教性"的具体"道德"行为规定去思考,而是要超越于此,对一切道德的共同的基础进行研究,这也才是真正的伦理学问题。譬如,苏格拉底的"助产术",人们往往只是将其理解和解释为是对人的"不知自己无知"的证明,当然也是对自认为知道一切合理的"道德"的错觉的警醒。而实际上,"苏格拉底的辩证法具有肯定的功能。它导致了对真正共同的东西的重新认同"③,对此,伽达默尔指出,"事实上,道德知识的这种自相矛盾,自行揭示了人的道德经验的自明的基础,这个基础一再地被共同思想"④。

---

① Hans-Georg Gadamer, *Über die Möglichkeit einer Philosophischen Ethik*(1961)*in*:*Kleine Schriften Bd. 1 Tübingen* 1967, S. 184.

② 伽达默尔:《价值伦理学和实践哲学》,严平编选:《伽达默尔集》,邓安庆译,上海:上海远东出版社,1997年,第269—270页。

③ 伽达默尔:《价值伦理学和实践哲学》,严平编选:《伽达默尔集》,邓安庆译,上海:上海远东出版社,1997年,第273页。

④ 伽达默尔:《价值伦理学和实践哲学》,严平编选:《伽达默尔集》,邓安庆译,上海:上海远东出版社,1997年,第270页。

从哲学本体意义上将价值伦理问题视作一种实践哲学问题来讨论,这种"哲学伦理学所着力探究的是所有普遍有效的价值"①,"德性"是规定人们行为的一种道德见识,但这种见识并不出自纯粹的认知性的理论能力,而是源于一种道德的存在规定性的"实践智慧"(Phronesis),"它是对每个决断所要求的处境所做的本源的照亮","它只在具体的情境中证实自己,并总是置身于一个由信念、习惯和价值所构成的活生生的关系之中——即是说,在一个伦理(Ethos)之中"②。伽达默尔并不是简单地就将道德见识等同于一般的理论认识,而是在本质上将伦理之知置于实践之知之中,认为在人们的道德行为中具有一种自然的也是必然的自明性,善与恶、正面与反面只是这种根本性的实践的伦理之知的具体展开和显露,哲学的伦理学思考并不停留于道德见识展开的层面,而是要越过善恶、正面与反面,去思考或者说让伦理之知向我们发生。亚里士多德就有这样一种看法:一切思想的开端,或者说超出具体善恶之上的原则,是溯源到对具体道德规则诸如"这一个"效用之上的那种实践智慧的承认或者说共同的理解。也由此,伽达默尔认为,"在亚里士多德的意义上,实践哲学以一种固定的、包罗万象的伦理形态为前提"③。

晚年伽达默尔在与其学生杜特的一次谈话中,明确指出了其作为实践哲学的价值伦理学不同于传统"应当伦理学"的根本点在于:实践哲学之现实性并不反对规范派伦理学(人的伦理行为总是需要一定规范的),但要反对的是那种对所谓绝对的、不变的伦理规范的执守,即理论矛头是"指向应当伦理学(Sollensethik),因为它忽视了这样一个解释学问题:惟有对总体的具体化才赋予所谓的应当以其确定的内容"④。德国伽达默尔研究学者乌多·蒂茨(Udo Tietz)对此也有过精辟的分析:"哲学诠释学依靠历史和社会环境中非纯粹理性这个纲领,在实践哲学中与伦理学的形式主义进行直接的对抗——这里首先让人想到的当然是康德以及继

---

① 严平编选:《伽达默尔集》,邓安庆等译,上海:上海远东出版社,1997年,第292页。
② 伽达默尔、杜特:《解释学、美学、实践哲学——伽达默尔与杜特对谈录》,金惠敏译,北京:商务印书馆,2005年,第68页。
③ 严平编选:《伽达默尔集》,邓安庆等译,上海:上海远东出版社,1997年,第293页。
④ 伽达默尔、杜特:《解释学、美学、实践哲学——伽达默尔与杜特对谈录》,金惠敏译,北京:商务印书馆,2005年,第74页。

承康德思想的阿佩尔和哈贝马斯的话语伦理学。因为,无论是旧有的还是新的形式主义,都无法胜任社会中实践理性与环境的关联性。"①

总之,伽达默尔在伦理学发展上所走出的"第三条道德"的理论旨意,就在于充分吸收和融合康德与亚里士多德伦理学的思想要素,以解释学实践哲学为基础承续和发展了"哲学的伦理学"。这种哲学的伦理学并不注重研究具体的伦理道德规范,而是要从哲学的高度上探讨价值的本体论问题,尤其是要从实践哲学上去研究人的伦理意识和共同价值是如何发生的,抑或说,事情本身即人与对象的先行的源始关系是如何向我们显现出普遍的价值意识的,这种普遍共同的价值意识又是如何结合于人的行为的具体处境使之得以具体化而确立起行为活动的具体道德规范的。因而,伦理学发展的第三条道路在伽达默尔看来,就是既充分吸收康德的先验的形式主义伦理思想,以避免伦理的经验性,突出伦理的普遍价值意义,这种意义具有普遍性、绝对性、纯粹性、永恒性;另一方面,又积极肯定和吸收来自亚里士多德的实践哲学伦理学思考,将共同性、纯粹性、绝对性的伦理价值与人的具体行为处境结合起来,在处境中确立起伦理价值的普遍性、正当性与合理性,人的具体行为的道德规范便是普遍伦理价值具体化的产物,也唯有实现伦理价值的具体化,伦理价值在人的经验生活中才有现实的有针对性的指导意义。作为第三条道路发展起来的哲学的伦理学,就是要在康德形式伦理思想与亚里士多德实践伦理思考基础上做出新的综合性推进和发展。由此而言,伽达默尔的哲学的伦理学很好地体现了他对解释学的思想路径和方法的根本性意图,即"解释学的问题一般说来就是哲学的根本问题。和实践哲学一样,哲学解释学也超越了或是先验的反思或是经验—实用的知识这种二难选择。我最终懂得将其看作解释学之基本经验的东西,正是对普遍的东西的具体化这一伟大的主题"②。

不难看出,既强调理论的普遍性、共同性又注重其具体化、处境化,这构成伽达默尔整个哲学解释学也包括其哲学的伦理学的一大特色。伽达默尔是在其解释学的实践哲学基础上展开伦理学思考并力图恢复抑或重建哲学的伦理学的,因

---

① 乌多·蒂茨:《伽达默尔》,朱毅译,北京:中国人民大学出版社,2010 年,第 145 页。
② 伽达默尔:《科学时代的理性》,薛华等译,北京:国际文化出版公司,1988 年,第 43 页。

而其伦理学思考的实质也只有在实践哲学上才能得到合理和深刻的说明。实践哲学的现当代复兴就为伦理学的正本清源和重新升温奠定了必要前提和准备,依照伽达默尔的看法,实践哲学的复兴既是内容上的,更是方法观念上的,"这种方法观念将再度重视'伦理学',即为'伦理学'进行一般的辩护,但不是针对价值意识的内容,而是针对在权利和道德中、亦即在伦理中的活生生的社会现实性"①。实践哲学就是"从我们的存在的实践规定性中被提升出来并反过来又作用于实践。它的要求同样是在它所框定的结构中去把握'正确的'伦理"②。

五、 伽达默尔"哲学的伦理学"的当代伦理学意义与实践价值

伽达默尔的"哲学的伦理学"是一种崭新的伦理学,是基于其解释学实践哲学基础上的关于人之存在与行为伦理的哲学性思考,是关于人的以善本身为目的的实践理性反思,要在科学技术化的当代和社会文明中去为人的正当的行为方式确立起"共同的伦理"意识和"正确的伦理"规范,这种伦理学思考表现出其鲜明的理论特点,即要在亚里士多德和康德基础上,建构和发展起伦理学的第三条道路——"哲学的伦理学"。

第一,伽达默尔的伦理学思考及其力图重新接续和构建的"哲学的伦理学"重点不在于对人的行为的具体伦理规范的讨论,故此,很难从严格意义上将伽达默尔归属于具体讨论伦理原则的一般意义上的传统伦理学家。面对当代这样一个完全科学技术化的时代,伽达默尔的伦理学研究是要在其解释学的实践哲学视野和基础上,通过实践理性反思,重新回溯到一切科学知识之前的人与对象的先前关系("生活形式[Lebensform]"[伽达默尔语];或者说"生活世界[Lebenswelt]"[胡塞尔语])的明见性中来,返回到人的普遍的价值意识上来,从而确定起人的存在与行为的"共同的伦理",就此而言,伽达默尔的"哲学的伦理学"无疑是一种现象学的发生学伦理学,它着重于思考和探寻人类的普遍的价值意识和共同的伦理

---

① 严平编选:《伽达默尔集》,邓安庆等译,上海:上海远东出版社,1997 年,第 277 页。
② 严平编选:《伽达默尔集》,邓安庆等译,上海:上海远东出版社,1997 年,第 293 页。

是如何向人们发生和显现的。与此同时,作为一种理论的"哲学的伦理学",伽达默尔的伦理学又是与其实践哲学密不可分的,是一种实践哲学反思的体现和运用,也只有在其实践哲学中方能深刻理解其伦理学思考的性质、诉求及其重大理论和现实意义。伽达默尔特别提醒人们不要将其实践哲学就简单地等同于具体规范的伦理学,"实践哲学之局限于典型的普遍性(这也同样包含着向规范经验的具体性的倒退),在亚里士多德那里通过引用自身所属的东西等等而清楚地暴露出来了"①。"普遍化恰好不是理论中的间距化,在本质上,它从属于道德经验本身的合理性。"②具体伦理规范的思考与规定,总是与实践哲学的普遍性反思分不开的。关键在于这种普遍性,既要理解为与具体伦理规范相联系,"是以一种主导伦理的规范效用为前提并在这种主导伦理中形成的"③,更要理解为与具体伦理规范的区别,"它不是在理论上被意识到的,而是深入到道德意识与选择的具体逻各斯之中的。倘若理性、实践智慧的道德作用被归结为实践的聪明、生活的明智这类功能的话,便是错失了自明性"④。

也就是说,伽达默尔的伦理学是基于其解释学的实践哲学基础所做出的关于人类伦理问题的本质性思考,因而这种伦理学既不同于一般意义的伦理学,也不同于抽象理性的先验的伦理学。它既强调了伦理学意义的普遍超越性,又注重这种伦理哲学意义的具体实现性,即善的普遍的意义只有在人的具体行为境况中才会得以"绽出"、显明和确定。人类作为一个整体是伽达默尔实践哲学思考的承载体,伦理问题则是其实践哲学关于人之存在与行为意义的核心主题表现。在伽达默尔这里,伦理学是其实践哲学运思和实践理性使用的具体性的显现域和构形物,离开实践哲学便失去真正的伦理学本质性思考,因而,其实践哲学与伦理学之间具有内在的本质性联系。但也要特别注意的是,绝不能反过来说,伦理学就是

---

① 伽达默尔:《价值伦理学和实践哲学》,严平编选:《伽达默尔集》,邓安庆译,上海:上海远东出版社,1997年,第275—276页。
② 伽达默尔:《价值伦理学和实践哲学》,严平编选:《伽达默尔集》,邓安庆译,上海:上海远东出版社,1997年,第276页。
③ 伽达默尔:《价值伦理学和实践哲学》,严平编选:《伽达默尔集》,邓安庆译,上海:上海远东出版社,1997年,第276页。
④ 伽达默尔:《价值伦理学和实践哲学》,严平编选:《伽达默尔集》,邓安庆译,上海:上海远东出版社,1997年,第276页。

其实践哲学,因为二者层位相殊,意义不同,本质上,伦理学是人的实践理智、意志目标的具体化。

第二,伽达默尔的"哲学的伦理学"在价值普遍性的思考和构建上,虽然受到了康德伦理学的先验性、形式性和纯粹性的影响,力求从实践哲学的意义上确立起人的普遍价值意识和"共同的伦理",但有一点是明确的,那就是伽达默尔绝无意像康德一样将伦理学置于先验主义基础之上,建构起绝对的、先验的伦理学,因为在伽达默尔看来,这种先验主义伦理学完全陷入了一种先验的或者说与人的具体行为经验无关的情形之中,它所造成和带来的是伦理学与人的具体行为之境况的脱节,人的价值普遍性的思考无法真正得以发生和实现。伽达默尔要做的是,吸收和继承亚里士多德的伦理学思考方式,并将康德形式主义道路和亚里士多德实践性道路这二者结合、互补起来,既在实践理性反思中确定价值和道德意识的普遍性和共同性,又在人的具体行为或者说伦理经验中使这种伦理普遍性得以发生、显现和明确。伽达默尔指出,"当康德使启蒙运动的道德哲学的明智要求及其令人蛊惑的理性傲慢破灭之际,他也使实践理性的无条件性脱离了人的本性的一切条件性并表达在其先验的纯粹性中,亚里士多德则相反地把人的生活处境的有条件性置于中心,作为哲学伦理学乃至伦理行为的中心任务,描绘出了普遍东西的具体化和对具体处境的应用"①。

毫无疑问,就康德将伦理思考从不纯粹性的、充满道德的和功用的动机之"令人厌恶的混杂"的伦理经验中揭示开来、摆脱出来,是具有无限的功劳的,但事情的另一面是,这种伦理学未能从觉察人之行为经验的有条件性而上升到肯定人的理性运用同样是有条件的。而与此不同,亚里士多德的伦理学则使人们看到了"只有我们见识的有条件性才是普遍地——在不涉及(这个词非常意义上的)决断,而只涉及更好的选择(实践智慧)的所有地方——没有错误和没有局限的"。② 在伽达默尔看来,伦理便是实践理性的一种具体化,因而,"哲学的伦理学"要反对的并不是"规范伦理学",而是基于解释学上的洞见——"我们的理解和价

---

① 伽达默尔:《论一门哲学伦理学的可能性》,邓安庆译,《世界哲学》2007 年第 3 期,第 64 页。
② 伽达默尔:《论一门哲学伦理学的可能性》,邓安庆译,《世界哲学》2007 年第 3 期,第 64 页。

值对各个世界前理解的依赖性"①——对所谓存在的绝对的、无条件的"应当伦理学"②持批判态度。因为与先验的、绝对的"应当伦理学"不同,规范伦理是实践哲学的具体性表现,它"在规范价值的'这一个'(Daß)这里的出发点——它赋予实践哲学的亚里士多德基础以整体性与确凿无疑的普遍有效性——也只能在'实践哲学'的前提下合理地证明"③。

第三,伽达默尔的"哲学的伦理学"是与其解释学的理解的本体论思考相联系的,在根本上体现出来的是一种存在论意义上的伦理学,是在本体论层面即人的存在和行为的理性反思之实践哲学的整体性上考查了伦理价值问题。文本和一切存在的事物乃至世界的意义就存在于人们的理解和解释之中,理解构成了被理解的事物存在本身,存在论问题本质上就是一个解释学的问题。与此同时,在伽达默尔看来,解释学的理解、解释与应用三要素是相互一致和内在统一的,并且应用要素总是本质性的、核心性的,它从一开始就整个地规定了理解活动。伽达默尔指出:"在亚里士多德的伦理(ethos)和逻各斯(logos)的统一中找到了它的原型。亚里士多德把这种统一当作实践哲学、尤其是实践理性的善的主题。"④这就是说,关于世界存在和人的存在与行为意义的理解又是统一的,人的存在和行为意义的理解总是与对世界意义的存在论思考相联系的,反之,世界的存在论意义理解也一定会蕴含于人们对行为实践的普遍的价值意识和伦理思考之中。质言之,伽达默尔的伦理学是基于其解释学实践哲学基础上的存在论伦理学。正是基于现代解释学基础,伽达默尔充分阐述了伦理价值的理解性性质,它是普遍性的理性反思,又是其具体处境或情境的具体化,自然具有其历史性、变化性和条件性,这种伦理学也是一种哲学的或者说解释学的伦理学。人们的理解和解释是无限开放的,总是处于某种"解释学情境"之中的,表现的是一种"效果历史意识"产

---

① 乌多·蒂茨:《伽达默尔》,朱毅译,北京:中国人民大学出版社,2010年,第151页。

② 当杜特询问实践哲学之现实性的著述矛头是否就是指向规范派伦理学时,伽达默尔明确地指出是指向"应当伦理学"(Sollensethik),因为在他看来,"这种伦理学忽视了这样一个解释学问题:惟有对总体的具体化才赋予所谓的应当以其确定的内容。"伽达默尔、杜特:《解释学、美学、实践哲学——伽达默尔与杜特对谈录》,金惠敏译,北京:商务印书馆,2005年,第74页。

③ 伽达默尔:《价值伦理学和实践哲学》,严平编选:《伽达默尔集》,邓安庆译,上海:上海远东出版社,1997年,第275页。

④ 伽达默尔:《科学时代的理性》,薛华等译,北京:国际文化出版公司,1988年,第42页。

物,因此,人的伦理思考的价值意识和道德规则的普遍性在伦理经验的表现中并不会为我们构成一种绝对不变的行为规则和"应当伦理学",其伦理规范的普遍性和意义一定是与行为之具体处境相联系并得以体现的。如同亚里士多德所坚持认为的那样,人的存在是有条件性的,因而关于人的存在意义的理性思考及其价值伦理学也一定是有条件性的。这意味着,哲学的伦理学思考是无限的、开放的,而不是固定的、不变的、不可置疑的,"一种哲学的伦理学,在此形态中不仅明白它自身的可疑性,而且正是这种可疑性成为它的本质内容,在我看来仅仅这一点满足了伦理的无条件性"①。

　　第四,实践哲学可以理解为伽达默尔的"第一哲学",哲学伦理学则是其第一哲学的核心性向度。人们之所以能够全身心地投身于理论研究,是因为此种研究总是以"实践知识"为前提,即以把理性引入人的行动和举止中的知识为前提。"建筑于人的生活实践领域之上的理论的求知欲问题具有决定性的意义。在所有理论的阐释之前,我们总是设定了一个前提,即一切人都献身于一种确定内容的理智理想"②,这种理智理想就是实践哲学的理想,不仅对精神科学、社会科学,对自然科学也都是有效的,因为在理智概念中的实践的普遍性,把我们全部包容起来了,也就是说,人的一切活动,包括解释活动以及一切知识活动等,都融于实践哲学的整体性之中,对此,伽达默尔宣称,"理性要求正确应用我们的知识和能力——这种应用同时又总是从属于对我们都起作用的共同目标。这种目标的共同性开始渐渐地包容了整个人类。如果做到了这一点,这其实就是作为应用理论的解释学。这就是:把一般和个别结合起来,这就是一项哲学的中心任务。它不仅是在理论的一般知识和实践的知识之间进行中介,而且是衡量我们对于共同目标的设定,这种目标是我们自己的文化和整个人类的文化所承担着的。因此,解释学(既作为存在论意义上的哲学解释学,也作为实践哲学意义上的解释学——引者)就贯串于人类自我理解的一切因素之中,而并非仅仅存在于科学之中"③。正因此,从这个意义上说,伦理学问题根本上也就是一种实践哲学的伦理学。

---

① 伽达默尔:《论一门哲学伦理学的可能性》,邓安庆译,《世界哲学》2007 年第 3 期,第 65 页。
② 伽达默尔:《赞美理论——伽达默尔选集》,夏镇平译,上海:上海三联书店,1988 年,第 72 页。
③ 伽达默尔:《赞美理论——伽达默尔选集》,夏镇平译,上海:上海三联书店,1988 年,第 72—73 页。

五、结语

伽达默尔的伦理学思考无意于去讨论具体伦理规范，而是要在解释学的实践哲学中去研究价值伦理的普遍性及其应用问题，接续和重建的是一种"哲学的伦理学"，其现实的目的和意义在于对一切科学技术化和"科学技术几乎控制人类所有生活"的现当代人类存在状况予以反思和批判，以求人们重新恢复实践理性反思的作用和力量，激发人们重建哲学的普遍的价值意识，追求"共同的伦理"，不断地创造善，"现在，一种有生命力的伦理的统一性——这种伦理赋予实践理性的内容——在伦理的、民族和历史的多元主义时代中"[①]。也因为只有如此，人类所陷入的科技控制和支配一切的文明现状才会得以改变，人文精神与人文价值也才会因恢复实践理性反思而得以接续和重建，否则，人类的未来堪忧无望。对这样一个时代，伽达默尔认为，我们"既不能从中得出道德怀疑主义的合法性，也不能从中得出在政治权力实施视野下的意见形成的技术操纵手法的合法性"[②]，而是要从一个时代的哲学的存在论意义上来看待伦理的价值普遍性及其具体运用之必要性和合法性。

人们要充分意识到，相对于追求人类普遍性和共同性的实践理性而言，我们每一个人或者说任何具体化的伦理经验都是有问题的，都是值得反思和批判的，只有实践理性的共同性才为真正的伦理思考确立起普遍性并成为人们努力为之辩护和守持的真正对象。"我们大家作为人，相互地对于我们自己和我们自己的实践理性，都是有罪的。"[③]这是说，相对于出自实践理性的伦理普遍性，人类的具体伦理经验都是有限的、有条件的，也是有问题的，人总是生活于作为"本质机制"的家庭、社会、国家之中，因此人的具体伦理要求和规范总是变化不定的，也无法明确宣称；一切出于人及其共同生活的形式到底能够变成什么，人的伦理规范必

---

① 伽达默尔：《价值伦理学和实践哲学》，严平编选：《伽达默尔集》，邓安庆译，上海：上海远东出版社，1997年，第276页。
② 伽达默尔：《论一门哲学伦理学的可能性》，邓安庆译，《世界哲学》2007年第3期，第64页。
③ 伽达默尔：《价值伦理学和实践哲学》，严平编选：《伽达默尔集》，邓安庆译，上海：上海远东出版社，1997年，第279页。

须是什么,这都不可能绝对地确定,但伽达默尔以一种哲学家的担当鲜明地指出,"这却不是说,一切都是可能的,一切都能够如强权者所意愿的那样,随便地和任意地被调整和确定。存在一种自然的正当"①。于此,正是亚里士多德的作为实践哲学的伦理学提供了一种重要启发和思路,也给予了我们时代以希望和乐观,"亚里士多德通过伦理的和政治的存在为一切伦理知识的有条件性找到了在与柏拉图共同分享的信念中相反的内容:存在的秩序足够有力地为人的所有迷惑设立一种边界。在所有的扭曲之中理念保持得坚不可摧"②。

伽达默尔认为,解释学的实践哲学"是哲学,这意味着,它是一种反思,或者更精确地说,它是一种对于人类社会和生活形式所必须是什么的反思"③。在他看来,"建筑于人的生活实践领域之上的理论的求知欲问题具有决定性的意义。在所有理论的阐释之前,我们总是设定了一个前提,即一切人都献身于一种确定内容的理智理想"④。并且,作为理智或理论的实践哲学是有普遍性的,这种普遍性能够把我们所有知识和活动包容于其中。

亚里士多德认为,"一切技术、一切研究以及一切实践和选择,都以某种善为目标,因而,万物都是向善的"⑤,伽达默尔同样认为,"实践科学涉及了人类生活中的善这个包罗万象的问题"⑥。我们这个时代,不仅需要去认识善、追求善,而且要去创造善,在很大程度上,解释学的实践哲学正是于此更为彰显其意义。在伽达默尔看来,"无论如何,还是可以自问:就我们的多元的世界社会而言,难道不能够从那些只对于人类之间的一致性有效的普遍性中得到那个我们称之为人之本性的东西,以及康德在其《道德形而上学》中允诺其呈现差异的责任学说吗? 一种将来的世界文化是否会成功? 人类的道德概念和道德秩序是否能摆脱一切间距和相对性而凝集成一个共同的伦理? 整个人类的未来在此道路上是否能够摆脱经

---

① 伽达默尔:《论一门哲学伦理学的可能性》,邓安庆译,《世界哲学》2007年第3期,第65页。
② 伽达默尔:《论一门哲学伦理学的可能性》,邓安庆译,《世界哲学》2007年第3期,第65页。
③ Gadamer, *The Philosophy of Hans-Georg Gadamer*, *the library of living philosophers*, *volume xxiv*, edited by Lewis Edwin Hahn, Open Court, 1997, p. 57.
④ 伽达默尔:《赞美理论——伽达默尔选集》,夏镇平译,上海:上海三联书店,1988年,第72页。
⑤ 亚里士多德:《尼各马科伦理学》,苗力田译,北京:中国社会科学出版社,1999年,第1页。
⑥ 伽达默尔:《科学时代的理性》,薛华等译,北京:国际文化出版公司,1988年,第104页。

济的危机和原子战争的危险？这些都尚未确定。但是，十分明显，只是对于实践哲学来说，才有可能再次在各种不同的见识——规范意识以及在每一种这样的意识中的具体化——之间由协调而产生普遍有效性。只有这样，实践哲学才可能恢复其往日的尊严：不只是去认识善，而且还要共同创造善"①。这一大段发问，与其说是伽达默尔对自己的发问，不如说是他对所有人的发问；与其说是他对所有哲学任务的现实性呼吁，不如说，就是其解释学实践哲学当代使命的宣示。

显然，伽达默尔是一位以"哲学表达西方命运"的哲学家，他表现出了对人类科学技术化时代问题的焦虑和担忧，也对重新恢复、重建实践理性的解释学实践哲学亦是其哲学伦理学的本质和社会责任提出了鲜明的主张——认识和创造人类的善的"共同的伦理"。我国解释学研究专家薛华先生就认为，伽达默尔的诠释学，不只言知，而且言行，不只言行，而且言知行；不只言真，而且言善，不只言善，而且言真善②。伽达默尔指出，实践正在指导着人，并在团结中活动，团结是决定性条件和全部社会理性的基础，"真正的团结、真实的共同体应该实现"③。伽达默尔还不无深意地说，"人类乘坐着一叶舢板，我们必须掌好舵，以使它免遭触礁之险。这一信念将与日俱增"④。正因此，在我看来，伽达默尔的哲学解释学，与其说是一种理解理论的，毋宁说更是理解实践的，质言之，就是哲学的伦理学的，它是一种关于人类存在实践和命运的共同伦理何以可能的伟大思考。

伽达默尔于 2002 年逝世，当时《法兰克福汇报》发表了一篇悼念文章，称他是"德国教授家族古典风范的最后体现"。可以说，伽达默尔是一位深具古风的、有着强烈人类命运思考和责任感的传统人文哲学家，人类共同体的危机和当代命运是其整个实践哲学整体性关照的理论目的和现实诉求。失去以"善"本身为目的的实践哲学的伦理学思考，是当代哲学乃至社会文明的最大问题或危机，伽达默尔正是通过其解释学的实践哲学，在"哲学的伦理学"的意义上，深刻揭示出人类

---

① 伽达默尔：《价值伦理学和实践哲学》，严平编选：《伽达默尔集》，邓安庆译，上海：上海远东出版社，1997年，第 277 页。

② 薛华：《诠释学与伦理学》，《学术研究》2007 年第 10 期，第 15 页。

③ 伽达默尔：《科学时代的理性》，薛华等译，北京：国际文化出版公司，1988 年，第 71 页。

④ 伽达默尔、杜特：《解释学、美学、实践哲学——伽达默尔与杜特对谈录》，金惠敏译，北京：商务印书馆，2005 年，第 72 页。

伦理的共同价值意识的发生问题,并在完成和实现亚里士多德实践哲学伦理学与康德纯粹理性先验主义伦理学相互结合的伦理学发展的第三条道路上,指出了既具有实践理性普遍性和绝对规定性、又具有结合于人的具体行为活动的处境性、有条件性的一种"哲学的伦理学"对于我们扭转西方哲学和伦理学发展方向以及对于人类当代文明发展的重大意义。这种重大意义就在于重新将人的一切科学知识、活动包括理解和解释活动置于实践哲学的、关于人的存在和行为意义反思的整体性共同性思考中来:人如何真正存在和应当怎样行为的实践哲学的伦理学将成为真正的"第一哲学",它在历经两千多年传统的形而上学哲学和知识论哲学之后,将在人的实际生命经验活动中,具体而现实性地焕发生机,并保持有未来哲学的无限思想空间和不竭生命力。

应用与实践智慧
——道德普遍性例外难题及其诠释学解决

傅永军

山东大学中国诠释学研究中心暨哲学与社会发展学院

陈太明

山东财经大学马克思主义学院

引言

在伦理学发展史上，康德用"绝对命令"的严苛性、非语境性维护了道德意识的纯洁性，也同时维护了道德之崇高地位和由此而来的人之尊严。康德基于摒弃禀赋的善良意志而证成的道德原则在其积极意义之外，也为以道德知识普遍性为诉求的伦理学志向留下一道难题：道德规范的认知上的普遍性与应用上的特殊性之间的矛盾——道德普遍性例外。毫无疑问，作为指导人应当如何行事、如何调节人与人之间行为期待的道德，它不能回避普遍性问题，这是道德得以确立其地位并发挥作用的关键所在；但另一方面，道德毕竟与特定的道德情境密切关联，它必然是行动者在一定情境约束下所做出的特殊道德举止。为了与道德的日常直觉相契合，康德所留下的这种张力关系之解决必然是绕不开的问题。然而康德理论的一以贯之特征决定了这是其必然结论，例外问题在他那里也仅仅是道德意识因为恶的倾向所导致的矛盾冲突，它发挥在冲突中磨砺道德意志并显示其纯粹性的特殊处境。所以该问题的答案显然无法在康德以独白理性为基础的道德理论内部获得，或者说康德伦理学根本上就是排斥道德普遍性例外的。换言之，通过康德绝对命令检验的道德规范，在任何时候、任何语境下都是普遍适用也应该被行动者无条件遵循的。除此之外，康德似乎还有一个问题未表述清楚，即当以知识形态存在的道德规范进入日常道德实践而被语境特征限制，并与其他同样具有知识特征的道德规范出现竞争关系时，往往出现另一种认知与应用上的不一致。更为关键的是，这种不一致并未被背负普遍性论证负担的行动者排斥，而是在一定意义上被接受为合道德的行为(譬如"不应撒谎"在特殊情境下被违背)。面对该问题或困境,对话伦理学①在当代思想交锋中,形成了哈贝马斯在反思自己道德理论时提出的以"证立(justification)"和"应用(application)"关系为中心问题的学术场域。

　　需要着重指出的是,此中心问题得以揭示而成为对话伦理学的一个主题,显然是基于伽达默尔哲学诠释学对应用问题的重新发现,这一点哈贝马斯和君特(Klaus Günther)均有明确表述②。基于这一层考量,笔者将站在康德伦理学普遍主义立场上,运用诠释学应用概念之于普遍与特殊的相关关系纠正被误解的应用意涵,并探讨加入应用考量的道德哲学在何种意义上具有普遍性内涵。简言之,以证立与应用关系为表征的道德普遍性例外在何种意义上能够通过复归哲学诠释学应用意识而获得合法性解释,是本文所拟解决的问题。

一、 道德普遍性例外的两种诠释路径及其问题

　　如前所述,道德普遍性例外表现为道德认知普遍性和应用特殊性之间的矛盾,这个矛盾在对话伦理学中被揭橥为"证立"与"应用"间的张力关系。为了更好地将问题呈现出来,有必要对相关争论进行归结。概而言之,对该问题具有自我反省意识并进行深入讨论者可分为三派:以君特为代表的分离派;以哈贝马斯为代表的联系派;以及以伽达默尔为代表的同一派。但不管归属于哪个派别,有一点毋庸置疑,那就是都将诠释学意识尤其是应用意识作为解决张力关系的钥匙。

---

① 笔者这里指的对话伦理学是一个较为笼统的概念,并不特指某个哲学家的伦理学思想,虽然不同哲学家对该理论取向的伦理学在具体名称之使用上有所区别,但是围绕着语言的主体间性特征为伦理学奠定"你—我"结构是其共同诉求。照此理解,对话伦理学这种伦理学形态,在当代至少包括了伽达默尔、阿佩尔、哈贝马斯、君特、韦尔默等人的伦理思想。

② 哈贝马斯明确说过:"应用性商谈受诠释学洞见的影响,在这里,适当的规范在语境的突出特征下获得了具体意义,同时,语境反过来也根据存在于规范中的特殊条件而被表述。"(Habermas, *Justification and Application*: *Remarks on Discourse Ethics*, trans., Ciaran Cronin, Cambridge, Mass.: The MIT Press, 1994, pp. 37 - 38.)君特亦在其著作中以"应用理解:诠释学"为题专门辟出章节讨论诠释学意识对于道德规范之应用的启发意义。(Klaus Günther, *The Sense of Appropriateness*: *Application Discourse in Morality and Law*, trans., John Farrell, New York: State University of New York Press, 1993, pp. 190 - 202.)

基于讨论需要,笔者在这部分将首先探析君特和哈贝马斯的观点:前者认为证立与应用是两个平行领域,各有各的逻辑;后者认为证立与应用两者并不分立而是存在联系,证立在逻辑上先于应用。

1. 依据君特,道德规范的证立与应用在道德论证中同等重要,前者属于证立性商谈范畴,后者属于应用性商谈范畴,康德在日常道德直觉中遭遇尴尬的原因在于道德规范的应用层面被绝对命令边缘化。规范证立和规范应用归属不同的道德商谈(对话)形式:对于一个具有普遍约束力的规范之证立,这意味着基于公开辩护理由的论证效力;对于一个在特定道德情境中被实际遵循的规范之应用,"则涉及考察它是否以及如何与该情境相契合"[1]。道德规范的证立仅仅涉及这一规范是否能得到合理理由的支撑从而获得知识上的应然有效性,而规范的应用则只是涉及该道德规范是否能够适当地运用于某个道德情境。以绝对命令为例,康德的绝对命令在证立意义上发挥的是元规范作用,它只是检验具体道德规范是否具有可普遍化特征的至高原则,只要道德行动者能够愿意该准则成为普遍法则,便可以脱离一切语境限制而是普遍的。但是在实际道德语境中,即使是通过绝对命令检验的道德规范,也仍然存在发生矛盾冲突的可能,这就需要道德规范的应用性商谈予以解释。依君特所见,如果说证立性商谈的知识原则是可普遍化(universalization)原则,那么应用性商谈的可应用性原则就是适当性(appropriateness)原则。这一原则的特异性在于,它是在考量规范与情境之间的关系与相关情境所涉规范间的关系这种双重关系中确立何者被行动者选择为道德指导规范的。由此,证立不存在应用维度,应用不考虑证立维度,如其所言:"证立性商谈必然排除规范冲突这个属性,也必然没有情境依赖这个维度。"[2]对于道德规范的证立来说,它可以也必须突破一切语境限制,并保证论证上的知识效力。但是对于道德规范之应用来说,则需审慎衡量特定道德情境中的事实及其相互关系,因为道德规范的证立不能穷尽与情境相关的所有事实,也不可能提前预知该

① Klaus Günther, *The Sense of Appropriateness*: *Application Discourse in Morality and Law*, trans., John Farrell, New York: State University of New York Press, 1993, p. 11.

② Klaus Günther, *The Sense of Appropriateness*: *Application Discourse in Morality and Law*, trans., John Farrell, New York: State University of New York Press, 1993, p. 239.

情境中的规范冲突。

2. 哈贝马斯同样意识到规范应用所显示出的道德普遍性例外之合理性,也赞同君特用应用概念指涉这一问题以及借此对自己伦理学思想的批评。如有学者正确指出的,"形式的道德原则必须能够有历史—社会的落实……哈伯玛斯(哈贝马斯——引者)发现他的对话伦理学的规范奠基,会有在历史的真实语境中不具有被普遍遵循的可应用性问题"①。哈贝马斯为此专门写了《证立与应用》一书作为对君特理论的回应和接续。众所周知,在伦理学上最为哈贝马斯带来盛名的是他承继康德传统,用基于语言的主体间性之"你—我"对话结构代替"我"的独白式言说来为道德原则奠定根基,从而将绝对命令改造为普遍化原则(U 原则)②,正是这一原则的证立性质在君特的应用性商谈之讨论中变得可疑。哈贝马斯承认自己的 U 原则与康德绝对命令一样忽略了道德规范的应用向度,加入这一思考向度的道德规范应该在证立知识的普遍有效性与应用语境中的具体有效性之间做出区分。道德有效性在这里被分成两个维度:"一个是有效的规范所获得的所有潜在的受影响者的理性推动的一致意见,一个是对能在所有可能情况中应用的规范秩序的一致意见。"③前者追问的是"我应该做什么?",后者追问的则是"在特定语境下什么是正确的行为方式?"。依据哈贝马斯,这两个问题并非如君特所言是截然分立的,相反前者乃是后者的基础。因为按照君特的适当性原则考量,其必然需要在证立意义上综合各种具有家族相似特征的典型情境,而这一点应用性商谈并不足以胜任。另一方面,相似性情境是社会历史性呈现的,其内部事实不断更新变化,在此意义上适当性原则发挥与普遍化原则相似的检验和甄别任务并背负

---

① 林远泽:《论霍耐特的承认理论与做为社会病理学诊断的批判理论》,《哲学与文化》2016 年第 4 期,第 15 页。

② 哈贝马斯对 U 原则的表述:"规范的所有关涉方,都能够接受为了满足每一个人的利益而普遍遵守该规范所产生的结果和副作用,并且他们更愿意接受这样的结果,而不是其他规则选择的可能性。"(Habermas, *Moral Consciousness and Communicative Action*, trans., Christian Lenhardt and Shierry Weber Nicholsen, Cambridge, Mass.: The MIT Press, 1995, p. 120.)U 原则归属于道德规范证立范畴,它要解决的就是我们此前提到的脱离一切语境的认知意义上的道德普遍性问题。

③ Habermas, *Justification and Application: Remarks on Discourse Ethics*, trans., Ciaran Cronin, Cambridge, Mass.: The MIT Press, 1994, p. 36.

论证负担,即"在应用性商谈里,适当性原则承担了证立性商谈中普遍化原则的功能"①。故此,哈贝马斯虽然承认君特的重要发现,但是在哈贝马斯那里,证立是应用的基础,应用是伴随证立而来的另一个层面。

哈贝马斯与君特在证立与应用问题上显然观点有异,但不管是君特将证立与应用分而论之,还是哈贝马斯将证立视为应用之基础的观点,都未能对道德普遍性例外这一日常道德直觉之合理性给出令人信服的论证。虽然哈贝马斯把应用建立在证立基础上似乎注意到道德情境对于道德行为的制约作用,但根本上以证立为基础的普遍化原则仍然还在抽象追求道德知识的普遍化,这与其试图解决理论困境而引入的诠释学应用观念背道而驰。道德语境的历史特征表明,没有哪一个道德情境是对现存道德规范体系的简单选择和被动服从。相反,道德规范的应用情境可以是不断出现的带有相似性但又有特殊事实的历史情境,也可以是从未出现过的未知情境,这些新情境显然并不为证立和应用所提前预知。证立与应用的分立或联系实际上走向了对道德普遍性例外的自我否定。现在看来,要想为之提供合理性说明,剩下的只有一种方式,那就是从本体论角度论证证立与应用的同一性,这就需要我们回到诠释学意识对应用问题的重新发现,以恢复被哈贝马斯和君特误解的诠释学应用意识在道德普遍性例外上的展现方式。

二、 诠释学应用问题的重新发现及其启示

道德普遍性例外严格来说具有两种矛盾表现,一种是获得证立的道德规范在不涉及冲突的道德语境中不被遵循,一种是在存在规范冲突的语境中哪种规范具有优先性。这两者都与对话伦理学中的证立与应用的张力关系有关,也可以说与伦理学中的知行矛盾有关。通俗地讲,前者面对的质疑是具备道德的知识却不做道德的行为,后者面对的质疑是有道德的知识又有做道德行为的意愿却不知按哪个规范行事。现在的问题是,不论君特赋予证立与应用二者以分立关系还是哈贝

---

① Habermas, *Justification and Application*: *Remarks on Discourse Ethics*, trans., Ciaran Cronin, Cambridge, Mass.: The MIT Press, 1994, p. 37.

马斯将两者建立起关联,都未能解决道德普遍性例外的合理性难题。还有一种可能是诠释学提供的,即构建证立与应用的同一性关系来弥合两者,这一点是伽达默尔哲学诠释学有关理解何以可能的理论(证立)向实践哲学(应用)转换的合理性所在,也是我们可以将这一意识运用于解决道德普遍性例外的起点。

　　道德普遍性例外同时指涉普遍性与特殊性的张力关系,这是哲学诠释学同样关心的问题,"如果诠释学问题的真正关键在于同一个流传物必定总是以不同的方式被理解,那么,从逻辑上看,这个问题就是关于普遍东西和特殊东西的关系的问题。因此,理解乃是把某种普遍东西应用于某个个别具体情况的特殊事例"①。伽达默尔这里的意思很明确,诠释学的研究对象是人对历史流传物的理解活动,理解活动基于人的历史境遇受前理解结构的限制,所以任何的理解都是理解者在具体情况中进行的特殊理解。可以说,在道德领域,这种特殊境况的理解对应的便是道德普遍性例外。隐含在道德普遍性例外中的普遍性与特殊性间的冲突之解决关键,在于作为诠释学的理解究竟如何看待与证立相对的应用,二者构成一种怎样的关系。道德规范应用向度的遗忘导致普遍性和特殊性之间出现矛盾,诠释学作为从本体论诠释理解的哲学理论总是内在地蕴含着"把理解的本文应用于解释者的目前境况"②这一任务,而理解现象始终涉及将具有普遍意义的原始本文应用到具体境况中这一应用事实。原始本文向理解者提出理解要求,理解者处在不同的语境下进行理解和解释,"那么它一定要在任何时候,即在任何具体境况里,以不同的方式重新被理解。理解在这里总已经是一种应用"③。按照康德的绝对命令,道德规范的证立也即理解目标在于通过该命令的检验以证成在任何语境下都应毫无例外地被遵循的道德规范,这种证立具有逻辑上的先在性,即证立需要脱离一切经验干扰去追求适用于一切境况的普遍道德知识。因而,康德主义伦理学都具有道德知识的先验性取向,行动者在已经获得证立的道德规范引导下应用道德知识。

　　但哲学诠释学的理解概念所证成的证立与应用却并不如此看待道德知识。

---

① 伽达默尔:《真理与方法》,洪汉鼎译,上海:上海译文出版社,2004 年,第 404 页。
② 伽达默尔:《真理与方法》,洪汉鼎译,上海:上海译文出版社,2004 年,第 399 页。
③ 伽达默尔:《真理与方法》,洪汉鼎译,上海:上海译文出版社,2004 年,第 400 页。

理解与应用是一体两面的关系,因为理解本来就是一种应用,或者说是受应用制约的理解。对经过诠释学理解观念改造的道德知识来说,"道德知识决不能具有某种可学知识的先在性"①,这种知识一旦在近代知识论意义上被否定,对知识的理解就会违背道德的实践本性,"只要伦理学被理解为普遍化的知识,他就会出现因道德法则而引发的道德可疑性"②。换言之,道德知识在本性上就不是只关注证立、并将应用视为随之而来的知识使用于具体情况的这种自然科学的知识意义,而是将道德知识视为"它包含完满的应用,并且在所与情况的直接性中去证明它的知识。所以它是一种完成道德认识的具体情况知识,然而也是一种不被感官所看见的知识"③。显然,按照诠释学理解的道德知识,首先着眼于道德规范的具体应用语境,而这也决定了行动者不是在道德的对面去观看道德知识,即不是作为道德知识的观察者和发现者去论证道德知识,而是作为知识的参与者和承担者共同创造道德知识。对于绝对命令来说,重要的根本不是用证立方式演绎出普遍化的命令形式,而是命令执行者也即道德自我服从命令并依其而行才称之为命令。当经由纯粹理性证立的绝对命令发出时,这意味着该绝对命令需要应用到它所要应用的具体道德语境。因为道德命令作为被理解的本文,不是一种被感观或理性客观观察或揭示的东西,命令之被理解为道德命令正在于,其意义在理解者那里被现实实现出来。正因如此,必然存在命令的被遵守和被拒绝这两种情况,但是不论是被遵守还是拒绝都意味着命令获得了理解。理解命令之人在理解活动之下实际参与了意义的创造性活动。绝对命令也在这个层面上被有意义地理解和解释,并受理解者应用语境的制约而在其本文意义之外产生了一层适用于特殊语境的意义理解。如果绝对命令停留在证立层面,那么它就仅仅是孤立的、没有获得理解的空疏本文,一旦理解者通过自身传统的理解限制赋予其空洞形式以在语境中实现的内容,从而产生出实际道德效果,绝对命令才能作为命令而具有道德意义,这也就是伽达默尔所说的道德"知识不是匿名真理的集合,而是人的一种行

---

① 伽达默尔:《真理与方法》,洪汉鼎译,上海:上海译文出版社,2004 年,第 416 页。
② Gadamer, *Hermeneutics*, *Religion*, *and Ethics*, trans., Joel Weinsheimer, Yale University, 1999, p. 21.
③ 伽达默尔:《真理与方法》,洪汉鼎译,上海:上海译文出版社,2004 年,第 417 页。

为举动"①。这样,依据诠释学的应用意识,道德知识的应用就不复是哈贝马斯所理解的经过理论证立所获得的与事实具有间距的知识,而是在本体论意义上证立与应用便本然统一在一起,这便是道德知识理解的普遍性与特殊性关系。道德知识由此回归到道德的行动本性,道德作为实践活动重新指向了人的现实具体的活动,这个活动在诠释学视野下属于理解与应用之范畴。

另外,道德普遍性例外还指涉道德历史性和社会性问题,这一点也是康德与哈贝马斯遭受批评的核心。理解在哲学诠释学那里具有历史性特征的论证恰恰回应了该问题,理解总是在历史中的理解,这与证立的非历史性特征形成鲜明对照。关于证立与诠释学理解的历史性差异我们可以从以下两个方面做出简单区分:首先,两者对待传统或前见的态度是不同的。证立之所以为证立就在于它破除了一切对我们的理解产生影响的因素,比如情感、利益、风俗、生活方式等。证立之普遍性保障恰恰在于它希望将这些对我们的道德规范论证产生影响、从而妨碍获得客观性结果的因素都排除出道德证立实践。康德在论证其道德形而上学思想时明确地将经验而来的禀赋清除出道德领域,也就是道德哲学之作为形而上学必须是纯粹的,"这种形而上学必须谨慎地清除一切经验的东西"②,正是通过这种方式,康德保证了善良意志不受任何经验影响而表现出纯粹的道德内涵,也从而保证了绝对命令仅仅是出于道德理由而被尊为普遍的。哈贝马斯的商谈伦理学虽然意图改变康德的证立模式(U原则加入相关者利益之考量),但是他仍然假定了一个有绝对证立能力的、被抽象掉一切经验因素的交往者角色,以此保证道德原则的可普遍化特征。而伽达默尔诠释学的理解将经验性因素看作理解者无法清除的背景性前提,"自主的道德理性确实有仅用理智理解的自我决定特征,但这并不排除这样的事实,即人类的行动和决定受经验限制"③,理解者总是在他所归属的那个特殊的语境中带有前见地进行理解。其次,两者对待语言的态度也存

---

① Gadamer, *Hermeneutics*, *Religion*, *and Ethics*, trans., Joel Weinsheimer, Yale University, 1999, p. 18.

② 康德:《道德形而上学原理》,苗力田译,上海:上海人民出版社,2005年,第3页。

③ Gadamer, *Hermeneutics*, *Religion*, *and Ethics*, trans., Joel Weinsheimer, Yale University, 1999, p. 25.

在差别。道德规范的证立在现代语言学转向影响下,从康德的独白式证立转换成对话式证立。通过回归语言的沟通本性发现语言交往中蕴含的有效性要求为道德规范提供了合理性说明。为了使对话式证立在一种不受前见干扰的状态下进行,哈贝马斯的商谈伦理学假定了一种理想的言谈环境,该环境中商谈参与者始终以达至共识为唯一目的,需要摒弃源自商谈者的特殊经验背景、搁置前见以为道德规范找到那个被参与者共同接受的有效性要求。与此相似,诠释学的应用意识最终证成的也是一种基于对话中"你—我"结构的对话式伦理学,并同样将理解的基础归结为语言。但与作为证立理解的对话式论证不同,伽达默尔认为理解总是在语言中进行的理解,但语言发展是一个在历史中不断得以创造的过程,语言的时间性伴随着语言创造过程也丰富着语言表达,因而这种基础上展开的理解必然不是在假设性的、并且没有任何现实可能性的理想环境中进行对话。

总之,诠释学的理解在于其本性上包含应用,应用是理解的题中之义。正是因为这个原因,道德普遍性例外的例外向度获得了在本体论上证立与应用一体两面的同一性结构。证立与应用更像是雅努斯的两副面孔,它们归属于同一个体却在不同角度得以展现,并不能把二者单独出来加以运用,"对理解经验的高度理论认知与理解实践也同样是不可分割的"①。理解含义上的道德知识绝不是现代科学中将理论视为实践指导而具有在先性的这样一种理论性知识,因而其在逻辑上与时间上亦不具有优先性,"应用不是理解现象的一个随后的和偶然的成分,而是从一开始就整个地规定了理解活动"②。经过纯粹化和理想化处理的证立与涉及语境的应用之间天然存在矛盾,而这种矛盾的天然性又必然预示将一种事先理解的普遍东西应用于随后的实际境况这样一层非诠释学意识的应用理解。准确地说,道德规范证立本来就是一种应用,"奠基问题具有应用问题的特征;道德商谈关注的是道德的应用,不管是具体社会问题领域还是个体行动的情境"③,它是受应用引导和制约的证立,甚至反过来说应用也就是一种证立同样成立。职是之

---

① 伽达默尔:《科学时代的理性》,薛华等译,北京:国际文化出版公司,1988 年,第 99 页。

② 伽达默尔:《真理与方法》,洪汉鼎译,上海:上海译文出版社,2004 年,第 420 页。

③ Wellmer, "Ethics and Dialogue: Elements of Moral Judgement in Kant and Discourse", in Albrecht Wellmer, *The Persistence of Modernity*: *Essays on Aesthetics*, *Ethics and Postmodernism*, trans., David Midgley, Cambridge, Mass.: The MIT Press, 1991, pp. 113 - 231、p. 205.

故,诠释学的理解能合理解释道德普遍性例外的原因就在于它本性上包含应用,诠释学的任务则在于思考被理解者那里存在的普遍共同性,以及理解这种共同性必须面对并应用于不断变迁的历史境况中的特殊性关系。目前为止,我们的问题似乎已经论证清楚,但是还有一个问题需要进一步说明,那就是当应用作为历史—社会的限制因素引入以说明例外的特殊性时,道德的普遍性如何保障? 找出这种诠释学理解不会导致相对主义的理据,是接下来需要回答的问题。

三、 面向应用的道德何以是普遍的

丹麦学者 P. 肯普曾经发表过一篇题为《解释学和伦理学的冲突》的论文,文章认为伦理学与诠释学天然存在矛盾,因为"一个要捍卫人自身和个人的权利,另一个则要捍卫言语、语境或含义的完整性"①。肯普的具体论证姑且不论,但其确实提出了诠释学不能回避的一个问题,即理解的相对主义。对于道德哲学来说,就像上一部分已经论证过的,道德普遍性例外问题通过回归诠释学意识而获得了合理性,尤其是伽达默尔对于诠释学应用问题的观点,更是使由道德普遍性例外所分离出来的证立与应用间的张力关系得以消弭。道德不再是先验意义上的绝对知识,而是一种非抽象的行动。哲学诠释学的理解即应用理论重新回到了道德的行动本质中,当然,仍然会有人怀疑对诠释学意识的回归会导致过分强调特殊性而走向道德相对主义。这种担忧并非全无道理,就像肯普合理揭示的,现代道德的道德自我理解是个体化的,它基于对整体化的伦理概念与个体化的道德概念之区分来为道德知识的普遍性进行辩护。伽达默尔在《真理与方法》中通过讨论亚里士多德的实践智慧概念为诠释学应用意识提供范例这点毫无疑问地表明,伽达默尔是在伦理实体中发现伦理学的普遍意义的。但有一点也同样明确,伽达默尔把亚里士多德和康德视为伦理学上同属一脉且具互补关系方能使伦理学走出困境的"哲学伦理学"。而且,伽达默尔在回答杜特是否将自己的矛头指向规范伦理学时,也只是说规范伦理学"忽视了这样一个解释学问题: 惟有对总体的具体化才

---

① P. 肯普:《解释学和伦理学的冲突》,林雨译,《哲学译丛》1987 年第 2 期,第 41 页。

赋予所谓的应当以其确定的内容"①。可以说,诠释学并不站在道德普遍性的对立面,作应用解释的理解活动并未导向对道德相对主义的承认,而是相反,它依然有理由去维护道德普遍性。伽达默尔明确说过:"理解也是作为一种道德知识德行的变形而被引入的,因为在这里不是关系到要去行动的我本身。所以'Synesis'(理解)明确地指道德判断的能力。显然,只有当我们在判断中置身于某人借以行动的整个具体情况中时,我们才赞扬某人的理解。"②哲学诠释学借用亚里士多德伦理学作为理解范例去证明理解是指向实践的一种应用活动,它关注的核心并不是行动者所具有的那些内在品性,也无意建立指导道德行动的规范体系,而是着眼于基于品性抑或规范所导向的道德行动。对道德本文的理解恰恰指的是在诸多情况下对所涉事实和所涉规范进行甄别、比较和选择的能力。在诠释学意识下理解的道德"立足点是社会生活,我们生活于由习俗、信念、价值理念所构成的鲜活的关系之中,实践哲学就是对社会生活的关系之反思"③。这种反思虽然以特殊化的生活关系为对象,也尤其强调这种特殊性前理解结构的性质,但这不代表诠释学排斥用知识去规定道德这一普遍化诉求。

将知识与道德联系起来而强调道德的普遍属性,似乎具有脱离诠释学证立与应用的同一性的风险,因为伽达默尔曾明确说过诠释学意识并不研讨道德知识④。但诠释学并非如伽达默尔所言不研讨道德知识,准确地理解应该是,诠释学是在一种独属于精神科学真理观规导下来探讨道德知识的。伽达默尔只是不单纯在证立层面上讨论道德知识,也不单纯在方法论上探讨道德知识的普遍性诉求,或者说伽达默尔所谓的道德知识应该是受诠释学应用问题重新发现、制约的道德知识。受诠释学应用问题引导的道德知识仍然有普遍性诉求,关于这一点,兹尝试在诠释学视域内提供以下三种理由。

首先,道德意识的普遍性。道德知识的普遍性首要在于道德意识的普遍性。

---

① 伽达默尔、杜特:《解释学、美学、实践哲学:伽达默尔与杜特对谈录》,金惠敏译,北京:商务印书馆,2005年,第74页。
② 伽达默尔:《真理与方法》,洪汉鼎译,上海:上海译文出版社,2004年,第419页。
③ 潘德荣:《"德行"与诠释》,《中国社会科学》2017年第6期。
④ 参见伽达默尔:《真理与方法》,洪汉鼎译,上海:上海译文出版社,2004年,第405页。

这种普遍性保障康德是通过善良意志完成并通过自由获得保障的。伽达默尔则从道德历史发展的本性出发为之提供理由，认为人之所以构建出道德就在于人对自身自然规定之本性的反叛或突破，从而确立起人之为人的精神特质。人类通过教化而实现这一成就，理论性的教化使得我们从具体语境中超脱出来以寻求那种超越历史的普遍性来获得间距性知识，但实践教化则将我们提升为一个对自我有整体性认知并加以精神化诠释的存在者，诚如伽达默尔所言："向普遍性的提升并不是局限于理论性的教化，而且一般来说，它不仅仅是指一种与实践活动相对立的理论活动，而是在总体上维护人类理性的本质规定。人类教化的一般本质就是使自身成为一个普遍的精神存在。"①以实践智慧为根基并把人生在世的属人活动归入其中的道德行动在其本性上就具有普遍性诉求，它通过精神教化将人超拔于那些自然规定性，把人标示为一种道德的存在，这种道德存在应该是具有普遍性自觉且是理性的。只是经由道德教化而得到普遍提升的人之道德决定直接面对的是具体道德语境，"作出道德决定的任务正是在具体情况下作出正当行为的任务"②，这一点也是实践普遍性区别于理论普遍性的核心所在，但不具有理论知识形态并不是否定其普遍性的理由，在教化意义的精神提升层面上，道德意识同样排斥相对主义。

其次，道德知识是一种有别于逻各斯式知识的普遍知识。亚里士多德对于理性在道德知识中的作用的研究表明，道德知识并不是一种可以脱离人的现实存在方式而被理性单独规定的东西，恰恰相反，它是被人的存在方式规定并反过来对其进行规定的知识。诚如伽达默尔所言："道德知识并不是在勇敢、正义等概念的普遍性中，而是在其具体应用中决定了根据这种知识什么是在此时此地应该做的。"③然而，被如此界定的知识乍看上去似乎是排斥道德的知识化取向也即排斥普遍性的，伽达默尔也意识到了这个问题，他提问道："现在的问题在于，是否能够有这样一种关于人的道德存在的理论知识，以及知识（即'逻各斯'）对人的道德存

---

① 伽达默尔：《真理与方法》，洪汉鼎译，上海：上海译文出版社，2004 年，第 14 页。
② 伽达默尔：《真理与方法》，洪汉鼎译，上海：上海译文出版社，2004 年，第 410 页。
③ Gadamer, *Hermeneutics, Religion, and Ethics*, trans. , Joel Weinsheimer, Yale University, 1999, p. 29.

在究竟起什么作用。"①道德知识不是一种逻各斯的知识,也就是说它并不是在道德的对立面去关照道德知识,而是以参与者的身份实现道德知识,同时道德知识总是在特殊情况中表达和发现自身。从否定的角度来说,一种无法在具体情况中获得应用的道德知识本身是无用和无意义的,单纯以逻各斯方式进行自我表述的道德知识本身就是一种自我否定。证立理论建立在合理性理论基础上,"它从一开始就与实践应用相对立。在这一特定方式下,书本和生活之间必然存在对立"②。书本代表的是证立,生活代表的应用,但否定这种对立即否定逻各斯式的道德知识不代表必然放弃普遍性诉求。

最后,也是最重要的,道德知识的普遍性乃是行为方式的普遍性。为了凸显这一点,我们简单构建一个康德主义伦理学的行动图式:

$$原则(principle) \rightarrow 规范(norm) \rightarrow 行为方式(way\ of\ act)$$

按照康德主义伦理学,道德行为在道德规范的规导下实现出来,规范因为其自身所包含的实质内容而无法提前构筑一个完整的规范体系,所以为了保证道德的普遍性和强制力,康德通过理性自我设定的方式揭示出绝对命令这一检验原则。绝对命令不是具体道德规范,它不包含任何具体内容,毋宁说只是从方法和程序上证明了道德的不可避免性。然而,原则的至高性虽然保证了道德的普遍性特征,却与道德行为之落实产生矛盾。道德知识总是要面对不同的道德情境,因此道德规范之应用也无时无刻不表现出明显的历史性和社会性特征。风俗习惯在不断演变,价值观念在不断更迭,对某种道德行为善恶与否的评价亦随着理解者所处的时代条件而被以各种不同方式进行理解。很明显,面对这一生活事实,诠释学意识下的道德知识普遍性已经排除了理论知识意义上的道德真理观,更不是如哈贝马斯所论证的那样认为道德知识具有类似于自然科学真理观那样的有效性而使自身获得可证立基础。道德知识之普遍性只能是基于语境之规范选择

---

① 伽达默尔:《真理与方法》,洪汉鼎译,上海:上海译文出版社,2004 年,第 405 页。

② Gadamer, *Hermeneutics*, *Religion*, *and Ethics*, trans. , Joel Weinsheimer, Yale University, 1999, p. 19.

的普遍性,这种普遍性关注的不是道德知识的超语境化的可证立性特征,而是在相同语境下的相同道德行为的普遍性,也即行为方式的普遍性。伽达默尔认为,"实践哲学的对象不仅是那些永恒变化的境况以及那种因其规则性和普遍性而被上升到知识高度的行为模式,而且这种有关典型结构的可传授的知识具有所谓的真正知识的特征,即它可以被反复运用于具体的境况之中(技术或技能的情况也总是如此)。因此,实践哲学当然是一种'科学',一种可传授的、具有普遍意义的知识"①。所以,诠释学意识下的道德普遍性是以特殊性为导向的、具有知识可重复特性的普遍性。该普遍性不在于传统意义上我们归之于自然科学的合理性基础,"实践知识从其本性上来说与行动相关。这一事实提供了一种非对称性的解释,当且仅当它在一种特殊方式下被理解。因为它与行动有关,社会世界中的受历史影响的事情应该如何的知识,与客观世界的事情事实上如何的知识是不同的"②。总之,诠释学意识下的道德知识是一种具有普遍性意识和普遍性特征的德行知识。它关注的只是在诸多给定的、具有普遍意义的、特殊道德情境中的一般道德选择及由此而来的可普遍化的道德行动方式。这种知识关键在于它区别于动物基于纯粹自然本能而表现出的行为普遍性,而以人的自由选择作为其普遍性根基。

四、结论

通过诠释学应用意识之回归,道德普遍性例外之证立与应用对峙关系得到解答,也为之做出了说明。应用意识实际上回到了亚里士多德的古典智慧,也即在这里不再存在近代关于理论与实践二元分裂的道德陷阱,也不存在与应当的对立困境。更为重要的是,这样一种对话伦理学并不因此否定道德的知识性特征,从而未将自己引入道德相对主义,并通过将道德认知上的普遍性转换为行为方式的普遍性,从一种弱的意义上保障了道德的行为定向。需要着重指出的是,从对哲

---

① 伽达默尔:《科学时代的理性》,薛华等译,北京:国际文化出版公司,1988 年,第 81 页。

② Habermas, *Justification and Application*: *Remarks on Discourse Ethics*, trans., Ciaran Cronin, Cambridge, Mass.: The MIT Press, 1994, p. 38.

学伦理学之可能性的论述中,伽达默尔的伦理学理论更偏向于亚里士多德主义的伦理学。但我们的立场与此不同,我们是站在康德规范伦理学角度解决对话伦理学所招致的与对康德同样的批评。伽达默尔诠释学并未否认康德形式主义伦理学之价值,而是试图勾连二者、共同构筑符合现代道德理解的伦理学说明。就康德伦理学来说,其价值有二:其一,保护道德决断的纯洁性。它告诉我们道德乃是与禀赋对立而彰显自己的理性形式;其二,在此基础上内化为一种内在强制力。概言之,康德绝对命令的价值在于彰显道德之崇高和严肃,而诠释学应用则在被康德用来检视道德是否纯洁的冲突中发现道德的本真存在。回到我们曾经提到的"不应该撒谎(N1)"的例子。如果 N1 只是在不存在规范冲突的语境中不被遵守,那按照诠释学应用意识,道德是在行动中显现自身,未表现出受 N1 规导的道德行为方式,其根本无所谓知识;如果 N1 是在规范冲突语境中,比如存在跟"不应该戕害生命(N2)"之冲突,就需要因应语境决定遵循何种规范而行,同时在同样情形下表现出同样的行为方式来获得可传授之道德知识的普遍性。所以,经由向诠释学应用意识回归的对话伦理学之规范结构应该是"N1,除非存在 N2"。这里,"除非"后面所跟从的事实就是应用包含的语境限制,也是受 N1 指导的普遍行为方式是否显现的制约语境,反之亦然。关键是,我们是在理解本论上看待其应用指向,而不是将之作为随之而来的规范使用看待。用颇具诠释学意味的话说,道德真理和道德语境相互规定而显现出普遍性并在此过程中创生道德知识。

作为实践哲学的解释学
——论伽达默尔的实践哲学

邵 华

华中科技大学哲学学院

解释学是一门古老的学问,在一般的意义上,它是关于理解和解释的理论,在历史上具有不同的形态。传统的解释学被认为是关于文本的解释和阐释的技艺,与语法学、修辞学、辩证法等有着密切联系,其应用领域主要包括对《圣经》、古典文学、法律的解释。19 世纪以来解释学逐渐普遍化、哲学化,施莱尔马赫提出普遍解释学,狄尔泰将解释学作为精神科学方法论,到了 20 世纪,海德格尔、伽达默尔从存在论高度发展出哲学解释学或解释学哲学。在伽达默尔的哲学解释学中我们发现他非常关注解释和实践哲学的关系。他的哲学解释学思想的形成受到了早年实践哲学研究的影响,而他在晚年又进一步发展了自己的具有解释学色彩的实践哲学,明确提出了"解释学是哲学,而且作为哲学是实践哲学"①。伽达默尔所说的实践哲学是指以亚里士多德为代表的古典实践哲学传统,这一传统随着 18 世纪以来诸多现代伦理政治理论的兴起而逐渐式微。伽达默尔可以看成 20 世纪复兴古典实践哲学传统的代表人物之一,他对于实践哲学理论的性质、特点、作用以及与解释学的关系等问题有许多精辟的洞见。

一、 实践哲学的理论特性

亚里士多德在《形而上学》第六卷中曾将一切科学(episteme)分为三个部分:

---

① Gadamer：*Reason in the Age of Science*，Frederick G. Lawrence（trans.），Cambridge，Mass.：The MIT Press，1981，p.111.

理论的、实践的和制作的。在古代,科学一词的含义较宽泛,泛指运用论证而成为学说的知识,一直到 18 世纪也是如此,而作为一切科学女王的哲学是最高的科学。亚里士多德对三类科学知识的划分被后人视为区分了三种哲学:理论哲学研究永恒不变的原因,包括物理学、数学和神学(第一哲学);实践哲学研究变动不居的人事,包括伦理学和政治学;制作哲学是与技艺有关的实用性科学,如诗学。实践(praxis)一词在亚里士多德的著作中有不同的使用方式和内涵:在最广泛的意义上它用来表示一切生物的活动,这既适用于人也适用于动物;其次它可以泛指人的活动,既包括伦理、政治活动,也包括制作、沉思等活动;在他的实践哲学著作中实践的含义最狭窄,特指人的交往活动,局限于伦理政治领域,与制作、沉思不同。在亚里士多德之前,苏格拉底、柏拉图等哲学家已经有不少关于伦理政治问题的讨论,但这种讨论是和其他知识的讨论混杂在一起的,而亚里士多德建立了一套完整的学科体系,首次将实践哲学作为一个独立的学科门类提出来,就此而言,他可以看成实践哲学的创立者。在他的实践哲学中伦理学和政治学是统一的,前者追求个体的善,后者追求群体的善,群体的善高于并包括了个体的善,因而伦理学构成政治学的一部分并成为其起点。可以说实践哲学在亚里士多德那里成为一门独立的、关于人的生活的哲学。

伽达默尔对实践哲学和实践的看法受到亚里士多德的深刻影响,基本上可以看成对他的现代诠释。在伽达默尔看来,实践表达了最广泛意义上生物的行为模式,是生物之生命的实现。实践一方面体现了生命的能动性,另一方面又受到客观环境和条件的制约,具有处境性特点。每种生物都有特定的实践和生活方式,但人和动物又有着根本的区别,这就是亚里士多德所强调的,人具有自由选择(prohairesis)的特征。因此人的生活方式不像其他生物一样被自然固定,人的实践活动也不是受内在本能支配的纯粹自然的行为模式。亚里士多德认为,自由选择就是在诸多事物中选取更好的东西,只有拥有理性的动物才有自由选择,非理性的生物有欲望和感情而没有自由选择。"自由选择这个名词就包含了逻各斯和思想,它的意思就是先于别的而选取某一事物。"①自由选择是人独有的特性,它意

---

① 亚里士多德:《尼各马可伦理学》,廖申白译注,北京:商务印书馆 2003 年,第 67 页。译文有改动。

味着人能在可能的选项中有意识地选择此物而非彼物,而自由选择主要在于区分善恶,即获得善的东西而避开恶的东西。在亚里士多德那里"自由选择"概念显然是褒义的,特指合乎理性的、好的选择,因而这种选择与实践中的理智德性—实践智慧(phronesis)相关。据此,伽达默尔认为"实践的真正基础构成人的核心和本质特征,亦即人并非受本能驱使,而是有理性地过自己的生活。从人的本质中得出的基本美德就是引导他'实践'的合理性(Vernünftigkeit)。对此希腊语的表述是 Phronesis(实践智慧)"①。

在伽达默尔看来,古代并没有理论(theoria)和实践(praxis)的对立,理论作为生命的沉思活动甚至被作为最高贵的实践;与实践相对立的毋宁说是制作活动。制作是奴隶或自由民从事的工作,它为城邦生活提供了经济基础,但希腊思想家包括亚里士多德都贬低这种活动,因为物质生产是为了满足人的物质需要而不得不从事的活动,并非一种自由的、配得上人的尊严的活动方式。实践则是人的自我实现的活动,属于自由的生活,它意味着从生存需要中解放出来。真正的自由人是摆脱了物质需要之强制的公民,他们能在生产活动之外从事与伦理政治有关的事务,并在其中追求美德,实现良善的生活,少数人还能从事哲学思考。无论是从事伦理政治实践还是进行哲学的理论思考,都是自由的活动,奴隶是被排除在外的,因而亚里士多德在实践哲学中将实践概念应用于城邦的自由民阶层。制作活动中的技艺性知识不属于实践知识,实践哲学也不涉及可学的专家技能和技术,"它只涉及每一个体作为公民所应有的东西,以及构成他的德性或卓越的东西。因此实践哲学需要将人类具有自由选择的特征提升到反思意识层面上"②。

人的技能技术仅限于某些特定领域,只是为了人类生活某一方面的善,如医术为了健康,建筑术为了居住,而人们在实践活动中追求的善则关系到生活整体,一个有实践智慧的人应是善于考虑对个人或国家总体上好或有益的人。因此,实践哲学不像技术那样仅限于某些特定领域,而是要和生活中包容一切的善的问题

---

① 《伽达默尔全集》第 2 卷,第 324 页。本文所引《伽达默尔全集》根据十卷本 Gadamer：Gesammelte Werke, Tübingen：J. C. B. Mohr (Paul Siebeck),其中第 1、2 卷的译文根据洪汉鼎先生的中译本(《诠释学Ⅰ：真理与方法》和《诠释学Ⅱ：真理与方法》,北京：商务印书馆,2007 年),个别地方根据德文版修改,页码指德文版页码,可根据中文版边码查找。下引《伽达默尔全集》简写为 GW,并注明卷号和页码。

② Gadamer：*Reason in the Age of Science*, p. 92.

打交道,如什么是最好的生活方式,什么是最好的国家制度。另一个方面,实践哲学所关涉的善是属人的、实践的善,而不是本体论或形而上学意义上的善。亚里士多德正是通过对柏拉图善的理念的批判而建立起实践哲学,实践哲学有其自身的立足点,而不是作为理论哲学的特殊样式。实践哲学这个术语也表明它不打算对实践问题进行某种宇宙论、本体论或形而上学的论证。可见实践哲学的科学特性依赖于特殊条件,具有一种特别的合法性。

　　虽然亚里士多德相对于理论哲学,提出了独立的实践哲学,但其实他对实践哲学的科学理论特征的认识是模糊的。他是根据对象领域而非科学方法特性的区别来划分哲学的,他的一般方法原理是方法依对象而定。物理学的对象是根据自我运动来规定的,生产的产品是根据生产者的知识和能力而规定的,实践活动的对象则是根据实践者及其知识而规定的。然而实践哲学并不同于实践生活中具体的实践知识,它作为科学是关于普遍的东西的知识,比如具有规则性的各种行为模式,而且是可以教授的,可以说实践哲学是对实践生活及其包含的实践知识的反思而建立的一套实践的理论。另一方面,亚里士多德提出实践哲学不仅要认识善,也要有助于善。伽达默尔也认为"实践哲学的这种反思必须仍然根据内在必然性提出要求:不仅要认识什么是善,而且要有助于善"①。就此而言,实践哲学不同于理论哲学,而是和制作哲学相近,它们都以实际应用为导向的,而不是满足于纯粹的认知。实践哲学的普遍知识能够成为知识仅仅在于其能够运用于具体处境中。然而,并没有预先给予的普遍知识可以以不变的形式应用到每种情况,因为实践依赖于具体处境,实践者要回应具体处境的要求。当我们选择某物时,我们要凭借自己的知识说明选择的理由,指出选择与善的联系。这种指导我们行为的实践知识是我们选择的具体处境所要求的,它并不像可习得的技术那样让我们免于考虑和决定的责任。也正因为如此,定位于实践知识的实践哲学既不同于理论哲学,也不同于专家技能,而是一种特殊类型的科学。伽达默尔认为,亚里士多德并没有明确区分现实活动中的实践知识与研究它的实践哲学:"显然在他看来不言而喻的是,在这些领域中普遍的知识根本不会提出任何独立的要求,

———————————

① GW, Bd. 7, S. 386.

而总是包含有转用到个别情况的具体运用。"①也就是说实践哲学所阐述的普遍知识并不具有独立性，而总是要应用到具体处境中，转化为具体的实践知识。

实践哲学的应用和技术知识的应用是不同的，它要回应具体处境的要求，将普遍知识具体化，因而这种应用过程需要人自由选择并承担责任。此外，技术要完成什么任务是由外部权威规定的，它本身并不对目的进行反思。学习实践哲学不是为了掌握一门生活技能，而是要反思目的本身，认识什么是我们要追求的善。实践哲学对我们生活的指导不是技术性的，而是范导性的。它通过从哲学高度反思什么是好的生活，如何追求好的生活，生活的目的和规范是什么，引导我们追求、实现良善的生活，这就不同于一般的教人为人处世的生活技艺之学。亚里士多德曾把伦理学的作用比作射箭时用的瞄准器，它虽然不能保证你能射中目标，但至少能帮助你射中目标。"亚里士多德充分地意识到，实践哲学只能追随对知识和自我理解的冲动——这种冲动总是已经活动于人的行为和决定中——并且把模糊的直觉提升到更大的清晰性中，如同通过瞄准一个目标（《尼各马可伦理学》A1，1093a23f.），或者通过对某个已知目标的更精确的分析（《优台谟伦理学》A2，1214B11）帮助射手射击。"②

实践哲学的作用也类似地被康德认识到。康德不同意卢梭过于强调自然的道德意识和良知而反对道德理论构造。虽然自然的道德意识能够认识、选择善和责任，但也具有含混性、模糊性，人容易受到引诱而偏离道德的严格性和纯粹性。在《道德形而上学的奠基》中他从日常的道德观念引出道德法则，先天的道德原则以模糊的方式存在于人们的朴素的道德意识中，与经验原则和感性动机混杂在一起。伦理学可以用纯粹概念的形式将其表达出来，使人们对于道德原则的来源和正确的规定有清楚的了解，这就有助于人们明确地坚持道德原则，抵制受感性偏好影响下的理智诡辩。伽达默尔赞同康德的观点，也认为"伦理学并非只描述有效的规范，而且也证明这些规范的效用，甚或制定更为正确的规范"③。

马太·法斯特指出，伽达默尔对实践哲学的刻画将实践哲学规定为有关实践

① GW, Bd. 2, S. 303.

② GW, Bd. 7, S. 387.

③ GW, Bd. 2, S. 304.

的、描述性的、普遍东西的表达,以及对于实践的、规定性的、普遍东西的表达,这种表达总是植根于实践应用的经验中。① 可见,伽达默尔并不赞同当代伦理学中的反理论主义的态度,虽然人们在一般的生活中就能培养实践智慧,具有朴素的道德知识,并能够进行道德选择,但实践哲学自有其作用和意义。它通过对日常实践知识的反思、提炼、系统化,形成可以传授的普遍知识;对实践哲学的学习有助于澄清我们的实践规范和善的目标,从而指导我们的实践活动;实践哲学虽然不是实践智慧,但它有助于实践智慧的培养和实行。实践哲学"必须来自实践本身,并且用一切带向清楚意识的典型概括,回到实践中去"②,可以说,实践哲学的普遍认知和日常的实践知识之间具有相互作用的关系。这种普遍知识来自实践知识,但它本身并没有独立性,而是要应用到具体事例上,对实践知识产生澄清和修正的作用。实践哲学并不能取代具体环境中个体的合理性的决定,也并不比后者更优越。

实践哲学既来源于实践,也反作用于实践,它要求学习者和教授者都保持和实践的密切联系,因而实践哲学有其前提和条件,正是这造成了它的科学性的疑难。"我认为,对于人类生活实践这一领域的整个理论求知欲问题而言,具有决定性意义的东西在于:在一切理论说明之前,我们已经预先假定了一切人先行献身于某种具有确定内容的合理性理想。一种带有内容前提的科学!我认为这里产生出实践哲学置身其中的真正科学理论疑难。"③实践哲学要求学习者和研究者已经生活在社会生活中,受到社会规范的规定。当然这些社会规范也会受到批判和改变,然而我们不可能抽象地推导出规范观念,以科学的正确性来建立起有效性。伽达默尔和亚里士多德、康德一样认为人类生活中已经有了合理性的规范,并不需要理论家另外去创立一套规范体系,进而要求改造社会,让人们服从抽象的理论。理论家需要的只是去澄清我们的道德意识,在这个过程中也包含着对现实的批判。"道德现象的本质标志之一显然就是,行动者必须认识自身和决定自身,并

① Mattew Foster: *Gadamer and Practical Philosophy*: *The Hermeneutics of Moral Confidence*, Atlanta, Georgia: Scholars Press, p. 187.

② Gadamer: *Reason in the Age of Science*, p. 92.

③ GW, Bd. 2, S. 326.

且不能够让任何东西从他那里夺走它们。所以,对于一种哲学伦理学的正确开端来说具有决定性的东西乃是,这种伦理学决不侵占道德意识的位置,然而它并不追求一种纯粹理论的、'历史的'知识,而是通过对现象的概略性澄清帮助道德意识达到对于自身的清晰性。"①因此伽达默尔反对以一种科学的客观性来建立实践哲学,实践哲学要求的科学概念有其特殊性,"这里要求的是这样一种科学概念,这种概念不承认不相干(不参与)的旁观者的理想,而是力图联系一切人的共同性的意识取代这种理想"②。

实践哲学不像理论哲学或现代科学那样要求研究者超越现实生活,达到旁观者的不偏不倚的立场、追求知识客观性,而是以学习者、研究者参与社会生活、分有社会的合理性理想为前提,因而这种哲学处于实际的条件之下。而且实践哲学本身要介入现实生活,有助于人类实现良善生活,因而具有价值倾向性。亚里士多德曾指出,要学习实践哲学,必须受过教育,参与到伦理生活中,具有一定的合理性能力,否则难免学一套做一套,学到的就只是空洞的字句,也不能有助于生活的改善。因此,实践哲学必须立足于人的有限的历史存在。实践的领域不是永恒的、必然性的领域,而是变化的、或然性的领域。实践哲学并不追求科学的客观性和确定性,而是能够随着实践的发展而发展。实践哲学研究不同于传统理论哲学那样要求无限理智,而是要根据我们有限的生活经验。"实践哲学的典范必须取代理论(Theoria)的地位,这种'理论'的本体论证明唯有在'无限理智'(intellectus infinitus)中才能找到,而与启示无关的我们的此在经验则对此一无所知。"③

二、 解释学与实践哲学的关系

实践哲学和实践的关系对于我们认识解释学的理论特征也有启发意义。解释学不仅仅是解释的理论,而总是要将各种解释手段和方法的思考运用于解释实践中。早期解释学不是纯粹理论教科书,而是一种实践指南,这种解释学属于亚

---

① GW, Bd. 1, S. 318.

② GW, Bd. 2, S. 317.

③ GW, Bd. 2, S. 500.

里士多德所说的技艺之学，它具有直接的实用的目的，即帮助人们理解不好懂的文本。但伽达默尔认为，当解释学实践涉及规范文本（normative Texte）——如《圣经》、法律文本或文学典范时，单纯解释技艺就不能胜任，因为解释涉及神学信仰、法律理想、文学典范性等问题，这就超出了将解释学作为一种技艺之学的看法，"它不仅是有关一种技术的纯粹的学问，更是实践哲学的近邻。它分有对实践哲学而言本质性的自我关涉（reference to self）"①，正如实践哲学不是抽象的理论认识，而是要对学习者的生活实践发挥作用，因而具有自我关涉性。解释学不仅要克服时间距离造成的文本陌生化，理解文本说了些什么，更重要的是将我们和文本所属的传统联系起来，反思我们自己的生存问题。解释学不只是解释文本，而且让文本对我们说话，使文本对我们有意义和价值。解释学的任务毋宁说是占有旧的传统，吸取适合我们自己的东西，不仅理解作者说过什么，而且要使作者的说法重新回到生活中。

　　伽达默尔发展的哲学解释学之所以不同于传统的解释学，就在于他强调我们理解的真理性，这种真理性不是指客观地还原文本的原义，而是指理解内容对于我们的现实意义。为此他总是强调解释学处境的作用。解释学处境是我们与传承物相关联的处境，这种解释学处境使得理解成为可能；解释学处境也是实践性的，他经常谈到"理解的实践处境""理解的实践经验"，正是实践处境使我们的理解具有前见。海德格尔提出了理解的前结构，并将其作为我们理解的前提条件。伽达默尔继承了他的观点，认为前见是我们一切理解的必要条件，构成了我们理解的视域，这个视域也是在实践中不断变化的。没有过去，就没有现在的视域，而理解是视域融合的过程。由此，伽达默尔提出了效果历史原则，理解被视为一种效果历史的事件。效果历史突出了作品在历史上的效果，而我们总是受到效果历史的影响。效果历史意识首先就是解释学处境意识，它能让我们自觉到视域融合的过程。对于效果历史意识而言，存在于一切理解中的应用问题就成为解释学的中心问题。

　　传统解释学将解释学过程分为理解和解释，新教解释学代表人物兰巴赫加进

---

① Gadamer：*Reason in the Age of Science*，p. 97.

了第三个因素:"应用"。一般认为在理解出现麻烦和阻碍时就需要解释(比如遇到疑难字句或缺少相关的背景知识),所以解释是在偶然情况下出现的。在浪漫派解释学施莱尔马赫那里,理解具有普遍性,哪里有理解哪里就需要解释,理解从不是直接的,而总是要通过解释,理解和解释不可分,应用则是随后出现的,不属于解释学的范围。伽达默尔则进一步强调理解、解释、应用的三者统一。他认为解释者本身具有历史所规定的处境和前见,人的理解和解释总是相关于这种具体的处境和前见,因而总是包含着应用因素,即使应用不是解释者有意识的目的:"应用不是理解现象的一个随后的和偶然的成分,而是从一开始就整个地规定了理解活动。"①

　　应用问题可以说是联系解释学和实践哲学的纽带。伽达默尔在《真理与方法》中借用亚里士多德对实践智慧和道德知识的阐述来分析理解的应用结构。正如实践者要把道德知识运用到具体的情况中,从而涉及对道德知识的重新解释,解释者要把流传的文本应用于自身的解释学处境,发现它对我们呈现出来的意义。正如道德知识不能与人的伦理存在相脱离,并且需要根据具体情况把它实现出来,理解只有在解释者的解释学视域中才能发生,因而受到解释者前见的规定。道德知识和理解知识都不是单纯抽象的知识,而是都含有应用的要求,应用不是指预先给出的普遍之物对特殊情况的关系,而是体现了普遍和特殊相互规定的关系,"应用不是还原性的(reductive),而是创造性的,因为它不是单向度的"②。

　　就区别于技艺学说而言,哲学解释学是古老实践哲学传统的继承者。实践哲学强调实践理论知识对具体实践活动的应用,这种应用是非技术化的,是对普遍的善的知识的具体化,而哲学解释学强调将历史流传物应用于现在的具体处境所获得的意义,因而超越了理解的方法论。由于解释学具有普遍性,理解的结构也可运用于实践过程,实践过程本身就渗透着解释学的要素,因而也是一个实践的理解过程。对于实践知识就如同对流传物一样要求理解、解释和应用这三要素的内在统一。在应用中普遍的实践知识要回应具体情况的要求,通过重新解释转化

---

① GW, Bd. 1, S. 329.

② Joel C. Weinsheimer: *Gadamer's Hermeneutics*, New Haven: Yale University Press, 1985, p. 192.

为具体的实践洞见,这就需要实践智慧,"实践智慧并不存在于它的应用之前,而只是在应用里或从应用出发去认识"①。

无论是实践哲学还是解释学,都以人的生活世界为基础。在理解经验中起作用的是人的历史性的实践活动,理解的历史性因而被伽达默尔提升为解释学的基本原则。他的解释学的基本观念,如解释学循环、解释学处境、前见、视域融合、应用等都是突出了理解活动与实践的生活世界的关联。伽达默尔认为理解如同行动一样从来不是简单地应用规则,而是自由的活动,具有一定的冒险性。成功的理解意味着我们自己获得了新的经验,我们的内在意识得以增长。理解总是具有指导兴趣和问题意识的,其确定性程度不如自然科学,但它以自己的方式拓展人的视野、经验和自我认识。正如实践哲学不是要制定实践的方法和规则,而是对实践生活的阐明,同样哲学解释学不是一种关于解释的程序和技术的学说,不是规定人们应该怎样去理解,而是描述正确理解是怎么样的,反思它的可能性条件。当然这种反思在非技术的意义上也能对我们的正确理解产生范导作用。哲学解释学像实践哲学一样,承认自己的条件性,同时对未来保持着开放。哲学解释学不赞同自然科学的客观性理想,但赞同实践哲学的"参与"理想,它要求理解者和理解对象有一种先行关系,并通过理解对象来扩展和深化自我理解。哲学解释学为精神科学研究奠定了存在论基础,将其从科学的客观主义模式中解放出来,对此实践哲学传统提供了很好的借鉴。

对于实践哲学和解释学理论特征的相似性,伽达默尔谈道:"实践哲学是哲学,这就是说,它是一种反思,并且是对人类生活形式所必须是什么的反思。在同样的意义上可以说哲学解释学也并非理解的艺术,而是理解艺术的理论。但这种种唤起意识的形式(Form von Bewußtmachung)都来自实践,离开了实践就将是纯粹的虚无。"②实践哲学和哲学解释学都基于人类的实践,它们不过是"唤起意识的形式",其最终任务是反思我们生存于其中的生活世界,使我们达到一种自觉,深化我们的自我理解。因此,伽达默尔说:"实践哲学的伟大传统继续存活在一种

---

① 让·格朗丹:《诠释学真理?—论伽达默尔的真理概念》,洪汉鼎译,北京:商务印书馆,2015 年,第 246 页。
② GW, Bd. 2, S. 23.

认识到它的哲学内涵的解释学当中。"①这种致力于理解人类实践生活的哲学解释学也就是我们这个时代的实践哲学。

三、　对实践合理性的反思

伽达默尔对实践的思考虽然深受古典实践哲学的影响,但他立足的是当代生活,针对的是当代的实践问题。毕竟古代和今天的实践处境以及对实践的理解已经发生了巨大改变。古代的理论(theoria)是对世界秩序的静观,具有至高无上的地位,而在现代实证科学成为理论的典范,实践成为科学的应用,这种实践概念与古代的制作及其技艺更接近;古代没有理论和实践的对立,而现代科学及其应用则会产生对立;在古代实践知识高于技艺知识,一切技艺最终都是为实践服务的,而在现代随着传统实践概念(praxis)的消亡,实践变成科学的技术应用,实践知识和实践合理性越来越被技术知识和技术合理性取代。伽达默尔哲学解释学就是要在现代科学主义潮流中对实践合理性重新进行反思。

伽达默尔对科学技术的认识来源于海德格尔。海德格尔认为现代科学的发展受到技术本质的指引,用数学的方法将自然作为可计算的、确定的东西呈现出来,这使得科学的技术应用得以可能。因此科学并非揭示事物本身的"客观的"认识,而是植根于主体形而上学中。科学认识的存在论前提是从主体出发将存在者的存在样式理解为现成在手(Vorhandenheit),因而可以去把握、计算、支配存在者。这种现成在手的东西的存在论又可以追溯到希腊的形而上学,现代科学继承了这种存在论遗产。当前时代就是一个由技术支配的时代,这个时代的文明就是源于西方的科学—技术—工业文明。当代人归属于技术,不仅用技术的方式支配自然,而且屈从于由技术建构起来的劳动和政治组织,这就造成人类精神萎缩成计算性智能,导致虚无主义流行。

伽达默尔继承了海德格尔对科学技术本质的思考,并且批判由科学技术理性的统治所造成的普遍异化状态。他认为自伽利略以来的现代科学以方法作为进

①　Gadamer: *Reason in the Age of Science*, p. 111.

步的基础,通过抽象使人们以数学的精确性描述自然,把握事物之间的抽象关系,因而设定一些条件就能产生可预见的结果。"在不考虑本质上属于有关我们世界经验的和熟悉的整体性情况下,科学已由独立的实验方法发展成为一种关于可操作性关系的知识。"①现代科学中隐含着的"构造"(construction)观念,使得现代技术得以可能,也使得人类控制、干预自然成为可能。如果说古代的技艺还是模仿自然提供的模型,那么现代的技术则使人按照某种想法人为地构造自然。将科学方法论构造和技术生产联系在一起,就形成了现代社会文明模式。现代社会中的人生活在人工的环境中,人为制造的东西设定了其生活条件。人和世界关系的灵活性丧失了,人把自己托付给技术的作用,以放弃自己活动能力的自由为代价,享有技术带给我们的舒适条件、商品和财富。

不仅自然环境技术化,我们的社会环境也技术化了,伽达默尔指出:"二十世纪是第一个以技术起决定作用的方式重新确定的时代,并且开始使技术知识从掌握自然力量扩展到社会生活。"②社会组织和社会关系趋向于合理化,有意的计划被用于实现社会目标。在技术统治的社会中每个人都是机器上的零件,发挥特定的功能作用,而各种专家代替人们做出决定。技术社会带来一种服从倾向,适应能力要比创造能力更受奖赏。我们的生活环境的技术化被视为合理化、去魅的过程,它似乎是现代文明成熟的标志,但实际上隐含着很多的危机,如不断扩大技术活动的范围造成人的自由和创造性的丧失,信息技术造成对人脑的舆论操纵,技术化管理导致人与人的疏远和孤独,基因技术带来生命伦理危机,经济和技术过度发展造成威胁全人类的生态危机,核技术产生的可能会导致人类自我毁灭的核战争威胁,等等。

科学及其技术应用所取得的巨大成功导致科学主义盛行,科学认识方式被赋予了特权,被看成唯一正确的通向世界的方式。20世纪德国哲学的一个重要主题就是破除科学之客观性的假象,揭示在这种客观性下主体的前见、动机或兴趣,由此表明科学不过是人看待世界或与世界打交道的一种方式而已,不能把它绝对

---

① Gadamer: *Reason in the Age of Science*, p. 70.
② Gadamer: *Reason in the Age of Science*, p. 72.

化,作为唯一的知识标准。伽达默尔认为科学有其自身的前提和动机,但它本身认识不到这一点。以科学为唯一正确的认识就会遮蔽对世界的其他提问,因此也遮盖了其他通向世界的方式,如宗教、艺术、哲学。为了正确认识科学的意义和地位,防止科学的异化及其给人类带来生存危机,解释学要反思科学所要回答的问题及动机,将科学经验加入到普遍的生活经验即本源的世界经验中。"解释学反思行使一种对思维着的意识的自我批判,它把其所有的抽象观念和科学知识都重新置于人类世界经验的整体中。"①伽达默尔的思想显然受到胡塞尔的生活世界理论的影响,即将理论世界植根于生活世界中,他认为生活世界包含着以语言为中介的世界经验,科学经验和理论是对它的抽象化。解释学维度的普遍性就体现在本源性的世界经验层面上。

虽然科学的方法抽象化使得科学的技术应用成为可能,但科学不能控制这种技术应用的目的。科学及其技术应用使我们具备了巨大的制造能力,它在给人类带来方便、舒适、利益的同时,也给人类的生存造成威胁。当然我们不能阻止技术的发展,现代文明的成就就建立在它之上,但是我们必须认识到技术合理性的限度,要用实践合理性对其进行调节。如果任由实践堕落为技术活动,整个社会就处于非理性状态。实践合理性应涵盖我们所有的一切,我们知识和能力的正确运用都要求实践合理性,因而实践合理性要为科学的求知欲及其技术应用划定界限。伽达默尔对于现代技术文明的批判,主旨就是要区别科学技术理性和实践合理性,使科学技术理性隶属于实践合理性,为人类追求良善的生活服务。这也是古代实践哲学对当代的启示。

什么是实践合理性?实践合理性的特点是什么?这正是伽达默尔要反思的。亚里士多德用"实践智慧"概念表达了这种合理性,实际上"合理性一直处于伽达默尔试图揭示和复活的实践哲学传统的核心"②。对实践合理性的认识又与对实践的认识相关,为此他通过人类学和现象学上的考察力图恢复实践的真正意义。伽达默尔认为,我们应该从人的自由本质出发去理解实践。人虽然也有本能的一

---

① GW, Bd. 2, S. 183.
② 理查德 J·伯恩斯坦:《超越客观主义和相对主义》,郭小平等译,北京:光明日报出版社,1992 年,第 51 页。

面,但是比起动物来,这种本能是退化的。人的劳动、语言和人类特有的活动表明,人性有别于生物的自然本能。随着人类的发展,人的实践具有合理的思考、有见识的选择、服从公众目的、遵守社会行为规范等特征。这表明人的实践具有社会性,它超出了生命保存的需要,不能仅仅从适应环境、自我保存来理解。人的行为有合目的性、功利性的一面,但也有超越功利利害的领域,这就是希腊人称为美好(kalon)的领域,如艺术、游戏、哲学等等。亚里士多德实践哲学所追求的善不同于快乐和成功意义上的善,而是超越了目的和计算,具有美好特征的自在的善,即德性的善。生活中具有美好特征的领域是被所有人分享的自由领域。"说到底,这就是理性概念的诞生:合意的东西在一种对所有人来说有说服力的方式中对所有人展示越多,有关的那些人越能发现他们彼此处在此种共同的现实中;并且在这个范围内,人类拥有积极意义上的自由,他们在那个共同的现实中有了他们真正的认同。"①

在对实践合理性的认识上,伽达默尔突出了人类理性精神和自由精神的统一,而人的理性和自由都与人的社会性存在密不可分。亚里士多德对"人"有两个著名定义,即"人是理性的动物"和"人是政治的动物",这两个规定是统一的,并且构成了伽达默尔思考人类实践的基本立足点。在他那里,理性是社会性的,合理的实践所涉及的东西应对所有人都是可接受的,因而合乎共同利益和规则。自由也是社会的自由,是在社会生活中获得认同的积极的自由,虽然这种自由在当代正受到技术统治的威胁。

因此实践合理性与人类的共同性(Gemeinsamkeit)相关。伽达默尔在解释学中强调共同性是理解和解释的基础。理解过程从根本上讲是一种交往过程,是特定的经验(或文本)和我们之间不断熟悉的过程。解释学的本质核心就是通过语言的理解与陌生的东西建立起共同性。共同性概念在实践领域中就表现为团结(Solidarität)。团结是我们能够共同生活并遵循共同规则的前提条件,因而也是实践合理性的基础。"实践是在团结中处世和行动。而团结是一切社会理性的决

---

① Gadamer: *Reason in the Age of Science*, p. 77.

定性条件和基础。"①虽然人类具有文化和习俗的多样性,并且在现实中充满了利益冲突,但我们仍然发现人类的共同利益和共同的基本价值,它指向了人性。现代科技文明带来的生存危机需要全人类共同面对,然而人们的共同意识尚显淡薄。因此伽达默尔提出,人类应该有一种重新觉醒的团结意识,每个人都应把自己作为人类的一员,意识到自己属于人类整体,并且共同寻求解决在地球上生活的问题。

正是强调共同性和团结并将之作为实践合理性的基础,伽达默尔才诉诸古代的伦理(ethos)概念。亚里士多德曾指出,实践哲学不是建立在善的理念之上的,而是建立在事实性(hoti)之上的。在伽达默尔看来,事实是指被我们所有人分享的价值信念习惯,是构成我们生活体系的东西,这也就是希腊的伦理概念,"表示这种事实性总体的希腊词就是著名的伦理概念,是通过练习和习惯而生成的存在的概念……这种'伦理'并不是纯粹的训练或适应,它和不顾善恶的随大流毫不相干,它是通过'phronesis'亦即负责任的合理性而得以保证的——只是在人们具有这种合理性的地方"②。伽达默尔所说的伦理不是传统等级制的、压迫性的伦理,不是抹杀人的个性和自由的伦理,而是在人的彼此交流中形成共同的习俗和信念,它是需要人不断重新建立和维护的,因此需要实践合理性的保证。"习俗(Konvention)是指达成一致以及达成一致的作用,并不是指纯粹外部规定的规则体系的表现,而是指个体意识与在他人意识中表现的信念之间的同一性,从而也就是与人们创造的生活秩序的同一性。"③伽达默尔所谓的伦理和习俗是人的共同性的体现,它不是纯粹既定的东西,而是包含了人的理性和选择。我们总是和他人交流,并构成一个共同的习俗世界,在这里存在着不同于技术—实用理性的实践合理性。

伽达默尔强调实践合理性与伦理的统一,因而实践合理性是一种交往理性,它不是超验的、在每个人头脑中固有的东西,而是植根于人们共同的生活世界中,是在交往实践中形成的。在伽达默尔看来,现代技术社会改变了共同的伦理习

① Gadamer: *Reason in the Age of Science*, p. 87.

② GW, Bd. 2, S. 325.

③ GW, Bd. 2, S. 326.

俗,产生了专家政治和对生活世界的技术筹划,这造成人与人相互隔绝、孤立的状态,阻碍了人们共同意识的形成。因此面对着科学技术力量的日益增长及其产生的危险,重新唤醒和加强人类的团结尤为重要。"人类真正的生活问题是:能否成功地将人类能力的增长与合理的目的联系起来,并将其纳入到某种合理的生活秩序中。这绝不会通过纯粹的人类能力的增长而实现,而只能通过洞见和在人们中不断增长的团结。"①

韦伯研究了现代社会的合理化进程,他提出的现代社会的合理性是一种目的合理性,即对各种目的的权衡和根据既定目的寻找最合适的手段。这种合理性实际上是技术合理性。在伽达默尔看来,实践合理性不仅为既定目标使用正确手段,更重要的是设定目标。亚里士多德的政治学告诉我们,理性所要求的正确使用知识和能力都涉及服从共同目标。人类社会生活最重要的是如何找到人们普遍赞同的目标。一方面,实践哲学以参与为前提,就是要求我们参与到社会生活中,接受其合理性理想,发现隐含着的共同目标,在一个全球化的时代,这种共同目标越来越包含人类整体。另一方面,实践包含着选择和决定,是对目标的具体化,善的目标、普遍的东西只有通过个别东西才获得其规定性。亚里士多德正是通过对柏拉图的善的理念的批判而建立起实践哲学。实践的善总是在处境中由实践理性所确定的具体的善。我们虽然在生活中就有了善的普遍观念,但要通过具体化过程才能将其实现出来:"作为正当的东西,我们在判断中对我们自身或对他人表示肯定或指责的东西来自我们关于什么是善和正当的普遍表象,但它们首先在具体的现实情况中才获得真正的规定性。"②实践理性不同于聪明机智的地方就在于后者是技术性的,为了目的可以不择手段,只要这种手段可以最有效地达成目的,而对于实践理性来说,普遍的善的目的必须在具体行动中才实现自身,不能为了目的不择手段,这样的行为才是合乎德性的"美好"(kalon)的行为。

解释学面临的应用问题就是把一般和个别结合起来,这也是实践哲学的中心任务。"解释学作为应用理论,亦即将一般和个别联系起来的理论实际上成了哲

---

① GW, Bd. 7, S. 395.
② GW, Bd. 4, S. 184.

学的核心任务。它不仅要在一般的理论知识和实践的知识之间进行中介,而且也必须弄清楚我们使用我们的能力所追求的诸目的,是否符合支撑着我们自己的文化和整个人类文化的共同目的。因此解释学不仅在科学中,而且在人类理解的整个领域都占主导地位。"①解释学作为普遍的解释哲学,反思人们的共同的善以及对它的应用——这种应用伴随着理解和解释。在这个意义上解释学具有普遍的实践意义。

四、 哲学解释学对当代实践的启示

伽达默尔的哲学解释学将理解和解释作为人的生存方式,它们贯穿于我们的实践活动。哲学解释学不是一门精神科学的方法论,而是首先作为哲学,思考有关人的存在、社会的存在的根本问题,因而继承了实践哲学传统。伽达默尔终其一生都在研究实践哲学传统,实践哲学和解释学在他那里一直是相互影响、相互促进。伽达默尔所提出的一些解释学观念本身就具有实践哲学内涵,或者说就是从实践哲学中引申出来的。

伽达默尔早年通过对柏拉图—亚里士多德实践哲学的研究,认识到善的知识高于专家的知识,那些拥有专门知识的人对于善其实是无知的。这启发了他反思当代社会的技术统治和专家政治,追求真正的实践合理性和人类的良善生活。柏拉图对话体现了探讨真理的理性形式,也反映了希腊政治生活中自由对话的共同体理想。伽达默尔终身以柏拉图的学生自居,主张发展以自由平等的交谈为核心的实践合理性,反对权力和技术的操纵,可以说,"伽达默尔把出现在柏拉图那里的实践合理性的对话式特征融入了亚里士多德的实践知识构想……由此阐明了与技术形成鲜明对照的另一种知识方式"②。

受柏拉图—亚里士多德的启发,伽达默尔的解释学强调通过对话方式达到相互理解和一致,并将其作为获得超越科学方法论的真理的途径。对话理想被置于

---

① Gadamer: *Praise of Theory*, Chris Dawson(trans.), New Haven and London: Yale University Press, 1998, p. 61.
② 乌多·蒂茨:《伽达默尔》,朱毅译,北京:中国人民大学出版社,2010年,第136—137页。

解释学的核心,他描述的解释学经验就是一种对话经验:在对话中保持开放,克服偏见,实现视域融合,从而达到对事情本身的理解。这里就蕴含着实践的要求。在实践中理性的对话者能够对他人保持开放的态度,愿意倾听他者的声音,从他人那里学习某些东西,并且能够质疑和修正自己固有的观点。对话是我们理解他者的途径。真正的理解并不是要求一定赞同所理解的人或事,"理解意味着,我能够公平地权衡和考虑他人所想的东西。这意味着一个人承认其他人在其所说的或实际想说的东西中可能是正确的"①。"他人可能是正确的"这种意识是我们实现真正对话和理解的前提。对话的目的是探讨真理,在平等自由的对话过程中提出问题、相互辩驳、克服偏见、达成共识,真理就显现出来,"不通过谈话、回答和由此获得的相互理解的共同性,我们就不能说出真理"②。对话过程中也包含了说服别人,但这种说服要以追求真理为目的,不能为了利益或好胜而颠倒黑白,进行诡辩,为此就需要一种真正的求真的修辞学,这成为伽达默尔晚年思考的一个方面。修辞学在实践中之所以重要,就在于实践领域是或然性的领域,要对实践事务达成共识无法通过必然的逻辑证明,而是要通过令人信服的论证,即修辞论证。无论是理解还是说服,都需要人们具有善良意志而非权力意志,需要人们有友爱精神,以及对他者之他性的尊重。正是通过对话建立起人们之间的共同性才能实现实践合理性,这种实践合理性不是思辨的独白的理性,而是以对话交流为中介的交往理性。

解释学首先面对着对古代流传物的解释问题,因而涉及现代人与传统的关系问题,解释学的对话理想也可运用到这一关系中。伽达默尔的解释学为传统正名,反对启蒙运动以理性的名义质疑一切传统,将传统作为落后、压迫、不合理的东西。他认为我们不能从超历史的立场去看待理性,理性植根于我们的历史性存在中。传统和理性并非绝对对立的,传统中包含着前人的智慧,具有合理性的方面。同时他也强调传统不是僵化的、惰性的东西,而是在发展变化中才能存在,它既保存合理的东西,也有对不合理东西的改变。这里他继承了黑格尔的历史合理

---

① Gadamer: *The Gadamer Reader: A Bouquet of the Later Wrings*, Richard E. Palmer (ed), Evanston: Northwestern University Press, 2007, p. 117.

② GW, Bd. 2, S. 56.

性思想："传统按其本质就是保存(Bewahrung)，尽管在历史的一切变迁中它一直是积极活动的。但是，保存是一种理性活动，当然也是这样一种难以觉察的不显眼的理性活动。"①伽达默尔并不主张盲目地服从传统，而是通过与传统的对话发扬传统中合理性的因素，特别是体现出对现代科学理性批判的方面。比如他发现在各大文明传统中都存在着某些价值态度，它们抵制现代工业文明的不良倾向（如无止境地追求利润、掠夺自然等），包含了对自然的敬畏，对朴素生活的欣赏，享受幸福和闲暇等。传统中包含着丰富的对人的认识和生活智慧。在一个科学技术时代，我们应该将科学知识和传统的人文知识结合起来，获得新的自我理解，克服科学技术对人的异化。哲学不能沦落为科学的附庸，成为科学的认识论和方法论，而是要遵循人所固有的寻求整体认识的自然倾向，并且反思人在世界中存在的意义。"我们不是依然面对着这样的任务，即把科学知识（有限的和暂时的，或者也许是证实了的和有效的）和从伟大的历史传统中流传给我们的所有关于人的知识，转化成我们的实践意识吗？这里我发现了对真正结合的挑战：为了获得一种人类的新的自我理解，把科学和人关于自身的知识结合起来。我们需要这一点，因为我们生活在日益增长的自我疏离的境况中，这种境况不仅仅是由资本主义经济秩序的特殊性造成的，更应归因于我们人类对于我们在我们周围作为我们的文明建立起来的东西的依赖性。"②

　　当前是一个全球化的时代，经济和技术发展使世界各国、各民族的相互联系和相互依存日益紧密。同时世界上也存在反全球化的力量和趋势，如经济保守主义、政治上的民族主义和宗教极端主义，以及亨廷顿所谓的文明冲突等，这些现象都带有排他性。伽达默尔虽然受亚里士多德的影响（后者的实践哲学局限于城邦生活，并且也具有那个时代的偏见，如对妇女和奴隶的看法），但他立足于当代生活，具有世界主义的视野，强调世界已经成为一个整体，我们不可能再分离，因此我们需要具备世界眼光和人性意识去思考和解决我们所面临的危险。他说："我确信，我们今天无论在民族国家框架内思考还是在欧洲的框架内思考都已经过时

① GW, Bd. 1, S. 286.
② Gadamer: *Reason in the Age of Science*, p. 149.

了。与世界其他部分的分离已经不再可能。人类今天像过去一样坐在一条小船上,我们必须驾驶这条船以使我们不会一起撞到岩石上。"①他呼唤的团结精神涉及全人类,而这种团结随着全球化和跨文化交流会日益增长,对此他持乐观态度:"随着在这个星球上生活的不同要求走到了一起,我相信统一的经验将缓慢增长,而且我们将达到某种像团结一样的东西。"②他的解释学为文明之间的对话奠定了哲学基础。世界的和平与发展需要不同文明在平等、相互尊重和承认的基础上展开对话,相互理解,求同存异,形成一种全球的价值共识,促进合乎共同利益的实践行动。当然伽达默尔也看到,在全球化中西方文化具有强势地位,这特别体现为源于希腊的科学理性的普遍化。我们可以发现在非西方世界(如日本、中国、印度或南美洲),数学化、形式化的思维也逐渐占有统治地位,在某些生活领域甚至出现了文化的标准化,比如西装作为办公室的标准着装。解决这个问题不是要反对全球化,反对技术理性、工具理性,这是不可阻挡的趋势,唯一的办法是在世界范围内发展实践合理性,将技术力量纳入到合理的世界秩序中,确保它有利于而不是破坏人的自由和幸福。我们要在科学的确定性理想和实践的恰当性之间达到某种平衡,这种平衡正是欧洲文明过去三个世纪在发展科学文化及其技术和组织应用时所忽视的。为此,伽达默尔不仅强调要如黑格尔做的那样将科学成就和西方传统宗教、形而上学的洞见统一起来,而且要向其他文化学习不同于西方科学理性传统的洞见。"我们的命运取决于这个世界——它打上了科学的烙印,而且通过概念被哲学化地表达——如何能将自己带入到与人类命运的深刻洞见的和谐中,这些洞见已经表达了出来,比如在一位中国大师和他的弟子们的对话中,或者在其他对于我们来说完全陌生的以宗教为基础的文化的证据中。"③

伽达默尔的对话解释学隐含着平等、自由、开放、宽容等价值取向,它们不仅在解释学经验中起作用,而且具有伦理学内涵,构成实践合理性的条件。这些价值正是现代自由主义的核心价值。同时伽达默尔又强调伦理习俗、共同性、团结、

---

① Gadamer: *Gadamer in Conversation*: *Reflections and Commentary*, Richard E. Palmer(ed.), New Haven: Yale University Press, p. 81.

② Gadamer: *Gadamer in Conversation*: *Reflections and Commentary*, p. 101.

③ Gadamer: *The Gadamer Reader*: *A Bouquet of the Later Wrings*, p. 111.

友爱、传统等因素,因而其思想又具有社群主义的某些特点。伽达默尔实际上是将上述两方面进行了某种综合。这种立场深受黑格尔的影响,而且也比较符合德国思想传统。但是现代自由主义的个人自由和平等的价值始终是基础性的。他并不主张盲目地服从共同体和传统,更不赞同压迫性的等级制、家长制或政治上的专制。他的对话哲学的前提是彼此承认对方的平等和自由,最终结果是求同存异。他赞同黑格尔的看法,最终的理性原则是所有人的自由。黑格尔的历史哲学把历史解释为自由的发展过程,从东方的一个人的自由到少数人的自由,再到所有人的自由。伽达默尔也认为历史发展到今天,"自由的原则是无可怀疑和不可改变的。没有人能够肯定人类的不自由。所有人都是自由的原则绝不可能再动摇了"①。但历史并没有终结,将这一原则实现出来仍需要长期的历史过程,而且绝不是一帆风顺的:"世界历史正朝着它将来的使命不停地前进,而且绝没有保障一切事情都安排好了。"②

　　虽然坚持普遍的自由原则,但伽达默尔并没有像康德或哈贝马斯那样提出某种普遍主义伦理学。在他看来,只有通过具体化,普遍的应然的东西才具有确定的内容。解释学强调将普遍和特殊调和起来,普遍的东西不能脱离具体语境。因此现代的核心价值如何应用于不同的文化就非常关键,这也涉及对它们的解释。应用自由、人权、平等、宽容等规范原则,不能像应用技术那样简单直接,也没有固定的模式,但总是要考虑到不同文化的特殊性和现实情况的复杂性,要将这些价值与具体环境的要求结合起来,使这些价值具有具体的内容。这恰恰是合乎实践理性的。现代普遍价值原则对于特殊环境的创造性适应需要实践者尤其是政治家具有很高的实践智慧。可以说,伽达默尔在坚持普遍原则的条件下是赞同多元化的,但并不走向没有共同性的多元主义。他的解释学所强调的普遍和特殊相中介,使得他超越了客观主义和相对主义的二元对立,而这在实践上也有积极意义:既反对文化霸权,也反对混乱的多元主义。正因为如此,有学者认为,"伽达默尔

---

① Gadamer：*Reason in the Age of Science*，p. 37.
② Gadamer：*Reason in the Age of Science*，p. 37.

的解释学为一种真正的全球伦理奠定了基础"①。

五、结语

　　总体来看,伽达默尔的实践哲学源于他对古代实践哲学传统的研究,这种学术性研究成果在他的著作集中占有很大比例,但同时他又站在现代生活的语境中去阐发它的价值和意义。特别是在《真理与方法》发表后,与哈贝马斯等人的论争更促进了伽达默尔对社会现实问题的关注,他力图将实践哲学和解释学思想融合起来,形成比较有特色的解释学的实践哲学。这种实践哲学既植根于西方悠久的实践哲学传统,又有鲜明的时代意识,其本身就是一种解释学实践的产物,主旨则是技术批判,弘扬实践合理性。在这方面他也继承和发展了海德格尔的思想。

　　伽达默尔像亚里士多德一样,始终将人的实践作为一个整体来思考,就此而言他的实践哲学比现代学科划分中的伦理学、政治学、社会学、经济学等要更高一个层次,后者只是就实践的某个领域或方面进行研究。实践哲学要恢复哲学本身内在的对整体性的追求,这样的实践哲学就是一门实践的人学。因而我们可以看到伽达默尔的实践哲学始终站在哲学的高度探讨人的存在,反思现代性命运,也包含了对历史性、语言、启蒙、传统、精神科学认识论等一系列重大问题的探讨。虽然它涉及的内容很丰富,但又不成体系,大多是在一些文章中针对某些问题进行阐发,许多看法只是启示性的,也缺少对现实的经济政治等方面的具体分析,这就为我们进一步发展它留下了广阔的空间。

---

① Gary B. Madison, "Gadamer's Legacy", *Symposium*: *Canadian Journal of Continental Philosophy*, 2002, Volume 6, Issue 2, p. 142.

Sensus Communis：　伽达默尔对常识哲学的重塑[*]

黄小洲

广西大学马克思主义学院哲学系

　　以 Sensus Communis(常识或共通感)概念为核心的常识哲学在西方有着悠久的历史传统,尤其在英国和法国的思想中更是有着深厚的根基,苏格兰常识学派就是这方面的杰出代表。然而,随着德国古典唯心主义对常识哲学的批判,Sensus Communis 的丰富意蕴逐渐淡出人们的视野,这种状况在德国的思想界尤为严重。直到 20 世纪 60 年代伽达默尔解释学的出现,Sensus Communis 才以一种庄重的身份进入德国的主流哲学。

　　然而,伽达默尔的《真理与方法》这部被誉为解释学"圣经"的著作,为何要把 Sensus Communis 这个似乎沉寂已久的概念重新搬出来讨论,并把它提升为西方人文主义传统的四个主导概念(教化、共通感、趣味和判断力)之一? Sensus Communis 到底有何哲学深意,乃至于伽达默尔要在解释学中郑重其事地复兴它? 在 Sensus Communis 思想十分薄弱的德国哲学传统中,伽达默尔此举意味着什么? 其实,如果我们把目光投向整个西方哲学史,那么我们就会发现 Sensus Communis 所包含的悠远相递的人文传统和丰富深刻的哲学内容,它对于哲学解释学的理论构建和精神科学的自我认识具有十分重要的意义。国内学界在这方面的研究才刚刚起步,仍有很大的推进空间。

一

　　拉丁文 Sensus Communis(英文是 common sense,德文是 Gemeinsinn)在国

---

*　说明:国家社会科学基金项目"黑格尔与现代解释学关系研究"(15XZX012)阶段性成果。

内至今没有统一的译名,它通常被翻译为常识、共识、共通感、共同感、通感、普通感觉、共通感官、共通感觉、健全理智、健康常识、普通知性、良知等。然而面对这么多不同的译名,我们能给 Sensus Communis 下一个确切的完整定义吗? 或者说它有哪些基本含义? 可以肯定的是,这些译名都从不同的侧面在一定程度上反映了 Sensus Communis 的基本内涵。下面我们分两个层次加以辨析考察。

1. 常识及健全理智论

在一般情况下,人们把 Sensus Communis 视为"常识",即一种正常的普通人都能够很容易掌握的平常知识和基本道理,它简单易懂,直截了当,不需要烦琐的推理考证,毫无玄妙,绝不高深莫测。例如,太阳从东边升起西边落下,人是会死的,刀可以被用来切菜等,这些知识谁人不知谁人不晓,这就是常识或共同感。但是如果一个人到了成熟的年龄仍然不懂得上述这些浅显的道理,那么我们就可以指责他缺乏常识或者心智不健全。因此,拥有常识的人就可以说是理智健全的正常人,反之则被视为不正常的人。

在西方哲学史,以这种常识论观点而著称的要数 18—19 世纪的苏格兰常识学派,它以托马斯·里德(Thomas Reid,1710—1796)为核心人物。面对贝克莱的主观唯心主义和休谟的怀疑论所导致的"奇谈怪论"(什么"物是观念的集合","因果律是人心的习惯联想"),里德要求恢复并捍卫常识的地位。他说:"我坚信,绝对的怀疑论不仅能摧毁基督徒的信仰,也能摧毁哲学家的科学和平常人的审慎。……现今,怀疑论的狡计已经使人类的常识和理性颜面尽丧。"[①]里德拒斥那种认为感官不能判断的现代哲学论断,强调我们人类的感官(sense)具有一种卓越的判断能力,能够裁断是非从而终结各种无谓的过度争论。因此,常识就像是一位公正的法官那样,能裁决日常生活里的种种分歧。普罗大众认可常识并接受常识的判决,因为常识不在别处,它正在每一个人心中。"有感官的人就是有判断的人。良好的感官就是良好的判断。无感官显然与健全的判断形成鲜明对比。共同感官是一定程度的判断,是我们能与之交流和交往的人所共有的判断。……我

---

① 托马斯·里德:《按常识原理探究人类心灵》,李涤非译,杭州:浙江大学出版社,2009 年,第 2—4 页。

们靠眼睛判断颜色，靠耳朵判断声音，靠鉴赏力判断美丑；靠道德感官或良心判断行为的正误。"①

里德声称所有知识和科学必须建立在常识这种自明的真理基础之上，常识才是哲学理论的源泉。因此，周晓亮先生总结说，常识具有最大的普遍性或共同性，它不需推理证明，是本能或直觉到的，具有直接性和自明性，并且清楚明白，毫无含糊疑义之处。② 葛兰西称常识是哲学的民俗学。③ 伽达默尔更是细致地指出，在苏格兰常识学派的新体系中，常识概念里的亚里士多德—经院哲学传统起了实际作用。④

2. 共通感及良知论

陈嘉映先生也主张"亚里士多德是诉诸常识的大师"⑤。不仅如此，格雷格里克广受好评的著作还详细讨论了亚里士多德的常识理论。⑥ 亚里士多德在《论灵魂》中强调感觉只有五项，即视觉、听觉、嗅觉、触觉和味觉，除此之外别无其他感觉。不仅如此，每一项感觉都有其相应的感觉器官，例如眼睛负责视觉，耳朵负责听觉，而各个感觉器官之间是不能"互通"或"共通"的。这样一来就很容易让贝克莱式的主观唯心主义有了可乘之机。有一种第六感官能"互通"所有这五项感官（即所谓"共通感觉"器官或终极感觉器官）从而对事物作出综合判断吗？亚里士多德的回答是，没有。

亚里士多德认为我们的感觉虽然彼此不能互通，但是存在一些"共通可感觉事物"。他说："对于我们凭相应的这个或那个专项（各别）感觉所识得的共通可感觉事物，不可能另有一个特殊的感觉器官，这些共通感觉到的事物，我指运动，休止，形状（图案），度量（大小），单元（合一）。"⑦例如，视觉和触觉都可以共通地感觉

---

① 托马斯·里德：《论人的理智能力》，李涤非译，杭州：浙江大学出版社，2010 年，第 305 页。
② 参见周晓亮：《试论西方哲学中的"常识"概念》，《江苏行政学院学报》2004 年第 3 期。
③ 参见葛兰西：《狱中札记》，曹雷雨等译，北京：中国社会科学出版社，2000 年，第 236 页。
④ 参见伽达默尔：《诠释学Ⅰ：真理与方法》，洪汉鼎译，北京：商务印书馆，2007 年，第 41 页。
⑤ 参见陈嘉映：《常识与理论》，《南京大学学报》2007 年第 5 期。
⑥ Pavel Gregoric：*Aristotle on the Common Sense*，Oxford University Press，2007.
⑦ 亚里士多德：《灵魂论及其他》，吴寿彭译，北京：商务印书馆，2007 年，第 135—136 页。

到形状。但是这远远不足以解决贝克莱式的挑战。于是亚里士多德主张："两项分离的感觉各别施展其感应之为白为甜，它们于两者之间差异各都不明；这必须待之一个单体，而内蕴乃兼此两异的品性者，才能作出判别。"①这个"单体"具有汇通五感的综合审辨机能，即既能感觉又能思想，从而克服割裂五感所导致的休谟式怀疑主义倾向。伽达默尔指出，在经院哲学托马斯·阿奎那对亚里士多德《论灵魂》的注疏里，"共通感是外在感觉的共同根源，或者说，是联结这些外在感觉，并对给予的东西进行判断的能力，一种人人皆有的能力"②。

在《论灵魂》的篇末，亚里士多德从目的论的角度解释了动物的感觉。他说各种感官之所以成为动物的必备官能，不是为了简单生存式的营生或谋生这样的低级目的，而是为了获得"幸福的生活"或"优良的生活"这样高尚的目的。这给"共通感"在古罗马时代的人文主义转向留下了余地。伽达默尔认为，斯多葛学派和后来意大利的维柯，都强调了共通感的伦理学—政治学向度。正是在此意义上，庞景仁先生主张苏格兰常识学派的特点就在于推崇"良知"（common sense），这是一种正常人的正确判断能力③。

二

在 20 世纪这个单一的自然科学思维成为新神话的时代里，伽达默尔毅然将 Sensus Communis 提升为解释学的核心概念之一，试图建立一种新的解释学"常识观"，这里面包含着许多深刻的思想内容。我们知道解释学与精神科学有着紧密的生命关联。在西方近代对方法论的热切追求浪潮中（无论是培根基于实验的经验归纳法，还是笛卡尔基于数学的理性演绎法），理智主义的科学方法论成为时代的主流，并最终导致 19 世纪精神科学（Geistewissenschaften）的认识论危机。由于精神科学对主流的理智主义方法论的游离，它的合法性遭到了质疑，实证主义者就不承认精神科学的真理性。精神科学何以可能？狄尔泰穷尽毕生的心血

---

① 亚里士多德：《灵魂论及其他》，吴寿彭译，北京：商务印书馆，2007 年，第 142 页。
② 伽达默尔：《诠释学Ⅰ：真理与方法》，洪汉鼎译，北京：商务印书馆，2007 年，第 36 页。
③ 参见康德：《未来形而上学导论》，庞景仁译，北京：商务印书馆，1997 年，第 7 页。

想要从方法论—认识论上为精神科学的合法性进行辩护,从描述心理学到解释学、历史理性批判,可惜他兜弯子太多而事倍功半。

伽达默尔高屋建瓴地指出:"所谓的'精神科学'在过去和现在都正确地被叫作 Humaniora 或 humanities(人学或人文科学)。由于作为近代之本质特征的方法和科学的勃兴使得这一点变得模糊不清。实际上,如果一种文化赋予科学以及以科学为基础的技术学以领导地位,就根本不会冲破人类作为人的共同世界和社会而生存于其中的更广的范围。在这种更广的范围中,修辞学和诠释学具有一种无可争辩的、包容一切的地位。"①

显然,在伽达默尔看来,与其费尽心力去从方法论上为精神科学作论证,不如从两千多年来精神科学的实际历史存在形态——人文科学、人文传统和人文精神来加以考察更为恰当。只有在这种广阔的历史本体论视域中,精神科学才会走出现代科学方法论所设置的羁绊,它的真理性才会从另一种更普遍的意义上被承认。因此何卫平先生指出:"与狄尔泰的令人心力交瘁的繁琐不同,伽达默尔一下子就简明扼要地抓住了问题的关键和实质,显示出他过人的学术眼光和四两拨千斤的理论驾驭能力。"②

具体来说,西方的人文主义传统能给精神科学的认识论提供何种辩护资源?这就是 Sensus Communis,它包含着一种卓越的认识能力。伽达默尔解释说:"显然就有某种理由要把语文学-历史学的研究和精神科学的研究方式建立在这个共通感概念上。因为精神科学的对象、人的道德的和历史的存在,正如它们在人的行为和活动中所表现的,本身就是被共通感所根本规定的。"③我们要十分注意,伽达默尔对 Sensus Communis 的援引是以意大利著名的人文主义者维柯为切入点的,而 Sensus Communis 恰恰活跃在西方源远流长的人文主义修辞学传统之中。为了批判笛卡尔的理智主义方法论,维柯启用了一种"古今之争"的视角回溯到以Sensus Communis 为基础的修辞学真理观。可见,正是在维柯身上,伽达默尔找到了抵制现代科学方法论霸权的先驱者和同路人。"如果想理解人文科学的认识

① 伽达默尔:《诠释学Ⅱ:真理与方法》,洪汉鼎译,北京:商务印书馆,2007 年,第 350 页。
② 何卫平:《伽达默尔的"sensus communis"刍论》,《广西师范大学学报》(哲学社会科学版)2015 年第 1 期。
③ 伽达默尔:《诠释学Ⅰ:真理与方法》,洪汉鼎译,北京:商务印书馆,2007 年,第 37 页。

论和科学命运——直到它以浪漫主义精神科学的形态出现的方法论构造,那么'修辞学'的背景就具有独特的讨论意义。"①

正如前面所说,Sensus Communis 所表达的是一些人生在世的常识真理,它简单、基础、直截了当。然而问题是,常识是可错的、相对的,它并没有数学那样的普遍必然性和精确性。维柯辩护说:"正如知识源于真理,错误出自谬误,常识就诞生于真似之物。这是因为,真似之物可以说介于真理与谬误之间,因而真似之物几乎大部分是真的,很少是谬误。"②显然,从认识论上说,Sensus Communis 所具有的真理就具有或然性或概率性,它是"真似之物"。但是,这绝不意味着这个具有似真性的 Sensus Communis 在我们的日常生活中毫无用处或用处太少,相反,它对我们的生活具有重要意义。

Sensus Communis 之所以能被应用于日常生活,需要借助修辞学的说服论证技艺。一般来说,修辞学被认为是一门关于如何把话说得漂亮、说得绝妙的艺术。为此,柏拉图曾在《高尔吉亚篇》中把它贬低为一种"奉承术"③。可是到了《斐德罗篇》,柏拉图又不得不承认修辞学是一项重要的事业,它对人的灵魂能产生重大影响,并且区分了真正的修辞学和虚假的修辞学。他说:"真正的修辞学家是劝导的大师。"④亚里士多德强调修辞学关心的对象是人人都能有所认识的事情,但又不局限于任何具体的科学或事物,因而具有广泛的普适性。他把修辞学定义为在每一事例或论题上发现可行的说服方式的能力⑤,还把推理论证称为修辞演绎,把例证称为修辞归纳法。这样一来,伽达默尔就指出修辞学含有一种积极的双关意义:说得漂亮与说出真理。综合起来看,修辞学是一门以简单易懂的常识为基础,通过漂亮的话语来进行劝导或说服他人的或然性论证艺术。

---

① 伽达默尔:《诠释学Ⅱ:真理与方法》,洪汉鼎译,北京:商务印书馆,2007 年,第 331 页。
② 《维柯论人文教育》,张小勇译,桂林:广西师范大学出版社,2005 年,第 121 页。若想了解常识哲学的精致化、形式化、逻辑化的当代辩护,可参阅 Noah Lemos:*Common Sense:A Contemporary Defense*,Cambridge University Press, 2004 和 John Coates:*The Claims of Common Sense:Moore*,*Wittgenstein*,*Keynes and the Social Siences*,Cambridge University Press, 1996。
③ 《柏拉图全集》第一卷,王晓朝译,北京:人民出版社,2003 年,第 344 页。
④ 《柏拉图全集》第二卷,王晓朝译,北京:人民出版社,2003 年,第 190 页。
⑤ 参见亚里士多德:《修辞术·亚历山大修辞学·论诗》,颜一、崔延强译,北京:中国人民大学出版社,2003 年,第 8 页。

在人文科学或精神科学的领域中,或然性真理或似真性真理才是事情的本相。一个常胜将军不是绝对必然地赢得每一次战争,上一届的奥运冠军在此次比赛中也可能马失前蹄。我们在文学艺术作品的鉴赏当中主要不是去体会什么几何学的铁定演绎真理,在宗教的经验里也主要不是去发现数学般的精确知识。应该说,一切历史中的人与事件都具有或然性。因此,伽达默尔说:"修辞学自古以来就是真理要求的唯一辩护者,它相对于科学的证明和确定性要求捍卫了似真性(Wahrscheinliche)、明显性(Verisimile)以及对共同理性的阐明。"①

一个医术精湛的医生并不必然地能说服病人做手术,一个汽车发动机专家也不必然地能说服消费者购买汽车,而唯有懂得修辞学技艺的人能把各种高深的专门知识转化成简单的道理来进行综合的劝导,从而促成事情的达成。丸山高司说:"本来修辞学就是在古希腊的社会实践生活中发展起来的。修辞学的活动空间是市场、法庭、议会等地方。修辞学落脚在'实践的立场'"②上。小到市场上的讨价还价,大到法庭与议会中的激烈辩论,修辞学的身影无处不在。伽达默尔强调,修辞学并非只是讲话形式的理论和一种说服他人的技艺,它还是一种由人的自然能力发展而成的机能,换言之,人人天生就是一个修辞学家,他通过言谈来与他人达成一致意见或促成某项行动。"修辞学的普遍存在是不受限制的。正是通过修辞学,科学才成为生活的一种社会因素。……一切能够成为实用的科学都有赖于修辞学。"③

正是通过 Sensus Communis 与修辞学的密切关联,伽达默尔维护了人文科学或精神科学中或然性真理的权利。洪汉鼎先生指出:"共通感使我们认识到另一种知识和另一种真理,使我们不再把科学的知识和理性的真理认作唯一的知识和真理。"④显然这并不意味着人文科学比自然科学更少真理性,或者层次更低,恰恰相反,这只能说明自然科学真理的局限性。正是在此意义上,伽达默尔强调:"理性的证明和教导不能完全穷尽知识的范围。"⑤让我们回到知识分类大师亚里士多

① 伽达默尔:《诠释学Ⅱ:真理与方法》,洪汉鼎译,北京:商务印书馆,2007 年,第 282 页。
② 丸山高司:《伽达默尔——视野融合》,刘文柱等译,石家庄:河北教育出版社,2002 年,第 167—168 页。
③ 伽达默尔:《诠释学Ⅱ:真理与方法》,洪汉鼎译,北京:商务印书馆,2007 年,第 283 页。
④ 洪汉鼎:《理解的真理》,济南:山东人民出版社,2003 年,第 32 页。
⑤ 伽达默尔:《诠释学Ⅰ:真理与方法》,洪汉鼎译,北京:商务印书馆,2007 年,第 39 页。

德的基本判断：所有一切知识都是美妙可敬的,有的凭借其精确的标准,有的则凭借其题材所关涉的高贵①。可见,人文科学知识是凭借其题材的高尚而美妙可敬的。

三

可以毫无疑问地说,伽达默尔不仅是一位解释学大师,同时也是一位伦理学家。如果说 Sensus Communis 代表了一种正常人的正确判断能力,那么这种能力除了可以运用于认识论领域来决断真理与谬误,也可以运用于伦理学—政治学等实践哲学的领域来判定善良与罪恶,甚至在辨别美丑的审美领域也不例外。在古代的亚里士多德那里,伦理学与政治学被统称为实践哲学,它们都以"善"作为共同的追求目标。伽达默尔明确说:"共通感就是公民道德存在的一个要素。"②其实,他对 Sensus Communis 的重新启用是在一种亚里士多德的实践哲学眼光透视下展开的,而他对维柯、沙夫茨伯利、哈奇森、里德和柏格森等人及罗马斯多葛学派 Sensus Communis 思想的引证,都包含着一种促进社会生活朝合理化方向发展的伦理思考与批判力量。

伽达默尔说:"在维柯看来,共通感则是在所有人中存在的一种对合理事物和公共福利的感觉,而且更多的还是一种通过生活方式的共同性而获得、并为这种共同性生活的规章制度和目的所限定的感觉。"③显然,Sensus Communis 关注公共福利和公共生活的合理性,并通过与他人达成基本共识来构建一种和谐有序的共同体生活。为此,伽达默尔强调了谦逊、适度、节制、实践智慧、友爱、团结等美德对于 Sensus Communis 的重要意义。正是在此意义上,沙夫茨伯利谈到了社会交往中朋友之间的幽默和机智、对人性、友善、共同体的爱——一种以同情(sympathy)为基础的道德学说,柏格森则直接称 Sensus Communis 为一种社会感。因此,我们可以对一个缺乏 Sensus Communis 的人提出批判乃至惩戒的要

---

① 参见亚里士多德:《灵魂论及其他》,吴寿彭译,北京:商务印书馆,2007 年,第 44 页。
② 伽达默尔:《诠释学Ⅰ:真理与方法》,洪汉鼎译,北京:商务印书馆,2007 年,第 51 页。
③ 伽达默尔:《诠释学Ⅰ:真理与方法》,洪汉鼎译,北京:商务印书馆,2007 年,第 36—37 页。

求。正是在此意义上，当人们沉迷于武侠小说所营造的幻想而忽视了对社会公正体制与合理思维方式的重建时，邓晓芒先生便批判性地强调普及健全理智的重要意义①。可见常识蕴藏着一种批判的力量，它要促进社会朝着良善美好的方向发展。

托马斯·里德十分中肯地论述道："这道内部之光或感官被上天以不同程度赋予不同的人，它只要到达一定程度，我们就能服从法律和政府，就能处理自己的事务，并为我们对他人的行为负责，这种程度的感官就被称为共同感官，因为它为所有我们能与之打交道、或要求他们为自己的行为负责的人所共有。"②简言之，Sensus Communis 能够造就守法的公民和负责自主的个人。维柯就曾经告诫：青少年的教育应该优先发展常识，以免日后行为怪异乖张、难以合群。伽达默尔也说："现在对教育来说重要的东西仍是某种别的东西，即造就共通感，这种共通感不是靠真实的东西，而是由或然的东西里培育起来的。"③无疑，人们的 Sensus Communis 并不是先天的自然本能，而是后天历史教化培育出来的。龚群先生也承认："从自然人到社会人的过程，是一个共通感的熏陶和潜移默化影响及教化的过程。"④

有一个重要特征我们一定要注意：伽达默尔强调 Sensus Communis 对伦理的关切不是从一种抽象的思辨道德哲学入手的，而是以具体的活生生的伦理习俗为根据地的。这表明，伽达默尔的解释学伦理学既不靠近康德定言命令式的道德哲学，也不靠近英国的功利主义，而是以亚里士多德的德性伦理学为楷模的。因为在伽达默尔看来，康德的道德哲学是抽象悬空的形式命令，一点都不接地气。例如，"不能撒谎"并不是什么普世命令，因为对强盗或者侵略者撒谎会被认为是机智的符合道德的行为。又如康德关于"不能自杀"的论证，但其实在战争条件下，有人若选择舍生取义，则可被尊奉为高尚的。同样，功利主义也是极有问题的，它以利己主义为出发点，鼓吹赤裸裸的私利才是一切道德的合法立足点，它主

①　参见邓晓芒：《武侠小说与常识》，《湖湘论坛》2014 年第 3 期。
②　托马斯·里德：《论人的理智能力》，李涤非译，杭州：浙江大学出版社，2010 年，第 307 页。
③　伽达默尔：《诠释学 Ⅰ：真理与方法》，洪汉鼎译，北京：商务印书馆，2007 年，第 34 页。
④　龚群：《哲学诠释学中的教化与共通感》，《河北学刊》2005 年第 3 期。

张一切共同体都是虚幻的,唯有个人才真实不妄。这二者的主张都与伽达默尔在 Sensus Communis 中所表达的伦理思虑极为不同:

> 　　我所说的事实是指一种最内在地理解的、最深层地共有的、由我们所有人分享的信念、价值、习俗,是构成我们生活体系的一切概念细节之总和。这种事实性的全体的希腊文是众所周知的"伦理"概念,是一种通过练习和习惯而获得的存在。……伦理并不是生来就有的。人们在同他人的交往中,在社会和国家等共同生活中信奉共同的信念和决定,这并不是随大流或人云亦云,恰好相反,正是它构成了人的自我存在和自我理解的尊严。①

在希腊文中,"伦理"(ethics)是从"习俗"(ethos)这个词演变而来的。亚里士多德明确地说道德德性是通过习惯养成的,既不是出于自然的也不是反乎自然的②。由伦理风俗而养成的道德习惯实际上就是人的第二天性。葛兰西就曾强调,常识应是融贯的、一致的,要克服兽性和原始的激情而成为健全的见识。③ 伽达默尔之所以要回返到伦理习俗或风俗习惯,是因为伦理风俗实际上就是萦绕在人周围的"生活世界",它直观、具体而有活力,充满着活生生的人物个性、喜怒哀乐、社会历史与感性内容,但并不因此而丧失或减少协调人与人之间行动的规范意义,而是赋予人的存在以一种尊严感与合理性。面对复杂的周遭环境,伽达默尔主张伦理学要教导一种实践智慧(phronesis),即不仅要知道什么是应当做的和不应当做的,而且要知道什么是合适做的与不合适做的。显然,这就需要丰富的经验积淀、厚重的人生阅历和对具体情况的掌握。所有这些,正是 Sensus Communis 的伦理要义所在。

四

　　亚里士多德的名言:人类在本性上是一种政治的动物! 这对于理解伽达默尔

---

① 伽达默尔:《赞美理论》,夏镇平译,上海:上海三联书店,1988 年,第 71—72 页。
② 参见亚里士多德:《尼各马可伦理学》,廖申白译注,北京:商务印书馆,2003 年,第 35—36 页。
③ 参见葛兰西:《狱中札记》,曹雷雨等译,北京:中国社会科学出版社,2000 年,第 238 页。

的 Sensus Communis 乃是一个指导性的宣言。在古代希腊,政治(politics)与国家或城邦(polis)不仅在词源学上相关,而且政治本身就指涉全体公民,并且以国家的整体利益为要旨和归宿。同样,Sensus Communis 绝不是龟缩在自我的小天地里以自我利益为中心,而是以政治共同体为活动的舞台。维柯在《新科学》中正确地定义道:"共同意识(或常识)是一整个阶级、一整个人民集体、一整个民族乃至整个人类所共有的不假思索的判断。"①可见,Sensus Communis 反映的是一个阶级、公民集体、民族国家乃至全人类的共同价值判断。

苏利文把伽达默尔 20 世纪 20 年代至 40 年代以柏拉图研究为核心的早期思想归结为一种"政治解释学",这是十分有见地的,这表明了青年伽达默尔切入哲学时的一种政治哲学动机。他认为,如果人们依据一种政治思想的古典模型(the classical model of political thinking)来抓住伽达默尔的早期著作,那么这些著作就会获得一种内在的连贯性②。不过苏利文同时也强调,伽达默尔对政治哲学的关注贯穿了他的整个学术生涯,并不存在什么断裂。

尽管伽达默尔对政治的关注始终带着柏拉图—亚里士多德的古典眼光,但是他并没有采用古希腊时代那种狭隘的城邦主义和等级主义区分(奴隶甚至仅仅被视为会说话的工具),而是在罗马斯多葛学派"世界公民"构想和康德"永久和评论"的洗礼下,走向一种强调友爱、团结、正义和平等的世界主义政治哲学。何卫平先生强调:"民族主义往往与爱国主义联系在一起,这无疑值得肯定,但是一个缺乏世界主义视野的狭隘的民族主义和狭隘的爱国主义是不值得提倡的,因为它会葬送一个民族、一个国家的前途,最终会走向自己的反面。"③

如前所述,Sensus Communis 捍卫了常人或普通人的健全理智、健康判断,这在政治领域中亦然。然而在一个劳动分工如此细密化的社会里,再也很难产生亚里士多德那样的"百科全书式学者"了。普通人仅仅因在某个或几个领域里有深入的研究与认识而成为专家,一旦跨出这些领地,他就可能降格为一个"无知者"。

---

① 维柯:《新科学》,朱光潜译,北京:人民文学出版社,2008 年,第 86 页。

② Robert R. Sullivan: *Political Hermeneutics — The Early Thinking of Hans-Georg Gadamer*, The Pennsylvania State University Press, 1989, p. 5.

③ 何卫平:《走向政治解释学——伽达默尔后期思想中的世界主义眼光》,《广东社会科学》2012 年第 4 期。

一个科学与技术的时代是专家的时代,国家政治由此也变成了专家治国,结果普通人的意见就不幸地变成了一些可有可无的杂音,这给政治的不平等与强人专权留下了借口。伽达默尔坚决反对专家治国论,尽管他曾为权威恢复声誉,但是这绝不意味着要让权威或专家主宰或替代我们自己的健康判断。在《专家的界限》一文中,伽达默尔一开始就强调哲学并不是一门吹毛求疵或钻牛角尖的专门技艺。"在社会与政治生活中,专家对于实际决定的作出者而言是下属。"①无疑,对于平常人而言,专家可以是被聆听的对象,但绝不是最终决策的权威。事实上,Sensus Communis 维护每一个人在政治乃至社会生活的一切方面都有平等的参与权、发言权和决策权,而不是让专家包办。

以对话、商谈、民主而不是暴力强迫的方式来解决社会政治生活中的大小事务,这是伽达默尔解释学的"常识政治观"的鲜明特征。我们知道,伽达默尔受柏拉图对话思想的影响,毕生都在强调对话的重要意义,从这个角度而言,他的政治学也可以称为对话政治学、商谈政治学或修辞学的政治学。这与亚里士多德"人是 logos 的动物"此著名论断有关,它包含双重深意:人既是理性的动物,也是言谈的动物。亚里士多德曾明确地界定:"修辞术就像是辩证法和伦理学说的分支,后者可以被恰如其分地称作政治学。所以,修辞学也可以纳入政治学的框架。"②修辞学具有影响人灵魂的伟大劝导力量,正确地说,修辞学是一门关涉伦理与政治的言谈技艺。"用说服取代强制与暴力作为协调群体行为的主要手段则是人类文明、人类社会和人类社群形成和发展的一个基本条件。"③

显然,能以言说作为个人与共同体的行动向导,就需要一个宽松自由的民主政治来作为修辞学论辩的土壤。甚至可以说,如果没有民主政治,Sensus Communis 之花就会枯萎凋零。伽达默尔的常识政治观与民主政体的追求是合拍的。沃恩克(Warnke)正确地指出伽达默尔的解释学导向的是一个更多民主、更少

---

① *Gadamer, On Education, Poetry, and History*, State University of New York Press, 1992, p. 181.
② 亚里士多德:《修辞术·亚历山大修辞学·论诗》,颜一、崔延强译,北京:中国人民大学出版社,2003 年,第 9 页。
③ 刘亚猛:《西方修辞学史》,北京:外语教学与研究出版社,2008 年,第 1 页。

极权的方向①。伽达默尔曾批评 18 世纪德国的学院派形而上学和大众哲学虽然
十分注重向启蒙发达的主流国家英国和法国学习和模仿,但是在政治思想上却畏
首畏尾。"人们虽然采纳了共通感概念,然而由于丢掉了它的一切政治内容,这一
概念失去了它本来的批判意义。"②这只要读一读康德《判断力批判》对 Sensus
Communis 的审美化改造就可以明了。受伯格森影响,葛兰西早就对常识与政治、
宗教之间的紧密关系具有洞察。因为群众的政治运动建基于大众的情感,群众运
动的领导人需要大众的同意或认可,在这个意义上,"意识形态的领导权从不超越
常识"③。但是,葛兰西同样辩证地意识到,大众的直觉情感是需要领导权教化的。

　　美国独立前期,托马斯·潘恩在常识的旗帜之下对英国政体提出严厉的批
判,从而为美国脱离英国的殖民统治摇旗呐喊。他强调设立政府的初衷与目的是
保障人们的安全,以最小的成本带来最大的利益④。常识哲学导向民主政治,正是
在此意义上,汉娜·阿伦特辩护说常识是民主的命脉。⑤ 历经两次世界大战,伽达
默尔深悟民主政治对德国来说弥足珍贵,政治的合法性仍然在于广大普通公民的
一致同意,这应是一种常识,一种解释学的常识政治观,这使得他与其师海德格尔
的浪漫主义政治哲学拉开了距离。

五

　　伽达默尔对德国古典唯心论在 Sensus Communis 论域中所表现出来的政治
软弱立场是不满的。康德曾斥责 Sensus Communis 说:"认真看起来,向良知求救
就是请求群盲来判断,群盲的捧场是哲学家为之脸红,而走江湖的假药骗子却感
到光荣而自以为了不起的事情。……在形而上学里,良知(常当做反义词使用)是

---

① 参见 *The Cambridge Companion to Gadamer*,Edited by Robert J. Dostal,Cambridge University Press,
　 2002,p. 79。
② 伽达默尔:《诠释学Ⅰ:真理与方法》,洪汉鼎译,北京:商务印书馆,2007 年,第 43 页。
③ Patrick McGee,*Theory and the Common-From Marx to Badiou*,Palgrave Macmillan,2009,p. 24.
④ 参见托马斯·潘恩:《常识》,田素雷等译,北京:中国对外翻译出版社,2010 年,第 5 页。
⑤ 参见 Sophia Rosenfeld,*Common Sense:a political history*,Harvard University Press,2011,p. 3.

绝不能去做判断的。"①显然,向常识求救就是请普罗大众来做公断,然而普罗大众在康德看来无异于群盲,他们对高深的形而上学思辨所知寥寥却要冒充权威来评判。换言之,常识就是知识的冒牌货,它想以次充好、鱼目混珠。康德把那些到处鼓吹常识哲学的人讽刺为走江湖的假药骗子。黑格尔也批评常识以情感为根据,践踏了人性的根基。②

有意思的是,博尔特把这种哲学与常识的论争追溯到了柏拉图《泰阿泰德篇》中泰勒斯仰望星空时失足落井而遭到女奴嘲笑的故事。在柏拉图看来,哲学家应该像泰勒斯那样超越常识:"污秽的平民百姓的日常世界、粗野的女仆是不值得严肃研究的。"③当然,博尔特的真正目的不是要像巴曼尼德、柏拉图、笛卡尔、康德等人那样贬低常识,而是要重新发现亚里士多德、托马斯·里德、摩尔等人的重要价值,为常识的元哲学意义辩护。

德国古典唯心论与西方传统哲学对常识哲学的批判是严厉的,也击中要害,伽达默尔对此十分清楚。在 20 世纪的新视野中,为了限制抽象的数学理性主义方法论对精神科学或人文主义传统的过分僭越,伽达默尔重点援引了德国虔信派的厄廷格尔(Oetinger)这位不起眼的牧师,而不是康德与黑格尔。显然,厄廷格尔在德国古典唯心论普遍贬低 Sensus Communis 的主流声调中,捍卫了一种极具解释学应用意义上的生命形而上学意蕴。常识看似简单,但并不与哲学或形而上学相对立。到了 20 世纪 80 年代,德国的洛伯科维奇在常识与休谟怀疑主义论的比较中,继续捍卫了常识作为哲学的立场。④

如何能让听众理解上帝的话语——《圣经》? 这对于教会人士来说是一件极为重要的事情。厄廷格尔十分清楚,理性的论证或数学的演绎既不能帮助信众理解《圣经》,也不能增进信众的信仰。欧洲启蒙运动的历程证实了这点。为此,他倡导一种基于 Sensus Communis 的生成法(generative Methode),即一种像种植

---

① 康德:《未来形而上学导论》,庞景仁译,北京:商务印书馆,1997 年,第 9 页。这里的良知即指常识。
② 参见黑格尔:《精神现象学》上卷,贺麟、王玖兴译,北京:商务印书馆,1996 年,第 47—48 页。
③ Stephen Boulter, *The Rediscovery of Common Sense Philosophy*, Palgrave Macmillan, 2007, x.
④ 参见 Erich Lobkowicz, *Common Sense und Skeptizismus*, Acta Humaniora, VCH, 1986, Chapter Ⅳ。

秧苗那样培植性地理解《圣经》的方法①。生命的基本特点就在于发育、生长、发展和进化，从简单到复杂，从低级到高级。如果牧师解经时在听众的心田里种下能够生根发芽的信仰种子，那么精神就能像一个生命体那样发展壮大。所以伽达默尔也意识到，生命才是共通感的真正基础，因为死的东西是没有 Sensus Communis 的。反过来，共通感能使生命活跃起来，充满人文的意义，而不仅仅是一种生物学的意义。所以，厄廷格尔就把 Sensus Communis 翻译成 Herz，即心地、良心或良知。

生命还有一种神圣般的奥秘性，它简单而统一。例如珊瑚虫与海星在被切割之后仍能再生成新的生命体。在所有这些生命体中，厄廷格尔看到了上帝的荣光与恩惠。"生命循环的中心在于心灵，心灵通过共通感认识无限。"②伽达默尔着重引用了厄廷格尔这句话。生命是上帝最精美的礼物。在生命中认识作为无限的上帝，这在一定意义上给神学形而上学留出了地盘，也给精神的成长预留了广阔的空间。"与用实验和计算强行地分割自然不同，厄廷格尔把从简单到复杂的自然进展看作为神圣创造的普遍生长规律，因而也是人类精神的普遍生长规律。"③可以看出，伽达默尔强调精神的发展过程与生命的生长历程类似。

但伽达默尔不是想重申厄廷格尔为神学的辩护，而是有着更为宽广的人文主义关怀。与近代哲学那种过分放大的自我相比较，伽达默尔在解释学中更为强调生命的有限性与有死性。受海德格尔时间观的影响，伽达默尔说："真正的经验就是这样一种使人类认识到自身有限性的经验。在经验中，人类的筹划理性的能力和自我认识找到了它们的界限。……有限存在的一切期望和计谋都是有限的和有限制的。"④尽管伽达默尔向来都强调理性的重要性，但是这就意味着人类的理性能力不是漫无边际的，人的自我认识也总有遮蔽与短视的时候。人类凭着自身理性的力量而把上帝赶下圣坛，并且以为自己就是未来的主人翁，一切尽在自己的掌握之中，这其实都是过分自大的表现。

---

① 参见伽达默尔：《诠释学Ⅰ：真理与方法》，洪汉鼎译，北京：商务印书馆，2007年，第45页。
② 伽达默尔：《诠释学Ⅰ：真理与方法》，洪汉鼎译，北京：商务印书馆，2007年，第47页。
③ 伽达默尔：《诠释学Ⅰ：真理与方法》，洪汉鼎译，北京：商务印书馆，2007年，第45页。
④ 伽达默尔：《诠释学Ⅰ：真理与方法》，洪汉鼎译，北京：商务印书馆，2007年，第485页。

　　无疑,20 世纪生命哲学浪潮对伽达默尔的解释学产生了影响。可以说,伽达默尔对 Sensus Communis 的讨论,最后导向的是一种基于有限性的生命哲学或生命形而上学。但是伽达默尔 Sensus Communis 思想所透露出来的生命哲学,既与尼采式强力意志喷涌的生命哲学不同,也与海德格尔那战战兢兢的个体生命哲学不同,而是一种浸润着中道、健康、节制、友爱、谦逊、团结等精神的生命哲学,富含辩证法的特质。

　　伽达默尔常常这样解释古希腊的名言"认识你自己":对于我们来说它其实就意味着"'要知道你不是神,而是人。'真正的自我认识,并不是认识的完全的自我透明性(die vollendete Durchsichtigkeit des Wissens),而是洞见到我们不能不承认横在有限之躯面前的界限。"①也就是说,每一个个体都有他自身的局限性,他不是全知、全能的神。正因为如此,所以每个人都要受到教化。生命的根本特点就是它的有死性或有限性。但是有限性不只是消极的东西,它也有积极的意义:正是通过我们的有限性、我们存在的特殊性,才迫使我们走向追问真理之途,并且开辟了与真理的无限对话。也正是如此,与他人、权威、传统的对话才成为必要,人类需要在一个共同体中生活。他人不仅有可能比我们理解得更好、做得更好,而且还可能与我们互相友爱、团结和帮助,从而构建一个良善美好的社会。在这种意义上,伽达默尔的解释学也可以称为一种以健康常识和共通感为特征的生命解释学。

结语

　　综上所述,拉丁文 Sensus Communis 既可以被理解为人人皆知、人人皆有的常识(有常识即理智健全),也可以被理解为一种能贯通五种感官并作判断的能力,即共通感或良知。伽达默尔在 20 世纪重新启用它,就是要在西方近代科学主义方法论对精神科学或人文科学的合法性构成重大挑战的背景中,重新让解释学衔接上西方深厚的人文主义传统,从而为精神科学的真理找到丰富的源头活水。

---

① 伽达默尔:《科学时代的理性》,薛华等译,北京:国际文化出版公司,1988 年,第 46 页。

人文科学或人文主义的真理扎根在广阔的人类历史和社会生活当中,我们处处都可以看到它的真理性在闪光。从家庭、学校到市场、议会、法庭,常识和共通感几乎渗透在我们生活中的方方面面,它捍卫着真理的似真性或偶然性、历史性、说服性、实践性与向善性。

不仅如此,Sensus Communis 还为伽达默尔打开了以伦理学和政治哲学为核心的古代实践哲学大门,从而奠定了解释学的平民化走向与世界和平主义的呼声。德国传统的思想太过强调天才、英雄乃至强人、超人,这就给极权主义的出现提供了某种便利。伽达默尔历经两次世纪大战,把常识或共通感引入解释学,实际上包含着对世界现实历史的深刻反思。这就是要给德国的伦理与政治思想注入一股清新温和的民主清泉,以冲淡以往过分狂热的政治浊流。伽达默尔对 Sensus Communis 的重新阐发,使他的解释学带上一种有节制的生命哲学色彩。生命乃是 Sensus Communis 的前提条件,精神具有一个诞生、发展和死亡的过程。在此意义上,伽达默尔的解释学也可以被视为一种强调人类有限性的生命形而上学。

哈贝马斯早期公共性范畴的批判诠释基础

杨东东

山东师范大学哲学系

批判诠释学(critical hermeneutics)是哈贝马斯在其早期理论中发展出的范畴。该范畴在哈贝马斯与诠释学大师伽达默尔的论战中凸显,并且在很长一段时间里成为哈贝马斯批判理论的方法论原则。这一原则最突出的贡献表现在,它为早期公共性理论建构提供方法支撑。本文之所以将批判诠释学的功用分析限制在早期公共性范围内,原因有二:其一,随着哈贝马斯后期的语言学转向,批判诠释学的论证功能发生了相应变化;其二,前、后期的公共性范畴在其建构基础、内涵、功能等方面发生了程度不等的变化,因而无法做整体性分析。由此,笔者在本文中意图达成的目标仅在于,通过对哈贝马斯早期公共性范畴之内涵和特征的分析,考察作为方法论基础的批判诠释学如何为公共性之合理性与批判性特质提供有效保障。

一、 何谓"公共性"

"公共性"是哈贝马斯理论的核心概念之一。它发端于西方世界,由"公共"一词演变而来,在不同时期具有完全不同的内涵。按照哈贝马斯在《公共领域的结构转型》中的论述,"公共性"分为三种主要类型。第一类公共性诞生于古希腊,被美国哲学家汉娜·阿伦特推崇。依据她的理解,此种"公共性"之"公共",强调的是民众的公开展示,"凡是出现于公共场合的东西都能够为每个人所看见和听见,具有最广泛的公开性"[①]。阿伦特将展示的方式分为对谈和实践两类,认为只有在

[①] 汪晖、陈燕谷主编:《文化与公共性》,北京:生活·读书·新知三联书店,2005年,第81页。

这个过程中,人类才能脱离单纯的动物性存在,获得人之为人的真正本质。从这个意义上讲,虽然古希腊的公共性主张开放与展示,但展示的目的在于个人存在意义的彰显,因而对公众事务并未倾注过多热情,也不期待在对谈活动中取得一致共识。同时,古希腊对公共性的看重使它无视私人领域,并将其贬低为满足人类动物性需求的低级领域。第二类公共性出现于中世纪封建领主时期,也是西方历史上公私区分最不明晰的时代。哈贝马斯将此公共性命名为"代表性的公共性",因为"公共"仅意味着封建领主特权的公示,民众没有任何发言权,一切都听命于握有公共权力的话语独霸人,"从这个角度来看,特殊性和豁免权才是封建领主所有制的真正核心,同时也是其'公共性'的核心"①,这显然与哈贝马斯期待的公共性相差甚远。在他看来,只有资本主义社会才能满足理想的公共性的建构条件。

哈贝马斯说,资本主义社会的一个显著特征是国家和市民社会的逐步分离。随着资本主义经济关系的迅速发展,现代税收国家出现。这种国家形态目的十分明确,即进行金融管理。与之相应的是,"作为政府的对应物,市民社会建立了起来"②。这意味着如下两种状况的发生:一是以家庭为核心的个体经济出现,私人领域建立;二是"私有化的经济活动必须以依靠公众指导和监督而不断扩大的商品交换为准绳;其经济基础在自己的家庭范围之外"③。哈贝马斯认为,这一方面导致了国家财富与个人财富的区分,但同时也揭示出国家利益和个人利益之间的不可调和性,公私冲突频频闪现。这就为资产阶级公共性的诞生提供了前提:必须有一个承载民众私人利益,并由以监督和批判国家权力机关的代言者出现。

哈贝马斯将资产阶级公共性的展示场域称为公共领域。从宽泛意义上讲,公共领域最先意指由资产阶级的阅读公众形成的松散但开放且有弹性的交往网络。其中每一个人都可以作为读者、听众和观众等多重角色存在,他们遵循一系列共同规范,通过平等交往就文化市场的一般问题展开讨论。哈贝马斯称其为文学公共领域,它"是公开批判的练习场所,这种公开批判基本上还集中在自己内部——

① 哈贝马斯:《公共领域的结构转型》,曹卫东等译,上海:学林出版社,1999年,第6页。
② 哈贝马斯:《公共领域的结构转型》,曹卫东等译,上海:学林出版社,1999年,第18页。
③ 哈贝马斯:《公共领域的结构转型》,曹卫东等译,上海:学林出版社,1999年,第16页。

这是一个私人对新的私人性的天生经验的自我启蒙过程"①。然而,文学公共领域显然无法满足全部的批判目标。为了有力地对抗国家权力机关,它必须将讨论议题从文学转移到政治,由此上升为政治公共领域。哈贝马斯将政治公共领域"理解为一个由私人集合而成的公众的领域;但私人随即就要求这一受上层控制的公共领域反对公共权力机关本身,以便就基本上已经属于私人,但仍然具有公共性质的商品交换和社会劳动领域中的一般交换规则等问题同公共权力机关展开讨论"②。换言之,政治公共领域指私人领域③中关注公共事务的部分,它有权针对公共权力机关侵害个人权利的行为进行对话论辩、反思批判,以维护一个民主、公正的社会的存在。这才是哈贝马斯公共领域概念的主旨。由此可以抽象出资产阶级公共性的基本诉求:"公共领域对所有公民无障碍的开放性、公众在公共领域内对公共权力和公共事务的批判性,以及遵循自由、民主、正义原则进行理性商讨所达成的可促使独立参与者在非强制状态下采取集体行动的共识。"④于是,开放性、批判性与合理性构成了公共性的基本特征。

所谓开放性,顾名思义,即面向广大公众的最广泛的参与,它剔除任何特权、专制成分,强调作为自然人的平等加入,可以自由表达各自的观点。"称得上是资产阶级法治国家主体的公众是把他们的领域看作这样一种严格意义上的公共领域:他们认为在原则上一切人都属于这一领域。所谓人就是指道德人格,指私人。"⑤开放性是公共性范畴的最基本特征。公共性的批判性指向国家权力机关,反对后者的干预和介入,保障私人的合法权利。合理性是公共性的第三个特征。哈贝马斯认为,正是公共性之开放性和批判性,激发出民众就公共议题进行对话、论辩的热情,它符合康德对理性之公开运用的追求,揭示出公共领域中反思商谈的理性色彩。

---

① 哈贝马斯:《公共领域的结构转型》,曹卫东等译,上海:学林出版社,1999 年,第 34 页。
② 哈贝马斯:《公共领域的结构转型》,曹卫东等译,上海:学林出版社,1999 年,第 32 页。
③ 在《公共领域的结构转型》中,哈贝马斯对私人领域的界定有狭义与广义之分:所谓"狭义的私人领域",基本上是指家庭以及在其中的私生活;而"广义的私人领域"除包括家庭以外,还包含社会领域,即商品交换和社会劳动领域。这里的私人领域是从后一种意义上来理解的。参见哈贝马斯:《公共领域的结构转型》,曹卫东等译,上海:学林出版社,1999 年,第 35 页。
④ 傅永军:《传媒、公共领域与公众舆论》,《山东视听》2006 年第 1 期,第 6 页。
⑤ 哈贝马斯:《公共领域的结构转型》,曹卫东等译,上海:学林出版社,1999 年,第 94 页。

　　开放性、批判性和合理性形塑出哈贝马斯公共性的基本面貌。当下的问题在于，这三个基本特征，尤其是批判性与合理性，如何在公共领域中获得保障。这恰是批判诠释学意图完成的任务。

二、 批判诠释学是公共性原则合理性的方法论保障

　　批判诠释学是在吸收伽达默尔哲学诠释学与弗洛伊德精神分析理论的基础上建构起的方法论模式，其核心在于通过批判反思，揭示日常交往中意识形态化的交往关系，消解社会统治中未被识破的强权，从而寻求正常交往的通道。哈贝马斯认为，只有在非意识形态化的交往行为中，才可能产出具有合理精神的公共性原则。

　　这里有必要对合理性概念做更详尽的分析。尽管在哈贝马斯的早期作品里，"合理性"一词尚不具有成熟完备的理论内涵，而只是在民众的反思沟通行为中有所展示，但它显然已经具备了交往合理性的基本特征。在《公共领域的结构转型》中，哈贝马斯提出合理性"体现在有教养的人共同使用知性合理交往过程当中"[①]，便是明显的标示。当然，只有经历了语言学转向，哈贝马斯对交往合理性的理解才更加深入。在《交往与社会进化》中，他认为交往合理性主要"体现在交往行为的媒介性质上，体现在调解冲突的机制、世界观以及同一性的形成上"[②]。哈贝马斯认为，交往合理性相对于工具合理性的优势在于，它克服了后者在目的—手段之间的单向性关联，将理性放置在更宽泛的人际交往关系中考察，强调不仅要在处理客观世界事务时求取真理，还要在面对社会世界和主观世界的过程中实现对善与美的追求。换言之，交往合理性是理性的更全面形态。

　　事实上，这也是哈贝马斯在后期公共性理论中力图建构的一种合理性模式。至于交往合理性在早期理论中的展示——即便不是在完备意义上，首先体现在文

[①] 哈贝马斯：《公共领域的结构转型》，曹卫东等译，上海：学林出版社，1999年，第40页。
[②] 哈贝马斯：《交往与社会进化》，张树博译，重庆：重庆出版社，1989年，第123页。

学公共领域中。① 如前所述,尽管哈贝马斯将文学公共领域看作资产阶级政治公共领域的准备阶段,但就促进公众的自我启蒙与集体启蒙而言,文学公共领域发挥了关键作用。文学公共领域由此成为交往理性活跃的领域。

哈贝马斯认为,文学公共领域是由贵族和后来发展出的市民阶层构成的、并就文艺话题进行讨论、评价甚或批判的交往空间。在这一空间中,即便原本用于表达私人情感的书信也逐渐具有了公共性。哈贝马斯说,书信最初展示的是小家庭中培养出的"纯粹人性"关系,这种"纯粹人性"要求个体从任何一种外在关系中解放出来,确立其私人的主体性地位。然而,随着书信的公开化,它将私人性的体验带到了公共领域之中。由此,私人个体的主体性和公共性在文学中被联系在一起。于是,"一方面,满腔热情的读者重温文学作品中所表现出来的私人关系;他们根据实际经验来充实虚构的私人空间,并且用虚构的私人空间来检验实际经验。另一方面,最初靠文学传达的私人空间,亦即具有文学表现能力的主体性事实上已经变成了拥有广泛读者的文学;同时,组成公众的私人就所读内容一同展开讨论,把它带进共同推动向前的启蒙过程当中"②。换言之,借助对文学作品的阅读和品评,实现了公众的双向启蒙:一方面,文学帮助私人建立起真正属于自己的私人空间,这是自我意识培育的场域,私人的主体性在此间确立,私人获得自我认同的过程同时就是自我启蒙的过程;另一方面,私人将这种自我认同带到公众的面前,在沟通交往中建立起一系列主体间性关系,使个体能够在这种关系中重新确认自己与他者的地位,从总体上推进集体认同与公众启蒙。依照康德的理解,启蒙是理性公开运用的结果,是脱离自己加之于自己的不成熟状态。文学公共领域此时发挥的便是这样一种作用:为公众运用自己的理性能力进行反思与自我反思提供私人空间,从而为实现启蒙要务提供交往空间。鉴于这种理性能力的培育是在交往关系中建构的,文学公共领域便成为交往理性的展示场域。

由此可以进一步论证批判诠释学在保障交往合理性过程中发挥的积极作用。前文谈到,批判诠释学的目的在于摒弃意识形态化的交往,恢复和重建正常的交

---

① 这并不是说在早期资产阶级政治公共领域中就不再具有交往合理性。只不过,由于文学公共领域的产生早于政治公共领域,它便更早地将这种交往合理性彰显出来。

② 哈贝马斯:《公共领域的结构转型》,曹卫东等译,上海:学林出版社,1999 年,第 54 页。

往关系。哈贝马斯说，无论是在自由资本主义公共领域，还是在当下所处的晚期资本主义公共领域里，意识形态要素都或隐或显地存在着。[①] 特别是当西方资本主义社会步入晚期阶段，意识形态的操控更是肆无忌惮。譬如，随着市场经济的发展，作为文学公共领域之传统载体的文学杂志等逐渐失去自律性，直接受制于生产和消费的循环。诸多刊物则"试图迎合教育水平较低的消费集体的娱乐和消闲要求，以增加销售，而不是将广大公众导向一种实质未受损害的文化"[②]。于是，民众的阅读兴趣、讨论主题被出版商引导和操纵，即便是表面上未受阻隔的自由沟通，也是细心培植的结果。"讨论进入'交易'领域，具有固定的形式；正方和反方受到事先制定的某些游戏规则的约束；在这样的过程中，共识成为多余之物。"[③]这就是意识形态的伎俩，一旦得逞，民众在对话沟通的交往行为中诞生的只能是虚伪的交往合理性，是被工具合理性整合的合理性。

正是基于此种考虑，哈贝马斯提出批判诠释学方法。它通过曝光公共交往中存在的操控性和欺骗性要素，引发民众之警醒与反思，从而恢复公共领域中的正常交往，保障公共性之合理特质。现在，问题的核心在于，为何采取批判"诠释学"方法？这首先是由研究对象的特殊性决定的。哈贝马斯理论的分析对象是人类社会，是社会中人的行动，是有意义、有目的的人类行动。这就要求研究者不能仅仅从外部现象出发对社会事件进行考察，而是要介入被研究者的内心世界，通过相互间的沟通理解实现对被研究者行为的深层分析。同样以传媒的操控行为为例。从表面看传媒活动不过是单纯的商业行为，为商业利润所驱动。而一旦要求对其操控实质进行指认，则必须诠释方法的介入。它可以借助对传媒活动的内在意图、操控手段的诠解与分析，揭示出其中隐藏的政治、商业目的。接下来的问题是，为何是"批判"的诠释学方法？可以从哈贝马斯与伽达默尔的论争中获得答案。作为批判诠释学的理论基础，哈贝马斯对伽达默尔哲学诠释学的最大不满在

---

① 所谓早期公共领域，即笔者在第一部分谈到的资产阶级公共领域。哈贝马斯认为，这种公开的、批判的和合理的公共领域在晚期资本主义阶段遭受了致命的打击，转而成为受操控的、整合的空间。哈贝马斯写作《公共领域的结构转型》的目的，便是以早期资产阶级公共领域为理想模型，寻求公共领域重建的新路径。

② 哈贝马斯：《公共领域的结构转型》，曹卫东等译，上海：学林出版社，1999年，第191页。

③ 哈贝马斯：《公共领域的结构转型》，曹卫东等译，上海：学林出版社，1999年，第191页。

于后者的保守性。虽然伽达默尔提出哲学诠释学同样可以借助时间距离揭示人类行为中隐含的意识形态要素，但这种将批判的可能性托付于历史演进的做法并不能让哈贝马斯满意。由此，突出诠释学的批判作用，时刻强调以批判意识引领诠释活动，是批判诠释学成其为自身的关键所在。与此同时，它也满足了哈贝马斯意识形态批判的整体目标。

三、 批判诠释学为公共性的批判特质提供方法论支撑

公共特质的生成，同样离不开批判诠释学的方法论支撑。这要从批判性本身谈起。

在《公共领域的结构转型》中，哈贝马斯认为，资产阶级公共性之所以是批判的，尤其资产阶级政治公共领域中的公众之所以具有批判精神，是由于公众双重身份的引导——作为人的公众和物主的公众。所谓"作为人的公众"，即文学公共领域中具有"纯粹人性"的个体，也就是确立了私人自律之个体。哈贝马斯说："这种自律首先似乎是建立在个人自愿的基础之上，坚决反对强制；其次，它似乎是建立在永恒的爱的共同体之中；最后，它似乎保证了受过教育的人能将其一切能力都充分自由地发挥出来。自愿、爱的共同体以及教育这三个因素合在一起就是人性概念。"①这揭示出在文学公共领域中何以可能造就批判的公众：个人自愿意味着公众可以自由发表自己的意见，不受任何外力的影响；教育培养了民众独立思考的能力，且使他们能够充分表达自己的观点；而爱的共同体则说明，公众可以建立起亲密的内在关系，实现良好的互动与沟通。事实上，这不仅是文学公共领域中批判的公众诞生的前提，同时也催生出充满批判精神的资产阶级政治公共领域。哈贝马斯提出："如果私人不仅想作为人就其主体性达成共识，而且想作为物主确立他们共同关心的公共权力，那么文学公共领域中的人性就会成为政治公共领域发挥影响的中介。"②这就涉及成为政治公共领域中批判的公众的另一个必要

---

① 哈贝马斯：《公共领域的结构转型》，曹卫东等译，上海：学林出版社，1999年，第51页。
② 哈贝马斯：《公共领域的结构转型》，曹卫东等译，上海：学林出版社，1999年，第59页。

条件：物主。文学公共领域中的公众只有同时具有物主身份，才可能从切身利益与感受出发，就具有公共性质的商品交换和社会劳动领域中的一般交换规则等问题展开批判。换言之，如果说具有"纯粹人性"之人为批判的公共性提供了反思批判精神的话，那么这种反思批判只有遭遇了作为物主之个体，才能真正将批判的方向指向公共权力机关。

从"物主"与"人"两种身份相互融合的角度分析公共性之批判特质的由来，这属于静态分析。而动态的考察则涉及作为物主之纯粹个体如何现实地发挥其批判潜能。启蒙在这个过程中至关重要，它借助批判诠释学方法展示自身。

可以借助哈贝马斯对弗洛伊德精神分析理论的考察，理解批判诠释学与启蒙的这种关系。前文提到，批判诠释学得以成立的一个契机，是哈贝马斯与伽达默尔的论争；而弗洛伊德的精神分析理论成为哈贝马斯在这一论争中的重量级砝码。在哈贝马斯看来，他意图建立于批判意识基础上的诠释理论在弗洛伊德的精神分析学中已经初步现形。

哈贝马斯认为，精神分析的治疗过程就是治疗者帮助精神病人从无意识的冲动中解放出来，恢复自我意识的过程。这与精神病的致病原因密切相关。精神病人之所以会制造出专属自身的难以理解的表述，并且将自己束缚在私人语言的框架之内，根本而言是其从童年时期就被压抑的本能在强制释放之后与自我之间不得已相妥协的结果。所以，治疗的关键在于病人成功的自我反思。他必须通过与医生的对话沟通，逐渐回忆起童年的生活史中被压抑和隐藏的部分，把失去的东西重新找回来，使自己再次完整化和成熟化，实现真正的自我解放。哈贝马斯从这一过程中抽象出批判诠释学的两个最基本要素：对话与反思批判。他认为，将这种诠释理论运用至社会领域是可行的。"正如病人学会识破未曾识破的强权，学会解除压抑并有意识地克服压抑一样，在社会领域也是如此，我们要通过意识形态批判识破并消解社会统治关系中未被识破的强权。"①

在《公共领域的结构转型》中，哈贝马斯将借助对话反思帮助公众识破强权、

① 伽达默尔：《答〈诠释学和意识形态批判〉》，洪汉鼎主编：《理解与解释：诠释学经典文选》，北京：东方出版社，2001 年，第 389 页。

培养公众批判精神的任务交给了哲学家:"哲学家的讨论面向政府,目的是对政府加以指导和监督;同样,哲学家的讨论也面向公众,目的是引导他们运用自己的理性。这种公众具有双重地位:一方面,他们是不成熟的,还需要启蒙;另一方面,他们之所以形成公众,是因为他们已经有了成熟的要求,具有了启蒙的能力。"①此时,我们可以在医生与哲学家、精神病人与公众之间进行类比分析。正如在精神病治疗领域,医生通过与病人的诠释性对话沟通,实现病人的"启蒙",从而使其获得治愈一样;在社会批判领域,亦即在批判性的公共空间里,哲学家在引导公众对自身状况、对社会统治状况的反思中——这也便是启蒙的过程,充分调动其批判热情,使具有批判能力的公众真正开启其批判之旅。

　　上述分析揭示出批判诠释学—启蒙的公众—批判的公共性之间的内在关联。哈贝马斯借助从精神分析理论中抽象出的批判诠释方法,使已经具备启蒙能力的公众在与哲学家的对话沟通中充分释放其批判潜能,从而完善了资产阶级公共性的批判特性。进而言之,资产阶级公共性的合理性也因此得到深化。前文提到,合理性的建立有赖于对交往过程中操控性、欺骗性要素的揭露,而揭露的过程显然就是批判反思的过程。此时得到的是更加周全的关系链条:批判诠释学—启蒙的公众—批判性的反抗—合理的共识—资产阶级公共性。链条的诸种要素之间并不存在必然的逻辑顺序,它们往往同时出现、相互作用。同样,批判诠释学也并非只是链条的开启者,它存在于链条中的每一个关键环节,成为督促各环节相互作用的方法论动力。

四、 分析性评论

　　作为哈贝马斯早期批判理论的方法论原则,批判诠释学的确发挥过相当大的作用,这尤其表现在资产阶级公共性理论中。诚如前文所述,公共性展示的是公众交往的开放性、对公共权力和公共事务的批判性,以及通过自由沟通达成共识之合理性。根据哈贝马斯的理解,批判诠释学从方法论的角度为资产阶级公共性

---

① 哈贝马斯:《公共领域的结构转型》,曹卫东等译,上海:学林出版社,1999年,第123页。

提供基本保障。它通过引导民众的反思与自我反思,排除公共领域中可能存在的意识形态要素,从而保障必要的批判意识的生产;在此基础上,启蒙的公众针对公共权力机关和公共事务进行批判商谈的结果,是以交往合理性为特征的共识的出现。整体来看,批判诠释学并不参与公共领域中具体观念的建构,它所有的任务都在于防止意识形态的介入,同时激发公众对意识形态化的观念的反思批判。这是公共领域中合理共识呈现的前提。

然而,哈贝马斯对批判诠释学方法的运用最终没能阻止资产阶级批判的公共性向整合的公共性的倒退。当资本主义社会进入晚期阶段,公共性的任务已不再是针对国家权力机关展开批判,它逐渐退化为国家控制、约束公民的手段。公众对国家权力机关进行批判之政治使命"逐渐地为其他机制所取代:一方面是社团组织,其中,有组织的私人利益寻求直接的政治表现形式;另一方面是政党,政党曾是公共领域的工具,如今却建筑在公共领域之上,与公共权力机关紧密相连"①。综观资产阶级公共性的上述变化,一方面当然源于社会结构的变迁,譬如国家社会化和社会国家化进程的出现;但另一方面,有必要在此基础上重新反思批判诠释学的失误。笔者认为,相当关键的一点在于批判诠释学的规范缺失。

前文谈到,批判诠释学在早期公共性建构中起到的是启蒙民智、祛除意识形态宰制的作用。这符合由霍克海默开启的社会批判的一贯思路,但也因此遗传了其消极特征。众所周知,哈贝马斯的前辈学者之所以在社会批判的道路上迷失了方向,根本原因在于他们没能找到将批判奠基于其上的理论基石,于是批判就成为无根基的批判。尽管哈贝马斯在酝酿批判诠释学方法时已经意识到这一问题,但尚未形成成熟的思路来面对它。这就引发了对批判诠释学规范性的普遍质疑:当这种诠释方法被用来引导民众展开意识形态批判时,批判的依据和界限在哪里? 如何证实民众的批判本身不是受到意识形态干扰的? 如前所述,民众的反思批判要依靠哲学家/启蒙者的引导,那么这种引导的合理性何在? 批判诠释学是以弗洛伊德精神分析理论为范例而建立起来的,但是精神分析和社会批判依赖的批判诠释方法具有不同的检证逻辑。对于精神病治疗而言,医生的权威地位不可

①　哈贝马斯:《公共领域的结构转型》,曹卫东等译,上海: 学林出版社,1999 年,第 201 页。

动摇,病人往往因为对医生的信任而寻求其治疗。同时,治愈的标准表现为病人能够摒弃私人语言,参与到与医生的正常对话中。这表明精神分析治疗的合理性可以获得即时证明。社会批判则完全不同,它总是依据期待来批判现实,而哲学家/启蒙者承担的似乎是未来使者的使命。现在的问题在于,哲学家/启蒙者是否值得和是否能够被信任。这可能引发两种不同的后果。其一,精英意识的出现。"医生-病人模式的普遍化扩展到庞大群体政治实践,就自我-任命的精英教条地主张一种洞见到真理的特权而言,具有鼓励以这种不受控制的实施权力的风险。"①这显然不符合哈贝马斯的理论预想。哲学家/启蒙者的先锋作用固然重要,但他们在公共领域中的任务仅限于引发公众的普遍反思和平等讨论,一旦超越这个界限,精英选择就可能替代民众共识,意识形态操控反而会呈现出愈演愈烈之势。与之相反的另一个后果是启蒙者备受排斥:"心理分析学家引导病人进入发生在有意识的表面解释之后的解放的反思……这种活动属于他引导病人进行的解放的反思。但是,如果他在不是作为一个医生而是作为一场游戏中的伙伴的情形下使用同一种反思,那时会发生什么呢?……一个总是识破他的游戏对手的游戏者……是一个人人躲避的令人扫兴的人。"②这两种后果揭示了同一个问题,即一旦批判诠释学失去肯定性的规范设定,其方法论效用将大打折扣。

　　对批判诠释学的另一个指责与上述问题密切相关,即它缺乏相应的建构能力。美国学者汤普森(John B. Thompson)曾就此进行深入分析。这同样要借助与精神分析理论的对比。汤普森认为,就精神分析活动而言,患者可以通过接受医生的分析而意识到自身的问题,并且最终从压制状态中解放出来,这是疾病被治愈的过程;但批判诠释学方法在意识形态批判领域的运用完全不同,其作用仅限于指出其中的权力关系和压制因素,却无法在自身框架内解决这一问题。"因此,当哈贝马斯正确地强调存在于社会生活中的意识形态要素时,也给我们带来了某些疑惑:系统地被扭曲的交往并不能为我们分析这一现象提供合适的框

---

① 托马斯·麦卡锡:《哈贝马斯的批判理论》,王江涛译,上海:华东师范大学出版社,2010 年,第 261 页。
② 伽达默尔:《论解释学反思的范围和作用》,选自《哲学解释学》,夏镇平、宋建平译,上海:上海译文出版社,2004 年,第 43 页。

架。"①汤普森的上述观点揭示出批判诠释学可能遭遇的第二个难题,即其规范指向何在。尽管批判诠释学相对于哲学诠释学等其他诠释模式的特点在于其对批判性的强调,但是在缺乏正向的理想设定的情况下,其批判便是无的放矢。

批判诠释学规范性匮乏的缺憾使它难以阻挡公共性的衰颓之势。但这并非公共性的最终命运,批判反思的诠释模式也没有因此退出方法论舞台。在语言学转向的过程中,哈贝马斯展示出批判诠释学方法的积极效用。"祛除意识形态的宰制是达致批判诠释学最终目标的重要步骤。批判诠释学的最终目标是重构相互理解的普遍条件。"②通过对批判诠释学方法之建构意义的重新发掘,公共性观念将会焕发出新的生机。

---

① John B. Thompson, *Critical Hermeneutics*, Cambridge University Press, 1981, p. 136.
② 傅永军:《批判的社会知识何以可能?——伽达默尔-哈贝马斯诠释学论争与批判理论基础的重建》,《文史哲》2006 年第 1 期,第 141 页。

瓦蒂莫诠释学的虚无主义之根

铁省林

曲阜师范大学政治与公共管理学院哲学系

作为当代诠释学大师海德格尔和伽达默尔的传人,意大利哲学家詹尼·瓦蒂莫(Gianni Vattimo)通过吸收和阐释尼采的虚无主义思想,沿着海德格尔形而上学批判的路径,把解释与事实和真理对立起来,将诠释学奠定在虚无主义基础之上,把哲学诠释学改造成了一种虚无主义的诠释学,使当代诠释学呈现出了一种后现代的视景。

一、 虚无主义的诠释学重释

瓦蒂莫本人是尼采研究的专家,尼采的虚无主义深深地影响了他,所以他对虚无主义的理解和解释来自尼采。在瓦蒂莫之前,流行的对尼采的解释有两种,一种是活力论的解释,以法国的柏格森、福柯和德勒兹等人为代表;另一种是权力意志的解释,以德国的海德格尔为代表。然而,以上两种解释都没有从诠释学方面来把握尼采的虚无主义,或者没有把握到尼采虚无主义的诠释学实质。在尼采的解释者中,瓦蒂莫是第一位将尼采看成一位诠释学思想家的人,并且把尼采置于诠释学发展的思想谱系中。

根据瓦蒂莫的观点,虚无主义问题不是一个历史学的难题,而是一个海德格尔意义上的历史性难题。一百多年前,尼采宣称虚无主义已经进入了欧洲的大门,虚无主义已经到来,成为欧洲文化的一种常态。迄今为止,虚无主义并没有完成,没有远离我们;虚无主义仍然在发展,与我们密切相关,是我们生存和发展的良机,我们今天甚至未来都必然是虚无主义者。瓦蒂莫指出,我们今天要关心的是,"虚无主义究竟位于何处,以何种方式与我们相关,以及它要求我们在做出决定时应做出何种选择和姿态"①。瓦蒂莫正是从尼采的虚无主义开始，结合海德格尔的本体论解读和本体论存在哲学，把虚无主义看成一个诠释学的事件。

那么，什么是瓦蒂莫理解的虚无主义呢？在瓦蒂莫看来，虚无主义是指尼采在《权力意志》的一个注释中所说的"人类从中心滚到了 X"这样一种境况，可以将之概括为"最高价值的贬黜"。尼采在《权力意志》中明确地指出了虚无主义的根本含义：虚无主义是什么？虚无主义不追求什么目标，不追究什么内在原因，虚无主义就是否定最高价值，或者说是"最高价值的自行贬黜"②。在尼采那里，最高价值是自苏格拉底以来，欧洲主流传统所确立和尊崇的价值，它们往往以宗教、道德、真理、存在、目的、统一性等形式出现。具体来说，第一，它依赖于相信世界的意义，依赖于相信生存或实在生成的过程必然走向某个目标，无论是实现道德原则、拯救，还是实现普遍幸福。第二，它基于相信存在着某种世界的整体性或有机统一体，让个人感到参与高于自己的事物，因而感到更大的价值。第三，它依赖于假定，在感觉的尘世世界——它被认为是一个幻想——之外，存在着一个真正的、不可毁灭的和持久的世界，例如，柏拉图理念的世界。③ 虚无主义的历史使命就是贬黜和消解这种最高价值。没有最高价值的世界，就是一个人类主体自由解释的世界。因为没有了这些最高价值，就等于没有了绝对的客观性，人类主体摆脱了必然性的束缚，以自由之身解释世界及其构成物。

瓦蒂莫对虚无主义的理解和解释始终把尼采的观点和海德格尔的观点糅合在一起。他认为，虚无主义在尼采那里是最高价值的贬黜，而在海德格尔那里则是存在降低为价值。从尼采和海德格尔的观点中可以得出，无论是最高价值的贬黜，还是存在降低为价值，都说明了价值本身并没有消失，只不过没有了至高无上的最高价值。所有的价值都处于平等的关系之中，每一种价值都不高于其他价值，都不比其他价值更权威，而且各个价值都可以互换。因而，所有价值的真实本质都是交换价值，都具有"可变性、无限可转换性或过程性的能力"④。从这个意义

① 詹尼·瓦蒂莫：《现代性的终结》，李建盛译，北京：商务印书馆，2013 年，第 71 页。

② 尼采：《权力意志》，孙周兴译，北京：商务印书馆，2007 年，第 400 页。

③ Andrzej Zawadzki, *Literature and Weak Thought*, New York：Peter Lang, 2013, p. 93.

④ 詹尼·瓦蒂莫：《现代性的终结》，第 73 页。

上来讲,作为可交换的价值都从属于解释的过程。正因为如此,尼采才提出了"价值重估"的主张。根据尼采的观点,在虚无主义的时代,所有的价值都需要进行重新评估,而价值评估不过是一种解释、"一种阐释方式"①。因此,换用诠释学的表达,尼采的价值重估就是指所有的价值都需要重新解释。

瓦蒂莫认为,最能代表"最高价值的贬黜"的是"上帝之死"。根据海德格尔的解释,"上帝死了"这句话的意思是说,上帝已经丧失了它对所有存在者以及整个人类的支配性权力。同时,在尼采那里,这个基督教的上帝还是一个主导的观念,它代表着柏拉图所说的"理念"的领域,即"超感性的领域",具体来说,代表着各种各样至上的"理想""规范""原理""法则""目标""价值"等,它超越于多样性的存在者之上,赋予多样性存在者形成的整体以秩序、目的和意义。② 瓦蒂莫进一步解释说,我们说"上帝死了",并不是说上帝在客观上不存在了,它不再属于实在了,而是说,上帝不再必要,它是一个多余的谎言。因为"上帝"不是一个实体,"上帝死了"也不是一个传统形而上学命题,它不描述一个固定的事态。实际上,"上帝死了"是一个宣告,它宣告了一个事件,一个发生的事件。我们本身牵连进这个事件,是这个事件的一部分,所以我们是在经验着这个事件,无法超脱出来站在一个外在的、客观的立场上来描述这个事件。瓦蒂莫说,不能在通常的意义上来理解尼采的"上帝之死",尼采这句话比通常所认为的具有更多的含义:"它不是形而上学命题上的上帝'不存在',因为这个形而上学命题仍然意味着要求指涉某种稳定的实在结构,某种存在的秩序,即在思想史中上帝真正'存在'。相反,它承认发生;在发生中,人们不需要认为存在具有稳定的结构并最终作为基础。"③因此,如果在一般意义上来理解"上帝之死"的命题,就会退回到传统的形而上学上去。

为什么以前的人需要上帝呢? 人们之所以需要上帝,是因为人们需要稳定的秩序和结构,而这种稳定的秩序和结构表现在社会条件上就是说,人们借助上帝来组织和保障一个有秩序的、安全的社会环境,一个避免暴露于自然和非自然危

---

① 尼采:《权力意志》,第 190 页。
② 参见海德格尔:《尼采》,孙周兴译,北京:商务印书馆,2016 年,第 718 页。
③ Gianni Vattimo, *The Adventure of Difference*: *Philosophy after Nietzsche and Heidegger*, Trans. by Cyprian Blamires, Baltimore: The Johns Hopkins University Press, 1993, p. 164.

险的社会环境。社会秩序和结构使人类能够避开自然的灾难和社会的混乱,宗教组织和活动塑造人们的内心信念,规训着人们的道德行为。然而,随着社会的发展和进步,人能够不再需要上帝这个组织者和保障者了;没有上帝,我们仍然生存于一个秩序井然的社会中。在现代世界,科学技术取代了那个上帝,让我们脱离了那个属于原始人的恐怖世界。所以,在这个世界上,我们人类自身创造了科学技术,相当于我们人类自身——这些原来的忠实的信徒——亲手杀死了上帝。

尼采通过虚无主义对最高价值的否定似乎属于价值论的领域,但实际上属于认识论和诠释学的领域。在尼采那里,无论是最高价值、上帝,还是普通的价值,都指的是某种"事实",某种"客观的"东西。从认识论和诠释学的视角来看,对最高价值的贬黜、重估一切价值,必然蕴含着"没有事实,只有解释"。尼采坚决反对实证主义,因为它总是以认识现象为目的,总是认为只存在着事实,而尼采的回答是,根本没有事实,有的只是解释,我们没有任何能力来确定所谓"自在的"事实,因此,一切都是解释,甚至"一切都是解释"这句话本身也是解释。① 正是在这个意义上,尼采主张"视角主义"。根据尼采的观点,我们不能否定"认识"一词的意义,因为世界是能够被我们认识的。但是世界本身并没有单纯一个"本质"的意义,而是具有多种意义,这些意义实际上基于我们的解释。我们之所以具有多种解释,是因为我们具有多种视角,这就是"视角主义"。② 尼采的"视角主义"排除了无所不知的上帝视角,主张人类的主观视角。因为人类主观视角的存在,世界上才不存在客观、绝对、必然的认识,而只有人类从自己主观出发的解释。

瓦蒂莫高度评价了尼采"没有事实,只有解释,而这句话也是解释"这个观点。他指出,尼采的这个观点不仅揭示了一个一般的认识论难题,即没有什么东西可以被看作客观事实,因为甚至当我们谈论事实时,我们实际上也在表达解释;而且明确地断定了"事实""并不存在",至少客观主义、科学主义或实证主义心智想象的那种作为外部独立对象的事实并不存在。"或者更恰当地说,仅当我们把它们

---

① 参见尼采:《权力意志》,第 362 页。

② 参见尼采:《权力意志》,第 362—363 页。

把握为事件时,事实才存在,而作为解释者,我们以决定的方式构成了这种事件。"①虽然尼采没有提出一个完整的诠释学理论体系,但他的确通过虚无主义抓住了诠释学的本质。

二、真理与解释

尼采对"真理"的批判和否定进一步为瓦蒂莫的虚无主义诠释学提供了根据。瓦蒂莫指出,在尼采那里,上帝就是最高价值,而真理是上帝的另一个名字,因而真理也是一种最高价值。否定上帝,否定最高价值,也就是否定真理价值。人们最终认识到,上帝不过是一个谎言,从而杀死了它,对真理的需要与上帝一起烟消云散了。因而,从否定上帝、否定最高价值出发,尼采也否定了真理的价值。对瓦蒂莫来说,从尼采的观点中可以得出,成为寓言的"现实世界"决不让位于更深刻、更可靠的"真理",而是让位于解释的活动。

在瓦蒂莫看来,尼采对真理的批判和否定主要体现在两个方面。一方面,尼采直接否定了真理的存在。在《权力意志》中,尼采彻底地否定了真理的存在,认为没有真理,因为没有真理所依靠的那种事物的根本性质,没有所谓的"自在之物"②;与"公正""平等""自由"等词语一样,"真理"这个词语也不过是虚妄、骗人的"大话"③。在尼采那里,否定真理本身就是一种虚无主义,人们关于世界上根本没有什么真理的信仰,就是虚无主义者的根本信仰④。不仅如此,否定真理还是一种极端的虚无主义。虚无主义所表现出来的极端形式是,"一切信仰,一切持以为真,都必然是错误的"⑤。所谓真理不过是我们的虚构,即我们人类创造出来的"谎言",我们为了生存,必须创造出这种谎言⑥。就此而言,虚无主义就是对真理的否

---

① Gianni Vattimo and Santiago Zabala, *Hermeneutic Communism: From Heidegger to Marx*, New York: Columbia University Press, 2001, p. 88.
② 尼采:《权力意志》,第 402 页。
③ 尼采:《权力意志》,第 744 页。
④ 参见尼采:《权力意志》,第 726 页。
⑤ 尼采:《权力意志》,第 404 页。
⑥ 尼采:《权力意志》,第 905 页。

定,它本身包含着对形而上学真理观的不相信,即不相信存在着一个真理。所以,虚无主义的世界就是一个没有真理的世界。否定了真理,剩下的就只是解释了。由此出发,尼采不断地强调一切事实、一切发生的事件都具有解释性的特征:"并不存在自在的事件,发生的东西,就是由某个解释者所挑选和概括的一组现象。"①

另一方面,尼采否定了作为真理反映对象的现实世界。真理之所以不存在,是因为根本上就没有一个真正客观现实的世界。"真正的世界"不过是"一个透视主义的假象",它的起源就在我们自己的心中,因为我们迫切需要那个世界,就是我们通过我们的透视"压缩的、简化的世界"②。在《偶像的黄昏》中,尼采把现实世界看成虚幻的,即现实世界是不真实的,它表现为一个寓言。作为一个寓言,真正的世界"不可达到,无法证明,不可许诺";不可达到也就是无法知道和把握,因而"真正的世界"是一个毫无用处的、多余的理念或观念,我们必须把它驳倒、排除、废除。③ 因此,形而上学的历史就是提供这种理念的历史,形而上学终结的历史就是结束这种理念的历史。瓦蒂莫进一步指出,为了不退回到形而上学中去,就尼采所叙述的这个西方形而上学历史本身来说,这个形而上学终结的历史也不是一个客观的事实,不是一个真理命题,而是一个解释者的叙述,一个主体的主观构造的产物。

瓦蒂莫明确地指出,根据尼采的观点,虚无主义哲学的目的就是消解传统西方主流观念所持有的真理主张,揭示"上帝"等最高价值不是客观真理,而是人类主观的虚构之物,属于人类的主观偏见。因此,虚无主义的使命就是致力于消除形而上学的"客观真理",指出所谓绝对客观的真理不过是人类的"谬见"。所以,虚无主义把攻击和批判的矛头对准了所谓的"客观真理",因为这些"客观真理"都完全依赖于传统的形而上学思想。通过对虚无主义的批判,尼采揭开了盖在"客观真理"身上的神秘面纱,破除了"客观真理"神圣不可侵犯的光环,进而证明了作为"客观真理"基础的形而上学思想逻辑不过是一种修辞而已。归根结底,在尼采那里,所有的真理主张不过是某种权力意志的表达,虚无主义就是要表明,那些西

---

① 尼采:《权力意志》,第 37 页。
② 尼采:《权力意志》,第 402 页。
③ 尼采:《偶像的黄昏》,卫茂平译,上海:华东师范大学出版社,2007 年,第 63 页。

方思想传统中推崇的客观的、科学的、绝对的、理性的、中立的、公正的真理追求，不过是当权者为掩盖自己的利益而有意地制造出来，用以欺骗和蒙蔽人们的幻觉。"在虚无主义的视野中，尼采指出，谬误与真理之间的区分始终是一种不可靠的区分，而且废除了谬误也就等于废除了真理。"①

从尼采的否定真理的虚无主义出发，瓦蒂莫把批判传统形而上学的真理观作为自己的诠释学建构的一个中心任务。传统形而上学的真理观是典型的符合论的真理观，这种符合论的真理观自柏拉图以来一直统治着西方真理观的历史。尤其是现代意义上的自然科学产生以来，现代科学技术的成功和巨大成就更使符合论的真理观成为至高无上的东西。它似乎是不言自明的，因而是不容置疑、不容否定的。根据传统形而上学的真理观，真理之所以是客观的、绝对的，就是因为真理的实质在于陈述（理论、观念、命题）与事实的符合。事实、实在不容置疑，而理论又符合于它，当然理论的真理性就不容置疑了。但是，从虚无主义的立场来看，既然不存在所谓的"客观事实"、实在、现实，"符合"也就失去了所要符合的对象；"符合"无以立足，"符合"也就没有任何意义了。因而，既然不存在符合的对象，不存在"符合"，那么，所谓的客观真理也就不存在了。剩下来的就是"没有事实，只有解释"，甚至连这句话本身也是一种解释。

对"客观真理"的批判似乎使真理不再可能，而且似乎使诠释学陷入了相对主义、反智主义、非理性主义。一些坚持传统形而上学哲学的人总是从这个角度来批判诠释学，但瓦蒂莫并不这样认为，他不同意自己被贴上相对主义者和非理性主义者的标签。瓦蒂莫扩展了狭隘的理性主义概念，认为并不是只有一种符合论的真理，因此他并不完全否定"真理"概念，而是提出了一个不同于传统形而上学真理概念的诠释学真理概念。根据伽达默尔的观点，瓦蒂莫指出，每一个真理都是一个真理的经验，而每一个真理经验都是一个解释的经验；不仅如此，"每一个真理经验都是解释的经验几乎成了今天文化的自明之理"②。由此看来，虚无主义不但没有使诠释学走向相对主义和非理性主义，而且正是虚无主义使诠释学的真

---

① 詹尼·瓦蒂莫：《现代性的终结》，英译者导论，第 8 页。
② Gianni Vattimo, *Beyond Interpretation*：*The Meaning of Hermeneutics for Philosophy*, Trans. D. Webb. Cambridge：Polity Press，1997，p. 5.

理经验成为可能,使真理经验成为一种解释。正是尼采的虚无主义使作为一种解释经验的真理经验成为可能:如果诠释学是作为每一个真理经验都具有解释特点的哲学理论,其本身明确地表现为只是一种解释,那么它实际遵循的就是尼采诠释学的虚无主义逻辑。这个逻辑蕴含在以下的陈述中:"若无上帝之死,若无世界的寓言化,或者同样地,若无存在的寓言化,就不能认识到真理经验本质上的解释特点。总之,除了把它呈现为对被解释为虚无主义发生之存在历史的回应,看起来不可能证明诠释学的真理。"①通过解读伽达默尔的《真理与方法》,瓦蒂莫指出,伽达默尔表达的意思不仅仅是存在着自然科学之外的真理,实际上说的是不存在不是解释的真理经验。这种真理经验与客观事实无关,而与人类的主体相关,其根本特征在于有限性和历史性。因此,"诠释学不仅是真理的历史性(视域)理论:它本身就是彻底的历史真理。它不能形而上学地认为自己是一种对某种存在的客观结构的描述,只能认为自己是对一种神赐——海德格尔称之为(命运)——的回应"②。瓦蒂莫认为,说真理就是真理经验,并不意味着人们用不同的观点看待同一事实、认识同一事实,因为继续承认"事实"的存在,会退回到传统的形而上学那里;说真理就是真理经验是指真理与解释的联系,或者可以说真理本身就是解释。

三、 诠释学的后现代取向

从瓦蒂莫的整个哲学思想来看,瓦蒂莫将诠释学与虚无主义结合起来不仅仅是要阐述和建构一种虚无主义诠释学,而是具有更大的理想和抱负,即通过将虚无主义引入诠释学或通过虚无主义诠释学的建构,将诠释学扩展为一种哲学及一般文化的"通用语言",实现对现代性的后现代批判。

从诠释学的历史发展来看,自诠释学产生到伽达默尔出版《真理与方法》,诠释学一直是作为一门专门学科而存在的。在早期的萌发阶段,它是典型的专门技

---

① Gianni Vattimo, *Beyond Interpretation*: *The Meaning of Hermeneutics for Philosophy*, p. 7 - 8.
② Gianni Vattimo, *Beyond Interpretation*: *The Meaning of Hermeneutics for Philosophy*, p. 6.

艺和方法,表现为语文诠释学、法学诠释学和圣经诠释学;在近代的施莱尔马赫和
狄尔泰那里,它上升到人文精神科学的方法论和认识论层面;在现代,通过海德格
尔和伽达默尔的创新,它成了专门探索理解和解释的哲学本体论。然而,瓦蒂莫
并不满足于诠释学作为一门专门学科而存在:既不可能把诠释学看作似乎它只是
众多哲学学科——比如伦理学或美学——中的一个,同时,也不可能只把它看作
似乎是一种哲学学派或运动——比如实证主义、历史主义或诸如此类的学
派。① 瓦蒂莫认为诠释学这个术语在今天获得了更为广泛的意义,获得了一种"普
遍的"形式,他借用古希腊的一个术语来表达这种状况,即诠释学已经成了一种哲
学或更一般的文化的"通用语言"(koine)②。诠释学这个术语在哲学、社会学、政
治学中,甚至在文化讨论、学校课程、医疗和建筑领域中的普及和流行,也说明了
"诠释学"的通用性。

　　因此,今天的诠释学既指特殊的哲学学科,也代表着一种具有普遍性的理论
取向或者思潮。在瓦蒂莫的眼中,不仅海德格尔、伽达默尔、利科和帕莱松是诠释
学思想家,而且哈贝马斯、阿佩尔、罗蒂、泰勒、德里达、福柯、列维纳斯也是诠释学
思想家。正像20世纪60年代至70年代流行于法国的结构主义一样,今天哲学和
文化的通用语言是诠释学,诠释学在当代哲学和文化中获得了中心地位。当然,
诠释学的这种中心地位不是意指它成了一种凌驾于其他学科之上的霸权学科。
作为一种通用语言,诠释学在今天需要重新界定自己,需要重新思考自己面临的
困难和任务。通过对诠释学的反思,瓦蒂莫指出,虚无主义诠释学绝不只是一种
特殊的诠释学学科,而是一种非基础主义、非本质主义的哲学方法,一种以诠释学
为取向而致力于揭露权威和权力的特权地位的形而上学和现代性批判,一种作为
走向虚无主义道路的西方哲学解构,一种作为对后世俗化形式基督教进行后现代

---

① Gianni Vattimo, "The Future of Hermeneutics", Trans. by Faustino Fraisopi, in *The Routledge Companion to Hermeneutics*, eds. by Jeff Malpas and Hans-Helmuth Gander, New York: Routledge, 2015, p. 721.

② Gianni Vattimo, "Hermeneutics as Koine", in *Theory*, *Culture & Society* (SAGE, London, Newbury Park, Beverly Hills and New Delhi), Vol. 5(1988), pp. 399 - 408.

捍卫的诠释学发展。①

从瓦蒂莫的虚无主义诠释学中，我们不难发现，当代一系列后现代主义哲学家的思想不仅对瓦蒂莫的虚无主义诠释学形成了深刻的影响，而且也构成了瓦蒂莫虚无主义诠释学的基本要素。在瓦蒂莫的虚无主义诠释学中，我们看到了海德格尔的形而上学批判、福柯的现代性反思、德里达的逻各斯中心主义解构、德勒兹的资本主义政治分析、利奥塔的后现代状况，以及罗蒂的后哲学文化和取代认识论的新解释学。可以说，从自尼采发源的虚无主义，到当代出现的各种后现代主义，它们在瓦蒂莫的虚无主义诠释学中汇聚为一体。瓦蒂莫认为，哲学在今天的主要任务是一种世俗化的任务，即揭露所有绝对、终极真理的神圣性。然而，这个任务还没有完成，因为形而上学仍然处于霸权地位，反形而上学本身具有可能退化成新的形而上学的危险。比如，在宗教及信仰方面，瓦蒂莫坚持一种后现代主义的世俗宗教观。他不是完全抛弃和否定宗教，而是反对宗教宣传和坚持迷信，主张把基督教的"神性放弃"（kenosis）启示——即在宗教中排除上帝，或者说使上帝成为肉身之人——等同于虚无主义，把神的权威还给人自身。

自20世纪后半期以来，后现代主义成了西方学术界的一种流行思潮，其影响几乎涉及整个人文社会科学领域，除了哲学之外，还有诸如政治学、社会学、法学、文学理论、人类学、女性研究等等。后现代主义的表现形式纷繁多样，思想观点五花八门，但最根本、最共同的方面是批判现代性、反现代性。虽然后现代主义批判和反对所有的现代观念，比如理性、解放、进步、实在、客观性、真理、价值观念、道德规范，但它并不试图在现代性的观念之外确立另一种新的观念体系和规范标准，而是否定、破坏、拆解、毁灭、消除这些现代性观念。后现代主义"摈弃认识论的假说，驳斥方法论的常规，抵制知识性的断言，模糊一切真理形式，消解任何政策建议"②。后现代主义者主张的是没有真理的认识论、没有道德的伦理学和没有上帝的宗教。正是因为后现代主义本质上的消解特征，不仅可以说尼采是一位最早的后现代主义者，而且可以说尼采是当代虚无主义的奠基者和开创者。在西方

① 参见 Nicholas Davey, "Gianni Vattimo," in *The Blackwell Companion to Hermeneutics*, Edited by Niall Keane and Chris Lawn, Chichester: Wiley-Blackwell, 2016, p. 429.
② 波林·玛丽·罗斯诺：《后现代主义与社会科学》，张国清译，上海：上海译文出版社，1998年，第1页。

思想发展史上,尼采成了一个新起点,标志着西方思想不再相信自苏格拉底和柏拉图以来的信念和教导,即不再相信在变化的世界中存在着永恒不变的东西,在不可靠的意见中存在着稳固的真理。思想家们不再需要寻求普遍必然的真理,思想家本人和普通大众都是历史的产物。因而,尼采的虚无主义成了后现代主义的思想来源,并实质上促成了当代的后现代主义。

瓦蒂莫是一位典型的后现代主义者,他建构虚无主义诠释学的基本思想来源除了海德格尔和伽达默尔的哲学诠释学之外,最重要的因素就是尼采的虚无主义。瓦蒂莫经常把"虚无主义"和"诠释学"两个术语等同起来,而"虚无主义"就是尼采的虚无主义:"上帝死了"和"现实世界成为一个寓言"——即任何基础、规范、绝对和永恒的消解。在虚无主义的基础上,瓦蒂莫对诠释学进行了全面的改造,使之成了一种后现代的哲学形态。为了实现更宏大的哲学目标,瓦蒂莫试图继承尼采对现代性的批判,把虚无主义诠释学作为一个理论工具,从而找到了从现代性到后现代性的最佳道路,因为正是尼采的"虚无主义结论为我们提供了一种摆脱现代性的方法"[①]。但是,摆脱现代性不是"克服"现代性,因为如果现代性本身"被界定为克服的时代、快速过时的时代以及被某种更新的东西不断替代的时代",那么就不能用"克服"来摆脱现代性。在通常的语义中,批判性的"克服"本身是现代性自身的组成部分。为了表现出后现代对现代的真正摆脱,瓦蒂莫选用了海德格尔的一个术语:"扭转"(Verwindung)。在瓦蒂莫看,"扭转"虽然具有与"克服"(Überwindung)相同的方面,但又有明显不同的方面,"不仅因为扭转没有'扬弃'的辩证性质,而且因为不包含'遗弃'那些不再对我们言说的过去的意味"[②]。所以,可以用"扭转"来说明从现代性到后现代性的转变、脱离。

然而,与当代许多后现代主义者不同,瓦蒂莫不是一味地否定、批判和消解,而是更强调虚无主义的积极意义和积极内容。在积极的虚无主义者那里,破坏是为了创造,解构是为了建构。虽然瓦蒂莫的虚无主义诠释学继承了大部分否定性虚无主义的批判和破坏内容,仍然要不断地揭露所有绝对、终极真理的神圣性,但

---

① 詹尼·瓦蒂莫:《现代性的终结》,第 215 页。
② 詹尼·瓦蒂莫:《现代性的终结》,第 212 页。

它也开拓了许多更具有建设性走向的道路。尤其是在政治方面,我们在瓦蒂莫的文本中发现,他在用虚无主义诠释学的"通用语言"批判和谴责社会及政治诸多束缚时,坚定不移地捍卫着民主、自由和解放的理想,试图吸收马克思主义的政治愿景,构想革命性的政治规划(如"诠释学共产主义"),同时也积极依据虚无主义诠释学的解释多元性原则,尊重人的选择和创造的自由与自主。

认知的身体先天性
——接着莱布尼茨单子论的一个思考

［德］卡尔·奥托·阿佩尔（Karl-Otto Apel, 1922—2017）　著

何炳佳　译

一、　借莱布尼茨的哲学提出问题

在下面的阐述中，我将尝试指出传统认识论的问题意识中的一个空白，而这一空白在我看来可以通过认知人类学有效地得到填补。

至于这里所说的"传统认识论的问题意识"之所指，也许最好通过莱布尼茨对感觉论基本原理的补充来说明。感觉论的基本原理由经院哲学提出，并由洛克突出发展。莱布尼茨这样表达这一基本原理："理性中没有任何东西不是事先在感官中"，并补充道："除了理性本身。"①

正如莱布尼茨在信仰的真理和理性的真理之间所作的区分一样，这一公式也同样被认为是传统认识论综合经验论动机和先天论动机的经典表达。实际上，人们也可以在这一表达的灵感之下诠释后来的认识论中的类似综合，比如说，康德主义和逻辑实证主义。鉴于莱布尼茨的公式所具有的这一代表性的历史性意义，它在我看来也许是对近代认识论的前提进行批判性质疑的一个合适的攻击点。让我们先试着把握一下这一公式在传统理解视野中的意义以及它的囊括范围。

"理性中没有任何东西不是事先在感官中的，除了理性本身"，显然，这是说，我们知识中的经验部分和先天部分是完全分离的：一方面所涉及的是能一般地被经验的所有一切，另一方面则是自身不能被经验的、经验之所以可能的条件。这样，我们就大概地从康德的视野把握了莱布尼茨的公式。然而，这一诠释本身就

---

① 参见 Nouveanx Zssais, Ⅱ, 1,2。

足以让我们感到诧异，我们会问：那感官本身呢？它是属于可被经验的对象呢，还是属于经验之所以可能的条件？

人们说，观看东西的眼睛不能看到自己。据此，眼睛作为感官是不能通过感官而被经验的，所以它应该属于经验之所以可能的条件。但是，我们并没有发现莱布尼茨提及这一点。这里提到的公式并不是"理性中没有任何东西不是事先在感官中的，除了感官本身"。就语言表达上来说，这个句子至少不优雅；因为认为感官本身"在理性中"或是属于理性的看法和认为理性本身事先在感官中，亦即是可被经验的对象的看法一样，会让我们陷入巨大的困境。

但是，在这个地方柏拉图也许能继续对我们有所帮助。他曾经说："不是眼睛观看，而是心灵通过眼睛观看或者借助眼睛观看。"①据此，我们刚刚提出的问题也许就只是一个虚假的问题，从而也被解决了：在作为感官本身的眼睛中隐藏着的、本身不能被经验的，从而作为观看之所以可能的先验条件，似乎最终就和理性本身并为一体了；而眼睛作为身体器官则属于处于世界之中的、可被经验的对象。如此看来，莱布尼茨的公式就实际上被理解成和被论证为：知识中可被经验的东西和先天的东西之间是完全分离的。

在这个地方指出下面这点并非无关紧要：我们刚才所想到的对"感官本身"的问题的解决，亦即把莱布尼茨的公式理解为知识中可被经验的东西和先天的东西之间的完全分离，恰好对应着为笛卡尔所加冕的、近代认识论的主体客体关系（der von Decartes inthronisierten Subjekt-Objekt-Relation）②。这一主体客体关系从一个虚构出发，亦即认知的心灵把所有非自身的一切作为原则上可被对象化之物置于自己的对立面，从而可以在它的客观化关系中对之进行认知。

在这点上，近代哲学和科学自笛卡尔以来就把柏拉图的身体和心灵的分离（从而也把身心问题的原理）以一种尖锐化的形式接手过来。在这一尖锐化的形式中，哲学和科学在它们的让世界可被客观使用的念头中，推进以理论距离面向世界［der Weltorientierung aus theoretischer Distanz］这一古希腊观念。

---

① 参见 Theaitetos，184d 1 - 5。

② 本文方括号中的内容为译者所添加的说明，圆括号中的说明为德文原文所带。在方括号中标示的德语名词均按照原文的数和格。——译者

　　人们很可能会质疑这一近代哲学的基本预设在莱布尼茨身上是否完全有效。莱布尼茨不就是在批评笛卡尔的思想实体和广延实体的二元论中找到自己的形而上学单子论原理的吗？单子在莱布尼茨那里不就是被理解成既是心灵又是视角性世界表象的"观看点"[Sehepunkte]吗？

　　根据莱布尼茨形而上学的这一新预设，人们可能会推测：在身心问题中，尤其就它与认识论相关而言，柏拉图意义上的身心分离以及笛卡尔的主客分离被完全地克服了，并且被另一种不同的启发式视角代替。然而，这样的一种期盼低估了柏拉图-笛卡尔式二元论的现象学基础，以及从这一二元论而来的主体客体模式对于近代科学思维所具有的无可辩驳的引领力。虽然莱布尼茨在单子这一概念中试图思考心灵和身体的形而上学整体（还有主体和外部世界的整体），但同时，他也比他之前的任何一位思想家都意识到，有必要深入地考虑身体性外部世界和心灵性内部世界之间的面相差异[dem Aspektunterschied zwischen körperli-cher Außenwelt und seelischer Innenwelt]。这体现在预定和谐这一原理上，以及体现在机械论意义上的秩序与身体世界和单子内在世界的、目的论—道德意义上的秩序之间的理想性相互依赖上①。在和此相连的对身体和心灵之间、主体和外部世界之间的实在交互的否定中，莱布尼茨从笛卡尔的实体二元论得出了最后结论。

　　对于如此这般地被我们阐述的认识论问题来说，这会得出下面的结果：为了对世界进行视角性表象，单子必须首先表象自己的身体——而身体则规定了视角的中心[das Zentrum der Perspektive/den point de vue]，因为根据领域的区分，身体连同其他的整个宇宙，必须以内在表象的方式包含在单子之内。如此这般，为了说明单子"根据自己身体的视角中心表象世界"，莱布尼茨作了以下的阐述：

　　　　虽然每一个被创造的单子都表象着整个世界，但它却尤为清晰地表象着专属于它的身体，是它让这个身体实现圆满的。另外，由于这一身体根据躯

① 参见 Z. B. Principes de la nature et de la grace，§3："在单子的表象和身体的运动之间存在着某种完全和谐，这一和谐从一开始就在促使因体系和最终根据（最终原因）体系之间建立了起来。在此存在着身体和心灵之间的一致性和天然联盟。倘若没有了这种一致性和天然联盟，一者就能够改变另一者的法则。"（由 H. Glocker 翻译成德文）

壳中[in dem Gefüllten]的整个物质的关系表达着整个世界,所以,通过表象
这个以某种方式属于它的身体,心灵也表象着整个世界。(《单子论》§62 由
H·Glockner 翻译成德文)

如果我们对这里引用的《单子论》法语原文的翻译理解正确的话,那就应该有
两种不同的表象:一种是对宇宙的视角性表象——这一表象是单子"根据其他身
体对自己身体的关系"而实现的;第二种是对这一自己的身体[Körper]的表
象——显然,这一表象是不需要视角的,亦即不需要身体所创造的视角就能实现。
当然了,通过不用"vorstellen"[表象],而是在预定和谐的意义上用"ausdrücken"
[表达]或者"entsprechen"[对应]来翻译"représenter"这个法语词,我们可以解决
这个困难:单子的感知内容直接地对应于自己的身体[Körper],尤其对应着感官
的功能;单子的感知内容间接地、亦即根据这一身体对所有其他身体的关系对应
着宇宙。然而,在这种情况下,视角中心以及视角性表象的主观的—认识论的意
义,或者视角中心以及视角性表象的可以通过行动现象学实现的意义就丢失了,
所保留下来的就只有"完全对应"这一逻辑的—本体论的观点,或者心灵性的东西
和身体性的东西之间的理想的相互依赖。

一如我们在这个地方通常所诠释的:这在我看来首先肯定了,历史上的莱布
尼茨归根到底也没有通过他的单子论扬弃柏拉图-笛卡尔式的身体和心灵的领域
分离以及主体客体的分离,反而是肯定了这种分离。当然了,倘若我们抛开对莱
布尼茨的史实意义上的正确阐释,并根据"视觉中心"[point de vue]和"感知"
[perception]的含义来理解单子对世界的视角性表象的认识论意义的话,那就会
产生一个显而易见的系统性困难。亦即,正如我们所指出的,如此这般就会提出
一个问题:就自己的身体[Leib]是感官本身的视角中心而言,它是否真的能如此
这般地被对待,以至于这种对待方式和那客观地给出的物体世界被对待的方式一
样呢?柏拉图-笛卡尔式的领域分离要求这么一种主体客体关系的理解,但视角
性的从而总是以身体作为前提条件的世界表象这一概念则禁止这么一种理解,因
为这一概念在被运用于表象主体对自身身体[Leib]的关系上时不能规避无穷倒
退。于此似乎更多地要求一种——作为世界表象这一概念的可能性的条件——

认知主体对身躯作为身体的认同［eine Identifikation des Erkenntnissubjekts mit dem Körper qua Leib］，换句话说，用"身体存在"［"Den-Leib-sein"］代替"拥有身躯（于己对面）"［"Den-Körper(-sich-gegenüber-)haben"］。

现在，当我们根据《人类理智新论》中所明示的、以认识论为导向的公式，提问"这个地方是否得出了可被经验的对象和人类知识的先天条件之间的完全分离？"或者"感官本身是否同样地在原理中被忽略了？"的时候，我们所考虑也是这一点。

上述表明：莱布尼茨无论是作为形而上学家，还是在和洛克的互动中持一种特殊的认知批评立场时，都没有给予单子的视角性世界表象以真正充分的奠基。

现在，我们可能会从莱布尼茨的立场对此进行责难：把认识论意义上的身体先天性假设为视角性表象的可能性条件，低估了理性在任何时候都可以对身体所在之位从而对感知性的世界把握（世界表象）进行反思这一点的意义。实际上，莱布尼茨也在"感知"和"统觉"之间作出区分。前者表达的可以说是单子的涉身性世界表象的有限性，而后者所表达的则是只有人类才赋有对永恒真理的分有，亦即人类对上帝的创世思想的模仿。这一创世思想给予了可能世界中最好的世界的预定和谐以奠基，并且从单子对所有其他单子的关系中赋予每一个被创造的单子以个体本质①。通过人类借助统觉思想的单子个性的本质，亦即单子的涉身性表象视角的本质，我们可能会说，人类理智也就超越每一个可能的身体先天性并且把它降级为在内在世界中运作的场所。

实际上，莱布尼茨自己就是从一个非中心的立场来思考他的单子论体系的，好像他自己作为哲学家就不束缚于某一特定的单子及其身体中心性的视角，从而可以从一个理想性的关系构架推理出所有的视角和身体中心似的。当然了，关于如此这般的理论构建的认识论意义上的可能性条件，莱布尼茨也是模糊的蜻蜓点水的：一方面，在他看来，人类作为"上帝的形象"［imago dei］有能力去模仿那持续地贡献着单子世界的关系构架的上帝思想，亦即人类有能力在它的"小世界"中模

---

① 参见 Prinzipien der Natur und der Gnade，§ 14："心灵并非只是创造物世界（亦即被创造者）的镜子，而且是神性（亦即创造者）的模本。心灵不但能够感知神的构造物，甚至能够制造类似于神性的东西，哪怕是只有那么一点点……"

仿①那不受任何身体立点[Leibstandpunkt]限制的精神单子[Geistmonade]②；另外一方面，他也确实束缚于那为身体中心性所限定的小世界。从这一原则性差异来看，非中心地思考而来的单子世界这一观念——这些单子中的每一个都是通过自身对其他单子的关系而在它自己的个性立场上固定下来的——就具有隐喻的特征，用现代的话来说：具有形而上学暗号[einer metaphysischen Chiffre]的特征，我们不能期待它可以在经验上得到证实。

在我看来，于此我们可以、也必须以尖锐化的方式提出我们今天的问题：人类究竟在什么意义和何种广度上能够提出由非中心思考而来的、在经验上可证实的关系理论，亦即于其中人类本身的表象立场可以如此这般地被客观地使用以至于成为可被经验的数据的理论？

二、 爱因斯坦的相对论作为非中心思考而来的、可经验地证实的单子论模式

在我看来，非中心思考而来的单子论的精确科学式实现的一个富有启发性的模式在今天的爱因斯坦相对论中被给出了。在相对论中，莱布尼茨的以其身体性视角为特征的单子对应着时空事件的观察者所在的各种可能的"坐标系"[den verschiedenen möglichen "Bezugsystemen" der Beobachter]。受限于所选的"坐标系"，每一个观察者都"根据自己的身体对所有其他身体的关系"来感知"世界"（闵可夫斯基[Minkowski]意义上的"时空连续体"[Raum-Zeit-Kontinuum]）。在这里，莱布尼茨的观点——每一个单子都只通过自己对所有其他单子的关系实现个体化，换句话说：在"没有窗口的单子"的世界内容之间存在着一种理想的相互依赖，即预定和谐——被数学变换理论（洛伦兹变换[Lorentz-Transformation]）确证了。正如在莱布尼茨那里上帝作为"中心遍布的无限球体"在所有单子的世界

① 参见 Prinzipien der Natur und der Gnade，§ 14。

② 莱布尼茨在这里所遵循的是新柏拉图主义-毕达哥拉斯式的立场（一如他之前的尼古拉斯·冯·库尔斯[Nikolaus von Cues]）。根据这一立场，神是一个"无限的球体"，它的中心遍布，它的范围无边。参见 D. Mahnke：Unendliche Sphäre und Allmittelpunkt，Halle，1937。

视角之间一视同仁地进行协调一样（亦即通过参与到每一个单子中并且同时确保单子之间的和谐），光在相对论中作为普遍的测量工具在不同坐标系的时空面相［den Raum-Zeit-Aspekten］之间进行协调：光作为常量在每一个惯性参考系［Inertialsystem］中出现，从而从原则上给予每一个观察者以合理性，并使他在时空连续体中的视角合法化。

对于单子论和相对论之间的这一类比，我们可以进一步地展开：在莱布尼茨看来，单子是神性的闪光①；这会让我们想起新柏拉图主义的光的形而上学传统。然而，我们要继续提出认识论问题，探究相对论之所以可能的条件。

首先能确定下来的是，在相对论中，人类心灵在某种程度上实现了从一个非中心的立场出发来思考某一关系体系［ein Relationssystem］；这个关系体系把人类自身的、身体中心性的、可能世界表象的视角客观地包含于其内，从而让它成为一个可被经验的事实。这一发现似乎反对认知的身体先天性。"理性中没有任何东西不是事先在感官中的，除了理性本身"这一公式似乎就最终表达了我们知识中可被经验的东西和先天的东西之间的完全分离。人类的非中心性的心灵立场似乎就能够在柏拉图-笛卡尔式领域分离的意义上把"感官本身"［den "sensus ipse"］亦即视角性世界表象的身体中心性视角，置于自己对面并且让它成为内在世界的客体。

无疑，相对论在某种意义上强化了这一假设。

然而，深入地考察之后我们就会发现，相对论对认知的身体视角的客观化已经完全不是在传统认识论以及它的主体客体关系的预设之下达成的。

当相对论让自然事件以及观察的身体性前提成为一个连续的客观体时，它是在否认如此这般理论地被客观化的"世界"的直接"可表象性"的前提下达成这一点的。世界的可表象性恰恰事先通过认知主体对认知的身体中介［der Leibvermittlung der Erkenntnis］的认同而依赖于世界的可直接表象性。这在我看来由下面这一在哲学上具有革命性意义的前提而来：直观性和可图型化的概念［anschaulich-schematisierbare Begriffe］，例如"这里""现在""过去""当前""将来"

---

① 参见 Monadologie，§47。

"同时"，就其意义来说都是先天地通过身体对世界的介入而产生的，从而不是由非中心性的纯粹意识亦即不是在自身的绝对权力之下思考而来的。与传统认识论倾向于把"表象必然性"［Vorstellungsnotwendigkeit］（比如欧几里得几何的公理）包装为"思想必然性"［Denknotwendigkeit］不一样，爱因斯坦实际上是从下面这点出发的：和表象必然性相对应的概念的意义必须根据可能的测量来定义，也就是说，比如根据直线可以通过光线实现——时空测量可以把光线用作为标准，"直线"这一概念的意义就可以被定义①。

　　大家也许已经意识到，我在这里以一种几乎任性的方式，亦即从可直观的与可图型化的知识（换句话说：世界表象）先天为身体所中介这个角度，诠释爱因斯坦方法论的一个特征，而爱因斯坦这一方法论一般是和新实证主义的"可证实原则"［"Verifikationsprinzip"］或者和实用主义以及它的"操作性概念"的观念［seiner Konzeption des "operativen Begriffs"］被归为同类的。在我看来，这样一种认知人类学的概念构建实际上是为了让现代自然科学的革命性的哲学前提——也许甚至包括受这些前提启发的"可证实原则"和"操作性概念"的哲学视角——从鲁莽地揭露所有形而上学的"庐山真面目"这一（到目前为止一事无成的）尝试中得到松动。因此应该同时避免的还有对问题的低估。这一低估在我看来体现于下面的观点：自爱因斯坦起，现代物理学就仅仅认识到要"把自己限制在可被测量的东西上"，从而理所当然地让自身的奠基问题与哲学性的认识论问题脱钩，好像测量是一件和哲学毫不相关的事件似的。然而，事实很可能是，所有技术的和物理学意义上的测量都植根于身体性地存在着的人类所进行的、以世界为对照的、先于数量关系的"自我度量"［einem vorquantitativen "Sich-Messen" des leibhaft existierenden Menschen mit der Welt］。至少从它们的直观性的以及可图型化的（物质的）意义构造物来看，所有认知都是先天地通过人类以世界为对照而进行的、身体性的"自我度量"而实现的。

　　实际上，对相对论的革命性前提的认知人类学阐释在我看来必须往这个方向

----

① 与此相应，思想必然性这一概念在现代数学逻辑中彻底地甩掉了符号性思想的所有内容填充以及它的任意性的"蕴涵定义"。

进行。我们可以借时间概念的根基问题来进一步地说明这一点。

在传统认识论意义上，诸如"过去""当前""将来"之类的时间概念是被理解为所有经验的基础性前提的。这是正确的，但这同时也意味着：人们试图凭借自我反思，亦即纯粹思想，独立于经验地规定它们的意义。比如，从严格的意义上来说，如此这般的纯粹思想会导致把"当前"定义为一个将来向过去过渡过程中的一个无限小的"瞬间"[einen unendlich kleinen "Augenblick"]，这样的一种定义正确吗？

我是有意地选择"瞬间"这个词语来表达那个无限小的过渡的。亦即，这个词语表达了我们的时间概念的直观内容和由无限小的时间原子构成的时间连续体这一纯粹思想假设之间的某种矛盾。就词义上来说，"瞬间"不同于一个纯粹地思考而来的时间点。比如说，我们可能会想起卡尔·恩斯特·冯·贝尔[K. E. v. Baer/Karl Ernst von Baer]的著名的时间假说。这一假说对不同动物种类的体验时间中的"瞬间"作了探究，并且根据它们之间的差异构造出一种关于可能世界图景的单子论或相对论。这一探究角度后来被雅各布·冯·于克斯屈尔[Jakob von Uexküll]在他的认知生物学式的环境学说中普遍化了。难道我们不应该像贝尔那样从生理学意义上的人类体验时间出发来定义"瞬间"和"当前"这两个概念的意义吗？正如它在电影的画面顺序中是标准性的一样。对此的异议会从人类能够对时间进行客观测量这一情况出发：人类能够在电影中构造快动作和慢动作，从而能够把不同生物的体验时间包括自己的体验时间，关联于"特定的"时间标准；据此，人类完全有理由去定义时间的规定，以避免时间规定在自身无规可循的生理组织的意义上成为主观的，并且让客观地测量时间的可能性条件变得能理解。然而，在这一努力中，人类并不单单求助于自身的思想能力，而是同时也借助于对"瞬间"一词所包含的关涉身体的意义的分析。

在我看来，相对论的哲学式愤怒体现在下面这个它所暗含的观点中：人类不能把他们的时间概念和空间概念之所以可能的认识论条件奠基于"纯粹意识"[des "Bewusstseins überhaupt"]的纯粹直观，而是必须把它们溯源于"为身体所促成的一般知识"的自然条件[die natürlichen Bedingungen "leibvermittelter Erkenntnis überhaupt"]。在某种意义上可以说，如此这般的条件是知识的经验先天性[ein empirisches Apriori der Erkenntnis]。比如说光,光本身虽然也被作为物质性的自然现象而研究和测量,但就它不会被限于某个观察的坐标系而言,它同时是所有测量,从而也是"为身体所促成的一般知识"之所以可能的先天条件。"现在"这一概念并非作为将来和过去之间无限短的过渡而根植于纯粹的可思想性,而是植根于光在实践上无限快地在我们的测量环境中传播。

如果我们把在测量环境中常在的空间维度考虑在内的话,那么,就算是那个不受限于经验和生理学的当下"瞬间"[der nicht empirisch-physiologisch relativierte "Augenblick" der Gegenwart]也是一个有限的时间长度。它的长度取决于我们的身体和事件之间的距离。然而,我们对事件的认知是必然地通过"目光"[den "Blick" des Augens]实现的,亦即在最理想的情况下通过在真空中传播的光束实现。由此,对于我们来说,事件所在位置在传递信息的光束发出后所发生的一切就是"当下"。对于"当下"我们原则上不能有比此更多的认知。在实验上区分"当下"和"将来"也需要这个传递,因为这一区分依赖于事件发生实际影响的原则上的可能性。这样,比如说在天文学观察中,我们就得出我的当下"瞬间"可以囊括恒星领域中所发生的一个持续数年的事件。在该时间内所发生的一切对我来说都"和我的观察行动同时"。试图通过纯粹思考弄清楚在这个时间段发生的这些遥远事件中究竟哪些是"实际上"[an sich]和我的观察行动同时发生的,这是毫无意义的。当然了,通过一个离我的位置和离事件的位置距离相等的观察者——假设这里的事件位置为天狼星——我们可以更加准确地或者说尽可能准确地确定我的观察和事件的同时性。因为对于这位观察者来说,从我发出的光信号和从事件位置发出的光信号是在他的当下"瞬间"相接的。然而,同时性是通过光媒体确定的,这本身就意味着,这个观察者会随着其本身运动方向以及运动速度的不同而把截然不同的天狼星事件规定为和我的观察行为同时。由此,在我的远程观察意义上对我来说与我的观察行动同时的所有天狼星事件就最终落到了一个坐标系上。在这一坐标系里,所有的天狼星事件都在该观察者收到光信号的"瞬间"相接的意义上,亦即在能实现的最精确的意义上,被规定为和我的观察行动同时。

这样,相互间是移动关系的不同坐标系对同时性所核实的表面分歧和矛盾就根源于："当前"或者"同时性"这两个概念的意义是作为身体性的"在世之存在"的认知人赋予的。换句话说：根源于人在以光为条件的"目光"[im lichtvermittelten "Augen-Blick"]中对事件的意向。

　　我们之所以作出上述的思考，那是为了表明下面这个观点：在相对论中，人类心灵虽然在某种意义上构建出了一个单子论——这一单子论把所有单子的可能身体立点和视角都囊括于一个客观的理论中，但是，与这一单子论相对应的、从一个非中心的立场上思考着的心灵也事先把所有的可表象性（亦即概念在直观上的可图型性）从它的理论性客观物这一理念中剔除了，从而让可表象性的构建先天地依赖于意识对身体中心性视角的认同[der Identifizierung des Bewusstseins mit einer leibzentrischen Perspektive]。就此而言，在相对论中，或者说首先地在相对论中，认知的身体先天性这一前提在某种意义上被予以承认。当然了，这一前提同时也被限制在所谓的前反思性世界构建[Weltkonstitution]这一先在层次上。它在非中心立场的理论构建中，亦即在通过反思达成的层次中被以准爱利亚-毕达哥拉斯式的方式扬弃①。

　　这里提出了一个问题：我们能否像特奥多·里特[Theodor Litt]遵循黑格尔的假设那样②，根据"心灵的自我进阶"[Selbstaufstufung des Geistes]在所有的知识领域中扬弃前反思的、身体中心性的世界构建，以有利于通过反思达成的、非中心性的理论构建，亦即尽可能如此这般地把所有的科学理论构建本身进一步地扬弃于一个完满的哲学理论构建中？在这种情况下，人类意识对身体先天性的认

---

① 以毕达哥拉斯式的方式逐步靠近爱利亚学派意义上的可思物之思想理型"单一性"[Ein-fachheit]，这是说，借助数学变换系统[mathematische Transformationssysteme]，亦即通过追求越来越彻底的不变性假设[Invarianzpostulate]，实现向"单一性"的逐步靠近，这样的思想路径在广义相对论中被作了推进。因为，在狭义相对论实现了质量和能量的统一之后，爱因斯坦又把引力质量和惯性质量以及宇宙中的物质和能量的分布按其本质与几何学意义上的时空结构[Raum-Zeit-Struktur]统一起来。作为哲学家的爱因斯坦可能在这时才首次对非中心立场的（通过在潜能上无限的反思达成的）心灵能力有了具体的表象。这一心灵能力是取消对前反思的、通过身体达成的世界开展进行直接的深入理解，即摒弃这一世界开展中直观性的和有意蕴的杂多[anschaulich-bedeutsame Mannigfaltigkeit]，以满足巴门尼德的假设，亦即如此这般，以达到在此过程中"感性认识"[Doxa]的直观性和有意蕴的世界的必然开展在原则上也被予以把握（关于这点请参考 O. Becker 关于"毕达哥拉斯式必然性"的论述，见 Größ und Grenze der mathematischen Denkweise, Freiburg/München, 1959, S. 34）。

② 关于这点请参见 Th. Litt: Mensch und Welt, München, 1948；尤其是第 13 章和第 14 章（第 214 页后）；更多与此相关的内容可参见 Denken und Sein, Stuttgart, 1948。

同——直观上可图型化的世界图景的构建需要这么一种认同——就最终被哲学意义上的认知心灵的自我进阶撤销了。这无疑有利于在经验偶然性和作为唯一与此相关的先天性亦即理性本身之间作出明确的区分，从而我们所从出发的莱布尼茨的公式似乎也能被认为是认识论的最后结论。

这样的一种期待似乎认为，我们在深思上述问题时，总是已经在一定程度上不需要我们的干预就攀爬到了某个反思层次。这一反思层次甚至能在原则上驾驭各种非中心性的科学理论构建，更不用说驾驭前科学性世界构建的身体中心性视角了。

然而，在这里必须要提醒的是，相对论之所以能被理解为把身体先天性扬弃于理性本身之中，那只是因为它是一个可被经验证实的理论。作为这样的一个理论，它确实能够在其框架内把每一个可能单子的世界观景[Weltperspektive]的"观察角度"[den "Gesichtspunkt"]，亦即时空测量的每一个可能坐标系根据自然规律的某个不变形式，推导为在内在世界中发生的情况，从而在某种程度上把它降级为理性本身的客体。我们可以接着狄特里希·曼克[Dietrich Mahnke]的莱布尼茨诠释说：在相对论中，莱布尼茨的"个体形而上学"[Individualmeta-physik]实际上是被"扬弃"于他的"普遍数学"[Universalmathematik][①]中的。

相反，在对科学和前科学的知识的哲学反思中总是已经实行了的"心灵的自我进阶"，则可以说只是把具体扬弃于普遍，亦即只是一个形式的预先推定，就此，至少在一般的人类哲学深思能否期待自己在任何时候都可以从某个理论推导出关涉存在物的具体经验这点上，是非常值得怀疑的。

然而，就算在理论上具有普遍有效性的哲学在原则上真的满足于形式性反思，下面这点在我看来也是确定无疑的：在理论上具有普遍有效性的哲学除了要把"绝对意识"[dem "Bewusstsein überhaupt"]作为自己的形式性反思的可能性条件之外，也必须把作为前反思先天性的身体视角承认为所有物质性（直观性的和有意蕴的）世界内容[allen materialen（anschaulich-bedeutsamen）Weltgehalt]的不可扬弃的可能性条件。特奥多·里特似乎也持这样的观点[②]。

---

① 参见 D. Mahnke：Leibnizens Synthese von Individualmetaphysik und Universalmathematik, Halle, 1925。

② 参见 Th. Litt：Mensch und Welt, a. a. O. S. 336（注释 63）。

　　显然，要弄清楚这里提出的问题，就必须从其身体性的建构［in ihrer lei-bvermittelten Konstitution］中尽可能准确地把握杂多的和具体的世界经验——这一世界经验的理论反思完成于哲学。从这个角度看，今天的哲学认识论在我看来建基于借助具体科学的基础性讨论及其样本性的问题限定来分析具体杂多的世界经验。因此，在尝试回答哲学认知人类学意义上的身体先天性问题之前，我们继续考察相对论以外的其他具体科学认知的启发性模式。

三、 认知的身体先天性在微观物理学中的不可扬弃性

　　至此，一个对我们的主题来说具有根本性的问题还没有得到充分回答。它是在我们考察相对论的过程中产生的。这个问题是，为什么在物理学意义上的相对论框架内可以把直观性的和可图型化的知识的身体先天性合乎理性地客观化于一个非中心思考而来的关系体系之中？这仅仅在于，相对论承认了直观性的和可图型化的世界表象依赖于身体立点，并且数学式精确地对之进行思考，亦即把它作为一个测量问题来进行思考？否定直观可理解性或者至少是直观可表象性与理论可思想性之间的认同必然会导致把可能的观察视角［Betrachtungsperspektiven］及其世界面相［Weltaspekte］理论客观地，亦即爱利亚-毕达哥拉斯式地扬弃于一个数学变换系统［einem mathematischen Transformationssystem］吗？

　　微观物理学的认识论情景对此持反对观点。量子理论也是一个非中心思考而来的理论。这意味着，它是通过对观察行动的原则性反思达成的理论。从这个角度看，它推进了相对论的认识论革命，让相对论在多方面实现了方法论上的自我意识①。

　　尽管如此，量子理论也没有把身体的观察结果完全地、可经验证实地扬弃于

---

① 所以，并非偶然的是，直到诸如海森堡和韦斯塞克尔［C. Fr. v. Weizsäcker］等哥本哈根学派的代表才对相对论作出连贯的阐释，亦即从观察者凭借光介入测量出发对相对论进行阐释，这是说，就介于被动的过去（冯·于克斯屈尔意义上的识记世界［Merkwelt］）和主动的将来（冯·于克斯屈尔意义上能动世界［Wirkwelt］）之间的有限瞬间上对相对论进行阐释。（可参见 Heisenberg: Wandlungen in den Grundlagen der Naturwissenschaft, 6. Aufl. Leipzig 1945, S. 8f. und derselbe: Physik und Philosophie, Berlin 1959, S. 87ff.）

关于自然客观连续体的数学理论当中。就算从纯粹思想的角度,亦即在否认直观可表象性的情况下,量子理论也没法干净利落地把认知的主体从客体中分离出来。而它的数学形式所涉及的、在所有的变换当中都不变的形象[Gebilde](换句话说:对称属性)虽然和相对论中的情况类似,代表着自然法则的客观性,但这一客观性所把握的不再是被观察的事实的实在性,而只是鉴于被观察事实仅仅意味着某一物质潜能,正如海森堡引用亚里士多德时所说的[①]。数学理论以概率函数的方式描述某个客观可能性的数量形式,但是这一可能性的实现(激活)需要某个不可逆转的观察行动[den irreversiblen Akt der Beobachtung],而这一观察行动又以非连续的方式改变着概率函数。对此海森堡表达如下:

> 这是可以用日常生活概念描述的事件的事实性特征。这一特征在量子理论的数学形式中不能毫无剩余地被包含。它是通过观察者的引入而进入"哥本哈根阐释"的。[②]

从我们的问题语境来看,我们到这个地方才第一次遇到了通过反思达成的,亦即非中心地思考而来的理论这种情况。在这一理论中不但非中心地思想着的理性本身的先天性必须予以考虑,而且身体的观察行动的中心性先天性[das zentrische Apriori]及可直观的和可图型化的概念属性的中心性先天性也必须予以考虑。理性本身的非直观的数学理论构建不能客观地扬弃现象的事实性构建的可能性条件;此外,这还体现在实验物理学家的概念语言独立于理论学家的数学精确语言;而波尔的符合论[die Bohrsche Korrespondenztheorie]则在二者之间作协调。这样,微观物理学在某种意义上就必须实现这两个条件之间的相互促成,或者说认知在原则上不再能够脱离于对世界的行动介入,而其中包含了对笛卡尔意义上主体客体分离的扬弃。

这向我们提出了一个问题:我们应该如何评估这一微观物理学的认识论情景

---

① 参见 W. Heisenberg: Physik und Philosophie, a. a. O, S. 25u. ö。
② 参见 W. Heisenberg, a. a. O. S. 112。

的哲学意义？它和相对论的认识论情景相比较是更加特殊还是更加普遍有效呢？

从自然科学的立场来看，微观物理学的理论构建在今天总的来说是更加普遍有效、更加深刻的理论；它把宏观物理学的关于自然客观连续体的理论作为一个被简单化的边界情况包含于自身。当认知的人不是关涉原子个体，而是关涉海量原子的集合物，亦即日常生活的事物的时候，这一边界情况就会生效。

然而，恰恰从这里人们可能会得出以下结论：对于前科学认知的基本认知情景来说，从而也对于精神科学来说——就精神科学所从事的是深入理解前科学性的世界解释来说，对认知问题的宏观物理学式简化是标准模式——前提是对之作必要的变通；而这一标准模式就是经典认识论的主客分离模式。由此，人们也许会说，前科学认知所关涉的就是日常事物，而不是关涉微观物理学意义上的基本粒子。

对此，我们必须摆明我们的反对观点：微观物理学的认知情景让人类世界解释的基本情景变得可见；尽管这点只在对之作极端尖锐化的情况下才能实现，但这让它更具有启发性。而这一人类世界解释的基本情景既不能为精神科学也不能为哲学所扬弃于一个客观的理论构建中。在我看来，在经典宏观物理学和传统哲学认识论中起基础性作用的主客分离以及与此相应的先天性和经验性之间的分离，是对仅适合于技术性地使用环境事物那一类情况的某种理想化。对此，我们必须作进一步的论证。

四、 与精神科学相关的世界构建［Weltkonstitution］的身体先天性：（存在）实践促成世界意义

要从根本上洞察微观物理学的认知情景与人类世界解释的基本情景的相似之处，我们就必须把我们的注意力投向直观性的和可图型化的概念。微观物理学正是借助这类概念来描述实验观察的。它们源于经典宏观物理学，但在微观物理学中处于新的相互关系之中。尼尔斯·波尔把这一关系在互补性范畴［in der Kategorie der Komplementarität］中确定下来。这一范畴所表示的是，宏观物理学的概念在微观物理学中必须作转换，以使它们构成事实相互排斥而又相互补充的面相［Aspekte］。在这些面相的相互排斥上，我们必须在我们的认知人类学概

念构建的意义上让身体介入［des Leibeingriffs］这一中心性先天性对之负责；身体介入本身必然地伴随着每一个观察，它在微观物理学中是具有诱发性的干涉介入。而在这些相互排斥的面相上又互相互补，我们则可以让数学式理论构建这一先天性对之负责；通过这一数学式理论构建，非中心地思想着的理性本身可以在某种程度上不考虑作为如此这般者［als solcher］的互补性表象概念之间的客观可统一性而闯入事件之中。

在我们所寻求的类比中处于中心地位的是我们关于互补性现象［des Komplementaritätsphänomens］所首先提及的以下方面：直观性的和可图型化的世界面相之间互相排斥。关于面相互补性［Aspektkomplementarität］的这个方面，我们必须指出：它完完全全地标示了我们日常生活的、前科学的世界理解的本原现象。比如说，它是海德格尔在对"发现"和"掩盖"、"澄明"和"隐藏"，还有"真理"作为"敞开"、"非真理"作为"遮蔽"等概念的辩证认同中所试图阐述的因素。而相互排斥的世界理解的面相也相互补充这一点，则只在其最普遍的形式上适用于前科学的世界理解。虽然这一普遍的互补在黑格尔的辩证法中被理论地系统化了，但我们将会表明，这一辩证互补具有与微观物理学中表象模式的理论互补完全不同的特征。

但是，我们现在必须在我们的主要观点的意义上证明，前科学日常的以及哲学（就它构建了某一"世界图景"而言）的发现-掩盖式的世界构建［die entdeckend-verdeckende Weltkonstitution］根植于认知的身体先天性这同一个优先性，亦即植根于身体人向世界的闯入［dem Einbruch des leibhaften Menschen in die Welt］，而这在微观物理学中是作为观察者对原子事件的原则上不能纠正的干涉介入而被突显出来的。但这一思想首先遇到的是极力地抵抗，因为，正如我们在上面所指出的，与对通常不可见的微观世界事件的观察面相［Beobachtungsaspekten］在极大程度上是人工诱发产生的这一模式相比，我们更加倾向于把宏观物理学的对世界事物的客观化作为我们日常认知的模式予以接受。

尽管我们在微观物理学的方法论视野下不能否认，人在日常生活中的每一个感官知觉都伴随着一个在原则上不能被知觉的对世界的身体介入，但是我们如何能想象，这一微观物理学层面上的身体介入在日常认知中能起到一种先验的、世界构建性[apriori weltkonstitutive]的作用？我们会说，这里所涉及的是在宏观物理学意义上可被研究的环境，亦即一个于其中甚至精确自然科学也可以把其观察介入作为在原则上可以从测量结果中"去除"[herauskorrigierbar]的测量错误来处理的测量领域。那么，这一观察介入在我们日常生活的朴素知觉中是如何以不可扬弃的方式参与对象的构建的呢？

　　然而，我们真的在前科学的、朴素的世界知觉中首先和宏观物理学意义上可研究的世界相关联吗？或者，在这里兴许是一个错误的前设，通过把知识对象图型化为可用数学测量的空间中的"物"这一传统的做法而在其中从中作梗？

　　在我看来，这里暗含了传统认识论概念构建的一个模糊性。我们最好通过一个例子来指出这一模糊性。莱布尼茨在《单子论》的§57中以城市为例解释他的关于视角性世界知觉或者世界表象的学说。他指出，从不同的立场出发去思考，一个城市总会显得不一样，而且会多角度地显现。人们只有在轻率鲁莽的时候，才会倾向于对这一图像，从而也把视角主义的整个问题[das ganze Problem des Perspektivismus]在几何学映射可能性的意义上作出终结性的思考。但是，这也是我们现在想强调的，人们由此就会低估了个体世界表象中的单子论问题，从而恰恰使莱布尼茨的模式不再适用于对所谓的世界观问题作出哲学处理。如果我们把世界面相思考为几何学映射，那么每一个世界面相都可以事先从数学理论中推导出来；就算是在存在着相互移动的系统（亦即城市和它的观察者），从而时间层面会作为第四个坐标参与其中的情况下，这仍然有效。在这一对视角主义问题的物理学和几何学处理中，认知主体的身体立点及其"世界观"[Welt-Anschauung]在非中心的理性本身的理论构建中被爱利亚学派式和毕达哥拉斯式地扬弃了。而这一对莱布尼茨的问题的爱利亚学派式和毕达哥拉斯式的扬弃，我们已经在前面阐述相对论的时候作了简短说明。

　　现在则是时候把注意力放在与精神科学相关的单子的面相建构上了。我们完全可以把莱布尼茨的城市及其杂多面相的例子确定下来，但是我们必须考虑到：这些面相只有在人们单纯地从测量工程师的角度思考城市的时候才对严格意义上的非中心性理论构建开放。更普遍和更彻底地说：只有当事先以产生与技术相关的东西[das technisch Relevante]为目的而作抽象的时候，日常事物的世界图景才会填充到那个从物理学借用而来的认识论的理想化当中。这一认识论意义上的理想化把每一个面相都安置到某个外部世界的客观连续体中。然而，倘若所涉及的是一个向某个画家展开的城市的面相，那么这一面相就具有一次性的和个体性世界构建的独特分量。它在原则上不能被任何的理论构建扬弃于一个关于可能面相的普遍系统中。而画家的知觉则代表着每一个真正的前科学世界知觉以及直观性的和有意蕴的世界表象所涉及的问题。

要在这里谈论"这一"世界的面相，只有在我们同时把经过宏观物理学结构化的事物模式或者面相连续体模式作为不相及者而置之于旁的时候才有可能。

但对此人们也许会补充道：互补性面相的微观物理学模式在这里也是不相及的，这里所涉及的是某种完全不同的东西。就此，在我看来，与精神科学相关的知觉区别于微观物理学观察介入的世界构建的地方，恰恰在我们在宏观物理学为导向的、传统认识论意义上的主体客体关系这一反面衬托下突出二者之间同样存在类似特征的时候，得到最鲜明的规定。

在两种情况中都要被放弃的是对外部世界客观连续体的表象尝试——客观连续体在视角上的多样性在原则上是可以置于理论的、对象化的意识[des theoretisch-distanzierten Bewusstseins]的控制之下的。取代这一表象尝试的是客观上无法统一的[objektiv unvereinbare]（互补性的）各种世界面相——对它们的理解是和意识认同自己的知觉视角的身作[Leibvermittlung]连在一起的。像在微观物理学实验中的情况一样，我们甚至可以在前科学的知觉中谈论一种在原则上无法纠正的身体对世界的介入，它和每一个面相的构建相连。

比如说，当我看到另一个人的有意味的微笑的时候，目光相交时的身作就肯定不在宏观物理学的测量领域内。尼尔斯·波尔有时候会说，"眼睛的灵敏性达到了那为光现象的原子特征所规定的绝对界限"，也就是说，"对极少数的光量子，也许甚至一个光量子的吸收是通过一个如此这般的视网膜构成单位来实现的，由以产生视觉印象。"①由此，我们必须考虑到，我们的日常知觉绝不仅仅涉及经过

---

① N. Bohr：*Atomphysik und menschliche Erkenntnis*，S. 8；也可参见 *Atomtheorie und Naturbeschreibung*，S. 13 u. 76。

宏观物理学理想化的物质集合现象[Kollektivphänomenen der Materie];在每一个不仅仅相关于技术的情况当中,所涉及的可能更多的是个体的、有机的、其身体性为微观物理学意义上的精细控制中心所规定的表达现象[Ausdruckphänomene]①。之所以如此,不是因为知觉"对象"本身就常常是一个有机体,而是仅仅因为视觉的主观构建持续地以有机的方式被身作[leibvermittelt],比如说在画家的视角这种情况中。

　　由此造就的每一个世界构建在原则上的唯一性和不可预测性,只有在抽象化的情况下,才会在某种程度上下降为外部世界及其"事物"的客观连续体中的纯粹可测量性。当然了,在量子理论看来,测量物理学本身就认为,单纯的测量行为已经以不可预测的方式在世界构建上发挥作用。具有构建世界作用的、在原则上和每一个知觉相连的身体介入突然间在那于其中它一直被忽视的(有缺陷的)知觉模式中,亦即在测量的领域中,以引人注目的方式变得明显起来。这照亮了日常知觉的问题。日常知觉问题的认识论阐释到目前为止还是鲁莽地遵循着宏观物理学认知情景的方法论理想化的。②

　　在我看来,我们在这里涉及了对微观物理学认知问题和与精神科学相关的认知问题作出可能类比的基础,从而同时也涉及了区别两种认知方式的原则。

　　在两种情况中相同的是,它们都从认知人类学的角度发现了一个原则上不能够被预见的世界构建,而这一世界构建明显地是以直观的和可图型化的认知的身体先天性为条件的。微观物理学谈论一个不可逆转的观察行动,这一观察行动的结果以非连续的方式改变着数学理论的概率函数③;而精神科学则必须考虑以创时代的方式改变着我们的世界图景的人类知觉。然而,二者的原则性区别在这一对比当中也被显现了出来:尽管观察行动具有不可逆转性,并且从而为人类存在

---

① 关于此参见帕斯库亚尔·约尔当[Ernst Pascual Jordan]关于有机体的"强化者理论"[Verstärker-Theorie](Die Naturwissenschaften 26,1938, S. 537–545)。

② 这一理想化是近代初期作为世界表象的时代的标志。就此而言,比如说画家视角理论[die Theorie der Malerperspektive]在 15 世纪由艺术技术家构建起来就并非偶然。他们可以被看作伽利略和现代宏观物理学家的先驱。尼古拉斯·冯·库尔斯[Nikolaus von Cues],亦即这位意大利艺术技术家的朋友,把视角思想方法[die perspektivische Denkmethode]大范围地引进形而上学。

③ 参见 Heisenberg：Physik und Philosophie, a. a. O. S. 37 u. 112。

的历史性所规定,但毫无疑问的是,诚如韦斯塞克尔[C. Fr. v. Weizsäcker]所指出的①,它被量子理论概率函数——观察结果在原则上的不可预见性在这一函数中被表达出来——从其历史性的唯一性中拉出来,并且在某个可能事件之集合的框架中被置于规律性的可使用的范围之内。

在微观物理学实验中构建起来的直观性的和可图型化的世界面相的情况与此类似。虽然它们在客观上无法统一,从而在互补性概念的框架内与和精神科学相关的、互相排斥的世界观具有可比性,但是世界面相这一客观上的无法统一性并不阻碍它们在某个理论框架内的系统互补性,而如此这般的理论则抛弃了直观性的和可图型化的概念。与此相反,精神科学所涉及的相互补充的世界构建[die komplementären Weltkonstitutionen],以及造就这些世界构建的身体性存在行动[die leibhaften Daseinakte],亦即在态度和生活风格中固定下来的极性决定[die in Haltung und Lebensstilen sich verfestigenden polaren Entscheidung]②,则在它们独一无二的直观性意蕴上自足地作为某个在原则上没有终结的解释学重构的主题而引起我们的兴趣。虽然它们也在一个辩证的理论构建中被理解成是系统性地互相补充的,正如黑格尔所展示的那样。但是,正如我们在上面已经指出的,这一理论构建具有与微观物理学的数学理论构建完全不同的特征。现在是时候从我们的认知人类学的问题视域出发对这一差别作进一步的阐述了。

根据其实验观察行动所达成的相互补充的世界构建,量子理论能够逗留在理性本身的非中心立场上,从而把直观性的和可图型化的面相(诸如粒子和波)关联于以数学方式统揽着它们的非直观性世界集合[unanschauliche Weltbestände]。就此而言,量子理论的做法和相对论并没有差别,因为量子理论也不能把观察结果完全地扬弃于某个关于客观体的理论概念之中。相反,为了实现对精神科学的、直观性的和可图型化的世界构建的综合,黑格尔的辩证法就必须再次通过某个前反思的和身体中心性的立场,通过某个新的态度、通过存在实践,或者随便我们想怎么称呼它,才能够实现。

---

① 参见 C. Fr. v. Weizsäcker：Die Geschichte der Natur，Stuttgart 1948。
② 参见 E. Rothacker：Probleme der Kulturanthropologie. Bonn 1948。

对于这一点,黑格尔只是附带性地提及,他并没有在原则上对之作出充分的考虑。虽然对于他来说,世界并非如莱布尼茨所认为的那样是一个面相连续体,而是历史性的世界构建的不连续过程。但是,这一不连续的过程必须被理解成仅仅是精神的辩证地展开。而且,从现象学来看更加本质性的是,对所有在前的、历史性的世界构建的终结性综合必须仅仅是一个理论事件[eine Angelegenheit der "Theoria"],更具体来说:必须是理性本身对其自身的实体性内容的反思过程。在这点上,黑格尔和莱布尼茨一样,同样地扎根于柏拉图的哲学观念,否认身体作为认知先天性,换句话说:否认存在实践作为认知先天性。所以,这里也包含了19世纪和20世纪具有开创性意义的哲学在其激发下反对黑格尔的问题引子:原始马克思主义、克尔凯郭尔的存在哲学、生命哲学以及实用主义交汇到一个立场上,那就是,世界的意义绝对不会向一个以理论距离镜映世界的纯粹意识敞开,它必然地是通过某个身体性的参与,通过物质性实践,通过一个不可逆转的从而是冒险性的对将来的筹划而产生的。如果人们想对黑格尔的思辨作补充,那么人们就可能要说:人类除非不断地重新踏入自主地推进世界的冒险之旅,否则是绝对不能认识世界的意义的。神不但想回到自己,而且也想自己为自己负责。

第四编　诠释学的实施

纯化之路
——论爱克哈特的神秘主义教化观念

鲍永玲

上海社会科学院哲学所

在爱克哈特(Meister Eckhart，1260—1328)[1]生活的中世纪晚期(13—14 世纪)，以托马斯·阿奎那为代表的经院神学达到高峰、已近没落。在这样的历史背景下，爱克哈特作为多明我会(Dominican Order)的神秘主义者，将希腊哲学、基督教神学和新柏拉图主义融会一体，创造出自己独特而高度灵性化的"神人合一"的神秘主义神学。他主张上帝融合于万物，万物皆空无[2]，万物存在即为上帝的显现；人为万物之灵，基督则是人类的救赎者，人通过"成形—教化"(bilden-Bildung)的过程不仅能与万物合一、与基督合一，也能与上帝合一；人的灵魂内有一种神性的火花(Fünklein)或心灵之光，可以通过"纯化"与作为万有之源的最高神性相连，从而达到无所牵绊的泛爱自由境界。这些倾向使他在 1326 年被指控为异端。但爱克哈特注重内心信仰、轻视外在善功和圣事的宗教态度，以及推崇意志而贬抑理性的立场，对宗教改革时期马丁·路德的思想转化起到重要作用。伴随着 14、15 世纪欧洲文艺复兴的兴起和发展，爱克哈特的神秘主义随之复兴，其中在德国尤为显著，并对其后的宗教改革、新教及虔敬主义、浪漫主义和观念主义甚至现代存在主义等有深刻影响。

一、永恒沸腾的灵魂火花

"教化"(Bildung)被伽达默尔视为西方人文主义传统的首要主导观念[3]，也是

---

① 爱克哈特(Meister Eckhart)，又作艾克哈特、埃克哈特。
② 参见胡永辉、周晓露：《艾克哈特对"空"义的阐释及其与僧肇之差异》，《宗教学研究》2013 年第 2 期。
③ Hans-Georg Gadamer，*Wahrheit und Methode*，Tübingen：J. C. B. Mohr (Paul Siebeck)，1986，S. 15.

具有强烈德意志民族特点的关键理念。它作为一种带有源初宗教色彩的生命理想,可从黑格尔和德意志运动时期的赫尔德、洪堡等追溯到莱布尼茨与沙夫茨伯里,而从 17、18 世纪的虔敬主义还可以再往前追溯到中世纪基督教神秘主义,尤其是爱克哈特的神人合一论、新柏拉图主义直至《圣经·创世记》。从具体概念的起源来看,"成形—教化"作为具有精神哲学内涵的新观念谱系,很可能是爱克哈特融合"神的肖像"说、新柏拉图主义的流溢说(Emanation)以及再融合说(Reintegration)在观念史上的新创造。在这一源远流长的精神历史背景下,神秘主义成为打开整个德国哲学精神宝库的一把重要钥匙;而被伽达默尔称为 18 世纪最伟大观念之一的教化,则架起了中世纪神秘主义和德国近代观念论之间的桥梁。从爱克哈特神秘的灵魂火花说到马丁·路德的内在自由意识说,再到波墨的"神智学"(Theosophie),都包含着一种在最高的神秘意识中最终实现库萨的尼古拉式的"对立同一"(coincidentia oppositorum)的思想。这些精神传统乃是德国早期教化观念起源和转化的重要背景,也是德国古典哲学和古典教育学最重要的思想根源之一。

德语中的教化观念,归根结底可以说形成于基督教神秘主义"人神肖似性"(Gottesebenbildlichkeit des Menschen)学说的语境里。对中古德语"*bildunge*"(即"Bildung"的早期形式)一词进行历史性探查,会发现该词首先通过 13、14 世纪的神秘主义者,才从仅仅是感官性的具体含义层面转化进入精神性的神学层面,并作为"神的肖像"(imago-die)或"人的肖神性"学说里的专用术语而走上历史舞台。这些词语,即"成形"(bilden)、"教化"(Bildung)、"肖神性"(Gottesebenbildlichkeit),在德语词语构成和概念形成史上彼此关涉而映射,其核心乃是"Bild"(形象、图象、原型或象),而"Bildung"则是动词"bilden"的名词化形式。在基督教神秘主义者的思考中,"成形—教化"乃是一个完美化的宗教事件。因为在创世过程中,"人"乃作为神的肖像而被造。由此,神秘主义者最深的关切,就是追寻一条使人能够回返到人神相似之源始状态的神圣之路,也就是说在灵魂的不断追寻中使人重新成为神的纯粹"肖像"。在爱克哈特的"成形—教化"思想语境中,即要求人类灵魂趋近上帝,迈向似神的内在性,与灵魂中上帝的纯粹形象"合形为一"。

　　从词源上看，"bilden"和"Bildung"的语言母体分别为古高地德语的 *biliden*①、
bilidon 和 *bildunga*②，在身体感受的意义上皆指涉物质性和材质性的东西即"质
料"，由此具有"塑造—摹绘"（abbilden）、"肖像"（Bildnis）、"形体"（Gebilde）、"形
态"（Gestalt）等方面的含义。这些意义指向也确定了创造性的制作生产活动与
"范形"（Bild，Vorbild）、"摹本"（Abbild，Nachbild）关系具有相重合的要素。拉丁
语的"imitatio"（模仿）、"formatio"（构形）和"imago"（形象）、"forma"（形式）之间
的联系也与此类似。晚期古高地德语已将"创造"（Schöpfung）称作"*bildunga*"，
这里的宗教背景乃是《创世记》第一章第 26 节及以下所叙述创世论中的神人关
系，即"当上帝造人的日子，他照着自己的形象造人"，人"是上帝的肖像和光荣"。
人是按照上帝的形象创造的，人在自己的灵魂里就带有上帝的形象③，从而形成
"人神肖似"的内在联系。人也必须在自身中去造就这种形象。古高地德语的教
化一词在当时具有的这一意义指向，显示出中世纪的学者对"形象"（Bild）已经进
行了内在精神化的想象。这可能是在语义学上极其多样、在哲学影响力上源远流
长的拉丁语"形式"观念群的影响下形成的："figura"（体形）和"imago"、"species"
（种属）和"exemplum"（范例）等。这些对应的概念簇共同展现出"形式"观念所蕴
含的"多样中的统一"，也试图展现出隐藏于显相之后的本质和理念。在这一传统
基础上建构起来的"成形—教化"观念，既含括了摹本（Abbildlichkeit）和原型
（Urbildlichkeit）之间的整个跨度，也指向"imago"和"similitudo"（模仿）活动内在
的紧密联系④。伽达默尔特别指出，对应于"Bildung"这个德语词的拉丁文是
"formatio"，在英语里，如沙夫茨伯里的写作中则是"form"（形式）和"formation"

---

① Otto Springer, *Etymologisches Wörterbuch des Althochdeutschen*, Band Ⅱ, Vandenhoeck & Ruprecht, 1998, S. 50.

② Friedrich L. Weigand, *Deutsches Wörterbuch*, Walter de Gruyter, 1968, S. 237 - 238; "biliden: gestalten, formen, nachahmen, fingere, imitari." "bilidōn, ahd., sw. V.: nhd. bilden, gestalten, darstellen, schaffen, versinnbildlichen, sich vorstellen, abbilden, vormachen, nachahmen, nachmachen; ne. build, perform, imitate; W.: nhd. bilden, sw. V., bilden, *DW* 2, 13." "bilidunga, ahd., st. F. (ō): nhd. "Bild", "Abbildung", Vorstellung, Vorstellungskraft; ne. figure (N.), imagination; W.: nhd. Bildung, F., Bild, Bildung, *DW* 2, 22."

③ 参见《约翰福音》1：18，14：9；《歌罗西书》1：15；《希伯来书》1：3。

④ Ernst Lichtenstein, *Zur Entwicklung des Bildungsbegriffs von Meister Eckhart bis Hegel*, Heidelberg: Quelle & Meyer, 1966, S. 4 - 6.

（形成）。德语里与"forma"相对应的推导词如"Formierung"（塑形）和"Formation"（成型），则在很长时间里一直与"Bildung"处于竞争之中。自文艺复兴时期的亚里士多德主义以来，"forma"已经完全脱离其技术方面的意义，而被以一种纯粹能动的和自然的方式加以解释。但是教化一词的胜利不是偶然，因为"Bildung"里包含"Bild"（形象），"形象"可以指"Nachbild"（摹本），也指"Vorbild"（范本），而"形式"概念则不具有这种神秘莫测的双重关系。①

　　因此，从其漫长的发展史看，教化观念蕴含着一种极其深刻的时代精神的转变。它起源于早期创世神话，经过中世纪基督教神秘主义者爱克哈特的神学转化后，被巴洛克哲学家如波墨（J. Boehme）在自然哲学思辨方面继续深化，并通过克洛普施托克（F. G. Klopstock）的史诗《弥赛亚》扩展了其宗教性的精神意蕴。18世纪下半叶，这一极具德意志民族特色的概念逐步向精神性的普遍意义领域过渡，在赫尔德那里被规定为"达到人性的崇高教化"，由此拓展出教育学、美学和历史学的多重维度，此后又在康德、门德尔松、黑格尔等对启蒙和教化关系的思考中赢得新的深度。尽管随着1770至1830年间现代教育在德国的逐步兴起，教化在日常德语中逐渐淡化成为教育的同义词，然而"教化宗教"（Bildungsreligion）一词仍然保存了这个概念最深层和最古老的神秘主义传统。在这样的思想史进程里，教化观念及其派生形式凸显出当时新创造出来的思辨语言的独特价值。它指向这样一个广阔而深入的意义域群：灵性、内在性、源初性、彻底性和无根基性、理解与不可理解、内观和外在影响的辩证统一。就如密教历史学家费弗尔（A. Faivre）所指出的，"在爱克哈特思辨词汇的完整意义与词源意义中存在一种灵知"②。这种哲学思考方式以思辨神秘主义为内核，突破了中世纪经院哲学中拉丁术语的僵硬外壳，借此超越了感性的具体意义，并使当时作为方言土语的中古德语的感性意义内在化，最终成为在"活的语言"中创造出的适应人类灵魂之内在经验和精神直观的新表达。

　　为了传达出他的原创、复杂而异乎寻常的新观念，爱克哈特修改现有词汇或

① Hans-Georg Gadamer, *Wahrheit und Methode*, Tübingen: J. C. B. Mohr (Paul Siebeck), 1986, S. 17.
② 汉拉第:《灵知派与神秘主义》，张湛译，上海：华东师范大学出版社，2012年，第171页。

创造新的抽象词汇,大胆使用秘闻、隐喻和悖论,使他的思想更加晦涩,也使德语神学和哲学的历史发展都留下了他的创造性印记。为了使他的信众领悟属灵的劝告,他将拉丁文本译成当时尚不发达的德语本,他的许多讲道使用的都是当时的俗语白话。① 他永不满足的思辨把他引向"贫瘠之神""平静的沙漠"和"深渊"这些形象的描述,并用对"核心""根据""灵魂的顶点""顶峰"或"小火花"的强调,来讲述"圣言"或"道"在灵魂最深和隐秘处神秘而永恒的诞生。"在悟性和欲求停止的地方,那里是黑暗,神在那里发出光。"②这里的"小火花",就是人身上源生的神性的形象和本质。"上帝在哪里,灵魂就在哪里,灵魂在哪里,上帝就在哪里,上帝要统治的殿堂就是人的灵魂。"③"火花"隐匿在人的灵魂深处,是良心(Synteresis)、道和宗教经验意识存在之所。"灵魂不过具有一小滴理性,一粒火星。"④灵魂之光与理性相等同,在这里也符合爱克哈特形而上学的先验结构,因为人拥有灵魂的火花才能与上帝最终神秘合一。"灵魂在神内将神给予了神本身,完全与神在灵魂内将灵魂给予了灵魂本身一样。"⑤灵魂闪现为理性之光所带来的荣耀,正是神性所赋予人类灵魂的荣耀。在这里,永恒流溢的"灵魂的火花"作为"成形—教化"的人神合一论的基础,正是爱克哈特最富有特色的见解之一。

爱克哈特援引早期诺斯替主义的思辨,提出神性深处有着一种原始必然的"流溢"。他使用否定神学的表达方式,将隐藏的神性描述为"否定的否定和渴望的渴望","高处存在之上,就像最高的天使高处飞虫之上"。⑥ 爱克哈特强调极端超越的神性时所使用的语言,与早期瓦伦廷派灵知主义者相类似:"这智力推进深远,对神性不满,对智慧不满,对真理不满,甚至对上帝自身不满。说实话,对上帝观念的不满与对一块石头或一棵树的不满并无不同。"⑦因为"所有的被造物都是

---

① 参见周锴:《埃克哈特的作品考据及研究建议》,《理论月刊》2009 年第 6 期。

② Meister Eckhart, *Dieu au-delà de Dieu. Sermons XXXI à LX*, Gwendoline Jarczyk and Pierre-Jean Labarrière (trans.), Paris: Albin Michel, 1999, p. 88.

③ 埃克哈特:《埃克哈特大师文集》,荣震华译,北京:商务印书馆,2003 年,第 196 页。

④ 埃克哈特:《埃克哈特大师文集》,第 183 页。

⑤ Saint Jean de la Croix: *Œuvres complètes*, Lucien-Marie de Saint-Joseph (ed.), Paris: Desclée de Brouwer, 2008, p. 800.

⑥ Meister Eckhart, *A Modern Translation*, by Raymond Blakney, New York: Harper & Row, 1941, p. 247, p. 219.

⑦ Ibid., p. 169.

纯粹的虚无：我不是说它们微不足道……而是说它们乃是纯粹的虚无"①。这种源生的神性形象要自我表达和自我实现的原始冲动，是一种赤裸的存在，被爱克哈特描绘为一种"沸腾"(bullitio)或"来自源头(Ursprung)的沸腾"。滚烫的水在源源不断地涌溢翻腾，表达出生命受造于似乎无有、无色和无为的存在。"神触及所有的事物又不为事物所触及。神在所有事物之上，他是一在自身内的自在，他自在地包含一切受造物。"②就如爱克哈特的弟子所写："存在于物质当中的形式，永不停息地沸腾着(continue tremant)，就像两片海域之间那沸溢的水流(tamquam in eurippo, hoc est in ebullitione)……这就是为什么，关于它们的一切都无法得到确定或持久的构想。"③

在此，"沸腾"是指对象在上帝或人的心灵当中(ens cognitivum)的颤动或内在张力，"沸溢"(ebullitio)则是指真实对象在心灵之外(ens extraanima)的状况。"形象是完全地融入了赤裸本质的一种纯粹而形式的散发……它是一种生命(vita quaedam)，我们可以把它想象成某种在自身当中并且通过自身而开始膨胀并沸腾(intumescere et bullire)的东西，但同时，它又无需考虑向外的扩张(necdum cointellecta ebullitione)。"④与赤裸本质相一致的"形象"则变成"知识"，是心灵对象和真实物之间纯粹、完美而绝对的媒介。它既不是一个纯粹的逻辑对象，也不是一个真实的实体；它乃是"成形"，是某种活着的东西，如"一个生命"，是"形象"在心灵中的沸腾以及借以被认识的颤动。神的诞生在此显现为"神自神性的沸起"，沸起、沸腾或沸溢作为隐喻，指神自生命源头开始就不断地沸起、翻滚、涌动而充满自身。"所有因不区分而区分的事物，它们越是不区分，就越区分，因为使之区分的正是它自身的不区分。"⑤神的存在是一个丰富而生生不息的动态过程，流出的三种样式是存在、生命和光。这如同一种自流性的形而上学，"我的灵就是

---

① 埃克哈特：《埃克哈特大师文集》，第 528 页。

② 埃克哈特：《埃克哈特大师文集》，第 217 页。

③ Vladimir Lossky, *Theologie negative et connaissance de Dieuchez Maitre Eckhart*, Pairs：J. Vrin, 1973, 1173n73.

④ Meister Eckhart, *Die deutschen und lateinischen Werke：Die lateinischen Werke*, vol. 3, Stuttgart：W. Kohlhammer, 1994, S. 425 – 426, "Latin Sermon 49".

⑤ Emilie Zum Brunn (ed.), *Voici maître Eckhart*, Grenoble：Jérôme Millon, 1994, p. 441.

神的根，神的灵就是我的根"，"一切被造物都从父流出"，"万物在上帝的永恒不断的生养中流出"。神的"出"就是神的"归"。爱克哈特受奥古斯丁影响，认为回归比流出更为重要，他进而提出留内和守内的观点作为出和归的整合辩证，并描述出一幅动人的流溢回返的教化循环之景象。

二、　流溢回返的教化循环

爱克哈特将教化观念与"自省""纯化"这些概念联系在一起，认为普遍精神最早来自造物者，但由于与物质相接触而被玷污；在人类的灵魂与神再度结合之前，这种精神必须被纯化。新柏拉图主义者普罗提诺（Plotinos）已将这个过程称作"奥德赛"，人们"必须刻除自己的不洁"，直到灵魂变成一件"艺术品"，借由达到自知的状态而变得贞洁。根据这个类似雕刻的隐喻，神秘主义者将"自省"称作"bilden"（成形），指的不再是被动地臣服于神的介入，而是在上帝创造行为之外还需要基督徒个人主动的纯化。存在神性要素的内在性，与看起来无关紧要的整个外部世界相对立。这里，人的"教化"还只是神学、宗教的意义，尚不涉及人的整体生命和修养问题。它是指灵魂内在净化的过程，人应有意识地从物质生活偏离和脱离人相，与灵魂中的上帝形象合形、迈向其似神的内在性，最终具有纯粹的神的样式从而得到更辉煌的荣耀。这些思考使爱克哈特进一步提升了基督教的伦理思想。此后的德国虔敬主义者更将教化视为一种具有美学特性的有机过程，年轻的修士要借此学习如何修身，进而担负起社会责任。实际上，"教化"观念在此时尚处在深厚的基督教神秘主义背景之中，与后来的教育学（Pädagogik）及其实体性的教育体系并无直接联系，后者也无法使人回想起教化概念内含的最古老的神学意义层面。

在高度思辨而复杂的神学背景中，爱克哈特将教化思考为这样一个过程："神按照自己的形象创造出人"，因此人的灵魂也要趋近上帝，致力于与灵魂中上帝的纯粹形象合而为一，这就是人的内在目的。"我们应当在我们自己里面成为这个'一'。与万物分离开来，恒久不变地与上帝合一。在上帝之外，一切尽为虚无。""从一切属肉体的事物中解脱出来，专心致志，出于这样的纯真而投入到上帝里面去,与上帝合一。"①这一过程并非指创世之初发生的事情,而是在人类灵魂中每时每刻地发生着。由于神"印刻"(ein-bilden)人的灵魂,这个灵魂就此成了神的形象。它也是充满着"诞生主题"和"突破主题"的新柏拉图主义式的循环过程②。"教化"的第一阶段,乃是神性在自我认知中的流溢,"这是一种令人惊奇的事物,它向外流溢却又存留于内"③,通过内在动力之循环和世界形成之循环中整一存在的分裂,形成分离中的主体和客体:

> 在永恒中,圣父按他自己形象生圣子。"圣言与上帝同在,圣言就是上帝"。圣言与上帝一样,有上帝的本性。而且,我说是上帝在我的灵魂中生的他。不但是灵魂像他、他像灵魂,而且是他在灵魂中,因为圣父在灵魂中生圣子,恰如圣子在永恒性中之所为而不是其他方式。圣父不停地生他的圣子,而且,把我生作他的圣子——同一个圣子。实际上,我断言,他生我不只作为他的圣子,也是作为他自己,而他自己作为我自己,以他自己的本性、他自己的存在生我。在那个最深的源头,我来自圣灵,而且只有一个生命、一个存在、一种行为。上帝所有的德行是一,因为他生我就如生他的圣子而没有分别。④

此阶段有着鲜明的新柏拉图主义思辨的印记:在此过程中初始的是非人称、"阿波非斯式的"(apophatisch)上帝概念来自古希腊语的"否定神学"(theología apophatikē),神性在这里显现为中性的、自在静止的整一;其次,在神的自我展开的"第一圆环"中,不动的神性更新为动态的原则"神",成为三位一体、人格化的上帝概念;最后,从神的自我展开的"第一圆环"向"第二圆环"过渡,在动态的变化

---

① 埃克哈特:《埃克哈特大师文集》,第 258 页。

② Petra Hoeninghaus-Schornsheim, *Die Entstehung des Bildungsgedankens in der deutschen Mystik*, Duisburg, Univ., Diss., 1994.

③ Meister Eckhart, *L'Étincelle de l'âme. Sermons I à XXX*, Gwendoline Jarczyk and Pierre-Jean Labarrière (trans.), Paris: Albin Michel, 1998, p. 263.

④ Meister Eckhart, *A Modern Translation*, by Raymond Blakney, New York: Harper & Row, 1941, p. 181.

交替中"运作的神"和"自在静止的神性"成为世界过程的架式(Schema)。在爱克哈特这里,神乃是他所"不"是者和"无名者",即非—上帝、非—灵、非—人格、非—形象。"只要人为了上帝而对自己加以否定,从而与上帝合而为一,那他就更成为上帝而不再是被造物了。"①"神高于所有的言说"②,没有任何实体、生命、光明、思想、理智能企及与神相类似的程度。因此任何肯定陈述都并不适当,而否定陈述却是真实的,即神的本质不可见、不可测、超越一切形象和比喻。"没有任何概念认识——无论是关于造物的,还是关于自己本身的,还是关于神的——能够把人引向与神的神秘契合,这种契合处于一个完全超概念的领域。"③

在第二阶段,教化是从流溢阶段向神的源始根基(Urgrund)的回返,是神秘的重新融合的过程。也就是说,首先是神在灵魂中的诞生,此刻灵魂先是作为"神的肖像"而处在神性诞生的结构之中;随后返回到神的源始性"存在"之基础的隐遁(Abgeschiedenheit)状态里,灵魂"摆脱一切被创造的东西,返回自身,聚精会神,力图在自身中,在内心的最深处,达到自己的原型";最后,乃是获得福祉、受到拯救的经验,灵魂与神融合为一并在神性之"静"里融为一体。这样,在含纳着整个存在范围的"成形—教化"过程中,邪恶也是一个必要环节,"甚至无,以及恶、匮乏、多样性的来源,也隐藏在真正和完满的存在本身中"④。因为神的形象真正贯穿于人的生命整体,而非存在于灵魂的某个部分。"只要我们的生命是一个存在,它就在上帝里面。只要我们的生命包容在存在里面,那它就与上帝亲近。"⑤也就是说,这种内在的贯通是动态的和始终进展的,甚至在自我之恶的深处也在活动着。教化被理解为人之"神性化"(deificatio),这种思想在后世也重新出现在舍勒那里。值得注意的是,按照爱克哈特,若没有人的灵魂,神就是难以理解的。因为神借助人的灵魂才能实现从"让渡自身"(Veräußerung)到"自身再印入"

---

① 埃克哈特:《埃克哈特大师文集》,第 292 页。

② Meister Eckhart, *Et ce néant était Dieu. Sermons LXI à XC*, Gwendoline Jarczyk and Pierre-Jean Labarrière (trans.), Paris: Albin Michel, 2000, p. 168.

③ 张志伟主编:《西方哲学史》,北京:中国人民大学出版社,2002 年,第 283 页。

④ James M. Clarke, *Meister Eckhart. An Introduction to the Study of His Works with an Anthology of His Sermons*, New York: Thomas Nelson & Sons, 1957, p. 51.

⑤ 埃克哈特:《埃克哈特大师文集》,第 175 页。

(Wiederein-bildung)的全过程，从而实现由多样到统一的回旋。

对爱克哈特来说，"教化"是绝对的和超越的进程。这样的教化活动不能想象为亚里士多德式的"使……行动"，因为追求目标和实现目标被理解成了两回事。在爱克哈特那里，人类灵魂"没有中介地"（anemittel）"成形"为神，亦即没有媒介因，没有混合掺杂，也没有黑格尔意义上的调和。依照"神性的永恒形象"，以纯粹的"形式"作为理念，这些受造物在神的永恒的"示范"（vorbilden）下不再是障碍，而恰恰是通向神的道路。就其自身而言，"成形—教化"乃是超越理性和意志的神的纯粹"在场"和"对神的领受"，是圣子的诞生，是"涌出一股神灵般的爱的泉流"，最终使人向着崇高的神性升华，从内在返回到上帝之中而达到最高的完满。① 这个过程同时既是"成形化"（Bildwerden），也是"无象化"（Bildloswerden），"圣子是一种没有形象的形象，他是自身隐秘神性的形象"②；是"一"，是创造中多样的统一，是神作为灵魂之形式的纯粹统一，"（人的）精神应穿过所有的数，从所有的多样性中突围出来，这样，神就进入他内。就像神进入我内，我也进入神内。神引导人的精神进入沙漠，进入到他的一内，在那里只有一个澄明的一，围浸在他的周围"③。也就是说，"自我"和"神"在人的灵魂的最隐秘深处达到同一，形成了"不可分的结合"，即"单纯的一"（eineinfaltiges Eins），"纯净、纯粹、清明的太一"。此刻，"上帝的核心也是我的核心，也是我灵魂的核心，而我的灵魂是上帝灵魂的核心"④。"完美的灵魂不受任何羁绊。它希望晃动与万物的联系并置身万物之上，以便获得神性自由。因为这给灵魂带来极大快乐。"⑤

如此，在爱克哈特对人的灵魂的重新思考中，有限、偶然和被造的自我对上帝绝对必然存在的隶属关系被颠覆了。他从更高的立场出发，甚至把绝对的创世活动也含纳为已被神性化的内在自我："在我永恒性的诞生中，万物被生。我是我自

---

① Josef Quint（hg.），*Meister Eckharts Predigten*，Stuttgart：W. Kohlhammer Verlag，1958，S. 265，268.

② Meister Eckhart，*Et ce néant était Dieu. Sermons LXI à XC*，Paris：Albin Michel，2000，p. 103.

③ Meister Eckhart，*L'Étincelle de l'âme. Sermons I à XXX*，Paris：Albin Michel，1998，p. 256.

④ Meister Eckhart，*A Modern Translation* by Raymond Blakney，New York：Harper & Row，1941，p. 126.

⑤ Mathew Fox（hg.），*Breakthrough：Meister Eckhart's Creation Spirituality in New Translation*，New York：Doubleday，1980，p. 366.

己的第一因也是任何其他事物的第一因。如果我不在,那么也就没有神在。"①在这种"永恒性的顶峰"的突破后,爱克哈特说:"他的眼睛和上帝的眼睛是同一个眼睛、同一个视野、同一个认识、同一个爱。"②他提倡一种取消被造物和创造者之间差别的泛神论观点,"神既不是这也不是那,他不是多样性,而是一"③。这种灵知化解人类世界的一切奥秘,化"多"为"一":"上帝不会被事物的数目所分散,人也不会,因为他是一中之一,在其中,所有分开的事物拢聚为一体,没有分别。"④在此过程中,灵魂与上帝的交融如同"无词无音的言说","清心的人有福了,因为他们必得见上帝"(《马太福音》5:8)。上帝不具有任何定形或固定形象,而是心灵之言、朝霞之光、花朵之芬芳、清泉之奔涌。此后,波墨继续深化了爱克哈特的这些思考,也沿袭了他的语言方式。

三、 神人合一的纯化之路

爱克哈特对"成形—教化"观念的灵性思考,植根于他对"形象"概念同样具有神秘主义特性的再建构。这一点尤其明确地体现在他对保罗"in eandem imaginem transformamur(正在被改变成与主同样的形象)"(《哥林多后书》3:18)⑤这句话中"transfor-mare"(转化)一词的理解与翻译上。在《创世记》中,人是按着"神的形象"造的。这就等于说神所造的人性分有一切善,因为神是完备的

---

① Meister Eckhart, *A Modern Translation* by Raymond Blakney, New York: Harper & Row, 1941, p. 231.

② Josef Quint, *Meister Eckhart*, *Deutsche Predigten und Traktate*, München: Hanser Verlag, 1995, S. 216, "Predigt: Qui audit me, non confundetur" Sir 24,30.

③ Meister Eckhart, *Et ce néant était Dieu. Sermons LXI à XC*, Paris: Albin Michel, 2000, p. 72.

④ Paul M. Zulehner, *Gottes Sehnsucht. Spirituelle Suche in säkularer Kultur*, Ostfildern: Schwabenverlag, 2008, S. 56 f.

⑤ 该句拉丁文为"nos vero omnes revelata facie gloriam Domini speculantes in eandem imaginem transformamur a claritate in claritatem tamquam a Domini Spiritu"。1912 年路德版《圣经》(*Lutherbibel*) 译为:"Nun aber spiegelt sich in uns allen des HERRN Klarheit mit aufgedecktem Angesicht, und wir werden verklärt in dasselbe Bild von einer Klarheit zu der andern, als vom HERRN, der der Geist ist." 《圣经》现代标点和合本译为:"我们众人既然敞着脸得以看见主的荣光,好像从镜子里返照,就变成主的形状,荣上加荣,如同从主的灵变成的。"中文标准译本译为:"而且脸上的帕子既然被揭去了,我们大家就像镜子返照出主的荣光,正在被改变成与主同样的形像,从荣耀归入荣耀,这正是出于主——圣灵。"

善,而人是他的形象,那么这形象必与原型一样也充满完备的善。这里的
"transfor-mare",在神学上乃是特指神圣精神通过"超化"(überformen,
überbilden)而形成的灵性转变。在此,"形式"(forma)和"形象"(imago)被看作
"一","转化"则被看作新形式的诞生,此时"人的重生就等同于神的重生。去形、
印入和超化是神性化的层级"①。这里的"去形"是指去除感性想象,或者说摆脱自
己的感知世界和经验的牵绊纠缠。"你不要执着任何的形式,因为神不在任何的
形式内,非此非彼","在凡有形象的地方,神都隐退了,神性都消失了。"②只有当灵
魂摆脱这些"形象",它才可能被引导到灵魂的根基里面并将完整的神印刻其中,
从而在神秘的完善过程中超化为神:"神在万物内。神越是在万物内,他就越是在
万物外,他越内在就越外在,越外在就越内在。"③

　　在这种创造和重生的神秘主义语境中,教化观念显示的是原型和摹本之间的
内在联系:神自身在人中诞生,就像神按照自己的形象创造了人,"圣子与他完全
相似,是圣父的完满肖像"④;因此人应该再次诞生神或塑造神。原型只有通过形
象才能成象,而形象却无非只是原型的显现;只有通过形象,原型才能真正成为原
始—形象(Ur-Bilde)。这一教化过程建立在新柏拉图主义式的形而上学基础上,
就如爱克哈特弟子海恩李希·苏索(H. Seuse)对教化的描述:"一个泰然自若的
人必须从被造物去形,与基督一起成形,并超化为神性。"⑤此外,苏索显示出从思
辨神秘主义到情感神秘主义的过渡,这是与基督神秘主义有内在联系的教化观念
的逐渐心理学化。人类保持着"形象","应该将自我构形为这样的形象","在爱
内,我更像是神而不是我自己……人因此可在爱内成为神"⑥,"爱是在行为中,而
不是在存在中使其合一"⑦。也就是说,"与基督一起成形",即"自我内在构形为基
督"。这种"构形"环节蕴含着优势:"灵魂必须在某种程度上是具象性的,即耶稣

---

① I. Schaarschmidt, *Der Bedeutungswandel der Worte "bilden" und "Bildung" in der Literaturepoche von Gottsched bis Herder*, Elbing, Phil. Diss. Königsberg, 1931, S. 31.
② Meister Eckhart, *L'Étincelle de l'âme. Sermons I à XXX*, Paris: Albin Michel, 1998, p. 71, p. 78.
③ Meister Eckhart, *L'Étincelle de l'âme. Sermons I à XXX*, Paris: Albin Michel, 1998, p. 263.
④ Meister Eckhart, *Dieu au-delà de Dieu. Sermons XXXI à LX*, Paris: Albin Michel, 1999, p. 146.
⑤ Wolfgang Klafki, *Beiträge zur Geschichte des Bildungsbegriffs*, Weinheim: Beltz, 1965, S. 29.
⑥ Meister Eckhart, *L'Étincelle de l'âme. Sermons I à XXX*, Paris: Albin Michel, 1998, p. 68.
⑦ 埃克哈特:《埃克哈特大师文集》,第 171 页。

的充满爱意的形象……由此他被构造成这样的形象……由此他将被神的精神……超越形象地构成。"①如爱克哈特所言,神释放出神性的东西来创造人,人将自身印刻入神,使这部分重新融合于神性并取消自身的受造物身份,而超化为他的创造者。在这样的纯化之路上,灵魂与神性达到神秘合一(unio mystica):"神奇的想象变成性感的:人被变成他热爱着的直观的东西。"②爱克哈特超验性的"形象"思考,后来被费希特的教化学说继承。

按照新柏拉图主义,流溢的本质在于流溢出的总是一种剩余物,因此并不会削弱自身。从原始的"一"中流出"多",自身没有减少什么,存在却因此变得更丰富了。神的"形象"从创世开始,就像处于人类灵魂中的一颗谷种,不断生长、绽开花蕾而显现出来。"你们得以重生,不是出于会朽坏的种子,而是出于不朽坏的种子"(《彼得前书》1:23),"他按自己的旨意,用真道生了我们,叫我们在他所造的万物中好像初熟的果子"(《雅各布书》1:18)。神的"形象"作为内在于世界的"形式"绝非静止的实体,而是始终萌动并内在更新的动力,由此而驱使人不断向善。就如伽达默尔所指出的,古高地德语的"bilidi"(即"bilden"的早期形式)似乎首先总是意味着"力"(Macht)。③ 只是,"神的形象"在人的躯体里受质料所累,被造物的"形象"遮蔽,使其变得如同在透过模糊的镜子观看而暗淡无光。因此人类必须要重新创造,使神的形象像谷种或者果核一样发芽生长,绽开枝叶和花蕾而最终清晰显现出来。而这又恰恰是人类在最初受造中所获的自由的恩典,也就是说,神性始终在受造的人类中按照普遍形式展露。人类超脱的动力不是来自人自身,而是作为原型的神的形象的纯粹光照的"流溢"。上帝"用仁爱浇灌灵魂,使灵魂充溢,并在仁爱中把自己交付给灵魂,从而携灵魂超升,直观到上帝"④。人类灵魂需要去除所有与"自性"相联系的"已形成的受造物形象",向上帝敞开,纯粹的光照不断注入自我的灵魂之中,自我在纯粹性之中也不断进入神的镜像而看到自身。

---

① Wolfgang Klafki, *Beiträge zur Geschichte des Bildungsbegriffs*, Weinheim: Beltz, 1965, S. 29.

② I. Schaarschmidt, *Der Bedeutungswandel der Worte "bilden" und "Bildung" in der Literaturepoche von Gottsched bis Herder*, Elbing, 1931, S. 31.

③ Hans-Georg Gadamer, *Wahrheit und Methode*, Tübingen: J. C. B. Mohr (Paul Siebeck), 1986, S. 148.

④ 埃克哈特:《论自我认识》,《德国哲学》第二辑,湖北大学哲学研究所《德国哲学》编委会编,北京:北京大学出版社,1986 年,第 189 页。

"神比我自己更靠近我;我的存在依赖神靠近我和临在于我的现实。"①我们在神之中才是自我和万物,是"无形象的"永不朽坏的纯粹的神的形式,是完满的印入人类灵魂之中的神性。由此,原型之美在人里面"成形"而恢复神的形象即"复形","复活"正是指"我们的人性按它源初的形式重新构造"。人不是静止的存在,而是成长绽放的过程,教化的结果总是处在经常不断的继续和进一步教化中,就如古希腊语的 *physis*(自然)所具有的涌动和生长的含义。

这一思想实际上也继承了早期希腊教父的哲学隐喻。克里索斯托(Saint John Chrysostom,约 347—407 年)曾用锻铁和麦子这两个隐喻来说明人类灵魂的纯化过程。在锻铁隐喻里,要锻造一个良好的铁器,必先有炼铁的过程,将铁冶炼煅烧。铁一定要经历苦难,经过烈火焚烧,除去原有的外在的斑斑铁锈和内在杂质,才能够铸造成一个合格的器皿。麦子的隐喻是指,麦子冬天下种,要经过地的严寒、种子的蜕变,舍弃自身才可能真正地结出它的果子,换来秋后丰硕的果实,这是生命从不成熟到成熟的过程。铁和麦种都必须经历这样的熬炼,即经历一个净化和纯化自身的过程,新的更丰富的生命才可能就此展开。② 生命的本质在于舍弃,舍弃才是其真正的内涵,而不是拥有。在灵魂的纯化之路上,人的成长重获恩典的尊贵。一方面由恩典中所生长出的是高贵的、与原型一模一样的果子,它已经分开良善和坏恶,不再像麦粒和稗子一样混合生长起来,以致无法分辨;另一方面,这复活成为原型的永驻,从"发生青草"又结出种子,种子又长出与原型一样的植物,它的荣耀、尊贵、强壮和光辉是一种向着神敞开的完成状态。"复活"恢复的是上帝创造之美的普遍形式,就如再生的麦穗般高挑挺拔、匀称美观,这样的美和善不再在人的眼目之前隐藏,而是显示着被恢复的丰富而成熟的灵性。在这里,神的创造不仅得到新的理解,而且得到"完全的"理解。这是一条无尽的"纯化之路"(via purgativa),也是一条生命的自我纯化之路。

基督教神秘主义者安格鲁斯 • 西勒修斯(Angelus Silesius, 1624—1677)曾说,在每个人面前都竖着一个他应该成为的形象。只要他还不是,就不会有完满

---

① Meister Eckhart, *Et ce néant était Dieu. Sermons LXI à XC*, Paris: Albin Michel, 2000, p. 69.
② 参见石敏敏、章雪富:《古典基督教思想的"自我"观念》,北京:中国社会科学出版社,2010 年,第 340 页。

的平静，"每一滴水流入海洋后，就成为海洋。同样的，当灵魂终于上升时，则成为上帝"。从这种语境出发，"教化"是自我认同，是人及其人格理想之间的紧张。在这里，神秘主义的"教化"概念正在渐渐转化为教育学意义的"教化"，它关系到人类整体的生命目的。"人的肖神性，应该在与基督的同化（conformitas mit Chiristus）过程之中，借助教育（Erziehung）而成为现实。"①这里，"同化基督"（conformitas Christi）是相对于"模仿基督"（imitatio Christi）而言，后者主张基督是我们的模范，他的劳作驱使我们向他模仿（ad imitationem），他是我们跟随的对象。此后，克洛普施托克在对宗教神秘主义和世俗化教育学的教化观念做出区分时也继承了这条线索。②

　　总体而言，爱克哈特的超验思想虽然被此后持自然神秘主义观点的帕拉塞尔苏斯（Paracelsus）有意回避，却被有第一个条顿哲学家之称的波墨继承。通过讨论"精神"在语言里"成形"（Bildwerdung）的过程，波墨为基督教神秘主义的"教化"观念赢得新的意义维度。但是教化在这里还不是人文主义的，而是仍旧出自人类源初的语言力量。这样一种教化观念内在联系着马丁·路德的"精神"概念，并指引着其后德国哲学家从历史哲学和语言哲学上对"教化"进行新的理解。这尤其体现在从哈曼经赫尔德、洪堡、费希特到黑格尔的"德意志运动"（Deutsche Bewegung）、浪漫主义运动以及对启蒙运动的反思之中，而在现代伽达默尔的语言诠释学中达到高峰。③

---

① W. Flitner, "Bildung als Werk der Erziehung", in *Allgemeine Pädagogik*, Stuttgart: Klett-Cotta, 1997, S. 116.

② Ernst Lichtenstein, *Zur Entwicklung des Bildungsbegriffs von Meister Eckhart bis Hegel*, Heidelberg: Quelle & Meyer, 1966, S. 4 - 6.

③ 按照黑格尔，人类教化的本质是使自己成为一个普遍的精神存在，教化从而就作为个体向普遍性提升的一种内在的精神活动。伽达默尔则确证，哲学正是"在教化中获得其存在的前提条件"，"精神科学也是随着教化一起产生的，因为精神的存在是与教化观念本质上联系在一起的"（Hans-Georg Gadamer, *Wahrheit und Methode*, Tübingen: J. C. B. Mohr (Paul Siebeck), 1986, S. 17.）。

马克思文章中的韵律与修辞
——以《共产党宣言》最后一句为例*

吴建广　聂馨蕾

同济大学马克思恩格斯德文原著教学与研究中心，外国语学院德语系

一、 问题的提出与展开

如何翻译《共产党宣言》的最后一句，在这本共产主义出生证发表了 170 年之后，依然是中文学术界热烈探讨的一件事。这句话的德语原文是"Proletarier aller Länder，vereinigt euch!"①要贴近德语原文将这个句子翻译成中国文字，又不失译文的流畅，着实不易。在《共产党宣言》的研究中，高放发表论文有 9 篇之多，其中有 6 篇专门探讨最后一句的翻译问题，提出修改这句的中文翻译。这引发了郑异凡等人的反对；之前，俞可平也有一篇论文在探讨最后一句的翻译问题，似乎在回应高放的观点，却比高文发表时间要早，起因是"一位在国内理论界德高望重的

---

* 原文见吴建广、聂馨蕾：《从衔接与连续谈〈共产党宣言〉最后一句的翻译》，《当代外语研究》2021 年第 2 期。在原文基础上有改动。

① 本文选用的《共产党宣言》为中德对照断句标号版，见马克思、恩格斯：《共产党宣言》，吴建广译，载《德意志研究》（论文集），武汉：崇文书局，2020 年，第 214—256 页；译文基于德文版《共产党宣言》的 1848 年伦敦版和 1977 年柏林版。伦敦初版：*Manifest der Kommunistischen Partei*. London：Office der Bildungs-Gesellschaft für Arbeiter，1848. 柏林版：*Karl Marx，Friedrich Engels*："*Das Manifest der KommunistischenPartei*". *In：Karl Marx，Friedrich Engels：Werke. Band 4：Mai 1846 – März 1848. Hrsg. vomInstitut fürMarxismus-Leninismusbeim KZ der SED，Berlin：Dietz*，1977［历史批评版《马克思、恩格斯全集》(MEGA)该卷未出版］。文中出自该译本的引文均已在脚注中附上德语原文；德文引文后括号中的标注，首先是我们根据德文版章节编排的句数(*Stz.*)，分号后是柏林版的页码(*S.*)、行数(*Z.*)；以《共产党宣言》最后一句为例：该句是第四章第 17 句，故标注为(*Stz.* 4.17；*S.* 493，*Z.* 28)。以此类推，不另作注。不附带德语原文的就在引文后括号中标出句数(*Stz.*)。中译参考中央编译局：马克思、恩格斯：《共产党宣言》，载卡尔·马克思、弗里德里希·恩格斯：《马克思恩格斯文集》，中共中央马克思恩格斯列宁斯大林著作编译局编译，北京：人民出版社，2009 年，第二卷。文中引用编译局译本均在文后用括号标出"第一页"，不另作注。

前辈学者,看到相关材料后也致电我专此进行咨询,并嘱我关注一下此事"。①

　　讨论主要集中在这句命令式-祈使句中的命令或祈使对象。中央编译局的译文是"全世界无产者,联合起来"(第66页)。在纪念《共产党宣言》发表160周年的2008年,高放提出将"全世界"改译为"所有国家","无产者"改译为"劳动者"。改译理由是,随着历史的发展和变化,传统意义上的"无产者"越来越少,"小有产者尤其是中产阶层越来越多",改译为"劳动者"就能包括这些阶层,可以拓展这个概念的外延和包容量,目的是"能够团结、联合更众多的劳动群众"。关于"全世界"一词的翻译,高放指出德文、英文和法文的译法都有"所有国家"的意思,译文"全世界""没有把原文中'劳动者'或'无产者'的国别属性、国家民族属性表达出来,给人以全世界劳动者不存在国别属性、国家民族属性、各国劳动者不存在国家民族利益差异和矛盾的印象";他建议改译为"所有国家劳动者,联合起来!"②

　　高放的建议几乎遭到异口同声的反对。最为明确的反对是郑异凡仅有两页的文章:《"全世界无产者,联合起来"的口号无需改译——与高放先生商榷》。郑异凡的误解在于将原文与译文混为一谈,认为高放不是要修改译文,而是要修改马克思原文的意思;马克思和恩格斯自己都说,《共产党宣言》是一部"历史文件",不能再作任何修改,那么编译局的那句译文也不能改动。因为郑异凡感觉能够"理清马克思恩格斯本人的思路,[以及这句——引者注]口号所要表达的原本意思"③,不过这种感觉的可靠性并没有得到论证和证实。俞可平的论文同样不主张改译,他认为,在《共产党宣言》中,无产者和劳动者(工人)在语义上没什么差别,"基本上是同义语","马克思和恩格斯经常在完全相同的意义上交替使用这些概念";恩格斯即便在英文版中将其改译为"劳动者"(Working Men),也没有在再版的德文版中对原文"Proletarier"进行修改,因为这是一部不能更动的历史文件;据

----

① 俞可平:《"全世界无产者,联合起来!"还是"全世界劳动者,联合起来!"——从1888年英文版〈共产党宣言〉结束语的修改谈对待马克思主义经典著作的正确态度》,《马克思主义与现实》2006年第3期,第6页。

② 参见高放:《"全世界无产者,联合起来!"要改译为"所有国家劳动者,联合起来!"》,《探索与争鸣》2008年第3期,第13—14页。

③ 参见郑异凡:《"全世界无产者,联合起来"的口号无需改译——与高放先生商榷》,《探索与争鸣》2008年第5期,第19—20页。

俞可平说,许多英文版又改回到"无产者"(Proletarians)。^① 不过,现在流行在市场上的《共产党宣言》译本用的却是"Working Man"。俞文转了一圈还是认为,既然"无产者"和"劳动者"在马克思和恩格斯那里是同义词;英文译本更认定的是"无产者"而不是"劳动者",所以最后这句没有改译的必要。这里确实存在许多的问题。我们不认为"无产者"和"劳动者"(或工人)之间是"同义"的,可以"交替使用";在《共产党宣言》中,这两个词出现的场合是不一样的,"无产者"是在一般或抽象意义上使用;"劳动者"是在与具体劳动相关的场景中使用,形成一种语文和思想的相关性。还有待提出的问题是,源出于古罗马的概念"Proletarier/Proletarians"果真能"定译"为"无产者"吗?

国内诸多论文和文章基本从文本之外对语词的翻译进行解释,鲜有涉及《共产党宣言》文本的内在结构,即文本气脉的贯通性。恩格斯为1890德文版写的前言,其本身也仍然属于文本外的解释。我们研究的唯一对象只能是德文版《共产党宣言》。我们试图就这句话的理解和翻译问题,从文本内部,即衔接与连贯及诗韵结构等层面来进行理解、解释、翻译。文以载道的意义就在于,"共产主义"这个道就存在于文本之中。学术的任务就是释道。马克思主撰的《共产党宣言》是用他的母语德语写作而成的,德语原文作为唯一的来源语,就是我们研究《共产党宣言》的唯一文本,其他译文只是对德语原文的理解性解释,只有对错优劣,没有不可撼动之权威;仅有参考价值,没有自主证明之功效。

二、《共产党宣言》最后一句的理解与翻译

在翻译学界充满译者主体性研究的今天,我们依然强调经典文本的权威性。我们所说的"经典文本"必须是经典作家用母语写就的第一来源语文本,而不能是任何译本。对思想的论述或翻译首先必须从语文学层面上对文本进行理解与解释,离开具体语文,思想就无家可归。语文是思想的在家,游离于语文之外的思想

---

① 俞可平:《"全世界无产者,联合起来!"还是"全世界劳动者,联合起来!"——从1888年英文版〈共产党宣言〉结束语的修改谈对待马克思主义经典著作的正确态度》,《马克思主义与现实》2006年第3期,第4—10页。

无处可寻。《共产党宣言》最后一句的理解、解释与翻译，要从语文学、修辞学、哲学，甚至诗韵学等多个层面和视角来规定语词的具体意义，确定文本的含义方向。

在语文学层面上，所有语词和概念既有自身的词典学含义，也有在词场和文域中被规定的意义。这个只有五个词组成的句子是马克思身处"我们的时代，即资产阶级时代"(Stz. 1. 7)，对将来的无产阶级时代的向往和呼唤。这最后一句与《共产党宣言》全文有着密切的互文性、互涉性和持续性关联。我们将从语文-修辞学、历史哲学、韵律诗学、翻译理论等四方面对最后一句进行解释。

1. 语文衔接：反差修辞

如果我们精读和研究《共产党宣言》德文版全文之后，会发现马克思在这篇不长的文章中用了 80 多次全称判断的语词，这就是"所有""一切"或"都"，德语都是"all-"。我们所要讨论的最后一句话，最为明显的修辞形式就是反差性修辞(Kontrast)，彰显"所有/一切"(all-)与"一"(ein-)之间的反差关系，产生数字悬殊上的鲜明对照。《共产党宣言》就是一部修辞学实用教科书，马克思几乎用尽了所有的修辞形式，诸如句法破框、主位化、隐喻、全喻、排比、递增(Klimax)、省略等等。反差修辞现象在《共产党宣言》中持续出现，构成了《宣言》修辞的一大语言特色。德文版中，反差修辞还会上升到反题修辞(Antithese)，也就是有两个语词或词组、句子之间存在对立的关系。以数字悬殊为修辞形式在中文诗词和成语中也多有表现，如成语"万众一心""一劳永逸"；李白古体诗《蜀道难》中的"一夫当关，万夫莫开"；毛泽东《七律·答友人》之"斑竹一枝千滴泪"。在《共产党宣言》中，仅"所有/一切"与"一个"的反差修辞形式就有 17 处之多，包括最后那个命令式-祈使句。现举例如下：①

例一："旧欧洲所有的强力……对这[一]个鬼怪进行神圣追猎"②；

---

① 以下脚注中黑体文字为文本作者所做。
② "**Alle** Mächte des alten Europa . . . **gegen dies** Gespenst" (Stz. 0. 2；S. 461, Z. 1 – 3).

例二:"共产主义已经被所有的欧洲强力承认为一种强力"①;

例三:"在同样的程度上,[这一个]资产阶级也得到了发展,增加了他们的资本,把从中世纪承传下来的一切阶级都挤压到后面去了"②;

例四:"[这一个]资产阶级,在它取得统治的地方,摧毁了一切封建、宗法、田园牧歌的关系"③;

例五:"[这一个]资产阶级揭去了一直以来都值得尊敬、令人虔惧的一切活动的圣者光环"④;

例六:"今天,在与资产阶级对立的所有阶级中,只有无产阶级是[一个]真正革命的阶级"⑤;

例七:"中间等级,即小工业家、小商人、手工业者、农人,他们都[所有]与[这一个]资产阶级作斗争"⑥;

例八:"从古至今的一切运动都是由少数人发起的,或符合少数人利益的运动。[这一个]无产阶级的运动是绝大多数人的、符合绝大多数人谋利益的、自立的运动"⑦;

例九:"共产主义者因而在实践方面是所有国家的劳动者政党中[这一个]最坚决的、始终起推动作用的部分"⑧;

---

① "Der Kommunismus wird bereits von **allen** europäischen Mächten als **eine** Macht anerkannt" (Stz. 0. 5; S. 461, Z. 11 - 12).

② "... in demselben Maße entwickelte sich die Bourgeoisie, vermehrte sie ihre Kapitalien, drängte **sie alle** vom Mittelalter her überlieferten Klassen in den Hintergrund" (Stz. 1. 21; S. 463, Z. 2 - 5).

③ "**Die** Bourgeoisie, wo sie zur Herrschaft gekommen, hat **alle** feudalen, patriarchalischen, idyllischen Verhältnisse zerstört" (Stz. 1. 27; S. 464, Z. 22).

④ "**Die** Bourgeoisie hat **alle** bisher ehrwürdigen und mit frommer Scheu betrachteten Tätigkeiten ihres Heiligenscheins entkleidet" (Stz. 1. 32; S. 465, Z. 8 - 9).

⑤ "Von **allen** Klassen, welche heutzutage der Bourgeoisie gegenüberstehen, ist nur **das** Proletariat eine wirklich revolutionäre Klasse" (Stz. 1. 140; S. 472, Z. 3 - 4).

⑥ "Die Mittelstände, der kleine Industrielle, der kleine Kaufmann, der Handwerker, der Bauer, sie **alle** bekämpfen **die** Bourgeoisie" (Stz. 1. 142; S. 472, Z. 7 - 8).

⑦ "**Alle** bisherigen Bewegungen waren Bewegungen von Minoritäten oder im Interesse von Minoritäten. **Die** proletarische Bewegung ist die selbständige Bewegung der ungeheuren Mehrzahl im Interesse der ungeheuren Mehrzahl" (Stz. 1. 153 - 1. 154; S. 472, Z. 34 - 37).

⑧ "Die Kommunisten sind also praktisch **der** entschiedenste, immer weiter treibende Teil der Arbeiterparteien **aller** Länder" (Stz. 2. 6; S. 474, Z. 21 - 24).

例十:"一切已有物关系都屈从于[一个]恒常的历史更替,[一个]恒常的历史变化"①;

例十一:"还说这[一个]已有物构成了个人的一切自由、活动和自立的基础"②;

例十二:"[这一个]资本是共同体的产品,它……只有通过所有社会成员的共同活动,资本才能运动起来"③;

例十三:"在那里,每[一]个人的自由发展是所有人的自由发展的条件"④;

例十四:"在政治实践中,他们参与对[这一个]劳动者阶级采取的一切强制措施"⑤;

例十五:"面对德意志的生活关系,法兰西文献失去了所有可直接实践的意义,而徒有一个纯粹文字的外表"⑥;

例十六:"在所有这些运动中,他们都强调[这一个]已有物问题……是运动的基本问题"⑦。

与上述反差修辞十分类似的有:"……说在这场资产阶级运动中,他们非但一无所获,反而会失去一切。"⑧这个句子中包含两对反差修辞,一对是"一切"和

---

① "**Alle** Eigentumsverhältnisse waren **einem** beständigen geschichtlichen Wechsel, einer beständigen geschichtlichen Veränderung unterworfen" (Stz. 2. 11; S. 475, Z. 4 – 5).

② "... **das** Eigentum, welches die Grundlage **aller** persönlichen Freiheit, Tätigkeit und Selbständigkeit bilde" (Stz. 2. 16; S. 475, Z. 17 – 19).

③ "**Das** Kapital ist ein gemeinschaftliches Produkt und kann ... ja in letzter Instanz nur durch die gemeinsame Tätigkeit **aller** Mitglieder der Gesellschaft in Bewegung gesetzt werden" (Stz. 2. 27; S. 475, Z. 32 – 36).

④ "... eine Assoziation, worin die freie Entwicklung **eines jeden** die Bedingung für die freie Entwicklung **aller** ist" (Stz. 2. 136; S. 482, Z. 15 – 16).

⑤ "In der politischen Praxis nehmen sie daher an **allen** Gewaltmaßregeln gegen **die** Arbeiterklasse teil" (Stz. 3. 16; S. 483, Z. 27 – 31).

⑥ "Den deutschen Verhältnissen gegenüber verlor **die** französische Literatur **alle** unmittelbar praktische Bedeutung und nahm ein rein literarisches Aussehen an" (Stz. 3. 38; S. 485, Z. 28 – 30).

⑦ "In **allen** diesen Bewegungen heben sie **die** Eigentumsfrage ... hervor" (Stz. 4. 10; S. 493, Z. 17).

⑧ "... wie sie bei **dieser** bürgerlichen Bewegung nichts zu gewinnen, vielmehr **alles** zu verlieren habe" (Stz. 3. 52; S. 487. Z. 6 – 7).

"无"；一对是"失去"(失)和"赢得"(获)。顺便提及，与此相对立的句子是："除了锁链，无产者一无所失。他们必将赢得一个世界。"①这两个句子不仅在修辞结构上都有两对反差语词，更重要的是，这两个句子本身构成了"反题修辞"(Antithese)。前者的动词"失去"的宾语是"一切"，"赢得"的是"无"(＝什么也没有)；后者恰好相反："失去"的宾语是"无"，"赢得"的是"一个世界"。值得注意的是，这两个句子相隔甚远，甚至都不在同一章里，可见《共产党宣言》的修辞衔接及逻辑连贯的一致性与贯穿性。衔接与连贯养成了经典文本的活性文脉，翻译就要顺应文脉的流畅性。

除了与最后一句在语词上相同的反差修辞，还有上与下、新与旧、热与冷、隐与显、多与少、苦与甜等反差修辞，甚至还有"革命"与"保守"和"反动"的反题修辞：

例一："所有这一切都使贸易、航运和工业获得了前所未见的上扬，在崩塌的封建社会里，革命元素也就得以迅猛发展"②；

例二："从封建社会的沉亡中崛起的现代资产阶级社会并没有扬弃阶级对立"③；

例三："它只是用新的阶级、新的压迫条件、新的斗争形态取代了旧的"④；

例四："德意志文人的工作不外乎就是，把新的法兰西理念同他们的旧哲学知识调和起来"⑤；

例五："它把虔诚的狂热、骑士的热忱、庸俗市民的忧郁等神圣冲动，统统

---

① "Die Proletarier haben nichts in ihr zu **verlieren** als ihre Ketten. Sie haben eine Welt zu **gewinnen**" (Stz. 4. 15 - 16；S. 493，Z. 27).

② "... gaben dem Handel, der Schiffahrt, der Industrie einen nie gekannten **Aufschwung** und damit dem revolutionären Element in der **zerfallenden** feudalen Gesellschaft eine rasche **Entwicklung**" (Stz. 1. 11；S. 463，Z. 17 - 22).

③ "Die aus dem **Untergange** der feudalen Gesellschaft **hervorgegangene** moderne bürgerliche Gesellschaft hat die Klassengegensätze nicht aufgehoben" (Stz. 1. 5；S. 463，Z. 4 - 6).

④ "Sie hat nur **neue** Klassen, **neue** Bedingungen der Unterdrückung, neue Gestaltungen des Kampfes an die Stelle **der alten** gesetzt" (Stz. 1. 6；S. 463，Z. 6 - 7).

⑤ "Die ausschließliche Arbeit der deutschen Literaten bestand darin, die **neuen** französischen Ideen mit ihrem **alten** philosophischen Gewissen in Einklang zu setzen" (Stz. 3. 41；S. 486，Z. 6 - 9).

淹死在自我主义算计的冰水之中"①；

例六："一言蔽之，它用公开、寡耻、直接、露骨的剥削取代了被宗教幻觉和政治幻觉掩盖的剥削"②；

例七："可见，他们不是革命的，而是保守的。更有甚者，他们还是反动的"③；

例八："从古至今的一切运动都是由少数人发起的，或符合少数人利益的运动。无产阶级的运动是绝大多数人的、符合绝大多数人谋利益的、自立的运动"（上文已引）；

例九："这种社会主义形成了一味甜剂，来补充苦涩的皮鞭和枪弹"④。

《共产党宣言》最后一句的反差对照法就存在于这样的修辞文域之中，形成篇章上的衔接，其语词意义与含义方向也就在这样的语言风格中被规定和确定。这一修辞形式在对最后一句的讨论中没有被视为问题，而问题的关键恰恰就在此地。动词是句子的灵魂，配价语法学如是告诉我们。这个动词的词根是"一"，其基本意义就是"成为一"，这就与之前"所有国家"（第二格）形成了反差性比照。中文翻译为"全世界"和"联合"没有显现出来这一重要的修辞形式。无论是俄译、英译还是法译均产生了"所有"和"一"的反差效果，他们用的动词的词根里均有"一"的意思。说明译者都注意到了这里反差的修辞形式，并在译文中表现出来：

俄语："Пролетарии **всех** стран, со**един**яйтесь！"⑤

---

① "Sie hat die heiligen **Schauer** der frommen **Schwärmerei**, der ritterlichen **Begeisterung**, der spießbürgerlichen Wehmut in dem **eiskalten Wasser** egoistischer Berechnung ertränkt" (Stz. 1. 29; S. 464, Z. 27 – S. 465, Z. 2).

② "Sie hat, mit einem Wort, an die Stelle der mit religiösen und politischen Illusionen **verhüllten** Ausbeutung die **offene, unverschämte, direkte, dürre** Ausbeutung gesetzt" (Stz. 1. 31; S. 465, Z. 5 – 6).

③ "Sie sind also nicht **revolutionär**, sondern **konservativ**" (Stz. 1. 143 – 144; S. 472, Z. 9 – 11).

④ "Er bildete die **süßliche** Ergänzung zu den **bitteren** Peitschenhieben und Flintenkugeln" (Stz. 3. 55; S. 487, Z. 16 – 18).

⑤ *Манифест Коммунистической партии.* Перевод Владимир Поссе. Женева: Изданіе Г. А. Куклина, 1903, c. 48.

英语："Proletarians of **all** countries，**uni**te！"①

法语："Prolétaires de **tous** les pays，**uni**ssez-vous！"②

　　高放的六篇论文坚持要将"全世界"改译为"所有国家"的建议，确实比"全世界"更为切近德文原义。只是，高放只见前者，不见后者，只见其一（"所有的"），不见其二（内在互文和反差修辞），未见其三（历史—哲学意义）。但是，高放的学术贡献和价值在于他发现问题，提出问题，提供解决问题的建设性方案；他发表的论文开启了几近封闭的学术空间，探讨究竟如何更准确地理解和翻译马克思的经典著作，有益于促进马克思主义中国化。学术研究本身是一项坚持不懈、前赴后继的持续性工作，我们的研究旨在补充与完善高放提出的翻译和思想问题。

2. 思想连贯：唯物史观的"统一"

　　与上文"所有"和"一"的反差修辞形式相比，"统一"或"成为一"、"凝聚为一"（vereinigen/Vereinigung）以动词和名词形式贯穿于《宣言》文本之中，形成自身内在的互文关系，它们相互关联，相互照应，相互指涉，相互补充。它们的复现（Rekurrenz）同样构成衔接关系。这种衔接关系在历史唯物主义叙述框架中就会转化为思想与逻辑的连贯性。"统一"单独不构成修辞形式，而是历史唯物主义的重要概念。在唯物史观的视域中，"统一"概念的连贯性在其逻辑演绎的过程中可以得到确切的解释。连贯得到阐明，那么文本的含义方向就可以得到确定；在含义方向的引导下，最后一句以及文本中"统一"概念的意义自然就能得以彰显。

　　"统一"（vereinigen/Vereinigung）作为《共产党宣言》中的重要概念，不仅有语词的内在互文关联，即篇章语言学的"衔接"概念，更是承载着历史唯物主义的概念逻辑，也就是篇章语言学所说的"连贯"。我们先列出"统一"作为语词和概念在文本中的九个例句：

---

① Karl Marx，Friedrich Engels："Manifesto of the German Communist Party". Trans. by H. Macfarlane. In：G. Julian Hardney（Ed.）：*The Red Republican*. London：Merlin Press，S. 161－190，hier S. 190.

② Karl Marx，Friedrich Engels：*Manifeste du Parti communiste*（1848）. Traduction de Laura Lafargue. Paris：Giard & Briere，1893,1897，p. 41.

例一："劳动者的群众性集结,还不是他们自己统一的结果,而是资产阶级统一的结果"①;

例二："偶尔,劳动者也会胜利,但那也只是暂时的。他们斗争的本身结局并不是直接的成功,而是围着自己不断扩大的劳动者的统一"②;

例三："这样的一体性,中世纪的市民靠乡间小道花费了几百年才能达到,现代无产者利用铁路只需几年就得以完成"③;

例四："工业的进步……使劳动者通过联合会而达到革命性统一,取代他们由于竞争而造成的孤离状态"④;

例五："统一的行动,至少是科技化成的各国的统一行动,是无产阶级获得解放的首要条件之一"⑤;

例六："把农业和工业的运作合而为一,促使城乡差异逐步消除"⑥;

例七："把教育同物质生产统一起来"⑦;

例八："在反对资产阶级的斗争中,无产群体必然将自己统一为阶级"⑧;

例九:此处暂时省略《共产党宣言》最后一句的译文。

---

① "Massenhaftes Zusammenhalten der Arbeiter ist noch nicht die Folge ihrer eigenen **Vereinigung**, sondern die Folge der Vereinigung der Bourgeoisie" (Stz. 1. 113; S. 470, Z. 12 – 14).

② "Von Zeit zu Zeit siegen die Arbeiter, aber nur vorübergebend. Das eigentliche Resultat ihrer Kämpfe ist nicht der unmittelbare Erfolg, sondern die immer weiter um sich greifende **Vereinigung** der Arbeiter" (Stz. 1. 122 - 123; S. 471, Z. 1 - 3).

③ "Und die **Vereinigung**, zu der die Bürger des Mittelalters mit ihren Vizinalwegen Jahrhunderte bedurften, bringen die modernen Proletarier mit den Eisenbahnen in wenigen Jahren zustande" (Stz. 1. 127; S. 471, Z. 10 - 11).

④ "Der Fortschritt der Industrie, …… setzt an die Stelle der Isolierung der Arbeiter durch die Konkurrenz ihre revolutionäre **Vereinigung** durch die Assoziation" (Stz. 1. 169; S. 473, Z. 35 - S. 474, Z. 1).

⑤ "**Vereinigte** Aktion, wenigstens der zivilisierten Länder, ist eine der ersten Bedingungen seiner Befreiung" (Stz. 2. 95; S. 479, Z. 30 - 31).

⑥ "**Vereinigung** des Betriebs von Ackerbau und Industrie, Hinwirken auf die allmähliche Beseitigung des Unterschieds von Stadt und Land" (Stz. 2. 129; S. 481, Z. 36 - 37).

⑦ "**Vereinigung** der Erziehung mit der materiellen Produktion" (Stz. 2. 132; S. 482, Z. 2 - 3).

⑧ "Wenn das Proletariat im Kampfe gegen die Bourgeoisie sich notwendig zur Klasse **vereint**" (Stz. 2. 135; S. 482, Z. 8 - 9).

在以上九个例句中，例六和例七属于"十个政策性措施"(Stz. 2, 121 - 130)，是马克思要求在科技化成功的国家，即欧洲工业化程度较高的国家实施的。其余六个例句中，有四个分布在第一章，它们之间除了有复现的衔接，更为重要的是构成一个历史的逻辑过程。当无产阶级被资产阶级卷入到与封建统治的斗争中时，资产阶级有着共同的利益，他们内部是"统一"的，而无产阶级只是被资产阶级利用的工具，还毫无统一可言（例一）。

无限扩张和膨胀是资本主义的内在基因。资产阶级借助工业、贸易、航运和铁路交通以及大工业，建立一个世界市场，强制推进全球同一化过程，把他们的生产方式强加给世界各国，否则就消灭各国；资产阶级"强迫所有的民族，如果它们不想灭亡的话，就必须采用资产阶级的生产方式"[①]。资产阶级的全球同一化就是"逐步扬弃生产资料、占有物和人口三者的碎片化"，将人口、生产资料聚集到一起，资本也逐渐集中到少数人手里，由此导致政治的中心化。"各自独立的、几乎只是结盟的省份有着不同利益、不同法律、不同政府、不同关税，现在已经被挤压成一个民族、一个政府、一个法律、一个民族的阶级利益、一个关税。"[②]

从辩证唯物主义的视角看，全球同一化也是导致资产阶级走向灭亡的过程。在其中，资产阶级铸造了指向自己的武器，以及使用这一武器的无产阶级；它为无产阶级登上历史舞台、成为统治者铺平了道路。无产阶级在与资产阶级的斗争中，因其特征的同质性，利益的一致性，他们的统一意识才开始形成。随着工业的发展，无产阶级的人数在激增，力量在增长；"在无产阶级内部，利益……越来越趋向一致"(Stz. 1. 116)；"现代的工业劳动，现代的资本羁轭，抹去了无产者所有的民族特征，无论在英国或法国，无论在美洲或德国……都如出一辙"(Stz. 1. 148)。交通工具和交往工具的发达，有利于各地劳动者的彼此联络(Stz. 1. 124)；全球同一化和工业化，为无产阶级的统一提供了物质可能性（例三）。与资产阶级的斗争也由单打独斗，发展到有组织的斗争，由局部地区的斗争汇聚为全国性的阶级斗争，

---

① "Sie zwingt alle Nationen, die Produktionsweise der Bourgeoisie sich anzueignen, wenn sie nicht zugrunde gehen wollen" (Stz. 1. 56；S. 466，Z. 24 - 25).

② "Unabhängige, fast nur verbündete Provinzen mit verschiedenen Interessen, Gesetzen, Regierungen und Zöllen wurden zusammengedrängt in *eine* Nation, *eine* Regierung, *ein* Gesetz, *ein* nationales Klasseninteresse, *eine* Douanenlinie" (Stz. 1. 64；S. 467，Z. 3 - 6). 原文只是斜体，加粗为本文作者所为。

由争取个人利益的经济斗争发展为有阶级意识的政治斗争(Stz. 1. 125)。在这样的斗争中,无产阶级偶尔也会获得胜利,他们之间经济利益和政治利益的统一也在不断加强,这就是例二告诉我们的道理。

但是,由于缺乏一个国际性政治政党的指导,劳动者之间的"自相竞争"(Stz. 1. 128)使他们难以组织起来,成为一个有共同利益的阶级(Stz. 1. 128 - 129)。例四、例五和例八的内容既不是过去,也不是当下,而是对未来历史的描绘。劳动者的孤离状态在工业化的过程中将会逐渐消失,通过组织联合[会]而达到"革命性统一"。"革命性统一"是指无产阶级在意识、思想、政治、经济、文化以及行为和行动上的高度一致性,这是无产者作为资产阶级掘墓人必须要满足的基本条件。从例五的内容中我们可以看到,马克思有生之年没有亲历或见闻全世界各国无产阶级的统一,各国无产阶级还没有完成他们在本国或本民族的历史使命,"每一个国家的无产阶级自然必须跟它本国的资产阶级首先做一个了结"(Stz. 1. 157);所以,他只是先要求欧洲发达国家无产阶级在行动上的一致性。因此,《共产党宣言》最后一句中"所有国家"这一全称复数,就是突出各民族和国家之间由于政治、经济、文化、宗教、种族、历史、地理等因素所造成的差异性,而不能是郑异凡反驳高放时所断言的"共性"①。正是因为在现实中存在这么多的差异性,马克思才希望消除差异性,要求"统一起来"。否则,就不用在全文最后对无产者直接发出呼吁了。从全称复数"所有"到单数"一",不单是一个反差修辞,同时还是一个根本性的历史转折:从差异性转变为一体性。这是无产阶级战胜资产阶级的基本前提;只有统一,无产阶级才能承担起掘墓人这一角色。加感叹号的命令式-祈使句加强了迅速统一的迫切性。此外,这里的被呼吁者不只是科技化的欧洲国家,还有扩展到全世界每一个国家的无产者,无一例外。我们试想,19 世纪中叶的世界处于一种怎样的纷乱状态;20 世纪同样是战争不断的世纪,无产者的统一谈何容易。

3. 诗韵结构:向法兰西致敬

节奏与律动是《共产党宣言》另一大语言风格。传播共产主义思想的《共产党

---

① "马克思恩格斯当时想要强调的恰恰不是无产者的国家和民族属性,而是其共性。"参见郑异凡:《"全世界无产者,联合起来"的口号无需改译——与高放先生商榷》,《学术与争鸣》2008 年第 5 期,第 19—20 页。

宣言》不仅有哲理—科学的逻辑推理，同样也包含修辞描述。逻辑推理与修辞描述的相得益彰的结合使《共产党宣言》文本在世界文献历史中占据了别具一格的地位。修辞描述更多属于诗学—语文学范畴。以亚里士多德的诗学范畴来论，《共产党宣言》包含了抒情（Lyrik）、叙述（Epik）和戏剧（Dramatik）三大诗学类型。概念的科学理性与图像的诗学激情赋予了《共产党宣言》的思想一种特殊的文体形式。《共产党宣言》的思想在这样多元的诗学形式中得到了最佳的表述效果。青少年时期的马克思也有过当作家的理想，对诗学的三大类型均有尝试，不乏佳作。大量的诗歌、叙事歌谣和少量的小说和戏剧，以及文学翻译共有近四百页①，显示出马克思具有激情澎湃的诗人气质，加之《共产党宣言》中诸多诗学互文性，证实了马克思对诗学德语和德语诗学十分熟稔。因此，在《共产党宣言》中出现抒情韵文等诗学元素和诗学互文也就顺理成章了。在抒情方面至少有三句可以确认是由韵文写成的：《共产党宣言》开篇的第一句，"有个鬼怪在欧洲游走——这个鬼怪就是共产主义"是由两组四步扬抑格（Trochäus）合成的诗句，显示出激昂的情绪；"劳动者没有祖国"（x X x x X x x X x x）②呈现出欢快的三步扬抑抑格（Daktylus）③。

　　最后一句是向世界各国无产者的呼吁，明显是具有法兰西诗学特征的六步亚历山大韵律（Alexandriner），既为仿效高卢雄鸡的啼鸣，向法兰西革命和启蒙主义致敬，也是向尚未成功的共产主义充满激情和希望的呼唤。一般而言，完整的亚历山大韵律的表现形式由两组三步抑扬格组成。其典型格式如下：

$$x X x X x X. \ x X x X x X (x)④$$

---

① 马克思青少年时期的诗学作品收入在：Karl Marx：*Werke. Artikel. Literarische Versuche bis März 1843*. In：Karl Marx, Friedrich Engels：*Gesamtausgabe*（MEGA）. *Erste Abteilung. Werke. Artikel. Entwürfe*. Band 1. Herausgegeben vom Institut für Marxismus-Leninismus beim Zentralkomitee der Kommunistischen Partei der Sowjetunion und vom Institut für Marxismus-Leninismus beim Zentralkomitee der Sozialistischen Einheitspartei Deutschlands. Berlin：Dietz，1975. S. 477 – 858.

② "Die Arbeiter haben kein Vaterland." （Stz. 2. 90；S. 479, Z. 20）.

③ 吴建广：《〈共产党宣言〉是"共同构建人类命运共同体"的原道——德文本〈共产党宣言〉"引言"之翻译与诠释》，《当代外语研究》2018 年第 3 期，第 39—40 页。

④ Christian Wagenknecht："Alexandriner". In：*Reallexikon der deutschen Literaturwissenschaft*. 3 Bände. Hrsg. von Klaus Weimar, Berlin, New York：de Gruyter, 1997, Band 1, S. 34 – 36.

《共产党宣言》的最后一句呈现出独特的韵律格式：

X x X x x X x X x, x X x X

这句总体上也有六步，却由扬抑格组成，呼吸的间歇设在四步之后的抑格之后，且有两次是连续两个抑格。尽管如此，六步扬格的韵律让我们联想起法兰西的亚历山大韵律（Alexandriner）。这句的韵律十分独特，以扬格开启，又以扬格收尾，充满了激昂高扬的情绪。在德意志文学和文化普遍拒绝法兰西、转向英格兰的 19 世纪，马克思用法兰西韵律写出《共产党宣言》的最后一句口号，显然是在向法兰西革命和法兰西启蒙运动致敬。在《黑格尔法哲学批判导言》中，马克思指出，"当一切内在的条件得以满足，德国的复活日就会由高卢雄鸡的高鸣来宣布"[1]。马克思的德法对照式写作显然受到诗人海因里希·海涅的启发。在《〈卡尔多夫论贵族问题，致马·冯·莫尔特克伯爵书信〉导论》中，海涅写的第一句就是："现在，高卢雄鸡已唱二遍，德国也将破晓"[2]，前句是完成时，后句为将来时。这篇嘲讽和攻击德意志贵族的导论被莫尔特克伯爵指责为"仇恨与激情"[3]的文章。显然，在海涅看来，当法兰西在明媚阳光照耀下，德意志依然还在黑夜之中。

在马克思和海涅等人看来，法兰西代表着人类社会的未来，而德意志就是落后的诸侯小国。在《共产党宣言》中，马克思毫不掩饰对法兰西的赞美和对德意志的厌恶。在"德意志的或'真正的'社会主义"（3.1.3）一节中，马克思以调侃的口吻讽刺德意志文人对法兰西革命文献、理论、理念的独特接受方式："在法兰西原

---

[1] "Wenn alle innern Bedingungen erfüllt sind, wird der *deutsche Auferstehungstag* verkündet werden durch das *Schmettern des gallischen Hahns*". In: Karl Marx: *Kritik der Hegelschen Rechtsphilosophie. Einleitung*. MEW Bd. 1, S. 391.

[2] "Der gallische Hahn hat jetzt zum zweiten Male gekräht, und auch in Deutschland wird es Tag". In: Heinrich Heine: "Einleitung zu: Kahldorf über den Adel, in Briefen an den Grafen M. von Moltke". In: Heinrich Heine: *Sämtiche Schriften in 12 Bänden*. Hrsg. von Klaus Briegleb, München, Wien, 1976, Band 3: 1822–1831. S. 655.

[3] Zitiert nach *Heine-Handbuch. Zeit, Person, Werk*. Hrsg. von Gerhard Höhn, Stuttgart: Metzler, 2004, S. 266.

文的背面写上自己哲学的无稽之谈"(Stz. 3. 45),法兰西社会主义和共产主义的文献在德意志文人那里"生生地被阉割"(Stz. 3. 48);并指责德意志社会主义是反动力量,成为政府手中"对付德意志资产阶级的武器"(Stz. 3. 56);说德意志文人称为"社会主义和共产主义著作的那些东西,都属于这一类卑劣肮脏、令人神经疲累的文献"(Stz. 3. 67)。在马克思、海涅等流亡者看来,19 世纪的法国和德国就是光照与黑暗、原版与复制、优雅与猥琐、先进与落后、革命与反动的反差-对照关系。因此,也就不足为怪,《共产党宣言》最后一句以高卢雄鸡的鸣叫方式唱响未来。

4. 应该如何翻译

所有的翻译,即便是对经典文本的优秀翻译,都是对原文的一种理解和解释,以告知不精通原文的接受者。既然是理解和解释,那就没有唯一正确的解释;理解总是追随着原文,一直在寻求原文之真的路上。而原文语言本身的活性,任何解释者、翻译者都无法将其固定下来,无论他多想这么做。加之译者所有的局限性,如时代、知识、文化、理念,对来源语和目的语的掌握和理解程度,还有译者的个体性格和翻译态度。基于这样的翻译理念,就会得出结论:每一种翻译都是一种理解与解释的尝试,没有任何一种翻译文本可以一劳永逸地成为定译本。

假如《共产党宣言》最后一句像郑异凡等人所断言的"无需改译",那么如何解释无产者的"联合"与"旧欧洲的一切势力,……,都联合起来了"(第 30 页)中"联合"一词的区别呢? 难道"无产者"和"旧势力"这两个敌对的主语用的是同一个"联合"? 显然不是!"无产者"用的动词是"vereinigen",而"旧势力"用的是"verbünden"。如上所述,最后这句口号用的动词译成中文应该是"统一""合一""成为一"。在《共产党宣言》的翻译史上,有两次翻译提到了"一":第一次是"成一新社会",第二次是"合而为一"。① 据高放统计,1919 年之前多译为"团结",之后"联合"逐渐占了上风。② "团结"之译词,或是受到了日译本的影响。

日文译本一般均用"团结"来表示"统一",也没有将原文中的反差修辞形式展

---

① 转引自高放:《"全世界无产者,联合起来!"74 种中译文考证评析》,《文史哲》2008 年第 2 期,第 5—12 页。
② 参见高放:《"全世界无产者,联合起来!"74 种中译文考证评析》,《文史哲》2008 年第 2 期,第 5—12 页。

现出来。幸德秋水、堺利彦译文："萬國の勞働者團結せよ!"①；金塚贞文译文："全世界のプロレタリア、団結せよ!"②无论从语词的共时性还是历时性来说,在这个语境中,动词选用"团结"显然比"联合"更具内在性,直指人的内在意愿和志向；比"联合"更具崇高性,为一种高尚的目的而英勇地走到一起；比"联合"更具坚定性,如革命歌曲"团结就是力量"。在欧洲,"团结"(Solidarität)一词以前几乎就是共产国际的专用语,现在也是欧洲社会民主党及左派高频使用的口头禅。此外,金塚贞文将"所有国家"或"万国"改回到"全世界"；用假名来音译"无产者"或"劳动者"。日语用假名音译,可见日本译者对"Proletarier"这个名词的汉译也感到十分棘手,索性放弃,因为这个拉丁词里面没有中文里的"无"和"产"两个意义。究竟如何理解与解释马克思借用古罗马某一阶层的概念,我们另文再论。"Proletarier"可译为"无产者"或半音译为"普罗大众"；以前的"无产阶级"也可以为"普罗阶级",也不失为一种选项,这样可以给这个概念更大的解释空间。

德语动词"统一"的词典学意义就是"结合为一体,成为一个整体"。从《宣言》文域来看,在谈到资产阶级集中松散的封建社会的能力时,马克思写道："各自独立的、几乎只是结盟的(verbündete)省份有着不同利益、不同法律、不同政府、不同关税,现在已经被挤压成一个民族、一个政府、一个法律、一个民族的阶级利益、一个关税。"(上文已引)句子"几乎只是结盟的"中动词第二分词作形容词,就是指外在的因素将各种异质的东西捆绑在一起,尽管它们有着完全不同的利益和意图。也就是说,在《共产党宣言》的文域中,"verbünden"意为来自外界的力量为了一个目标而将某些不同质的东西加以聚集和捆绑。这就不难理解马克思在讲"旧欧洲强力"的时候用了这个动词,而当"无产者"做主语时就没有使用同一个动词。从《共产党宣言》的文理和翻译方向看,全世界所有国家的无产者是同质的,有着完全一致性的共同利益,不需要"捆绑",需要的只是由共产主义政党来促进他们的"统一"。《共产党宣言》在文中也论及过"劳动者的统一"(Stz. 1. 123)。中央编译局译本却将所有关于无产阶级的"统一"与其他概念如"verbünden"(Stz. 0. 2)、

---

① カール・マルクス:《共産黨宣言》,幸德秋水、堺利彦合譯,《社會主義研究》第一號,1906,第35頁。
② カール・マルクス:《共産主義者宣言》,金塚貞文翻訳,平凡社ライブラリー,2012,第77頁。

"Assoziation"(Stz. 1. 24)、"treten … zusammen"(Stz. 1. 119)、"schließensich … an"(Stz. 4. 3)等均不作区分地混译为"联合"①。对不同概念和语词作区分性理解并翻译,是精密思想的基本原则,在一个学科或领域中,"术语和概念之间应一一对应,即,一个术语只表示一个概念(单义性);一个概念只有一个指称,即,只由一个术语来表示(单名性)。在相关学科或至少在一个专业领域内应做到这一点,否则会出现异义、多义和同义现象"。②

三、 结语

卓越文本的特质张力就在于解释空间的开放性与含义方向的确定性之间的辩证关系。《共产党宣言》就是这样的卓越文本,它提供给我们无限的理解和解释空间,同时又以严密的语文衔接和思想连贯规定了文本理解的方向,即含义方向,杜绝了文本解释的任意性。我们在语文衔接、思想连贯、内在互文、诗学韵律、翻译理论等层面上试图在文本的解释空间中,彰显文本与生俱来的含义方向,对最后一句进行解释性说明。

《共产党宣言》最后一句话既是对整个文本的总结,也是对整体叙述的统摄,是共产主义者向即将成为历史主体的"无产者"发出的直接呼吁,希望、要求、祈使他们成为一个统一的阶级,以完成其历史使命:建立共产主义社会。"统一"作为概念,指的是尽管无产者离散于世界各国,但是他们的利益具有一致性,他们的物理与精神性质具有同质性。无产者的统一是辩证唯物主义的历史逻辑在《共产党宣言》中的必然显现;资产阶级社会的全球化过程和一体化进程,结果也就是促进无产者成为一个统一的阶级,并夺取资产阶级的统治权,扬弃私人己有物,走向共产主义社会。在那里,没有剥削和压迫,没有私人己有物,所有的物质产品与精神制品,所有的资本与己有物,所有的生产资料均归共同体所有成员所共同拥有,也只有在那样的"联合体"中才能满足马克思提出的前提条件:"每个人的自由发展

---

① 参见郭屹炜:《〈共产党宣言〉中 15 处"联合"的翻译研究》,未发表打印稿。
② 《中华人民共和国国家标准》"GB/T10112—1999:术语工作・原则与方法・5. 2 术语-概念关系"。

是所有人的自由发展的条件。"①

综上所述,我们提供两个建议性和建设性翻译:

1. 所有国家无产者,统一起来!
2. 所有国家普罗大众,统一起来!

---

① "[E]ine Assoziation, worin die freie Entwicklung eines jeden die Bedingung für die freie Entwicklung aller ist." (Stz. 2. 136; S. 482, Z. 15 – 16)

现时代、个体与重复
——克尔凯郭尔对《圣经》的改写与诠释*

王艳冰 秦明利
大连理工大学外国语学院

索伦·克尔凯郭尔是丹麦宗教哲学家,同时也被激进诠释学的提出者、美国哲学家 D.J.卡普托视为激进诠释学的开创者。克尔凯郭尔的激进性主要体现在:首先,他反对此前以黑格尔为代表的科学的哲学传统,即客观的、理性的、系统化的哲学体系,认为这一哲学传统在生活层面上掩盖了个体真正的存在方式,即主观的、非理性的个体存在;其次,他反对黑格尔"向后看"的过程的历史观,认为这一历史观忽视了当下的个体存在和生活必须向前的需要;最后,他反对"公众"的概念,认为这一抽象化的概念将个体捆绑在一起,使个体行动失去了必要性。用一句话概括克尔凯郭尔所面对的问题就是,单个人在现时代失去了其个体主体性。因此,克尔凯郭尔试图提出一种新的宗教观,通过强调单个人与信仰的绝对关系来克服这一主体性危机,采取的主要手段就是对《圣经》的改写与诠释。本文认为,以其哲学目标为指导,克尔凯郭尔采取了一种以个体为核心,以时代为立足点,以重复为诠释方式的诠释路径。具体来说,克尔凯郭尔首先反对社会规范化、整体化和客观的、理性的思维方式,强调超越公众概念的个体范畴;其次,将理解从传统的历史框架中解放出来,强调个体的时代性和个体理解的时代性;最后,反对源头性的、单一性的诠释,强调理解的流变特征。

---

* 说明:教育部人文社科规划基金项目"作为哲学的文学批评:卡维尔文论研究"(18YJA752011)阶段性成果。

一、个体：改写与诠释的出发点

克尔凯郭尔对《圣经》的改写与诠释以个体为核心，其诠释视角是从个体出发去探讨个体，以个体作为出发点和落脚点，并将个体的实现视为理解的最高境界。作为克尔凯郭尔《圣经》诠释出发点的个体概念有别于黑格尔在《法哲学原理》中所探讨的个体概念，是一种超越伦理的、不可中介的个体存在。

克尔凯郭尔对个体的强调扎根于他对现时代的理解，即客观化、理性化和抽象化的社会整体掩盖了单个人的存在。他多次在日记中提到："除了'公众'之外，个体就是无所有，在公众里面，他在任何深刻的意义上什么都不是。"①克尔凯郭尔认为，这种整体的、外在的人的存在形式首先导致了个体激情和个体责任感的缺失。克尔凯郭尔认为，生活的个体是处在主观性和激情之中的，而不应是被漠然性束缚的。"漠然"指"漠不关心""无所谓"，与"关怀""严肃"相反。克尔凯郭尔讽刺客观理性的知识，认为通过冷眼旁观所获得的客观知识是一种漠然的知识，是没有个体主观意识参与的知识。关怀的知识、严肃的知识需要个体激情的参与。并且，理性的社会框架将个体捆绑在一起，降低了个体存在的风险，个体只需迎合普遍的需要而无须承担更多的责任。因此这也就意味着没有人真正投身到生活中去。另一方面，这种存在形式阻碍了伟大性和独特性的出现。克尔凯郭尔认为人在本质上就是孤独的，孤独是个体获得自我的前提。只有在孤独中，个体才知道什么对自己是重要的，才能真正地为个体发展做出选择，否则他就处于潮流之中。时代的潮流却使人逃避这种孤独性，"把人化约为拥有最低共同点的人、并且阻碍伟大和独特性的出现"，进而去追求一种"舒舒服服的、无忧无虑的生活"②。因为人无法直面这种孤独，导致了现时代缺少那种内在性的、将自己委身于激情的伟大，在普遍性中，个体失去了对伟大的追求而贪图平庸的安逸。因此克尔凯郭尔在日记中感慨："一个人若能真正地独自立于这个世界，只是听从自己良心的

---

① 克尔凯郭尔：《克尔凯郭尔日记选》，彼得·P·罗德编，姚蓓琴、晏可佳译，北京：商务印书馆，2017 年，第153 页。

② 苏珊·李·安德森：《克尔恺廓尔》，瞿旭彤译，北京：清华大学出版社，2019 年，第 47 页。

忠告,那么他就是一位英雄……"①并指出"整个世界的进化表明,作为基督教原则的、不同于群体的个体范畴是绝对重要的"②。从对现时代的理解出发,克尔凯郭尔将思考扩展至对人的理解,指出激情和孤独作为人之存在本质的重要性,进而将个体视作其诠释活动的核心,把单个人的个体性凸显作为他诠释的动机和目的。

克尔凯郭尔的个体概念认为,处于存在最高层面的个体高于普遍的伦理存在,这种超越伦理的个体概念是对黑格尔在《法哲学原理》中建立起来的伦理概念的发展与超越。首先,克尔凯郭尔对"那普遍的",或说"那伦理的"的定义是以黑格尔法哲学为基础的。克尔凯郭尔所定义的"那伦理的",与黑格尔在《法哲学原理》中所定义的"善和良心",即道德发展的最高阶段相呼应,他将黑格尔体系中道德的发展阶段解释为:在伦理中,单个人通过实现伦理目的而取消单个性进而进入普遍之中。在"善良的心"中,道德超出个体范畴,成为一种具有普遍性的道德的自我意识,实现了主观与客观、特殊与普遍的统一,个体进入普遍之中,达到了善。然而,克尔凯郭尔指出黑格尔对伦理的讨论是不完善的,他无法解释亚伯拉罕的悖论,亚伯拉罕为着单个人的目的而违背了伦理的普遍性,却没有被解释为恶的。克尔凯郭尔以对"那伦理的"的目的论悬置来解释亚伯拉罕的悖论,亚伯拉罕因为一个比伦理更高的个人的目的而将伦理悬置了。这一单个性的显现不是一种回复运动,而是一种超越运动。也就是说,在对"那伦理的"的目的论悬置中,单个人并非在进入比单个性更高的普遍性后为着单个的目的,即为自己的任性和特殊情欲而返回个体,而是为着比普遍性更高的目的超越普遍而进入个体,成为"'作为单个的人优越于那普遍的'的单个的人"③。当个体作为单个人超越"那普遍的"之后,就获得了克尔凯郭尔所谓的"新的内在性",即获得了最高层面的主体性。这是一种内在性—外在性—内在性的超越的路径,而不是内在性—外在性的

---

① 转引自苏珊・李・安德森:《克尔恺郭尔》,瞿旭彤译,北京:清华大学出版社,2019年,第48页。

② 克尔凯郭尔:《克尔凯郭尔日记选》,彼得・P・罗德编,姚蓓琴、晏可佳译,北京:商务印书馆,2017年,第146页。

③ 克尔凯郭尔:《畏惧与颤栗　恐惧的概念　致死的疾病》,京不特译,北京:中国社会科学出版社,2013年,第53页。

循环或倒退。

　　超越伦理的个体的另一特殊性在于，其存在是不可中介的，即不可说的，更进一步说，是无法言说的，无法被理解的。"中介"概念源自黑格尔，在克尔凯郭尔这里，指对立双方的相互关系。在对立双方互为中介的关系中，为着更高的范畴，或"真理"，对立双方的矛盾被扬弃，二者相融合进入"真理"状态。克尔凯郭尔指出，中介是依据普遍发生的，超越伦理的个体是不存在普遍性的，也无法从普遍出发实现二者的融合。中介使得个体存在的绝对性、唯一确定性消失了，使个体陷入对自我的怀疑之中。这种怀疑使得人反求诸"那普遍的"，即回到伦理层面中去，以寻得一种稳定感。如此一来寻求中介的个体就消失了。克尔凯郭尔认为真理是主观性，因为客观的真理对个体的价值是有限的，只有主观的真理才为个体提供存在的理由。因此克尔凯郭尔可以理解亚伯拉罕，但他不可能成为亚伯拉罕，并且他也不要求任何人成为亚伯拉罕。因此作为信仰之父的亚伯拉罕无法说话，也不会说话，因为这种超越伦理的个体性是无法通过传授来获得的。他反对通过讲述和理解亚伯拉罕的故事而使个体轻易地获得信仰的伟大性，并且认为这是不可能实现的。他对亚伯拉罕的诠释并非要将这一伟大性展示给个体，而是通过对亚伯拉罕的阐释，指出信仰之父的伟大性在于其超越伦理的孤独的个体性。

　　克尔凯郭尔的哲学指出了激情和孤独作为人之存在本质的重要意义，并由此出发，将个体作为其《圣经》诠释的核心，在对《圣经》的诠释中，他一方面强调超越伦理层面的个体存在的最高层面，另一方面也强调《圣经》诠释中个体的不可中介性，表明诠释无法实现个体伟大性的转移，诠释的目的在于通过不可说和不可得鼓励单个人去实现个体的超越。

二、现时代：改写与诠释的立足点

　　克尔凯郭尔以现时代作为改写与诠释的立足点，强调诠释的现时代意义，指出个体存在的时代性和个体诠释的时代性。克尔凯郭尔认为诠释不应该指向过去，也不应该沉溺于希望，而应该立足于当下，因为诠释的目的就在于给个体的当下生活以指导。

　　诠释的时代性以个体存在的时代性为前提。克尔凯郭尔认为,个体的幸福在当下之中。希望使人不安,回忆使人忧伤,而当下则有着"'瞬间'的至福的确实性"①。也就是说,活在希望中的人是活在冒险的焦虑之中的,希望的不确定性使人感到不安;活在回忆中的人因沉溺于那失而不得的而忧伤,他在回忆中进入静止状态,与死去别无两样;只有活在当下的人才真正处于生活的进程之中,才能获得存在的确实性。克尔凯郭尔用衣服比喻回忆、当下与希望的差别:过去是旧衣服,它曾经美丽、舒适,但现在已因为个体的成长而不再合身;希望是新衣服,它"又挺又紧又崭亮"②,却不知道穿上之后的效果如何;但当下的衣服舒适又贴身,是对个体来说最为合适的。但是,克尔凯郭尔对现时代的强调并不意味着他忽视过去与未来对个体的意义。克尔凯郭尔并未消解前理解所具有的意义,相反,他认为当下是对过去的重复,只有存在的东西才能进入当下,因此他说:"之所以不能完全理解今世的生活,正是因为我没有一刻采取了向后观照的立场。"③如果没有回忆,个体本身就会陷入虚空。但当下并非沉湎于过去,而是超越过去而向前生成新的自我。同样,克尔凯郭尔虽然不提倡脱离当下的希望,但他的当下呈现出一种向前投射的运动态势,是一种面向未来的当下存在。因此,可以这样理解克尔凯郭尔思想中人的时代性:个体生存的最佳状态是立足于当下生活的确实性,不断超越回忆以在当下获得生活的意义,并面向未来不断更新当下。

　　基于个体存在的时代性,克尔凯郭尔强调诠释的时代意义,指出《圣经》诠释必须对现时代具有现实意义。在《畏惧与颤栗》中,克尔凯郭尔发问:"如果那过去的事情无法成为一种现在的事情,那么这事又有什么值得我们努力去回忆的呢?"④也就是说,如果对历史文本,即《圣经》的诠释不立足于现时代,对现时代没有任何适用性,那么对《圣经》的诠释本身就不具有意义。克尔凯郭尔反对让历史成为距离,即让历史成为伟大不能实现的理由。伟大性应该来自个体本身,因此

---

① 克尔凯郭尔:《重复》,京不特译,北京:东方出版社,2011年,第4页。
② 克尔凯郭尔:《重复》,京不特译,北京:东方出版社,2011年,第4页。
③ 克尔凯郭尔:《克尔凯郭尔日记选》,彼得·P·罗德编,姚蓓琴、晏可佳译,北京:商务印书馆,2017年,第160页。
④ 克尔凯郭尔:《畏惧与颤栗　恐惧的概念　致死的疾病》,京不特译,北京:中国社会科学出版社,2013年,第22—23页。

对历史中伟大的诠释要求个体性在现时代具有其价值。在对亚伯拉罕的诠释中，克尔凯郭尔指出，要谈论亚伯拉罕，就无法逃避弑子的伦理问题，要阐释亚伯拉罕的当下意义，就必须回答亚伯拉罕试图杀死以撒究竟意味着什么，否则这一故事在现时代就是恶的。如果回避这一问题，或无法回答这一问题，亚伯拉罕的故事在当代就不应被提及，因为这会提供一种错误的伦理指导，同时亚伯拉罕就不能再被称为信仰之父，因为他必须受到伦理的审判。对亚伯拉罕的伦理困境保持沉默，就会造成这一弑子的危机对于信仰来说无足轻重的假象，导致一种平庸的、毫无风险的、不具考验的信仰。这会让人们觉得可以在不接受任何风险的情况下在信仰的层面无限接近亚伯拉罕，这无疑贬低了亚伯拉罕，同时贬低了《圣经》，贬低了信仰本身。这一问题不仅是针对亚伯拉罕的故事或《圣经》的诠释，而是对诠释这一行为本身的意义和价值进行了界定。即，诠释本身就是面向现时代的，是语境化的。

克尔凯郭尔对现时代的强调实际体现了当时历史主义的历史观，即"将历史人物和历史事件纳入到其时代背景或上下文中去理解和解释"①，克尔凯郭尔不仅认为应该从每一个时代自身去理解时代，并且认为应该在现时代的视角下来理解过去。这种历史观虽然被指责为导致了历史的虚无化，但从克尔凯郭尔哲学的核心内涵来看，它却恰恰使人脱离了历史框架的束缚，真正地进入到了个体之中。正如前文所说，克尔凯郭尔认为真理即主观性，那么历史也只能是生活在现时代中的个体的主观的历史。这种历史观虽然导致了历史学的悖论，却真正使历史进入个体，成为指导个体生活的历史。从时代中的个体角度来看待历史，这与克尔凯郭尔整个哲学体系是相吻合的。

克尔凯郭尔以现时代为立足点，以现时代的适用性为目的，通过对《圣经》的改写与诠释，使其真正指导个体的现实生活，使个体走出回忆的忧郁与希望的不安，获得当下生活的确实性。克尔凯郭尔的现时代不是对过去与未来的虚无化，而是将过去带入当下，并在当下超越过去，在对个体的更新中不断向前运动。

---

① 何卫平：《历史意识与解释学循环》，《中国高校社会科学》2014 年第 2 期，第 32 页。

三、 重复： 改写与诠释的方式

克尔凯郭尔在对个体存在的理解过程中提出了"重复"的概念,认为个体正是以重复的方式存在,通过重复来理解生活、理解自身的,同时,对宗教的诠释就是一种重复,宗教本身也是在重复中彰显其内涵。因此,克尔凯郭尔将重复作为其对《圣经》改写与诠释的方式。

克尔凯郭尔在其小说《重复》中通过两条相关联的主线探索个体生活中重复之可能性的问题,并最终由此获得了对"重复"这一概念的理解。在克尔凯郭尔那里,重复具有以下内涵:首先,重复是对既存事物的重复;其次,不存在绝对的重复;最后,重复是一种行动。重复意味着对旧事物的重新提起,克尔凯郭尔指出,"那被重复的东西曾存在,否则的话,它就无法被重复"①。人生存在于对过去的重复之中,因为世界本身就是"通过'这世界是一种重复'而持存着的"②,也就是说,世界本身就是历史的不断重复,人总是生存在已经存在的等待被重复的历史之中。然而,绝对的重复是不存在的。这是说,重复永远是在更新之中,不存在完全彻底的重复。为证实这一点,克尔凯郭尔在《重复》中进行了一场检测旅行,试图检验在行程、活动完全相同的情况下,个体是否能在两次旅行中获得完全相同的心理体验。克尔凯郭尔对这一检测得出的结论是,绝对的重复是不可能的。重复是不断地更新,是不断获得"那新的东西"。也正是因此,克尔凯郭尔认为形而上学的努力必将崩溃,因为形而上学的兴趣就在于在重复之中获得那规律性、确定性的东西,而重复本身则是"建立在'多'和'流变'的基础上"③,即重复的理解本身就具有多样性和运动性。重复是一种不断更新的向前运动,要使更新成为可能,就要求个体在重复中采取行动。克尔凯郭尔认为行动是对思想的最终考验,如果没有行动,那么更新就只是幻觉。重复要求个体生活的向前运动,其本身就是一种行动,同时也要求个体在重复之中采取行动,否则重复就只能是未经考验的思

① 克尔凯郭尔:《重复》,京不特译,北京:东方出版社,2011年,第25页。
② 克尔凯郭尔:《重复》,京不特译,北京:东方出版社,2011年,第5页。
③ 王鑫鑫:《论激进解释学的范式转换》,《世界哲学》2017年第3期,第51页。

想,只能沦为幻觉的来源。克尔凯郭尔认为,重复是个体与世界的存在形式,并且正是通过重复,个体才得以认识世界、理解自身,进而超越过去、更新自我。

不仅个体和世界在重复中存在,克尔凯郭尔认为宗教本身也是重复的。信仰就体现在以新形式出现的失而复得之中。克尔凯郭尔认为,无限弃绝是达到信仰所必须的,无限弃绝的骑士和信仰的骑士都必须对那不可能的进行无限弃绝,他们放弃追求那不可能的,并在这种放弃中得到和解。然而二者的区别在于无限弃绝的骑士清楚自己做出了无限弃绝,他不能在有限中得到那被放弃的,也无法忘记那被放弃的,只能在无限中回忆它;而信仰的骑士则相信,在他做出无限弃绝之后,他依然拥有那被放弃的,那被放弃的又回到有限性之中。无限弃绝的骑士希望着来世的和平安宁,而信仰的骑士则在此世就拥有了它。在这一过程中,信仰的骑士在有限性中完成了重复,获得了失而复得的喜悦,而这被获得的必然是新的,是与他所失去的有所不同的。在这种重复中,个体实现了对信仰的重新认识,体会到了重新拥有的喜悦。亚伯拉罕的信仰是一种重复,他在信仰中获得上帝的福祉,在百岁之年获得了以撒,又因着信仰献祭以撒,而正因为他信仰着,他又再次获得以撒。在这种重复中,亚伯拉罕获得了内心的平静,获得了与上帝之间那绝对的爱,同时也获得了世世代代的幸福。同样,约伯的信仰也是一种重复。他在信仰中获得上帝的庇佑,拥有 7 个儿子、3 个女儿、7000 只羊、3000 只骆驼、500 头牛和 500 头驴,然而因为信仰的考验,他失去这所有在病痛中生活,但也因为他信仰着,他的妻子又重新为他生育了 7 个儿子、3 个女儿,亲朋为他送来 7000 只羊、3000 只骆驼、500 头牛和 500 头驴,他重新又获得了一切。因为失与得的重复,约伯获得了生活的幸福与圆满。克尔凯郭尔认为,信仰必须要承受这重复的考验,只有在这种重复中,个体才能明确他与信仰之间的绝对关系,获得信仰带给他的确定性与安全感,在有限性中获得至福。

对宗教的诠释也是一种重复。克尔凯郭尔在日记中指出:"重复是基督教义的核心。"①因为对《圣经》的诠释本身就是对既有文本的不断重复,以获得对当下

---

① 克尔凯郭尔:《克尔凯郭尔日记选》,彼得·P·罗德编,姚蓓琴、晏可佳译,北京:商务印书馆,2017 年,第 161 页。

生活的指导。信仰的获得"不需要任何人指导"①，它需要的只是不断的重复。布道者通过不断讲述《圣经》来对个体进行启发。但克尔凯郭尔反对绝对的重复，即冷漠的、脱离个体的、没有现实意义的对《圣经》文本的纯粹重复。在《畏惧与颤栗》中，克尔凯郭尔将进行这种重复的布道者讽刺为"要演讲的人"，认为这种"演讲"毫无价值，令人发困。因为他并没有在重复中获得过去在现时代中的价值，在这种重复中不存在更新，也不存在行动，个体的生活也不会发生任何改变。这种重复是对信仰的一种贬低。对宗教的诠释应该是这样一种重复：通过对历史文本，即《圣经》的改写与诠释，获得对《圣经》的新的认识，使它在现时代具有一种适用性，这种适用性意味着它能够使个体在生活中通过行动而实现更新。克尔凯郭尔正是以这样的重复为方式对《圣经》进行了改写与诠释，在亚伯拉罕与上帝的绝对关系中获得了现时代个体的存在方式，获得了指导个体冲破客观化、理性化、体系化的社会整体，进而获得个体性的方法。

克尔凯郭尔的重复概念指出，人和世界的存在是一种重复。在这种重复中，个体将回忆带入当下，获得新的认识，并在生活中采取行动，不断向前更新自我。宗教也处在这样一种重复之中，信仰的骑士通过无限弃绝超越过去，并在更新的自我中重新获得至福。在重复中，个体获得信仰的至福。对宗教的诠释也应该是一种向前投射的重复，在对《圣经》的不断重复中，克尔凯郭尔获得了《圣经》对于现时代的意义，指出了个体存在的重要性。

四、　结语

克尔凯郭尔对《圣经》的改写与诠释采取了这样一种路径：他以个体为改写与诠释的核心，以实现个体性的凸显为出发点和落脚点，立足于个体在现时代中的具体生活，以重复的方式实现对《圣经》的更新的解读，最终实现个体对自我的理解和超越。克尔凯郭尔强调孤独的、激情的个体存在，认为个体的最高存在形式

① 克尔凯郭尔：《畏惧与颤栗　恐惧的概念　致死的疾病》，京不特译，北京：中国社会科学出版社，2013年，第79页。

是超越伦理进入个体性之中，并且在个体的不可中介性中获得伟大的独特性。这是改写与诠释的动机所在，也是改写与诠释所要实现的最终目的。他立足于现时代，指出个体应在当下的具体生活中存在，将过去带入当下，并超越过去、更新自我，不断向前发展。改写与诠释本身也应该以现时代的适应性为目的，使诠释对象真正在当下中实现指导生活的价值。通过重复，个体将已经存在的转化为新的，通过生活中的具体行动更新自我，实现个体价值。在宗教的重复中，个体获得信仰的至福，获得个体存在的确定性。通过对《圣经》的重复，克尔凯郭尔实现了宗教的现时代意义，指出了个体存在的重要性。

克尔凯郭尔对《圣经》的改写与诠释呈现了一种激进的特征，这主要体现在通过对《圣经》的改写与诠释，克尔凯郭尔提出了有别于主流黑格尔体系的伦理观和历史观：在伦理上，强调超越伦理普遍性的个体性，将个体作为伦理下一发展阶段；在历史上，强调理解的时代性特征，将现时代作为理解历史的立足点，并以向前的更新作为理解历史的方向。此外，克尔凯郭尔的《圣经》诠释挑战了理解的权威，否定唯一的确定性解释，提出一种多元的、流变的重复观，这是其激进性的另一特征。

"出生"还是"入死"

——早期儒学与海德格尔现象学走向本真存在的两种道路*

陈治国

山东大学哲学与社会发展学院,中国诠释学研究中心暨现象学与中国文化研究中心

自海德格尔现象学东传汉语哲学界以来,"本真"(Eigentlichkeit)、"本真存在"以及与此密切相关的"向死而在"(Sein zum Tode)等标志性概念的影响力甚至溢出了学界,成为日常生活中时有所闻、所见的字眼。然而,这些字眼或概念能否在一般中国人的生活经验中得到真正的支持或印证,能否与长期以来指引或范导着这些生活经验、生存感受的儒学传统尤其是早期儒学传统相契合? 换言之,早期儒学传统是否以"死亡"意识为媒介,来思考人类存在者的本真存在或"成己""成人"之生命要务? 在这一困惑与疑难的牵引下,本文围绕通向本真存在或成己、成人的基本道路这一问题①,着重在早期儒学与海德格尔现象学之间展开一种比较性探究。首先,以《存在与时间》为核心,重点刻画前期海德格尔基础存在论中以本真存在为依归的死亡现象学之主要思路。其次,着重探究周孔孟荀代表的早期儒学关于如何度过一种富有意义的人类生活——即"成己"或"成人"——之问题的基本观念与核心设想。再次,通过比较的方式进一步辨识和剖析两种不同道路——即"出生"与"入死"——的思想背景、所涉生活方式的自由与自主问题,以及可能导向的社会伦理—政治共同体模式等相关难题。

---

* 说明:国家社科基金重点项目"现象学视域下的友爱哲学研究"(19AZX012)阶段性成果,并受山东省首届泰山学者青年专家人才工程经费资助。另外,该文部分内容(约有三分之一篇幅)曾以同名文章刊于《哲学与文化》2019年第7期,现在以更加完整的形式呈现出来,就教于方家与同行。

① 杜维明先生在20世纪70、80年代曾经明确地将生存论现象学的本真性概念与儒学传统中的"为己""成己"概念相提并论。他写道,"本真性"(authenticity)这一概念"即使带有现代存在主义的意味,在我看来,也比被狭隘理解的道德词语例如'诚实'(honesty)和'忠诚'(loyalty)更适合于表达儒家为己之学的原意"。参见杜维明:《儒家思想——以创造转化为自我认同》,曹佑华、单丁译,北京:生活·读书·新知三联书店,2013年,第46页。

在展开具体探究之前,我们先行对此项研究的理论依据和基本引线予以必要而集中的明示,以免引发可能的困惑或质疑。第一,我们认为,在一定程度上,早期儒学的"成己""成人"与海德格尔现象学的"本真存在"不约而同地兼具存在论和伦理学的二重性意义。就前者来说,"成己""成人"的最高状态是"诚",而"诚"——正如我们将要揭示的那样——显然不仅仅是一种道德情感上的"真诚"或"真实",而是更多地指示着一个成己之人同"天"或"天命"、自我以及他人他物之间的深层存在论关联。就后来者来说,问题似乎要复杂一些。有如识者所见,"没有哪位 20 世纪思想家,像海德格尔本人那样,遭受到如此彻底地审察——就其思想中'伦理学'的在场(抑或阙如)而言"[1]。例如,或者基于解释海德格尔糟糕的政治失足,或者基于切断伦理与政治同存在论或形而上学的任何关联,或者基于捍卫存在论在思想上的纯粹性或自足性,像勒维特、马尔库塞、图尼森、伽达默尔、列维纳斯、施特劳斯等一批哲学家,都不同程度地否认海德格尔现象学尤其是前期基础存在论之富有意义的伦理内涵或潜能——无论海德格尔本人是否在其中携带着某种伦理或政治的考量。与此同时,更多的学者,或者是在与作为基础存在论之重要源泉的亚里士多德和康德之实践哲学的关联中,或者是立足于后形而上学、多元主义、世界主义等研究视野,积极挖掘或阐发海德格尔未曾明言的伦理思路,甚或在此基础上进一步拓展性地构建某种全新形态的伦理学乃至政治学[2]。

面对诸种纷争,我们更多地倾向于认为,基础存在论既有存在论的意义,也包

---

① R. P. Buckley, "Martin Heidegger: The 'End' of Ethics", in J. Drummond and L. Embree (eds.), *Phenomenological Approaches to Moral Philosophy*, Dordrecht: Kluwer Academic, 2002, pp. 197 - 228.

② 在此方面比较晚近的代表性研究成果包括: L. J. Hatab, *Ethics and Finitude: Heideggerian Contributions to Moral Philosophy*, New York: Rowman & Littlefield, 2000; M. Lewis, *Heidegger and the Place of Ethics*, London: Continuum, 2005; J. Hodge, *Heidegger and Ethics*, New York: Routledge, 2005; B. W. Davis, *Heidegger and the Will: On the Way to Gelassenheit*, Evanston: Northwestern University Press, 2007; D. Webb, *Heidegger, Ethics and the Practice of Ontology*, London: Continuum, 2009; M. King, *Heidegger and Happiness: Dwelling on Fitting and Being*, London: Continuum, 2009; S. Golob, *Heidegger on Concepts, Freedom and Normativity*, Cambridge: Cambridge University Press, 2014. 有关海德格尔现象学同伦理学乃至政治学之关系的研究历史与趋势,更为详细的梳理和评析参见陈治国:《形而上学的远与近——海德格尔与形而上学之解构》,济南:山东大学出版社,2014 年,第 31—33 页。

含着深刻的伦理向度。主要理由有三。其一,尽管海德格尔曾经在 1946 年《人道主义书信》中否认针对基础存在论的伦理学解读,不过,与其说他否认任何伦理解读的合法性,不如说他拒绝作为一门近现代学科的伦理学的可能性,尤其是那种专注于普遍原理的制定、行动目的的设定和道德价值的计算之近现代规则伦理学。对他而言,真正的伦理学"必须思考使得行动成其为行动的东西——换言之,使得行动处于不得不选择规则或价值之位置的东西——的本质或意义"①。实际上,海德格尔在讨论康德伦理学之际,曾明确地将他自己的"人类生存的存在论"在功能上等同于后者的"道德的形而上学"②,只不过这种"道德的形而上学"不够彻底。在这个意义上,将"基础伦理学"看作"基础存在论"③的另一个名称,也并不过分。其二,海德格尔及其众多追随者总是习惯性地强调存在论与存在者层次之间的存在论差异,并且动辄将伦理学归于存在者层次。然而,尽管这种差异在海德格尔现象学语境中不容否认或忽视,同样重要的是,我们也丝毫不能否认或忽视二者之间的内在相关性④。正如海德格尔自己已经认识到的那样,"生存论分析归根到底**在生存活动上**有其根苗,亦即,**在存在者层次上**有其根苗"⑤,"对本真生存的一种明确的存在者层次上的解释,一种实际性的此在之理想,难道不是为此在之生存的存在论解释提供了根据吗? 确实如此"⑥。其三,本真生存或本真存在,即使在生存论上构成了作为此在之可能的存在方式之一,它也并不仅仅是描述性的、中立性的,而是在哲学上也具有规范性、指引性或者说伦理性的意义。一个重要缘由在于,哲学的任务是要追问存在及其一般意义,而只有把自己的存在看作一个"问题"并能够在绽出性生存中向存在保持开放的那种人类此在,才可能

① Jean-Luc Nancy, "Heidegger's 'Originary Ethics'", in F. Raffoul and D. Pettigrew (eds.), *Heidegger and Practical Philosophy*, Albany: State University of New York Press, 2002, p. 66.

② Martin Heidegger, *Die Grundprobleme der Phänomenologie*, Frankfurt: Vittorio Klostermann, 1975, S. 195.

③ Jean-Luc Nancy, "Heidegger's 'Originary Ethics'", pp. 65 – 67; J. Hodge, *Heidegger and Ethics*, pp. 202 – 203; M. Lewis, *Heidegger and the Place of Ethics*, pp. 5 – 7.

④ R. Bernasconi, *Heidegger in Question: The Art of Existing*, Atlantic Highlands: Humanities Press, 1993, pp. 25 – 39.

⑤ Martin Heidegger, *Sein und Zeit*, Tuebingen: Max Niemeyer, 1976, S. 13. 引文字体突出显示为原作所有。下文不再说明。

⑥ Martin Heidegger, *Sein und Zeit*, S. 310.

承担起这种艰巨任务,与此同时,人类此在"首先并且通常"处于非本真的存在之中,所以,海德格尔说,"只有在人类此在的转变中,并从这种转变而来,哲学与之交道的东西才能显示自身"①。十分明显地,从非本真存在过渡到本真存在并不断保持这样一种存在方式,显示了一种规范性的要求,并且是对以"去存在"为本性的人类此在整体活动的一种要求。

我们同样认为,"成己""成人"与"本真存在"两种哲学观念所鼓舞或指示的人类生存方式,在一定程度上都可以看作某种类型的完善论(perfectionism)。就早期儒学而言,正如稍后将会详细阐明的那样,一个真正能够修己、成己之人,将基于其不容忽视之生物学的、宇宙论或宽泛意义上存在论的以及伦理—社会的种种遗产或根据,通过进一步持续不断地辨识、体认、扩充乃至适当协调或重铸这些遗产与根据,永不懈怠地在与父母、族群和历史社会世界的互动关系中,以及在与天地万物的共生共长关系中,来实现自身生命存在的不断生长与成长。并且,这既是一种合乎"天命"的选择,更是个体自身生命存在的一种完善过程,即所谓"为己之学"。就海德格尔基础存在论而言,尽管一个本真行动者的生活构成了真正哲学活动的必要条件,所谓"成为一个人已然意味着去做哲学。总是按照其本质,而不是凑巧地或不适当地,人类此在本身矗立于哲学之中"②,但这并不是说,一种本真的生活仅仅是作为这种生活自身以外更高目的之哲学活动的可以随时抛弃的工具性东西。因为,一种现象学的哲学活动之基本任务就是探究存在,而这种探究本身也是探究者即哲学家自身之内的自由存在本性的一种展开③。所以,海德格尔反复强调,此在之本真存在或者说人之内的此在之决断性展开,不是为了其他目的,而是"要首先为自身**创造一种真正的认知性操心,真正使得此在成为可能的东西由这种操心构成……是要去解放人之中的人性,亦即人之本质,要让在他之中的此在成为本质性的**"④。当然,由于整体上而言,海德格尔对人类此在及其本真存在实现道路即向死而在的设定,都具有比较明显的形式主义倾向,对于本

---

① Martin Heidegger, *Die Grundbegriffe der Metaphysik. Welt-Endlichkeit-Einsamkeit*, Frankfurt: Vittorio Klostermann, 1983, S. 423.

② Martin Heidegger, *Einleitung in die Philosophie*, Frankfurt: Vittorio Klostermann, 1996, S. 3.

③ Martin Heidegger, *Die Grundbegriffe der Metaphysik. Welt-Endlichkeit-Einsamkeit*, S. 256.

④ Martin Heidegger, *Die Grundbegriffe der Metaphysik. Welt-Endlichkeit-Einsamkeit*, SS. 247 - 248.

真存在的最终完成也持一种十分谨慎的态度,因此,可以将他的本真生存观念称作一种"形式上的完善论"或"方法上的完善论"①。

正是基于上述认识,本文将着眼于一种完善论的人类个体生存方式之理解,集中围绕其主要实现道路这一核心议题,在早期儒学与海德格尔基础存在论之间展开一种比较性探索。这种探索既不是对两种哲学形态的一种全面研究,也不是单纯的伦理学层次上的研究,而是着重聚焦于"出生"与"死亡"(或"向死而在")两个重要观念,并着力在存在论与伦理学两种向度的分析中保持一种平衡,尽管在不同的具体问题上可能会有不同侧重。此外,我们还要补充性地强调一点:就西方思想传统而言,至少从苏格拉底—柏拉图哲学开始,一切有意义的形而上学或存在论思考,都或明或暗地蕴含着浓厚的伦理政治动机,海德格尔亦是如此。不过,他既不满意传统哲学思考存在问题的方式,也不满意其内部的学科划分及其方式,因为这样的划分已经预设了对人类存在者及其世界的某种理解和安置,而早期儒学对于学科划分包括宇宙论或存在论与伦理学的划分,更是了无兴趣。所以,我们尝试以存在论和伦理学的二重性方式来勘察早期儒学与海德格尔的"成己""成人"与"本真存在"之思考,在一定意义上,亦是"朝向事情本身"的一种现象学行动。

一、 本真存在、死亡与畏死

海德格尔批评传统形而上学习惯性地遗忘存在,这种"遗忘症"的症结就在于,形而上学家们倾向于以对象化的、静态的、外在性的方式去观看存在,而不是通过那种总是对存在已然有所理解并能够在自身绽出生存中向一切存在者之存在保持开放的人类此在,来追问存在及其一般意义。这样一来,着眼于人类生存的现象学分析之基础存在论就应运而生,并且一个重要任务就涉及阐明此在成为其自身(being-its-self)或成为人(to be human)而必需的某种框架目标与形式条件。因为,按照海德格尔,作为一种存在论的现象学,哲学活动的展开首先依赖于

---

① S. Golob, *Heidegger on Concepts, Freedom and Normativity*, pp. 240 - 241.

人类此在自身的一种转变①。不过,当《存在与时间》第一篇将人类此在的基本存在方式规定为"操心"——不同于上手状态、现成状态和实在性等样式——之际,海德格尔仍面临两个悬而未决的难题:此在之存在的整体性(Ganzheit)与本真性(Eigentlichkeit)。

就整体性问题来说,操心的三个构成要素乃是生存、实际性和沉沦,而生存(Existenz)意味着此在总是先行于自身不断筹划诸种可能性,这样一来,生存着的此在难道不就总是意味着一个个自主决断或选择着的瞬间——或者说依据此在的这个方面或那个方面来采取决断——而无法形成某种统一体? 无论如何,缺乏任何连贯性和统一性的操心性存在,是无法设想或予以肯定的东西。就本真性问题来说,操心着的此在在其本性上是"共同存在"(Mitsein),而共在具有两种实现形式:一者是本真地存在,即此在能够认识到,其真实生存是分离的自我决定的,需要承担相应责任与风险;另一者是非本真地存在,即此在拒绝或放弃了挺立并维持自身的基本能力,把自身看作与个体自我无关的单一化"常人"(das Man),完全按照常人方式说话、行动,按照常人世界不断变换的眼前模式随波逐流,执迷于匿名的、平均的、逃避个体责任的生存方式,从而与真实、具体的自我远离开来②。这两个悬而未决的关键难题,一定意义上可以合并为一,即此在之存在的本真性问题③。因为,一种本真的存在必然要求此在作为一个整体的生命存在采取行动,而不是任其所包含的诸多瞬间简单地处于一种松散、凌乱乃至冲突的境地。

由非本真存在——大多数情况下此在都倾向于这种存在形式——通向本真存在的转机或出路,就在于"死亡"问题,或者准确地说,在于"向死而在"④。按照

---

① Martin Heidegger, *Die Grundbegriffe der Metaphysik. Welt-Endlichkeit-Einsamkeit*, S. 423, S. 256.

② Martin Heidgger, *Prolegomena zur Geschichte des Zeitbegriffs*, Frankfurt: Vittorio Klostermann, 1979, S. 338.

③ 麦凯恩曾认为:"在生存哲学中没有什么比本真性问题更可追问,并且也没有什么比它更重要。"参见 Christopher E. Macann, "Who is Dasein? Towards an Ethics of Authenticity", in Christopher E. Macann (ed.), *Martin Heidegger: Critical Assessments*, Vol. 4, London: Routledge, 1992, pp. 214-246.

④ 作为此在生存论结构三种要素之一的现身情态环节,畏死可以说在此在朝向本真性存在的转渡中具有基础性作用,不过,这并不意味着它是唯一要素。因为,某种形式的话语和理解成分也有重要作用。关于这一点的详细讨论,参见陈治国:《现象学视域下友爱的多重地位及其演变——兼论亚里士多德友爱哲学的现象学效应》,《学术月刊》2020 年第 6 期。

海德格尔，基于人类此在之存在的被抛性构成特征——另外两者分别是筹划和寓于存在者存在，我们总是要受到某一种社会历史文化范畴和体系的约束与规范，它们深深地影响着我们对事物的存在、自身的存在以及自身与世界上其他事物的关联方式之理解和解释。这种理解和解释固然为当前的思考、行动和体验提供了一定基础或方向，但是也严重地限制了事物的一般存在和我们自身的存在之丰富可能性。遗憾的是，大多数情况下，我们对此浑然不觉，或者心甘情愿接受既定的理解、解释或行动的模式，似乎这些模式能够提供足够的安全保障或便利根据，从而疏忽或遗忘了那些专属于每一人类此在自身的生存可能性。这种非本真的存在模式，实际上掩盖或遮蔽了每一人类此在不可去除或不可还原的个体性、自主性要求，而摆脱这种匿名的、平均的、逃避个体责任的非本真存在，赢获或实现自我决断、自我筹划并自我负责的本真存在之道路，就在于持续不断地正视"死亡"或"先行到死中去"（Vorlaufen zum Tode）。

　　海德格尔现象学视野中的死亡（Tod），作为一种存在论—生存论意义上的死亡，不愿等同于作为物理事件的生物有机体之完结（Verenden）或亡故（Ableben）[①]，也不愿等同于作为法律事件的社会性身份之终结，或者作为神学事件的宗教性之身心分离，而是被理解为人类存在者之"全然在此不可能的可能性"（die Möglichkeit des Nicht-mehr-dasein-konnen）[②]。这种意义上的死亡，主要包含三个方面的特征，即最本己性、非关系性、不可逾越性等。所谓"最本己性"（eigenste）是指，作为一种"不在世界之中存在""对任何事情都不能有所作为"或者说"非—存在"的生存可能性，死亡贯穿于人类此在之自身存在的每一瞬间，并且使得真正本己的个体性生活成为可能。按照海德格尔，非人类此在的有生命物固然亦有其死亡现象，但这种死亡应该称作"完结"或"终殁"（Verenden），因为动植物很可能无法自觉地先行意识到这种现象的发生及其必然性。换言之，动植物不能事先获得有关死亡的理解或知识，不能和它们的死亡发生关联，从而不能"进入"或"通达"死亡。至于日常生活中大多数人的"死亡"观念，尽管体现了对人类

---

① Martin Heidegger, *Sein und Zeit*, S. 247.

② Martin Heidegger, *Sein und Zeit*, S. 250.

存在者自身之必然完全终结的某种意识或认知，可是也是非常含混而不充分的，甚至拒绝接受这一此在"全然不再可能的可能性"。原因在于，他们倾向于从现成事物的角度或物理学、生物学的层次上来感知死亡，单纯在理论上把死亡看作一个现成的物理事件，看作无关痛痒的、甚至总是十分遥远的事件。殊不知，渗透到每一人类此在之存在过程中的"死亡"，尽管可能和这种物理学—生物学意义上的死亡或"亡故"①具有某种偶合之处，但是，它绝不是与己无关的、可以推延或躲避的、类层次上的一种生物学标记，相反，基于它是此在"不在世界之中存在"或"去世"这样一种根本性规定，只要人类此在生存着或者说"在世界之中存在"，死亡就总是具有一种永远在场的"亲近性"，它时时、处处地威胁着我们每一人类此在之具体存在的可能，所谓"人一诞生就立刻老得足以去死"②。

　　死亡的"非关系性"（unbezügliche）意味着，当人类此在觉识到存在论—生存论意义上的死亡之不可避免性或持续在场，它就必须自身去面对这一多少显得十分残酷、艰难之处境，而不能奢望委托于或借力他人、他物来共同承担。根据海德格尔，此在面对或揭示存在论—生存论意义上的死亡之现身情态乃是"畏"（Angst）——不同于针对具体对象的"怕"（Furcht）。在"畏"或"畏死"中，周围世界一切事物的存在、他人的存在乃至此在自身的存在都不再具有意义，同时由于人类此在的基本规定就是"在世界之中存在"，这就迫使处于畏死情态中的此在，不仅必须承认它本质上的有限性，而且要独立、自主地去重新赋予事物、他人乃至自身的存在以源始的意义。换言之，在"畏死"而来的"自由"中建构起真正的生存世界，同时也不断确立或更新自身的存在。正是在这个意义上，海德格尔写道："死亡并非仅仅无差别地'属于'本己的此在，死亡是把此在作为个别的东西来要求此在。在先行中所理解的死亡之非关系性把此在个别化到它本身上来。这种个别化是为生存开展出'此'的一种方式。这种个别化表明，事涉最本己的能在之时，一切寓于所操劳的东西的存在与每一共他人同在都是无能为力的……先行到非关系性的可能性中去，这把先行着的存在者逼入一种可能性中，即从它自身出

---

① Martin Heidegger, *Sein und Zeit*, S. 247.
② Martin Heidegger, *Sein und Zeit*, S. 245.

发去主动地承担其最本己的存在。"①

死亡也是"不可逾越的"(unüberholbare)。由于作为此在生存论上最极端可能性的死亡——它构成了所有其他具体生存可能性的源始条件——总是悬临着的、不确定的(unbestimmte),可以发生于任何时刻,所以,生存着的此在永远不可能拥有死亡,也不可能通过一次性地面向死亡——畏死——而把死亡抛在身后,取消它对生存之持续不断的威胁。这意味着,一方面,作为此在全然不再可能的可能性,死亡仅仅是一种纯粹的可能性而无法被实现——死亡的实现指示着任何此在的生存都成为不可能,所以,对活着的此在而言,死亡是无所不在的、不可避免的但——在知识论上——又不可把握的可能性。另一方面,这种确知的(gewisse)、必然的、时时刻刻威胁我们在世界之中存在的可能性,要求人类此在必须不间断地接受这种可能性,必须出于自身并朝向自身来实行生存论上的决断,来筹划那充满风险和责任的具体未来。在这里,且不要说这个世界上从来没有始终可以依赖、确定而又正确的生存理想和存在模式,而且即使是此在自身之历史过去,也不能构成向死而在之此在的崭新决断的理由和根据。海德格尔写道,面向不可逾越的这种可能性即"死亡"去存在,"使此在理解到,作为生存之最极端的可能性而悬临在它面前的是:放弃自己本身。但这种先行却不像非本真的向死存在那样闪避这种不可逾越之境,而是为接纳它而给自身以自由……这才使此在首次可能本真地理解与选择排列在那无可逾越的可能性之前的诸种实际可能性。这种先行把放弃自己作为最极端的可能性向生存揭示出来,并立即如此粉碎了加诸每一种已经达到的生存之上的僵固状态"②。

总之,现象学的生存论—存在论意义上的死亡,是一种最本己的、非关系性的、不可逾越的、可以确知但又不确定的极端可能性,生存着的此在只能在畏之现身情态中,独自地面对充满神秘性的、持续地威胁着自身在世界之中存在的这种虚无化或否定性力量。唯有如此,每一人类此在才可能觉识到属于自身——或者说成就着自身——的有限性及其可能的自由,并且根据这种自由去不断地做出自

---

① Martin Heidegger, *Sein und Zeit*, SS. 263 - 264.

② Martin Heidegger, *Sein und Zeit*, S. 264.

己的选择,活出一种真正具有个体性的生活——每一种自由选择都是出于自身并且为了自身,一种真正具有整体性的生活,每一种自由选择而促成的自身存在都紧紧联系着先于自身存在的那种本己的、必然的死亡①。亦即,活出一种本真的生活——个体性或本己性与整体性正是一切本真性要求的基本内涵。

二、 成己、出生与参与

相对于海德格尔现象学的"本真存在",以周孔孟荀为代表的早期儒学,对于一种富有意义而值得追求的人类生活是通过"成己"(《中庸》,第 29)②、"为己"(《论语·宪问》,第 24 节)、"成身"(《礼记·哀公问》,第 7 章)、"成人"(《荀子·劝学》)这类概念来刻画的。成己、成人之生活,其通常的典范是君子人格,最高典范则是圣贤气象。如果着重聚焦于君子人格,它至少包含三个方面的基本特征。

其一,充分的完整性或一致性③。这首先意味着,一个君子的认知、情感、意愿和行动等方面的能力和状态达到了充分的协调一致或和谐有序,而不能任其处于分裂、冲突或偏狭的境地。《论语》多处强调:"人而不仁,如礼何"(《论语·八佾》,第 3 节)、"好仁不好学,其蔽也愚"(《论语·阳货》,第 7 节)、"知之者,不如好之者;

---

① 海德格尔拒绝将任何具体愿望、个体性情、无条件坚持某种选择的能力或基督教的超验之神作为此在整体性生存的根源或依据,而把"向来我属"(Jemeinigkeit)之"死亡",设置为一切生存论上的可能性之根源,显示了某种"形式上的整体论"(formal holism)的思想倾向。因为,就坚持第一人称视野的生存论—存在论现象学而言,很难直接谈论在立足于"向死的自由"之个体生存中,究竟如何考虑和安排每一具体生活因素。不过,由于《存在与时间》第 62 节将有关此在之整体性生存的合理性根据,又回溯到"此在在存在者层次上具有的某种可能性上",不少学者怀疑"向死而在"是否真正能够独自产生一种具体的生存上的统一性和完整性。相关讨论参见 Ryan Coyne, *Heidegger's Confessions: The Remains of Saint Augustine in Being and Time and Beyond*, Chicago: University of Chicago Press, 2015, pp. 124 - 156。

② 本文对于《周易》《论语》《中庸》《孟子》《礼记》等早期儒学基本文献所主要依据的版本分别为:王弼撰,楼宇烈校释:《周易注校释》,北京:中华书局,2012 年;刘宝楠撰,高流水点校:《论语正义》,北京:中华书局,1990 年;王文锦译注:《大学中庸译注》,北京:中华书局,2008 年;焦循撰,沈文倬点校:《孟子正义》,北京:中华书局,1987 年;王先谦撰,沈啸寰、王星贤整理:《荀子集解》,北京:中华书局,2012 年;王文锦译解:《礼记译解》,北京:中华书局,2001 年;左丘明撰,郭丹等译注:《左传》,北京:中华书局,2012 年。相关引用注释主要采取文中标注文献篇名以及章节等。

③ 相对于"向死而在"所体现的"形式上的整体论",早期儒学中君子人格之"完整性"要求,更多属于一种实质上的整体论(substantial holism)。并且,如果说"向死而在"既是一种富有意义的本真性个体生活的必由之路,也是真正的哲学活动的必要条件乃至原初起点,早期儒学中君子人格的完整性状态,更多地属于一种不断积累、提升、调适着的自我修养成就。

好之者,不如乐之者"(《论语·雍也》,第 20 节)。《中庸》和《荀子》也先后讲道,"言顾行,行顾言,君子胡不慥慥尔"(《中庸》,第 12)、"诚心行义则理,理则明,明则能变矣"(《荀子·不苟》)。这些论述清楚表明,修己、成己的君子,应该是仁礼相济、学思互动、言行合一并以真诚积极的内在情感和意愿为坚实基础的完整个体。与此同时,由于伦理要求基本渗透于每一生活个体之诸种行为与活动的肌理深处,并且不同的伦理德性具有不同适用领域和表现形式,因此,生存于天地之间的完整君子人格,还意味着一个人要努力具备或修炼所有伦理德性,并使其能够统一起来——统一性或总体性的伦理之德在早期儒学中常常以宽泛意义上的"仁"(孔子)、"仁义"(孟子)、"礼义"(荀子)等命名。《论语·宪问》第 12 节记载说:"子路问成人。'子曰:若臧武仲之知,公绰之不欲,卞庄子之勇,冉求之艺,文之以礼乐,亦可以为成人矣。'"《礼记·儒行》第 18 章亦言:"温良者,仁之本也。敬慎者,仁之地也。宽裕者,仁之作也。孙接者,仁之能也。礼节者,仁之貌也。言谈者,仁之文也。歌乐者,仁之和也。分散者,仁之施也。儒皆兼此而有之,犹且不敢言仁也。"《荀子》讲得更为直接:"天见其明,地见其光,君子贵其全也。"(《荀子·劝学》)

其二,自觉的历史性意识和社会性意识。就纵向的历史角度而言,一个仁人君子必须承担保存、传递乃至转化过去的经典文献所负载的意义和价值之功能。个中缘由在于,作为时间性的存在者,不同的人类世代可能有其不同的生活语境和生存问题,可是过去的祖先和前辈圣贤累积的生活经验、对人类本性和世界的体悟与理解,以及所珍视和推崇的人类价值和意义等等,都为我们当前的生命构想、自我理解和世界关联提供了不可或缺的思想源泉和历史资源,并且这些经验、价值和意义往往蕴藏于经过提炼或凝结而形成的典籍文献之中,所以,身处富有深厚而广远的文化传统之历史语境中的仁人君子,要勇于担负起传承和展现那些文化典籍之基本精神和价值的特殊使命:"子曰:'我非生而知之者,好古,敏以求之者也'"(《论语·述而》,第 20 节)、"周监于二代,郁郁乎文哉! 吾从周"(《论语·八佾》,第 14 节)、"子畏于匡,曰:'文王既没,文不在兹乎? 天之将丧斯文也,后死者不得与于斯文也;天之未丧斯文也,匡人其如予何"(《论语·子罕》,第 5 节)、"子以四教:文,行,忠,信"(《论语·述而》,第 25 节)。当然,仁人君子对经籍文献的编纂、保存和传承,并不是完全"中立的""客观的"或"旁观的",而是深深渗透着个人的理智悟解和经验感受,并且要在生活事务中践行和体现经典文献所蕴含的一般价值与意义,所谓"君子博学于文,约之以礼,亦可以弗畔矣夫"(《论语·雍也》,第 27 节)、"诵诗三百,授之以政,不达;使于四方,不能专对;虽多,亦奚以为"(《论语·子路》,第 5 节)。

就横向的社会角度而言,一个仁人君子不仅其自身修己、成己的过程是在一个族群或社会共同体中逐步展开的,而且他还需要以自身为典范去影响、教化周围人物乃至一般民众的生活信念与伦理行动,并努力阐明周围世界的各种事物或关系之特定的秩序和意义。譬如,"樊迟问仁。子曰:'爱人。'问知。子曰:'知人。'樊迟未达。子曰:'举直错诸枉,能使枉者直'"(《论语·颜渊》,第 22 节)、"诚者自成也,而道自道也。诚者物之终始,不诚无物。是故君子诚之为贵。诚者,非自成己而已也,所以成物也。成己,仁也;成物,知也"(《中庸》,第 29)、"可欲之谓善,有诸己之谓信,充实之谓美,充实而有光辉之谓大,大而化之之谓圣,圣而不可知之之谓神"(《孟子·尽心下》,第 25 节)。

其三,连续的累积性与创造性。按照早期儒学,尽管每一修仁、修身的个体在其先天构造中已经部分地具备了仁德之基础,所谓"仁远乎哉?我欲仁,斯仁至矣"(《论语·述而》,第 30 节),但是,真正的成人、成己需要艰苦而漫长的努力学习、累积和持守:"彼学者,行之,曰士也;敦慕焉,君子也"(《荀子·儒效》)、"仁者先难而后获,可谓仁矣"(《论语·雍也》,第 22 节)、"今使涂之人伏术为学,专心一志,思索孰察,加日县久,积善而不息,则通于神明、参与天地矣"(《荀子·儒效》)。实际上,孔子自身"修己""达诚"的过程,就极为明显地体现为一个人的德性涵养和伦理品质不断深化和完成的进程:"吾十有五而志于学,三十而立,四十而不惑,五十而知天命,六十而耳顺,七十而从心所欲,不逾矩。"(《论语·为政》,第 4 节)当然,修己、修仁的活动,并不仅仅是一种量的单纯积累、叠加和巩固,而且也需要在学习和积累基础上不间断地调整和创新。个中缘由,既在于修己、修仁总是渗透着个体的自我理解和调整,更因为它作为实践性、动态性的过程,总会面临着新的生存事务和生活语境的挑战,是对生生不已之宇宙变化进程及其韵律的自觉回应和主动参与。所谓"天行健,君子以自强不息"(《易传·象传上·乾》)、"显诸仁,藏诸用,鼓万物而不与圣人同忧。盛德大业至矣哉! 富有之谓大业,日新之谓盛德"(《周易·系辞上》)、"苟日新,日日新,又日新"(《大学》,第 5 章),这就是说,包蕴万物的天地宇宙乃是永远扩展、不断更新的转化性进程,这种进程可能是非人格的(impersonal),但不是非人性的(inhuman),它允许、要求或鼓舞具有天赋之"性"或"天命"的人类个体循序渐进又坚持不懈地体察、发挥原始本性,以创造性感知和应对每一新的事物与处境,从而真实地进入到这一大而无外、久而无穷的宇宙活动进程中。由此,君子人格开放性地将不同层次上的宇宙活动经验纳入精神性自我领域,同时也日新无已地丰富、深化着自身的天赋本性或内在资源。

依上所述,按照早期儒学,一种真实、充实的人类生活是成己、成人的状态,这种状态的一般典范是君子人格,而君子人格既要求一个人要努力达到认知、情感、意愿和行动等构成方面的充分协调和一致,并全面养成孝、敬、智、勇、信、恭、厚、宽、敏等特定的伦理德性,同时也要求个体具备高度的历史性意识和社会性意识,即通过文化经典的传承和开新来中介过去和现在,要在特定的人类族群和社会共同体中形成并扩大儒学所珍视的伦理价值和生活意义。这些任务和使命的完成和实现并不是简单、容易的事情,而是一个艰苦、漫长乃至永无止境的过程,是一个累积性和创造性相互补充和协调的进取过程。更重要的是,我们将会看到,这种过程的开展恰恰不是以"死亡"意识为契机,毋宁说,它是通过"出生"或"新生"来不断开辟道路的。而早期儒学传统中的"出生"(nativity)观念,既不是基督教文化背景中的"受造"或"被造"(creation),也不是单纯生物学意义上的"诞生"(birth)。更准确地说,它与生物学意义上的诞生有一定关系,但也具有宇宙论或宽泛意义上的存在论的向度,当然更具有伦理—社会层面的内涵。

就生物学的向度来看,一个人的出生似乎是一种"诞生",即新生个体脱离了黑暗的、孤独的子宫世界,而进入一个光明的、纷繁的生物世界。实际上,远非如此。新生个体的出生或产生,并不仅仅是与单独的生物器官即子宫有关,而且首先与作为整体之人而存在的父亲、母亲乃至祖先有关,他或她的出生就是父母和祖先的血缘脉络的一种延续和再生,经由这种出生他或她也被带入了父母和祖先已经或曾经栖居劳作的世界。这也就意味着,新生个体所进入的世界并不单纯是空间的、物理的以及生物性的世界,更是历史性的世界。并且这个世界的保存、维护和更新也需要新的生命力量来担负责任①。

就宇宙论的向度来讲,一个人的出生也与非人格性的统一力量即"天"紧密有关。按照早期儒学,"天地之大德曰生"(《周易·系辞下》)、"生生之谓易"(《周易·系辞上》)、"天生德于予"(《论语·述而》,第23节)、"天命之谓性"(《中庸》,第1)。无论这里的"德""命""天命"乃至"性"等概念在理解上如何含混而富有争议,有一点是确定无疑的,即它们都充分表明,作为自然本成、运转不息并有其内在节奏和规律之存在过程的"天",不仅容许并珍惜每一个生命的出现和成长,而且在每一新生个体之端始已经赋予其某种独特的、潜藏着的能力或基质。不过,这种潜在的东西最多只是提供了一个继续成长或生长的可能范围或基础,而不是一个足够明确的定式、定点(fixed point)或焦点(focus)。只有那些能够通过自身的努力不断觉识(awareness)、体认(recognize)、实现(realize)乃至适当扩展(enlarge)或转化(transform)这些潜在能力或基质的个体,才是"尽性""知天""与天合一"的成己之人。换言之,每一生命个体的出生及存在有其宇宙论上的深层根据,并且他永远不能脱离或抽身于这个宇宙或世界。然而,如果他没有能通过持续的艰苦努力,在各种尝试和选择中去辨识、扩充并真正重新确认源于"天"之自然本性,那么他就没有行走在合适的人生道路上,也不可能作为一个成己之人而获得真正属己的存在命运和价值。所以,早期儒学一再强调,"《康诰》曰:'克明德。'《太甲》曰:'顾是天之明命。'《帝典》曰:'克明峻德。'皆自明也"(《大学》,第5章),"不知命,无以为君子也"(《论语·尧曰》,第3节)、"故天之生物,必因其材而笃焉,故栽者培之,倾者覆之"(《中庸》,第16)。

此外,有鉴于非人格性的"天"是万事万物的统一性根源,并且"故人者,其天地之德,阴阳之交,鬼神之会,五行之秀气也"(《礼记·礼运》,第13章),所以,人

---

① 按照清人段玉裁的《说文解字注》,"生,进也。象艹木生出土上。下象土。上象出",即"生"的本义就是草木从泥土中萌发出来。而按照商代甲骨文材料考证,"生"字至少拥有四种含义,分别关乎"祈求多子的祭祀活动""生命、生长""姓"(族群或百官之姓)以及"下一个或承接的"等等。参见孟丹:《早期中国"人"的观念》,丁栋、张兴东译,北京:北京大学出版社,2009年,第71页,脚注46。

类个体在"明德""养性""知命"的过程中,还要适当观照和体悟他人、他物的本性及其发展,以参与、配合"天地化生"的方式来实现"天人合一""万物共生"的"中和"之境:"故人者,天地之心也,五行之端也,食味、别声、被色而生者也"(《礼记·礼运》,第 13 章)、"天命之谓性,率性之谓道,修道之谓教。……致中和,天地位焉,万物育焉"(《中庸》,第 1)、"唯天下至诚为能尽其性,能尽其性则能尽人之性,能尽人之性则能尽物之性,能尽物之性则可以赞天地之化育,可以赞天地之化育则可以与天地参矣"(《中庸》,第 26)。

就伦理—社会的向度来看,一个人的出生就是在各种不同层次和形式的历史性、社会性关系(父母、兄弟、君臣、夫妇、朋友等)中,来成就和发展一种关系化自我(the related self)。这种关系化自我,既不是封闭的原子式实体性自我,也不是各种历史性、社会性关系简单叠加而成的构成物——似乎那些关系不过是挂在没有自主心灵的衣架之上的装饰性外套,而是介于虚实之间、不断生成和累积的伦理行动者。就其"虚者"而言,一方面,如上所言,尽管一个人"天生地"具备了某种自然基质,但是,除非他竭尽所能地去感知和发挥之,不然那种自然基质就必然是隐藏着的或者说没有成效的;另一方面,一个人的生长、成长不可能是一次性的或一蹴而就的,不是现成的或容易完成的,而是不断开放着的、永无止境的进程。在这个意义上,《论语·子罕》第 4 节有云:"子绝四:毋意,毋必,毋固,毋我。"就其"实者"而言,作为一个必然处于某一文化传统和族群社会的人类个体,他有其不可抹除的历史性和社会性,各种历史关联和社会关联不仅渗透到他的观念和行动之肌理深处,而且,他反过来也会以自己的观念和行动来影响、调整乃至重铸那些历史关联和社会关联。换言之,立于历史和社会双重世界之中的伦理行动者,既要依赖其所处身于其中的各种历史关系和社会关系——这些关系在不同程度上也会通过行动主体而相互影响和渗透——来拓展人生的视野和经验,从而促进自我的认知、理解与行动的不断深化与调整,同时反过来也进一步参与和促进新的历史世界和社会世界的形成与转化。有如识者所言,"儒家的自我转化,既不是基于独立的自我控制,也不是基于集体的社会独裁。其真正基础在于我们可以称之为'居间'的东西……儒家的重要思想从来不是用非此即彼的命题来表达的。相反,一个本真的人既要真诚面对自我,又要真诚面对他的社会性"①。

　　总而言之,按照早期儒学,一个仁人君子成己、成人的根本道路在于"出生",这种"出生"至少包含生物学、宇宙论和伦理—社会性三个向度或层次,并且这些向度或层次也是相互交错、相互支撑的。简单来说,人类个体在其初生之际,不同程度上都具有生物学的(来自于父母和祖先的血缘亲情)、宇宙论的(来自非人格化的天之内在基质)和伦理—社会的(蕴含着种种价值和意义的历史关联和社会关联)遗产或根据,然而,真正能够成身、修己之人,必须在这些基础上通过进一步持续不断地辨识、领会、体认、扩充乃至创造性地协调或重铸这些遗产与根据,永不懈怠地在与父母、族群和历史社会世界的互动关系中,以及在与天地万物的共生共长关系中,来赢得自身生命的不断生长与成长,更准确地说,来赢得自身生命的"新生"与"再生"。这不是无中生有的生命创造过程,也不是片刻而就的生命顿悟活动,而是(血缘的、宇宙的、伦理社会的)奠基与(自我)认同相统一、持续性的自我累积和参与性的世界重建相统一的人生之业和生命之务。

三、"出生"还是"入死": 一种比较性的分析

　　"出生"和"畏死"或"入死",分别构成了早期儒学和海德格尔现象学——主要是基础存在论时期的此在现象学②——各自构想的本真存在或成己、成人之真实人类个体生活方式的两种不同道路。为了更加深入理解这两种道路的根由、特质和可能成效,我们尝试通过比较的方式,进一步辨识和剖析它们各自的思想渊源与背景、所涉生活方式的自由与自主问题,以及可能导向的社会伦理—政治共同体模式等相关难题。

---

① Weiming Tu, "*Li* as Process of Humanisation", *Philosophy East and West*, Vol. 22, 1972, pp. 187 - 201.

② 中晚期海德格尔的死亡观略有变化:一方面,在天地神人的四重整体(Geviert)中,人仍然被海德格尔称作"终有一死者"(Sterbliche),这表明死亡依旧与人的本质有关,不过,人或此在面向死亡的态度不再是热情"先行",而是"泰然任之"。另一方面,死亡更多地与存在本身有关,即死亡作为存在整体的否定,也是即隐即显的存在的自我庇藏之所。参见 Martin Heidgger, *Vorträge und Aufsätze*, Frankfurt: Vittorio Klostermann, 2000, S. 152; Martin Heidegger, *Unterwegs zur Sprache*, Frankfurt: Vittorio Klostermann, 1985, S. 20。

第一，本真存在或成人、成己道路之构思的思想背景问题。海德格尔现象学主张经由"畏死"或"先行到死中去"而赢取一种本真存在，无疑是西方哲学与文化传统中根深蒂固的死亡意识或死亡观念的一种革新性重申、重铸。早在古希腊的荷马史诗《伊利亚特》中，死亡同英雄和战争等就一起成为显赫的重要主题。在那里，凡人和诸神之间的主要差异就是有死性和永恒性的区分，有死性或死亡不仅是凡夫俗子的本质性特征，而且也是那些看起来介于神、人之间的英雄不能逃脱的悲剧性命运。正如英国古典学者格里芬（Jasper Griffin）所评论的那样，"《伊利亚特》中占据诗人注意力的英雄正是那些注定死亡的——萨皮顿、帕特克罗斯、赫克托耳、阿喀琉斯；正是他们，受到诸神的喜爱，也正是他们，将以勇力和卓著换来冰冷而黑暗的死亡。他们接近那可怖的阴阳界限时，宙斯的灼灼双目愈加专注地凝视着他们；他钟爱他们，**正因为**他们注定灭亡"①。并且，尽管英雄们——相较于一般凡人——对于死亡之不可避免有着更多的清醒认识，但最终一样是难免心怀恐惧乃至憎恨之情②。

作为哲学家的柏拉图同样肯定死亡与现实世界中人类存在者的内在相关性，不过，他要求一切理智上的英雄们——而不是体魄或技艺方面的出类拔萃者——要勇于改变对死亡的态度，即死亡不过是身体的变化或消失，构成人类本性的理智灵魂则是不朽的。所以，与其说死亡构成了人类存在者的本质性命运，不如说它是人类真正值得追求的好生活的开端与契机——作为死亡之图像的身体很大程度上构成了理智灵魂的纯粹生活之障碍。在这个意义上，柏拉图不仅声称"追求哲学的人就是练习如何死亡"③，而且建构一种优秀、正义的城邦必须首先赶走荷马那样的行吟诗人，因为后者教导阿喀琉斯之类的英雄，宁愿在人世间成为贫困者的奴仆，而不要在死者中称王④。

作为近代德国哲学集大成者的黑格尔，在专注于阐述绝对精神的宏大历史之际，丝毫也没有忽视死亡的伦理政治意义。在他看来，死亡尤其是由其派生的葬

---

① 加斯帕·格里芬：《荷马史诗中的生与死》，刘淳译，北京：北京大学出版社，2015年，第87页。

② 参见加斯帕·格里芬：《荷马史诗中的生与死》，第93页。

③ Plato, *Phaedo*, 67e, in *Complete Works*, Edited, with Introduction and Notes, by John M. Cooper, Indianapolis/Cambridge: Hackett Publishing Company, 1997.

④ Plato, *Republic*, 386c.

礼或悼念仪式,在政治伦理共同体的形成过程中具有十分重要的地位。原因在于,任何一种自我意识只有在另一种自我意识中才能实现对承认之欲求的满足,而葬礼上的悼念活动不仅使得自我意识在他人那里得到承认,而且使得这种直接的个别性之自我意识上升为普遍的个体性,并由此成为伦理共同体的一个成员。他在《精神现象学》中写道,经由家庭的葬礼或悼念活动,"就连**死了的存在**、普遍的存在,也成为一种返回于自身的存在、**一种自为的存在**,换句话说,毫无力量的和个别的纯粹的个别性也就上升为**普遍的个体性**……死者屈从和受制于无意识的欲望和抽象本质的行动,家庭则使死者免受这种屈辱性行动的支配,而以它自己的行动来取代这种行动,把亲属嫁给永不消逝的基本的或天然的个体性,安排到大地的怀抱里;家庭就是这样使死了的亲属成为一个共体的一名成员,而这个共体反而把曾想脱离死者和毁灭死者的那些个别的物质力量和低级的生命作用统统掌握和控制起来"①。

近现代德国浪漫主义文学更是把死亡意识推向一种极致。众所周知,就赫尔德、施莱格尔兄弟、蒂克、诺瓦利斯、荷尔德林、里尔克等德国浪漫主义诗人而言,在"变卑贱以崇高、改寻常为神秘、给已知以庄重、抬有限于无限"②的魔术化反讽中,自然、乡村、黑夜、混沌以及死亡等近现代思想世界中边缘性的事物或意象重新获得其魔力与生机,尤其是死亡意识不同程度地通过各种方式被予以赞赏和歌唱。譬如,里尔克在《时辰祈祷》中就吟唱道:"神啊,赐给每个人他自己的死亡/这死亡,来自他的生命/在其中,有过爱、感知和困乏/因为我们只是果皮和果叶/每个人有其自身的巨大之死/那就是一切围绕着的果实。"③不难设想,所有这一切对

---

① 黑格尔:《精神现象学》(下卷),贺麟、王玖兴译,北京:商务印书馆,1979 年,第 11—12 页。

② 参见吕迪格尔·萨弗兰斯基:《荣耀与丑闻——反思德国浪漫主义》,卫茂平译,上海:上海人民出版社,2014 年,第 13 页。

③ W. Rose, "Rilke and the Conception of death", in W. Rose and G. C. Houston (eds.), *Rainer Maria Rilke: Aspects of His Mind and Poetry*, London: Sidgwick and Jackson, 1938, pp. 43 - 84. 20 世纪法国政治家克莱门梭曾经如此评论德国诗人乃至一般民众与死亡的奇特关系:"人类就其本性来说是喜爱生命的。德国人却缺乏这种倾向。在德国人的灵魂里,在他们的艺术理解中,在他们的思想世界与文学里缺乏了一种东西,使他们不能理解,什么才是真正构成生命的东西,什么叫做生命的美丽与伟大。反之,他们心中充满了一种病态的、恶魔般的对死亡的渴望。这些人多么喜爱死亡啊!他们带着颤抖,像在梦幻中一样,以一种出神状态的浅笑,仰头望着死亡,仿佛对某种生命的朝拜。他们从哪里得来这种模样的呢?我没有答案……读读他们诗人的作品就知道了:到处都读到死亡。你会读到脚下的死(转下页)

始终专注于通过与西方哲学史的争执性对话、并努力从宗教和诗歌中寻求灵感源泉探究此在以及一般存在之意义的海德格尔，产生了如何深远而奇特的影响。

当然，海德格尔现象学视域中的死亡理解对于西方传统的死亡观念也并非没有革新或重铸之处。对于荷马史诗，海德格尔会赞赏那些英雄——不同于一般凡人——对自身能力的充分发挥以及对死亡命运的自觉意识，但是他不会接受他们可能的软弱与恐惧，也有意忽略了死亡的暴力、血腥和残酷。对于柏拉图，海德格尔也认为一种哲学性的存在或本真的存在之大道就在于"练习死亡"——前者强调通过练习死亡来摆脱现实世界中的身体性、感觉性生活，后者强调通过练习死亡即持续地畏死来摆脱常人世界——无论是感觉的、还是理智的——的平庸生活，然而，海德格尔的死亡观念背后不再预设柏拉图的那种作为最高善的智慧本身。对于黑格尔，海德格尔同意死亡在自我意识或自我存在的逐步确立中具有优先性地位，但他会认为黑格尔将死亡的完成事业托付给他人、家庭和更高的伦理共同体，必然会忽略死亡的最本己性、孤独性和非关系性等特征。对于德国浪漫主义诗人，海德格尔高度推崇他们将死亡神秘化、个别化乃至诗化的思想取向，不过他采取了更加精微细致的哲学表述方式，并且更加突出个体意志的决断性，从而一举将其普遍化为一切人类存在者之本真存在的根本道路。①

（接上页）亡，马背上的死亡，死亡在一切的姿势、一切的穿着里。这种种死亡使他们的诗人为之着迷，死亡是他们钉死在头脑里的念头⋯⋯就连战争对他们来说也是一种与死亡签订的契约。"参见卡尔·洛维特：《纳粹上台前后我的生活回忆》，区立远译，上海：学林出版社，2008 年，第 48 页，脚注。

① 当然，海德格尔对于基督教哲学传统的死亡观念之承继和重铸也不容忽略。举其要者，对于奥古斯丁的死亡观念，海德格尔接受纯粹畏惧（timor castus）和奴性畏惧（timor servilis）的区分，即朝向一个人本真的自我经验去操心（cura）其整体性生命，要求从奴性畏惧过渡到纯粹畏惧，并且对死亡的畏惧不可能通过伦理的、神学的德性而被彻底克服，但是，他也认为，当奥古斯丁把人类存在着的最高目标设定为幸福生命（beata vita），即在神之中的安宁或对神的享有（fruitio Dei）时，就显然引入了古希腊目的论形而上学，最终撤销了人类个体基于本质上的有限性的必须承受的实际性—历史性生活之不安宁状态。对于克尔凯郭尔的死亡哲学即攸关个体真实生存的"死亡"，主要不是身体上的亡故，而是不可还原的、完全属己的"精神上的悲惨状态"（spiritual wretchedness），对此状态的恰当理解和回应意味着个体的彻底转变，海德格尔确认了这些主张，但同时也批评说，克尔凯郭尔径直将此回应同 19 世纪基督新教的纯粹信仰之跳跃（the leap of faith）联系起来，表明他仍然局限于一种存在者层次上的死亡理解。参见 R. Dodaro, "Fear of Death in the Thought of Augustine of Hippo", in C. De. Paulo(ed.), *The influence of Augustine on Heidegger*, New York: The Edwin Mellen Press, 2006, pp. 29 - 51; S. Kierkegaard, *Fear and Trembling, and the Sickness Unto Death*, trans. Walter Lowrie, Princeton: Princeton University, 1954, p. 143; S. Kierkegaard, *The Present Age*, trans. A. Dru, New York: Harper and Row, 1962, p. 53。

　　早期儒学以"出生"而不是"死亡"作为成己、成人的基本道路,应该说这很大程度上与商周时期的一般性生活经验和信念有关。这个时期一项重要的生活经验和信念,就是经由祖先崇拜和祭祀活动而"纳死入生"①。所以,某一个体的死亡,即使属于一件令人悲伤、哀恸的事情,也不大会引发绝望、畏惧或其他更加激烈的反抗情绪。这一特殊现象可以从两个方面来理解。一方面,有鉴于任一个体都永远属于关系化自我,血亲后代的持续有助于弱化具体的个体死亡所带来的损失。实际上,早期中国人真正担心的不是自然性的、正常的死亡,即"善终",而是横死、暴死或早死,尤其是没有后代血亲。对于非正常死亡问题,我们可以在《左传》中看到,"今一会而虐二国之君,又用诸淫昏之鬼,将以求霸,不亦难乎?得死为幸"(《左传·僖公·僖公十九年》)、"令尹之狂也!得死,乃非我"(《左传·哀公·哀公十六年》),也可以在《论语》中读到,"有颜回者好学,不幸短命死矣,今也则亡"(《论语·先进》,第7节)、"若由也,不得其死然"(《论语·先进》,第13节)。对于没有后代血亲的问题,像孟子这样致力于追求"尽性""知天"的哲学家仍然明确强调:"不孝有三,无后为大。"(《孟子·离娄上》,第26节)另一方面,同样基于人类个体总是一种历史性的、社会化的、关系化的自我,如果一个逝去的个体鉴于其生前的德性、功业和成就而不被活着的后代或未来世代忘却、忽略,那么他就仍然"死"而不"亡"(忘)。《论语》和《礼记》两处记载都非常明显地表达了这一信念:"殷人吊于圹,周人吊于家,示民不偝也。子云:'死,民之卒事也,吾从周'"(《礼记·坊记》,第28章)、"齐景公有马千驷,死之日,民无德而称焉。伯夷、叔齐饿于首阳之下,民到于今称之。其斯之谓与?"(《论语·季氏》,第12节)。

　　第二,本真存在或成人、成己之生活追求中的自由、自主问题。海德格尔将本真存在锚定于"畏死"或"入死"的一个重要根由就是"自由"问题。在他看来,作为"去存在"(zu-sein)的人类此在操心地"在世界之中存在"(In-der-Welt-sein),而此在与各种世内存在物和其他此在相关联的方式,不仅反映了"为其自身之故"的此在之在世方式,而且构成或显示着作为意蕴整体——任何存在者的存在及其意义

① 关于商周时期中国人的丧葬祭祀活动和祖先崇拜问题,可参见康韵梅:《中国古代死亡观之探究》,台北:台湾大学出版委员会,1994年,第128—197页。

都源于此在自身的筹划和构造——的世界本身。同时,由于去存在的此在"乃是由其对存在者的原初的永不满足所规定"①,任何既成的存在者的存在及其意义都不会永远适应此在自身之意愿或欲求。然而,在非本真生存中,常人式自我(Man-selbst)躲避着甚至遗忘了自身,不是从自身出发、为了自身,而是根据流行的、现成的公众意见或外在压力来筹划、理解自身存在,体现为远非自我规定的、自由自主的存在者。而畏死或先行到死中去这种现身情态,将引导此在从常人的外在统治——它们并不能真正为此在提供永远可靠的生活根据与标准——解放出来,甚至从此在自身的过去——不仅此在之存在的被抛性特征决定此在总是倾向于朝着常人沉沦,而且永不停歇的死亡威胁也总是在抽空着一切业已达到的存在状态——解放出来,从而使其在彻底的明晰与孤独中,在对自身和其他存在物之限制的不断超越中,当然也就是在源始的自由中,去筹划、选择排列在死亡面前的种种生存可能性,去更新存在、创造意义,从无意义状态之深渊(Abgrund)中重新建构世界,所谓经由畏死"凡在世界之内被揭示的上手在手之物的因缘整体性本身也无关紧要,这个因缘整体完全陷没于自身之中"②,"在世内事物这样**无所意蕴**的基础上,世界之为世界仍然独独地涌迫上来"③。所以,向死而在实质上就是一种"向死的自由"④。

当然,作为一种"向死的自由",它也是一种有限的自由:真正的死亡意识正是对有限性的开启和承认⑤。这样一来,处于本真存在中的此在之意义赋予和世界建构活动,又是一种有限的、时间性的、处境性的自由行动。一方面,只要此在是以自身为目的或者说自我意欲着的"去存在",它就不能包含任何实质的——即使是粗糙的——生存可能性,所谓此在"没有纯粹内在于对自身的自我关联中之知识或规范性的源泉"⑥。另一方面,由于非本真性存在同样始终是此在之操心在世

---

① Martin Heidegger, *Metaphysische Anfangsgründe der Logik im Ausgang von Leibniz*, Frankfurt: Vittorio Klostermann, 1978, S. 248.

② Martin Heidegger, *Sein und Zeit*, S. 186.

③ Martin Heidegger, *Sein und Zeit*, S. 187.

④ Martin Heidegger, *Sein und Zeit*, S. 266.

⑤ Martin Heidegger, *Sein und Zeit*, S. 264.

⑥ T. Carmen, *Heidegger's Analytic: Interpretation, Discourse, and Authenticity in Being and Time*, Cambridge: Cambridge University Press, 2003. p. 307.

的内在可能方式之一，并且，基于每一此在的被抛之构成性特征，大多数情况下非本真性存在都在发生学意义上优先于本真性存在，非本真性的周围生活世界也构成了后者的真实背景，所以，"**常人是一种生存论环节并作为源始现象而属于此在之积极状态**"①。这就是说，常人及其世界所提供的生活准则、社会角色和伦理价值等，仍然构成了在其自由存在中的本真性此在需要重新审视和选择的东西。更清楚地讲，非本真此在在其不自由的存在中并非没有选择，它也选择不断变换的常人提供的这种或那种教诲、规范与价值，但这些选择通常不是"为其自身之故"，而是"为了常人"，并且也不可能构成某种一致而具有决断性的此在生存方式。与此相反，本真性此在在"畏死"中，不仅"将既存规则自身呈现为单纯的事实"②，而且竭力在将自身感知为整体而孤独的此在之条件下，在第二序的意义上以自我整合的、为自身之故的方式去重新面对那些非本真存在中的第一序选择。换言之，自由存在着的此在也许并不拒斥总是已经存在于其中的"世界"之内容，但是，此在必须自己独立地决断通向世界的"方式"。可能正是在这个意义上，海德格尔写道："本真的自我存在是对常人的一种生存修正。"③

问题并没有完结。这种"生存修正"（existenzielle Modifikation）是本真存在的主要方式或者穷尽了本真性此在的全部自由潜能？学界围绕这个问题一直争论不休④。困境在于，一方面，海德格尔把此在规定为"为其自身之故"的存在者，同时又将其等同于"行动"，并且每次行动都是全新的，从而使得行动着的此在之连续性和累积性成为一个问题；另一方面，他极度强调充分地自我理解、自我决断的此在之"自我明晰性"（Selbstdurchsichtigkeit）——在作为其重要思想源泉之一的亚里士多德实践哲学那里，只有作为智慧本身的神才是自我明晰并且没有"处

---

① Martin Heidegger, *Sein und Zeit*, S. 129.
② S. Crowell, "Conscience and Reason: Heidegger and the Grounds of Intentionality", in S. Crowell and J. Malpas (eds.), *Transcendental Heidegger*, Stanford: Stanford University Press, 2007, pp. 43 - 62.
③ Martin Heidegger, *Sein und Zeit*, S. 130.
④ H. Dreyfus, *Bing-in-the-World: A Commentary on Heidegger's Being and Time*, *Division I*, Cambridge: MIT Press, 1991, pp. 177 - 180; L. Vogel, *The Fragile "We": Ethical Implications of Heidegger's Being and Time*, Evanston: Northwestern University Press, 1994, pp. 43 - 48; C. B. Guignon, "Heidegger's Concept of Freedom, 1927 - 1930", in D. O. Dahlstrom (ed.), *Interpreting Heidegger: Critical Essays*, Cambridge: Cambridge University Press, 2011, p. 87.

境"的唯一存在者,同时海德格尔又拒绝忽视此在之本真存在的实际"处境性",然而,畏死之此在的自我明晰性如何必然保证对每一种实际性处境的恰当理解和胜任,以及陷于实际性处境中的此在如何有效保持那种根本的自我明晰性,看起来并不清楚。① 不过,无论如何,自主性和自我负责始终构成了海德格尔经由畏死而来之自由观念的核心内涵。②

相对于海德格尔现象学这种超越一切存在物——乃至人类此在自身之过去——的限制而自主行动并独自承当责任的充分自由,一种"无中生有"(creatio ex nihilo)的完全自由,早期儒学的成己、成人观念及其"出生"道路之构想是否有所涉及呢? 如果我们不单纯局限于"自由"这一概念形式,而把重心放在它的核心要义上,即自主性和责任性,那么一种比较性探究并非全然无法展开。首先,就自主性要求而言,应该说早期儒学鼓励一种承继历史、尊重既有经验和所属族群基础上之情境化的自主性和创造性。在早期儒家那里,"道"或"天道"往往被看作人类社会乃至整个宇宙世界的一般法则或最高价值,然而,"道"或"天道"又常常同历史上的经典文献、前辈祖先、伟大人物等联系在一起,所谓"文武之道""先王之道""圣贤之道"等等。这种情况表明,与其说已然存在着某种普遍、客观而不可违逆的超越性给定法则或命令,从而有待于人类个体去进行纯粹的发现和遵循,不如说它或它们——儒学之"道"的多义性和含混性永远不能被忽略——更多是人类个体借鉴过去的历史经验和文化遗产,并结合自身或所属族群的生活体验与生存感受,进行主动、自觉地协调和共鸣所形成的意义成果。

在此过程中,一个追求君子人格的行动主体需要照顾到宇宙之"天"、历史之"典"和社会之"礼"所提供的各种内外条件及其可能限制,同时也应该逐渐积极自主地反思、评估和重建自身的生活方向与行动方式,以及自身与历史脉络、社会秩

---

① S. Golob, *Heidegger on Concepts, Freedom and Normativity*, pp. 244 - 245.

② 前期海德格尔自由观念无疑与康德、萨特之间有着非常复杂的渊源与效应之关联。但是,他也十分强调同两者的区分。简单来说,康德的实践自由作为"自然的原因性"(宇宙论意义上的自由)之类比的"自由的原因性",仍然处于时间之外,因而其"实践的可能"最终悬而未决;并且作为按照源于纯粹理性自我的道德法则而行动的自我限制之伦理自由,它实际上预设了未经阐明的、作为整体性此在——超越感性与理性、理论与实践之派生性区分——而存在的立法者之源始自由及自我责任。至于萨特的生存主义"自由",作为自为意识内部的一种给定性事实,基本上是无世界的、非处境性的、非时间性的"绝对"自由,而不是经由在畏死中去本真存在才能实现的有限性此在之构成性自由。

序、天地世界的可能关系,而不是完全被动地、机械地盲从或受缚于任何现成而明确的固定原则或习常规范:"心之官则思,思则得之,不思则不得也。此天之所与我者。"(《孟子·告子上》,第15节)"可与共学,未可与适道;可与适道,未可与立;可与立,未可与权"(《论语·子罕》,第30节)、"言有物而行有格也,是以生则不可夺志,死则不可夺名"(礼记·缁衣》,第18章)、"故君子和而不流,强哉矫!中立而不倚,强哉矫!国有道不变塞焉,强哉矫!国无道至死不变,强哉矫"(《中庸》,第9)。①

其次,就责任性方面而言,早期儒学对一个修己、成人之君子至少提出了三重责任要求。这三重责任要求都与作为个体之"仁道""仁德"的最高发展阶段的"诚"有关。一者,是对"天"或"天命"之"诚"。一个仁人君子的首要责任就是竭力体认、发挥天所赋予的自然本性,而不能任其处于遮蔽或停滞状态,所谓"不知命,无以为君子也"(《论语·尧曰》,第4节)、"诚者物之终始,不诚无物,是故君子诚之为贵"(《中庸》,第29)。二者是对"己"之"诚"。一个人在生命成长、发展的过程中,如果不能够兢兢业业、永不懈怠地去培养和整合认知、情感、意愿、行动等方面的能力和状态,那么他实际上不仅不能达到成己、成人的目标,而且也置自身于危险或覆灭的境地:"好学近乎知,力行近乎仁,知耻近乎勇。知斯三者,则知所以修身"(《中庸》,第20)、"小人闲居为不善,无所不至。见君子而后厌然,掩其不善而著其善。人之视己,如见其肺肝然,则何益矣。此谓诚于中,形于外。故君子必慎其独也。曾子曰:'十目所视,十手所指,其严乎'"(《中庸》,第14)、"人之生也直,罔之生也幸而免"(《论语·雍也》,第19节)、"获罪于天,无所祷也"(《论语·八佾》,第13节)。三者是对他人、他物之"诚"。仁人君子的责任不仅在于"知性""知天"和"尽性""修己",而且在于同他人、他物的和睦相处乃至协助他人、他物实现其天赋本性和潜能,同时也要避免过于恣妄地扰断或扭曲他人、他物的本性和

① 早期儒学视野下情境化的自主性和创造性的一个实例,就是古代中国人的个体称呼问题。一般而言,儒学传统中的生活个体不仅有"姓"有"名",而且有"字"有"号",殁后还可能根据其生前对家庭、族群或社会的贡献而被追封"谥号"。其中,"姓"(以及"氏")往往代表着个体身份的血统和历史及其族群社会,"名"体现着父母或族群对个体自身特殊性的命名和期待,"字"或"号"则反映了个体自身对这种命名或期待及自己真实生活样态的一种理解、选择或评价,"谥号"则代表个体对社会和世界的主要成就贡献以及来自社会和世界的认同或批评。

脉理。"唯天下至诚为能尽其性,能尽其性则能尽之人性,能尽人之性则能尽物之性,能尽物之性则可以赞天地之化育,可以赞天地之化育则可以与天地参矣"(《中庸》,第 26)、"不能乐天,不能成其身。公曰:'敢问何谓成身?'孔子对曰:'不过乎物'"(《礼记·哀公问》,第 7 章)。

　　由此看来,如果着重从自主性和责任性这两个方面来理解成人、成己生活中的"自由"问题,那么早期儒学传统在很大程度上并非完全被一种"强迫性的非创新性"(compulsory unoriginality)①之精神支配,以至于"人不是一种根本上自主的存在——他身上没有与生俱来的内在决定性力量,而是有一种力量会从所有真正的可选择性中为他做出选择继而塑造他的生活"②。相反,早期儒学鼓励一个修己之人在体认天命、研习典籍和践行社会礼仪的过程中,要充分自主自觉地去探索、反思和评估个体生活的方向与韵律,并且这种探索、反思和评估并不单纯是在封闭而孤独的自我内部展开的:一方面,进入一个人之反思、评估活动的那些考虑已经是在历史性、社会性层面获知的;另一方面,一个人运用他在具有基本的共享经验和视野之族群社会中逐步形成和完善的自我能力,去反思和评估作为整体的个人生活之际,"应该具有一种理解的引导,即要理解人类存在者的基本构成以及他们同社会秩序的关系。这包括要看到处于社会方式中的人类存在者的独特之处,也要看到,一个人只有在社会语境中才能充分地成其为人"③。

　　第三,个体的本真存在或成人、成己与社会伦理—政治共同体问题。海德格尔的死亡现象学固然属于生存论或更为一般的存在论领域的研究,但是,由于这种现象学探究是从对日常伦理生活世界——常人世界——的批判性分析开始着手的,并且他也丝毫不掩饰任何一种伦理学或政治学都应该有其存在论或形而上学的确定基础,那么,就可以进一步追问,经由畏死之个体层面上的本真存在,能

---

① David N. Knightley, "Early Civilization in China: Reflections on How It Became Chinese", in Paul S. Ropp (ed.), *Heritage of China: Contemporary Perspectives on Chinese Civilization*, Berkeley: University of California Press, 1990, pp. 15 - 54.

② Herbert Fingarette, *Confucius: The Secular as Sacred*, New York: Harper and Row, 1972, p. 34.

③ Kwong-loi Shun, "Conception of the Person in Early Confucian Thought," in Kwong-Loi Shun and David B. Wong (eds.), *Confucian Ethics: A Comparative Study of Self, Autonomy, and Community*, Cambridge: Cambridge University Press, 2004, pp. 183 - 199.

否带来一种可以设想的社会伦理政治共同体,或者说畏死而在的本真个体如何能够促进一种最低限度上的社会政治伦理? 如前所言,一个本真地生存着的此在,总是有必要不断地去重新构划或更新世内存在者的存在及其意义,并且是通过畏死这一现身形态活动来实行的。在"畏"尤其是"畏死"中,"凡在世界之内被揭示的上手在手之物的因缘整体性本身也无关紧要,这个因缘整体完全陷没于自身之中"①,"在世内事物这样**无所意蕴**的基础上,世界之为世界仍然独独地涌迫上来"②。这里描述的正是世内存在物的存在不断被更新、作为世内存在物的可能性条件以及此在本身生存的可能性条件的世界不断被创造或构建的过程。③ 问题在于,这种生存论意义上的世界能否为现实的社会伦理世界提供一个较为坚实、可靠的基础? 由于海德格尔自身在这个问题上所言寥寥,它已经引发了学界内外的无数纷争。

偏向于批评的立场认为,在海德格尔经由孤独地畏死而来的个人决断中,没有对善的任何确定性规定,缺乏任何实质性的伦理内容④;孤独地畏死并由此观看自身存在和一般存在的个体性此在,根本不在乎与他人之间有意义的直接联系,因而属于一种精致的单子论阐述,也不可能对多元互动和相互交织的公共生活产生兴趣⑤。偏向于同情性的解释则主张,《存在与时间》虽然具有某种个体主义的生存主义回音,但其中明显溯源于亚里士多德友爱概念的"本真地共在",表明了某种特殊的道德感,这种道德感对于健全的伦理政治生活来说是本质性的⑥;经由畏死之现身情态而提升的责任意识以及对个体和他人之完整性生存的关切,都表

---

① Martin Heidegger, *Sein und Zeit*, S. 186.

② Martin Heidegger, *Sein und Zeit*, S. 187.

③ 就世界问题而言,在 20 世纪现象学的主流传统中,胡塞尔主要是经由先验还原把世界看作纯粹意识的一种意向相关物或构造成就,海德格尔则将其理解为在世生存着的个体性自我在畏死之决断中不断更新和立意的意蕴整体,伽达默尔强调它是相互理解和对话中的参与性主体共同创造的意义世界,并且这个意义世界既是存在论上的,也是伦理价值上的。

④ Richard Wolin, *The Politics of Being: The Political Thought of Martin Heidegger*, New York: Columbia University Press, 1990, p. 35.

⑤ Jacques Taminiaux, *The Thracian Maid and the Professional Thinker: Arendt and Heidegger*, trans. and ed. Michael Gendre, Albany: State University of New York Press, 1997.

⑥ J. Jeremy Wisnewski, "Heidegger's Aristotelian Ethics", in *Ethics and Phenomenology*, ed. Mark Sanders and J. Jeremy Wisnewski, Plymouth: Lexington Books, 2012, pp. 57 - 74.

明《存在与时间》隐藏着一种尊重人的伦理,而批评者则有意无意地忽视了这些宝贵的洞见①。

在我看来,就基础存在论或此在现象学时期的海德格尔来说,即使我们并不否认他由个体此在的本真存在走向社会政治伦理层面的本真共在之可能意图和愿景,但是,以"畏死"或"入死"为根本路径的个体存在模式,并不足以拓展出一种现时代条件下可以设想的社会伦理—政治共同体形式。首先,由于海德格尔主要专注于生存论—存在论层次上的思想探究,并且在这种探究中,个体性此在与自身存在和一般存在的关系显著地优先于此在本身与他人此在的关系,这就导致,明显形式化的"向死而在"所开启出来的各种生存可能性缺乏足够的历史性、具体性以及伦理性。正如马尔库塞所批评的那样,畏死中的决断要求"方法上的'中立化':决断之社会的、经验的语境及其影响都被'悬搁起来'。主要的事情在于决断以及根据你的决断采取行动。决断本身及其目标在道德上和人性上是否有益,这并不重要"②。确实,海德格尔不仅不厌其烦地提醒,要注意存在与存在者之间的存在论差异——尽管其许多重要论述都携带着存在者层次上的"阴影",而且对任何涉及利益、快乐、欲望、党派、政策等世俗事务的关切都不屑一顾。然而,我们必须承认,无论是如何纯粹的社会政治伦理共同体,都永远不可能避免这些琐屑然而广泛存在的道德心理、利益分歧和经验纷争。

其次,在海德格尔粗略勾勒的与他人本真地共同存在之一般模式中,相对于非本真的冷漠方式(消极性的)和代庖(einspringen)控制方式(过度积极的),他提倡一种率先(vorspringen)解放的表率(vorausspringen)模式。后者既不是互不关己地相互冷淡,也不是越俎代庖地全面干涉,而是通过示范性的、激发性的方式促进他人此在的本真性存在③,并且这种基于悬临着的死亡而产生的共在模式将能够为真正的同胞伙伴关系提供适宜空间,即"这种死亡,每一个体必须为了他自己而死的死亡,将每一个体还原到他最本己的个别性的死亡,这种死亡以及它所要

① Julian Young, *Heidegger*, *Philosophy*, *Nazism*, New York: Cambridge University Press, 1997, p. 104.

② Herbert Marcuse, *Heideggerian Marxism*, edited by Richard Wolin and John Abromeit, Lincoln and London: The University of Nebraska Press, 2005, p. 172.

③ Martin Heidegger, *Sein und Zeit*, SS. 121 - 122.

求的准备牺牲,首先创造出源初的共同性空间,伙伴关系正是从这种空间中涌现出来",或者说源于"在形而上学上切近无所规定状态(Unbedingten),这种状态仅仅馈赠给具有最高自主性和准备性的[存在者]"①。在我看来,即使这种表率模式可能适合于私人领域的某些交往生活,它对现代国家或国族层次上的社会政治伦理共同体来说也是远远不够的。② 一方面,假若死亡现象学的分析能够站得住脚并且确实有效,那么它产生的将是一个个过着自身之本真生活的生存论英雄,或者说充分觉醒了的、持之一贯的哲学家,然而,如果说非本真的诸多常人自我构成的伦理政治社会——如现代西方的自由民主制度——是平庸的、缺乏吸引力的共同体形式,单纯由生存论上的英雄或哲学家构成的政治伦理共同体则是完全不容想象的。另一方面,过于紧密的社会成员内部关系固然会带来一种政治紧张或额外的压力,但是,仅仅限于精神或思想层面之示范和学习关系的团体组织模式,也不能支撑一个社会政治伦理共同体的形成与运转。

再次,我们注意到,海德格尔自己也承认,"人生存在于他本己的可能性之巅峰的瞬间是罕见的,除此之外,他只混迹沉浮于他的存在物之中"③,并且在谈论先行到死中去而激发的责任意识之际,他主要强调的是个体性此在对于自身的责任,而非对他人此在的责任——尽管一般来说对自我负责的个体才能对他人承担责任。这种情况下,在现实的社会政治伦理生活中,往往可能产生的局面就是,那种自我确认为实现了本真决断的某一个体或政治英雄,将会驱使或要求其他成员个体向之致敬乃至完全追随,而不是鼓舞后者在孤独的畏死中去真正谋划个体的本真生存。关于这一点,作为哲学家的海德格尔在 20 世纪 30 年代对纳粹的附逆以及对元首原则的鼓吹——所谓"不要让原则和理念支配你们的存在。无论是现在还是将来,只有元首才是德国的实在及其法律"④——就是一个生动而不容遗忘

---

① Martin Heidegger, *Hölderlins Hymnen "Germanien" und "Der Rhein"*, Frankfurt: Vittorio Klostermann, 1999, S. 73.

② 有关这方面的讨论,亦可参见陈治国:《友爱与政治:从亚里士多德到现象学》,《江海学刊》2021 年第 5 期。

③ Martin Heidegger, *Kant und das Problem der Metaphysik*, Frankfurt: Vittorio Klostermann, 1998, S. 290.

④ Martin Heidegger, "Die Selbstbehauptung der deutschen Universität", *Veroffentlichte Schriften 1910 - 1976*, Frankfurt: Vittorio Klostermann, 2000, SS. 107 - 117.

的明证。

对于早期儒学中的个体伦理与社会政治伦理关系问题,它们之间互动互渗的深度与强度都是不言而喻的。关键在于经由持续的"出生"或"新生"而成己、达诚之君子人格或者说仁人君子之个体伦理,是否真正能够导向仁政的政治统治模式? 这一直是存在广泛争议的热点问题,也是一个难题。我的基本判断是,无论就理论逻辑来看,还是从儒学政治实践过程来看,早期儒学所面临的挑战都是异常艰巨的。其一,君子人格的养成是一个非常艰难而漫长的过程。早期儒学文本的多个地方都特别指出了这一点:"回也,其心三月不违仁,其余则日月至焉而已矣"(《论语·雍也》,第 7 节)、"中心安仁者,天下一人而已矣"(《礼记·表记》,第17 章)、"天下国家可均也,爵禄可辞也,白刃可蹈也,中庸不可能也"(《中庸》,第8)、"中庸其至矣乎! 民鲜能久矣"(《中庸》,第 3)。仁人君子乃至具有更高德性修养的圣贤,在"仁道之治"或仁政体制中具有决定性意义,而这方面力量的不稳定性或者说严重稀缺性,必然阻碍任何仁道政体的顺利建立与推行。

其二,"命"或"天命"既是仁人君子修己、成己的原始起点,也是他或她成己、成人的最终归宿。然而,一方面,"命"或"天命"是极其深邃而难以捉摸的,如《中庸》所言,"天地之道可一言而尽也。其为物不贰,则其生物不测。天地之道,博也,厚也,高也,明也,悠也,久也……《诗》曰'惟天之命,於穆不已'"(《中庸》,第31),另一方面,是否实现或达到了天之所"命"又是极其个人化的事情。所有这些都为评价或判断仁人君子乃至圣贤成己、成人的水平与程度,带来了极大困难。

其三,仁政体制的一个重要设想,乃是上升并被确认为统治者的仁人君子可以对一般民众产生有效的伦理教化和示范作用,即"子欲善而民善矣。君子之德风,小人之德草。草上之风,必偃"(《论语·颜渊》,第 19 节)。然而,正如在《论语》中时常看到的那样,很多情形下并非如此。譬如,像孔子这样被弟子描述为"肫肫其仁,渊渊其渊,浩浩其天……聪明圣知达天德者"之成己之人,也常常遭遇"子畏于匡"(《论语·子罕》,第 5 节)、"厄于陈蔡"(《论语·卫灵公》,第 2 节)、"遇险于桓魋"(《论语·述而》,第 23 节)的危险局面。一定程度上可以说,这不仅是对早期儒学一贯的乐观主义精神之内在挑战,而且侧面映射了现实社会政治伦理问题的复杂性。

其四,早期儒学强调"德"(伦理)与"位"(政治)的合一(《中庸》,第31),或者说,强调政治统治的伦理基础,并且成己、成人之伦理修养自身亦有其根本性的价值和意义,然而,且不说中国古代历史上罕见由"德"获"位"的伦理—政治现象,即使在儒学背景下的中国传统政治秩序中,"德"基本上常常被用作竞争、获取或巩固"政""位"的一种补充性手段或方式。

四、结语

综上所述,早期儒学与海德格尔现象学都十分关注一种富有意义的、完善论的人类个体存在之基本方式和实现道路。海德格尔将这种基本方式命名为"本真存在",实现以个体性和整体性为核心内涵的本真存在之基本道路,乃是最本己的、非关系性的、无可逾越的"畏死"或"先行到死中去"。在"畏死""人死"而来的源始自由中,人类此在以自我整合的、"为自身之故"的方式,重新赋予总是处身于其中的、作为无意义状态之深渊的世界以"意义",从而不断更新和赢得自身的存在。在周孔孟荀为代表的早期儒学传统中,理想的生活方式是通过"成己""成人"等概念来刻画的。为了实现或达到以君子人格——它不仅强调个体的完整性和一致性,而且要求自觉的历史性和社会性意识,以及连续的累积性和创造性的统一——为一般典范的成己、成人状态,一个儒者要以不断的"出生"或"再生"来开辟前进的道路。这种出生、新生或再生具有三个相互支撑、相互渗透的层次或向度,即生物学的、宇宙论的以及伦理—社会的。儒家的仁人君子不仅先天地具有这三个层次上的世界关联和相应遗产,并且真正能够成身、修己之人必须在这些先天的世界关联之基础上通过进一步持续不断地辨识、体认、扩充乃至创造性地调整或重铸这些遗产与根据,来赢得自身生命的不断"重生"与"再生",从而在自觉而非自然或直接的意义上达至"天人合一""与天地参"之最高生命状态。换句话说,早期儒学高度重视人类个体与天地、历史、社会之世界的先天关联,这种关联不是个体生命和生活进一步成长和发展的障碍,而是其永远不可剥离的坚实基础;这种先天的世界关联性也表明,我们不是完全偶然地被抛到一个纯粹陌生的世界上,而是已然内在地具有一种熟悉性和直接性;真正能够成己、成人的儒家个体也不能满足于这种源初的熟悉性或直接性关系,而是要不断丰富、扩展或重新确认这种熟悉性和关联性。这是终其一生的事业,也是永无止境的过程。

当然,进一步的分析也表明,早期儒学与海德格尔现象学对于两种不同的人生道路——"出生"和"入死"——的构想与选择,各有其不同的思想渊源和背景,并且都不约而同地重视真实、充实之人类个体生活的自由、自主和创造性要求。不过,对于海德格尔来说,他虽然不是一个完全以自我为中心的反社会论者,可是极端重视一种彻底的、无条件的存在论上的个体自由,并且由于高度形式化的"死亡"意识、个体性此在与自身存在和一般存在之关系的绝对优先观念,在很大程度上削弱了生存性此在的历史性、境遇性等实质特征①,因而,即使以"畏死"或"入死"为根本路径的个体存在模式在私人生活领域具有丰厚意蕴,但是,并不足以拓展出一种现时代条件下可以设想的社会伦理—政治共同体形式。在早期儒学这里,它更多地鼓励一种承继历史、尊重既有经验和所属族群基础上之情境化的自主性、责任性和创造性。相较于海德格尔现象学的"死亡"之路,这种持续地出生或再生之成己、成人道路,虽然更加明确地强调人类个体与天地、历史、社会之世界的互动互参或共生共存,可是,也比较容易导致"形势比人强"的"意志无力"或"半途而废"的人生景象。并且,正如已经阐明的那样,经由持续的"出生"或"新生"而成己、达诚之君子人格或者说仁人君子之个体伦理,在导向一种仁政的政治统治模式的过程中,也面临着诸种内外困难。

---

① 客观而言,海德格尔在《存在与时间》中并非没有注意到人类此在与历史共同体的深刻关联,但是,毫无疑问,只有首先通过独立探究此在自身的基本结构及其本己性乃至主体性的全部深度——包括它的有限性、自由和罪责等等,此在才可能将自身解释为植根于它的历史共同体。有关这方面的研究,可以参见 Piotr Hoffman, "Death, Time, History: Division II of *Being and Time*", in Charles Guignon(ed.), *The Cambridge companion to Heidegger*, Cambridge: Cambridge University Press, 1993, pp. 195 - 214。

当代技术哲学的海德格尔式马克思主义展开
——以阿克塞洛斯为例

杨 栋

西安交通大学马克思主义学院国外马克思主义研究所

从理论而非历史的角度,米切姆将马克思的技术思想视作从工程的技术哲学传统到人文的技术哲学传统的一个重要过渡①;而在人文的即诠释学的技术哲学传统中,海德格尔的贡献无疑是巨大的,正如伊德所言,"海德格尔也许比 20 世纪任何一位现象学哲学家更直接地是当代技术哲学的先驱"②。因此,从马克思到海德格尔,理论上代表着当代技术哲学发展中一条潜在的重要进路。在这一进路上,希腊裔法国哲学家科斯塔斯·阿克塞洛斯(Kostas Axelos,1924—2010)③的思想起到了关键的中介作用。作为"开放的马克思主义"的提出者和 20 世纪后半叶"海德格尔式马克思主义"(Heideggerian Marxism)的代表人物,他从技术概念切入对马克思的诠释、致力于开启马克思和海德格尔的创造性对话以超越二者的哲学努力,事实上做出了一种马克思—海德格尔进路的技术哲学尝试。然而,一方面,其人其思尚未进入当代技术哲学研究的视野;另一方面,阿克塞洛斯的主要研究者,如 R. 布鲁齐纳(Ronald Bruzina)、M. 波斯特(Mark Poster)和 S. 埃尔登(Stuart Elden)等人,也未从当代技术哲学的角度系统审视过阿克塞洛斯的思想。因此,在当代技术哲学语境中理解和阐释阿克塞洛斯思想的理路和特征,就颇具意义。就此而言,本文尝试从如下三个方面对阿克塞洛斯的海德格尔式马克思主义技术哲学进行初步的阐释:对马克思的技术哲学诠释、从马克思和海德格尔对

---

① 参见卡尔·米切姆:《通过技术思考:工程与哲学之间的道路》,陈凡、朱春艳等译,沈阳:辽宁人民出版社,2008 年,第 100 页。

② Ihde, D. *Postphenomenology and Technoscience*. Albany: SUNY Press, 2009, p. 32.

③ 参见杨栋:《阿克塞洛斯的"未来思想"初探》,《马克思主义与现实》2018 年第 6 期,第 103—107 页。

话而来的未来之思中的技术主题,以及行星性概念。

一、 对马克思的技术哲学诠释

正如技术哲学家们观察到的,实践传统对当代技术哲学的早期发展产生了重要影响①;而从实践哲学的角度来看,两个根据促成了哲学与技术的当代联姻:其一,较之其他方式,哲学能更为全面地把握技术现象;其二,技术决定当代人类命运走向,故关注人类命运的哲学特别要关注技术现象②。就此而言,在 20 世纪 50 年代完成的博士论文《马克思,技术的思想家》中,阿克塞洛斯以技术和异化为主题重新诠释马克思,就不仅仅是对马克思的哲学式解读——这是早期西方马克思主义者的共同取向,更为重要的,从今天的角度来看,更是对马克思的技术哲学式诠释。这种诠释的双重任务就在于,揭示技术主题对于马克思思想的意义,以及马克思思想整体对于理解当代技术现象的意义③。

阿克塞洛斯认为,马克思思想的首要特征是哲学的。一方面,马克思思想的根源在哲学。希腊哲学、犹太-基督教传统以及近代思想是引致马克思思想的三个历史步骤,这一历史进程的实质是哲学的历史演进。在此进程中,希腊哲学首次将生成中的所有事物的整体把握为世界,世界之为统一的整体即为弗西斯(physis)意义上的自然,它是所有遮蔽和显现的统一;而在犹太-基督教的启示视角下,整体性的世界被视为上帝"无中生有"(ex nihilo)的创造,世界不再是创造性的不断涌现意义上的弗西斯,而成为有终结的即将要经历末世的受造物,因此,世界的统一性被打破;近代思想从人类的主体性出发,将人与世界分离,又将与人对立的世界分为实在意义上的自然和观念意义上的精神。虽然近代思想以主体性为基础探寻破碎的世界统一性,但实质上却进一步消解了世界的整体性。这一历史进程的后果是,以自然科学为范本的分门别类的学问分割了作为整体性的世

---

① 参见吴国盛:《技术哲学经典读本》,上海:上海交通大学出版社,2008 年,第 27 页。
② Cf. Hösle, V. *Praktische Philosophie in der modernen Welt*. München: C. H. Beck, 1992, S. 88f.
③ Cf. Axelos, K. *Alienation*, *Praxis*, *and Technē in the Thought of Karl Marx*. Bruzina, R. (Trans.). Austin & London: University of Texas Press, 1976, pp. ix‑x.

界,哲学退化为一种历史学、一种观念的历史。在此背景中,阿克塞洛斯指出,"除非我们将马克思的思想置于思想的世界历史视域中,不然我们就几乎不能理解它;因为它与历史的精确时刻联系在一起"①。这一"时刻"事实上就标明了传统哲学的危机。

另一方面,马克思思想的目的就在于应对这种危机,其方式是克服作为传统形而上学的哲学。在阿克塞洛斯看来,马克思克服传统哲学的基础是对作为整体性的世界的自觉,这是对在生成中存在(being-in-becoming)的世界的把握。然而,这并不代表马克思以追问存在(being)本身为思想起点,相反,"在马克思那里没有存在论,没有第一哲学,无论是唯灵的还是唯物的"②。事实上,正是从近代思想带来的危机中,马克思赢获了追问的主题:作为主体性的人类存在充当了整体性世界的基础,从而在承担人类无法胜任之角色的同时,将世界历史人本化,而这种人本化的历史在以主体性为基础的哲学向近代科学的转化中,最终转化为对整个世界历史的科学式占有。因此,人类存在和历史生成就成为马克思的直接追问对象,而对在生成中存在的整体性世界的把握则成为这种追问的前理解。

在对人类存在和历史生成的追问中,马克思通过与技术(Technik/technique)的对话展开其思想。首先,人类存在根本上由技术发动。这是指,作为满足自身需求的生存活动,人类存在为其需求所驱动,技术为满足需求之故被发动起来。在此意义上,一方面,技术是制作即技艺(technē)的操作活动,与人类存在相伴而生;另一方面,技术同时也是技术工具或装置,它是满足人类需求的生产性力量,是人类生存和发展的基础。其次,异化劳动作为历史生成的秘密,与技术紧密联系在一起。人类存在通过劳动不仅创造自身及其生活方式,同时生产着与他人的关系,这是通过作为生产性力量的技术实现的;异化劳动不仅来源于生产资料的私有制,同时,生产性力量脱离了共同体所有,进一步将人的制作性操作活动和人的存在分离开来。因此,一方面,技术的扩张伴随着异化——以人的异化为核心

---

① Axelos, K. *Alienation*, *Praxis*, *and Technē in the Thought of Karl Marx*. Bruzina, R. (Trans.). Austin & London: University of Texas Press, 1976, p. 14.

② Axelos, K. *Alienation*, *Praxis*, *and Technē in the Thought of Karl Marx*. Bruzina, R. (Trans.). Austin & London: University of Texas Press, 1976, p. 289.

的经济的、社会的、政治的和意识形态的诸种异化；另一方面，技术作为将自然转化为社会的生产性力量，构成了历史生成的真正基础。最后，扬弃异化的实践选择在于对技术的充分释放和重新摆置。一方面，这在马克思处与对传统哲学的克服统一在一起。因为，作为观念的异化，哲学将通过被带入以技术的充分释放为基础的实践而被克服。另一方面，扬弃异化的实践选择不是抛弃技术，而是通过技术的充分释放而达到一种普遍和解（universal reconciliation），这是人类存在与被异化了的自身、对象、他人以及世界之间的和解；同时，因为这种和解通过技术的充分释放而实现，所以它是技术构造的（technique-structured）。这种作为异化之扬弃的普遍和解，按照阿克塞洛斯的看法，"意味着通过和为了在技术力量的无限摆置中的人而**赢得世界**（conquest of the world）"。①

　　这种对世界的赢得是人与整体性世界之关联的重新建立。技术在其中发挥着重要的作用，并因此而具有了进一步的含义。阿克塞洛斯认为，马克思的思想不仅通过与技术的对话展开自身，而且从根本上就为技术所推动。原因在于，当马克思为克服哲学而采取了源自近代科学的推进方式时，他实质上就受到了作为近代科学内在动力的技术的推动。也就是说，马克思思想的科学性和技术性是不可分的。阿克塞洛斯就此指出，"技术，即不同形式下的近代纪元的唯一秘密，也运作于马克思的工作中，而且他的努力的客观性，不过就是对技术力量的一种去异化的整体排布。技术贯通了他的思想的一般方向、他的工作的科学建构，以及其实践后果"②。在此意义上，马克思所把握到的不仅仅是制作、操作或工具意义上的技术，而是与古代有别的、高度发展了的、整体性的技术。就此而论，一方面，以技术为枢轴的马克思思想本身就是一种关于技艺的逻格斯（logos of technē），即技术学（technology）。正如阿克塞洛斯指出的，"或许现在是时候开始将马克思的思想理解为技术学了，倘若我们在其充分的广度和真正的深度上采用这个术语

① Axelos, K. *Alienation*, *Praxis*, *and Technē in the Thought of Karl Marx*. Bruzina, R. (Trans.). Austin & London: University of Texas Press, 1976, p. 4.

② Axelos, K. *Alienation*, *Praxis*, *and Technē in the Thought of Karl Marx*. Bruzina, R. (Trans.). Austin & London: University of Texas Press, 1976, p. 20.

的话。技术学将构成马克思思想的中心、意图和轴心"①。另一方面,技术学的方式重建了人与整体性世界的关联。阿克塞洛斯指出,"技术学把握了世界的关键;正是通过技术学式的生成,人将自身生产为人、自然变为历史、历史被转变为普遍的世界历史。正是技术学构建了过去、现在和未来之间的桥梁,形成了历史时间的节奏、即人类之赢获生成的节奏"②。质言之,作为技术学的马克思思想以技术为枢轴,所实行的就是对世界的整体性经验。那么如何进一步在这种经验中看待技术呢?

二、 未来之思中的技术主题

从对马克思的技术哲学诠释出发,阿克塞洛斯随后在《未来思想导论》中致力于建构马克思和海德格尔的创造性对话,其目的在于超越二者而导引出一种未来之思(ein künftiges Denken)。这种思想是对整体性世界的经验。作为一种诠释学的经验,它是包含经验内容、关联于经验内容的方式,以及实践的整体。具体而言,未来之思的经验内容是以游戏(Spiel)和迷误(Irre)方式展开并受技术支配的世界历史生成;关联于世界历史生成的方式是技术学式的;而其实践则在于嵌入或熟习于(einspielen)世界游戏(Weltspiel)。在此论域中,阿克塞洛斯进一步深化了诠释马克思思想时的技术主题。

技术是沟通马克思和海德格尔的一条重要线索。虽然海德格尔并未专门而系统地诠释过马克思,但是阿克塞洛斯基于对马克思的诠释,认为当后期海德格尔追问技术的本质以及与之相关的主题时,马克思在海德格尔的致思背景中发挥着重要作用。单从海德格尔的角度来看,这种作用也许是负面的,因为他认定马克思的思想运作于技术本质的阴影中,且并未对技术本质有过充分的思考③。但

---

① Axelos, K. Alienation, *Praxis, and Technē in the Thought of Karl Marx*. Bruzina, R. (Trans.). Austin & London: University of Texas Press, 1976, p. 331.

② Axelos, K. *Alienation, Praxis, and Technē in the Thought of Karl Marx*. Bruzina, R. (Trans.). Austin & London: University of Texas Press, 1976, p. 331.

③ 参见马丁·海德格尔:《什么叫思想》,孙周兴译,北京:商务印书馆,2017年,第32—33页。

是,如果将马克思和海德格尔克服传统形而上学的共同倾向,以及在诸如"异化"和"存在被遗忘状态"(Seinsvergessenheit)概念中所表达出的自觉纳入眼帘,那么我们就会感到,马克思和海德格尔所表达的是同一种经验,即对世界整体性之丧失的经验。这种经验的极致是对虚无主义的自觉,在马克思那里表现为"一种对虚无的非凡热情,一种无限制的对于超越的意志,……马克思的全部主旨集中于:废除,消灭,超越"①;而在海德格尔那里,它则表现在对作为存在被遗忘状态之来源的存在被离弃状态(Seinsverlassenheit)的认定。在对虚无主义的克服中,技术发挥着至关重要的作用,因为世界历史的生成总体上受技术的支配。技术的这种支配作用,被马克思把握为生产性,被海德格尔把握为存在之真理的存在历史性天命。因此,"在某种确定的意义上,一方从存在者的空虚而来,另一方来自存在的被遗忘状态,马克思和海德格尔这两方——而不是海德格尔和马克思一样——追求同样的东西:为我们开启与技术、与作为天命的技术,而非与作为不可避免的走向和'命运'的技术的照面"②。

这种意义上的技术,首先是一种科学与技术混合体。阿克塞洛斯指出,"技术化的科学和科学性的技术接管并瓦解了艺术、宗教和哲学"③。这种意义上的"科学"和"技术"被他合称为支配性的技术之物(das herrschende Technische)。历史地看,技术之物即阿克塞洛斯意义上的技术,不是被应用了的自然科学,而是支配自然科学进步的物质化技术。正如海德格尔业已洞察到的,"对历史学的论断来说晚出的现代技术,从其中起支配作用的本质来说则是历史上早先的东西"④。在此意义上,阿克塞洛斯进一步指出:"技术还总是被理解得太狭窄。科学无法完全支配技术,因为技术构成了科学的动力,即科学的指导力量。人们普遍将技术理解为科学的成果。然而更确切地说,技术难道不是科学最内在的动机吗? 不只

---

① Axelos, K. *Alienation*, *Praxis*, *and Technē in the Thought of Karl Marx*. Bruzina, R. (Trans.). Austin & London: University of Texas Press, 1976, p. 292.

② Axelos, K. *Einführung in ein künftiges Denken. Über Marx und Heidegger*. Tübingen: Max Niemeyer Verlag, 1966, S. 39.

③ Axelos, K. *Einführung in ein künftiges Denken. Über Marx und Heidegger*. Tübingen: Max Niemeyer Verlag, 1966, S. VII.

④ 海德格尔:《演讲与论文集》,孙周兴译,北京:商务印书馆,2018 年,第 24 页。

是科学研究以技术方式发生,而且每种科学的领域本身和目标都是被技术——科学的——规定的。"①就此来看,未来之思所把握的技术乃是伊德后来所指的技术科学(technoscience)意义上的技术。②

其次,更为重要的是,现代技术现象具有了行星性(das Planetarische)的特质。行星和行星性的观念来源于后期海德格尔,他在奠立其后期思想基本形态的《哲学论稿》中指出:"还有几百年之久,人类会以自己的谋制洗劫这个行星,并使之荒疏……。"③行星在此就特指我们生活的这个地球。在与《哲学论稿》密切相关的《沉思》手稿中,海德格尔进一步指出:"人们指向'行星性',并且想要说,诸种授权过程不仅自身是完全的(与某个国家、某个民族相关),而且它们的界限首先处于有人居住的地球及其支配范围(大气层和平流层)的边界,同时不得不说的是,整个行星被当作强力之构成物而被使用,因而,发现行星性的对手就变得不可避免了。"④就此来看,行星性与宇宙视域中地球行星的整体相关,这与基于大地之上的全球性(das Globale)观念不同。事实上,阿克塞洛斯基本继承了海德格尔的行星性概念,在对马克思的诠释中,他认为马克思所把握到的就是一种行星性的技术,它是足以撬动我们所处的这个行星的杠杆⑤。行星性技术的这种巨大力量,用海德格尔的话说,就是"一切都运转起来了……,运转起来并且这个运转起来总是进一步推动一个进一步的运转起来,而技术越来越把人从地球上脱离开来而且连根拔起"⑥。就此来看,作为对技术现象的后期海德格尔式把握,行星性技术指向的是埃吕尔意义上的自主性技术。从阿克塞洛斯的角度来看,一方面,世界历史进程在这种技术力量的支配下,进入了一个行星性时代(das planetarische Zeitalter);另一方面,旨在把握整体性世界历史生成的未来之思,应是一种与行星

---

① Axelos, K. *Einführung in ein künftiges Denken. Über Marx und Heidegger.* Tübingen: Max Niemeyer Verlag, 1966, S. 91f.

② Cf. Ihde, D. *Postphenomenology and Technoscience.* Albany: SUNY Press, 2009, pp. 38 - 41.

③ Heidegger, M. *Beiträge zur Philosophie (Vom Ereignis).* Frankfurt a. M.: Vittorio Klostermann, 1989, S. 408 - 409. 中译文参见中文本,译文有改动。

④ Heidegger, M. *Besinnung.* Frankfurt a. M.: Vittorio Klostermann, 1997, S. 18.

⑤ Cf. Axelos, K. *Alienation, Praxis, and Technē in the Thought of Karl Marx.* Bruzina, R. (Trans.). Austin & London: University of Texas Press, 1976, p. 292.

⑥ 马丁·海德格尔:《讲话与生平证词》,孙周兴、张柯、王宏健译,北京:商务印书馆,2018 年,第 798 页。

性技术相匹配的行星性思想(das planetarische Denken)。那么，如何在行星性时代的背景中，用一种与行星性技术相匹配的思想把握和对待技术呢？

三、 行星性之为技术的世界历史

行星性是阿克塞洛斯做出的时代诊断(Zeitdiagnose)。一方面，迈向行星性时代的步骤是欧洲中心的，经历了希腊—罗马、犹太—基督教和近代—欧洲的三个阶段，与西方传统形而上学的历史进程一致。在这一历史进程中，作为全体性的存在者整体大致被划分为自然和历史两个领域，二者共同且唯一的基础渐渐被遗忘和失去把握。鉴于此，近代—欧洲的时代诞生了这样一种意图，即主体对客体的支配，以求重获全体性。这个为主体性奠立基础地位的时代是迈向行星性时代的决定性步骤，是"一种森然的力量本能(Machttrieb)驱动了开始着的强力意志(Willen zur Macht)的时代"[1]，行星性时代即滥觞于此。另一方面，自欧洲中心而来的行星性时代却是非欧洲中心的、全球性的。因为，自近代—欧洲的步骤以降，世界历史即被导入一条"被计划了的和被实现了的、包含地球所有部分"[2]的轨道。沿此轨道，人类以计算和计划的方式存在，并且本身成为被计算和被计划的对象；所有事物变得有序而平淡，在抹平一切阻碍的计划中被计划。这种计划是受技术支配的计划，要么是技术—理论的，要么是技术—实践的。阿克塞洛斯就此指出："我们技术性的行为从所有事物中探取着，以求以计划和实践的方式将其改变。世界历史以此方式统一实现着，并且完全是作为世界历史实现的，地球上的所有人和民族在同一个计划中思考、从事同样的事情并为同样的事情所驱动，并遭受同样的打击。"[3]不同存在者都能以被技术支配的某种方式被同一化地纳入视野、分析和改造，以符合技术自身演进的逻辑。质言之，"我们最终在某个漫长历史之

---

[1] Axelos, K. *Einführung in ein künftiges Denken. Über Marx und Heidegger.* Tübingen: Max Niemeyer Verlag, 1966. S. 64.

[2] Axelos, K. *Einführung in ein künftiges Denken. Über Marx und Heidegger.* Tübingen: Max Niemeyer Verlag, 1966. S. 64.

[3] Axelos, K. *Einführung in ein künftiges Denken. Über Marx und Heidegger.* Tübingen: Max Niemeyer Verlag, 1966. S. 67.

后步入了一个时代,这个时代将存在者普遍化、多方面并全面地考察,并且现实地也就是说技术地进行改造。这个时代当以行星性谓之"①。

具体而论,其一,行星性指向迷误活动(Irren)和迷误(Irre)。阿克塞洛斯追溯希腊词源指出,行星性的含义是:"击打、被击打以及被驱策,弄错、缠磨、无目的地徘徊。"②作为荷马史诗中的观念,行星性指向奥德赛迷航(Irrfahrt)的基本处境——"缪斯,请为我叙说,那位机敏英雄之行,在摧毁神圣的特洛伊后又到处漂泊(geirrt),见识过不少种族的城邦和风俗;他在广阔的大海上身受许多无可名状之苦,为拯救其灵魂,并使同伴们返家园。"③在此,人是被驱动者和被击打者,持续地从事某种漫游着的迷误活动(ein wanderndes Irren)。在奥德赛的迷航中,这种迷误活动就是某种迷失方向的旅行,并不等同于行进的不正确(Unrichtig-keit)、错误(Falschheit)、误入歧途(Verirrung)或偏差(Abweichung),因为航行的真正方向和意义,正是通过漫游着的迷误活动而显现的。这种有关迷误活动的观念承袭自海德格尔,他在《论真理的本质》中指出,"离开神秘而奔向方便可达之物,从通行之物离开,赶往最切近的通行之物,而与神秘失之交臂,人的这种被赶来赶去的状态(Umgetriebenheit)就是迷误活动"④。人类的这种活动方式匹配于世界的展开方式,而后者本身就是一种迷误。海德格尔指出,"对存在者之为这样一个存在者的解蔽同时也就是对存在者整体的遮蔽。在这种解蔽与遮蔽的同时中,就有迷误在运作。对被遮蔽者之遮蔽与迷误一道归属于真理的原初本质"⑤。这就是说,迷误指向作为解蔽的真理的显现方式。因此,迷误活动是人类在以迷误方式显现的世界之中的存在。行星性的基本意谓,就是这样一种被未知驱动的,同时充满未知性的世界显现的方式和与之匹配的人类活动方式。

其二,行星性指向计划(Plan)和计划活动(planen),旨在抹平(planieren)一

---

① Axelos, K. *Einführung in ein künftiges Denken. Über Marx und Heidegger.* Tübingen: Max Niemeyer Verlag, 1966. S. 68.

② Axelos, K. *Einführung in ein künftiges Denken. Über Marx und Heidegger.* Tübingen: Max Niemeyer Verlag, 1966. S. 69.

③ 荷马:《奥德赛》,王焕生译,北京:人民文学出版社,2003 年,第 1 页。

④ Heidegger, M. *Wegmarken.* Frankfurt a. M.: Vittorio Klostermann, 1976, S. 196.译文参见中译本,有改动。

⑤ 马丁·海德格尔:《路标》,孙周兴译,北京:商务印书馆,2014 年,第 231 页。

切。阿克塞洛斯指出,"我们面对和位于其中(即蹒跚地徘徊漫游着)的这个时代……乃是行星性的:计划着、抹平着,以将所有存在者合目的地带向计划面的方式,完成着某种完全的计划。"①行星性的这种意谓与对存在者整体的解蔽方式有关。这种方式是从制作即技艺的角度出发对弗西斯的解释,存在者因此被把握为从其本身而言适于制作的东西,在海德格尔看来,这种对存在者的解蔽方式根源于存在的本质现身(Wesung des Seins)的方式,这是存在者之为存在者的根据所在。这种使存在者从制作角度被把握的存在的本质现身的方式就被海德格尔称之为谋制(Machenschaft)②。由此来看,不仅人类的计划活动依赖于将存在者解蔽为可制作者的谋制,而且现代技术本身就成为谋制的现实化力量,成为计划本身。阿克塞洛斯就此指出:"一种完全的计划攥住了所有东西,并驱动所有本能,与此同时大地本身成为此种规划的斗争之地。所有事物都应合目的地发生,以导向完全的和世界历史的抹平过程。所有事物都通过技术被撑开至计划面上,这个计划面的自转本身与地球之自转相符合。"③行星性就指向这样一种自主性的、支配存在者解蔽和人类关联于存在者方式的力量。

因此,行星性不仅标明了世界历史进程的当前阶段,更为根本的是,"让存在者整体之存在到达人类的历史的发生活动,乃是行星性的"④。所以,当以"行星性"刻画技术时,就表达出一种对于在生成中存在的世界整体中、在世界历史进程中起支配作用的技术现象的经验。这种经验表明,"技术成为那种将所有事物置入运动的击打。世界之历史的世界历史'本质',以及生成着的存在者整体之存在的行星性支配,完全通过技术而展开自身"⑤。在此意义上,技术的世界历史展开就被把握为行星性的概念。

---

① Axelos, K. *Einführung in ein künftiges Denken. Über Marx und Heidegger*. Tübingen: Max Niemeyer Verlag, 1966. S. 72.

② 参见马丁·海德格尔:《哲学论稿》,孙周兴译,北京:商务印书馆,2014 年,第 150—151 页。

③ Axelos, K. *Einführung in ein künftiges Denken. Über Marx und Heidegger*. Tübingen: Max Niemeyer Verlag, 1966. S. 71.

④ Axelos, K. *Einführung in ein künftiges Denken. Über Marx und Heidegger*. Tübingen: Max Niemeyer Verlag, 1966. S. 82

⑤ Axelos, K. *Einführung in ein künftiges Denken. Über Marx und Heidegger*. Tübingen: Max Niemeyer Verlag, 1966. S. 82

四、结语

伊德指出,在当代高技术发展的背景下,用哲学来反思技术的首要任务在于,为恰当观察技术现象提供一个视角;他同时倡导一种航海处境中的视角,即将作为技术现象观察者的我们想象成领航员。这种领航员"置身于大海中,船和大海都处于运动中。他必须测定方位、找到方向、定位自己的位置和目的地。这种视角发生在一个动态的和流动的情形中,因此必然是相对的。然而,对领航员来说,这种情形却是常态"①。就此来看,当阿克塞洛斯从对马克思的技术哲学阐释出发、在对马克思和海德格尔创造性对话的建构中阐发一种以行星性为特征的技术现象和与之相匹配的思想时,所提供的正是一种类似于伊德的、强调变化处境的视角。然而较之伊德,阿克塞洛斯的视角无疑更为宏观,从而发展出一套以行星性概念为核心的技术形而上学或技术的存在论。由此出发,对于控制技术的当代课题,阿克塞洛斯给出的方案也较为抽象。他在晚年的一篇访谈中指出:"技术既不是上帝也不是魔鬼。我们既不能无条件地对它说'是',也不能完全否定它。它异化着,同时也是一个开放过程,它无处不在:在技术—科学、技术—政治、技术—文化中——在所有政治体制中。对技术的友爱——既不想主宰技术也不想顺从技术——是当前和未来的任务。……技术不可抗拒地进步着。我们总是必须思考,更深入地思考,并寻求一种生活方式,这种生活方式既不在盲目因袭中也不在鲁莽反抗中耗尽自身。"②无疑,对技术的友爱,以及借此选择某种恰当的生活方式,除须具有对于技术现象深刻的存在论把握外,还要进一步通过分析和批判具体技术现象才能实现,这既是阿克塞洛斯思想的不足,也是进一步发展海德格尔式马克思主义进路的技术哲学的方向所在。

---

① 唐·伊德:《技术与生活世界——从伊甸园到尘世》,韩连庆译,北京:北京大学出版社,2012年,第10页。

② Elden, S., Axelos, K. "Mondialisation without the World". *Radical Philosophy*, 2005(130):28.

如何进行中国经典诠释传统的整体研究*

李清良

湖南大学岳麓书院

　　近20年来有关中国经典诠释传统的研究取得了可观的成绩,不过其中绝大部分都是个案或专题研究,整体研究的成果相对偏少。[①] 但随着前一类研究成果越来越多,我们也越来越需要对中国经典诠释传统进行综合分析和整体把握。然而,对于如何从事中国经典诠释传统的整体研究,学界还很少加以讨论。故本文拟作初步探讨,希望引起对此问题的广泛关注和深入讨论。

一、 三点反思

　　目前对中国古代诠释传统进行整体研究的代表性专著,主要有美国学者韩德森(John B. Henderson)的《典籍、正典与传注:儒家与西方的释经学之比较》,以及中国学者李清良的《中国阐释学》、周光庆的《中国古典解释学导论》和周裕锴的《中国古代阐释学研究》等。韩氏著作开研究中国经典诠释传统之先河,且将其置于世界各大释经传统的整体格局中加以考察,视野相当宏阔,不过该著只着重探讨了中国经典诠释传统的传注假设、传注策略以及传注世界观的消失和变形。[②] 李著则分别从"语境论""时论""理解根据论""理解过程论""阐释论"等角度,着重清理了中国古代诠释传统中最基本的观念、思想与方法,初步勾勒出中国古代诠释传统的基本轮廓和主要观念。[③] 周光庆的《中国古典解释学导论》对中国

＊ 说明：国家社科基金重大项目(14ZDB006)阶段性成果。

① 详情可参见李清良、张洪志:《中国诠释学研究40年》,《中国文化研究》2019年冬之卷。

② John B. Henderson, *Scripture, Canon, and Commentary: A Comparison of Confucian and Western Exegesis*. Princeton University Press,1991.

③ 李清良:《中国阐释学》,长沙:湖南师范大学出版社,2001年。

古代诠释传统的发展历程、典范体式、解释方法、现代转型作了初步考察，认为此一传统注重解释方法的革新创造却缺少本体论的理论基础。① 周裕锴的《中国古代阐释学研究》力求通过收集和分析散见于各种典籍中的相关论述，揭示中国古代不同时期、不同学派中所蕴藏的丰富的诠释学理论和类型。②

总的来说，我们关于中国经典诠释传统的整体研究还处于初步开拓阶段，因而存在如下三个方面的明显不足。

其一，对于究竟关注哪些层面缺乏足够自觉。比如上述论著都强调中国经典诠释传统自成一体而不同于西方传统，并分别从最基本的观念、理论、方法、体例、类型、发展历程等方面予以揭示，这些方面的研究都是必需的，但要全面把握中国经典诠释传统，至少还有两个层面需要我们高度重视。

第一个层面是有关诠释学条件尤其是诠释修养的理论与方法。对于这个层面，目前已有的研究还较少加以专题讨论。其实无论对于诠释学理论还是对于中国经典诠释传统，这都是一个非常重要的问题。当代西方最为盛行的哲学诠释学，在理论上最重要的一个突破点就是反对以共同人性作为诠释学条件的传统观点，而力主诠释者的"前理解"（Vorverständnis）或者说"前见"（Vorurteil）才是"一切诠释学条件中最首要的条件"，因此无论"把理解文本的可能性建立在那种所谓统一一部作品的创作者和解释者的'同质性'（Kongenialität）这一前提上"，还是"消除一切前见这一启蒙运动的总要求"③，都是一种错误看法。伽达默尔正是通过这种新的诠释学条件论阐明了理解的"历史性"，从而将"理解的历史性上升为诠释学原则"列为其哲学诠释学三大基本特征中最首要的一条（另两条分别是"诠释学问题的重新发现"和"对效果历史的分析"）④。可见诠释学条件论对于西方诠释学理论的建构具有非常重要的意义。在中国经典诠释传统中这同样是一个很重要的问题。早在先秦时代，荀子就明确提出，要获得相应的理解不能仅凭先天的知解能力，还必须有相应的"所积"，即后天积累起来的经验、知识和修养。而促

---

① 周光庆：《中国古典解释学导论》，北京：中华书局，2002年。
② 周裕锴：《中国古代阐释学研究》，上海：上海人民出版社，2003年。
③ 伽达默尔：《诠释学Ⅰ：真理与方法》，洪汉鼎译，北京：商务印书馆，2010年，第417、440、391页。
④ 参见伽达默尔：《诠释学Ⅰ：真理与方法》第二部分的目录。

成相应理解的"所积"不仅包括一般的经验和知识,还必须包括无私、公正、周全等德性修养("积善成德"),否则"所积"不仅不能促成相应理解,反而会成为阻碍理解的"蔽"障,因此对于"所积"要有"虚壹而静""隆礼""尊师"等"解蔽"工夫。自此之后,重视"解蔽"的修养工夫、探索相应的修养方法,便成为历代学者讨论正确理解的核心主题之一,甚至超越了经典诠释而渗透到其他领域。譬如著名文论家刘勰就在专门讨论文学诠释的《文心雕龙·知音》中,针对"知多偏好,人莫圆该"的理解之"蔽",主张"凡操千曲而后晓声,观千剑而后识器。故圆照之象,务先博观。……无私于轻重,不偏于憎爱,然后能平理若衡,照辞如镜矣",也就是说,诠释者要成为"深识鉴奥"的"知音君子",必须一方面通过"博观"积累相应的经验和知识,一方面通过修养工夫养成"平理若衡"、不偏不倚的诠释态度。可以说,对诠释者德性修养的强调正是中国经典诠释传统探讨诠释学条件时最富特色的一项重要内容,对此我们理当予以充分关注和系统清理。可喜的是,近年出现的一些论著已经开始注意到这个方面了。

　　第二个层面是体现在中国经典诠释传统中的核心价值观念。对于这个方面,已有的研究还很少注意到。其实,任何一种诠释传统和诠释理论,都必定体现并参与塑造其所属文明的核心价值观念。比如,西方现代诠释学理论就非常明显地体现了崇尚理性、科学、平等、民主等核心价值观念。施莱尔马赫之所以对各种特殊诠释学深感不满而要建立普遍诠释学,就是因为前者还不够科学,故说:"特殊诠释学总只是一种观察的积聚,而不能满足科学要求。"[1]狄尔泰将诠释学提升为精神科学方法论,更是基于对科学的崇尚,故伽达默尔说:"虽然狄尔泰想要为精神科学方法上的独立性进行辩护,但他却仍然深受自然科学模式的影响。"[2]伽达默尔的哲学诠释学则深刻反思启蒙运动中的片面看法,力求通过揭示一种新的人文真理观念、突出强调"参与""对话"的重要性,更好地理解和践行理性、科学、平等、民主、自由等现代西方文明极力捍卫的核心价值。同样地,中国经典诠释传统

---

[1] F. D. E. Schleiermacher, *Hermeneutik und Kritik*, *Mit einem Anhang sprachphilosophischer Texte Schleiermachers*, herausgegeben und eingeleitet von M. Frank, Suhrkamp Verlag, Frankfurt am Main, 1977, S. 75 – 76.

[2] 伽达默尔:《诠释学Ⅰ:真理与方法》,洪汉鼎译,北京:商务印书馆,2010 年,第 15 页。

也体现了中华文明长期以来追求的核心价值。它认为,诠释者无论与作者还是文本打交道,都无异于现实生活中与他人打交道,因而同样需要现实生活中的伦理规范和核心价值。[①] 正如陈寅恪所说,"二千年来华夏民族所受儒家学说之影响,最深最巨者,实在制度法律公私生活之方面"[②],传统中国的伦理规范和核心价值主要源自儒家及其所阐发的经学,其所崇尚的圣王之道包括仁爱、诚敬、忠恕、公正、安顿(孔子所谓"修己以安人"的"安")等核心价值也成为诠释活动不言而喻的基本原则。比如荀子认为,包括经典诠释和一般诠释在内的"士君子之辨说"的基本特点是"以仁心说,以学心听,以公心辨"(《荀子·正名》),即跟人解说时抱仁爱之心,听人说话时抱诚敬谦虚之心,商辩是非时抱公正之心,所以"士君子"的诠释活动同样当抱持"仁心""学习"和"公心"。又据我们考察,"朱熹诠释思想的基本精神就是,从儒家仁学思想出发,对诠释活动的性质、地位、工夫、方法、目的等等从根本上加以全面而系统的反思、解释和规定",所以他强调"居敬""虚心""自得""忠恕"等诠释修养工夫无不是本于仁道并归于仁道的为仁之方。[③] 换言之,凡由仁道统摄的诸德都是诠释活动所应体现的。即使到了现代,我们仍能从不少学者的言论中看到这种观念。如熊十力说"学者有三畏,而后可读经"[④],钱穆则主张了解本国历史与文化时须具"温情与敬意"[⑤],这些都是为大家所熟知的显例。由此可见,系统清理和阐发隐含在中国经典诠释传统中的核心价值,是我们把握这个传统所必不可少的一项重要工作。

其二,对于不同诠释导向(hermeneutic orientation)间的互动竞合缺乏足够的关注和重视。学者们在清理中国经典诠释传统发生发展的历程时,要么直接按历史阶段描述,要么对经学、玄学、佛学、理学、朴学或儒、释、道等各种诠释导向分别加以叙述。这些工作是很必要的,但要真正讲清中国经典诠释传统的发生、发展

---

① 钱钟书曾以专文论证过中国古人特别喜欢"把文章看成我们自己同类的活人"。参见钱钟书:《写在人生边上·人生边上的边上》,北京:生活·读书·新知三联书店,2002年,第119页。

② 陈寅恪:《冯友兰〈中国哲学史〉下册审查报告》,《金明馆丛稿二编》,北京:生活·读书·新知三联书店,2001年,第283页。

③ 李清良、夏亚平:《从朱熹的诠释思想展望中国现代诠释学》,《中国文化研究》2015年夏之卷。

④ 熊十力:《读经示要》卷二,见《熊十力全集》第三卷,武汉:湖北教育出版社,2001年,第724页。

⑤ 钱穆:《国史大纲》,卷首,北京:商务印书馆,1994年。

历程,我们还必须对不同诠释导向之间的互动与竞合加以深入清理。

著名汉学家史华慈(Ben Jamin I. Schwartz)认为,一个文明或文化之所以会发展,就是由于既有主导性的文化导向(dominant cultural orientations),也有非主流甚至反主流的文化导向,它们虽然共享某些问题意识,但针对不同的现实社会状况有着不同的理解和观点,彼此之间"经常存在着各种张力";因此对于一种文化,与其将之比作生物有机体(a biological organism),不如视之为复杂的化学化合物(a complex chemical compound),前者是一种强势的整体观,认为文化有固定不变的结构和模式并且牵一发而动全身,后者则是一种弱势的整体观,相信文化是一种"未经决定的、不稳定的、相当松散的整体",充满各种深刻的矛盾,"而且正如一切化学化合物那样,其中各种成分都可以分离出来,可以从原有的结构中解脱出来和其他结构组合"①。

这种弱势整体观同样适用于中国经典诠释传统研究。中国经典诠释传统也有着不同的诠释导向,因而是一个众声喧哗而非众口一词的复杂系统。它虽以儒学及经学诠释传统为主流导向,但还包含着道家、佛教以及史学、文学等诠释导向,这些不同的诠释导向虽然共享最基本的问题意识,但有着不尽相同甚至相互对立的观念和理解。就算是中国经典诠释传统中占主导地位的儒学与经学,也随着时代的变化和理解的不同而有汉学、玄学、道学、朴学等不同的诠释导向,而汉代经学诠释又有今、古文两种不同导向,道学诠释则有程朱、陆王之别。中国经典诠释传统之所以不断发展变化,正是由于这些不同的诠释导向不断争论和竞争,也不断相互影响和整合。譬如,汉代经学的诠释就颇受道家、黄老学派尤其是阴阳学派的影响,玄学化的经典诠释则明显融合了儒、道二家的诠释导向,至于宋明理学家的经典诠释更是将儒、释、道三家的诠释导向熔于一炉。同时,儒、释、道三家的诠释导向与史学、文学等诠释导向也不断相互影响和作用。整个中国经典诠释传统就是各种不同诠释导向不断互动、不断竞合的过程和结果。

因此,要系统而准确地把握中国经典诠释传统,我们需要三个方面的深入研究。第一,揭示中国经典诠释传统在其发展历程各领域(如经学、子学、史学、文学

---

① 史华慈:《史华慈论中国》,许纪霖、宋宏编,北京:新星出版社,2006年,第198-200页。

乃至民间文化)中,不同的诠释导向在其生成、发展过程中的相互作用、相互影响和相互竞争;第二,澄清不同时期各种诠释导向如何通过互动和竞合,形成持续存在的主导性诠释导向以及作为各家共识的诠释观念和方法;第三,阐明各主导性诠释导向及共识性诠释观念和方法对各分支领域诠释导向的渗透与影响。只有通过这三个方面的清理,我们才能真正了解中国经典诠释传统如何作为一种生生不息的传统不断在各种内外因素的共同作用下生成、嬗变和发展,也才能真正将中国经典诠释传统作为一个一体多面的复杂系统和整体来把握。此所谓多面包含二义,一是多个方面,即有多种不同的诠释导向;二是多个层面,既有各特殊领域的诠释导向(相当于上文提及的施莱尔马赫所说的特殊诠释学),如经学的(各经的诠释导向又有区别)、子学的(儒、释、道以及一切外来的诠释导向)、史学的、文学的等等,又有通过各种不同诠释导向互动竞合而形成的主导性诠释导向,以及更具普遍意义的诠释观念与方法。这个多面的复杂系统之所以可以构成一个统一体,就是由于这些不同方面与层面互相作用、影响和竞合,尤其是在主导性诠释导向的影响下,对于最基本的诠释问题可形成一些基础性共识,亦即上文提到的更具普遍意义的诠释观念与方法。因此,只有通过上述三个方面的清理工作,我们对于中国经典诠释传统才能既深察其内部的复杂多样性,又会通其最基本的导向和精神,从而如钱钟书所说"辨察而不拘泥,会通而不混淆"①。

其三,对于不同诠释导向的内在逻辑与学理依据缺乏深入的清理和诠释。任何一种有影响力和竞争力的诠释导向,都有最基本的预设、观念和方法等不同层面,它们相互支持和说明,共同构成一个有其内在逻辑和学理依据的自洽系统。因此,要准确把握中国经典诠释传统,就必须对它所包含的不同诠释导向的内在逻辑与学理依据加以如实清理与把握。

比如,在儒学和经学的诠释传统中,特别强调诠释目的乃是"学为圣人",也就是仿效圣人在价值世界中践行内圣外王之道,即领悟并阐明大道从而"修己以安人"。其中"修己"是指诠释者的自我提升,"安人"则既包括阐明文本所体现的大道以济天下,也包括理解并阐明作者之"志"或"用心"(亦即司马迁所谓"心知其

---

① 钱钟书:《谈艺录》(补订本),北京:中华书局,1999 年,第 335 页。

意"),从而成为其异代"知音"而使其在九泉之下心"安"。所以刘勰从作者角度说"文果载心,余心有寄"(《文心雕龙·序志》),李渔则从诠释者角度说准确而深刻的诠释可令"操觚立言者之心无不死矣"(《闲情偶寄·词曲部·填词余论》)。① 与这种诠释目的相应,诠释活动的任务就不仅是通过"知言"而知"道",同时也要通过"知言"而"知人"。正如刘勰所说"道沿圣以垂文,圣因文以明道"(《文心雕龙·原道》),言—人—道一体不二。诠释活动的任务固然是要知"道",但所知之"道"并非抽象之道,而是由作者其人其言所体现的"道"(用宋儒的话是"理一分殊"之道),因此要知"道"就必须通过体现此"道"的"言"与"人";而欲"知言"必"知人",欲"知人"亦必"知言"。相应地,在诠释方法上,也就既要有"知言"的方法,也要有"知人"的方法,同时还要有由"言"与"人"以知"道"的方法。譬如朱熹对于诠释方法就有较为系统的论说,朱子后学将其总结为朱子读书六法,即"居敬持志""循序渐进""熟读精思""虚心涵泳""切己体察""着紧用力"②。这六条当然都是"知言"的方法,但同时也是"知人"和知"道"的方法,如果说"循序渐进""熟读精思""虚心涵泳"三条偏重"知言",那么"居敬持志""切己体察""着紧用力"三条则可以说是偏重"知人"和知"道"。其中"居敬持志"是力图通过自觉修养在态度和意向上不断向古圣先贤靠拢,以求趋近古圣先贤之心从而了解古圣先贤之道,正如汉代王符《潜夫论·本政》所谓"惟圣知圣,惟贤知贤"③;"切己体察"则是力求结合理解者本人及其时代问题,准确地了解作者其人、其心、其道,并将其道灵活运用于现实之中;至于"着紧用力",一方面是指全力以赴地反复钻研以求深入理解作者其人、其心、其道,一方面也指勇猛奋发地实践以求加深并运用其所理解之道。因此这三条既是"知人""知言"的方法,也是知"道"、体"道"的方法。可见,在儒家和经学的诠释传统中不仅预设了"人""言""道"一体不二,而且是在内圣外王或者说"修己以安人"的总体框架下来思考和探索诠释目的、诠释任务与诠释方法,以及上文提及的诠释修养等等。可以说,这就是儒学及经学诠释传统的内在逻辑和学理依

---

① 详细讨论可参见李清良、张丰赟:《论儒家"实践诠释学"的外王学关怀——从黄俊杰先生的近作谈起》,《中国诠释学》第十七辑,济南:山东大学出版社,2018 年,第 55—66 页。

② 朱子读书六法在历史上有不同的排列次序,参见李晓宇:《〈朱子读书法〉六条目的传衍与变异》,《朱子学刊》2015 年第 2 辑,第 27—38 页。此依程端礼《程氏家塾读书分年日程》。

③ 参见李清良:《中国阐释学》,长沙:湖南师范大学出版社,2001 年,第 338—347 页。

据。如果这个方面不梳理清楚,我们就无法在其固有的学理脉络中来理解和把握它,也无法确定其主要的概念范畴和话语系统。与此同时,我们还需要思考,这种内在逻辑和学理依据在现代社会是否依然站得住脚? 这就需要我们不仅要有深入的历史清理,还要有现代诠释和重新论证。

二、 四点建议

上述分析表明,我们在对中国经典诠释传统进行历史梳理、理论分析和整体把握时,对于如下四个最基本的方面不能不加以特别注意。

首先,我们需要看到,作为传统中华文明的主导性诠释导向,中国经典诠释传统乃是一个包含多个层次和多个方面的复杂系统,并且也处在一个更大的复杂系统之中。如前所论,中国古代诠释传统包含多个层面和多种导向,中国经典诠释传统就是处在这个复杂系统之中,它在历史发展过程中逐渐占据主导地位,在诠释观念、诠释思想和诠释方法等层面既深刻影响了其他诠释导向,也受到其他诠释导向不同程度的影响。同时,中国经典诠释传统本身也是一个包含多个层面、多种导向的复杂系统,其中儒学与经学诠释传统虽在历史进程中逐渐占据主导地位,但并不足以覆盖整个中国经典诠释传统,还有与之并存和竞争的其他诠释导向(如道家的、释家的等等)。因此,作为一个整体的中国经典诠释传统,既非仅仅源自经典诠释的实践与反思,更非仅仅源自儒学与经学诠释传统,而是如史华慈所说的"一个复杂的化合物",是各种不同诠释导向不断"化合"的综合产物。可以说,中国经典诠释传统并非由哪一家所单独决定,而是一个超越了各家局限的更具综合性和普遍性的公共传统。

因此,我们研究中国经典诠释传统,不能无视它与其他诠释导向的互动与竞合,而必须联系整个中国古代诠释传统这个大系统进行综合考察;同时,对于中国经典诠释传统本身,也宜将其作为一个多种诠释导向相互影响与竞合的复杂系统,而不能直接将其等同于儒学与经学诠释传统而孤立地加以研究,换言之,我们需要特别注意中国经典诠释传统有着多个层次,最底层的是专用于个别经典的诠释导向(比如《周易》诠释传统、《诗经》诠释传统等),较中层的是适用于某类或某家经典的诠释导向(比如儒学经学诠释传统、道家道教诠释传统、佛教诠释传统、史学诠释传统、文学诠释传统等),最顶层的是具有综合性、普遍性因而适用于所有经典甚至所有文本的诠释导向(大体相当于施莱尔马赫所说的普遍诠释学),虽然较普遍的诠释导向总是通过较特殊的诠释导向互动竞合而成,但它们毕竟处在不同层次,不可以偏概全,更不可混同一谈。上述这些,应该成为我们研究中国经典诠释传统的基本视域。否则,我们的研究便无法呈现中国经典诠释传统的驱动机制和复杂样态。

其次,我们需要看到,中国经典诠释传统乃是由不同诠释导向围绕基本的问题意识,通过互相影响与竞合,共同形成相对普遍且自成一体的"诠释之道"。正如张栻所说:"事事物物,莫不有其道,盖所当然者,天之所为也。夫以一日之间,起居则有起居之道,饮食则有饮食之道,见是人则有待是人之道,遇是事则有处是事之道。"①依据中国学术传统的这种观念,诠释活动自然也有对其进行反思、解释和规范的"诠释之道"。如上所析,每一种具有影响力和竞争力的诠释导向,都包含最基本的预设、观念和方法等不同层面,并由此形成一个有其内在逻辑和学理依据的自洽系统。这种从相同层面对诠释活动及相关问题进行相互贯通的反思、解释和规范的论说,即是对"诠释之道"的探索。不同的诠释导向实际上就是不同的"诠释之道",中国经典诠释传统就是由各种不同的经典诠释导向通过不断互动和竞争,逐渐"化合"而成更具综合性和普遍性的"诠释之道"。凡所谓"道",必有某种价值关怀,亦非只有形上之"理"这一个层面,还包含较为形下的规则、方法、技巧等层面(正如"茶道""棋道"等现代依然使用的名词所体现的)。因此,我们提出的"诠释之道"概念,比西方所谓"诠释学"更具包容性和层次感(既包括较低层的各种较特殊的诠释导向,也包含由各种特殊诠释导向互动竞合而成的较高层次、较普遍的诠释导向),因而也更适合于对各大文明诠释传统的研究。②

将中国经典诠释传统视为中国经典诠释之道,首先是强调它是一个相对独立而自足自洽的系统,其次是强调它有多个层次,既有较形上和较普遍的理论反思

① 张栻撰,邓洪波点校:《张栻集》,长沙:岳麓书社,2010 年,第 138 页。
② 关于"诠释之道"更详细的分析和论证,参见李清良、张丰赟:《从"诠释学"到"诠释之道"——中国诠释学研究的合法性依据与发展方向》,《湖南大学学报》2016 年第 3 期。

与价值关怀,也有较形下和较特殊的诠释规则、方法与技艺,而非缺乏形上的理论思考而只有方法论的探索。若不能看到这一点,我们的研究从一开始就会预设一种自卑自遣的文化立场,就会认为中国的经典诠释传统由于缺乏形上思考,要走向深入就只能"向西方寻找真理",这便从根本上否认了不同文化与文明实际上各有自成一体的"诠释之道"。

其三,在具体操作上宜以"诠释之道"各层面的基本问题为关注焦点,以主导性诠释导向为抓手,重点突破而以点带面。如上所述,"诠释之道"是一个包含多个层面的自足系统,对于诸如诠释目的、诠释任务、诠释条件、诠释修养、诠释态度、诠释体例、诠释规则、诠释方法等基本问题进行反思、解释和规范,并由此体现其所属文化和文明的最基本的核心价值观念。我们研究中国经典诠释传统,就是要清理、反思并推进和拓展此一传统在这些方面的思考与探索。在整个中国古代诠释传统中,尽管各种不同诠释导向对于这些层面和基本问题都有思考和探索,但无疑要以占主导地位的经典诠释传统尤其是其中儒学和经学的诠释传统的贡献最多最大,影响最深最广。

因此,我们研究整个中国古代诠释传统须以中国经典诠释传统为主要关注对象,研究中国经典诠释传统又须以儒学和经学的诠释传统作为主要关注对象。当然,这并不是指只研究中国经典诠释传统,只研究儒学和经学的诠释传统,而是指以中国经典诠释传统尤其是儒学和经学诠释传统为中心,系统深入地清理它们与其他各种诠释导向围绕上述"诠释之道"各层面的基本问题,如何从不同进路进行反思和探索,如何进行互动和竞合,又如何最终"化合"成综合性和普遍性的"诠释之道"。我们当然应该注意到中国古代诠释传统的整个系统和各种诠释导向,但在具体操作时,则宜抓住重点加以突破,从而以点带面。比如,关于诠释目的,我们宜首先考察儒学和经学诠释传统的基本思路和观念,然后再考察其他诠释导向在这个问题上与之有何异同,如何相互影响和竞合,又如何形成一种较具普遍性的共识。这并不是说,每个研究者都必须以儒学经学诠释传统为主要研究对象,而是说我们在研究各种诠释导向时,必须注意它与儒学经学诠释传统的互动与竞合。如果不是通过这种方式来以点带面,我们便可能是眉毛胡子一把抓,或者只见树木、不见森林。

其四,宜就诠释学基本问题展开中西对话。作为传统中国最具影响力的"诠释之道",中国经典诠释传统有其内在逻辑和学理依据,对此我们不仅要有深入的历史清理,更要有自觉的现代诠释和重新论证,只有这样,才能既知其然又知其所以然,也才能促成中国经典诠释传统的现代转化,建构现代中华文明的"诠释之道"。我们研究中国经典诠释传统,本就不是发思古之幽情,而是为了一方面了解我们自己的诠释传统,一方面思考如何利用传统资源来探索一种基于中国经验和中国智慧的现代诠释之道,因此我们在研究时总是不自觉地带有一种现代意识。由于人们接受的现代诠释学理论主要源自西方,我们在研究中国经典诠释传统时也会不自觉地受到现代西方诠释学理论的影响。这种影响既是不可避免的也是相当必要的,但我们对此应有更加自觉的意识,一个重要途径和方式是就诠释学问题主动展开中西对话。

这项工作实际上应是一个长期的系统工程,它可以从四个方面有效地促使中国经典诠释传统获得现代形态。其一,中国经典诠释传统的相关内容可在西方现代诠释学的激发和映照下得以专题化(thematisieren,或译作显题化)①。比如我们可以自觉地围绕上面已经提及的诠释目的、诠释任务、诠释条件、诠释修养、诠释态度、诠释体例、诠释规则、诠释方法等基本问题,对中国经典诠释传统加以专题化的理论分析和把握。其实我们关于中国经典诠释传统的整个研究,从一开始就是对原本未专题化的内容加以专题化。其二,中国经典诠释传统的内在逻辑、学理依据以及固有的话语概念都可通过中西对话得到深入清理。上文已指出,中国经典诠释传统作为在传统中国居于主导地位的"诠释之道",虽有其内在逻辑和学理依据,但一直未能得到厘清;然而在进行中西对话时,中国经典诠释传统要想自证其说,特别是要证明其中与西方现代诠释学不同甚至对立的观点时,就需要我们深入清理其固有的逻辑和学理依据,并细致地检验其话语概念是否合理,其观点是否成立。其三,通过中西对话,还可使我们更加清楚也更为宏阔地从整体上把握中国经典诠释传统的基本思路、基本精神、基本预设、基本观念和主要特

---

① 海德格尔指出,一切科学都是通过"专题化"来组建自己,但先于科学已然有"未专题化的(unthematisch)"存在之领会。参见海德格尔:《存在与时间》(修订译本),陈嘉映、王庆节译,陈嘉映修订,北京:生活·读书·新知三联书店,1999年,第37、412—413、444页等处。

点,同时也可使我们对于西方现代诠释学的相关理论和观点的优胜之处与不足之处有着更为清楚的认识与把握。其四,通过中西对话,中国经典诠释传统中仍能适应现代社会的内容可得到重新论证,从而有效地回应和处理来自西方现代诠释学以及现代观念的各种质疑和挑战,而其原本较为薄弱的方面,亦可由于充分借鉴和吸收西方现代诠释学的相关探索而得到有意识地加强和拓展。当然,为了完成这项工作,我们必须努力避免简单地"格义"或"反向格义",尤其是不能直接拿西方现代诠释学理论对中国经典诠释传统加以粗暴地硬套和剪裁,这种做法根本就不是中西对话,而是以西律中。

通过自觉关注上述这些方面并展开相应的研究,当能更全面深入地对中国经典诠释传统进行理论分析和整体把握,也可更有效地促成中国经典诠释传统的现代转化。

附录

潘德荣受鼎记

周伟薇
集美大学海洋文化与法律学院

潘公德荣，祖籍浙江湖州长兴县，德鲁尔大学哲学博士。曾就学于杭州大学哲学系，师从严群教授、陈村富教授。后留学德国，在 Otto Pöggeler（德国黑格尔档案馆）、Gunter Scholtz（鲁尔大学哲学系）、Gethmann-Siefert（德国黑格尔档案馆）教授研习诠释学，领袖学界群伦，觅诠释学之伦理转向，辟中国诠释学新路，鼎故革新，功丰绩伟，德高望重。

据闻，庚子年小雪前夜，山大傅公永军、安大张公能为、同济吴公建广、安师彭公启福、上师张公志平五贤齐聚，议以何物贺潘公从心寿年。诸公极目寂寂长兴小岛，数十里内外，囿然二超市，佳物难寻。五贤用心良苦，颇费思量，数香燃尽，仍无所定。张公云，世器甚俗，当赠佳物，以配其德；吴公进言，上博纳百川，雅物众多；傅公灵光乍现，欣欣然曰："鼎者，国之重器也！贺礼，非鼎莫属！"众人皆喜，点头称是。

然，何鼎可赠潘公？况当此之时，上博馆已歇。座中五贤，傅从齐鲁来，张彭自皖至，皆上海生客也。吴公与志平先生虽居沪上，然吴公多年海外，音讯稍隔；志平先生知上博事稍略。诸公问询潘公门徒，辗转孙义文、陆凯华、金雯珏等人，遂问岛外奇人，得赵公荣毅先生相助，又得永年。永年者，雯珏挚友。一念出，因缘际会，次日，永年竟获殊胜机缘，得大克鼎之名师复制品，殷殷护鼎渡江至长兴岛。

大克鼎，上博镇馆宝鼎，西周青铜重器，历见著录，海内三宝有之一。光绪年间出土，数年后为金石大家潘公伯寅所获。潘家世代守护，历经战乱而保全之。辛卯年，潘氏族人献克鼎予上博。克鼎赠潘公，似水顺流，天命有归！

庚子年，潘公七十寿诞。小雪午后，长兴岛上，江南造船校内，群贤毕至，少长咸集,皆服膺潘公学问品格,齐赞潘公德行正应鼎文"恩襄(讓)氒心,宁静于猷,淑哲氒德"。公聪和谦让心思素朴,宁静淡泊谋略深远,清纯智慧德性质朴;公倡德行诠释学,眘眘然、深深然入之,简简然、平平然出之,极高明而道中庸,敢问至道,澡雪精神。众人献鼎,并诠三意:大作之扛鼎、超群之鼎能、学界之鼎甲!

潘公七十寿年,历而立、不惑、知天命、耳顺年岁,勤修德行,今从心所欲不逾矩,潘德荣鼎,潘得荣鼎,大克大能也,实至名归!

荣鼎盛事,吴公嘱予以记之。

记于庚子年小雪后
辛丑年盂克二鼎海上相会时补记

恢拓境宇，诠释德行：潘德荣老师荣休致谢

刘梁剑

华东师范大学哲学系

尊敬亲爱的潘德荣老师：

有匪君子，如切如磋，如琢如磨。从太湖到芜湖，从莱茵河到丽娃河、樱桃河，您诠释着一名学者恢拓境宇、一位师者化育英才的精彩人生。作为师者，您威仪棣棣，即之也温。作为学者，从《圣经》到佛经，从佛经到《易经》，您出入佛耶，归宗大易。从黑格尔到伽达默尔，从伽达默尔到贝蒂，从贝蒂到孔子，您在德国古典哲学、西方诠释学、中西哲学比较诸领域成就斐然，最终标举德行诠释学，为当代哲学的发展开启一个新的方向。

有匪君子，瑟兮僴兮，赫兮咺兮。从 2006 年至 2012 年，您担任华东师范大学哲学系主任。六载恢拓，哲学系迎来了快速发展的辉煌时刻。从不足三十人到近六十人，从一个二级学科博士点到一级学科博士点和一级学科博士后流动站，哲学系迅速做大做强。缔约鲁尔、耶拿、美因茨，一批又一批学子获得了赴德留学深造的良机。结缘上海市宗教局、浙江省舟山市民族宗教事务局，携手宗教界"觉群""明道"，无量功德泽被今日。六载恢拓，哲学系逐渐形成了交友海内海外、游乎方内方外的开放气象，蓬勃奋发，精进无疆。

有匪君子，终不可谖兮。在这荣休的时刻，尊敬亲爱的潘德荣老师，感谢您对哲学系事业发展的巨大贡献！祝福您豪放挥洒的学术道路恢拓无疆！祝福您豪放挥洒的诗酒人生恢拓无疆！

华东师范大学哲学系

2021 年金秋

朝向理解之路：前行与归返
——七十自述

潘德荣

一、邂逅诠释学

　　我与诠释学结缘，非常偶然。1987年5月，应冯契先生邀请，成中英先生在华东师大开设了为期两周的哲学专题讲习班。学员是来自各地高校的青年教师，参加这个讲习班，是促使我的学术兴趣实现转折的一个重要契机。讲座内容中有关伽达默尔诠释学(本体论诠释学)和成先生自己所创的"本体诠释学"之内容，深深地吸引了我。这是我第一次接触到诠释学①。此后，在成先生的建议下，我开始研习诠释学。

　　1988年，我通过了教育部出国留学英语考试，获得留学资格。等我拿到留学通知，方知被派往德国。我以为教育部搞错了，我不懂德语，去德国作甚？去函查询，证实了通知的内容准确无误。教育部认为，学习哲学，到德国去最为合适，不懂德语也可以学。这几乎是计划经济的模式在教育界的翻版。教育部的安排显然无懈可击，我随即被派往同济大学留德预备部，进行为期一年的德语强化训练。1989年赴德，去鲁尔大学黑格尔档案馆访学，馆长是著名学者珀格勒(O. Pöggeler)先生。虽是在黑格尔档案馆，但是该馆的研究人员和来访学者谈论更多的是海德格尔、伽达默尔、荷尔德林、谢林、策兰、尼采等。我曾两次在鲁尔大学研

---

① 成中英先生建立的植根于中国古典哲学的"本体诠释学"，对国际、国内诠释学研究产生了重要而又深远的学术影响。"国际诠释学研究院"(International Institute for Hermeneutics，IIH)于2021年12月8日授予了成中英荣誉教授称号，成先生成为研究院的53位院士之一。IIH是一个由世界数十所大学的资深学者组成的学术共同体，它的建立得到了伽达默尔和利科的有力支持，其宗旨是致力于"世界范围内的跨学科跨文化理解和构建普遍诠释学"。

习,在 Pöggeler(珀格勒)、Gethmann-Siefert(哈特曼·希尔福特)和 G. Scholtz (G. 朔尔茨)等教授的指导下研习诠释学和诠释美学。甚至在我回国后,他们仍在通信中为我解疑释难,并寄来不少相关资料,使我获益匪浅。随着研究深入,我开始对伽达默尔本体论诠释学的一些观点感到困惑,在进行理论梳理时,我为之深深折服。诠释学的本体论转折开启了一个新纪元,理解文本不再拘泥于原义,重在读者的自我理解,因而超越了以追寻原义为鹄的烦琐方法论思考。没有比这一口号更吸引读者的了:只有不同理解,没有更好的理解。可是,每当我们以这种新颖的诠释立场与中外哲学史、古典文学、历史学等学者展开讨论时,总会遇到温和或激烈的反驳。我就听到这样的质疑之声:你们说的是学术研究吗? 再回到经验的层面上,在日常生活的交流中,尽可能正确地理解对方的原意真的不重要吗? 难道各种意见中真的没有更为合理、更加妥善的观点吗? 其实,任何有效的对话,前提就是存有悉心聆听、理解他人之心,抉择时要尽可能体谅他人之意。众所周知,恰恰是严格的理解方法论,才能为这一切提供基本的保障。我由此而开始关注方法论诠释学。以作者原意和文本原义为重心的诠释学大家之学说——如施莱尔马赫的一般诠释学、狄尔泰的体验诠释学和贝蒂的解释理论 (Auslegungslehre)等——始成为我的研究重点。我以方法论为主导线索,梳理、撰写《西方诠释学史》。此后,重又对"一般诠释学"之"一般"进行反思,提倡从一般性的、语言性的文本回归于"经典"诠释学,在形式上回到了一般诠释学(现代诠释学)之前的"经典"诠释(如《圣经》、中国古典的"六经"等)。从经典的典范性、道德规范性作用,走向"德行"诠释学的思考,而与当代的学术思潮的大趋势合流:伦理学转向(政治学、哲学等领域都共同启动了伦理学转向的进程)。

二、 诠释学史与诠释理念的接受史

　　皮亚杰的发生认识论,在我读研究生时曾风行一时。依稀记得他在《发生认识论原理》中讲过,个体儿童的思维发生过程类似于人类认识的发生与发展,儿童心理的发展重演了人类认识发展史。因此可以借助于对前者的研究来解人类认识之谜。

　　我关注的是"理解"问题,并在闲时突发奇想,是不是人类的"理解"也与"认识"如出一辙,个体的"理解史"可视为人类的"理解史"缩影? 细细琢磨,我倒是发现了一个有趣的现象:我研习、体悟诠释学之轨迹,与诠释学史本身的发展脉络,路径相同,方向恰恰相反。

　　根据我对西方诠释学演化历史的梳理,其形态依次为:

　　(1) 前诠释学:其具体形态为"经典"诠释学。"经典"(特别是《圣经》)乃诠释的目标与归宿,旨在求得神、圣之原意,所揭橥的意义被界定为生活世界之道德行为规范,此一过程也孕育了诠释学方法论的形成。

　　(2) 现代诠释学:有两种前后相继的主要形态——以"理解"(Verstehen)为核心的方法论诠释学与本体论诠释学:

　　方法论诠释学。诠释的对象超出了"经典"的范围,泛化为一般的语言性存在,即文本与言语。在方法论诠释学那里,文本被赋予一种认知客体的属性,诠释过程乃为求其原义。现代诠释学方法论由此而日益完善,在贝蒂那里终于完成了从诠释原则到诠释方法论、再到具有可操作性的诠释规则体系的方法论诠释学之构建,用以保障诠释的结果之客观性与正确性。

　　本体论诠释学。这里的所说的"本体论",实际上是"语言"或"生存"的本体论化之表达。人之所言、所著,不唯是人之所思的表达,而且直接规定着人的此在之存在状态。文本被视为自我理解的中介,诠释活动的重心是读者或诠释者自己的接受与体验,诠释过程乃是诠释者通过对文本的理解而自我形成、自我确证的过程。其典型形态就是伽达默尔诠释学。

　　我研习诠释学的进程、对诠释理念的接受过程,与诠释学史的发展历程近乎逆向而行。初识诠释学,是伽达默尔本体论诠释学,一种在 20 世纪西方哲学的"语言学转向"(the linguistic turn)与海德格尔存在本体论的相互激荡中应运而生的当代诠释学。在伽达默尔那里,语言主要不是传达思想的媒介,而是此在(Dasein),亦即人的现实存在之规定性。现代诠释学创立之初,就被界定为有别于认识论的理解理论,然而传统的认识论之旨趣早已深入人心,套用在诠释学上,理解与诠释也理所应当地以正确、准确地揭示文本原义为目标。认识论与诠释学之别,只是所指向的对象不同,因此在各自适用的方法上也有所不同,但是其精神旨趣相同：获得客观对象的客观知识，或者对精神现象的正确理解。我们把这种诠释学称为方法论诠释学，换言之，它是一种具有认知性质的理解理论，亦即认识论诠释学（epistemological hermeneutics）。可是伽达默尔竟然告诉我们，理解最终实现的是自我理解。文本因理解者之不同而呈现出不同的意义，所揭示出来的不同的意义都有其存在的合理性，它标志着理解者自身存在的合理性。这种新颖的诠释理念，对于当时接触到西方诠释学的年轻学子（他们或多或少存有猎奇、叛逆之心）简直起到了振聋发聩的作用。我们一时间都以为这就是"西方诠释学"。只要讲诠释学，开口便是海德格尔、伽达默尔。尤其是海德格尔的那种晦涩难懂的语言，在《存在与时间》里频繁出现的、陌生而又深不可测的概念，成为一些学者、学生争相仿制的表达方式。懂和不懂都是次要的，仿佛非如此不能表现出自己思想的深刻性。

通过这一阶段的研习积淀，我完成了《诠释学导论》（1999）一书的撰写工作，该书概要地介绍了现代西方诠释学的诸形态，是一本诠释学的入门之书，也包含了我自己对诠释学理论的反思性思考，意在引发更多的年轻人投入诠释学领域的研习中。

随着研究的深入，我接触到了更多的文献资料，也有了更多的学者投入到诠释学研究领域，使得我们有机会进行更为广泛的思想交流。这一切对我产生了深刻的影响。通过审视施莱尔马赫、贝蒂等人的方法论诠释学，使我不得不重新思考这一问题：何谓诠释学？通过对德国高校哲学系课程开设情况的调研，我了解到：（1）诠释学在德国，远不如在中国这么红火；（2）西方诠释学的几个流派中，方法论诠释学仍是其主流。这当然是在与德国同行的交谈中我才意识到的；而在与国内学界朋友的交往中，尤其是与中国文学、历史学等领域学者的辩难析疑中，我理解了多数学者为何仍执着于揭示文本"原义"，重视诠释学的方法论。这使得我关注的重点，逐渐从本体论诠释学转向了方法论诠释学。2011 年 12 月下旬，杨庆中教授作为《光明日报》特邀主持人策划了一次座谈会，主题是"经典诠释与国学新视野"，成中英、张祥龙、廖明春和我四人应邀参与座谈。我的发言，呼吁强化诠释方法论研究，立足于我们自身的经典诠释之经学传统、我们自己的诠释经验，来构建系统化的现代经典诠释学，完善经典诠释的方法规则与方法论。我的观点得到了与谈学者们的认可，而廖明春先生的赞同，使我更为确信回归方法论诠释学的可行性与必要性。这条路我已经走了多年,终于在 2013 年,我以诠释学方法论为主导线索的《西方诠释学史》面世,该书被收入国家社科文库,并在台湾地区出版了繁体版。

不过在此之前,我也已开始了新的尝试:将以中国诠释传统为中心的诠释理念作为基础来探索当代诠释学未来发展之路。这种新型的诠释学形态就是上面所说的"德行诠释学",其雏形恰恰是诠释学史上最古老的形态。在这里,我们清晰地看到了,孔子将"立德弘道"定为解经的第一要义,亚里士多德将演说者品格确立为第一说服力,无论是通过诠释确立德行观念,还是基于德行诠释经典,都指向了一种古老的"德行诠释学"。这种以德行为取向的诠释学,在中国文化传统中,自古而延续至今;而在西方,经由方法论、本体论诠释学的发展形态复又进入了当代人的视野。众所周知,当代思潮在整体上呈现出伦理学转向的趋势。

就个人而言,我后来对方法论诠释学更重视一些,进而转入德行诠释学,这种转变确实是受到了中国经典诠释传统、特别是孔子的《周易》诠释的影响。有鉴于此,我把自己对于诠释理念的接受过程,视为一个回溯过程,从当代的本体论诠释学逐步返回方法论诠释学,最后回溯到古代的德行诠释学的过程。人之思想发展轨迹的这一特点,黑格尔称之为回到出发点的运动,在施莱尔马赫那里名之为诠释的循环。我对诠释理念的反思与接受史亦表明,个体的思维发展进程,其实与其身处的境遇以及所关注的、被意识到了的问题有着密切的关联。

三、 服膺伽达默尔诠释学

我曾对伽达默尔其人有着近乎对圣人般的景仰。1989 年 5 月中旬,我参加了"Deutsche Gesellschaft für phänomenologische Forschung"(德国现象学学会)在 Wuppertal(武珀塔尔)市召开的"Die Phänomenologie und Martin Heidegger"(现象学与马丁·海德格尔)研讨会。① 伽达默尔出席了会议,根据议程,他的学术报

---

① 插入一个小插曲。热情好客的珀格勒太太开车送我和中国社科院的宋祖良先生到 Wuppertal 开会。珀格勒太太很有亲和力,且健谈,一路上说了不少趣事。我们得知,珀格勒先生外出,都是他太太开车相送。问曰:何故? 珀格勒太太答曰:丈夫开车时也思考哲学问题,易出车祸。

告被排在最后一位,题目为:Die Kontinuität im Denken des jungen Heidegger(青年海德格尔思想的延续性)。这种安排显然带有压轴性质演讲的用意。可惜伽达默尔因病提前离开会场①,我们听到的只是他在会议第一天上午的即兴发言。在会议的第一位报告人宣读论文后,年届九旬的伽达默尔以提问方式插话,一发而不可收,用时居然超过了论文报告人。没有任何人提示老先生注意发言时间,这在德国是很罕见的。或许每一个与会者——至少我是如此——都想多听听伽达默尔说些什么。不仅是伽达默尔睿智的思想,也包括他优雅、和蔼、清晰的表达风格,给我留下了极为深刻的印象。以我当时的德语知识,我尽管悉心聆听,却依然似懂非懂②,但这并不妨碍我自此服膺伽达默尔,用力于本体论诠释学。

几年后,我有机会搜集到了电视台播放的伽达默尔系列讲座录像。其时伽达默尔虽然已是近百岁高龄的老人,但其优雅的风度依然不减当年。我回国后到华东师大哲学系任教的最初几年,在讲授西方诠释学时,常会播放一段伽达默尔讲演录像。我知道学生还听不懂德文讲演,只是想让他们一睹真正的哲学大师之风采。

2001 年底,收到德国朋友的邀请函,邀我参加有为伽达默尔祝寿性质的学术会议,会议时间定于 2002 年 4 月。伽达默尔百岁以后,德国哲学界每年都要为他组织一次祝寿活动。但就在我接受邀请积极为赴会作准备时,于 2002 年 3 月 13 日(伽达默尔逝世四个小时后),接到伽达默尔的弟子、美国著名诠释学家 R. Palmer(R. 帕尔默)先生的越洋电话,被告知伽达默尔已安然去世这一令人悲痛的消息。为缅怀这位德昭思精的跨世纪哲人,我们在伽达默尔逝世后的第三天,召开了悼念性的学术座谈会,地点就在华东师大哲学系会议室,与会者主要是上海哲学界、文学界的同仁。《文汇报》用一个整版介绍了这次会议。我的发言纪要,

---

① 根据珀格勒(Pöggeler)先生的回忆,伽达默尔莅临 Wuppertal 市,该市的女市长非常热情,邀请他在冰冷的地下室喝她窖藏的当地啤酒。作陪的黑格尔档案馆馆长珀格勒先生,心里明白伽达默尔的身体可能承受不了,但也难以劝阻。结果伽达默尔在第二天早上就病了,必须提前回家就医(参见 Otto Pöggeler: *Wege in schwieriger Zeit — Ein Lebensbericht*, Wilhelm Fink Verlag, München, 2011, S. 221.)。谢谢耶拿大学王骏博士帮我查找、核实文献资料。

② 比起哈贝马斯,伽达默尔的口语和书面语言简直太亲民、友善了。2001 年,哈贝马斯来华东师大演讲,我担任翻译。演讲结束,我发现连衬衣都湿透了。我解释说是舞台的灯光太强太热之故,朋友们说是我惊出的一身冷汗。抑或二者兼而有之?

以《在对话中寻求理解》为题发表于《社会科学报》(2002 年 4 月 4 日)上。此间我还收到了《二十一世纪》杂志(香港)的邀稿函,这是一篇命题作文,我遵嘱匆匆赶写了《伽达默尔的哲学遗产》一文,发表于该杂志 2002 年 4 月号上。据我所知,这是世界范围内有关伽达默尔逝世纪念活动的最早报道,以及最早公开发表的纪念文章。此后,我们在对伽达默尔理论有了比较充分的研究之基础上,分别在伽达默尔逝世五周年①与十周年之际召开了伽达默尔哲学国际研讨会,出版了《对话与和谐——伽达默尔诠释学思想研究》(纪念伽达默尔逝世五周年论文集)(安徽人民出版社 2009 年)、《中西学术视野下的诠释学——纪念伽达默尔逝世十周年论文集》(安徽人民出版社 2014 年)。②

早在 2007 年,我们已经启动《伽达默尔全集》(10 卷本)的中译出版工作。是年 9 月 22—24 日,我们在黄山脚下的太平召开了"对话与和谐——纪念伽达默尔逝世五周年国际学术研讨会",帕尔默、成中英、薛华等先生与会发表论文。会议的一项重要议题,就是研究《伽达默尔全集》的翻译与出版工作,得到了北京大学出版社张凤珠女士和王立刚先生的大力支持。在国人中,中国社科院哲学所的薛华先生与伽达默尔交往甚深,我们与伽达默尔的联系,也主要是通过薛先生以及德国友人、黑格尔档案馆秘书 Ursula Closset(厄休拉·克洛塞)女士实现的。后来出于某种难以克服的因由,我无法有效组织、协调课题组成员的工作,最后只有吴建广教授翻译的《诠释学的实施》(第 9 卷)于 2013 年付诸出版。我在此向他们表示衷心的谢意。译事最后不了了之,令我终身引以为憾事,愧对课题组成员。

四、被误解的伽达默尔

当我们将"理解"与"误解"作为成对的概念提出时,已经混淆了两类不同的诠

---

① 伽达默尔的女儿 Adrea Gadamer(阿德里亚·伽达默尔)大法官本已接受邀请,因临时有要务而无法赴会,特发来贺词以致祝贺。其中有一句话,是伽达默尔晚年接受采访时所说。现在读来,如同对今人的告诫。我摘录在此,与诸君分享:"与世界上其他国家隔绝已不再可能。在今天,人类同过去一样置于一叶小舟上。我们必须掌好小舟的舵,以免让它触礁。"伽达默尔用诗性的语言,描绘出了惊心动魄的时代危机,我们理解了吗?
② 在此我要特别感谢时任安徽人民出版社社长的丁怀超先生和责编王世超先生,在他们的努力推动下,这两本论文集得以顺利出版。

释学。从方法论诠释学的立场出发,误解是理解过程中的消极因素,它妨碍着人们获得正确理解,在这一消极意义上看待"误解",它显然是应当被消除的东西,这在施莱尔马赫那里已经明确地表达出来了,他甚至将诠释学的目的界定为"避免误解"①。就此而言,用于理解的各种方法论的原则或规则,都是为了消除误解而制定的。但是,据施莱尔马赫,在哪里进行着理解,在哪里就存在着误解,所有的误解是我们达到正确理解所必须克服的障碍,而理解过程就是不断地清除误解的过程。这意味着:一方面,伴随着理解的误解是永远也无法彻底清除的;另一方面,为了清除误解,不断地完善获得正确理解的方法论、建立普遍适用的诠释学是必须的。施莱尔马赫的一般诠释学奠定了方法论诠释学,及至贝蒂,完成了迄今为止最为系统化的理解方法论体系建构,特别是他所提炼的诠释的四个规则②,对现代诠释学产生了深远的影响。

伽达默尔的本体论诠释学实质上是一种哲学,一种冠以诠释学之名的形上学。海德格尔、伽达默尔认为,方法论诠释学追求对理解对象的客观的、正确的认识,并未彻底摆脱自然科学方法论的束缚。在伽达默尔看来,此中产生了两个问题:一,所谓基于科学方法论的"正确的"理解,并未考虑到客体与理解主体的存在关联。若超脱这种存在关联而所谓客观地认识对象,所能获得的只是一种理性的抽象。所以伽达默尔强调说,哲学当促使科学与方法论认清这一点,它在人类存在及其理性之整体中只占了一小部分(Partikularität)③,实难为"真理"提供担保。二,理解是一种意识现象,这种意识直接就是存在的标志,而与是否正确理解对象了无干系。在理解中呈现的,是存在的意义(Sinn von Sein),亦即人的此在的规定性。正是在这个意义上,伽达默尔说,"既非在通过更为清晰的概念而有了更完备

---

① 参见 Schleiermacher, *Hermeneutik und Kritik*, Suhrkamp Verlag Frankfurt am Main, 1977, S. 92 - 93.

② 这些诠释规则各有所侧重,有的指向诠释的对象,有的则偏重诠释主体,它们依次是:(1)"诠释对象的自主性规则",这是诠释学方法论中最为基础的原则:文本的客观精神是"自主"的、独立存在的;(2)"意义关联性的规则"(意义的整体性);(3)"理解的现实性规则"(文本的精神再现于理解者的意识中);(4)"诠释学的意义符合规则"(理解的意义之正确性原则)。参见 Betti, *Die Hermeneutik als allgemeine Methodik der Geisteswissenschaften*(作为精神科学一般方法论的诠释学), J. C. B. Mohr (Paul Siebeck), Tübingen, 1962, S. 14、15、19 - 20, S. 53 - 54.

③ Gadamer, *Hermeneutik II Wahrheit und Methode*, in: *Gesammelte Werke*, Bd. 2, Tübingen, 1993. S. 496. 中译本将"Partikularität"译为"微不足道",参见伽达默尔:《真理与方法》下卷,洪汉鼎译,上海:上海译文出版社,1999 年,第 790 页。

的知识这种意义上,也不是在有意识的创造对于无意识的创造具有基本优越性这种意义上,就理解而言,事实上不存在更好的理解(Besserverstehen)。这么说就足够了:我们若有所理解,我们的理解便总是有所不同"[①]。

伽达默尔的这番话,可以简明地表述为:只有不同理解,没有更好的理解。这种表达使人很容易联想起相对主义的理解观念。但是我现在意识到,认为伽达默尔诠释学具有理解的相对主义倾向,确实是误解了伽达默尔。这种误解,就是因为忽略了伽达默尔理论的本体论基础所致。他想表达的,是一种新的存在或语言本体论,用以阐明意识之中的存在如何结构人的此在,成为人的此在之规定性;他意欲证成的是意义的生成性、开放性、非终极性。但是我们习惯于把本体论诠释学也当作一种理解方法,并将其与方法论诠释学加以比较,力图弄清楚这两种理解方法论的利弊得失。于是便有了这样论断:方法论诠释学的长处在于获得符合文本或作者原意的理解与解释;本体论诠释学之长是推动意义的增长。如此等等。前者之困,在于人们对文本的理解具有相对性,而不可能抵达终极的、绝对的终点。因此诠释学中的理解如同认识论的认知活动,表现为永远行进在途中的理解过程,一如唯物主义认识论之立场,是从相对真理迈向绝对真理的永恒的认知过程。相比之下,诠释学获得真理性理解的目标似更难以实现。无论如何,在认识论中还可以设定一个认知对象,作为检验认识的参照物,可供反复验证之用。而诠释学徜徉于精神世界,被定位为精神科学。于其中,不存在某种客观稳固的参照物,文本的意义只在理解过程中时隐时现,显而复变。更为重要的是,被理解到的对象之"意义",不仅再现了文本的精神世界,并且同时也改变、重构着精神世界。

诠释学的本体论与方法论之争,就其实质而言,是以科学知识为典范的认识论与精神科学的理解理论之争在诠释学内部的延续。方法论诠释学祈望能获得客观、正确的理解,用日益完善的诠释方法为之提供保障。但因理解的对象是精神性的客体,理解就不得不打上了模糊的"非确定性"烙印;本体论诠释学的主旨,

---

① Gadamer, *Hermeneutik I Wahrheit und Methode*, in: *Gesammelte Werke*, Bd. 1, Tübingen, 1993. S. 302.

按照伽达默尔的说法,是"坚持在现代科学之内抵制科学方法的普遍性诉求
(universalen Anspruch)"①。

《真理与方法》出版后,批评之声不绝于耳,尤以德国学界为甚。在该书德文
第三版后记里,我们看到了这样的字样:"如果人们指责《真理与方法》这样的口
号,以为这里误判了(verkannt)现代科学方法的严密性,这显然是老生常谈的误解
(plattes Mißverständnis)。"②

其实我自己也是这样误解了伽达默尔。引起这么多人误解(参见《真理与方
法》第二版序言),恐怕也是事出有因,非空穴来风也。对于国人的误解,我以为在
很大程度上也是翻译问题。毋庸讳言,大多数学者主要阅读的是中文译本③。我
们就以伽达默尔著述中译本为例来说明这一问题。

Die Norm für das Verständnis eines Buches sei keineswegs die Meinung
des Autors. Denn, "weil die Menschen **nicht alles übersehen können**, so
können ihre Worte, Reden und Schriften etwas bedeuten, was sie selbst
nicht willens gewesen zu reden oder zu schreiben", und folglich "kann man,
indem man ihre Schriften zu verstehen sucht, Dinge, und zwar mit Grund
dabey gedenken, die denen Verfassern nicht in Sinn kommen sind". ④(重点
号为引者所加)

这段话的中译:

理解一本书的标准决不是知道它的作者的意思。因为"既然人们**不能知**

---

① Gadamer, "Einleitung", *Hermeneutik I Wahrheit und Methode*, in: *Gesammelte Werke*, Bd. 1,
Tübingen, 1993. S. xxvii.

② Gadamer, "Nachwort zur 3. Auflage"(第三版后记), in: *Gesammelte Werke*, J. C. B. Mohr (Paul
Siebeck) Tübingen 1986, Bd. 2, S. 449.

③ 别说是伽达默尔的著述,即便是《马克思恩格斯全集》这样的经典,尽管倾全国之力完成中译,也同样歧义
纷呈,争议不断。若非如此,也就不会耗时费事的推出新译本,即使推出了新译本,也并未消除分歧。

④ Gadamer, Hermeneutik I, *Wahrheit und Methode* Grundzüge einer philosophischen Hermeneutik, J. C.
B. Mohr (Paul Siebeck) Tübingen 1990, S. 187.

道任何东西，他们的言辞、讲话和著作便可能意味着某种他们自己未曾想去说或写的东西"，因而，"如果我们试图去理解他们的著作，我们可以有理由地去想那些作者自己还未曾想到的东西"。① （重点号为引者所加）

我核查了英译：

The norm for understanding a book is not the author's meaning. For, "since men cannot be aware of everything, their words, speech and writing can mean something that they themselves did not intend to say or write," and consequently "when trying to understand their writings, one can rightly think of things that had not occurred to the writers". ②

中译本最令人困惑的是"既然人们**不能知道任何东西**"（重点号为引者所加，下同）一语。所有将伽达默尔归入理解的相对主义、不可知论、摈弃方法论的结论，仿佛都可由此得到证实。阅读英译本并没有这种理解上困惑，weil die Menschen nicht alles übersehen können 一语，英译为 since men cannot be aware of everything，意为"因为人们不能知晓所有的东西（alles übersehen）"。"不能知**道任何东西**"与"不能知晓**所有东西**"，前者意指事物"皆不可知"，后者强调对事物"难以尽知"。一词之差，差之千里矣。

再如：就是前文提到的将"Partikularität"译成"微不足道"。"微不足道"在汉语中意为无足轻重、可有可无的东西，留之无益，弃之不足惜。这一翻译与伽达默尔想表达的有较大差距。根据我的理解，在伽达默尔的思考中，科学与方法论不是君临天下的绝对主宰，其作用只是局部的、有限的，较之人类理性总体，它们只是其中一小部分。但伽达默尔并未否认科学方法论，而是呼吁人们认清科学方法论的作用之局限性。

---

① 伽达默尔：《真理与方法》（上卷），洪汉鼎译，上海：上海译文出版社，1999 年，第 238 页。
② Hans-Georg Gadamer, *Truth and Method*, Translation revised by Joel Weinsheimer and Donald G. Marshall continuum, 2006, p. 184.

如果读者不核对原文而接受了中译的表达，就会将伽达默尔理解为不可知论者、理解的相对主义者、反科学方法论者，若基于这种判断来解读伽达默尔所有论著，误解的成分可能会更大。[①]

由此亦可见，翻译工作的严谨性、重要性，怎么强调都不为过。国内出版的某些译本，简直可以用惨不忍睹来形容。我们就必须对翻译工作有一种清晰的意识。尽管本体论诠释学有其普遍的适用性，但是，就翻译而言，追求文本原义是其第一目标，需要特别留意的是诠释方法论。就在我们热心研习西方诠释方法论时，我们自己的翻译理论资源却被淡忘了。我国古代的翻译活动主要是译经，特别是佛经汉译。译经之重，关乎我们生死攸关的信仰；译经之难，在于涉及不同的文化传统、语言系统、表达方式的转换，以及经典文本的主旨、精义之传达，稍有差池就有可能带来灾难性的后果。因此必须深入、完整、准确地理解经文后方可翻译。在这方面，贝蒂的诠释学方法论有过全面而又深入的研究。然而，最为困难的还不是词句斟酌、语法辨析，甚或心理分析等，而是基于理解的实际效果之考量而采用的独特的译经方式。我这里主要是指唐代玄奘法师译经的"五不翻说"。

〔宋〕法云写道："唐玄奘法师明五种不翻：一秘密故不翻，陀罗尼是。二多含故不翻，如薄伽梵含六义故。三此无故不翻，如阎浮树。四顺古故不翻，如阿耨菩提，实可翻之，但摩腾已来有梵音故。五生善故不翻，如般若尊重，智慧轻浅，令人生敬是故不翻。"[②]在今人看来，法云所著《翻译名义集》，虽然未能上升为翻译理论的系统思考，未免有点遗憾，但是他基于翻译经验的归纳与总结，清晰翔实，不乏真知灼见，也确实是非常难能可贵的了。[③] 此书最令人瞩目的，当然是书中所示的翻译、诠释佛经之实例与具体方法。但就理论探索本身而言，其中也蕴含着具有

---

① 请允许我作一小小的申明：《真理与方法》(洪汉鼎译) 是一个用心翻译的很好的译本。我在这里无意批评某位特定译者，翻译问题具有普遍性。我自己也翻译过一些英语、德语论著，其中有些问题，至今令我不安与内疚。是故有人称，翻译是一门令人遗憾的艺术。所言极是。

② 法云：《翻译名义集七卷·序》(见《四部丛刊》子部)。

③ 方东美在论及佛经汉译时所言：译经者"把佛学的经典翻译成中文以后，竟然没有留下一套完整的讲梵文的书；梵文的文法也没有，梵文的字典也没有，只是在唐代还遗留下《翻译名义集》。"(方东美：《中国大乘佛学》(上)，北京：中华书局，2012年，第151页)

引导性的理解规则之思考。其实，玄奘所言"不翻"，并非"无法翻"，乃是指不取意译，而用音译，颇有无言胜有言的意味。如果说，其中前四条尚属于能够更好地理解文本的技术性措施，而最后一条，就完全出于文本理解的实际效果的考量：生善。如"般若"一词，意译为"智慧"，不过这种智慧不是人可以企及的，译为"智慧"容易使人因熟知而产生轻慢之心。而以音译的形式保留了佛的名号及其神秘性，易使人生发敬重之心。这第五条规则，对我们的翻译实践一直产生着潜移默化的影响①。孔子解《易》，也有着相同的旨趣，解经不拘泥于文字本义，而是着眼于实践的效果，以立德弘道为己任。

五、 生活世界

方法论诠释学与本体论诠释学的根本区别就在于此：在前者，理解的主体与客体截然二分，理解的任务是揭示理解对象（比如说"文本"）本身固有的客观意义，无论主体是否理解其意义，都不会改变主体与客体的存在状态。在这种情况下，更切近原义的就是更好的理解；而在后者，理解的主要任务是自我理解，或者更确切地说，是以文本为中介而达到自我理解。所谓自我理解，不是把我的理解强加于文本，而是通过文本呈现、塑造了自我，从而也重新铸造了自己的生命关联与生活世界。至于是否正确地理解了文本的原义，是不予考虑的。我们如果用传统的以追寻原义为宗旨的诠释学标准来衡量伽达默尔诠释学，肯定会批评它具有理解的相对主义特征；但是就本体论诠释学本身而言，它成功地奠定了一种新型的本体论——理解本体论：揭示在人的生命关联中此在之所以如此存在的奥秘；厘清我们的精神世界、生活世界何以能在理解中持续地生成、重构的动力与结构。

我一直尝试整合此二者，力图将它们融为一个整体，在这个整体中，二者既能扬己之长，又能避己之短。遗憾的是，这一努力至今收效甚微。尽管如此，我们还

---

① 一般而言，佛门对咒语采用音译也与此同属一类。在现代，人们也会采用这种方法强化自己所主张的理念。比如《国际歌》里的歌词"英特纳雄耐尔"，是英文 international 之音译，源于法语的 internationale，在《国际歌》里喻指国际共产主义理想。用音译的方式显然产生了更好的效果，能使信仰者对自己的信念"生善"、生敬，坚定自己的信仰。

是找到了一个值得一试的切入口，这就是"生活世界"（Lebenswelt）。这一概念初见于胡塞尔的《欧洲科学的危机和超越论的现象学》。在狄尔泰的《精神科学引论》中，能支撑建构"精神科学"之合法性的一个坚固支点，就是"生活世界"。不过这一概念的中译不是很精确，在德语中，Leben 有"生活""生命""生存"诸义，所以 Lebenswelt 也可根据上下文译为"生命世界"。在当前的诠释学语境中，我倾向于这样描述"Lebenswelt"这个概念：人生活于其中，通过自己与自然世界、与他人的互动而将物质的世界与精神的世界（精神现象领域，诸如文化与文明、宗教、艺术、甚或各种形而上学等）联结为一个整体，并将其在整体上纳入了自己的生命关联，它构成了伽达默尔所说的一切理解得以进行的"视域"。

　　我以为，这样一种见解是可以接受的：方法论的诠释学与本体论的诠释学均有其合理性与必要性，它们具有不同的理论目标，要解决的是不同的理论与实践问题。准此，我们就无须在这二者之间作出非此即彼的选择。如果二者都具有自身存在的合理性与必要性，它们就有可能在一种整体思考中得到合理的安顿。我现在对诠释学发展形态的思考，亦基于此一考量。诠释学的最初阶段，显然是聚焦于记载着神或圣贤话语的"神圣文本"之原义，诠释活动主要依据个人的阅读经验，体系化的理论建设比较少。方法论诠释学的典型形态是自施莱尔马赫开启的一般诠释学，特别是贝蒂的一般解释理论。方法论诠释学在今天仍有着非常重要的作用，能够帮助我们尽可能正确地理解他者、尤其是古代先贤的思想。这是我们的文化慧命之源，我们只有深刻理解了我们从何处来，才能更清晰地把握我们现在之所是，应该往何处去。是以，我把方法论诠释学视为一切理解的基础性工作。我们将伽达默尔诠释学当作本体论诠释学产生的标志，其实它的形成是一个漫长的过程。本体论诠释学不能被理解为传统意义上诠释学之延续，毋宁说是固有的诠释传统之别出新枝。在宽泛的意义上，胡塞尔提出的"生活世界"概念，可以被视为诠释学的本体论变革之滥觞。此后，诸如理解、语言、存在、生存等，都被纳入了"本体论"范畴予以考量。诠释的重心，从被理解的对象转向了主体。"理解""解释"也不再是解读文本的方法，而是主体的存在方式，质言之，理解即此在。

　　时至今日，诠释学何去何从？综观诠释学领域，窃以为，在西方诠释学史上从方法论到本体论诠释学的发展进程，不能被理解为新的诠释理念对旧有诠释理念之克服,而是开启一种新的传统。就诠释理念而言,此二者之根均深植于悠久的文化传统中。诠释方法论植根于解经活动,诠释本体论也不例外。《圣经·创世记》中,神通过神思、神言而创世的描述,对本体论诠释学而言,就是理解(语言)之为"本体"的神学表达。以此观之,诠释学内在地包含着不同路向的发展脉络,即便是在本体论诠释学创立之后,方法论诠释学也未中断,而是根据自己的诠释理念不断完善着诠释的方法理论。本体论诠释学亦当如此。我们以为诠释学发展史上的形态更替是推陈出新的,是一种诠释理念战胜旧有的理念,其实这只是一种隐显关系。每一个时代都有自己占主导地位的理念,此为"显";我们以为被征服的理念,更多的是以静默的方式隐于传统之中,此为"隐"。

准此,我近年来倡言构建基于孔子诠释理念的德行诠释学亦当作如是观。

六、 建构中国诠释学之辩

建构中国诠释学的构想遭遇到了来自两个方面的阻力:

(1) 认定诠释学是舶来品,是西方流行的思维方式,把研究对象相对主义化、虚无化。在我国,持这种观点的学者较少。相比之下,苏联等其他的社会主义国家的马克思主义者反对诠释学的态度更为激烈:认为诠释学是西方资产阶级的理论,是对"社会进步向资产阶级世界挑战的回答"。①

(2) 坚称诠释学古已有之,何劳今人来建? 余敦康先生说:"汤一介说要建立中国的诠释学,还要你来建立? 中国的经典诠释学从先秦就有了,还要再建立吗?"他说:"诠释学为什么现在好像突然从方引进来就时兴了,伽达默尔、海德格尔、利柯、哈贝玛斯等等,很新鲜,好像中国根本就没有。我认为这是搞错了。搞中国哲学的人崇洋媚外的思想比搞西方哲学的人还更多一点。"他的结论:"不管中外古今,只要你搞哲学,必然是诠释学。搞哲学史是诠释学,搞哲学也是诠释学。"②

---

① 参见 J. 施莱特尔:《解释学——当代资产阶级哲学的组成部分》,中原译,载《哲学研究》1985 年第 2 期。
② 参见余敦康:《诠释学是哲学和哲学史的唯一进路》,载《北京青年政治学院学报》2005 年 6 月。

余先生的观点很具有代表性。我觉得有必要先重申这一点：以为哲学等同于诠释学，诠释学必须对文本诠释出新内容①，诸如此类的断语，均出于对"诠释学"的误解。

就辞源而论，在中国古代典籍中并未出现"诠释学"一词。最接近的说法，见于清初经学家杭世骏（1695—1773）《李义山诗注序》："诠释之学，较古昔作者为尤难。语必溯原，一也；事必数典，二也；学必贯三才而通七略，三也。"②不过这里所说的"诠释之学"的"学"，乃是指学问、治学，而非"学科"，与作为学科的诠释学之"学"相去甚远。中国古已有之的是经学（解经学，exegesis），而非诠释学。两者之区别，质言之：

（1）就研究对象而言，解经学的对象专注于被确立的经典。如西方的《圣经》，古代中国孔子删订的"六经"，诸如此类的"经"。因其涉及民众、文化形态的信仰，因此对于不同的文化传统来说，解经学显得尤为重要。诠释学（hermeneutics）植根于解经学，因此二者有一些共通之处。经典也是诠释学研究最主要的对象，然后才是一般意义上的文本。事实上，经典本身，无论是其语言表达还是其叙事结构，抑或是思想深度，都具有一种典范的意义，唯其如此，才能在历史长河中不被淹没而持续地产生深刻的影响。

（2）虽说解经学与诠释学同属于有着密切关联的研究领域，亦即文本理解，但其宗旨却大异其趣。解经学的对象是被视为经典的文本，要理解的是经文之原义（基督教意义上的神意），因此一切解经活动的本旨，必须是关于经文的正确的（亦即真理性的）理解。这就是说，解经学预设了经典的真理性，它们是神或圣贤的话语，所谓经文原义与真理是等值的。而据帕尔默，现代学科意义上的诠释学，已然摆脱了教义学束缚，其要在于获得对文本意义的客观理解，却从不预设文本意义的正确性、真理性。

---

① 余敦康将"诠释学"视同"经学"或"解经学"，批评汤一介倡言建构中国诠释学的文章并没有"解释"出什么不同于以往经解的新内容，质疑成中英的"本体诠释学诠释出了什么？"认为"傅伟勋讲'创造的诠释'……也没有诠释任何东西"，而西方的"伽达默尔诠释了什么？看看《真理与方法》，什么也没有诠释"。（见余敦康：《诠释学是哲学和哲学史的唯一进路》，载《北京青年政治学院学报》2005 年 6 月）

② 杭世骏：《李义山诗注序》，《道古堂文集》卷八。参见《续修四库全书》，上海：上海古籍出版社，2002 年，第 1426 册，第 280 页。

（3）解经学的用力之处是对经典的具体解释,需要解经者熟练把握复杂的解经方法论体系,其中包括了诸如文字训诂、文献辨析、历史考据等学科知识,通过诸方法的综合运用以求得经文之正解。皮锡瑞的《经学历史》有云:"一经说至百万余言",他转述东汉经学家桓谭的《新论》:"秦近君能说《尧典》,篇目两字之谊,至十余万言;但说'曰若稽古',三万言"①。这是解经学的极端形式,也是其真实写照。在这一点上,中、外解经学相当一致,《圣经》的体量只是一本小册子,但解经的著述却汗牛充栋。中国学术传统中经解之作,又何尝不是如此?而西方诠释学,虽然分为方法论与本体论两途,但是其主要任务并非解释文本。对于这一点,本体论诠释学自不待言,即便是方法论诠释学,亦是如此。它将探究理解与解释方法视为第一要务,探索某种方法的适用性及其理论依据,将从理解实践中归纳出来的各种方法提炼成体系化的方法论。贝蒂的诠释学是方法论诠释学的典型形态,即使是在施莱尔马赫的一般诠释学中,虽然涉及很多具体解释《圣经》的内容,但他也只是从中引申出理解方法的例证,其主要目的不是解经。

当然,在理解实践中我们也常会遇到方法论与本体论兼顾的论述,在解经时不忘经义发挥,朱熹便是。

七、 诠释学的伦理学转向: 德行诠释学

诠释学中的"德行"向度,始于人类文明与文化史上最早的诠释实践,这一点,中、西诠释传统均是如此。在阅读亚里士多德有关德行"Arete"（德文为 Tugend）的论述时,我才意识到,诠释学不同于知识论的关键所在,作为实践哲学的诠释学,其核心并非认识某种正确的真理性的东西,最重要的是把握当前可行的、适用的、在实践上能够成功的东西。再进一步,我所主张的"德行诠释学",与"实用主义"的最大不同之处,就在于前者之"践行",是在"德"的规定性之约束下进行的,

---

① 皮锡瑞:《经学历史》,周予同注释,北京:中华书局,1959 年,第 133、134 页。《尧典》为《尚书》第一篇,
"曰若稽古"为《尧典》篇首四字。秦近君讲授开篇六字已是皇皇十数万言,足见其时章句之学日趋烦琐,
以至于"幼童而守一艺,白首而后能言"。汉儒解经也因此被讥为"碎义逃难,便辞巧说"。

具有道德约束力;而在后者,坚持"有用便是真理"的立场(詹姆斯)。西方诠释学自亚里士多德以后,发展出了神学诠释学、方法论诠释学、本体论诠释学等诸种形态。中国的诠释传统自古至今的一以贯之:突出实践智慧,培育德行,以道德教化为其鹄的。在此提出的德行诠释学,可以被视为诠释学在当代发展出的新形态,因为此前我们并没有"德行诠释学"这一名称。然就其诠释理念而言,德行诠释学之实质,乃是回归到中国古老的诠释传统之源头。对中国而言,德行诠释学是我们古老的诠释传统之赓续,是融汇了西方的诠释思想资源而焕发勃勃生机的新形态。

　　促成我致力于建构德行诠释学之动力的思想资源,来自两个方面:一是世界范围内哲学思考之重心的伦理学转向,在这股思潮的裹挟之下,发生了我对现代诠释学第三次转折——伦理学转向——的思考。当今世界,现实的道德困境显然引起人们更多的关注,诸多研究领域都提出了伦理学转向的诉求。就哲学而言,早期黑格尔已经明确表达出了这样的构想:哲学的未来发展方向是伦理学,"**一种伦理学**。由于整个形而上学在未来都属于**道德**……,所以这种伦理学与一切理念的、或者一切实用的假设(praktischen Postulate)的完备体系并无二致"①。不过黑格尔终其一生也没有将自己早年的构想付诸实施。② 现代诠释学,尤其是伽达默尔的学说,对伦理问题表现出了一种深度的关切,"赋予诠释学以伦理学维度"③。

---

① Hegel, "Das älteste Systemprogramm des deutschen Idealismus"(德国观念论最早的体系规划)(1796 或 1797 年),in Hegel: Werke 1 [in 20 Bänden], *Frühe Schriften*(《黑格尔著作集》20 卷本,第一卷),Suhrkamp VerlagFrankfurt am Main 1986, S. 234. 引者注: 此文的作者是谁在西方学界广有争议,也有人认为作者是谢林或荷尔德林。这种争议在中国学界也有所反映,北京商务印书馆 2003 年出版的《荷尔德林文集》就收入了此文。经过比较,本文采用 Otto Pöggeler(珀格勒)教授的观点,Frank-Peter Hansen(汉森)在其 "*Das älteste Systemprogramm des deutschen Idealismus*": *Rezeptionsgeschichte und Interpretation*(德国观念论最早的体系规划: 接受史与诠释)(1989)一书中,对 Pöggeler 的论证作过详尽分析,称之为开辟了黑格尔研究的新时代,详见 Pöggeler, "Dritte Periode: Die Hegel-Forschung nach 1965"(第三个时代: 1965 年后的黑格尔研究)。

② 正如我们所看到的,黑格尔在《精神现象学》一书中,这样描述了精神的发展与自我认识的同一历程: 伦理(Sittlichkeit)→宗教→绝对知识(absolute Wissen)。在他那里,最高的范畴是绝对知识,或者如他在《逻辑学》中所称的"绝对理念"(absolute Idee)。时至今日,他所说的能涵盖"一切理念"的伦理学,仍是一个悬而未决的问题。我们所看到的,只是诸如政治伦理学、生命伦理学、科技伦理学等形形色色的伦理学。

③ 参见薛华:《诠释学的伦理学维度》,载《中国社会科学报》(2009 年 10 月 20 日),第 5 版。

这种维度,在伽达默尔晚年与 Jean Grondin(让·格朗丹)的一次对话中被凸显出来①。伽达默尔在进行这次对话时已是 96 岁高龄,他最终未能实现此一构想,亦是情有可原。对我而言,伽达默尔的遗愿具有一种深刻的启示意义,逐渐演变成为对于诠释学的伦理学转向的自觉意识。

我尝试借助孔子的诠释理念来实现这一转向,建构德行诠释学。在我看来,德行诠释学的核心理念在孔子解《易》中已经得到了深刻、完整的表达,《周易》是以德行为圭臬的诠释理论之典型形态。

我是在这个意义理解"德行诠释学"的:它是在当代诠释学的伦理学转向中诞生的诠释学新形态。但是这种"新"形态,却是通过向其源头的回溯实现的。在西方诠释思想之源的古代希腊思想家(比如亚里士多德)那里,已经非常明确地指出:"演说者的品格具有最重要的说服力量。"②诠释学作为实践哲学,其深厚的实践力量就寓于"说服力"之中,演说者能说服众人采信他所主张的理念,将其付诸实施,首要的一点,就是使听众相信他具有高尚的品格。唯其如此,人们才会更愿意相信他说的话,接受他的教导。观诸中国文化传统,以德行为鹄的诠释理念更具有典型性。解经"立德弘道"的主旨是孔子奠定的。孔子曰:"后世之士疑丘者,或以《易》乎? 吾求亓德而已,吾与史巫同涂而殊归者也。"③孔子解《易》,旨在"观其德义""求亓德",而非刻意追求《易》之文本原义。所谓"求亓德",包含了认知、实践、价值向度一体化的三重诉求:知德与行德。孔子的诠释理念,质言之:知德修德而明道悟道,立德履德而证道弘道。这种诠释理念,给中国的诠释传统打上了深刻的烙印。孟子曰:"故说诗者,不以文害辞,不以辞害志;以意逆志,是为得

---

① 伽达默尔著作集(10 卷本)最后一卷于 1995 年出版,他在此之后的论述被 Jean Grondin(让·格朗丹)编入 *Gadamer Lesebuch*(伽达默尔读本)(1997)。该书收入了格朗丹与伽达默尔的一次对话(1996 年 5 月)。在对话结尾处,伽达默尔明确地说,他将要探讨的论题之一就是伦理学,伦理学意指我们在理论上谈论与实践有关的东西(参见 Gadamer, *The Gadamer Reader*, Edited by Richard E. Palmer, Northwestern University Press, Evanston, 2007, p. 427.)。
② 亚里士多德:《修辞术·亚历山大修辞学·论诗》,颜一、崔延强译,北京:中国人民大学出版社,2003 年,第 9 页。
③ 邓球柏:《帛书周易校释》,长沙:湖南人民出版社,1987 年,第 481 页。

之。"①朱子曰：解《易》乃"就占筮上发明诲人的道理"②。显然，在现代西方诠释学的诸形态那里，对于诠释的价值取向之诉求是很微弱的。③

我们取法孔子，是因为他的诠释理念包含了实现现代诠释学的伦理学转向的基本要义。他曾说，古人听其言信其行，今人听其言观其行。他所面临的道德困境与当今社会类似，我们纠结于今人的道德衰败，孔子之说为我们解脱今日之困境提供了难能可贵的思想资源。在这个意义上，诠释学的伦理学转向在形式上乃是向着中国古老的诠释传统回归，然就其内容而言，却包含了现代西方丰富的诠释学反思之理论成果，也包括了对社会现实道德状况的反思。

就诠释学的伦理学转向最终定位于德行诠释学来说，此一转向的实质在于，将方法论与本体论的诠释学整体地纳入以"德行"为取向的诠释学思考。换言之，要赋予诠释学以价值的向度，无论是方法论的制定还是本体论的探索，都应着眼于完善人与社会的道德境界。比如诠释方法，人们一般将其视为价值上中立的工具，这种观点其实是受到了科学方法论的影响。但是，在我们生活的世界中，即便采取客观理解的立场，对同样的话语也是可以作出不同理解的。在著名的巴黎论战（1981 年 4 月 25—27 日）中，伽达默尔多次提到"善良意志"概念，唯有心存善良意志，"倾听"他人之言，才能保障"对话"顺利进行，收获相互的理解与认同（Einverstandniss）之效。我以为可以把这种善良意志具体化为诠释的方法论立场：语言本身具有多义性、多重可理解性，在有可能产生歧义之处，尽量以正面、积极、肯定的态度解读之，作出最有利于对话者的理解。这也属于德行诠释学的方法论要求。

我的学术生涯，便是我的生命历程，也是我行进在理解之路上逐步实现自我理解的过程。最后归宗德行诠释学，意在将诠释学的最终目标定位于诠释学的实践功能，亦即其德行教化作用上，以提升我们的道德境界。这种着眼于精神的教化，是创立诠释学的初衷，也是它区别于认识论的应有之义。就此而言，方法论诠释学揭橥文本原义、作者原意，以及伽达默尔开启的读者所悟之意的诠释进路，只

---

① 《孟子·万章上》。
② 朱熹：《朱子语类》，卷六十六。
③ 有兴趣的读者，可参阅拙文《文本理解、自我理解与自我塑造》，载《中国社会科学》2014 年第 7 期。

是诠释学整体的一个环节,或曰阶段性目标,它最终必须落实到践行的层面。把我们在对话中达成共识的德行理念提炼出来,为我们的生活实践起到积极的引导作用。诠释学以"德行"作为核心范畴,已经表明其重心落在诠释主体上。德行之要,唯在诚心、持敬、践行。诚心乃德之体,持敬意在修德,践行是为履德。